Journal of the Institute for Chinese Classics Studies
Nanjing University

古典文獻研究

第二十七輯　上

CSSCI來源集刊

程章燦 主編　　南京大學古典文獻研究所 主辦

國家"雙一流"建設學科"南京大學中國語言文學藝術"資助項目
江蘇省2011協同創新中心"中國文學與東亞文明"資助項目

鳳凰出版社

圖書在版編目（ＣＩＰ）數據

古典文獻研究. 第二十七輯. 上 / 程章燦主編. --
南京：鳳凰出版社，2024.4
ISBN 978-7-5506-4190-7

Ⅰ．①古… Ⅱ．①程… Ⅲ．①古文獻學－中國－叢刊
Ⅳ．①G256.1-55

中國國家版本館CIP數據核字(2024)第091335號

書　　　名	古典文獻研究(第二十七輯上)
主　　　編	程章燦
責 任 編 輯	許　勇
特 約 編 輯	姜　好
責 任 監 製	程明嬌
出 版 發 行	鳳凰出版社(原江蘇古籍出版社)
	發行部電話025-83223462
出版社地址	江蘇省南京市中央路165號,郵編:210009
照　　　排	南京凱建文化發展有限公司
印　　　刷	江蘇鳳凰數碼印務有限公司
	江蘇省南京市栖霞區堯新大道399號,郵編:210038
開　　　本	787毫米×1092毫米　1/16
印　　　張	23.75
字　　　數	489千字
版　　　次	2024年4月第1版
印　　　次	2024年4月第1次印刷
標 準 書 號	ISBN 978-7-5506-4190-7
定　　　價	130.00圓
	(本書凡印裝錯誤可向承印廠調換,電話:025-57718474)

目　次

古典文獻研究（第二十七輯上）
Journal of the Institute for Chinese Classics Studies
Nanjing University
Volume 27, No.1 2024

卞孝萱先生與六朝文史研究[*]

胡阿祥

  2010 年 3 月 29 日，“卞孝萱先生奉安故里儀式”在揚州墓園舉行，“冬青書屋同學會”敬撰之“故南京大學教授卞孝萱先生墓碑文”有云：

  先生諱孝萱譜名敬堂晚號冬青老人儀徵卞氏生二月而孤母取傭以給從人學字歸以課子晝荻新篇播在人口先生養親以志遂自礪向學終生不輟先生治學以實事求是爲宗以知人論世文史互證爲法以圓通廣大爲歸著述等身教澤周遍卓然爲一代宗師

先是，先生弟子趙益博士主筆之墓碑文尚有“用志高德敢告後世”之如次文字：

  始祖卞壼晋侍中驃騎將軍開府儀同三司破家爲國守死勤事謚曰忠貞瓜瓞至清卞士雲卞寶第兩世開府復爲海内甲族先生其支也

  先後受知於金毓黻范文瀾章士釗三先生復從民初諸老輩游轉益多師……畢力於著述凡四十餘種都數百萬餘言冒叔子孝魯贈詩有曰老阮諸劉俱往矣觥觥一士又儀徵先生爲世見重如此

卞孝萱先生(1924.6.20—2009.9.5)之家世、生平、學行之大者，於此可見矣。

  又 2010 年 9 月 19 日，南京大學文學院、南京大學古典文獻研究所、鳳凰出版社、江蘇省六朝史研究會共同發起召開“卞孝萱先生學術思想研討會”，諸位致辭者所涉主題，有周勛初之南京大學“兩古專業”(中國古典文獻學、中國古代文學)建設、孫永如之冬青書屋弟子培養，李憑之魏晋南北朝史研究、韓昇之唐史研究、張伯偉之唐傳奇研究、朱炳國之家譜研究、丁駿之鄭板橋研究、許結之桐城派研究、湯勤福之書院研究、廖進之國學研究，邱敏之江蘇省六朝史研究會、張清華之中國唐代文學學會韓愈研究會，雷恩海之《中華大典·文學

---

  * 本文係國家社科基金一般項目“南朝正史地理志研究”階段性成果，項目編號 20BZS032。

典·隋唐五代文學分典》、蔣廣學之《中國思想家評傳叢書》、姜小青之古籍整理、于景祥之傳統文化出版,鄭紹平之卞師與繆鉞交往、李青之卞師與厦大文史學科交流、張强之霍門(霍松林)與卞門交游、趙昌智之揚州家鄉情結、武黎嵩之晚年訪譜回憶、筆者之卞師游歷影像講解,如此等等,於是卞先生之研究領域、學術貢獻、獎掖後進,亦可略知大概矣。

值此紀念卞師誕辰百年之際,筆者不揣淺陋,謹述卞孝萱先生在六朝[①]文史研究方面的功績,以寓感懷師恩之意。

一　前後勾連,探賾索隱

檢《卞孝萱先生要著編年》[②],在 1987 年發表《試論六朝的歷史地位》[③]專文之前,卞先生的主要學術領域集中在唐代文史、揚州八怪。前者,當與 1960 年代卞先生協助范文瀾撰寫《中國通史簡編》第三編第二册,受命收集、整理唐代經濟與文化史料,起草"唐朝的史學、科學、藝術"一節等積累有關;後者,卞先生本是揚州人,自述"出生於一個破落的書香之家",揚州書畫收藏之風亦盛,所以自小便培養起對書畫藝術的興趣[④]。而與六朝時代有關的論文,目前可知的第一篇是《關於北朝、隋、唐的"道"》(《南開大學學報》1977 年第 6 期),該文的問題意識來自"現有字典、詞典的錯誤",認爲分"道"其實不始於唐朝,"道"也不僅是行政區域的名稱,如以北朝論,通過辨析《魏書》《北齊書》《周書》《隋書》《元和郡縣圖志》的相關記載,即可判斷"道"有臨時的軍事區域、臨時的監察區域、臨時的軍事區域兼監察區域三種性質。按此關乎唐道、宋路的來源與演變,實爲所係匪淺的重要關節。

卞先生重視史事之追源溯流的治學取向,在他"全面進攻"、卓爾不凡的中唐劉禹錫、元稹的研究上,表現尤爲突出。如 1963 年出版的"成名之作"《劉禹錫年譜》(中華書局上海編輯所),卞先生自述"最得意的地方":

> 我從北朝民族融合的背景入手,考出劉禹錫爲匈奴族後裔,其祖先隨北魏孝文帝遷都,加入洛陽籍。又從唐朝安史之亂時北方人口南遷的背景,考出劉禹錫出生於蘇州地區。此觀點一出,立即爲劉大杰、錢仲聯諸先生所肯定,王仲犖先生也欣賞這個考證成果,贊云"不易破也"。

1980 年出版的"又一力作"《元稹年譜》(齊魯書社),卞先生自述"研究心得":

---

① 本文所述"六朝"多指"南六朝",間涉"北六朝"。按"南六朝"爲孫吴、東晉、宋、齊、梁、陳的合稱,"北六朝"爲曹魏、西晉、北魏、北齊、北周、隋的合稱。詳參胡阿祥《六朝文化研究芻議》,《東南文化》2009 年第 1 期。

② 胡阿祥《卞孝萱先生要著編年》,《淮陰師範學院學報》2003 年第 3 期。此文曾經卞先生審閱。

③ 見"六朝史講座專輯",《南京教育學院學報》1987 年第 2 期。

④ 據邵文實《"在人雖晚達,於樹似冬青"——卞孝萱教授訪談録》(《文藝研究》2007 年第 1 期),卞先生自述:"當時揚州書畫收藏之風很盛,大街小巷有許多裱畫店。在裝裱過程中,需將書畫粘於板上晾乾,裝裱的書畫不斷更換,每個裱畫店都無異於一個不斷更新的畫展。我小時候出門上街,喜歡在這些裱畫店前瀏覽,遇到不懂之處,便回家查書或請教於人,因而從小培養了對書畫藝術的興趣。"

　　我經過潛心研究,考證出元稹家庭真相,他是没落的鮮卑貴族之後,出生於一個父老母少家庭,父死姊嫁後,不容於异母兄,與寡母流落到鳳翔,過着顛沛流離的生活。這對元稹思想和性格的形成,産生了重要影響。①

以上關於劉禹錫、元稹之家世、出身的考證,取用了自傳、正史、碑銘、地志、詩文、姓氏書等多類史料,參酌了姚薇元《北朝胡姓考》、岑仲勉《唐人行第録》、陳寅恪《元白詩箋證稿》等前賢成果,既多刊誤正誼,證據鏈亦稱嚴密;而就研究思路言,更與陳寅恪治中古史總將人物與事件置於社會、歷史、文化、傳統四大背景下考察,諸如“研究當時士大夫之言行出處者,必以詳知其家世之姻族連繫及宗教信仰二事爲先決條件”②,“魏、晋、南北朝之學術、宗教皆與家族、地域兩點不可分離”③云云,款曲相通。須知《劉禹錫年譜》創稿時,卞先生還未及而立之年,則其學術感覺之敏鋭,真令人咂舌也。

　　如果説劉禹錫、元稹《年譜》之追六朝時代,是往前勾連,則1959年卞先生發表的第一篇漢魏文史研究成果《談蔡琰作品的真偽問題》④,除了以當時的南匈奴之歷史情况、地理環境證明五言體《悲憤詩》與《胡笳十八拍》中,“凡是涉及蔡琰具體事實的句子,從被擄到回漢,幾乎處處有漏洞”,從而“肯定它是出於後人的假托”;又往後勾連,以“南北朝的幾位文學家和文藝評論家對待《悲憤詩》的態度”,即“蕭統編《文選》、徐陵編《玉臺新咏》,都未選録《悲憤詩》;劉勰撰《文心雕龍》、鍾嶸撰《詩品》,也都没有評述到它……尤其《玉臺新咏》專門搜集漢、魏以來有關婦女的詩歌,才女的作品更是編者所重視的,但竟未采録《悲憤詩》”,從而旁證了騷體《悲憤詩》同樣出於後人假托。從考證方法説,有時没有“記載”或没有“史料”,也是證據,細味卞先生此文,信哉斯言!

　　縱向的前後勾連以外,卞先生考證史事,還擅長横向的左右顧盼。如解謎鑒真第六次東渡帶到日本的王羲之真迹從何而來,既明唐玄宗時王羲之的墨迹已非常難得,又設問鑒真收藏的“王右軍真迹行書一帖,小王真迹三帖”如何獲得,然後從《晋書》《高僧傳》《蘭亭記》及相關考古資料中,梳理出清晰的綫索:“王羲之晚年的活動地區,相當於唐代的浙江東道,他的墨迹必然在這一帶流傳較多”→“王羲之晚年與僧侶亦頗有往還……浙東一帶的僧人,能得到王羲之墨迹”→“王羲之在會稽的住宅,後爲佛寺。他的後裔有出家做和尚的……在浙東、西一帶佛寺裏,可能還秘藏着王羲之的一點墨迹”→“鑒真第二次東渡失敗後,曾在明、越、杭、湖、宣州‘巡游、開講、授戒’……憑着鑒真在佛教徒中的威望,以及他與浙東佛寺主持人的師徒關係,如果這裏還秘藏着一點

①　邵文實《“在人雖晚達,於樹似冬青”——卞孝萱教授訪談録》,《文藝研究》2007年第1期。
②　陳寅恪《陶淵明之思想與清談之關係》,收入陳寅恪《金明館叢稿初編》,上海古籍出版社,1980年,第204頁。
③　陳寅恪《隋唐制度淵源略論稿》,中華書局,1963年,第17頁。
④　收入《文學遺產》編輯部編《胡笳十八拍討論集》,中華書局,1959年,第227—237頁。

王羲之墨迹的話，是可能贈送或出讓給他的”①。雖然，卞先生的這番考證尚有推想成分，但已在相當程度上，從虛無縹緲進步到雲開霧散了②。

　　然則以上所舉諸例，雖皆非六朝時代專文，但卞先生之諳熟六朝文史，并能縱橫捭闔地駕取各類資料，饒有發明地潛研深究，可謂了無疑義。及至1995年刊發的《〈瘞鶴銘〉之謎》③，卞先生所展現之考據功力，真冶衆藝於一爐而臻爐火純青之境界也。按擁有“大字之祖”美譽的焦山《瘞鶴銘》，由於銘文只見撰者、書者、立石者的字號（華陽真逸撰，上皇山樵人逸少書，爷山徵士、丹楊外仙尉、江陰真宰立石）而未見姓名，只見干支（壬辰歲、甲午歲）而未見朝代，所以書者究竟是誰，歷來衆説紛紜。如唐代孫處玄認作東晋王羲之，北宋黄伯思認作南朝陶弘景，尤其陶弘景之説，明清學者多有贊附。卞先生“從鶴與文學、碑版署名、干支紀年、文章内容、書法風格五個方面，對流傳的王羲之、陶弘景、隋人、顔真卿、顧況、皮日休、王瓚七説，進行審核，糾其訛誤，補其闕漏，提出新説”。以言“鶴與文學”，指出“雖然談鶴的文學作品多得可以彙集成一部書，但却找不到唐朝以前有瘞鶴刻銘的迹象”，“主張《瘞鶴銘》是王羲之書、陶弘景書的人，既未考慮東晋、南朝蕭梁有無瘞鶴刻銘的風俗，更未考慮王、陶是否愛鶴……把瘞鶴刻銘的舉動，强加於愛鵝的王羲之，養白犬、白鷄的陶弘景，是難以自圓其説的”；以言“碑版署名”，强調“華陽真逸”“上皇山樵人逸少”都是完整的别號，不可如歐陽修之視“華陽山人”顧況、黄伯思之視“華陽隱居”陶弘景爲“華陽真逸”，蔡絛之陶弘景“號華陽真人，晚號華陽真逸”更屬錯誤與捏造，又“王羲之、皮日休都字逸少，但都無‘上皇山樵人’之稱。丢掉‘上皇山樵人’，只用‘逸少’進行猜測，當然是徒勞的”，至於清人吴東發將華陽真逸、上皇山樵人逸少、爷山徵士、丹楊外仙尉“一齊加在陶弘景頭上……是猜測《瘞鶴銘》署名之謎的最武斷者”；以言“干支紀年”，對照東晋、梁朝、唐朝凡五對壬辰歲、甲午歲與王羲之、陶弘景、顔真卿、顧況、皮日休之行踪，皆難符合，隋朝則無壬辰、甲午紀年；以言“文章内容”，或其語不類晋人、“雷門去鼓”典故已在王羲之卒後，或口吻與陶弘景身份不合，或養鶴之地、葬鶴之所、鶴之年壽等與皮日休《華亭鶴》詩題、詩句不符；以言“書法風格”，廣徵各家意見，既否定了東晋南朝之説，又傾向於中晚唐時代，并作出如黄庭堅“主張此《銘》是王羲之所書，是爲了表明自己的書法淵源，抬高自己的書法地位”等有趣判斷。文章最後結論：

　　　　《瘞鶴銘》的産生，應在受李觀、韓愈瘞硯撰銘之影響而出現了皮日休瘞鶴撰銘之後，應在顔真卿新體書法風行之後，應在古文運動取得勝利之後……撰者、書者、立石者是幾個普通的修道之人，没有留下真實姓名。

　　①　卞孝萱《鑒真東渡的物質準備》，《徐州師範學院學報》1980年第2期。
　　②　卞先生的相關論文，尚有《王羲之〈蘭亭序〉墨迹是怎樣從佛寺進入宫廷的》，收入王堯主編《佛教與中國傳統文化》，宗教文化出版社，1997年；《〈高二適與“蘭亭論辨”〉序》《回顧1965年的“蘭亭論辨”》，皆收入萬門祖、言恭達主編《高二適與“蘭亭論辨”》，中國文史出版社，2006年。
　　③　南京大學古典文獻研究所編《古典文獻研究（1993—1994）》，南京大學出版社，1995年。

......焦山《瘞鶴銘》唐末纔産生,所以東晉、蕭梁、隋、唐人未提到它。
經過五代亂世,到北宋纔大顯。北宋距唐末不遠,所以石刻如新。

卞先生的《〈瘞鶴銘〉之謎》,以開闊的視野而縱橫貫通,以豐厚的學養而左右逢源,堪稱追慕乾嘉諸老的考據經典。猶憶當 2001 年此文入選《二十世紀中國文史考據文録》①時,卞師"笑靨如花",對筆者直稱復旦大學傅杰老師真有眼光;2009 年 7 月,筆者又徵得卞師同意,將此文選入《中國古代史研究導引》②,寄望諸生"細細品味與學習"。而筆者至今難忘的情景,如 2009 年 8 月 15 日日記所記:

> 下午從丹陽回,即電話卞師,問候身體狀況,師云非一言可明,約我有時間去家,談近期與遠期安排,我感覺有些不對勁,晚上即與夫人來到師家……先生之近期安排、遠期安排,已有交代後事的意思,心中凄切。近期安排:《新國學三十講》,卞師負責的二十講,仍由卞師約稿,而審稿由我負責;《瘞鶴銘》作者與年代的考證,發現了新證據,擬完成再考《瘞鶴銘》短文,此後即封筆;把劉禹錫研究會成立起來,放在連州。遠期安排:等到身體真有問題,召集冬青書屋同學會同學,先生口述諸事、治學感言、來不及完成而寄望諸位同學的研究課題;擇墓的想法,回到揚州;關於編、出卞孝萱集……

卞師所交代的諸事,後來冬青書屋同學會并配合卞師家人,多已落實,惟"口述"云云,天不假年,未能圓滿③;而關於《瘞鶴銘》作者與年代的考證,卞師究竟發現了什麼新證據,在當時情景下,筆者未及詳詢,於是卞師計劃中的《瘞鶴銘》"封筆"之作,遂成永遠無法彌補的遺憾了。

相對於近代碑傳、唐代文史、揚州八怪、國學大師、家譜研究皆有著作、頗富論文來説,卞先生在六朝領域未見專著,考證性質的論文也并不多。然而卞先生的探賾索隱之功、模範表彰之旨,仍在在有可稱美者,再舉三例如下。

例一,《〈鍾氏族譜〉鍾嶸序辨僞——從僞序看文化轉型》④。

此文本是卞先生給《許昌學院學報》顧問謝文學的回信。1985 年始,《許昌學院學報》開設"魏晉史研究"專欄,2000 年始,開設"鍾嶸與《詩品》研究"專欄,卞先生都多有襄助。在發表於 1998 年的《〈鍾嶸年譜〉序》(《殷都學刊》1998 年第 1 期)中,卞先生既表彰謝文學所撰《鍾嶸年譜》爲"具有四長"的"佳譜",又結合自身家世,言及濟陰冤句卞氏與潁川長社鍾氏的一段"佳話":

---

① 傅杰編《二十世紀中國文史考據文録》,雲南人民出版社,2001 年。

② 范金民等編著《中國古代史研究導引》,"大學研究型課程專業系列教材",南京大學出版社,2011 年。

③ 據卞孝萱口述、趙益整理的《冬青老人口述》(鳳凰出版社,2019 年)"説明":"2006 年年初,南京大學古典文獻研究所商請卞孝萱先生作'口述歷史',同時兼作博士諸生講義,卞先生欣然同意……先生於當年春天開講,共講九次後暫告結束……因先生遽爾仙逝,僅僅達成計劃的十分之一而已。"

④ "六朝歷史與吳文化轉型高層論壇"論文專輯,《吳文化博覽》2007 年第 5—6 期。

《詩品》稱齊綏建太守卞彬、齊端溪令卞錄爲"二卞"，評"二卞詩,并愛奇嶮絶。慕袁彦伯之風。雖不宏綽,而文體勠凈,去平美遠矣"。寒家本濟陰冤句(今山東荷[菏]澤市西南)人,避亂渡江,仕於東晋南朝,《晋書·卞壼傳》《南史·儒林傳、文學傳》的記載,可以爲證。宗譜亦存,世系可考。孔融、李膺因孔子、老子關係而"奕世爲通好",則寒家與長社鍾氏未嘗不可因"二卞"與鍾嶸而稱爲累世通家也。所以,我願爲《鍾嶸年譜》撰序,以續卞、鍾兩姓舊誼。

至於《辨僞》的緣起,則是謝文學"從泰和三塘《鍾氏族譜》中看到一篇署名鍾嶸的序,複印郵示,請我鑒別真僞"。卞先生先據清鈔本《潁川郡鍾氏族譜》卷首《總序》"裔等追維家譜纂於南宋",判斷"鍾氏家譜纂於南宋,可見原有家譜散軼了。假設鍾氏舊譜中有鍾嶸序言,也一同散軼了",所以"泰和三塘《鍾氏族譜》中的鍾嶸序言,來歷不明,不能輕信"。再層層推進,揭示這篇序言的"僞造痕迹":其一,"梁大通二年歲次戊申嗣孫嶸序",與鍾嶸生平不合;其二,"傳至伯州犁仕楚爲大夫""因地受氏,則鍾離昧也",伯宗、州犁本爲父子二人,鍾離昧誤爲鍾離昧,都與鍾嶸家世不合;其三,"其間爲儒、爲宦、爲士大夫、爲素封者,累今相繼","素封"不符合非常重視門第的鍾嶸的思想實際;其四,序中提及的"子壽"(張九齡)、"道濟"(張説)、"元振"(郭元振)、"正倫"(杜正倫),"四位唐朝人,怎麽可能出現在鍾嶸的筆下?"而這篇序言之"文筆拙陋,大大玷污了鍾嶸",更不待言。"辨僞"既畢,卞先生又殿以點睛之筆:"考出這篇序言是僞作,不等於它毫無價值……它是六朝的僞材料,却是宋以後的真材料。它所反映的是無身份性地主的社會地位提高之後人們的思想意識,能看出封建社會地主階級內部結構變化——文化轉型的迹象。"前述卞先生《談蔡琰作品的真僞問題》《〈瘗鶴銘〉之謎》,以及本文未及討論的卞先生《〈陋室銘〉非劉禹錫作》(《文史知識》1997年第1期)、《柳宗元軼文〈譜牒論〉係僞作》(《尋根》2006年第2期)等辨僞文,也可作如是觀吧。而論其在文獻學上的意義,則不僅爲諸如明人胡應麟"辨僞八法"、近人胡適"審定史料之法"[1]等加上了鮮活的注脚,也辯證地警醒我們"僞材料亦有時與真材料同一可貴"[2]。

例二,《盧弼與〈三國志〉集解》[3]。

卞先生交游廣泛,且多交游者望宿儒,故有《現代國學大師學記》宏著。是書"不蹈空言,不因成説","不拘一格","獨抒心得","用材料説話",材料又尤

---

① 胡應麟之"辨僞八法"爲"核之《七略》,以觀其源","核之群志,以觀其緒","核之并世之言,以觀其稱","核之异世之言,以觀其述","核之文,以觀其體","核之事,以觀其時","核之撰者,以觀其托","核之傳者,以觀其人";胡適之"審定史料之法……大概可分五種",即史事、文字、文體、思想、旁證。參考楊緒敏《辨僞學》,收入卞孝萱、胡阿祥主編《國學四十講》,湖北人民出版社,2008年,第57—58頁。

② 陳寅恪《馮友蘭中國哲學史上册審查報告》,收入陳寅恪《金明館叢稿二編》,上海古籍出版社,1980年,第248頁。

③ 收入卞孝萱《現代國學大師學記》,中華書局,2006年,第280—314頁。

多“獨家秘笈”。即以書中所收有關六朝文獻的此篇來説，卞先生自陳“盧氏曾贈我《盧慎之自訂年譜》《慎園文選》《慎園詩選》以及《盧木齋先生年譜》《盧木齋先生遺稿》等未公開出版的油印品。當時印數很少，經過四十餘年，已是罕見之物。我根據這些珍貴的第一手資料，撰成此篇”。文中既述盧弼家世、生平、編書刻書著書等，其中頗見學界掌故，如盧弼初擬爲《水經注》作疏，“搜集各本酈注，及參考書數十種”，後“盡賣歸北大圖書館”，卞先生在此點明：“盧弼售與北京大學圖書館的這部分書籍，對於治《水經注》的前北大校長胡適，起了作用”；復就《三國志集解》的草創權輿、踵續前賢、著述條件等，考説始末，而尤爲詳盡者，則在“從校勘、注釋兩方面評述《集解》的業績”。如述校勘業績後，引吳金華《三國志叢考》之語，表示所見略同：“中華書局出版的陳乃乾校點本《三國志》就因爲没有充分利用《集解》而存在一些問題，此後出版的一部部《三國志》今注今譯本，也因爲利用不足或運用失誤而出現形形色色的問題。”又述注釋業績，既遺憾《集解》未附録‘引用書目’，引書時一般只標作者姓名，而不標書名篇名（個别的除外），讀者感到查檢不便”，也以曹操是治世（清平）的“能臣”還是“奸賊”爲證，肯定“盧弼兼注《三國志》正文和裴注，是必要的，不是多餘的”；既從盧弼曾受教於楊守敬、長於地理學，贊美《集解》中“考沿革、釋今地兩個帶全域性的問題”，可謂“精義紛呈”，也以貂蟬、感甄賦、孫權進妹、孫夫人、綢繆恩紀、單福、“既生瑜，何生亮”、桃園結義、張翼德、落鳳坡、“銅雀春深鎖二喬”、周瑜上述諸例，檢討《集解》對於後世小説戲曲中的真假虛實，“略有涉及，未深究”，對於“前人著作中有疏舛者，《集解》引用時，未辨析”。然則通讀卞先生此文，就如筆者，不僅悉知盧弼其人之故實、《三國志集解》其書之價值，而且越發感嘆治史的辛苦，蓋考據作爲治史的基礎，不僅要讀書、用書，還要知書、疑書，舉凡版本、校勘、訓詁、傳注，乃至知人論書、知書論學等等，都屬讀書、用書的前提，非如此，則有失嚴謹，算不得高明。卞先生《現代國學大師學記》表彰“現代中國學術之前驅”的十二位國學大師，“謹遵薪火相傳之義，旨在從國學大師的治學方法中吸取營養，重在繼承”[1]，真是美哉斯義與斯旨！

　　例三，《陳武帝“漢高、魏武之亞”“無慚權、備”駁議——宋、齊、梁、陳四帝簡論之一》[2]。

　　如卞先生這樣經歷時代巨變的前輩大師，著書作文，往往寄寓深遠，考據、辭章以外，亦有義理、經濟（經世濟用）存焉。回想 2003 年底，筆者接受《南京曉莊學院學報》之約，主持重新開設的“六朝研究”專欄，首期專欄即得卞師所賜此文，幸何如之。此文篇幅不長，纔四千餘字，然其立意之宏大，謂爲籠罩了“上下五千年”的中華史，應非過譽。文章以《陳書》中兩個針鋒相對的史論，即《陳書·高祖紀》陳吏部尚書姚察評陳霸先“蓋漢高（劉邦）、魏武（曹操）之亞

----

　　① 卞孝萱《現代國學大師學記》“前言”，第 1、3 頁。

　　② 《南京曉莊學院學報》2004 年第 1 期。相關文章尚有卞孝萱《陳王朝與天台宗——爲“帝鄉佛國”作》（《南京曉莊學院學報》2006 年第 3 期），此文專據“陳武帝崇尚佛教，并爲其子孫文帝、廢帝、宣帝、後主所效法，尤以扶植天台宗爲中國佛教史上之大事”而作。

矣”、《陳書·後主紀》唐史臣侍中、鄭國公魏徵評陳霸先“足以無慚權（孫權）、備（劉備）矣”起勢，結合“具有極爲重要的政治意義”的正統、閏位、僭僞等概念①的分析，既定性姚察、魏徵的比喻“皆不恰當”，又贊同王夫之“陳高非忠於蕭氏，而保中國之遺民，延數十年，以待隋之一統，則功亦偉矣哉”、呂思勉“陳武誠文武兼資，不世出之偉人哉⋯⋯陳氏開創之艱難，實十倍於宋、齊、梁三朝而未有已也”的認識，蓋“生活在民族矛盾尖銳時期的史學家，如王夫之、呂思勉，纔能充分認識陳霸先抗擊异族、保衛漢族政權的歷史功績”：

> 生活在滿清滅明、“天崩地解”之時的王夫之，是一位具有强烈愛國主義精神的志士和史學家⋯⋯王夫之以無比崇敬的心情，歌頌陳霸先擊退北齊之南侵、“保中國之遺民”的豐功偉績。他反對以後梁（鮮卑貴族宇文氏所立的傀儡政權）“統陳”，也是民族大義的表現。
>
> 《兩晋南北朝史》作於太平洋戰爭爆發後、呂氏回故鄉“隱晦”時。他晚年在“自述”中，自評此書“表彰抗魏義民，表彰陳武帝⋯⋯皆佳”⋯⋯身居淪陷區的呂氏，高度評價陳霸先“克敵衛國”，“有存亡絕續之功”，顯然是出於激揚民族主義的愛國情懷。

2009年5月底，因爲常州武進、鎮江丹陽爭執孰爲齊梁帝王故里，時任江蘇省六朝史研究會副會長兼秘書長的筆者，應常州方面的邀請，陪同卞孝萱、許輝、邱敏前後三任會長以及李天石副會長、胡曉明副秘書長前往常州實地考察。猶記5月31日拜謁呂思勉故居的那刻，卞師對着誠之先生銅像三鞠躬，然後久久凝視，再題詞“高山仰止”四個大字。這是卞師生前最後一次爲六朝學術的出行。卞師“高山仰止”着他景仰的呂誠之先生，也正如我輩“高山仰止”着敬愛的卞先生吧！

二　殫精竭慮，沾溉深遠

上節開頭，筆者即提到卞先生1987年發表的《試論六朝的歷史地位》專文，并略以此文爲分界，闡述卞先生關涉六朝文史的前後勾連、探賾索隱。筆者何以如此布置呢？蓋此文之前，卞先生的六朝探索多爲唐代文史研究的“副產品”；而此文之後，類似的“副產品”雖仍在持續且後出轉精，但更豐富的成果，還在擘畫宏圖、指引途徑。爲什麼會有這樣的“轉型”？卞先生在接受弟子邵文實博士的訪談時即談及其中的緣由：

> 邵文實：先生至南京工作後，除了繼續潛心研究唐詩、唐傳奇外，還做了一項非常重要的工作，就是呼籲關注六朝史研究，倡導成立江蘇省六朝史研究會。你這樣做是出於什麼想法呢？
>
> 卞孝萱：由於各種原因，雖然南京是六朝古都，但一般人對六朝歷史文化知之甚少。我認爲應該改變這種狀况，應該宣傳、研究六朝歷史文

---

① 參考胡阿祥《理解“正統”：魏晋南北朝歷史的秘鑰》，《中華瑰寶》2021年10月號。

化。在多方努力下,1985 年,江蘇省六朝史研究會得以成立,我擔任研究會會長十年,現仍爲名譽會長。

邵文實:學會在大力推進六朝歷史文化的學術研究方面做了哪些工作?

卞孝萱:一是醞釀、籌劃編纂《六朝叢書》,目的是立足南京,面向全國,面向海外,依靠專家學者,組織廣泛的社會力量對六朝史進行多渠道、多層次、多方位、多形式的研究和論述。1992 年底至 1993 年初,《六朝叢書》第一批書籍由南京出版社正式推出。1996 年,又由黑龍江教育出版社出版了《六朝文學叢書》八種。另外還有一項重要的工作就是着力培養新人,使學會保持較强勁的學術活力。[①]

筆者不知卞師談及上引話題時的表情。如果換作是筆者與弟子對談,應該沉重多過愉悦,畢竟那是何等的殫精竭慮。作爲親歷者,1991 年始,筆者參加了江蘇省六朝史研究會的歷届年會,後又歷任江蘇省六朝史研究會的副秘書長(1993 年始)、秘書長(1996 年始)、副會長兼秘書長(2001 年始)、會長(2008 年始),直到 2019 年"榮升"名譽會長。由於六朝會不收會費,又每年召開規模不小的年會,年會上還總是送些專門製作的"紀念品"(現在稱爲"伴手禮"),所以經費一直艱困。早年,江蘇省社科聯每年撥付的一兩千元自是不敷支出,於是日常的辦公費用多由卞師與筆者自行解決,年會費用不足時,也多由卞師與筆者補貼,前前後後,各自貢獻的稿費(如 2001 年《六朝文化》、2008 年《國學四十講》的稿費)大概就有兩三萬元吧。而如此辦會導致的結果之一,竟是換届審計時頗添麻煩,因爲審計事務所不相信還有"自掏腰包"辦會的"傻子"。

卞先生是江蘇省六朝史研究會的發起人、奠基者、學術領袖、精神象徵。1984 年,卞先生應南京大學中文系之聘,從北京民建中央移硯南京大學工作。來寧伊始,卞先生即深感南京作爲六朝古都,江蘇作爲六朝京畿,應該大力開展六朝研究,而團結高校、科研院所、文博考古單位、方志部門的志同道合者成立研究會,也是亟待着手的大事。於是經過卞先生與蔣贊初(南京大學歷史系)、孟昭庚(南京大學歷史系)、羅宗真(南京博物院)、許輝(江蘇省社會科學院歷史研究所)等精心籌備,1985 年 11 月 21 日,江蘇省六朝史研究會成立大會在南京大學圖書館會議室隆重召開,武漢大學唐長孺教授、廈門大學韓國磐教授等蒞臨大會并作學術講演;隨後,在青島路南京軍區後勤部招待所,與會代表經過充分醞釀、民主協商,選舉産生了研究會的工作班子:會長卞孝萱,秘書長許輝,常務理事卞孝萱、劉希爲(徐州師範學院歷史系)、許輝、何榮昌(蘇州大學歷史系)、孟昭庚、羅宗真、蔣贊初,并聘唐長孺爲名譽會長,劉毓璜(南京大學歷史系)、姚澄宇(南京師範大學歷史系)任顧問。從此,江蘇地區以及臨近江蘇的安徽馬鞍山、浙江長興等地從事秦漢魏晋南北朝隋唐研究的多數學者,在江蘇省六朝史研究會的旗幟下,在以卞先生爲首的老前輩的帶領下,

---

① 邵文實《"在人雖晚達,於樹似冬青"——卞孝萱教授訪談録》,《文藝研究》2007 年第 1 期。

將六朝史乃至中古史的研究推入了新階段。

從 1985 年六朝會成立到 2009 年卞先生辭世,卞先生作爲六朝會的會長(1985—1996 年)、終身名譽會長,總是喜歡張羅大事、習慣提携會員,又除非特殊情形,還做到了有會必到、到會必致辭、致辭必呼籲、呼籲必求落實。卞師常對筆者説,中國唐代文學學會韓愈研究會與江蘇省六朝史研究會是他愛寵的一對兒女,囑筆者也要用心盡力。而歸納卞先生之於六朝會有目共睹、無出其右的學術貢獻,舉其犖犖大端,這裏略言三個方面①。

其一,大力呼籲客觀公正地評價六朝的歷史文化地位。

六朝歷史文化之不容忽視,今天已經不言而喻。然而自二十世紀五十年代以來的半個多世紀裏,"學界"加諸孫吴、東晋、宋、齊、梁、陳之六朝身上的評價,總體而言是負面的。如視六朝爲戰亂相尋、政治腐敗、割據偏安、國運短促、文化消極、思想萎靡等等的黑暗、倒退時代;又如據 1954 年畢業於南京大學中文系的周勛初回憶:"學習文學史而進入魏晋南北朝階段,猶如進入黑暗時期一樣。老師講到左思《咏史詩》中'世胄躡高位,英俊沉下僚。地勢使之然,由來非一朝'這幾句時,總要對這種社會現象大加批判,同學聽後也無不義憤填膺。王謝高門,最易遭到撻伐。高等院校中每次搞大批判,常把謝靈運拉出來痛罵一頓,什麽生活腐朽,作品形式主義嚴重等等,當時的古代文學論文中常見這種論調。"②至於學界以外的社會人士,哪怕就在南京、在江蘇,也對六朝知之甚少,很不瞭解。

面對這樣的尷尬局面,1986 年卞先生利用南京教育學院組織全市中學歷史教師進修的機會,安排了六朝史系列講座,設壇開講或提供講稿的學者與講題,有卞先生的"試論六朝的歷史地位"、蔣贊初的"長江中游地區六朝考古的重要發現"、羅宗真的"六朝文物與六朝史"、許輝的"從長江流域經濟的發展看魏晋南北朝的歷史地位"、簡修煒(華東師範大學歷史研究所)的"六朝時期勞動者階層結構略論"、孟昭庚的"六朝門閥士族評述"、黄佩瑾(蘇州鐵道師範學院歷史系)的"略論王導"、孫述圻(南京大學外國學者留學生研修部)的"六朝佛教概説"、邱敏(南京教育學院歷史科)的"六朝目録學的發展"。後來,這些講稿彙編爲《南京教育學院學報》1987 年第 2 期"六朝史講座專輯",廣爲散發,甚獲好評,一些海外學者與研究機構也不斷來電來函索要,可見影響之廣泛。又據邱敏回憶,六朝會成立之初的那幾年,卞先生滿懷熱情,以高度的責任感,逢會必講六朝的重要,一再申論其師范文瀾先生的觀點:"在東晋南朝時期,長江流域開發出來了,使隋唐封建經濟得到比兩漢增加一倍的來源;文化事業發展起來了,使隋唐文化得到比兩漢提高一層的憑藉。東晋南朝對歷史是有貢獻的,不能因爲政治上是偏安,輕視它們的貢獻","北方承認南方文化

　　① 參考邱敏《殫精竭慮,慘淡經營——記卞孝萱先生與江蘇省六朝史研究會》,收入冬青書屋同學會編《慶祝卞孝萱先生八十華誕——文史論集》,江蘇古籍出版社,2003 年,第 9—15 頁。
　　② 周勛初《六朝江東士族的家學門風》"序",吴正嵐《六朝江東士族的家學門風》,南京大學出版社,2003 年,第 1—2 頁。

爲華夏正統,不僅音樂一端。所以,軍事上北朝戰勝南朝,文化上則是南朝戰勝北朝",云云。通過卞先生的不斷呼籲,正確認識六朝、客觀評價六朝的趨勢,在學界乃至社會層面,可謂日漸明顯。

其二,强力推進六朝學術著作的出版。

卞先生常常教導我們,研究會的使命,一在"會",由"開會"而"會面",二在"研究",即做學術研究。就"會"來説,江蘇省六朝史研究會堅持年會制度,每年獨立或聯合召開一次較大規模的研討會,其中還不乏全國性或國際性的大型研討會,由此,六朝會與中國魏晋南北朝史學會以及日、韓、美、德等國學者建立了密切的聯繫。就"研究"來説,不僅每次會議都確立一個中心議題,求真求實,不務空言,而且屢次由卞先生牽頭、以六朝會會員爲主力,承擔科研項目、出版學術著作。最典型的案例即《六朝文化》。1997 年 10 月,得益於卞先生的聲望,六朝會承擔了江蘇省社科聯重點委托課題"六朝文化"。經過六朝會内外三十餘位學者三年的勞作,2000 年 10 月完成了近八十萬字、包括"基礎研究編"十章與"應用開發編"七個專題的《六朝文化》書稿,并於 2001 年由江蘇古籍出版社出版。猶記在書稿總體規劃、分頭撰述、修改統稿的過程中,卞先生數次召集三位主編來家商談,叮囑務必避免"衆手修史"容易産生的弊端,并以"文章千古事"相勉勵。而該書出版後所獲榮譽,似也未多辜負卞先生的期許,如楊英《2001 年魏晋南北朝史研究綜述》(《中國史研究動態》2002 年第 5 期)評價:"許輝、邱敏、胡阿祥主編的《六朝文化》(江蘇古籍出版社),運用了大量的考古資料、方志筆記等,并吸收天文、地理、建築、藝術等多種成果,是近年來六朝史研究内容最全面的著作。"2003 年 12 月,《六朝文化》又獲"2001—2002 年度江蘇省哲學社會科學優秀成果一等獎"。

言及卞先生之推進六朝學術研究,還不能不提頗多坎坷、轉過幾家出版社的"六朝叢書"。先是 1991 年,卞先生爭取到南京市出版局局長、南京出版社社長張增泰的支持,成立了《六朝叢書》編委會,并規劃叢書暫定八十種,"估算總字數在一千萬以上",分爲學術編、知識編、文獻編,學術編對標富有學術價值的專著,知識編側重深入淺出、可讀性强的作品,文獻編則在整理古籍、圖譜、文物等資料。邱敏回憶:"那段時期,先生爲之幾乎傾注全部精力,擬選題、請作者、審初稿,還要與出版社進行聯繫、交涉,并請當時尚健在的國務院古籍整理出版規劃領導小組組長匡亞明前輩爲叢書題簽。"1992 年底到 1993 年初,卞先生主編的《六朝叢書》第一批五種四册,即卞敏《六朝人生哲學》、吴功正《六朝園林》、孫述圻《六朝思想史》以及邱敏點校《南朝史精語》、鞏本棟點校《南史札記》合册,由南京出版社陸續推出。此後,因爲出版局、社人事變動,已交付的書稿無法落實出版,卞先生憂心如焚、四處奔波,1994 年纔得以在南京大學出版社又出羅宗真《六朝考古》一册。再後,卞先生甚至與遠在兩千公里外的黑龍江教育出版社取得聯繫,1998 年到 1999 年出版了頗具規模的《六朝文學叢書》兩批八種,即范子燁《〈世説新語〉研究》、趙以武《陰鏗與近體詩》、丁福林《東晋南朝的謝氏文學集團》、王琳《六朝辭賦史》、王雲路《六朝詩歌語詞研究》、羅國威《敦煌本〈昭明文選〉研究》、程章燦《世族與六朝文學》、劉躍進與范子燁編《六朝作家年譜輯要》。在寫於 1997 年 4 月 1 日的《六朝文學叢書》"總序"中,卞先生由衷致敬黑龍江教育出版社:

> 在商品經濟大潮一浪高過一浪之今日,他們以遠見卓識,在白山黑水之間,兢兢業業,辛勤耕耘,爲弘揚祖國優秀傳統文化作了不懈的努力。
> 對這種高尚的精神情操,我們應致以深深的敬意!

同樣,我輩學人應向卞先生致以深深敬意的出版之事,還有最初由卞先生再次醞釀、重新籌劃的大型《六朝文化叢書》,在限於財力而大度地轉給具有"官方"背景的江蘇省炎黃文化研究會、南京六朝文化研究會運作以後,卞先生積極支持六朝會會員繼續承擔任務。2002 年到 2004 年,南京出版社陸續出版了《六朝都城》(盧海鳴)、《六朝民俗》(張承宗)、《六朝文化概論》(許輝、李天石)、《六朝科技》(周瀚光、戴洪才)、《六朝史學》(邱敏)、《六朝文學》(吳功正、許伯卿)、《六朝經學與玄學》(田漢雲)、《六朝宗教》(許抗生、趙建功、田永勝)、《六朝文物》(羅宗真、王志高)、《六朝帝陵》(曾布川寬著,傅江譯)、《六朝藝術》(林樹中)凡十一種,獲得了學界的充分肯定與社會的高度贊譽,作者們也因此獲益良多,畢竟那些年出書不易。卞先生總是抱持着這樣的信念:只要有利於學術研究事業,有益於學者的成長,有助於優秀的歷史文化遺產服務於當今的經濟文化建設,都要努力去做,而不必計較一些枝節問題。

其三,着力培養新人,重視學術傳承。

卞先生一貫平易近人,尤其熱心提攜年輕學者。卞先生擔任江蘇省六朝史研究會會長期間,開展各種學術交流,總是優先安排年輕學者發言,并且直言不諱地點評,接受各種課題項目,也會儘量吸納合適的年輕學者參與,藉以鍛煉其能力。筆者長年隨侍卞師左右,每每感佩卞師"逮住機會"就推年輕學者。如 1992 年,六朝會協助南京市秦淮區旅游局開展秦淮風光帶建設規劃咨詢,獲得一筆經費,次年遂在黃山書社出版會員成果結集《六朝史論集》,卞先生在"序"中,既感激江蘇省委副書記孫家正題寫書名、廈門大學教授韓國磐先生與四川大學教授繆鉞先生親撰論文,又專門介紹了筆者、李天石、張學鋒、傅江、孫永如"幾篇青年學者的論文",并特別强調"青年是我們事業的希望所在,眼見我會一批青年會員茁長成材,眼見他們的研究成果紛紛問世,使我感到歡欣和慰藉"。

其實又何止在六朝會內,卞先生之關心、提攜年輕人,已經習慣成自然了:參加"全國古代文學古典文獻學博士點新世紀學科展望及信息交流座談會",藉着發言機會,卞師把門下幾位博士如周群、程國賦、景凱旋、邵文實、許雲和及筆者的學位論文推介了一番,贊爲"都能有自己的見解,或有所發現(指新問題),或有所前進(指老問題),言之成理,持之有故,力求拓寬古代文學研究的新視角、新領域。他們都遵循文史結合(胡君是文史地結合)的原則。至於跨學科的研究,各種先進方法(如分類統計、定量分析等)的運用,則因題而異,因人而异。如果不是'專'而求'通',以上幾篇論文達不到現有的水平"①;對於卞門弟子的弟子,卞師同樣關愛有加,筆者指導的碩士生、博士生的論文答辯,卞師幾乎成了"專職主席",如筆者碩士弟子邢東升的回憶:

> 我與卞先生的第一次深入接觸,是在我的碩士論文答辯會上,先生是答辯委員會主席。先生那年已有八十高齡了,走路腳步輕健,説話中氣十足、音如洪鐘,滿頭銀髮,修剪得短短的,更顯精神矍鑠。先生對我的論文看得很仔細,從寫作的方法思路,到遣詞造句,都詳盡地指出其中的優缺點。先生鼓勵我多注意學科交叉,認爲這是學術發展的大勢所趨。先生又特意強調學術研究要注意師承,對我説:"范文瀾先生是我的老師,你的老師是我的學生,你是范文瀾先生的第三代弟子。"

時至今日,筆者的碩博士弟子還以能得卞師這樣的"座師"而自豪、幸福;對於弟子、弟子的弟子以外的年輕學人乃至社會上的文史愛好者,卞先生也能給予加持,有評閲論文、主持答辯者,有求取書序、請賜書評者,有推薦文章、介紹關係者,有請教學問、咨詢疑難者,而就我目睹耳聞,卞師少有拒絶,實在抽不出空,也會安排門下弟子代擬書序、書評、回信的草稿,再經卞先生認真改定。

傾心盡力地推進學術著作的出版,提携加持年輕學者的成長,如卞先生者,真可謂沾溉深遠也。

三　擘畫宏圖,指引途徑

與上節所述的"三個方面"相聯繫,自 1986 年撰寫開宗明義的《試論六朝的歷史地位》講稿以後,卞先生發表了包括書序、書評在内的諸多六朝文史領域的研究成果。以言書序,如主編的《六朝叢書》總序(南京出版社,1992 年)、《六朝文學叢書》總序(黑龍江教育出版社,1998 年),伍野春《裴松之評傳》序(《南京史學》1989 年第 4 期)、于景祥《唐宋駢文史》序(遼寧人民出版社,1991 年)、魏明安《中國古代文學論叢》序(黄山書社,1992 年)、謝文學《〈鍾嶸年譜〉序》(《殷都學刊》1998 年第 1 期)、胡阿祥《魏晉本土文學地理研究》序(南京大學出版社,2001 年)、于景祥《中國駢文通史》序(吉林人民出版社,2002 年)、邱敏《六朝史學》序(南京出版社,2003 年)、許雲和《漢魏六朝文學考論》序(上海古籍出版社,2006 年)等;以言書評,如《工具書之典範,做學問的指南——讀陳垣先生〈釋氏疑年録〉》(《紀念陳垣校長誕生 110 周年學術論文集》,北京師範大學出版社,1990 年)、《把握時代因革,評論人物功過——讀趙以武〈梁武帝及其時代〉》(《嘉應學院學報》2007 年第 1 期)等。這些書序與書評雖然難免"古今爲序,多有溢美之詞,這幾乎成爲定例"②,但藉由評書説文,卞先生還是要言不煩、畫龍點睛地表達了諸多富有啓發意義的學術思考、學術觀點,這

---

① 卞孝萱《淺談"專"與"通"》,《文學遺産》1999 年第 2 期。
② 胡阿祥《東晉南朝僑州郡縣與僑流人口研究》,江蘇教育出版社,2008 年,第 20 頁。

裏不妨例舉兩點。

　　例一,關於梁武帝的評價。

　　在《把握時代因革,評論人物功過——讀趙以武〈梁武帝及其時代〉》書評中,卞先生寫道:

> 在中國歷代帝王中,在位久且享壽高者,南朝的梁武帝是其中的一位。他在位48年,活了86歲,除了清朝的乾隆帝之外,恐怕再無他人可比了。但是,關於梁武帝一生的所作所爲,是非功過,學術界討論得不多,人們知曉其人的也不多。原因在哪裏呢? 恐怕跟他是個亡國之君有關吧。梁武帝因爲佞佛造成身死國亡的下場,被唐代大文豪韓愈在那篇名文《論佛骨表》中點名,譏以"事佛求福,乃更得禍",後世人們總覺得梁武帝治國入了邪,下場又不光彩,因此不大願意對這段歷史去作深入細緻的探討。時勢造英雄,時運毁豪杰。梁武帝的成敗得失,不能孤立去看,而要放在南北朝的歷史大背景下認識,纔有意義。我們不能因爲梁武帝佞佛誤國,忽略其人曾經有過的雄才大略;不能因爲梁亡的下場,輕視梁代學術文化在中國文化史上的重要地位。

這是非常通達的認識。而順着卞師的指示,筆者在相關課程與隨筆中,將梁武帝定位爲"英才、庸才、蠢材",英才如"聞蕭衍善用兵,勿與争鋒"的評價,庸才如"逆天地之性"、修築浮山堰,蠢材如接納東魏叛將侯景、引狼入室①。其實,在歷史研究中,人物的評價既是普遍的存在,也絶非簡單的命題,不僅按照中國人的習慣思維,提到人物,就離不開評價,而且人物評價中,"傳統語境"的道德標準與"現代語境"的事功標準往往"打架",結果給歷史人物"翻案"的論著,曾經成爲"新中國"史學中所占比例超大的一類"成果"。然則如卞先生以"瞭解之同情"辯證看待梁武帝蕭衍,就因之具有了指引途徑的特别價值。

　　例二,關於六朝駢文的評價。

　　1991年,卞先生在序于景祥《唐宋駢文史》時指出:"駢文也是我國古代文壇上長期流行的文體之一,也應進行研究,總結得失,取其精華,棄其糟粕,古爲今用。"及至1998年《六朝文學叢書》總序,在明確六朝文學語言求"麗"、文學創作的"緣情"主張成爲主旋律、文學發展進程中不斷"新變"等總體傾向與時代特徵的大背景下,卞先生更對講究對仗與聲律的駢文作出了"最具'美文學'之意蘊,文體屢變,其中永明體漸開四六的門徑,徐庾體已形成爲原始的四六體"之判斷。在2000年發表的《陳寅恪與古典文學》(《古典文學知識》2000年第3期)文中,卞先生進一步從"獨立之精神,自由之思想"的高度,引述與詮解陳寅恪對駢文的"自成一說":

> 就吾國數千年文學史言之,駢儷之文以六朝及趙宋一代爲最佳。其

---

　　① 　胡阿祥等《中國通史大師課.2》,岳麓書社,2019年,第39—44頁;胡阿祥、張文華《"逆天地之性":梁武帝築浮山堰》,《歷史學家茶座》2009年第2輯。

原因固甚不易推論,然有一點可以確言……六朝及天水一代思想最爲自由,故文章亦臻上乘,其駢儷之文遂亦無敵於數千年之間矣。

這就是"無自由之思想,則無優美之文學"的既淺顯又深刻的道理。回想二十世紀八十年代吾輩學習中國文學史時,駢文還被批判爲濫用典故、堆砌詞藻、意少詞多、形式重於内容、思想受到束縛等等,則投注感情於中唐古文運動、桐城文學的卞先生,藉着表彰陳寅恪"獨立自由"的治學原則,激賞駢文,的確可"供青年讀者參考",而卞先生爲人治學之通達,又可見一斑矣。

回到本節的主題,大概秉持着特别的使命感、責任心,卞先生不僅在書序、書評中重視六朝研究的導夫先路,而且前後發表了《試論六朝的歷史地位》《略論六朝文學文化文物之綜合研究》《關於六朝研究的幾點思考》等文,這些文章雖然或詳或簡,但一以貫之者,總在擘畫宏圖、指引途徑,這就意義非同凡響了。

如 1987 年刊發的《試論六朝的歷史地位》,首次從政治、經濟、民族融合、中外關係、文化科技五個方面,全面、系統、辯證地表彰了六朝對中國歷史的主要貢獻。其中有些觀點,衡之於當時的學術氛圍乃至政治"語境",可謂難能可貴。政治方面,"雖然(東晋、宋、齊、梁、陳)五個朝代的更迭頻繁,對穩定社會來說,却有積極意義";經濟方面,東晋南朝時"北來的世家大族,在不觸動南方豪族利益的前提下,大多在比較地曠人稀的區域落脚,他們擁有部曲、佃客,還有依附的流民,大批的勞動力,對南方山區和荒廢地帶的開發,起了重要的作用。莊園式的經營比個體農民的開發有效得多";文化方面,"那種忽視南朝詩歌對唐詩的影響,認爲唐詩直接繼承漢、魏詩歌傳統的論調,是不符事實的……我們不能只看到唐人否定六朝文學糟粕的一面,還要看到唐人吸收六朝文學精華的一面",如此等等,都是或破陳言,或立新論。

又如《略論六朝文學文化文物之綜合研究》(《許昌師專學報》2001 年第 3 期),意在例證陳寅恪、王國維等中國古典文學研究大師"都不僅是單純地研究古典文學,他們在各自把握了中西文化精神的基礎上進行古典文學的研究,形成各自的特色"。以言陳寅恪,竹林七賢、陶淵明之思想與文學、四聲論、六朝駢文與庾信《哀江南賦》四例,典範價值在於"六朝文學必須與六朝文化結合研究,纔能大有成就"。以言王國維,典範價值在於"取地下之實物與紙上之遺文互相釋證",即考古文物與六朝文史充分溝通,纔能補文獻之不足;在此,卞先生以南京市博物館"六朝風采"大型陳列所見考古與文物爲例,鮮活説明了吳、西晋與東晋、南朝呈現舊與新"兩個文化格局",生動展示了六朝生活的衣、食、住、行四個方面,特别揭示了六朝文藝、宗教、中外交流的實景,又據新發現的"東晋高崧墓志楷意濃厚",確認郭沫若《由王謝墓志的出土論到蘭亭序的真僞》"專以含隸意的謝(謝鯤)、王(王興之)二石來定《蘭亭序》爲僞,就不攻自破了",云云。這篇出手不凡、别出蹊徑的"趣文",就如卞先生所言,是"爲了表達兩層意思:研究六朝文學,必須深刻理解六朝文化;研究六朝文化,應該充分利用六朝文物考古資料"。至於落實這"兩層意思"的重要價值,筆者覺得,又是怎麽强調都不爲過!

　　然則就六朝研究的擘畫宏圖、指引途徑以及直陳問題、指摘時弊等而言,最爲集中體現了卞先生之思想、氣度、率真、期望的大作,還是應推《關於六朝研究的幾點思考》①(《南京大學學報》2001年第2期)。此文之緣起,是歷經江蘇省六朝史研究會多年的努力,江蘇省、南京市的各級領導以及省市相關科研部門,都已認識到六朝研究的重要性,六朝研究也漸成政府支持、學界重視、社會關心的熱點。在這樣的形勢下,《南京大學學報》擬開設"六朝研究專欄",并由筆者擔任特約主持人,筆者遂向卞師約稿。經過大約近一個月,卞師即賜予宏文,并在寫給筆者的便箋上説明文章的立意:"談這幾點思考,意在兩方面。一方面,六朝研究中存在着一些似是而非的觀點,需要澄清;另一方面,六朝研究中需要注意的問題,有待努力的方向,也不揣淺陋,藉此機會提出來,供大家參考。"

　　卞先生文章的第一節是"正確看待六朝的歷史地位"。此節的内容,既承續前述《試論六朝的歷史地位》,又宏觀開闊地辯證:

　　　　我們不能簡單地、表面地僅僅把六朝認作分裂割據、偏安短促的王朝,而對其采取輕視的態度。六朝政局是分裂的,但在分裂中孕育着未來的統一;六朝政權是割據的,但在割據中傳承着先進的文明;六朝政治上是偏安的,但偏安維護了南方的穩定,爲南方經濟與文化的發展,提供了必要的條件;六朝的每一王朝,國運是短促的,但總而論之,六朝在許多方面,如首都、疆域、國家性質、社會風氣、人物階級、政策制度、經濟發展等方面,一以貫之,保持着相對的共通性。

　　　　我們應當看到,在五胡十六國大亂時期,正是由於司馬睿、王導君臣在南方重建晋朝,及以後的宋、齊、梁、陳較爲平穩的遞嬗,纔使先進的傳統文明在南方得以保存與延續,纔没有被相對落後、野蠻且具强大破壞力的胡兵毁於一旦。進一步説,保存、延續於南方的先進的傳統文明,也給十六國北朝的統治者逐漸接受這種文明提供了機會與條件。

　　　　至於孫吳,胡阿祥同志提出:"在中國史上,孫吳作爲第一個確具規模立國於江南的漢族國家,其意義也是重大的。孫吳對江南所作的普遍而又深入的播殖,孫吳對蠻越的開發,實爲東晋及其後的南朝立國江南的契機;不僅如此……孫吳一代實已奠定了六朝的立國方針與疆域基礎,西晋的統一并没有打斷南方地區獨立發展的步伐。"這也是言之成理的。

　　既然輕視六朝的看法雖"由來已久,却是片面的",那麽如何開展六朝研究呢? 在文章的第二節"文物考古資料的利用與文獻資料的發掘"中,卞先生既承續前述《略論六朝文學文化文物之綜合研究》,强調"中國古代史的研究,尤其是隋唐以前歷史的研究,不結合新出土的文物考古資料,似難有重大的突破。六朝歷史的研究,自然不例外",而"目前尚存在考古學與史學之間界限分

---

① 　此文由卞師撰寫初稿,筆者敷衍成文,最後由卞師再增補定稿。

明、相互脱節的現象,這方面如果做好了,必將使我們的研究更上一層樓";又推而廣之,提醒研究者"新發現的文物考古資料是這樣,新發現的文獻資料也是這樣。舉例來説,《隋書·經籍志二》著録'《應驗記》一卷,宋光禄大夫傅亮撰',此書中國久已失傳,而有心者却注意到其抄本留存在日本京都青蓮院裏。'青蓮院本'《應驗記》,由宋傅亮《光世音應驗記》、宋張演《續光世音應驗記》、齊陸杲《繫觀世音應驗記》三種構成。這三種觀世音應驗故事集,在中國都早已散佚失傳,而在東鄰日本却完整地保存了下來。1990 年,在中日雙方學者的共同努力下,此書得以在中國出版(《觀世音應驗記(三種)》,中華書局,1994年點校本)。這是十分珍貴的六朝小説與佛教文獻,對研究社會史、漢語史、民俗史等,亦各有其重要價值";甚至"有價值的舊有的各種文獻,也應予以廣泛的關注和充分的利用。如北京圖書館收藏有清朱銘盤的宋、齊、梁、陳四朝《會要》稿本,上海古籍出版社約請學者,於 1984 年至 1986 年間,陸續整理校點出版,給研究者提供了方便"。諸如此類,卞先生作爲文獻學大家的治學風範,卓然可見。

　　"資料工作爲研究工作準備糧草,功德無量",然而僅有資料而欠缺方法,也難取得大的成就。卞先生歷來重視專通結合。他贊美"通,是中國歷代學者所追求的目標。是通儒,還是陋儒,是中國歷代區別學者學術水準高低的尺度",他引述張舜徽"吳學最專"但"其失也固","徽學最精"但"其失也褊",惟"揚州之學最通","無揚州之通學,則清學不能大";他檢討"從 1949 年以來,學習蘇聯,高等院校培養人才,强調'專'。這在當時的歷史條件下,有其合理性,但不免產生諸多流弊";他以古典文學舉證,"文學史與文學批評史是兩大塊,文學史中又按時代分成四小塊,彼此之間都相對隔膜。於是,長期耕耘在某一小塊土壤中的莘莘學子,'專'是'專'了,但知識面不寬,學術視野不廣,學術結構不健全,就是難免的了"。而在這樣的一番鋪墊後,在文章的第三節"專與通:六朝史研究者應具的素養"中,卞先生既勉勵研究者在求"專"的同時求"通",更擘畫他理想中的六朝研究宏圖:

　　　　以文化言,六朝這個時期,文采風流可稱是中國文化廊廡中的勝景。在外來文化(如佛教)與中土文化、傳統文化與新興文化(如道教)、士族文化與民間文化的衝突與融合中,六朝文化不斷發展,絢麗多姿,异彩紛呈,出現了儒、玄、佛、道、名、法各家爭鳴的局面;這個時期的文人學士,很多是亦文亦史亦哲。理解這個時代的文化,非打通中土與异域的界限不可,非貫連當代與前後的關係不可;研究這個時代的文化人,必須文史哲融會貫通,舉凡時代背景、學術氛圍、家世門風、師承流派,以及有關研究對象的全部著作及資料,都應該全盤把握。當然,達到這個境界是不容易的;而惟有達到了這個境界,纔能饒有發明,多有所獲,其研究纔能真正地勝任愉快。

　　　　研究六朝史的前輩,在"通"這方面爲我們做出了榜樣。如陳寅恪、周一良、唐長孺、繆鉞等,皆爲通才。以通才來研治必須上下貫通、中外貫通、門類貫通的六朝歷史，方能大有成就。其實不僅六朝這一斷代地域史如此。歷史有其一貫性，做斷代史研究，實在不可專偏於斷代；專偏了，便難免缺乏通識。

相對於前述三節談六朝的歷史地位、六朝的研究資料、六朝研究者應具的素養，在第四節"存在的問題與努力的方向"中，卞先生更是毫不客氣地指陳問題、指摘時弊：

> 六朝歷史的研究，當前最突出的一個問題是：從全國現有成果看，多數是把六朝作爲魏晉南北朝的一部分來處理的，相形之下，研究六朝的專著少了，研究六朝文化的專著更少，這樣，六朝的地域性、一貫性以及其不同於十六國北朝的特點，便未能完整、充分地展現出來。又一個較爲明顯的問題是：在缺口多的同時，"熱點"的重複現象嚴重，如士族研究，往往重複做個案，琅琊王氏、陳郡謝氏等僑姓，吳郡顧、陸等吳姓，文章很多，但較少新的角度，缺乏新的資料；一些過去比較重視的老課題，如人物評價、賦役制度之類，現在還常見"炒冷飯"的論著。六朝文學的研究，也存在重複現象。沒有新角度地"炒冷飯"，沒有新資料地做"熱點"，可能是由於不瞭解學術信息，也可能是一種急功近利的心理在起作用。東拼西湊、資料陳舊、觀點雷同的"論著"，於個人是浪費了時間和精力，更是無功於學術的發展的。

> 還有些問題是帶普遍性的，不止反映在六朝研究領域。比如把複雜的歷史簡單化、公式化；比如割裂歷史的整體感，政治、經濟、軍事、文化等門類分得過於絕對，互不關照；比如避難就易，不肯下功夫去研究經濟基礎，研究生產力的發展；比如無心去搜集、占有資料，而好發沒有堅強依據的泛泛之論，甚至好發空論。

> 從全國現有研究六朝文化的專著看，上層的雅文化占大多數，下層的俗文化幾乎是絕無僅有。在雅文化中，又以文學占大多數。在文學專著方面，也呈現出不平衡的狀態，如：對六朝文學的研究與對六朝文論的研究不平衡，《文心雕龍》的研究非常活躍，《文選》的研究相形見絀；諸種文體的研究不平衡，研究詩的成果多，研究駢文的成果少；作家的研究不平衡，陶淵明的研究者最多，嵇康、陸機、陸雲、鮑照、江淹、沈約、庾信的研究者較少。這種不平衡的狀態，也存在於史學、哲學領域中。總之，目前的研究成果，尚不能完全、圓滿地反映出六朝文化的全貌。

既然問題與時弊如此，那麼如何解決問題、針砭時弊呢？卞先生指引途徑道："六朝研究有待努力的方向很多。六朝疆域變遷、政區沿革，六朝都城建設，六朝政治制度、改革措施，六朝民族與人口，六朝宗教與信仰，六朝南北交流與中外交流，六朝社會狀況與地區開發，六朝考古發現及其史學意義與史學解釋，等等，都還研究得不充分，而又不能不去做深入的探討。"大概因爲紙短話長吧，卞先生又特別以漢唐之際中國區域文化中"最爲活潑，富有生氣，并具開放

性""繼承發展了秦漢文化,并孕育了空前繁榮昌盛的隋唐文化"之六朝文化爲例進行説明:

　　當前開展六朝文化的研究,應開拓新的專題,運用新的材料,提出新的觀點,展示新的風格。在研究方法上,分門別類地理清思想、學術、教育、文學、藝術、宗教、風俗等各方面的具體史實與發展綫索,是十分必要的。與此同時,更應強調的是:在時間上,把六朝文化與此前的秦漢文化、此後的隋唐文化進行比較,以明暸其縱向的流變;在空間上,把六朝文化與同時期的北方文化進行比較,以探究其地域的差異。在層次上,上層的雅文化即以世家大族爲代表的文化,值得深入研討;下層的俗文化——包括民衆的衣食住行、婚喪嫁娶等方面,因其豐富多彩,而構成爲當時社會文化景觀極其重要的一部分,也是六朝文化研究中不可缺少的部門。研究六朝文化,還應避免物質文化與精神文化的輕重失衡,僅僅重視精神文化的研究,是不够的,物質文化、制度文化、精神文化、心態文化,都要顧到。至於六朝文化精神(即六朝文化的精髓所在),六朝文化建設(如圖書、目録、官學設施、各級文化機構等),六朝文化内部的時代變遷(如孫吳之尚武,不同於齊、梁之尚文)、區域差异(如淮域不同於江東,江東不同於江漢,江漢有异於巴蜀,巴蜀有异於嶺南)、民族特徵,各文化因子的交互影響(如佛道與文學之間),北人南遷所帶來的南北文化由衝突到融彙,六朝文化遺存及其開發利用等等,也都是六朝文化的題中應有之義。

行文至此,卞先生摘要道:"在正確看待六朝歷史地位的前提下,以廣泛利用文物考古資料、大力發掘文獻資料爲基礎,以'專'而能'通'的個人與學科素質,力求宏觀、微觀兼備地研究六朝歷史,當能彌補既往的不足,開拓今後的局面,當能建立起對六朝歷史更深透、更清晰的立體認識,而不致流於淺薄。"這既是卞先生在諸多領域皆鍥而不捨的實踐經驗,也是一代宗師對中青年六朝研究者的殷殷期望吧!

　　2006 年 10 月,筆者在提交"韓愈文化論壇"(孟州)的習作《韓愈,中國文藝復興第一人——讀何兹全先生〈中國文化六論〉筆記》①中感慨:

　　在學術史上……往往一等學者天資所縱,領域廣泛,精力所限,又於各別領域,開題立意而已。此種開題立意,因予後來學者以衆多法門,故極得重視。至於二等學者,文獻資料則竭澤而漁,題中之意則務窮以盡,從而區別於開創風氣的大師,而爲專家。無一等學者即大師,學術難以開拓;無二等學者即專家,學術難以堅實。

本着這樣的認識,筆者平常喜讀大師的論著,以求開啓愚蒙;而筆者圍繞六朝文史地所做的些許研究,也正是循着卞師指引的途徑前行的,這就是大師的力

―――――――――――

①　收入楊丕祥主編《韓愈文化論壇文選》,國際炎黄文化出版社,2008 年,第 8—13 頁。

量吧。

2017 年,澳門大學教授、中國魏晉南北朝史學會榮譽會長李憑發表《從朱希祖調查六朝陵墓到卞孝萱主編〈六朝叢書〉——六朝學的發軔與拓展》(《南京曉莊學院學報》2017 年第 3 期),文中追思:

> 朱希祖(朱偰)父子對於六朝陵墓地面遺迹開展科學調查,是建立六朝學的發軔之舉。江蘇省六朝史研究會成立後,擔任會長的卞孝萱先生發揮積極推動作用,將六朝學拓展成爲涵蓋諸多門類的綜合性學科。

"六朝學"如何"拓展成爲涵蓋諸多門類的綜合性學科"? 李憑的體會是:"六朝學的涵蓋面大大拓展,超越了考古學和歷史學的局限,發展成爲包含文化、軍事、社會、政治、經濟、宗教、科技、藝術等諸多學科的綜合學問。"而由本文略述的卞孝萱先生在六朝文史研究方面的功績,則誠哉李憑會長之言!

（作者單位:南京大學歷史學院、六朝博物館、江蘇省文史研究館）

古典文獻研究（第二十七輯上）
Journal of the Institute for Chinese Classics Studies
Nanjing University
Volume 27, No.1 2024

專通堅虛,厚積薄發
——卞孝萱先生的古典文學研究

雷恩海

　　卞孝萱先生是著名學者、文史大家,親炙范文瀾、章士釗二先生,頗獲進益,勤學多思,卓然名家,成就斐然。其學術研究,預其流且引領風氣,在文、史兩大領域頗多創獲,又能兼融會通,相得益彰。就古典文學的研究而論,先生一生留下豐富的遺產,嘉惠學人,歷久而彌彰。今舉其犖犖大者,作爲學習心得,以傳揚先生之學,且求正於學界。

一　年譜之學

　　卞先生以治史为其學術起點。先生早年在謀生的工作之餘,研讀錢儀吉《碑傳集》、繆荃孫《續碑傳集》、閔爾昌《碑傳集補》(當時汪兆鏞《碑傳三集》尚未出版),有感於戰火中文獻之毀損,遂立志收集、整理辛亥革命前後之政治、經濟、文化、軍事等各方面的人物墓碑、墓志銘、家傳、行狀等,紹前賢之志業,欲編撰爲《廣碑傳集》一書,保存一代文獻,傳揚文化,以有益於後世。數十年來,先生克勤克勉,焚膏繼晷,恒兀兀以窮年,最終由團結出版社於二十世紀九十年代以《辛亥人物碑傳集》《民國人物碑傳集》之名,刊行於世,乃傳統碑傳續集的餘韵絶響,作爲辛亥革命八十周年紀念之獻禮,爲辛亥革命和民國史研究,提供了難以覓尋的堅實文獻,厥功甚偉。

　　正是有這樣的治學基礎,先生爲范文瀾所賞拔,調入中國科學院近代史研究所,協助編纂《中國通史簡編》。先生因而對唐代文獻極爲熟稔,遂滋生研治唐代文學的心願。先生有感於前賢研究較多地集中於盛唐,遂選定中唐文學作爲重點突破。研治劉禹錫,遂由年譜做起,奠定研究的堅實基礎。先生統計劉禹錫流傳於世的240篇文章、670餘首詩歌以及傳世的一些筆記和碑刻、醫方,提出年譜所涉及的主要内容:

　　　(一)考訂了劉禹錫的氏族、籍貫、出生地點、學習經過等。
　　　(二)按年編排了他的科名、官職、行事和作品。

（三）重點介紹了他的交游。

（四）除了敘述他在王叔文集團中的地位與作用以外，并注意到他在長期貶謫期間的政績，以及晚年在集賢殿工作的貢獻。

（五）兩《唐書》中有《劉禹錫傳》，唐、宋人筆記中也記載了他的一些軼事，但其中有缺漏，有錯誤，有糟粕；缺漏者補充之，錯誤者糾正之，糟粕則剔除之。①

此譜創稿於1952年，經歷十年之修訂完善，於1962年由中華書局出版發行。先生説："在編寫過程中，對於前人、今人有關的考證成果凡有參考價值者，都予以引用，指明出處，不敢掠美；我所認爲不正確者，亦予以指出，并説明我的看法，讓讀者擇善而從。"②體現先生自治學之初，就具有嚴謹求實的科學精神。該譜考校精審，頗多新見。先生視野開闊，從北朝民族融合的大背景入手，考證出劉禹錫乃匈奴後裔，其先祖隨北魏孝文帝遷都洛陽，遂占籍爲洛陽人；又從安史之亂的實際，大批士人南遷，考出劉氏亦遷往江南，劉禹錫出生於蘇州地區之事實。這一觀點，深爲學界所推重。

此後，先生研究張籍，於1959年有《張籍簡譜》行世；研究李紳，1960年有《李紳年譜》刊發；1978年《李益年譜稿》發表；1980年又有《元稹年譜》出版。先生之研究元稹，始於1958年在《光明日報》發表《與陳寅恪先生商榷〈連昌宫詞〉箋證問題》，二十多年來不斷精進，遂有此書之刊行。《元稹年譜》之主要内容，先生曰：

（一）揭示了元稹家庭、戀愛、婚姻等一系列的隱秘。

（二）考訂了元稹一生的政治表現，包括他對陸贄與裴延齡鬥争的態度，對永貞事件的前後不同態度，在裴垍與宦官、藩鎮鬥争中的表現，與李紳、李德裕的聯繫，對李宗閔、李逢吉、令狐楚、裴度關係的轉變，對宦官的前後不同態度，等等。

（三）按年編排了元稹的科名、官職、行事和作品。

（四）重點介紹了元稹與當時詩人、小説作家、歌者、舞者的交游。

（五）搜羅了《全唐文》《全唐詩》所遺漏的元稹的佚文、佚詩。

（六）糾正了文獻中對元稹記載的錯誤。③

年譜反映譜主的生平經歷、重要的時事，置譜主於歷史語境，以期知人論世，進行深入的研究。先生幾乎窮盡相關文獻，竭澤而漁，盡可能將譜主的主要活動、交游、行事等一一展示。方法科學，根據研究問題的需要，列出糾謬、刊誤、考異、辨正、附録等條目，予以考證，澄清事實，指出訛誤。先生考證出元稹家庭真相：元稹出生於一個没落的鮮卑貴族家庭，父老母少，父死之後，不見

① 《劉禹錫年譜·序言》，《卞孝萱文集》第一卷，鳳凰出版社，2010年，第3頁（下文所引卞先生的著作，皆出於《卞孝萱文集》，僅標明卷次和頁碼）。

② 《劉禹錫年譜·序言》，《卞孝萱文集》第一卷，第4頁。

③ 《元稹年譜·序言》，《卞孝萱文集》第一卷，第171頁。

容於异母兄，與寡母流落於鳳翔，歷經艱辛。這對元稹的性格和思想的形成，產生了重要的影響。初入仕途，元稹正道直行，積極上進，然而中途依附宦官，即所謂"變節"，抑或受其早年生活經歷影響而作的權變。元稹受主考官裴垍賞識，於制舉得第一，後裴垍爲宰相，元稹敢於與權倖作鬥爭，裴垍死後，元稹失去依靠，轉而結交宦官，以求得仕途之進階。以歷史唯物主義的立場，知人論世，既有整體觀照，亦有細緻考辨，體貼入微，故能多有發明。《元稹年譜》於1980 年出版，被學界視爲新時期元稹研究的奠基性著作，四十年來事實上成爲推動元稹研究的力作，影響了一大批學人，元稹研究的相關學術成果日趨豐碩。

先生的年譜撰著，內容豐厚，考證其生平仕歷、行事作爲、交游等，也盡可能展示其人之性格與風神，呈現其人之"全貌"，爲研究提供豐富而可靠的文獻。如於張籍，作《簡譜外記》，記其狀貌、性情、貧與病、排釋老、崇拜杜甫、詩派、祠堂等。其狀貌，韓愈說"哆口疏眉龐"，且有繪像，宋代賀鑄曾看到過，可惜没有文字描述。關於張籍的性情，史書說"詭激"，從事實而言，張籍自稱"樸直"比較恰當，又時自稱"愚樸""疏懶"，實乃指其宦情淡薄而言[1]。張籍長期貧病，却能處之泰然，不爲名利奔走，乃其高潔之操守的表現。思想上排釋老，詩歌上崇拜杜甫，其樂府詩，正是繼承着杜甫的現實主義創作方法。其時以詩受知於張籍者有朱慶餘、項斯、董居中，學其風格者有任蕃、陳標、章孝標、滕倪、司空圖五人。所謂與崔鶯鶯戀愛，乃宋人誤解傳奇之"張生"爲張籍而導致以訛傳訛。

《李紳年譜》於年譜後，記録相關情狀："紳形狀眇小，時號'短李'""在禁署時，與李德裕、元稹合稱'三俊'""所撰著，除《追昔游詩》外，又《批答》一卷。編《元稹制集》二卷""卒後，子濬輯録紳之遺文爲二卷"[2]。又作《附録》，辨析有關文獻真僞，體現出嚴謹的學風。

如《劉禹錫年譜》說劉禹錫爲人，明信謙虛，多才與藝，擅書法、醫術、音樂、弈棋，且文與柳宗元、詩與白居易齊名。《元稹年譜》說元稹貌美，多才藝，通書法、音樂，尤長於詩，宮中呼爲元才子。與白居易合稱元、白，次韵之體，成於元、白。元、白詩稱元和體，又與韓愈、樊宗師文，張籍、孟郊詩，俱稱元和體[3]。此外，年譜還交待譜主文集的編纂、後世刊刻以及版本情况，頗便於學者。如劉禹錫"集 40 卷。宋初，佚 10 卷。宋敏求裒輯其遺文遺詩，爲《外集》10 卷，但未必盡是已佚 10 卷中作品""宋有專取禹錫詩爲集（6 卷）而刊之者""明有刊本名《中山集》，僅正集（30 卷）。外集世罕流傳""清趙駿烈又取禹錫詩爲集（9 卷）而刊之""近世影印宋本，正集（30 卷）、外集（10 卷），皆得普遍流傳"[4]。

---

① 《張籍年譜·簡譜外記》，《卞孝萱文集》第六卷，第 283 頁。
② 《李紳年譜》，《卞孝萱文集》第六卷，第 286 頁。
③ 《元稹年譜》，《卞孝萱文集》第一卷，第 517 頁。
④ 《劉禹錫年譜》，《卞孝萱文集》第一卷，第 165—167 頁。

　　可見,先生的年譜撰著,方法科學,材料詳明,内容豐厚,既有嚴謹的考辨,亦具鮮活生動的情味,知人論世,創獲頗多,啓人心志,大都爲不易之論,爲學人進一步研究奠定了堅實的基礎。

<h2>二　文集整理</h2>

　　在年譜撰著的基礎上,先生做文集整理工作。自撰著《劉禹錫年譜》始,先生便搜羅劉氏文集的各種版本、抄本,普查散見於各種文獻中的劉氏詩文。《劉禹錫集》校訂,二十世紀八十年代初就交稿,至1990年由中華書局列入"中國古典文學基本叢書"出版。《點校説明》曰:"《劉禹錫集》流傳至今的抄、刻、校本約三十餘種。宋代刻本分爲兩枝:一以民國徐鴻寶影印宋紹興八年本(簡稱'紹興本')爲代表,一以一九一三年董康影印日本崇蘭館藏宋刻蜀大字本爲代表。今以紹興本爲工作底本,以下列五種版本爲主要校本。"①又參校十六種劉禹錫文集版本以及《文苑英華》《全唐文》《全唐詩》《唐文粹》,書末有詩文補遺,分別以《遺文目録》《遺詩目録》列出佚失之篇名。

　　此書校勘精審,取精用弘,爲學界提供了上佳的劉氏詩文版本,對推動劉禹錫研究起到了積極的作用。此後,先生又撰寫《四十年來劉禹錫集整理工作小結》,肯定成績,指陳不足,提出:佚事應考、僞文應辨、校本應廣、箋證應全、序跋應輯,并一一列舉實例,匡謬訂誤,以免謬誤流傳。所提出的這五個方面,"雖針對四十年來劉禹錫集的整理、出版工作而言,或亦可供一般古籍整理工作參考"②。

　　先生由劉禹錫、元稹而關注與其交往的諸多文學家,如韓愈、柳宗元、白居易、崔群、令狐楚等。撰《令狐楚〈白雲孺子表奏集〉鈎沉》,考證《文苑英華》卷五五三、五五七、五五八所收的幾篇標題誤爲"鄭儋"的文章,乃"令狐楚代嚴綬起草,寫給順宗、憲宗父子的"③,經詳明考辨,指出:"劉禹錫參加王叔文集團,與宦官進行鬥爭。嚴綬秉承宦官意圖,逼迫順宗内禪,令狐楚代嚴綬起草表奏。可見,永貞内禪時,劉禹錫與嚴綬、令狐楚的政治立場是敵對的。我們不能只看到劉禹錫與令狐楚是詩友而忽視這一隱情。令狐楚生前,劉禹錫不便提這件事。令狐楚死後,劉禹錫纔透露出來。"④從劉禹錫《唐故相國贈司空令狐公集紀》"更可證明令狐楚是嚴綬請皇太子監國表和上皇太子箋的起草人"⑤。考辨精審,發千古之覆,令人耳目一新。又有《令狐楚、劉禹錫〈彭陽唱和集〉復原》,使後人復睹其原貌,想見當日詩酒唱和之風流。

　　關於韓愈,先生《整理韓文,各樹一幟——〈韓集書録〉十三則》一文,針對清代及民國學者整理韓文的十三種著述,介紹其選文標準、編輯體例、校梓經

①　《劉禹錫集・點校説明》,中華書局,1990年,第1頁。
②　《四十年來劉禹錫集整理工作小結》,《卞孝萱文集》第六卷,第510頁。
③　《令狐楚〈白雲孺子表奏集〉鈎沉》,《卞孝萱文集》第二卷,第119—120頁。
④　《令狐楚〈白雲孺子表奏集〉鈎沉》,《卞孝萱文集》第二卷,第121頁。
⑤　《令狐楚〈白雲孺子表奏集〉鈎沉》,《卞孝萱文集》第二卷,第123頁。

過以及對韓愈的評價，供海內外同行專家參考。學術乃天下之公器，可見先生學術志向之弘大、節操之高尚、胸懷之寬廣。

於唐代文獻，先生尚有《殷璠〈丹陽集〉輯校》，輯録散見於宋人《吟窗雜録》的文獻於一體，得窺原書之大概。又作《〈丹陽集〉辨僞》，指出："宗廷輔不但不可能看到殷璠《丹陽集》，連引用《丹陽集》一些内容的《吟窗雜録》也未見過，他所謂'《丹陽集》'，其中儲光羲詩，係從《河岳英靈集》轉録，包融等十四人詩及申堂構句，則抄自《全唐詩》，今特揭露其真相。"考辨指出："阮閱《百家詩話總龜後集》引《丹陽集》，非殷璠書，乃宋人著作。"①孫濤續輯《全唐詩話》"所引署名殷璠的《丹陽集》，必非殷璠之書"，"所引不署名的《丹陽集》，亦非殷璠之書"②。

先生留心鄉邦文獻，對"揚州八怪"中的金農、汪士慎、高翔、李方膺等諸家均有深入探討，而尤重鄭板橋研究。自 1962 年發表第一篇鄭板橋的文章起，先生始終繫心於鄭板橋研究，多方收集其文獻，將家藏清人徐兆豐《風月談餘録》中的《板橋先生印册》(即《四鳳樓印譜》)，爲上海古籍出版社《鄭板橋集》所漏收，發表以介紹於世人；後又爲印册作注，以印證史，訂正前人失誤。先生整理《鄭板橋全集》，以多種版本校勘《板橋集》，恢復了最早刻本詩鈔、詞鈔、小唱、家書、題畫的次序，且補全被鑱版的十五題十九首詩；又輯録《板橋集外詩文》，收集、鑒別、編排，并寫有"編者注"，對許多情況予以辯證、説明；又輯録《板橋研究資料》，分類編排，於每類以寫作時間先後順序編排。《鄭板橋全集》於 1985 年由齊魯書社刊行，殷煥先著文稱爲"古籍整理研究的一個楷模"③，"本書爲研究者提供了關於鄭氏家世、生平、思想、交游、創作活動、藝術流派和生活軼事等大量新的資料，研究者手此一編，足可以在斗室中耕耘紡織了"④。後又予以修訂，由鳳凰出版社於 2012 年分三册刊行。第一册十三卷，依次爲詩、詞、雜著、文、題畫及備考；第二册爲研究資料彙編，從各傳記、題詞、方志、家譜、書信、序跋、書目、詩詞選、筆記等資料中鈎稽鄭氏相關文獻，且附其家世、交游考證與年譜；第三册是鄭板橋書畫選、用印選。

先生熟悉清代掌故，與人合作校點了清人郭則澐《十朝詩乘》，作爲"八閩文獻叢刊"之一種由福建人民出版社於 2000 年出版，爲清代詩歌及歷史研究，提供了一個精審的版本，有利於學術研究的拓展。

三　文史互證的文學研究

文史互證，是源於傳統訓詁考據學方法，而參以宋代以來的史學方法以及近代西方歷史學、語言學、詮釋學理論，所形成的一種融通漢宋、融會中西的研

---

①　《殷璠〈丹陽集〉輯校》，《卞孝萱文集》第二卷，第 116 頁。
②　《殷璠〈丹陽集〉輯校》，《卞孝萱文集》第二卷，第 117 頁。
③　《從家藏刻本到編成〈鄭板橋全集〉》，《卞孝萱文集》第七卷，第 35 頁。
④　《從家藏刻本到編成〈鄭板橋全集〉》，《卞孝萱文集》第七卷，第 43 頁。

究方法。也就是近年來，西方學人所提倡的"跨學科"研究方法。文史互證，要精熟史學與文學，具備文史兼擅的學術修養和文史溝通的研究能力。前輩學人劉師培、鄧之誠、陳寅恪皆擅長於此，而鄧之誠《清詩紀事初編》、陳寅恪《元白詩箋證稿》《柳如是別傳》實爲典範。先生精熟史學與文學，融會貫通，學習鄧之誠、陳寅恪文史互證的方法，其研究往往能推陳出新，考見至隱，發千古之覆，指示研究之門徑。

　　早在 1908 年，劉師培於《國粹學報》四十六期發表《讀〈全唐詩〉發微》，提出"《全唐詩》中所載感時傷世之詩，均可與史書互證"，并列舉十九個例子予以說明。而卞先生據此撰著《劉師培以唐詩證史》一文，總結劉氏此文之學術意義：（1）"劉氏所舉之詩篇，其題目以無題、有感、吊古、咏史、咏物爲多。這給有志以唐詩證史之後學，指出了方向和方法。"（2）劉氏所舉詩篇，不限於一人，不限於一時期，"包羅了整個唐五代。說明唐詩證史，有廣闊之園地，可代後學耕耘"。（3）"劉氏所證之史，涉及武后（徐敬業起兵）、玄宗（武惠妃誣陷太子、楊貴妃與安禄山淫亂）、肅宗代宗（借回紇兵）、德宗（李懷光叛）、文宗（廢太子）、懿宗（駙馬韋保衡恃恩而敗）、昭宗（藩鎮之禍）八朝事，反映了當時文人對這些重大政治事件的心聲。"（4）開闊了人們研究唐詩之視野①。先生對劉氏所列舉之以詩證史的詩篇，進行補證和引申："逐一考出古典、今典，以補劉氏之所未言"，"以個人對唐史、唐詩的理解，對劉氏之說，略加發揮，以盡其意"②，事實上先生全部的箋釋，皆是示學者以門徑，金針度人，希望能將這一學術方法發展光大。鄧之誠、陳寅恪以自己的杰出的學術研究，將詩史互證的方法做了有力的推進，先生予以總結，以期裨益學人，推進學術的進步：

　　　　以詩證史，需要多方面的知識。簡言之，一要深於詩，二要深於史。然而，在文史分家的今世，深於詩者未必深於史，深於史者未必深於詩。非文史兼擅的學者，不能勝任以詩證史的工作。③

　　　　文與史本來是不分家的，息息相通、互相滲透。人們從詩中可以得到啓發，更深刻地理解歷史現象。即使是詩與史相合，各種史書上所記載的，大多是當事人的表面活動，很難看到當時人（包括當事人和其他人）内心深入的思想感情。"詩言志"，從詩中可以探索到當時人的内心世界，把握住時代的心聲。④

　　正是立足於這樣的認識，先生的研究，往往是文史交融，重視對研究對象的考辨，明其生平、行事、交游等，置於歷史語境，予以深入探討。先生在《解讀唐詩的幾項基本功》一文中，提出"鑒別作品真偽""研究體裁格律""探求詩意——莫把活句當死句""辨識語言——莫把反話當正話"，事實上就是文史互

---

① 《劉師培以唐詩證史》，《卞孝萱文集》第五卷，第 64 頁。
② 《劉師培以唐詩證史》，《卞孝萱文集》第五卷，第 65 頁。
③ 《鄧之誠與〈清詩紀事初編〉》，《卞孝萱文集》第五卷，第 178 頁。
④ 《鄧之誠與〈清詩紀事初編〉》，《卞孝萱文集》第五卷，第 225 頁。

證的研究方法，即："賞析唐詩，不僅要懂體裁格律，還要了解政治文化背景，知道典章制度(如科舉制度)和風俗習慣，熟悉詩人生平、立場、思想狀況，進行深入分析，纔能全面認識詩的思想性、藝術性。"①如《劉禹錫叢考》，考證劉禹錫的父系、母系和交游，和《劉禹錫年譜》相參證，從縱與橫兩個維度，深入探討劉禹錫及其所參加的永貞革新，以期對此能有一個比較完整的認識。《鄭板橋叢考》則考其家世、生平、交游，又考《板橋集》之版本、人名、《詩鈔》與《清實錄》互證、佚詩和佚文箋釋、對聯箋釋，以及印册注和家書辨僞等，提供了豐富的文獻，與《鄭板橋全集》一起，呈現出一個鮮活的鄭板橋形象，展示其豐富的内心世界與藝術成就。

　　先生的研究往往集中於某些對象，重點進攻，全面占領。如，《韓愈五題》列表將《永貞行》逐句與《順宗實錄》對照，得出結論："《永貞行》中對永貞革新和王叔文集團的攻擊，與《順宗實錄》口吻如一。""《順宗實錄》詳本、略本(今本)皆韓愈撰。詳本是韓愈生前向憲宗進呈的原稿；略本是韓愈死後，'累朝有詔改修'，至文宗朝復令'刊去''所書德宗朝、順宗朝禁中事'(《舊唐書》卷一五九《路隨傳》)後的定稿。"②《劉禹錫六題》論劉禹錫與晚唐詩人，分別列出劉氏與李商隱、溫庭筠、杜牧的詩文對照表；論劉禹錫與蘇軾，列出蘇軾詩文詞與劉氏詩文的對照表；論劉禹錫與江西詩派，列出劉氏詩文與黃庭堅、陳師道、陳與義詩的對照表。此種以"對照表"爲呈現形式的比較研究，簡明扼要，極有説服力。這種比較研究，事實上也是一種互證法，可見先生對文學文獻的熟稔，對文史互證方法的純熟，因而能够得出可信的結論。

　　白居易《長恨歌》與陳鴻《長恨歌傳》主旨不同，一偏於感傷，一注重垂戒，乃文士之識與史家之識的區別。至於是什麼造成這樣的差异，先生做了深入的剖析，有曰：

　　　　對於相同的素材，作家主體的感悟是千差萬别的。就拿玄宗以兒媳爲貴妃來説，白居易、李商隱在詩歌中出現了"隱"與"刺"之差异，即由於二人對此事的感悟不同。白自己在情場上有過悲劇的經歷，使他對李楊悲劇産生憐憫之心。請看白作《歌》前的兩件軼事：(1) 白居易《感情》云：……白居易與"東鄰嬋娟子"有白頭偕老之約而未能實現，從自身長期所受的生離之苦，産生了對唐玄宗楊貴妃死别之苦的憐憫，所以《長恨歌》偏於感傷，揭露、諷刺較少。(2) 白居易《微之到通州日，授館未安……》……白居易自身有過與阿軟的戀愛經歷，又爲他在《長恨歌》中描繪唐玄宗楊貴妃的悲歡離合，提供了生活積累。《歌》中"六宫粉黛無顔色"即從"贈長安妓人阿軟絶句"的"千花百草無顔色"脱化而來。③

　　　　白居易不僅是詩人，還是政治家，他從政治上考慮，不應對李楊悲劇

①　《解讀唐詩的幾項基本功》，《卞孝萱文集》第七卷，第148頁。
②　《韓愈五題》，《卞孝萱文集》第五卷，第538頁。
③　《〈長恨歌傳〉與〈長恨歌〉有异》，《卞孝萱文集》第三卷，第196—197頁。

憐憫，爲了彌補《長恨歌》偏於感傷，經過與王質夫、陳鴻的商量，由陳撰《傳》，立意垂戒，以補《歌》之不足，庶幾完美無缺。①

先生旁證廣引，見微知著，從白居易的人生經歷，結合詩文創作發生所受主觀情感的制約立論，頗中肯綮，令人信服。可見，先生不但精於文獻考證，還深諳文藝創作心理，因而能鞭辟入裹，切中隱微，而啓人心智。

《冬青書屋筆記》卷二"詩詞文章"類，主要探討韓愈、張籍、王建、白居易、元稹、柳宗元、范仲淹等；卷三"小説戲曲"類，皆是從文史互證的學術立場，予以研究，如《李娃傳》與"牛李党争"無關，旨在諷刺名教虚僞，得出令人信服的結論。研究范仲淹《岳陽樓記》，將文章置於慶歷革新的歷史語境考察，從范仲淹一生行事予以觀照："這個憂樂觀，是范仲淹從少年時起，幾十年來逐步形成的，是他一生行爲的準則。"②先生進而論曰：

> 從《岳陽樓記》的時代背景來看，當時擺在北宋統治集團面前的，是一大堆的憂慮，而醉生夢死的官僚只顧眼前縱情享樂。范仲淹從現實生活中産生了他的憂樂觀。從文章的藝術性來看，"不以物喜，不以己悲"兩句，開出新境界。"是進亦憂，退亦憂，然則何時而樂耶"三句，從提問中引出自己的抱負。"先天下之憂而憂，後天下之樂而樂"兩句，字字有千鈞之力。"微斯人，吾誰與歸"兩句，用排斥性的條件復句，表示志願的堅定不移。"嗟夫""耶""噫"等語氣詞，於一唱三嘆之中，顯示出作者身爲逐臣，不能實現改革志願的無限感慨。必須指出，范仲淹的憂患意識中，絕無消沉、頽廢、灰心喪氣、悲觀失望，而是充滿積極向上的精神。由於憂患而迫切主張改革。③

論范仲淹《述夢詩序》，更是將眼光放在唐宋歷史的大視野中來考察：

> 從表面上看，似乎不過是爲潤州做文化工作，實際是爲唐代改革家"二王八司馬"恢復名譽的政治行動……范仲淹在潤州刻李德裕的《述夢詩》以及元稹、劉禹錫的和詩，他寫"序"本應以唐潤州刺史李德裕爲主，元稹、劉禹錫爲賓，但范仲淹恰恰相反，對李德裕、元稹只一筆帶過，而詳細評述劉禹錫所參加的"永貞革新"運動。《述夢詩序》這種反常的寫法，正表現出范仲淹的本意，不在此而在彼。④

這樣的研究，既要精熟歷史文獻與文學文獻，也要深諳文藝創作心理，因而這一論述無疑是深透的，能啓人智慧，且有益於現實人生的。

先生頗注意對詩文藝術的研究，如論柳宗元之山水詩、種植詩、五言詩、小詩、詩中第一警句、詩有史筆、增韻體、詩用數目字、詩文清、詩文潔等，就頗爲簡明深透。如論唐玄宗楊貴妃形魂故事的演進，分別以唐、宋、元、明、清的文

---

① 《〈長恨歌傳〉與〈長恨歌〉有异》，《卞孝萱文集》第三卷，第198頁。

②③ 《范仲淹〈岳陽樓記〉》，《卞孝萱文集》第三卷，第157頁。

④ 《范仲淹〈述夢詩序〉》，《卞孝萱文集》第三卷，第158頁。

藝作品來探討,既是李楊形魂故事的不同時代、不同藝術形式的再現,也是李楊故事的後代接受。

先生視野開闊,精研六朝史,對六朝文學頗爲熟稔,寫過系列文章,亦主編《六朝文學叢書》,指出:

> 六朝時期,詩歌的題材大大開拓,陶潛創立了田園詩,謝靈運完成了從玄言詩到山水詩的轉變,都是文學史上創造性的貢獻。左思之於咏史詩,潘岳之於悼亡詩,郭璞之於游仙詩,鮑照之於邊塞詩,都有開基拓疆之功。詩歌的風格多樣化,著名作家各有所擅,民歌情深而净潔,語短而采多,使人屢讀不厭。就其創作之軌迹而言,六朝詩歌經過玄言詩、對偶詩、原始律詩三個階段,賦則經過玄言賦、俳賦、原始律賦三個階段。駢文最具"美文學"之意蘊,文體屢變,其中永明體漸開四六的門徑,徐庾體已形成爲原始的四六體。駢文儘管盛行,散文創作仍有重要地位。①

又談及小說、文集編纂、文學批評的成就,且指出:文學語言求"麗"、文學創作的"緣情"乃主旋律、文學發展進程中不斷"新變"、文體的區分日益細密、文學與非文學的區別不斷深入,乃其總體傾向與時代特徵。提綱挈領,要言不煩,得其要旨。

難能可貴的是,先生的文史研究并不輕視理論,尤其對歷代詩文評資料頗多留意。《劉詩歷代評述選輯》將與劉禹錫有關的重要批評資料,獨創類別,分爲詩辨、詩體、詩意、詩品、詩法、詩病等類,每一類下則以時間先後爲序,予以輯録歸納,比較全面地展示劉禹錫的成就及後世評價,是難得的批評史文獻。又,先生輯録劉壎、倪瓚、王激、徐獻忠、江盈科、邢昉、宋育仁、吳汝綸、曾習經等對柳宗元詩的批評文獻,貢獻於學界。又輯録賈島《長江集》之馮班、何焯批語。這些都體現出先生學術視野之開闊,深具開基拓疆之力。

而且,先生倡導綜合研究,《略論六朝文學文化文物之綜合研究》指出二十世紀涌現出的一批古典文學研究大師,如王國維、魯迅、胡適、陳寅恪、錢鍾書等,"他們的一個共同之點,即他們都不僅是單純地研究古典文學,他們在各自把握了中西文化精神的基礎上進行古典文學的研究,形成各自的特色"②。因而,提出文學與文化、文學與文物相結合:"研究六朝文學,必須深刻理解六朝文化;研究六朝文化,應該充分利用六朝文物考古資料。"③事實上,不僅六朝文學需要綜合研究,古代文學的研究,莫不如此。

四 文學家評傳

文學家評傳,乃傳記文學之一種,以文學家爲傳主,采用叙述與評論結合的體例,以作家生平和作品系年爲主綫,將傳主置於歷史語境,在比較寬廣的

---

① 《〈六朝文學叢書〉總序》,《卞孝萱文集》第七卷,第283頁。
② 《略論六朝文學文化文物之綜合研究》,《卞孝萱文集》第六卷,第520頁。
③ 《略論六朝文學文化文物之綜合研究》,《卞孝萱文集》第六卷,第525頁。

視野中,對其生平事迹和主要作品作比較詳細的叙述與評論,既重視其生平之考述,也重視其思想的闡發、文學作品的疏解,并指陳得失。評傳,既要有比較深厚的史學知識,又要有現代意識,融會傳統文獻與現代學術研究成果;强調材料嚴謹,對原始文獻進行認真的研究、考證,注明出處,不容許虚構或杜撰,如果有必要的推測和推論,也要加上嚴格的論證説明。

二十世紀八十年代,先生與人合作,爲《中國歷代著名文學家評傳》撰寫了盧綸、劉禹錫、王建、李紳、許渾、蔣防等評傳。九十年代,又爲《中國思想家評傳叢書》副主編、終審審稿人,撰寫《劉禹錫評傳》和《韓愈評傳》,取得了豐碩的成果。以《盧綸評傳》爲例,即可看出這一撰著的特點。評傳將盧綸一生劃分爲三個時期:玄宗肅宗時期(二十七歲前),讀書避亂,行旅詩引人注目;代宗時期(二十八歲至四十二歲),宦海浮沉,文咏唱和,馳名都下;德宗時期(四十三歲至六十一歲),從軍佐幕,軍旅詩焕發異彩。如第一個時期,有曰:"安史之亂以後盧綸顛沛流離,作客他鄉,功名未就,歲月蹉跎,深感悲痛。在逃難途中和寓居鄱陽期間,他寫了若干以羈旅飄泊爲内容的行旅詩,引人注目……叙寫了自己的不幸遭遇以及對時事的憂慮,具有相當豐富的社會内容。"①第二個階段,將盧綸的詩歌創作置於唐詩發展的進程予以考察:"大歷時期盧綸的生活經歷對他的詩歌創作有着重要的影響。這一時期他以寫酬和贈送詩爲主。酬和贈送,是唐詩的題材之一。在唐人詩集中,這類作品往往占很大比重,而且不乏名篇佳什。問題在於是否有真實感情、充實内容和高尚的思想境界。如果一味追求詞藻、聲律之美,以掩蓋感情的貧乏、内容的空虚和思想境界的庸俗卑下,就不可避免地要出現形式主義傾向。"②將盧綸的此類詩歌分三種情況,予以討論,就非常明晰地看出其成就與不足。第三階段,討論盧綸的軍旅詩:

> "十載奉戎軒"(《東潭宴餞河南趙少府》)的經歷,使盧綸從讀書做官的狹小天地中走了出來,接觸到新鮮的軍隊生活,大大地開闊了他的視野。渾瑊對他的信任,激越他從戎衛國的壯志。他的詩作,内容和風格都發生了顯著的變化。這個時期,盧綸寫了不少以表現軍隊生活和從軍豪情爲主要内容的"軍旅詩"。他以雄勁高昂的筆調,歌頌邊防將領的勇武:"好勇知名早,争雄上將間。戰多春入塞,獵慣夜登山。陣合龍蛇動,軍移草木閑。今來部曲盡,白首過蕭關。"(《送韓都護還邊》)他以報國立功的情愫,勉勵士人從戎入幕:"男兒須聘用,莫信筆堪耕"(《送李校書赴東川幕》),"策行須耻戰,虜在莫言家"(《送劉判官赴豐州》),"七葉推多慶,須懷殺敵憂"(《送郭判官赴振武》)。這類詩中,《和張僕射塞下曲》最有代表

---

① 《盧綸》,吕慧鵑、劉波、盧達編《中國歷代著名文學家評傳》第七卷,山東教育出版社,2009年,第605頁。

② 《盧綸》,《中國歷代著名文學家評傳》第七卷,第606頁。

性……①

將盧綸生平與其詩歌相結合,置於歷史語境論其行事與創作,彰顯其鮮活的生命力和豐厚的詩歌内容,最後論曰:"充沛在盧綸軍旅詩中的抗敵禦侮、雄壯慷慨的氣勢,體現了他的愛國思想。在當時唐衰弱,備受回紇、吐蕃侵侮的情况下,無疑是具有積極意義的。盧綸的軍旅詩,繼承了盛唐邊塞詩的奮發進取精神,給貞元詩壇帶來了生氣。"盧綸的詩題材比較廣泛、風格朗俊,從思想内容與藝術成就來衡量,"盧綸的詩應是'大曆十才子'中水平最高的一位"②,總體而論,乃曰:

> 在盧綸的許多作品中,感情是真摯的,不矯揉造作;事件是真實的,不弄虚作假;景象是真切的,不矜奇逞怪。詩的語言,以流暢自然爲主。表現方式,往往是情、事、景互相配合。抒情則融情於景,寓情於事;叙事則筆端含情,景象分明;寫景則逼真生動,景中見情。篇章的結構,往往是在平易清晰之中,張弛有節,疏密相間,顯得從容不迫而又曲盡情致。盧綸善於從現實生活中發掘詩料,捕捉形象,運用自己所擅長的語言、表現方式和結構形式,把一些生動的主客觀形象,鮮明地再現於詩中,創造出開朗的藝術境界,産生了感人的藝術力量。從藝術來説,盧綸作爲"大曆十才子之冠冕",也是當之無愧的。③

在歷史語境中,探討盧綸的行事、思想以及其詩歌創作,發掘其詩歌的豐富内涵,又置於唐詩的演進歷程,揭示其藝術成就。顯然,評傳的撰著,就其本質而言,亦爲文史互證的研究,故而所見自亦深廣,所獲甚多。

作爲《中國思想家評傳叢書》之二種,《劉禹錫評傳》和《韓愈評傳》既重視"思想",亦不輕忽其事功、文學成就及其他方面的業績。《劉禹錫評傳》前五章在先生以前研究的深厚基礎上,重新考證劉禹錫的氏族、籍貫、出生地、家世、學習經過、科名、官職、交游等,補苴罅漏,辨證謬誤。先生説:

> 考出劉禹錫父親與李栖筠、韓滉的關係,母系范陽盧氏與河東裴氏的關係,有助於對劉禹錫與李德裕、韓曄、裴度交游的理解。考出劉禹錫"三登文科","四參(岐)公府"的内涵,與"顯交"令狐楚的交誼波折,"元饒州"其人其事等等,加深了對劉禹錫生平的認識。圍繞"順宗内禪""甘露之變"的史事鈎沉,揭露了宦官的罪惡,展現了劉禹錫對國家百折不撓的忠貞志節。④

參加永貞革新、外任州郡,是劉禹錫仕宦的重要内容,也是其業績、事功的重要方面,評傳予以深入的探討。如任連州刺史五年,深入下層百姓的生活,

---

① 《盧綸》,《中國歷代著名文學家評傳》第七卷,第610頁。
② 《盧綸》,《中國歷代著名文學家評傳》第七卷,第611頁。
③ 《盧綸》,《中國歷代著名文學家評傳》第七卷,第612—613頁。
④ 《後記》,卞孝萱、卞敏《劉禹錫評傳》,南京大學出版社,1996年,第400頁。

了解其生存狀態,關心疾苦,遇有水旱灾荒,儘可能地上書請求救濟和蠲免,以減輕百姓的負擔;與當地少數族裔平等交往,瞭解其生活生産,贊美他們在艱苦條件下頑强生活的堅毅精神;同時,雖遠遠處邊隅,却心繫朝廷,關心朝政,積極表明自己的態度,支持朝廷的平淮西吴元濟叛亂;編纂醫書《傳信方》二卷,普及醫藥知識,濟世救民。如平定淮西叛亂,先生曰:

> 這時,劉禹錫雖遠在嶺南連州,但聞淮西大捷的消息後,喜不自勝,立即向朝廷上了《賀收蔡州表》,向裴度上了《賀門下裴相公啓》和《上門下裴相公啓》,稱贊裴度"文武丕績,冠於古今","一德交暢,萬邦和平"。并寫了《平蔡州三首》,慶賀對淮西用兵的勝利。其第二首云:"汝南晨鷄喔喔鳴,城頭鼓角音和平。路旁老人憶舊事,相與感激皆涕零。老人收泣前致辭:'官軍入城人不知。忽驚元和十二載,重見天寶承平時。'"這首詩寫蔡州人民對平淮之役的擁護。平定吴元濟的叛亂,使"楚氛改色,淮水安流。漢上疲人,盡沾雨露;汝南遺老,重睹升平"。劉禹錫把《平蔡州三首》與韓愈的《平淮西碑》、柳宗元的《平淮西雅》相提并論:"韓《碑》柳《雅》,予詩云:'城中晨鷄喔喔鳴,城頭鼓角聲和平',美李尚書愬之入蔡城也,須臾之間,賊都不覺。又詩落句言:'始知元和十二載,四海重見升平時。'所以言十二載者,因以記淮西平之年。"李愬襲取蔡州後,申、光二州的叛軍相繼投降,淮西叛亂全部平定。①

論述極其簡潔,又能曲盡事情,可見先生對文獻理解之深透,文字表述之清省,將朝廷情狀與劉禹錫連州時的作爲緊密結合,真實地書寫了劉禹錫的精神狀態和人格品性,堪稱史筆之高妙。

就"思想"而言,劉禹錫的政治思想乃求真務實、興利除弊、維護統一、治國理民的法治思想、任賢擇能的用人思想,而"大中之道"乃其政治革新的思想基礎。其哲學思想,概括爲"萬物'乘氣而生'的自然觀""天與人交相勝,還相用'的天人之辯""'數存而勢生'的規律觀""以不息爲體,以日新爲道'的辯證法思想""造形而有感,因感而有詞'的認識論"等命題,視野開闊,高屋建瓴,極具開拓性。其人生觀,"受其唯物主義無神論和辯證法思想所支配,志節高尚,具有百折不撓、自强不息的精神,但另一方面又尊崇佛教,融合儒佛,企圖求得精神上的解脱,也暴露出其世界觀與人生觀之間存在着的矛盾"②。大中之道和天人交相勝的觀點,決定了劉禹錫達觀、積極向上的生活態度,其一生"始終堅持儒家的人生理想,追求道家的精神境界,并藉佛教思想來寄托精神上的壓抑與安慰"③。上述所論,從劉禹錫一生行事、業績和事功總結而來,不作虚浮之論,因而頗令人信服。

作爲杰出的文學家,劉禹錫提出了"'文章與時高下'的論點,强調文學與

---

① 《劉禹錫評傳》,第79—80頁。

② 《劉禹錫評傳》,第223頁。

③ 《劉禹錫評傳》,第245頁。

政治的關係;認爲‘詩者,其文章之蘊耶’,‘片言可以明百意’,‘境生於象外’,強調才華與識見在詩歌創作中的作用。劉禹錫的詩歌創作題材廣泛,無論是政治詩、咏史懷古詩,還是風土民情詩、抒情酬贈詩,大多根植於現實生活,具有强烈的時代氣息和創新精神[1],始終注意從民間吸取樂觀、輕快的思想與藝術營養,形成取境優美、精煉含蓄、韵律自然的詩歌風格。他的散文博采衆長,論説文以見解明晰、徵引淵博、邏輯嚴密、題旨隱微、語言洗練見長,於韓愈、柳宗元之外,自成一家。

《韓愈評傳》比較詳明地考其家世,論其生平。論其思想,以爲建立儒學道統,輔佐王朝中興乃其全部思想的核心;在此基礎上,論其哲學思想,進而探討其傳道治國的政治思想、相生相養的經濟思想、“窮而後功”“氣盛言宜”“務去陳言”“舒憂娱悲”“不平則鳴”“獨創生新”文學思想,以及立仁義、明人倫、以教傳道的教育思想。論述韓愈杰出的文學成就,高度評價韓文乃中唐社會現實的投影,具有“衆體皆備的結構範型”“奇崛瑰怪、閎中肆外的風格”;韓詩開拓了唐詩的新世界,對後世有深遠的影響[2]。

可以説,兩部評傳,突出傳主一生行事、業績、事功;論其思想,能與此類内容緊密結合,從基本文獻抽繹論述,互爲表裏,切中肯綮。正如叢書總主編匡亞明先生説:

> 《叢書》所以用“中國思想家評傳”命名,主要是考慮到中國傳統思想文化中的核心是生生不息的内在思想活力,而歷史事實也反復證明,凡是在各個不同時代不同領域和學科中取得成就者,大多是那些在當時歷史條件下自覺或不自覺地認識和掌握了該領域事物發展規律的具有敏鋭思想的人……歷史上各個時代富有思想因而能在有關方面取得成就的人,直接闡述自己思想觀點的論著雖亦不少,但大量的則是其思想既來自實踐(包括對前人、他人實踐經驗的吸取)、又滲透在自己創造性實踐之中,集中凝聚在他自己的業績和事功上,而没有留下論著……如果論述一個人的思想而不聯繫他的業績(包括著作),必將流於空洞的抽象;同樣,如果只講一個人的具體業績而不結合他的思想活動,又必將成爲現象的羅列。[3]

兩部評傳,論述傳主,將其思與行、理論與實踐密切結合,很好地踐行了《叢書》的這一指導思想原則,實爲上乘之作。

五　獨樹一幟的唐人小説研究

唐人小説研究,乃先生文史互證研究的新創獲,有《唐傳奇新探》《唐人小説與政治》兩部專著及諸多新見迭出的單篇學術論文,產生了深遠的影響。先

---

① 《劉禹錫評傳》,第 249 頁。
② 卞孝萱、張清華、閻琦《韓愈評傳》,南京大學出版社,1998 年,第 449 頁。
③ 匡亞明《中國思想家評傳叢書序》,見《劉禹錫評傳》,第 3—4 頁。

生説：

　　“五四”以來唐傳奇的研究，主要是：考證作者生平、寫作年代；進行分類（如分爲神怪、愛情、豪俠等類）；探討思想性與藝術性；進行注釋、輯佚、賞析等。我另闢蹊徑，以小説寫作的政治背景爲出發點，從傳奇作者的政治態度入手，專與通結合，文與史互證，旁推曲鬯，以意逆志，透過表面的藻繪，進入作者的心胸，探索作者的創作意圖亦即作品的真正寓意。①

　　傳奇作者如沈既濟、陳鴻等是史學家，韓愈、柳宗元、蔣防、白行簡等是詞章家，他們平日講究美刺、褒貶的優良傳統，寫小説時，不會丟掉。小説與詩賦同屬文學作品，文學作品是心聲。從一個人的詩賦小説，可以見這個人的心；從一群人的詩賦小説，可以見這個時代文人的心。統治階級内部矛盾鬥争的錯綜複雜，造成了人們在複雜環境中的種種心態，這在史書中是看不到的，只有在文學作品中纔能探索出來。唐傳奇與唐詩賦一樣，其反映個人以至時代心聲的作用，不可忽視。②

　　詩與傳奇，爲唐文壇之雙秀。我的治學方向，50 歲以前偏重於唐詩，50 歲以後偏重於唐傳奇。我研究唐傳奇的重點，在於探求作者之寓意，説白了，就是什麽動機驅使他非寫這篇傳奇不可。這是我的研究成果與衆不同之處……在近代學術名著中，我很欽佩國學大師王國維之《宋元戲曲考》，他在自序中説：“凡諸材料，皆余所搜集，其所説明，亦大抵余之所創獲也。世之爲此學者，自余始，其所貢於此學者，亦以此書爲多。非吾輩才力過於古人，實以古人未嘗爲此學故也。”多年來，我一直以王氏這段話勉勵自己。③

　　夫子之自道，明白叙説唐人小説研究的宗旨與治學方法，彰顯先生的學術自信，又有金針度人、推進學術研究的菩薩心腸，令人感動。《唐傳奇新探》將有政治寓意的傳奇分爲七類，依次爲：“不置褒貶，由人評説”“指名道姓，攻擊對方”“影射時事，寄托憤慨”“藉題發揮，控訴不平”“以古喻今（或假托神話），開悟皇帝”“歌頌俠義，鞭撻逆臣”“聳人聽聞，以求功名”，并針對具體的作品進行深入的分析、探討，以期求得作者的創作意圖和作品的政治寓意。在《唐傳奇新探》的基礎上，《唐人小説與政治》則從唐代政治文化的大視野，深入探討唐人小説所揭示的政治隱秘，分爲：“唐太宗政治缺失的再現”“唐玄宗從明主到昏君的警示”“唐前期官僚傾軋的反映”“‘永貞革新’失敗後的戰鬥”“朋黨紛争中的暗箭”“除閹失敗後的悲歌”“反對藩鎮割據的寄托”“文人胸中塊壘的傾訴”八個部分，幾乎涵蓋了唐代重大的政治事件，發千古之覆，既澄清事實，又給讀者以有益的啓迪。這兩部專著，可以説一縱一横，相互配合，深透地揭示了唐人小説的内藴及先生研究方法之心得，於學術研究的推進，必將産生深遠

　①　《我與唐傳奇研究》，《卞孝萱文集》第七卷，第 79 頁。

　②　《唐傳奇新探·引言》，《卞孝萱文集》第三卷，第 416 頁。

　③　《唐傳奇新探·後記》，《卞孝萱文集》第三卷，第 704 頁。

的影響。

　　這樣的研究，要求研究者具有通達的識見、廣博而精深的專業知識，而且能夠打通文史，融會貫通，進行文與史的互證，作出細密的邏輯論證，得出具有說服力的結論。如《霍小玉傳》，就結構而言，與中唐一般傳奇不同，既未交待故事來源，亦未對此事件本身發表議論，乃有意識地混淆視聽，其意在於將此故事作爲一真實事件叙述，目的則在於譴責主人公李益道德有虧、品行不正。因此篇傳奇作者蔣防與主人公李益屬於同時代人，故而先生從蔣防與李益的社會關係作爲切入點，如庖丁解牛，以無厚入有間，批大郤，導大窾，因其固然，恢恢乎游刃有餘，使得史實與文情豁然而解。主人公李益與李逢吉同出“姑臧大房”，同族情親；而李逢吉與令狐楚關係密切，爲“同心”之友。李益與令狐楚的友誼非同一般，令狐楚在奉敕所編選的《元和御覽詩》中，選録李益三十六首詩，居所選詩人之冠，其目的則在於讓憲宗對李益產生好感，爲李益的“復用”鋪平道路；并且元和十五年以後，令狐楚在遭受政治打擊後，二人聯繫仍然緊密。蔣防與李紳同里，早就相識，又因李紳而識得元稹，三人關係密切，一榮俱榮，一損俱損。元稹、李紳與令狐楚關係惡劣，分屬於不同的朋黨，與令狐楚關係密切的李益自然亦不會獲得元稹、李紳的好感，故“元和末、長慶初，元稹、李紳乘令狐楚貶謫在外、李益孤立無援的機會，排擠李益，是可能的”，“《霍小玉傳》是朋黨之爭的産物”①。

　　不僅如此，還從傳奇的内容來作分析，蔣防精心刻畫李益“重色”“負心”兩個缺點：“寫李益與一個不應該結婚的同姓的‘霍王小女’同居并有‘盟約’，是爲了突出李益的‘重色’；又寫李益抛棄霍小玉之後，小玉想念成疾，而李益在兩次不可能有的長假中，‘回避’不見小玉，是爲了突出李益之‘負心’。‘重色’與‘負心’，是蔣防所精心刻畫的李益的兩個缺點。”②而且還注意到《霍小玉傳》中，對作爲社會輿論化身的元稹岳父韋夏卿的頌美、選取與元稹詩句相似的詩句品題，從而達到打擊李益，奉迎元稹、李紳的目的。此外，先生注意到元和時朝廷“公議”過李益“猜忌”、長慶時李肇《國史補》亦記載李益“少有疑病”的問題。如此，則將歷史真實與傳奇描寫融會貫通，不但具有說服力，而且揭示了其時複雜的政治形勢和錯綜的人物關係，對理解其時的社會現實有一定的意義。文與史、專與通相結合，融會貫通，從史的角度來解讀傳奇，探索唐傳奇所反映的唐代豐富、複雜、鮮活的社會生活，展示其時有血有肉的形形色色的人物，從一個特殊的角度來理解其時的社會文化生活。

　　從政治文化來研究唐傳奇，具有豐富多彩的内容和獨特的研究個性，給予讀者不少的啓迪。其一，揭示了其時社會文化狀態以及人物交通。如《蘭亭記》，圍繞着王羲之《蘭亭序》墨迹的流傳情況，從唐代的幾種不同記載入手，結合後人所提供的材料，考辨分析《蘭亭序》墨迹的流傳入宫的經過。唐太宗喜

---

①　《〈霍小玉〉新探》，《卞孝萱文集》第三卷，第 462 頁。

②　《〈霍小玉〉新探》，《卞孝萱文集》第三卷，第 464 頁。

好王羲之《蘭亭序》墨迹，多方搜求，經大臣房玄齡、蕭翼等人密謀，由蕭翼扮作書生，至越州，與王羲之七代孫智永弟子辯才周旋，"賺"得《蘭亭序》，致使辯才"哽絕良久始蘇"。蕭翼回京，太宗"大悦"，重賞房玄齡、蕭翼，以辯才年耄"不忍加刑"，辯才"因悸病"而卒。關於《蘭亭記》的研究，《新探》展現了初唐重視書法的社會風尚，也揭示了貞觀君臣爲得到《蘭亭序》墨迹而不擇手段的巧取豪奪。不僅如此，因爲王羲之《蘭亭序》墨迹從佛寺入宫廷的過程，頗具傳奇性，引起了後來文人、畫家的濃厚興趣，先生還進一步探討了畫家、戲劇家筆下的蕭翼與辯才形象的敷演，辨章源流，考證得失，使得此篇關於《蘭亭記》的研究頗具趣味性，讀來輕快流暢而不沉悶。唐太宗於《蘭亭記》是"賺"還是"求""取"，先生經過細密論證，有曰：

> 牛肅云"故令人詐僧"。晁補之云"蓋譎以出之"。秦觀云"後遣監察御史蕭翼微服爲書生以詭辯才始得之"。樓鑰云"譎詭殆萬狀"。"唐野史"云"遂令西臺御史蕭翼……賺取以進"。以繪畫言，郭若虛稱《蕭翼賺蘭亭圖》。其後，李日華、王世貞、孫鑛、張丑、都穆、吳升、胡敬、張庚、吳修、梁章鉅等人以及清朝官修的《石渠寶笈》《佩文齋書畫譜》皆稱《賺蘭亭圖》。以戲曲言，白樸有《蕭翼智賺蘭亭記》。所謂"計取""詐""譎""譎詭萬狀"，都不如"賺"字之直接了當。"智賺"形容尤妙。宋、元以後，除了個別人仍用"購"字爲唐太宗塗脂抹粉外，"賺《蘭亭》"已成定論。①

又如對《紅綫》和《聶隱娘》的研究，對其時藩鎮錯綜複雜的關係以及對朝廷的不同態度進行了梳理，有助於讀者認識當時紛繁複雜的社會情况，理解小説所宣揚的"國家無疆"，要使"亂臣知懼"的政治意義和飽受方鎮混戰之苦的廣大民衆渴望和平、安定、恢復生産的願望。

其二，文史互證研究唐人小説，需要有深厚的傳統文化積累。研究傳奇，不是從孤立的角度來探討，而是從深廣的傳統文化背景下來作深入的關照。如《毛穎傳》的研究，"從韓愈的家世、生平、文藝理論、傳奇内容以及《毛穎傳》與白居易詩、陸龜蒙文的比較等方面，進行論證"②。關於韓愈的家世，主要論及"韓愈生母之謎"，從韓愈詩文中未提及母親這一罕見現象入手，從韓愈與韓會的關係，結合唐代禮法與户婚制度以及社會風俗，深入細緻考辨；再從韓愈作品尋找内證，以爲："韓愈生母，在韓家地位卑微，韓仲卿卒後，她不忍抛棄孤兒改嫁，只有以乳母身份留在韓家，撫養韓愈"；"韓愈不提乳母之名，而説'號'，暗示爲子者諱親之名。韓愈兩次提到'孫'，將自己的子女，稱爲乳母之'孫'，暗示了乳母的身份"③；并且能够進一步從朝廷封贈官員父母的"榮典"這一慣例，來分析、考辨，補充證據，從而使得"韓愈生母之謎"的結論具有説服力。而且，并不囿於此種考辨，而是能够以通脱的識見，認識到這一結論所具

---

① 《〈蘭亭記〉新探》，《卞孝萱文集》第三卷，第433—434頁。

② 《毛穎傳〉新探》，《卞孝萱文集》第三卷，第571頁。

③ 《毛穎傳〉新探》，《卞孝萱文集》第三卷，第576—577頁。

有的意義：“這段歷史，對韓愈性格的形成，有重要的影響。由於是庶出，如不求上進，就不能自立，所以韓愈‘自知讀書爲文’（李漢《韓愈文集序》）。由於得到兄嫂乳母的憐憫和撫育，纔能長大，推己及人，故韓愈‘頗能誘厲後進’（《舊唐書》卷一六〇《韓愈傳》），‘内外煢弱悉撫之’（皇甫湜《韓文公神道碑》）。揭示韓愈身世之秘，當有助於知人論世。”①這樣，就使得考辨具有理論意義。此外，還從“韓會的政治悲劇”“韓愈的仕途坎坷”，并結合韓愈文藝理論，探討韓愈《毛穎傳》的創作意圖，并與白居易《新樂府·紫毫筆》、陸龜蒙《管城侯傳》不同主旨的對比探討中，指出《毛穎傳》是韓愈不平之鳴，旨在“藉題發揮，控訴不平”。不僅如此，還指出韓愈不能認識到韓會依附元載之非，是由於受個人情感的影響而蒙蔽了理智，以物擬人，以俳諧爲掩護，在《毛穎傳》中迸發出“秦真少恩哉”這句真話。這樣的認識，是通達而正確的見道之言。

其三，不囿於傳奇問題本身，而能以開闊的視閾，多方探討、考辨，旨在提供研究、解決問題的新的思路。關於創作背景，如對《任氏傳》的研究，注意到《任氏傳》的作者沈既濟是著名的史學家，撰有《建中實録》爲死於非命的宰相楊炎辯解。故而針對代宗朝、德宗朝五年之内，連殺元載、劉晏、楊炎三位宰相，朋黨冤冤相報的歷史事實，探討受知於楊炎的沈既濟撰寫傳奇來爲楊炎鳴不平。又如對《噴玉泉幽魂》的研究，從“甘露之變始末”“甘露之變後政界的態度”“詩人對甘露之變的態度”“記載甘露之變的野史”和“甘露之變”後文宗的情況等幾個方面，多方位、多角度來探討這一歷史慘禍錯綜複雜的情況，以期爲《噴玉泉幽魂》的研究提供一個新的思路。《噴玉泉冥會詩八首》是這篇傳奇的内證，清人胡以梅《唐詩貫珠》卷三三《感傷一》作過箋注，先生據此進一步疏解其意旨。論曰：

> 《噴玉泉幽魂》的故事，雖是虛構的，對噴玉泉環境的描繪，卻是真實的。如：小説中提到“至噴玉泉牌墌之西”，與《大唐傳載》“標墌於道周”之記載合。小説中提到“（許）生於是出叢棘，尋舊路”，與司馬光《游壽安詩十首·噴玉泉》“蒼崖雙起秋雲齊，亂峰迸出如攢犀。石棱澀不容馬蹄，下馬步入荆榛蹊。瀑泉沃雪拖白霓，落潭橫引成清溪。老木長藤咫尺迷，興闌欲出忘東西”。邵雍《八月渡洛登南山觀噴玉泉會壽安縣張趙尹三君同游》“渡洛南觀噴玉泉，千峰萬峰遥相連。中間一道長如雪，飛入寒潭不記年”之親目所見相合。李玫的創作態度是嚴肅的。他之所以選擇這樣一個荒僻的環境，是爲了渲染悲凉的氣氛，“（五鬼）詩成，各自吟諷，長號數四，響動岩谷，逡巡，怪鳥鴟梟，相率啾唧，大狐老狸，次第鳴叫”，極爲凄慘動人。②

職是之故，文章認爲：“《噴玉泉幽魂》是當時爲甘露四相和盧全鳴冤叫屈的獨一無二的文學作品，可與影射順宗被弒的《辛公平上仙》先後媲美，都是用

---

①　《〈毛穎傳〉新探》，《卞孝萱文集》第三卷，第 578 頁。
②　《李玫與〈噴玉泉幽魂〉》，《卞孝萱文集》第三卷，第 541—542 頁。

神怪故事來寫歷史題材的優秀的政治小説。"而作者李玫雖文章著美，苦心文華，可是"大中後李玫應試不第，當與《噴玉泉幽魂》得罪了宦官惡勢力有關"①，補充論述，更彰顯這篇小説的現實針對性。

關於原型人物，如對《枕中記》的研究，特別注意於才能卓著、出將入相而又歷經艱險的主人公盧生，探討其創作原型，目的在於揭示本篇傳奇深刻的現實寓意。以爲此文作於"建中二年沈既濟自左拾遺貶謫處州途中有感而發"②，進一步考察盧生之原型，以爲與薦舉沈既濟的"博以文學，早負時稱，天下翕然望爲賢相"的楊炎事迹合若符契。此外，還對以張説、郭子儀、元載爲創作原型的説法提出質疑，進一步辨析，客觀上增强了楊炎爲創作原型的説服力。"楊炎貶崖州，沈既濟等受牽連貶謫東南。楊炎'去崖州百里賜死'（見《舊唐書·楊炎傳》），沈既濟於貶謫途中撰《枕中記》，當時可能楊炎尚未死，或楊炎雖死而沈既濟尚未知噩耗，從《記》中'帝知冤'，'恩旨殊異'而後盧生死之描寫，反映出沈既濟幻想楊炎能恢復名譽，有個好下場"；"沈既濟從他與楊炎的感情出發，儘量將這個人物描寫得高大一些，完美一些"③。這種對創作原型的探討，不但爲傳奇主旨的研究有裨益，而且展示了楊炎以及張説、郭子儀、元載時期豐富複雜的社會現實及官場情態。

關於作者，如對《補江總白猿傳》作者的考辨，實際上涉及了高祖、太宗朝的政治背景、人物關係以及文藝風尚等問題。此文指出："初唐歐、虞、褚、薛四大書家，實爲兩派，虞、褚、薛爲一派，詢爲另一派"④，而歐陽詢書體見重於高祖朝，虞世南書體見重於太宗朝，"從唐初書壇形勢以及褚遂良的野心來分析，以謗傷歐陽詢爲目的之《補江總白猿傳》，當是貞觀十二年虞世南已死，褚遂良'侍書'之時，爲鞏固其地位，獨霸書壇，授意手下的輕薄文人所作。史稱高祖時'咸以（歐陽詢）爲楷範'，而'貞觀、永徽之際，虞世南、褚遂良時人宗其書迹'，初唐書壇好尚的變化，説明褚的野心實現了"⑤。而且，進一步從玄武門之變後，《高祖實録》《太宗實録》中存在"歸太宗之過於高祖""没建成之名"以及種種"抑揚誣諱之辭"的事實，作出辨析，指出修改實録、弄虛作假，形成一時風氣，影響及於社會，而《補江總白猿傳》正是這一社會風氣下的產物。這一研究，實際上涉及了當時政治背景的複雜態勢及一時的社會風氣，展示了社會生活豐富多彩的原生狀態。

又，羅隱《説石烈士》涉及韓愈與段文昌《平淮西碑》公案，歷來聚訟紛紜，因此《説石烈士》傳奇的主旨就頗爲讀者所關注。在對這一公案梳理考辨的基礎上，從羅隱的經歷、思想以及中唐以後的科舉狀况，來探討該文的主旨，以爲中唐以後權幸把持科場，寒士很難登科，羅隱自恃文才，滿懷壯志，企圖進士登

① 《李玫與〈噴玉泉幽魂〉》，《卞孝萱文集》第三卷，第 542 頁。
② 《〈枕中記〉新探》，《卞孝萱文集》第三卷，第 543 頁。
③ 《〈枕中記〉新探》，《卞孝萱文集》第三卷，第 546 頁。
④ 《〈補江總白猿傳〉新探》，《卞孝萱文集》第三卷，第 442 頁。
⑤ 《〈補江總白猿傳〉新探》，《卞孝萱文集》第三卷，第 443 頁。

第,步入仕途而報效國家,故采擇人們所熟知的《平淮西碑》公案,虛構石孝忠這一忠君愛國的卑賤者形象,聳人聽聞,藉以表達其積極用世的心態。并且在另一問題的論述時,指出羅隱《讒書》乃小説家言,避熟求新,引人注目,實爲科舉行卷之用。

關於創作時間。作品的創作時間直接關係到創作背景及創作意圖的探討,先生精熟年代學,因而對此問題特別關注。如對《南柯太守傳》寫作年代的考證,從李肇《國史補》之成書、李肇作《南柯太守傳贊》、憲宗繼位而"淳于"改姓"于"、李德裕所記李肇已於開成四年前卒等材料,考證此傳奇作於貞元十八年。確定創作時間,那麽探討該文所蘊含的政治意義,乃是有的放矢。

這種多角度、多層次的研究、考辨,提供了思考、解決問題的新視閾,彰顯先生豐厚的學識和游刃有餘的才力。識見弘通,多發前人之未發。如《説石烈士》之研究,關於《平淮西碑》公案,揭示韓碑被磨的政治背景,考辨諸説之是非,論曰:

　　韓文被廢棄,當在元和十四年正月韓愈貶潮州,四月裴度鎮太原之後,這時,從宰相看,李夷簡已出爲淮南節度使,王涯已罷爲兵部侍郎,程異已卒,皇甫鎛大權在握,崔群單絲不綫,孤掌難鳴。李逢吉遥控,李愬妻訴於官中,皇甫鎛譖於朝廷,互相呼應。憲宗既"重牾武臣心",又"恐盈朝不自安",只得磨去他原已同意的韓碑,命段文昌重撰。段碑建於元和十四年十二月,距元和十三年四月憲宗"各賜立功節將碑文一通",有一年八個月,可見不是輕率的舉動,而是憲宗深思熟慮的結果——抑制功高的裴度,犧牲韓愈的文名,調整朝廷内部關係,以鞏固其最高統治權。①

抽絲剥繭,切中隱微,既有助於理解《説石烈士》的内涵,也透徹分析了元和末年朝廷的複雜情况和憲宗的心態,極富啓發意義。

先生説:"我研究唐人小説的創作意圖,可以幫助讀者理解作者爲什麽要這樣寫,絶不意味着用來代替對作品的賞析。"②事實上,文學作品一經產生,就具有了相對的獨立性,獨具藝術之美。以文史互證的方法,探討唐人小説的創作意圖和政治性指向,不僅不妨礙對其藝術美的發掘、傳揚,而且有助於更好地把握其豐富多彩的内容和無限的藝術美。其研究,提供給讀者的思考、研究唐傳奇的新視閾,恰恰從另一個角度揭示了唐傳奇豐富的蘊含和無限的藝術魅力,對推進唐傳奇的研究大有裨益。

先生的唐人小説研究,"以文史互證的方法,探求作者之寓意,自出心裁,不倚傍蹈襲,發他人之所未發"③,別開新局,取得了巨大的成就。先生以爲以文史互證的方法研究唐人小説,要處理好這樣八個問題:(1)個性、通性;(2)古典、今典;(3)表層、深層;(4)實數、虛數;(5)實境、虛境;(6)明言、暗

① 《〈説石烈士〉新探》,《卞孝萱文集》第三卷,第671頁。
② 《唐人小説與政治·導言》,《卞孝萱文集》第四卷,第10頁。
③ 《唐人小説與政治·後記》,《卞孝萱文集》第四卷,第396頁。

言；(7) 正言、反言；(8) 言内、言外。只有這樣，纔能探驪得珠①。有論者以
爲，二十世紀的傳奇文研究："少數別辟蹊徑者，以陳寅恪、卞孝萱等的研究爲
代表，在上述範圍之外，從唐人傳奇文中，拈出政治、社會與文學的關係，以爲
研究的重心，別開'文史互證'的新生面，用如今西人習用的話來説，就是所謂
'跨學科'研究，於是形成 20 世紀傳奇文研究的'正'與'奇'兩種風格的分流。"
又曰："20 世紀的南北學術，向有'京派'和'海派'之分，唐代傳奇文研究的南
方中心，不在上海，却在南京。汪辟疆先生設帷中央大學在先，劉開榮先生任
教南京師大在後，名家輩出，傳統悠久。卞孝萱先生在上世紀 80 年代到南京
大學後，不僅發揚光大前人的傳統，而且獨樹以文史互證方法研究唐代傳奇文
的旗幟，聲譽遠播海内外。"1998 年《唐代文學研究年鑒》撰文評論，贊賞備至，
以爲："爲唐代小説研究開闢一條尚未有人涉足的新途徑，不惟新見叠出，發人
深思，而且材料翔實，令人信服。"②

六　發凡起例的《中華大典·文學典·隋唐五代文學分典》

卞先生晚年的一個最重要的學術事業，是發凡起例編纂《中華大典·文學
典·隋唐五代文學分典》，并因此而確定了《文學典》的基本體例，影響深遠。

作爲試點，《隋唐五代文學分典》首先確立了一個基本的原則，就是不收録
文學作品，從而確立了《文學典》的性質——《文學典》不是文學作品的彙編，而
是關於作家、作品的評論、記述和文學理論的資料性文獻的彙編，所體現的是
一個時代文學以及具體作家、作品在文學史上的意義及影響，後代的分析、研
究旨在揭示其獨特價值所在。

其次，在《〈中華大典〉編纂通則》的指導下③，制定了詳細具體而又切實可
行的緯目，使得經目與緯目相配合，條理清楚而又内容詳備。結合《文學典》的
實際情況，設置六個一級緯目、十三個二級緯目，用以包容各級經目的具體内
容，依次是：論述——綜論、分論；傳記——碑志、傳狀、年譜、考證；紀事——作
家逸事、作品本事；著録；藝文——唱和、紀念、敷演；雜録——雜記、雜考。這
樣，則可以包容一切文獻，提供了豐富的資料。確立了這兩個總的指導原則，
一切文獻資料就可以分門別類地有所歸屬，其基本的學術理念、學術思想就體
現在具體的編纂之中。

設置經目"緒論"——"收録隋唐五代時期内有關文學發展的論説、綜論各
體文學及各類作家的評説"。此經目的設置，綜合了隋唐五代士人及後人對這
一時期文學現狀、文學發展的意見，提供比較深刻的整體認識，實具有總結一
代文學成就的價值，也爲研究者提供了極大的方便。又設置七個一級經目，并
於各時期下設有"總論"——"關於同一時期文學創作的系統性全面性資料"

①　《文史互證與唐傳奇研究》，《卞孝萱文集》第七卷，第 179 頁。
②　《在人雖晚達，於樹似冬青——卞孝萱先生訪談録》，《卞孝萱文集》第七卷，第 433—434 頁。
③　本節所引文獻，出於《中華大典編纂通則》，爲内部文稿，不再出注。

"收録各部時限内有關文學的綜合性評論"。每一時期的文學均有總論，以時代順序收録當時及後人的意見，仁智互見，兼收并蓄，有助於對這一時期文學成就的理解、認識；實際上也指明了各時期的文學總體特點，具有文學的發展史觀。只不過，這種史觀是以前人的意見來體現的，爲研究者深入研究、理解該時期的文學奠定了堅實的文獻基礎。

　　除"緒論""總論"經目而外，該分典還在二級經目總集、體類、作家下設置了"論述"緯目。論述則設"綜論"和"分論"二級緯目。所謂"綜論"，即綜合性評論資料。所謂"分論"，即單篇作品的評論資料、前人對創作時間等方面所作的重要考證，并且篇目按《全唐詩》《全唐文》的次序排列，頗便於讀者檢索、閱讀。所收評論，既是人品的品評，也是文學成就的評價，體現了傳統的知人論世、重視人品與文品的統一性的傾向；也體現了傳統的批評方法——選本、評論與摘句相結合的特色。如此，既可以看出所論對象在文學史上的地位及影響，亦可以見出後人所作出的接受、批評，以及建立自身詩學的參照系的意義。而分論收録相關資料，這些材料從不同的角度揭示了該作品的蘊涵，有助於讀者在現代文化背景下進行進一步的讀解。而且，所收録的資料，均按時間次序排列，内容上避免重出，以最早的資料爲主，如後來在此基礎上有所發展、發揮，則予以收録。這樣，既避免了陳陳相因，也節省了篇幅；更爲重要的是突出了學術研究的推進與創新，將各種意見、研究成果兼收并蓄，呈現出比較完整的體系，統領一代文學，將其成就、影響、研究成果，相容并包，整體呈現，而條理清晰。

　　《大典》設置有"傳記""紀事"緯目。傳記則下設"碑志""傳狀""年譜""考證"四項。"碑志、傳狀均選録記載較早、較詳、較可靠者，避免内容重複。年譜篇幅較大者，可摘録或存目。"考證，則是前人對作家的籍貫、生卒年、家世、科名、官職、交游等方面所作的重要考證，以及對總集、體類的重要考證成果，不同的考證結論兼收并蓄。而紀事則下設"作家逸事""作品本事"二項。作家逸事，"指碑志、傳狀、年譜之外關於作家各種事迹的記載"；作品本事，"指評論之外關於作品創作背景的記載"，以上二種材料，"异説紛紜者，如實反映"。如此，傳記、紀事二項，收録了每一作家（總集、體類亦有紀事）主要的生平經歷、事迹以及作品本事，突現作家的活動背景，做到作家與作品、作家作品與時代的結合，便於知人論世，從而更好地理解作爲時代精神載體的文學作品的深刻内涵。

　　"著録"緯目，將歷代有價值的目録學著作、文章中涉及的隋唐五代文集成書經過、流傳情況擇要收録，不但反映出這一時期總集、別集及含文學資料的筆記等的成書經過、版本源流，還反映出它們在後世的流傳、存佚情況，提供了不同版本的情況以及校勘文字的异同。而"藝文"緯目則下設"唱和""紀念""敷演"三個二級緯目。唱和與紀念性的詩詞文章，由於篇幅的關係，擇要而録，目的在於突出該作家在當時文壇的交往及影響。而敷演則指"後世描摹前代人物事件，供欣賞而非實録的小説、戲曲等"，可以反映出隋唐五代文學作品

（如詩、傳奇）對後世的影響，爲研究者提供了文學流傳過程中不同文體（如戲曲、白話小説）的傳承與衍變資料。“雜録”緯目下又設“雜記”與“雜考”二級緯目，選録那些與作家有關，具有一定參考價值而不便歸入以上各緯目的資料。這樣，大典所設的經目、緯目，就能夠包容一切文獻，爲研究者提供了豐富的資料。

確定了這樣的編纂原則和體例，就使得所收録的資料呈現出全面、立體、鮮活的氣息，不僅突出了整個時代及其具體作家、作品的價值和成就，也使得作家的生平、思想得到全面的反映；不但注意到作家在當時文壇的交游、影響，而且亦關照他們對後世的影響；既重視傳統的文獻，也關注後世的見解。如此，則使得《隋唐五代文學分典》既具有資料彙編的本色，也具有鮮明的學術史傾向、文學史發展觀，統領一代文學及其後世影響、研究成果，從而形成別具特色的巨著。

先生主編《隋唐五代文學分典》，作爲試點，歷時十二年，不但付出了艱辛的勞動，而且確定了這樣的結構框架，實際上既是一生治學經驗的總結，也是其傳統學術基礎與現代意識相結合的學術理念的體現。從傳世文獻入手，論從史出，述而不作，以現代學術思想來整理、建構中國古典文學——既是傳統的文史結合，也是現代的文獻學與文藝學的結合；既重視知人論世，也看重後世的接受與重建。卞孝萱先生發凡起例，其編纂思想和體例的確定，遂成爲《文學典》的通則，體現了主編者的學術構想和學術理念，實乃關乎對傳世文化典籍的重新整理，就其實質而言，乃現代思想背景下的“整理國故”，其影響於一代學術文化、精神文明的建設，將會甚爲深遠。

可以説，《隋唐五代文學分典》凝結着卞先生的學術思想，是其一生學術研究心得的另一種體現，也展示了一位純樸學者的道德品質和傳承中華文化的使命感。

七　轉益多師，廣博與專精兼備

先生篤志向學，得遇良師，轉益多師，廣博與專精兼備，卓然名家。先生撰《現代國學大師學記》，共載十二位國學大師——章炳麟、章士釗、劉師培、黄侃、柳詒徵、陳垣、吕思勉、鄧之誠、陳寅恪、章鈺、盧弼、張舜徽。先生與他們大多有交往，親炙其學術，因而撰文研究，既發明其學術，也彰顯其治學之方法，以期傳揚國學。先生説：“尊崇國學，絶不意味着自我封閉。有識之士，受西洋學術之滋潤與啓迪，突破清學藩籬，學術視野更爲開闊，治學方法更爲先進，融合東西方優秀文化，與時俱進，成爲現代中國學術之前驅，在學術史上留下了光輝的一頁。”[①]廣博的學習，兼收并蓄，奠定了其堅實的學術基礎。這也正是先生學術弘博深廣的一個重要緣由。

先生服膺揚州學派，向往其弘通的治學境界。揚州學派兼顧訓詁與義理，

---

① 《現代國學大師學記·前言》，《卞孝萱文集》第五卷，第5頁。

不僅講究貫通群經,而且追求經學與諸子學及史學融會的做法,給予先生很大的啓發。又親炙范文瀾,得其"專通堅虛"之指導:

> 研究任何一個專門的問題,都要在"通"的基礎上纔能思路開闊,纔能"專"得深。"專"而不"通",知識面窄,一味鑽牛角尖,是不可能有重大收穫的。①

> "堅",指方向要堅定。研究一個問題,要有恒心,有毅力,鍥而不捨,不能隨便中輟。要攀登高峰,做開風氣或集大成的學問。切忌社會上流行什麽,就寫什麽文章,不斷改換課題,結果只能涉獵甚淺,一事無成。"堅",指觀點要堅持。不能別人説什麽,就跟着説什麽。見風使舵,隨波逐流,人云亦云,做應聲蟲……"虛",指發現錯誤就改。堅持真理,修正錯誤。做人做學問要謙虛,但決不是依草附木,嚇得什麽也不敢講、不敢寫。范老提倡的是有批判精神的、能獨立思考的謙虛和謹慎。②

先生得范老之真傳,學識廣博,基礎堅實,文史兼通。熟稔六朝隋唐史,對秦漢、宋元明清及近代史皆多有研習;不但熟悉六朝及隋唐五代文學,而且對漢代文學、宋代文學和清代文學亦多有涉獵,有許多學術論文問世。寬廣而堅實的學術積淀、堅定的學術志向和强韌的毅力,乃先生能够融會貫通的基礎。先生的文章,往往舉重若輕,游刃有餘,正是其廣博學識與通達識見的體現。先哲朱熹有詩曰:"昨夜江邊春水生,艨艟巨艦一毛輕。向來枉費推移力,此日中流自在行。"③之所以能够不費"推移力"而"中流自在行",就在於有汪洋渾涵的水力;而先生之研究能够左右逢源,游刃有餘,時時得其"間",是基於其堅、虛、專、通的學識的。

研讀先生的學術著作,不但得知識,揭示歷史的隱微、詩人的深衷,明其真相與義理,而且可以習得研治學術的方法,其感受是多方面的。正如劉勰論《楚辭》曰:"其衣被辭人,非一代也。故才高者菀其鴻裁,中巧者獵其艷辭,吟諷者銜其山川,童蒙者拾其香草。"④襲用其語,先生的學術研究,"衣被學人,非一代也",不托飛馳之勢,不假良史之才,自可以垂之不朽。這一份豐厚的文化遺産,隨着時間而彌顯其珍貴,必將日益發揮其推動學術研究的偉力。

(作者單位:蘭州大學文學院、國學研究中心)

---

① 《范文瀾先生的治學與爲人》,《卞孝萱文集》第七卷,第 98 頁。
② 《范文瀾先生的治學與爲人》,《卞孝萱文集》第七卷,第 100—101 頁。
③ 朱熹《觀書有感二首》其二,見吳之振《宋詩鈔》,中華書局,1986 年,第 1658 頁。
④ 范文瀾《文心雕龍注》,人民文學出版社,1958 年,第 47—48 頁。

古典文獻研究（第二十七輯上）
Journal of the Institute for Chinese Classics Studies
Nanjing University
Volume 27, No.1 2024

卞孝萱先生與藝術史研究

——紀念卞孝萱先生百年誕辰

朱天曙

著名學者、南京大學教授卞孝萱先生(1924—2009)長期從事中國古代文史研究,在晋唐和清代文史、中國文化史、文獻學研究等方面取得了杰出的成就,先後出版了《劉禹錫年譜》(1963)、《元稹年譜》(1980)、《唐代文史論叢》(1986)、《劉禹錫叢考》(1988)、《唐傳奇新探》(2001)、《現代國學大師學記》(2006)、《家譜中的名人身影——家譜叢考》(2008)等重要學術著作。不僅如此,卞先生在藝術史研究上也有突出的成就,其出版的《鄭板橋全集》(1985)、《鄭板橋叢考》(2003)、《冬青書屋筆記》(1999)、《冬青書屋文存》(2008)等著作中收録了大量的相關研究文章。自二十世紀六十年代起,卞先生即對清代"揚州八怪"尤其是對鄭板橋做了深入的探討,還對六朝至唐、清代至近現代藝術史進行了細緻研究。他通過鈎沉輯佚、正誤校勘、考證辨僞等方法,爲藝術史研究提供了新的成果,爲學界所重視,很多成果至今仍爲研究界廣泛認同。在卞先生誕辰百年之際,全面梳理和解讀先生在書畫篆刻藝術史研究上的成就,對於今天的研究者當有所啓發。

一 以《蘭亭序》傳播和《瘗鶴銘》考訂
爲中心的六朝至唐代書法史研究

東晋書法是中國藝術寶庫中一顆璀璨的明珠,其藝術成就達到了書法史的高峰,"書以晋爲最工,亦以晋人爲最盛。晋之書,亦猶唐之詩,宋之詞,元之曲,皆所謂一代之尚也"(馬宗霍《書林藻鑒》卷六)。錢穆先生也指出:"魏、晋以後,中國人的書法,成爲中國人最標準的藝術。書法的受人重視,超乎其他一切藝術之上。"(《中國文化史導論》)東晋書法,以王羲之(303—361)、王獻之(344—386)爲杰出代表。千百年來,王羲之的《蘭亭序》由於大量傳拓、臨摹,使得此帖形成了特有的生命力,歷代著録、研究一直不斷。唐代何延之《蘭亭記》記載了《蘭亭序》在隋唐之際的收藏和流傳。宋代桑世昌的《蘭亭考》彙集了散見各處的著録、筆記、題跋中的有關資料,進行考訂和分類;後俞松又根據其所藏蘭亭的題記,編成《蘭亭續考》,兩書保存了唐宋二代關於《蘭亭序》臨摹、翻刻、流傳、著録及評論的資料。此後關於《蘭亭序》的研究和考訂一直不斷,更增加了此帖的神秘色彩。1964 年和 1965 年,東晋《謝鯤墓志》和《王興之夫婦墓志》先後在南京出土,郭沫若根據兩志書體,和《蘭亭序》進行比較,發表了《由王謝墓志的出土論到蘭亭序的真偽》一文,認爲東晋時代不可能存在《蘭亭序》那樣遒美而全無隸意的書法,進而否定《蘭亭序》的真實性。此文發表後,引發了著名的"《蘭亭》論辨"。

在六朝至唐代的書法史研究中,卞先生對《蘭亭序》及其在唐代的傳播問題關注尤多。在著名的"蘭亭論辯"四十周年之際,他撰寫了《關於"蘭亭論辨"》一文,全面評介了參與《蘭亭序》討論的郭沫若、宗白華、李長路、徐森玉、龍潛、高二適、商承祚、啓功等先生的主要觀點,指出其得失所在。卞先生在《〈蘭亭記〉新探》一文中,以王羲之《蘭亭序》墨迹從佛寺入唐宫、畫家和戲劇家筆下的蕭翼與辯才、賺《蘭亭》三個方面來具體討論《蘭亭序》在唐代的傳播,并對鑒真帶到日本的"二王"墨迹作專門討論。

《蘭亭序》墨迹是怎樣從佛寺進入唐代宫廷的? 唐代有不同的記載。如:何延之《蘭亭記》稱王羲之"珍愛寶重"他於東晋永和九年(353)三月三日所書《蘭亭序》,并將其"留付子孫傳掌",至七代孫智永將《蘭亭序》付弟子辯才珍藏。唐太宗派蕭翼與辯才唱和,蕭翼出示二王數帖,辯才亦出示《蘭亭序》,蕭翼乘辯才外出,"私"取《蘭亭序》及二王數帖。劉餗《隋唐嘉話》記載"使蕭翊就越州求得之,以武德四年入秦府",牛肅《紀聞》記載"太宗特工書,聞右軍《蘭亭》真迹,求之得其他本,若第一本,知在廣州僧,而難以力取,故令人詐僧,果得其書"(見《太平廣記》卷二○八引)。李冗《獨異志》記載"太宗令御史蕭翼密購得之,爵賞之外,别費億萬"。卞先生認爲,唐人的這些記載,以張彦遠《法書要録》卷三所載《蘭亭記》最值得注意,其次是《隋唐嘉話》《紀聞》,《獨異志》是《蘭亭記》的摘録,因而不受重視。宋代的《太平廣記》和桑世昌《蘭亭考》的記載都來源於《蘭亭記》。後代人從《法書要録》《太平廣記》《蘭亭考》等書看到《蘭亭記》,對《蘭亭序》從佛寺進入宫廷的故事加以摘録、吟咏、評論和考證。

卞先生列舉了秦觀《淮海集》卷三五《書〈蘭亭叙〉後》中摘取《蘭亭記》,樓鑰《攻媿集》卷二《跋汪季路所藏〈修禊序〉》據《蘭亭記》吟咏,晁補之《鷄肋集》卷三三《跋蘭亭序》據《蘭亭記》評論,俞松《蘭亭續考》、吳曾《能改齋漫録》卷五《辯誤·閣立本畫蕭翼取蘭亭書》據《蘭亭記》考證的事實。他又對不信何延之《蘭亭記》而信劉餗《隋唐嘉話》、對《蘭亭記》《隋唐嘉話》《紀聞》采取并存態度者和李日華《紫桃軒又綴》卷一中"《蘭亭》開皇中已爲秘寶,江都隨行,久付烈焰,蕭翼計賺之説,傳奇幻語,烏足深信也"的説法進行仔細辨析,指出何延之《蘭亭記》的可靠性。他還根據《舊唐書·虞世南傳》中的記載,對《蘭亭記》中"尋討此書,知在辯才之所""後更推究,不離辯才之處"進行解讀,指出虞世南向唐太宗提供《蘭亭序》在辯才處的信息,房玄齡推薦蕭翼去越州執行特殊任務,這是《蘭亭序》從佛寺進入宮廷的關鍵,同時指出趙彥衛《雲麓漫鈔》卷六所載"唐野史"中關於《蘭亭序》故事的荒謬之處。

對於《蘭亭序》墨迹從佛寺進入宮廷的過程,唐代之後,不僅文人撰文記録,還有畫家作畫、戲劇家編劇加以描述。卞先生列舉了舊題唐閻立本《蕭翼取蘭亭圖》、唐吴侁《蕭翼蘭亭圖》、五代顧德謙《蕭翼取蘭亭圖》、五代支仲元《蕭翼賺蘭亭》、宋巨然《蕭翼賺蘭亭圖》（附吴鎮、張庚、惲壽平、王翬臨本）、宋朱紹宗《蕭翼賺蘭亭圖》、元錢選《蕭翼賺蘭亭圖》、元趙子俊《蕭翼賺蘭亭圖》、明仇英《賺蘭亭圖》九種畫家作品著録,并逐一進行解析。

題爲閻立本的圖中是否爲蕭翼取《蘭亭序》? 所畫是蕭翼已得《蘭亭》之時還是未得《蘭亭》之時? 是否爲閻立本手筆? 對於這些前人爭論不休的問題,卞先生根據文獻記載,提出自己的看法。他指出確爲蕭翼所取,畫於未得《蘭亭》之時,閻立本作畫時尚無《蘭亭記》一文。唐太宗是用什麽手段得到《蘭亭序》的? 自唐至清,出現各種説法,如"取""計取","求""訪求","購""密購","詐""譎"","詭""賺"等,卞先生解析各家記載後,認爲"賺"字最能説明王羲之《蘭亭序》墨迹從佛寺進入宮廷的真相。他還以鍾嗣成《新編録鬼簿》卷上《前輩已死名公才人有所編傳奇行於世者》著録的"白仁甫《蕭翼智賺蘭亭記》"和朱權《太和正音譜·群英所編雜劇·元五百三十五》著録的"白仁甫《蕭翼賺蘭亭》"爲例,從戲劇的角度瞭解到蕭翼賺蘭亭的故事到了明初還在流傳。

東晋王羲之的書法,經過唐太宗提倡,在唐代之後成爲經典。經過唐太宗大力搜羅王羲之墨迹後,民間所存王羲之墨迹甚少。從《舊唐書·王方慶傳》、劉餗《隋唐嘉話》、韋述《叙書録》、張懷瓘《書斷》等記載的王羲之書迹中可以看出,到唐玄宗時期,王羲之墨迹已經非常難得。唐代高僧鑒真東渡日本,帶去了王羲之王獻之的父子的書法,給日本書壇以深刻影響。當時,日本皇室提倡學習王羲之書體,蔚然成風,成爲日本書道的主流。

卞先生在考察鑒真東渡日本所帶物品的清單中發現,鑒真第二次東渡時還没有王羲之、王獻之的墨迹,在第六次東渡時出現了"王右軍真迹行書一帖,小王真迹三帖"。鑒真成爲"二王"四帖的收藏者,應是第二次東渡之後的事,這四帖從何而來? 歷來未見學者專門討論。卞先生通過對《晋書·王羲之》《高僧傳·義解一·晋剡沃洲山支遁傳》《高僧傳·興福·宋山陰法華山釋僧翼傳》等文獻的考察和分析,指出這一時期在唐代的浙東、浙西一帶的寺廟裏,可能還秘藏王羲之墨迹。鑒真第二次東渡失敗後,曾在明、越、杭、湖、宣州"巡游、開講、授戒",越州道樹寺僧璿真、天台山國清寺僧法雲等人,又是鑒真的弟子,憑着鑒真在佛教界的聲望和師徒關係,很可能會將王羲之的墨迹贈送或轉讓鑒真收藏,這種推測是符合當時實際情況的。

鎮江焦山的《瘞鶴銘》是中國書法史上的著名刻石,歷來衆説紛紜。宋人黄長睿考其爲南朝梁天監十三年(514)刻,清人王澍《竹雲題跋》中稱其"書法雖已剥蝕,然蕭疏淡遠,固是神仙之迹"。此碑字體寬綽,有古隸鋒棱,歷來被視爲書法史上的大字典範之作。這件著名的刻石究竟是什麽人刻寫? 什麽時間刻寫？碑中刻寫了什麽内容？有何特點？卞先生從鶴與文字、碑版署名、干支紀年、文章内容、書法風格五個方面進行了深入的研究。

卞先生對歷史上流傳的王羲之説、陶弘景説、隋人説、顔真卿説、顧况説、皮日休説、王瓚説進行逐條辨析，糾正各種説法的訛誤，提出了個人的新見，這在書法史研究上是一個大的突破。他認爲，主張《瘞鶴銘》是王羲之書、陶弘景書的人，既未考慮東晋、南朝蕭梁無瘞鶴刻銘的風俗，更未考慮王、陶是否愛鶴。《瘞鶴銘》的署名“華陽真逸撰”“上皇山樵人逸少書”“夆山徵君、丹楊外仙尉江陰真宰立石”，或言陶弘景，或言王羲之，這裏實際上是指五個人，而非一個人，并肯定了清人翁方綱提出的此五人“皆無姓名可考”的説法。他指出，《瘞鶴銘》的産生，從文章内容上看，應在受李觀、韓愈瘞硯撰銘之影響而出現了皮日休瘞鶴撰銘之後，在韓愈領導的古文運動勝利之後。從紀年和書風上看，應在顔真卿新體風行之後，具體時間爲唐代乾符元年(874)。《瘞鶴銘》的撰者、書者、立石者是幾個普通的修道之人，并没有留下真實姓名。

卞先生關於《瘞鶴銘》的考訂，嚴謹而深入，條分縷析，這些結論至今也是《瘞鶴銘》的研究中最讓人信服的。從文獻著録來看，宋代蔡絛《西清詩話》中論《瘞鶴銘》時提到“自晋迄唐，論書者未嘗及之”，宋代董逌《廣川書跋》卷六提到“自張懷瓘、張愛賓、徐浩論書，備有古今字法，亦不見録”。也就是説，東晋、蕭梁、隋、唐人未有人提及《瘞鶴銘》，經過五代亂世，到北宋這塊刻石纔大顯。這些疑問，更加驗證了卞先生考訂此碑在唐末出現的正確結論。

在唐代書法史研究中，以歐陽詢(557—641)、虞世南(558—638)、褚遂良(596—659)、薛稷(649—713)爲代表的“初唐四家”是人們關注的重要内容。卞先生從唐傳奇《補江總白猿傳》一書的角度，討論褚遂良與歐陽詢的關係。

《補江總白猿傳》一書，藉用晋人張華、干寶等描寫的關於猿猴盗取婦女，生子“與人不異”的情節，渲染編成的一部書，杜撰梁大同末年，歐陽紇妻爲猿所竊，後生子詢。此書以傳奇的文學形式，藉以誣謗瘦削的歐陽詢。是誰作此傳來誣謗歐陽詢呢？自宋代以來，晁公武、胡應麟等人都進行推測，但未能明確作者。

卞先生通過對歐陽詢在武德時爲“開元通寶”錢幣上撰和書、主編《藝文類聚》和修陳史的考察，指出歐陽詢在武德朝紅極一時，勢必遭人“忌”和“惡”。又討論了虞世南是太宗時期最受禮遇的文臣，太宗稱其“五絶”，即“德行”“忠直”“博學”“文辭”和“書翰”俱絶。虞世南貞觀十二年(638)去世後，褚遂良和歐陽詢與唐太宗的關係變得微妙。卞先生進一步指出，虞世南得太宗敬仰，褚以虞的繼承人爲號召，得到太宗的信任。這時的歐陽詢，是褚遂良最“忌”、最“惡”的對象。

書法史上的“初唐四家”，虞、褚、薛爲唐太宗親近的一派，而歐陽詢爲另一派。卞先生認爲，從唐初書壇形勢以及褚遂良的野心來分析，以誣謗歐陽詢爲目的的《補江總白猿傳》是貞觀十二年(638)虞世南去世之後，褚遂良正爲“侍書”之時，褚氏爲鞏固其地位，授意手下文人所作的。卞先生又從《隋唐嘉話》

《資治通鑑·唐紀十五》《舊唐書·魏徵傳》以及司馬光《資治通鑑考异》等文獻記載中,對褚遂良爲人及貞觀時期的風氣提出了《補江總白猿傳》爲褚遂良手下文人所作的旁證。這些研究,從一個新的視角對唐代書法史、文學史和政治的關係進行辨析,有重要的參考價值。

二　清代圖志、園林、畫家、印人等相關的藝術史研究

除六朝至唐代書法史研究外,清代藝術史是卞先生研究的重要内容。他在這方面的成果,多與他家鄉揚州文化有關。

平山堂是揚州的重要文化景觀。康熙二十三年(1684),康熙帝巡幸江南,在此地停留,并爲“平山堂”題寫匾額。平山堂之下是環繞揚州城的運河,開掘於雍正十年(1732),即今天俗稱的“瘦西湖”。此處由揚州鹽商富豪營建,是清朝盛世在揚州誕生的藝術品。流傳至今的平山堂地志有三種,即清初汪應庚的《平山攬勝志》十卷、乾隆時程夢星的《平山堂小志》十二卷和乾隆三十年(1765)兩淮都轉鹽運司鹽運使趙之壁所編《平山堂圖志》。其中《平山堂圖志》記載最爲詳細,并增加“圖”一卷,是中日文化交流的一件實物,也是美術史研究的重要文獻資料。日本天保十四年(1843),江户昌平翻刻此書,今藏京都大學附屬圖書館。卞先生 2000 年時得到奈良女子大學橫山弘教授所贈昭和五十六年(1981)同朋舍的原版印刷中的《平山堂圖志》一部,因而對此書傳入日本後的翻刻和重刊情況作了研究,進一步考證了《平山堂圖志》與《平山攬勝志》《平山堂小志》《揚州畫舫録》的關係。通過比較,他指出《平山堂圖志》所録長卷描繪了揚州名勝的整體,記載的景點也較《平山攬勝志》《平山堂小志》增加甚多,因而有獨特的文獻價值和藝術價值。

清代園林和繪畫史研究有着直接的關係,存世的山水卷中,常常以園林作爲畫家描繪的題材。清代揚州籍畫家袁江(1662—1735)以界畫名世,上海博物館所藏其所繪名作《東園圖》中的“東圖”,之前常被認爲“不知屬何地”“實物早已無存的明代江南農村的園林”。卞先生從《重修揚州府志》卷三十《古迹志一·江都縣》和《江都縣續志》卷五《古迹》入手,指出袁江所繪的《東園圖》是清揚州府江都縣東郊六里村喬國楨所建東園,并詳細考釋王士禎《東園記》、曹寅《東園八咏》、張雲章《揚州東園記》、宋犖《東園記》中記載東園落成的情況,以及主人喬國楨和當時文人的來往。

清代文人袁枚(1716—1798)的“隨園”也是清代畫家筆下的重要文人園林,卞先生有專文討論。他指出“隨園”從明代焦氏“隨園”、清康熙“吳園”、雍正“隋園”再到乾隆時袁枚“隨園”的變遷過程。“隨園”有園林和莊園,袁枚及其後裔請畫家繪過不少《隨園圖》,其中有“五人筆墨,合裝一卷者”,被稱爲“隨園五圖”,這個卷子後人没有見過,究竟是什麼人畫的呢?卞先生根據袁祖志《隨園瑣記》卷上《記圖册》和柴萼《梵天盧叢録》卷十九《隨園續圖》的記載,指出“隨園五圖”的畫者有沈鳳、羅聘、張棟、項穆之、王霖和袁樹六人,都是當時的名家。卞先生還對同濟大學圖書館藏汪榮《隨園圖》進行考訂,指出沈鳳等

畫家所繪的"隨園五圖"是"寫意"之作,而汪榮此圖爲"寫實"作品,麟慶所刊的《隨園訪勝圖》是小品,而汪榮《隨園圖》爲長卷,反映了"隨園"全盛時期的整體面貌,比其他的《隨園圖》更具有研究價值。

清初王時敏(1592—1680)、王鑒(1598—1677)、王翬(1632—1717)和王原祁(1642—1715)并稱"四王",他們是清代畫壇的代表畫家,影響深遠。其中,王時敏和王原祁是什麽關係?歷來美術史上的介紹模糊不清。卞先生根據近代學者柳詒徵以王祖畬所輯《太倉太原王氏宗譜》改編的圖表和王時敏《王烟客先生集·遺訓·自述》的記載,指出柳詒徵所編圖表存在的問題:人們會誤以爲王衡只有二子,王賡虞是王術所生子,未反映出王時敏出嗣又歸宗的問題;也會誤以爲王時敏只有七子,王撰是王鳴虞所生子,王揆是王賡虞所生子;還會誤以爲王原祁是王賡虞的嫡孫。卞先生在柳詒徵所編圖表的基礎上重新編成新表,澄清了王時敏與王原祁的雙重關係:在血統上是祖孫關係,在宗法上是伯祖侄孫關係,解決了清代繪畫史上關於"四王"身份的一個重要問題。

印章是中國特有的藝術形式,和詩書畫結合在一起,構成了中國文人藝術的傳統。卞先生與清代書法篆刻家張肇岑的後裔爲世交,常聽張家人談起張肇岑做阮元幕友的佚事,張家還把張氏爲阮元(1764—1849)父子所刻印譜的家藏孤本《石鼓齋印譜》轉贈給卞先生。在《阮元與張肇岑》一文中,卞先生對張肇岑爲阮元、阮常生、阮福父子所刻二十五方印章朱文、白文一一考訂,指出其名號淵源所在。他還輯録出阮元《石畫記》中關於張肇岑的若干事迹,有助於認識《石鼓齋印譜》的藝術和文獻價值。卞先生《石鼓齋印譜》的研究,補清代印譜史研究之闕,也通過他"以印證史"的方法,使人們對阮元家世和張肇岑生平作進一步瞭解。

上述卞先生關於清代藝術史的研究,只是其關於清代藝術史研究的一部分。卞先生清代藝術史研究的成果,主要集中在"揚州八怪"的專題研究上,其中以鄭板橋研究用力尤多。

三 "揚州八怪"諸家生平與作品的專題研究

卞先生是揚州人,自幼熱愛書畫篆刻,"揚州八怪"的書畫過目尤多。在藝術史研究中,他尤其關注"揚州八怪"諸家的研究。

1962年,著名美術史家、南京藝術學院俞建華教授在《光明日報》發表文章,提出名列"揚州八怪"者有十三人。1964年,卞先生在《文物》發表文章,綜合汪鋆、凌霞、李玉棻、葛嗣浵、黃賓虹、陳衡恪等前人記載的"揚州八怪"姓名,求同存異,共列舉十五人。他比較汪鋆《揚州畫苑録》和凌霞《揚州八怪歌》後指出,汪鋆崇尚正宗,排斥异端,其所批評的"怪以八家"是消極的。而凌霞肯定了"八怪"注重天機、天然、天真,主張師造化,是有積極意義的。從中國書畫發展史來看,"揚州八怪"注重"詩書畫印"的一體化,崇尚個性,風格鮮明,是革新的、進步的藝術流派,促進了文人書畫的發展,并對近現代吳昌碩、齊白石等大師的書畫風格有重要影響。卞先生的《"揚州八怪"考》和《凌霞〈揚州八怪歌〉》兩文雖然很短,却在當代美術史研究中有着廣泛的影響。

卞先生多年來研究"揚州八怪",討論了"揚州八怪"代表書畫家生平、作品中的諸多問題。

金農(1687—1763)在"揚州八怪"中詩書畫成就最高,一直爲研究者所關注。但由於他的手札傳世不多,其藝術和文獻價值一直不爲人們所重。二十世紀八十年代初,卞先生寫成《金農書翰十七通考釋》一文,把金農雍正三年(1725)游北京時,寫給徐葆光、阿金、王澍、王彝、巢可托等人的十七封信一一進行考釋,這些信札對於瞭解金農早期的創作、思想、生活和交游有着重要的意義,《金農書翰十七通考釋》也是目前關於金農手札考釋和研究文章中最爲翔實的一篇,一直爲研究者所徵引。

關於汪士慎(1686—1759)和高翔(1688—1753)的研究,卞先生早在二十世紀六十年代的《文物》雜志上就發表專文討論。他從汪士慎的字號、生卒年、籍貫以及目盲問題、與金農的關係等做了詳細分析,全面地指出汪士慎字號和書齋名字。并根據汪氏《巢林集》和陳章《孟晋齋詩集》,推出其生年爲康熙二十五年(1686),卒年爲乾隆二十四年(1759),原籍爲歙縣。他還從文獻中進一步考證出汪士慎五十四歲左目失明,六十七歲雙目失明的事實,這對於研究汪士慎畫梅、作八分書、狂草大字的時間界定有重要的意義。他還對李玉棻、震均等書中記載汪士慎爲金農弟子的説法予以糾正,指正他們是朋友關係而非師生關係。在對高翔的研究中,他利用阮元《淮海英靈集》和《廣陵紀事》以及馬曰璐《南齋集》、陳章《西唐詩集序》等材料,對高翔的籍貫、家庭情况、生卒年、詩歌、書法、繪畫、篆刻情况進行辨析,訂正了李斗《揚州畫舫録》、李玉棻《甌鉢羅室書畫過目考》等書記載的訛誤,得出了科學的結論。在李方膺(1695—1755)研究中,他以從政、著作、繪畫三個方面對李方膺生平進行細緻討論,指出其被列入"揚州八怪"的原因。

記載一姓世系和人物的家譜傳統,在中國由來已久。漢晋以下,家譜日益興盛。宋以前的家譜主要是官修,體現其社會政治的功用。而宋以後的家譜爲私修,主要起"尊祖、敬宗、收族"的倫理道德功用。明清以後,家譜漸漸普及。柳詒徵認爲家譜是中國"最特别的一種書",史料價值很高。目前海内外有四萬種以上存世的家譜,利用率很低。有感於此,卞先生從家譜的角度,專門研究了"揚州八怪"中的邊壽民、鄭板橋等十一位名家。在《從〈遷淮邊氏譜〉看邊壽民》一文中,他根據《遷淮邊氏世系簡表》和《遷淮邊氏一世至五世主要成員情况簡表》,結合乾隆《淮安府志》、民國《續纂山陽縣志》等文獻進行分析,指出明崇禎末,邊壽民(1684—1752)自任邱遷山陽,以紡織布口袋爲主,其後讀書改換門庭,曾爲貢生。又結合邊壽民畫作和畫史的記載,指出邊壽民"善潑墨"和"善畫蘆雁"的特點,對李玉棻《甌鉢羅室書畫過目考》中關於邊壽民的記載進行補正。他又通過邊壽民與李鱓、黄慎、陳撰、金農、鄭板橋、高鳳翰、華嵒、汪士慎等人的交往,考察凌霞、黄賓虹等人將邊壽民列入"揚州八怪"這個藝術流派的理由。

近人陳師曾《中國繪畫史》中論"揚州八怪"成員中有畫家閔貞,卞先生對此説法提出異議。他認爲閔貞既未在揚州寓居或賣畫,又不工詩文,與鄭板橋等其他諸家均無交誼,列入"揚州八怪"中,違反了評定齊名合稱人物的傳統標準。陳師曾只看到閔貞畫法與"八怪"相近,將其列名其中。這種提法,没有考慮到地域、時代、行踪、交游、文學修養等條件,因而,不應將閔貞列入"揚州八怪"之一。

南京藝術學院林樹中教授所編《海外藏中國歷代名畫》出版後,在美術界產生重要影響,海外所藏"揚州八怪"的作品引起卞先生的注意。他對李鱓《山水圖》、汪士慎等《萱花蝴蝶圖》、李方膺《墨梅圖》、金農《驊騮圖》《盛梅圖》《梅花圖》《凍萼吐華圖》等多種海外所藏"揚州八怪"的作品進行討論,結合《重修興化縣志》、汪士慎《巢林集》、袁枚《小倉山房文集》、杭世駿《道古堂文集》、王鳴盛《西莊始存稿》、阮元《淮海英靈集》等文獻細緻解讀,解析這些作品的内涵和特色。

卞先生在南京博物院看完"揚州八怪"書畫展後,對南博藏陳撰《荷香十里圖》軸、李鱓《石畔秋英圖》軸、李方膺《菊石圖》軸、楊法篆籀册頁、金農七言對聯和《蘭花圖》軸、高翔隸書《七言絶句》軸、李葂書札等作品的藝術和文獻價值進行闡釋。又在揚州博物館看完"揚州八怪"書畫展後,對"李鱓"與"李鱓"二名進行辨析,指出兩名之間的淵源關係。他還結合具體作品,對李葂、高翔佚詩和鄭燮與鄭墨兄弟、高鳳翰與鄭燮、羅聘與羅允紹父子、汪士慎與朱冕的交誼進行了解讀。

四　鄭板橋生平及其詩書畫印研究

卞先生在他的《鄭板橋叢考》後記中説:"有感於鄭板橋被人談濫了,我從1962年發表第一篇鄭板橋的文章起,就抱定宗旨:不寫没有新材料、新論點的鄭板橋文章。"清代書畫家鄭板橋(1693—1766)一生留下的詩文、書畫、印章等作品很多,卞先生對其逐一考訂,注重新材料的發現,將作品研究和生平行誼考訂結合起來,突出考證的新意,以史家眼光還鄭板橋以本來面目。

卞先生家藏有清代徐兆豐《風月談餘録》一書,其中有《板橋先生印册》(即《四鳳樓印譜》)爲《鄭板橋集》所漏收。1962年,他發表《談〈板橋先生印册〉》一文,將此册介紹給世人。1980年,他又發表《鄭燮〈板橋先生印册〉注》一文,比照册中所載,以印證史,校對了前人記載中的錯誤。如《印册》中"揚州興化人"印後潘西鳳記爲"天台人",與董偉業《揚州竹枝詞》中潘西鳳的《金縷曲》題詞,顧於觀《陸詩鈔·寄潘桐岡》相同,校正了《板橋詩鈔》中《絶句二十一首》序所云其"新昌人"之誤,并指出汪啓淑《飛鴻堂印人傳》、葉銘《廣印人傳》、褚德彝《竹人續録》延此説之誤。又如,通過"七品官耳"一印所載,考證出高鳳翰雍正三年(1725)以前喜收藏古印而不常刻印,并指出其雍正十一年(1733)之後自刻印。乾隆二年(1737)夏五月,高鳳翰右手風殘,鄭板橋《絶句二十一首》中《高鳳翰》序稱其"病費後,用左臂,書畫更奇"而未及其刻印,通過《印册》稱

"疾發,用左手刻",表明高氏亦能用左手刻印。這部印譜經過卞先生介紹後,爲人們所熟知。此後有學者將鄭板橋"四鳳樓"之説推衍爲"四鳳派"。篆刻流派特指明清以來篆刻藝術創作及學術思想的派別,它是經過長時期發展形成的,具有相對固定地域、師承和風格特徵的派別,以地命名者如浙派、徽派,以人命名者如三橋派、雪漁派等,而高鳳翰、沈鳳、潘西鳳、高鳳岡四人既非一地,風格又各不相同,這種由板橋之戲稱而視爲藝術流派的説法顯然是不成立的。

卞先生發現了《板橋先生印册》後,又考辨了清人秦祖永輯《七家印跋》之一的《板橋印跋》。此跋共收録了鄭板橋所刻 "留伴烟霞""硯田生計""修竹吾廬"等十二方印。他逐一考證辨僞,指出《印跋》中除"思古"一印有款,"活人一術""桃花潭""更一點銷磨未盡愛花成癖"有跋,是秦氏從《板橋詩鈔》《板橋詞鈔》《板橋題畫》中摘句冒充跋語拼湊而成,不足爲信。

作爲詩書畫印一體化的踐行者,鄭板橋詩歌有着廣泛的影響。對鄭板橋詩歌的研究,卞先生着力從四個方面討論:其一,《板橋詩鈔》與時代的關係;其二,《板橋詩鈔》的人名箋證;其三,《板橋家書》的辨僞;其四《板橋題畫》的刻本與墨迹的關係。

除原刻初印本外,現在流傳的一般《板橋詩鈔》刻本,幾乎都存在撤頁、鏟版的情況。如《七歌》第七首自注中"王國棟"鏟去,《題屈翁山詩札,石濤、石溪、八大山人山水小幅,并白丁墨蘭共一卷》標題中"屈翁山"鏟去。卞先生聯繫乾隆焚書的時代背景,詳細分析了鏟版原因,鞭辟入裏。他根據姚觀元《清代禁毀書目外省移咨應毀各種書目》著録的王國棟《秋吟閣詩》和《甲戌春吟》,《清代禁毀書目軍機處奏准全毀書目》所列的《廣東文集》《屈翁山詩略》和《道援堂集》,知《板橋詩鈔》鏟版與乾隆年間清政府纂修《四庫全書》,命令各省督、撫查繳銷毀各種違礙書籍有關。上述王國棟、屈翁山著作均遭到禁毀,板橋後裔爲了保全《板橋詩鈔》而采取了這種鏟版方法。又如《板橋詩鈔》中鏟去了《游白狼山》等十五題十九首詩,卞先生發現其中如《游焦山》《江晴》有墨迹流傳,并與文獻著録相互印證,指出其鏟去當與板橋後裔在鏟"王國棟""屈翁山"及《絶句》兩首和跋語、《斷句》小序同時,是乾隆焚書氣氛中的同一産物。

卞先生不僅重視《板橋詩鈔》的版本研究,還對其中所提及的常執恒、王國棟、顧於觀、孫兆奎、梅鑒和尚、汪芳藻等二十五人作了箋證,使研究者藉助鄭氏交游的綫索,發掘新材料,對板橋在詩中所提及的人、名、字、生平有更加清晰的認識,以便於瞭解鄭氏交往人物的身份構成,達到 "以詩證史"的目的。以鄭板橋與袁枚的關係爲例,他指出《隨園詩話》卷六稱"鄭板橋愛徐青藤詩,常刻一印云'徐青藤門下走狗鄭燮'",《板橋先生印册》所鈐原印爲"青藤門下牛馬走",袁枚所記顯然非是,這一考證糾正了人們以袁氏之説以訛傳訛之誤。

鄭板橋手書的他早年老師陸種園的十二首詩也是卞先生首撰文研究。陸種園詩詞爲世人罕見,他發現的這些詩在《陸仲子遺稿》中未載,甚爲珍貴。他在《陸仲子遺稿》中發現鄭板橋與陸種園之間交誼的見證——《虞美人鄭克柔述夢》詞和鄭板橋早年曾號"理庵",并協助吳宏謨編印此書,爲其他文獻所未及,這爲瞭解板橋詩文的淵源和早年名號、生活情况提供了新的材料。

題畫詩和家書是鄭板橋藝術的重要組成部分。卞先生家藏有《板橋集》刻本,多年潜心研究板橋題畫詩。他對《板橋題畫》版本做了細緻的研究,指出板橋著作中,親自定稿刻印出來的有四種:《板橋詩鈔》《板橋詞鈔》《小唱》和《家書》,而《板橋題畫》是鄭板橋去世後,靳犖根據其所見到的板橋題句編成。他還列舉了《板橋題畫》刻本與墨迹不同的多種情况,如"化整爲零"、"化零爲整"、詩加序跋、去文留詩、文同詩异、增減内容、文字變化等。通過勘對,發現板橋題畫非常靈活、豐富,并指出研究鄭板橋的畫論,僅憑《板橋題畫》刻本是不全面的,還必須詳盡占有其他相關材料,纔能全面領會其題畫之要旨。

板橋家書爲人們所熟知,鄭板橋親自編選的《與舍弟書十六通》,在乾隆十四年(1749)刊刻印行。二十世紀三十年代,上海一個叫"中央書店"的出版機構鉛印了《鄭板橋家書》六十二通,其中十六通與《與舍弟十六通》重複,另外四十六通是從未發表的。此書印行後,多爲人們所引用。卞先生通過對比、考證,指出僞家書中涉及鄭板橋鄉里、家庭、生平、子女,多與事實不符;并指出此四十六通均爲僞作,書信中所反映的思想與《板橋詩鈔》《板橋詞鈔》《與舍弟書十六通》以及墨迹中所表現的思想,如對堪輿家的態度、對古代詩人的評論等皆與板橋大相徑庭。

鄭板橋以繪畫著名,從袁翼《書蔣矩亭蘭册後》稱其所見"白陽、石濤、板橋諸公墨迹甚多,各有宗派",楊鹿鳴《畫蘭瑣言》稱"吾鄉畫蘭自鄭板橋流風所被,煽及大江南北"。馬棪《論畫蘭》稱"近今學者,多宗矩亭、板橋兩家"等記載,可見鄭板橋畫派盛大。那麽,這個畫派究竟有哪些人物? 他們取法板橋哪一方面? 卞先生從《續纂揚州府志》《重修興化縣志》《揚州畫苑録》《范縣志》等文獻和墨迹題識中,梳理出學板橋蘭、竹畫法者,如鄭鉉、劉敬尹、理昌鳳、朱文震等三十多人,并鈎沉出學板橋兼學其他人畫法的"板橋支派"人物,如楊嘉淦、曹溶、程燮等人,同時指出"板橋書派"的代表人物有吴雨田、孟傳昔、周封、張琴等人。通過對這些人物的梳理,證明了袁翼、楊鹿鳴、馬棪之説,而凌霞把鄭板橋放在《揚州八怪歌》的首位,確是有其眼光的。

鄭板橋藝術流派,多師法板橋蘭、竹、石,鄭板橋一生的創作,是不是僅僅畫蘭、竹、石呢? 卞先生從文獻記載中發現板橋繪畫的多種題材。如從沈心《孤石山房詩集》乾隆十五年(1750)詩作《留别鄭板橋》中發現"贈我青山逸興飛"句,知道板橋曾畫山水贈給沈心。板橋能作山水,僅見於此詩,極有文獻價值。又從陶元藻《泊鷗山房集》卷十一《與鄭板橋書》中稱其在金農家見板橋作"殘荷"一朵,大爲贊賞,因知板橋亦畫荷花。他還從畫册、墨迹中發現多種題材的作品,如光緒五年唐昆華所刻《蝴蝶秋齋所藏畫册》、宣統元年影印的《鄭板橋書畫合册》等發現板橋所作櫻桃、蝦、蓮蓬、菱角、蒜頭等題材;又在李玉棻《甌鉢羅室書畫過目考》、陳夔麟《寶迂閣書畫録》等著録中發現板橋畫桃、橘、菊等題材。通過卞先生在文獻、作品、著録中的鈎沉,使我們對鄭板橋繪畫題材除蘭、竹、石之外有更加全面而豐富的認識。

　　鄭板橋家世、生平、交游等方面是研究、鑒別其作品所不可缺少的一部分。挖掘其中包含的影響着他的藝術風格、思想等方面的因素,可以在研究作品時作印證、校勘,幫助人們深入瞭解鄭板橋作品和人品各方面的關係,亦可以通過其生平新材料或墨迹的研究,糾正前人記載的訛誤,使研究的結論更加科學。卞先生發掘、運用大量文獻,如清人詩文集、地方志等來研究鄭板橋,許多材料是他第一次運用,如《清實録》中雖未提到鄭氏之名,但其中蘊藏着可以與他的生平、詩歌和藝術活動互證的第一手資料,他用"文史互證"的方法,考證出一系列問題。

　　卞先生有感於人們對鄭氏家世語焉不詳、輕信傳聞或主觀臆測的遺憾,於2001年親赴板橋故鄉興化,仔細閱讀了《昭陽鄭氏譜》,寫成《孤本〈昭陽鄭氏譜〉的學術價值》一文,采用了家譜與史書、地方志,板橋詩文與書畫互相印證和比較的研究方法,使鄭板橋家世的研究得到拓展。

　　他指出了《昭陽鄭氏譜》的四點價值。其一,《昭陽鄭氏譜》指出鄭重一、鄭重二兄弟洪武年間,自蘇州閶門播遷興化,與《太祖高皇帝實録》卷五十三以及《明史》卷二《太祖紀二》、卷七十七《食貨志》所載的相一致,因徙者多達四千餘户,未能都在臨濠安排,有一部分分散到附近,鄭氏即其中一家。其二,從《昭陽鄭氏譜》上反映出鄭板橋祖先由農民向士人的轉變,而板橋《范縣署中寄舍弟墨第四書》稱"平生最重農夫",可見其民本思想是有家庭淵源的。其三,《昭陽鄭氏譜》與《重修興化縣志》卷一所載的葬地相合,將《范縣署中寄舍弟墨》和此譜相對照,可以看出鄭板橋在家書中所言"得風水力"而"敦宗族""相賙相恤"的真實用意在於行善。其四,通過《昭陽鄭氏譜》與板橋詩文、墨迹比勘、對照,對板橋祖母蔡氏、父親鄭之本、生母汪氏,後母郝氏、叔父鄭之標、堂弟鄭墨、妻徐氏與郭氏、妾饒氏、嗣子田、女適袁等進行細緻的考證。除此之外,《昭陽鄭氏譜》中稱鄭重一、鄭重二兄弟的名、號、配、出,鄭從宜的生、卒、墳墓,俱不能詳,乃"無譜之故",卞先生據此指出,後人所言鄭板橋爲鄭玄後裔、鄭思肖後裔、《李姓傳》男主人公之後裔及其與鄭方昆的關係,都是誤會或訛傳,不足爲信。

　　傅抱石在《鄭板橋集》的前言《鄭板橋試論》一文中曾説:"關於板橋的身世,我們尚缺乏資料加以論證。"1982年,卞先生根據公私各方所藏的資料,寫成《鄭板橋軼事考》一文詳加考證。對鄭板橋生平中"童年曾寄養於姑母","微時曾在興化竹泓、鹽城沙溝設塾授徒","在揚州與饒五姑娘結婚","中進士後,在揚州賣畫,歲獲數百金至一千金","在濰縣倡修城墙,得到紳商支持","請郭奶奶到濰縣來生兒子"等六個方面作詳細闡述,使人們對鄭板橋的認識更加客觀和具體,或通過文獻對前人所述不準確處進行辨別,或以新材料補其生平史料之缺。在《鄭燮佚詩佚文考釋》一文中,對板橋所書《南梁曹貞女詩》和《重修大悲庵碑記》兩文進行考論,均爲板橋生平研究者所未論及的。

　　卞先生在鄭板橋研究中,把生平事迹的考辨作爲整個研究的支撐點,但不僅限於此,他在材料考證和事迹叙述中,還充分考慮到板橋交游的群體。

　　板橋一生交游廣泛，除詩人、詞客、書畫家之外，還有王侯、官吏、和尚、道士等，卞先生對其交游群體中的人物做了詳實的考證，除前面提到的對見於《板橋詩鈔》的人物做考證外，考證出不見於《詩鈔》《詞鈔》《家書》《小唱》《題畫》的板橋交游者多達一百零五人，這些人物材料來源於墨迹、縣志、題跋、清人文集和筆記。通過考證和梳理，可以瞭解到板橋與當時各階層人物的往來，從側面瞭解到他的藝術活動、思想活動及所具備的時代特徵。如鄭板橋與金農交好，在交游人物中亦得到印證。卞先生談到"方輔"時，引日本《書菀》第三卷第九號《金冬心十七札册》，這十七封信都是金農寫給方輔的。第一札云："板橋先生近在鄰曲，曷不訪之？"又根據李斗《揚州畫舫録》卷十四《岡東録》：金農"與徐氏往來"，方輔"工詩，書法蘇、米，能窠擘大書，善製墨。來揚州，主徐氏"。可見金農、方輔都是鹽商徐氏賓客，而厲鶚《樊榭山房文集》卷二《方君任〈隸八分辨〉序》稱："吾友金冬心處士最工八分，得漢人筆法，方子曾求其書《孝經》上石，以垂永久。"金農、鄭板橋都善寫隸，方輔與板橋相識，是通過金農介紹的。另一位人物沈心與板橋、金農之誼有關係。卞先生一方面從沈心《孤石山房詩集》卷四所收乾隆十四年沈氏與鄭氏在揚州訂交及濰縣重逢之詩，考證了鄭板橋與沈心的關係；另一方面，又從金農《冬心先生自寫真題記》證明沈心在金農、板橋之間的"中間人"作用。

　　在對鄭板橋的書畫、詩文和生平、交游研究的基礎上，卞先生還進一步討論了鄭板橋的思想。一方面，他從鄭氏的家庭環境、早年生活及對優秀文化傳統的繼承，概括出其關心民衆疾苦、澤加於民的民本思想主要内容；另一方面，又從鄭氏的詩文、印章中考察到他保守、衛道、庸俗的一面，向人們揭示一個"真"的板橋。舉例來說，卞先生從《板橋詞鈔》中未載鄭氏《念奴嬌·三宿崖》的内容出發，指出詞中所稱南宋爲"半壁江山非正朔"的貶南宋非正統的政治立場與清朝統治者一致；又從鄭板橋《將之范縣拜辭紫瓊崖主人》中宣揚清朝爲正統，稱文、武、成、康（即順治、康熙、雍正、乾隆）爲"聖人"，表明他并不反清，鄭氏生活在清代康乾"盛世"，没有明遺民國破家亡之痛，有人稱他有反清民族思想，顯然是不合實際的。

　　有人疑問：鄭板橋在其印册中摹刻了明遺民吕留良的印章，并表明了對吕氏的仰慕，這是否是他具有反清民族思想之證呢？卞先生在《鄭板橋與吕留良》一文中證明并非如此。他指出鄭對吕留良最仰慕的是"批點文章"（即批點八股文）、"絶技"（醫學、女工、馳射等）和"刻印"，而不是其遺民生活，不能説鄭板橋有反清思想。鄭氏對以"制藝"（即八股文）重時的董其昌、韓菼享樂生活的向往與吕留良對以"節操"名世的金聲、黄淳耀的敬佩顯然不同。鄭氏對八股文的美化，如袁枚《隨園詩話》所稱他的"深於時文"，或正表明其思想中的保守和趨俗的一面。

　　卞先生對鄭板橋研究的成果還不僅僅在此，他還發表了《新發現的鄭板橋題畫殘稿》《鄭板橋與程羽宸的情誼》《鄭板橋佚詩佚文考》《鄭板橋行書真迹中的八首詞》等文，對舊史中全然未載或缺略之事實，如程羽宸玉成鄭板橋與饒五姑娘之婚事、板橋別號"睢園"等,博搜旁徵而有新的發現,大大開拓了鄭板橋研究的新領域,成爲海内外公認的鄭板橋研究最重要的代表學者。他的鄭板橋和"揚州八怪"的系列研究,相互印證,推動了清代藝術史研究向縱深方向發展。

五　近現代學人的藝術研究與收藏

近現代學人的藝術也是卞先生經常關注的,曾撰文章介紹近代有書印之長的學人和他們的藝術活動。在《現代國學大師學記》一書中,他曾對章炳麟、章士釗、劉師培、黄侃、柳詒徵、陳垣、吕思勉、鄧之誠、陳寅恪等人作介紹,不蹈空言,不因成説,取其一事或一書,從大量的材料,討論近現代學人的學術風貌和時代價值。在學術之外,他們的生平和藝術活動也是卞先生所關注的。

和前面提到的運用家譜研究王時敏、王原祁和邊壽民、鄭板橋一樣,卞先生在閱讀了近代學者、書法家羅振玉(1866—1940)的《上虞羅氏枝分譜》後,瞭解到羅氏族譜編修的歷史情況和編纂情況,在《從〈上虞羅氏枝分譜〉看羅振玉》一文中,對此譜的内容作了具體介紹,指出羅氏并非有家學淵源,而是有"惟學問則操之己"的信念,不懈追求,漸而成長爲一代學者和書法家的。

西泠印社是近代最有影響的文人篆刻社團,其創始人高時顯(1878—1952)與丁輔之(1879—1949)都是近代著名的印人。高時顯曾任中華書局美術部主任,丁輔之曾任中華書局聚珍仿宋部主任,在輯校監造《四部備要》、影印《古今圖書集成》方面都有重要貢獻。西泠印社建社百年之際,卞先生撰文,對高時顯和丁輔之兩人的生卒、室名、繪畫、刻印、藏印、藏書、印書等作了全面的介紹,補印人生平研究之不足。在介紹江蘇省文史館首任館長商衍鎏的一文中,他除了討論其作爲學者、詩人的成就外,還着力突出其作爲書畫家的身份,并對其《畫竹一得淺説》一書作了重點介紹,評述商氏的繪畫觀。

卞先生還十分關注他所熟悉的現代學人和藝術家的思想和創作活動。他和著名學者錢鍾書(1910—1998)多有來往,曾在《君子之交》一文中回憶過他們的交往過程。在《錢鍾書以杜詩、禪語評印》一文中,列舉以杜詩、禪語論印的事例,指出錢鍾書手札中"杜詩之放筆直幹,禪語之單刀直入"的典故,認爲這種評印的方法,與明代印論家沈野、徐上達等以禪理和杜詩論印是一致的,其共同的思路是將詩、禪與印溝通,體現了中國傳統的人文精神。桑愉(1829—1979)是卞先生家鄉揚州的現代著名印人,英年早逝,在其八十誕辰紀念會上,卞先生發言緬懷桑愉先生。他從社會大環境、家庭小環境、師友交游、個人努力四個方面介紹了桑愉先生成長爲杰出印人的原因。在他看來,近代揚州四家蔡易庵、魏之楨、孫龍父、桑寶松書法篆刻造詣各有千秋,而傳承之功,以桑寶松最大。他還提出:"他(指桑寶松)不僅在書法篆刻方面下功夫,還在古典文學、金石學等領域下功夫。文化修養提高了,書法篆刻作品就具有了書卷氣。書卷氣是學不來的,也不是一朝一夕可以得到的,是日積月累、自然形成的,所以難能可貴。"他肯定了桑寶松篆刻的成就除了個人藝術才華外,還來源於他在古文字上的修養,并强調了學養在藝術活動中的重要性。在專業分工越來越細的今天,這些看法可謂金針度人。

趙益教授整理的《冬青老人自述》中有《書林漫識》一章,收録了卞先生談近現代書畫家張元濟、陳半丁、黄賓虹、齊白石等人及其潤格,高二適與《蘭亭》論辯,與啓功先生的交往,南京書法四家等内容,這些書畫家和他都有直接往來,談論的内容風趣而鮮活,是近現代藝術史研究的重要口述資料。

值得提及的是,卞先生與近現代名家有難得的書畫緣,這對他從事藝術史研究有極大的影響。

卞先生曾在《寒磣的冬青書屋》一文中,對自己珍藏的書畫作過這樣的描述:"室不雅,但常高朋滿座,有白髮蒼蒼的耆舊,也有西裝翩翩的青年,談論文史、品評字畫。我没有珍貴的法書、名畫供人欣賞,然而藏書家來,喜歡看我收藏的八千卷樓丁氏、鐵琴銅劍樓瞿氏、嘉業堂劉氏、藏園傅氏的墨迹;金石家來,喜歡看我收藏的馬衡、容庚、商承祚等先生的墨迹;哲學家來,喜歡看我收藏的熊十力、宗白華、方東美等先生的墨迹;史學家來,喜歡看我收藏的'南柳(詒徵)北陳(垣)'的墨迹;文學家來,喜歡看我收藏的柳亞子(南社社長)、金松岑(《孽海花》創意者)等名人的墨迹……一杯清茶,其樂融融。這就是我的冬青書屋。"卞先生所收藏這些近現代學人和名家的書畫作品,很多爲徵集《娱親雅言》所得。

卞先生出生兩個月後,父親去世,其母親依靠十指針綫,含辛茹苦地撫養他到該識字的年齡,因請不起教書先生,卞母每天先向鄰人學會幾個字,回家再教兒子認。數年之間,母子皆識字數千,相依爲命的孤兒寡母就是這樣一起識字啓蒙的。1943 年,卞先生爲報答慈母的養育之恩,慶賀母親四十壽辰,以《娱親雅言》爲題,向自己仰慕已久的文史學者和書畫名家廣泛徵集詩文書畫,期盼藉助他們的筆墨將母親的慈愛記録下來。《娱親雅言》中深情叙述的母親艱辛撫孤的感人事迹,得到諸多前輩學界名流的關注和回應。在他們看來,"節與孝,美德也",子爲"節母"求詩索畫,此乃"至孝""大雅"之舉,遂紛紛賦詩作畫,賜贈墨寶,以表彰母慈子孝的美德,一時形成"喜得佳兒能述德,同時耆宿共題詞"(俞陛雲詩句)的景象。

從 1943 年冬徵集詩文書畫開始,卞先生陸續收到申石伽、顧鼎梅、董玉書、夏敬觀、胡先驌、饒宗頤、劉盼遂、柳亞子、陳中凡、胡士瀅、夏承燾、柳詒徵、吕思勉、余嘉錫、陳垣、俞陛雲、熊十力、錢基博、鄧之誠、冒廣生、唐圭璋、宗白華、王季烈、顧廷龍、陳含光、王遽常、容庚、馬叙倫、傅增湘、楊樹達、閔爾昌、陸侃如、馮沅君、商衍鎏、蔣維喬、朱屺瞻、張伯駒、竺可楨、吴白匋、張元濟、方東美、汪曾武、唐文治、馬衡、商承祚、齊白石、馬一浮、陳寅恪、謝無量、胡小石、虞愚、張宗祥、周汝昌、高二適等學者和書畫家寄贈的書畫詩文作品數百件,卞先生朝夕揣摩這些作品,爲他日後研究書畫藝術提供了實物原作。可以説,他就是從《娱親雅言》所得近現代名家書畫開始,逐漸走上藝術史研究道路的。

卞先生當年寫《娱親雅言》徵集名家詩文書畫時,還是一個二十歲左右的青年人,除給少數以詩文書畫爲生的前輩如冒廣生、齊白石等付了潤筆外,前輩學者、書畫家多無償慷慨地賜贈詩文書畫墨寶,一方面是感慨於母節的偉大,另一方面也是對作爲後學卞先生的鼓勵。他後來通過刻苦自學,堅定地選擇走上文史研究的學術道路,與這些前輩學者們當年賜贈詩文書畫的精神激勵是分不開的。其中,錢基博、鄧之誠、柳詒徵、陳寅恪、陳垣、呂思勉等先生的學術人格,對卞先生一生從事的文史研究都有着深刻影響。他晚年撰寫的《現代國學大師學記》一書,對《娛親雅言》中題詞繪畫的前輩學者們還多有論述。

在六十多年的學術生涯中,卞先生除大量的學術著作外,還主編有《辛亥人物碑傳集》《民國人物碑傳集》《中華大典·文學典·隋唐五代文學分典》等重要詞典和工具書,其中有不少是藝術史研究的相關著作。他還廣泛交往書畫篆刻界的朋友,爲年輕一輩的學人和書畫家作序鼓勵。這些著作的序文内容也構成了卞先生藝術史研究的重要組成部分。

在這些序文中,卞先生對自己的學術和藝術觀念進行闡釋和發揮,和其論文寫作相得益彰。在《揚州八怪研究資料叢書》《揚州八怪詩文集》《揚州八怪畫集》序言中,他重申了對“揚州八怪”的畫家構成、詩文成就、作品風格、藝術特色的認識。在《鄭板橋全集》《鄭板橋叢考》《鄭板橋與佛教禪宗》的序言中,他對鄭板橋與“揚州八怪”的關係,鄭板橋的詩文、題跋、交游、思想等做了提綱絜領的評議。

卞先生對書畫史有深入的研究,多有己見。他在爲我的《中國書法史》一書序言中,闡述了他對“書體之變遷與流派之殊异”的認識,提出“南宗雅正,北宗雄強,言書藝者不可混爲一談也”。在《周亮工全集》《蕭雲從詩文輯注》《正在舒展的畫卷——蕭雲從評傳》《沈曾植年譜長編》等序中,他對清代周亮工、蕭雲從、沈曾植等文人、畫家、學者做出高度評介,指出他們在詩文、藝術和學術上的貢獻所在。

卞先生熱愛家鄉揚州文化,與家鄉當代書畫名家往來甚多,常爲他們的作品作序,加以表彰。在《冬青書屋藏高二適書法集》《孫龍父書畫篆刻作品選》《武簡侯書法集》《朱天曙作品集》等序言中,對和他有交往和淵源關係的家鄉書畫家、朋友、親戚、學生的書畫篆刻成就和來往撰文加以介紹。

清初學者顧炎武有感於當時人販賣舊材料,而殫精竭慮著成《日知録》一書,他在此書的自序中説:“嘗謂今人纂輯之書,正如今人之鑄錢,古人采銅於山,今人則買舊錢,名之曰廢銅,以充鑄而已。所鑄之錢,既已粗惡,而又將古人傳世之寶,舂挫碎散,不存於後,豈不兩失之乎? 承問《日知録》又成幾卷,蓋期之以廢銅,而某自别來一載,早夜誦讀,反復尋究,僅得十餘條,然庶幾采山之銅也。”卞先生亦感於時人多蹈襲舊文,如顧氏所稱“充鑄”之“廢銅”,他在研究中,力求作“采山之銅”,正合亭林先生著書之旨。我在南京讀書時,常至冬青書屋求教,先生常以范文瀾先生“專通堅虛”“天圓地方”之治學要旨相勉,并同賞其寓所所藏書畫、印譜等,論風格、論源流,其樂融融,至今難以忘懷,我在《回憶卞孝萱先生》一文中(見《古典文學知識》2021 年第 2 期和第 3 期)做了詳細介紹。

卞先生在數十年的藝術史研究中，反復沉潛，取得了重要的學術成就。他的藝術史研究，集中體現了三個特點：一、專通結合，以小見大。其《瘞鶴銘》研究、《蘭亭序》研究、鄭板橋研究和"揚州八怪"諸家研究等無不如此，以專馭通，小問題而見大關懷。二、文史互證，以藝證史。卞先生的研究不同於一般的藝術史研究中風格的分析，他常常把藝術史研究置於中國歷史和文化的廣闊背景中，考察藝術和文化的互動關係，將書畫篆刻的作品和文獻互證，達到以藝證史的目的。在《蘭亭序》相關研究和唐代書法史、清代藝術研究中都體現了這個特點。三、開拓文獻，撥雲見日。從二十世紀六十年代開始，卞先生運用詩文、書畫、年譜、方志、印譜，在"揚州八怪"和鄭板橋研究中開拓新的材料，解決了藝術史中諸多重要問題，如"揚州八怪"的成員，鄭板橋的家世、生平、詩鈔、題畫、印册，汪士慎、高翔生平，金農的交游等，不囿陳説，時有新見。

吾鄉清代前輩汪中先生曾在論學問時提出"於空曲交會之際以求其不可知之事"。卞先生在《自學答問》一文中説，"我國的文學史家較少運用統計方法，我曾在銀行工作，熟諳此道"。他在藝術史研究中，大量編製統計圖表，并進行比較分析，使人一目瞭然，這也成了他常用的研究方法。陳寅恪在陳垣《敦煌劫餘録》一書的序中説："一時代之學術，必有其新材料與新問題，取用此材料，以研求問題，則爲此時代學術之新潮流。"卞孝萱先生的藝術史研究正是如此。

鳳凰出版社即將出版《通藝：卞孝萱藝術史研究文集》一書，對卞先生的藝術史研究初步總結，第一次以"藝術史家"的身份全面介紹卞先生著作，這是卞先生百年誕辰一個很特別的紀念。先生常和我講揚州學派，他説，揚州學派最大的特色就是"通"。焦循《與劉端臨教諭書》中説："古學大興，道在求其通。"其藝術史文集取"通藝"之名，其意也在於此。

（作者單位：北京大學美學與美育研究中心、

北京語言大學中國書法篆刻研究所）

古典文獻研究（第二十七輯上）
Journal of the Institute for Chinese Classics Studies
Nanjing University
Volume 27, No.1 2024

敦煌本《燕歌行》异文研究[*]

朱利華

　　高適是盛唐詩人中以邊塞詩著稱的杰出代表,《新唐書》本傳云:"(適)以氣質自高。每一篇已,好事者輒傳布。"[①]幾種重要的唐詩選本如《河岳英靈集》《國秀集》《又玄集》《才調集》均有高適詩歌選録。《河岳英靈集》評價其"詩多胸臆語,兼有氣骨,故朝野通賞其文。至於《燕歌行》等篇,甚有奇句"[②]。高適詩爲時人所重,河西地區亦有廣泛傳抄。敦煌遺書中抄有高適詩歌的寫本多達十二個,僅 P. 2567＋2552 拼合卷和 P. 3862 兩個寫本就有高適詩歌近百首,詩歌數量遠遠多於同時代詩人。在輾轉傳抄和口頭傳播中,高適詩歌文本發生了很大的變化,特別是見於七個寫本的《燕歌行》,其文本變异的程度更是驚人。

　　學界對於包括《燕歌行》在内的敦煌本高適詩歌异文的關注,主要見於高適詩歌校注本,如劉開揚《高適詩集編年箋注》,以敦煌本高適詩歌校明活字本异字,録其异文[③];孫欽善《高適集校注》也將敦煌本作爲校本之一,據以補遺和辨僞[④]。對敦煌本高適詩歌异文進行集中研究的有施淑婷《敦煌寫本高適詩研究》[⑤],該書第四、五章將敦煌本高適詩與傳世本對校,除校出异文外,還指出音近、形近等致誤原因,但未能通過异文進一步關注所在寫本的整體情況;在對《燕歌行》异文的研究中,以 P. 3862 爲底本,將其與五個敦煌本及傳世本進行了細緻的對校和考證,由於全書體例一致,没有進一步關注《燕歌行》所在諸寫本情況,以及諸寫本之間的關係。饒宗頤《法藏敦煌書苑精華》一書

---

　　* 本文係國家社科基金重大招標項目"5—11 世紀中國文學寫本整理、編年與綜合研究"(16ZDA175)的階段性成果。

　　① 〔宋〕歐陽修、宋祁《新唐書》卷一四三,中華書局,1975 年,第 4681 頁。

　　② 傅璇琮、陳尚君、徐俊編《唐人選唐詩新編》(修訂本),中華書局,2014 年,第 209 頁。

　　③ 劉開揚《高適詩集編年箋注》,中華書局,1981 年。

　　④ 孫欽善校注《高適集校注》(修訂本),上海古籍出版社,2014 年。

　　⑤ 黄永武、施淑婷《敦煌的唐詩續編》,文史哲出版社,1989 年。

也關注到《燕歌行》中的异文,饒先生將 P. 2748 背面所抄《燕歌行》與《全唐詩》對校①,指出其中有鈔脱訛誤,但未將敦煌諸本《燕歌行》互校。美國學者倪健在其《有詩自唐來:唐代詩歌及其有形世界》一書中,以《秦婦吟》爲主要研究對象的同時,也涉及敦煌本高適詩歌的文本變化問題,認爲二者是我們瞭解唐代文學文化的重要窗口②,但未對高適詩歌異文作深入探討,且某些看法并不符合實際,如他認爲與《秦婦吟》相比,没有任何高適詩歌存在兩份以上的複本③,實際上《燕歌行》就見於七個寫本。因此,敦煌本高適詩歌異文的價值還有待充分挖掘。本文將七個寫本中的《燕歌行》對校,列出諸本異文及其類型,分析異文産生的原因,在此基礎上考察諸本之間的關聯,分別揭示諸本性質及敦煌本《燕歌行》的寫本學價值。乞方家指正。

一　敦煌本《燕歌行》异文及其類型

在以 P. 3862《燕歌行》爲底本的對校中,各寫本都存在數量不等的异文。爲了行文簡潔和便於呈現异文的産生過程,我們大致根據異文數量由少到多進行了排列,分別簡稱甲本(P. 3195)、乙本(S. 788)、丙本(P. 2748v)、丁本(P. 4984)、戊本(S. 2049)、己本(P. 2544),詳見下表。

《燕歌行》异文列表④

P. 3862 底本	P. 3195 甲	S. 788 乙	P. 2748v 丙	P. 4984 丁	S. 2049 戊	P. 2544 己
燕歌行	燕歌行一首	燕歌行一首	燕歌行一首	——	漢家篇	漢家篇
男兒本自重橫行	男兒	男兒	男兒	男兒	——	丈夫	丈夫
	自	自	自	自	——	字	字
樅金伐皷下榆關	樅金伐皷	樅金伐皷	樅金伐皷	擬金伐樹	——	從今伐樹	從今伐樹
旌斾逶迤碣石間	旌斾逶迤	旌斾逶迤	旌斾逶迤	旌斾逶迤	——	青弗衣多	青弗衣多
校尉羽書飛瀚海	校尉	校尉	校尉	校尉	——	效謂	效謂
	羽書	羽書	羽書	羽書	——	尉書	尉書
山川蕭條極邊土	蕭條	蕭迢	蕭迢	逍迢	——	消跳	消跎
胡騎憑凌雜風雨	胡騎	胡騎	胡騎	胡騎	——	胡拒	胡拒

①　饒宗頤《法藏敦煌書苑精華》,廣東人民出版社,1993 年。後收入《饒宗頤二十世紀學術文集》卷八,新文豐出版公司,2003 年,第 301—614 頁。

②　〔美〕倪健著,馮乃希譯《有詩自唐來:唐代詩歌及其有形世界》,上海人民出版社,2021 年,第 67 頁。

③　〔美〕倪健著,馮乃希譯《有詩自唐來:唐代詩歌及其有形世界》,第 75 頁。

④　缺文用"——"表示,缺字用□表示。

續表

P. 3862 底本	P. 3195 甲	S. 788 乙	P. 2748v 丙	P. 4984 丁	S. 2049 戊	P. 2544 己
戰士軍前半死生　軍	軍	軍	軍	——	君	君
美人帳下猶歌舞　舞	儛	儛	儛	——	舞	舞
大漠窮秋塞草腓　漠	漠	漠	漠		莫	莫
腓	腓	腓	排	肥	排	排
孤城落日鬭兵稀　稀	稀	稀	希	稀	希	希
身當恩遇恒輕敵　遇	遇	遇	遇	——	擬	擬
力盡關山未解圍　解圍	——	解圍	解圍	——	假威	假威
鐵衣遠戍辛勤久　辛	辛	辛	辛	新	新	新
玉筯應啼別離後　筯	筯	筯	筯	——	敵	敵
應啼	——	因啼	恩啼	——	殷勤	殷勤
征人薊北空回首　征人	□人	行人	行人	——	行人	行人
薊北	計不	計不	計不	薊北	計不	計不
首	——	首	首	手	手	手
邊亭飄飄那可度　邊亭飄飆	——	邊庭漂姚	邊庭漂遥	山川蕭條	邊庭逍遥	邊庭逍遥
郍	——	郍	郍	難	難	難
絕域蒼茫無所有　域	——	域	域	域	卸(御)	卸(御)
蒼茫	——	滄茫	蒼茫	蒼忙	蒼芒	蒼芒
無所有	——	無所有	無所有	何處有	無士有	無士有
寒聲一夜傳刁斗　聲	——	聲	聲	砂	星	星
一夜	——	一夜	一夜	莽莽	一夜	一夜
傳刁斗	——	傳刁斗	傳刁斟	無南北	傳刁闊	傳刁闊
相看白刃血紛紛　血紛紛	——	血紛紛	血雾雾	血紛紛	雪分分	雪分分
死節從來豈顧勛　死	——	死	死	死	四	四
豈顧勛	——	——	豈顧勛	豈顧勛	起故熏	起故熏
至今猶憶李將軍　猶	——	猶	猶	猶	由	由

關於敦煌寫本中的异本异文，張涌泉認爲主要可從形、音、義、語境四個方

面考察①,以下便從這四個方面列舉《燕歌行》的異文情況。

1. 形近異文。這是因字形相近而産生的異文,主要有異體字和形誤字兩種。異體字僅涉及字形的變化,不影響音義,如"舞"字,甲、乙、丙本均作"儛",爲"舞"字的俗寫。形誤字較多,如"摋"字,底本和甲、乙本均寫作"樅",將偏旁"扌"寫作"木"在敦煌寫本中十分常見。戊、己本中作"從",顯然由"摋"字省寫"扌"而誤;"鼓"字誤作"樹",其間可能經歷了形近、多偏旁"木"而致誤;"腓"作"排";"陣"作"陳"等均因字形相近致誤。

2. 音近異文。因語音相近而産生的異文,如"條"字,甲、乙、丙本作"迢",戊本作"跳";"腓"字,丁本作"肥"。"辛"字,丁、戊、己本作"新"。"解圍",戊、己本作"假威",其中"解""假"中古音接近。還有"豈顧勛",戊、己本誤作"起故熏"等。

3. 義近異文。因意思相近而産生的異文,如"征人"作"行人",二者都可指"出征的人",見杜甫《兵車行》:"車轔轔,馬蕭蕭,行人弓箭各在腰。"敦煌本中有吐蕃統治時期設置的"行人部落",即爲軍事部落②。又如"男兒"作"丈夫",《穀梁傳·文公十二年》云:"男子二十而冠,冠而列丈夫。"也是同義異文。

4. 語境引起的異文。如"殺氣三時作陣雲"後句應爲"寒聲一夜傳刁斗",但丁本誤作"寒砂莽莽無南北",這是劉商《胡笳十八拍》第二拍中的句子,顯然由於首字同爲"寒"字而致誤,是受到語境影響而致誤的例子。

作爲一首七言歌行,《燕歌行》的異文類型竟然涵蓋了形、音、義、語境四個方面,集中反映了敦煌本詩歌傳抄中的異文情況。

二 敦煌本《燕歌行》异文分析

不同類型的異文反映了詩歌的不同傳播方式。一般來説,字形相近説明抄自書面的文本;讀音相近説明源自對聲音的記録。對於敦煌寫本中使用意義相同相近的詞語,張涌泉認爲是傳抄或傳刻時換用或臆改造成③,但從《燕歌行》中這類異文來看,應當是憑記憶抄寫時出現了偏差,詳見後文論述。《燕歌行》并非上述類型的非此即彼,往往是多種形式的叠加。以"征人薊北"四字爲例,除丁本因殘缺不可得知外,甲、乙、丙、戊、己本均作"行人計不",是意義相近和讀音相近異文的叠加,説明這五個寫本是同一傳抄系統,異文在輾轉傳抄中被沿襲下來。

五個寫本複製了"行人計不"的錯誤,各自又累積着新的異文。其中甲本異文最少,説明産生時間早於乙、丙、戊、己諸本。乙本與甲本較爲接近,"蕭條"均作"蕭迢";但又增加了新的異文,將"應啼"寫作"因啼","飄颻"寫作"漂

---

① 張涌泉《敦煌寫本文獻學》,甘肅教育出版社,2013年,第227—238頁。

② 〔日〕藤枝晃著,劉豫川、楊銘譯《吐蕃統治時期的敦煌》(中),《長江文明》第10輯,河南人民出版社,2010年,第104頁。陸離《吐蕃統治敦煌時期的"行人"、"行人部落"》,《民族研究》2009年第3期。

③ 張涌泉《敦煌寫本文獻學》,第233頁。

姚”。丙本與乙本接近,除了重複乙本“征人薊北”作“行人計不”,“少”作“小”的錯誤外,又在乙本異文的基礎上産生新的異文,如“蕭條”由“蕭迢”寫作“逍迢”,“應啼”由“因啼”寫作“恩啼”,“飄颻”由“漂姚”寫作“漂遥”;同時還産生了乙本没有的異文,如“撻金伐鼓”寫作“從金伐樹”,“腓”作“榫”,“稀”作“希”,“郁”作“難”等。

　　五個寫本中,以戊本、己本異文最多,類型也最多樣。己本現存詩、賦十四首,均見於戊本,且排列順序完全一致,於諸本中年代最晚。經字體比對,這兩個本子爲同一人抄寫①,抄自丙本的可能性很大。丙本的“撻金伐樹”,戊、己本進一步誤作“從今伐樹”,丙本“伐”字寫作“代”,戊、己本完全一樣;丙本因形近將“腓”作“榫”,改變了讀音,戊、己本進一步作“排”;又如“稀”,丙、戊、己本均作“希”,均説明三者關係密切。

　　除“從今伐樹”這類呈現逐漸變化過程的異文外,戊、己本還出現了一些完全不同於諸本的文字,如“假威”是“解圍”的異文,“起故熏”是“豈顧勛”的異文,這兩例異文讀音相近,文字全然不同。還有一些字詞,如果脱離上下文來看,根本無法理解,如“青弗衣多”,是“旌斾逶迤”的異文,二者既非音近,也非形近,即倪健提及的“漂移變體”②。這説明在丙本和戊、己本之間,還有若干産生異文的中間環節。

　　再以“蕭條”一詞爲例,在 P. 3862 與戊、己本之間,經歷了如下變動:蕭條——蕭迢——逍迢——消跳——消跎,其中“條——迢——跳——跎”,經歷了由音近致誤,又到形近致誤的複雜變化;“跳”作“跎”,説明戊本抄寫在前,己本據戊本抄寫時,因形近而將“跳”寫作“跎”。

　　因此,上述五個寫本之間有傳抄關係,産生順序如下:甲本(P. 3195)——乙本(S. 788)——丙本(P. 2748v)——戊本(S. 2049)——己本(P. 2544),在甲本到己本之間,可能還有若干個已經佚失的傳抄環節,異文在此過程中不斷累積。

　　與上述諸本相比,丁本有着不同的來源。倪健在以《秦婦吟》爲例展開研究的過程中,指出了包括别字、形音相近字、形近音異字、音近形異字等在内的共十三種異文類型③,他認爲《秦婦吟》缺乏一種不能直接指向記憶傳播的變動樣式,以此説明《秦婦吟》抄自書面文本,而《燕歌行》丁本恰好就是這樣的寫本。

　　從丁本殘存内容的異文來看,“無所有”作“何處有”,“邊庭飄颻”作“山川蕭條”,均非形近、音近,而是意思相近,這説明抄寫者可能根據記憶中的詩歌

————————

　　①　朱利華《寫本語境中的文人詩歌應用——以敦煌婚儀寫本爲例》,《敦煌學輯刊》2022 年第 4 輯。

　　②　〔美〕倪健著,馮乃希譯《有詩自唐來:唐代詩歌及其有形世界》,第 67 頁。

　　③　倪健以《秦婦吟》爲例,將“變體類型”(異文)分爲别字、形音相近字、形近音異字、音近形異字、義近字、倒字、增字、缺字、注釋字、拆字、漂移變體共十一種類型。〔美〕倪健著,馮乃希譯《有詩自唐來:唐代詩歌及其有形世界》,第 67 頁。

大意書寫而成。從所在句子的整體意思來看,"飄颻"和"蕭條"所在的"邊庭飄颻哪可度"與"山川蕭條極邊土"兩句,都是極言邊塞之遥遠空曠和難以到達,抄寫者根據對詩意的理解,將"邊庭飄颻"記成了"山川蕭條"。能够進一步證明該本憑藉記憶抄寫的例子還有:"寒聲一夜傳刁斗"寫作"寒砂莽莽無南北",後者爲劉商《胡笳十八拍》第二拍中的句子,因同有一個"寒"字導致記憶錯誤。其他又如"腓"作"肥"、"辛"作"新"、"首"作"手"、"蒼茫"作"蒼忙"等,均涉音近而誤,這是書寫時背誦或默念所致。從誤將《胡笳十八拍》中詩句寫入《燕歌行》來看,他還會背誦《胡笳十八拍》。當發現書寫錯誤後,又特意進行了修改,并補全後面的詩句,説明他具有一定的文本意識。從書寫筆迹來看,是較爲工整的大字楷書。以上均説明書寫者具備一定文化素養,這是一個憑記憶書寫的文人寫本。

三 《燕歌行》所在寫本考察

　　P. 3862,卷子本,首尾殘缺,天頭地脚呈不規則鋸齒狀缺損,致使部分文字缺失。背面抄寫曆日,墨漬滲透到正面。現存高適詩三十五題四十九首,第一首詩缺題及前半大部分,經考爲高適《答侯大少府》,末尾一詩僅存詩題《同吕判官從大夫破洪濟城回登積石軍七級浮圖作》。其中《遇崔二有别》《奉寄平原顔太守并序》二詩爲佚詩,《雙六頭賦送李參軍》爲高適佚賦,其餘各詩均見於傳世高適詩集。

　　從所抄内容來看,該寫本與 P. 2567+2552 拼合卷中現存的四十九首高適詩没有重複,施淑婷據此懷疑二者爲好高適詩者有計劃地抄録[1]。兩個寫本字體工整秀美,避諱嚴謹,抄寫年代應當相近。王重民考證《奉寄平原顔太守并序》作於顔真卿爲平原太守的天寶十二載(753)或次年[2]。周勛初據詩中"一爲天涯客,三見南飛鴻"等句,進一步認爲作於天寶十四載(755)秋天[3]。據周先生所論,P. 3862 當抄於天寶十四載(755)之後。參考 P. 2567+2552 拼合卷抄於天寶十二載(753)至貞元九年(793)之間[4],P. 3862 大致抄於天寶十四載(755)至貞元九年(793)之間,是敦煌諸本《燕歌行》中抄寫最早的本子,爲抄自(或來自)中原地區的文人寫本。

　　甲本(P. 3195),首尾殘缺嚴重,有界欄,字體較工整,現存詩歌有題目,個別有署名。卷首殘留"主每論編外"等字,爲不知名詩之殘句,其後殘詩,據徐俊考證爲高適《送渾將軍出塞》[5],接抄《送蕭判官賦得黄花戍》,未署作者,孫欽善據補爲高適佚詩,認爲"作於任職哥舒翰幕府期間"[6]。其後抄馮待徵《怨

　① 黄永武、施淑婷《敦煌的唐詩續編》,第 22 頁。
　② 王重民《敦煌古籍叙録》,商務印書館,1958 年,第 290—291 頁。
　③ 周勛初《高適年譜》,上海古籍出版社,1980 年,第 88 頁。
　④ 朱利華《敦煌本唐人詩題的文獻價值與寫本特徵》,《中國典籍與文化》待刊。
　⑤ 徐俊《敦煌詩集殘卷輯考》,中華書局,2000 年,第 201 頁。
　⑥ 孫欽善《高適集校注》,第 258 頁。

（虞）美人怨》①、魏奉古《長門怨》，第六首題“燕歌行一首”，未署名，至“玉筯”以下殘缺。徐俊指出 P. 2677、S. 12098 與 P. 3195 爲同卷殘裂，則高適《燕歌行》後還抄有屈同仙《燕歌行》、王齡（泠）然《野燒篇》②。該寫本共有三首高適詩，中間夾雜着其他詩人的作品；從現存詩題來看，没有統一格式，如《燕歌行》《野燒篇》後面有“一首”二字，《怨（虞）美人怨》《長門怨》則無，主要表現爲多位詩人單篇詩歌的彙抄。

　　現存詩歌主要分爲三類，一是與邊塞有關，如《送渾將軍出塞》《送蕭判官賦得黄花戍》《燕歌行》；二是以女子爲抒情主體的歌行體詩，如《怨（虞）美人怨》《長門怨》；三是與儀式有關的詩歌，如《野燒篇》，該詩又見於 P. 3252＋P. 3608，伏俊璉、冷江山根據該寫本同抄詩文，認爲該詩被借用於改火儀式③，據此則與儀式相關，又據第一和第二種詩歌的組合在 P. 2976、S. 2049v 等婚儀詩文寫本中較爲常見，《野燒篇》也可能用於親迎儀式之前的祭奠先祖環節④。所以 P. 3195 很可能是婚禮儀式上的吟誦文本。邊塞詩中的句子用於營造婚禮氣氛，如《送渾將軍出塞》：“將軍族貴兵且强，漢家已是渾耶王。子孫相承在朝野，至今部曲燕山下”，蘊含美好的寓意，具有婚禮攝盛的意味⑤。該寫本《燕歌行》中將“薊北”誤作“計不”，正體現了記録口頭讀音的特徵。

　　乙本（S. 788），首尾殘缺，兩面書寫。正面有界欄，存詩三首，中間一首題爲《燕歌行一首》，前後二首均失題，分别是高適《古大梁行》和李昂《大漠行》⑥。背面抄《沙州圖經》，首尾俱殘，存“東鹽池”“西鹽池”“玉女泉”“玉門關”等條目，每條目下有雙行小注。其中“壽昌縣”下云：“大中初陷吐蕃，大中二年張議潮收復。”可知不早于大中二年，徐俊推斷是歸義軍晚期所作，正面詩歌的抄寫時間也應在歸義軍晚期⑦。上文據《燕歌行》异文推斷乙本與甲本接近，從同抄內容來看，S. 788 雖僅存三首詩歌，但均爲邊塞詩，也可能與儀式有關。

　　丙本（P. 2748v），正面爲古文《尚書》殘卷（孔安國傳）⑧。背面卷首抄曲子詞三首，分别是《思越人》二首和《怨春閨》，其中《怨春閨》較前詞低四字書寫。三首詞後相隔大約七行左右，依次抄有《燕歌行一首》《古賢集一卷》《大漠行一首》《長門怨一首》《國師唐和尚百歲書》《王照（昭）君怨諸詞人連句》《沙州敦煌二十咏并序》《錦衣篇》（僅存題），《國師唐和尚百歲書》序文處有利用大中四年（850）公文殘紙進行的修補痕迹。卷首詞與《燕歌行》留有七

---

① 原卷題爲《怨美人怨》，據徐俊《敦煌詩集殘卷輯考》校録。徐俊《敦煌詩集殘卷輯考》，第 204 頁。

② 徐俊《敦煌詩集殘卷輯考》，第 207—208 頁。

③ 伏俊璉、冷江山《敦煌文人詩歌的傳播與應用——敦煌的唐詩講座之三》，《絲綢之路》2012 年，第 18 期，第 35 頁。

④⑤ 朱利華《寫本語境中的文人詩歌應用——以敦煌婚儀寫本爲例》，《敦煌學輯刊》2022 年第 4 輯。

⑥ 徐俊《敦煌詩集殘卷輯考》，第 535 頁。徐俊《敦煌寫本詩歌續考》，《敦煌研究》2002 年第 5 期。

⑦ 徐俊《敦煌詩集殘卷輯考》，第 535 頁。

⑧ 商務印書館編《敦煌遺書總目索引》，中華書局，1983 年，第 272 頁。

八行空白,徐俊認爲"似爲有所區別而設"①。楊寶玉認爲卷背《敦煌廿咏》可能爲張球自書②,趙鑫曄認爲其他内容與《敦煌廿咏》相連屬且筆迹一樣,故皆爲張球抄寫③。據李正宇考證,《敦煌廿咏》作於大中二年(848)至咸通十二年(871)之間④,其抄寫時間在此之後。徐俊據《國師唐和尚百歲書》中悟真的序文考證該寫卷抄於唐僖宗廣明元年(880)之後⑤,爲晚唐寫本。

前面根據《燕歌行》异文推斷 P. 2748v 可能抄自乙本(S. 788),兩個寫本同抄有《燕歌行》《大漠行》,證實了二者的關係;P. 2748v 還抄有《長門怨》,該詩見於更早的甲本(P. 3195),也證實了三者之間有傳抄關係。P. 2748v 在《燕歌行》《大漠行》之間抄有《古賢集》,這是教示學童的通俗讀物⑥;後面還抄有敦煌名僧悟真所撰《國師唐和尚百歲書》、吟咏本地文化勝地的《沙州敦煌二十咏并序》,以及卷末《錦衣篇》題下空白處有"瓢""叛"字釋義及雙行小注,説明這個本子可能與教學有關。據楊寶玉考證,張球致仕後在敦煌地區聚徒興學,并且親自編寫教材⑦,因此,他抄寫的詩文很可能用於教授學郎。

丁本(P. 4984),首尾殘缺,僅存一紙。《伯希和劫經録》云:"殘卜筮書。引顏何諸家説。其法與周公卜法、管公明卜法相近。背唐詩殘句及兩殘狀。"⑧正面《靈棋本章正經》殘存三十六行,字迹潦草,王卡懷疑是歸義軍時期抄本。該寫本外部形態頗符合他對晚唐五代時期道教寫本的判斷,即具有紙質差、文字錯訛、木筆書寫、字品不佳、書寫行款不同等特點⑨。背面卷首右上半殘缺,殘存詩歌十三行,爲高適《燕歌行》,抄至"煞氣三時作陣雲"句後,誤抄"寒砂莽莽無南北",其後接抄書儀兩段,分别題爲《端午送酒扇》《歲送物》。《燕歌行》中"寒聲一夜傳刁斗"及未抄完的詩句均以小字補寫於行間,從避開"端午送酒扇"書寫可知是晚於書儀的補寫。大致抄於五代後期,具體年代無考。從書寫格式和書儀内容來看,抄寫者具有一定文化素養,也符合《燕歌行》憑記憶書寫的特點。

戊本(S. 2049),正面抄《毛詩鄭箋》,起《豳風·七月》"七月流火,九月授衣",迄《小雅·杕杜》,與 P. 4994 爲一卷斷裂而分置二號⑩。兩卷綴合後,背面内容爲:"正月孟春猶寒"等 8 行、《王昭君》、《古賢集》、《落楊(洛陽)篇》、《酒

①　徐俊《敦煌詩集殘卷輯考》,第 143 頁。
②　楊寶玉《〈敦煌廿咏〉作者與撰寫時間考證》,《童蒙文化研究》第四卷,人民出版社,2019 年,第 138 頁。
③　趙鑫曄《S. 2607＋ S. 9931 書手爲張球考》,《寫本學研究》第二輯,商務印書館,2022 年,第 12—25 頁。
④　李正宇《〈敦煌廿咏〉探微》,收入杭州大學古籍研究所編《古文獻研究》,哈爾濱師範大學出版社,1989 年,第 232—251 頁。
⑤　徐俊《敦煌詩集殘卷輯考》,第 144 頁。
⑥　鄭阿財、朱鳳玉《開蒙養正:敦煌的學校教育》,甘肅教育出版社,2007 年,第 47 頁。
⑦　楊寶玉《外來文士張球與晚唐敦煌漢文化的重建》,《形象史學研究》2016 年第 2 期。
⑧　商務印書館編《敦煌遺書總目索引》,第 311 頁。
⑨　王卡《敦煌道教文獻研究:綜述·目録·索引》,中國社會科學出版社,2004 年,第 10—15 頁。
⑩　徐俊《敦煌詩集殘卷輯考》,第 464 頁。

賦》、《錦衣篇》、《漢家篇》（即《燕歌行》）、《大漠行》、《老人篇》、《飲馬長城窟行》、《將進酒》、“君不見咸陽城上咸陽原”、《老人相問嗟嘆詩》、“時仲春”、《藏駒（鉤）》、“用於菀中牧馬思詩曰”、《龍門賦》、《北邙篇》、《咒願新郎文》、《咒願新婦文》。

　　從《燕歌行》异文可知，S. 2049 可能抄自丙本（P. 2748v）。該寫本内容完整，包含了邊塞詩、女子哀怨詩及咒願文等與儀式有關的詩文等三種類型；也包含與其有傳抄關係的甲本（P. 3195）、乙本（S. 788）和丙本（P. 2748v）中的一些篇目，如《漢家篇》（《燕歌行》）《大漠行》《古賢集》《錦衣篇》等，但該寫本所抄篇目更加豐富。經考證，這些詩歌内容均可與婚儀聯繫起來，具體表現爲：以斷章取義的方式，截取其中符合婚儀需要的詩句加以應用①。該寫本的實用性質也被 P. 4994v 卷首題記“諸雜記字録爲用後流傳”所證實。P. 4994v 所抄“正月孟春猶寒”詩又見 P. 2633，尾題“正月孟春猶寒一本，書手判官氾員昌記”，該總題内還抄有《宣宗皇帝御製勸百寮文》，可見必抄於宣宗朝（847—859）以後，卷末又有尾題“辛巳年正月十五日氾員昌就塞上”，徐俊據氾員昌另見於 P. 3231《癸酉年至丙子年（九七三—九七六）平康鄉官齋籍》，判斷“辛巳”爲公元 981 年②。從包含在“正月孟春猶寒”題中的文本來看，P. 4994v＋S. 2049v 是簡化了的“諸雜記字”，可能抄自 P. 2633 或與 P. 2633 同一來源的本子③，即抄於公元 981 年以後，藏經洞封閉之前④，爲宋初寫本。

　　己本（P. 2544），首殘尾全，現存《酒賦》《錦衣篇》《漢家篇》《大漠行》等詩、賦 14 首，均見於戊本（S. 2049），且排列順序完全一致，卷末摹寫有《蘭亭集序》，該寫本同樣與婚儀有關。前面推斷 P. 2544 抄自戊本（S. 2049），爲《燕歌行》所在諸本抄寫最晚者。

　　此外，上述各寫本的性質還可從題目、詩序和書寫特徵進一步確認。如 P. 3862 首題《燕歌行》，有詩序，同抄的其他詩歌均有題目，這是文人抄本注重文本完整性的體現。甲、乙、丙本均題作“燕歌行一首”，題目後加“一首”二字，強調數量，與各自所在寫本同抄内容的多樣性有關；無詩序，説明抄寫者不關心詩歌的寫作背景和作者的寫作意圖，只關注詩歌本身，具有注重實用的特徵。如甲本（P. 3195）現存内容爲不同詩人的單篇作品，所以題爲“燕歌行一首”；丙本（P. 2748v）也題作《燕歌行一首》，同抄題目有《古賢集一卷》《大漠行一首》《長門怨一首》等，體現了詩歌在題目上的統一風格；乙本（S. 788）題爲《燕歌行一首》，《大漠行》題目殘存一個“首”字，可見題目的抄寫體例也一致。戊、己本與上述題目有所不同，均題作《漢家篇》，同抄詩歌還有《洛陽篇》，實爲

---

　　①③　朱利華《寫本語境中的文人詩歌應用——以敦煌婚儀寫本爲例》，《敦煌學輯刊》2022 年第 4 輯。

　　②　徐俊《敦煌詩集殘卷輯考》，第 254 頁。

　　④　藏經洞的封閉時間與其封閉原因密切相關，學界對此提出了多種看法，如榮新江認爲最有可能促成藏經洞封閉的是公元 1006 年于闐王國滅於黑韓王朝一事。參見榮新江《敦煌藏經洞的性質及其封閉原因》，《敦煌吐魯番研究》第 2 卷，北京大學出版社，1997 年，第 23—48 頁。

劉希夷《代悲白頭翁》,題目取首句前兩字,具有方便提示的作用,作爲儀式文本的特徵十分明顯。

書寫格式方面。P. 3862 遇"天子""恩遇"空格,是唐代平闕之式的體現,《大唐六典》載:"凡上表、疏、箋、啓及判策、文章如平闕之式。"①這説明該寫本是供閱讀、傳播的正式文本。其他寫本均不講究平闕格式,説明是非正式的、自用性質的寫本。

以上分别將《燕歌行》所在寫本作了整體考察,證實了這些寫本的性質與各自所抄《燕歌行》的文本性質是一致的。其中與民間儀式有關的多個寫本,勾勒出文本變化的動態過程。在這一過程中,詩歌距離其本來面目越來越遠,最終成爲晚唐五代敦煌民衆心目中的文學②。

四　敦煌本《燕歌行》的寫本學價值

關於寫本傳寫之容易致誤,前人已感慨頗多。如公認爲善本的《韓愈文集》,當歐陽修將其與碑刻比較時不由得感慨:"乃知文字之傳,久而轉失其真者多矣。"③宋敏求爲《孟郊集》作跋亦云:"自餘不爲編秩,雜録之,家家自异。"④這是宋人所見唐人詩文集中的异文情況。作爲唐五代宋初敦煌地區傳抄的唐詩,敦煌諸本《燕歌行》展示了同一文本在傳抄過程中不斷産生异文的情況,爲考察唐五代宋初的詩歌傳抄提供了極爲珍貴的生動視角。

從上述异文分析來看,敦煌本《燕歌行》具有不同的文本性質,包括了文人傳抄和民間傳抄兩個系統。P. 3862 爲高適的詩集,屬於文人系統的抄本,抄寫時間最早,抄寫最爲精良;丁本是較爲隨意的文人記憶本;甲、乙、丙、戊、己五個文本有着共同的母本,屬於同一傳抄系統的實用文本。五個文本中"征人薊北"寫作"行人計不","豈顧勛"寫作"起故熏",這些明顯的錯誤,爲何抄寫者完全照搬,如果僅以文化素養低加以解釋是不够的,如楊寶玉、趙鑫曄指出丙本爲敦煌地區著名文人張球抄寫,即便是諸本中訛誤最多的己本,在卷尾部分還摹寫了《蘭亭集序》這樣的經典作品。我們只能這樣解釋:這些文本并非爲方便别人閱讀而抄,而是以自用爲主,詩中的訛誤并不影響抄寫者自己辨認和使用,因此照抄如故,充分體現了作爲實用寫本的隨意性。正如吳真在考察敦煌孟姜女曲子文本時指出:敦煌人習慣將"杞梁"寫作"犯梁",筆下寫着犯梁,心裏讀着却是杞梁⑤。

丙本(P. 2748v)是張球所抄用作教授學郎的教材,其他幾件實用文本的

---

①　〔唐〕李隆基撰,李林甫注,〔日〕廣池千九郎校注,内田智雄補訂《大唐六典》卷四《禮部》,三秦出版社,1991 年,第 88 頁。

②　伏俊璉等著《敦煌文學總論》(增訂本),上海古籍出版社,2023 年,第 3 頁。

③　〔宋〕歐陽修《歐陽修全集》,中華書局,2001 年,第 1189 頁。

④　華忱之、喻學才《孟郊詩集校注》,人民文學出版社,1995 年,第 519 頁。

⑤　吳真《寫本文化語境中的敦煌孟姜女曲子》,伏俊璉、徐正英主編《古代文學特色文獻研究》第一輯,上海古籍出版社,2016 年,第 152 頁。

抄寫者很可能是學郎,如 P. 4994＋S. 2049 抄寫了童蒙讀物《古賢集》,P. 2544卷末摹寫有《蘭亭集序》。書寫筆迹也證實這點,如姜亮夫認爲 P. 2544"字迹惡劣,訛誤極多,且紙墨已朽,曼滅不能句讀,當爲習字雜録"①,徐俊認爲P. 4994＋S. 2049 和 P. 2544"書法均稚拙,後者尤甚,文字錯訛兩卷略同"②,伏俊璉、冷江山根據書寫特徵指出這兩個寫本是學童學詩的作業③。

　　王小盾曾以韋莊的《秦婦吟》爲例,指出該詩用一個漂泊女子的自述口吻寫爲長篇叙事體,符合民間講唱的要求,説明它是通過表演藝術而獲得廣泛流傳的④。數量僅次於《秦婦吟》的《燕歌行》⑤,至少有五件與婚禮儀式的吟誦表演有關,其抄寫者很可能就是儀式吟誦者或潛在的吟誦者。

　　《唐會要》卷三五《學校》開元二十一年(733)五月敕云:"諸州縣學生,專習正業之外,仍令兼習吉凶禮。公私禮有事處,令示儀式,餘皆不得輒使。"上述詩歌大多與婚儀密切相關,很可能爲學郎"專習正業之外","兼習吉凶禮"所用。不少敦煌婚儀詩文中提到了"文郎""相郎",如 P. 3350《呪願新郎文》文末有"重賞莫辱文郎", P. 2976《下女夫詞》中有"刺史早個肯,著勒兩賓郎","相郎通問,體内如何",楊寶玉認爲"相郎"可解作"儐相"⑥。S. 6171《宮詞》卷末有"右件禮生賓拜主,請避往,右件禮生主拜賓,請避後",後世婚儀《開門吟》亦云:"新郎行到九重門,重門内見新人房。房内發個慈悲童,免得禮生在外吟","上賓何須弄禮生"⑦。上文中的"文郎""相郎""禮生"均爲婚禮上的儐相。因此,上述詩歌可能由學郎所抄,是爲往後作爲婚禮的儐相做準備⑧。

　　文人詩歌與民間儀式結合後,在口頭韵誦時,由於某些字詞因讀音相同或相近而致誤,在輾轉傳抄中又因字形相近而致誤,以至於多種異文類型在此過程中不斷累積。倪健在考察《秦婦吟》諸本異文時指出:無法得知各本的文本變動是由作者韋莊自己創造的或確認過的不同版本造成的,還是由無數參與者造成的⑨。他的疑惑主要由於《秦婦吟》是一首不見於傳世本的佚詩,沒有可供參考的定本。《燕歌行》則不存在這樣的問題,作爲一首當時就已膾炙人口的詩歌,該詩出現在後世各種詩文集版本中,敦煌諸本中存在的異文很容易被發現,從而通過分析得出導致異文的原因。《燕歌行》異文所呈現的傳抄細節,也能爲解決《秦婦吟》的相關問題提供重要的參考。

---

① 姜亮夫《敦煌學論文集·海外敦煌卷子經眼録》,上海古籍出版社,1987 年,第 47 頁。
② 徐俊《敦煌詩集殘卷輯考》,第 466 頁。
③ 伏俊璉、冷江山《敦煌文人詩歌的傳播與應用——敦煌的唐詩講座之三》,《絲綢之路》2012 年第 18 期。
④ 王小盾《敦煌文學與唐代講唱藝術》,《中國社會科學》1994 年第 3 期。
⑤ 目前已知《秦婦吟》寫本多達 11 件,參見田衛衛《〈秦婦吟〉敦煌寫本研究綜述》,《敦煌學輯刊》2014 年第 4 期。
⑥ 北京圖書館藏《下女夫詞》。見楊寶玉《〈敦煌變文集〉未入校的兩個〈下女夫詞〉殘卷校録》,《敦煌語言文學研究》,北京大學出版社,1988 年,第 279 頁。
⑦ 周玉波《中國喜歌集》,社會科學文獻出版社,2011 年,第 206 頁。
⑧ 伏俊璉等《敦煌文學總論》(增訂本),第 402 頁。
⑨ 〔美〕倪健著,馮乃希譯《有詩自唐來:唐代詩歌及其有形世界》,第 67 頁。

　　甚至可以這樣説,在寫本學研究價值方面,高適《燕歌行》比《秦婦吟》更具有典型性。首先,《燕歌行》篇幅較短,有更多機會與其他詩文同抄,能够呈現更加豐富的寫本情境。其次,《燕歌行》的抄寫時間跨越盛唐、中唐乃至晚唐、五代、宋初,而《秦婦吟》反映的是唐末"黄巢之亂"前後長安的情形,現存抄寫年代最早的爲題有"天複五年"的 P.3381 號寫本,爲五代時期寫本。第三,《燕歌行》的涵蓋面更廣,有抄自(或來自)中原地區的文本,也有本地複製的實用文本。

　　總之,無論是文本數量、文本來源的多樣性,還是抄寫時間的跨度上,敦煌本《燕歌行》都更爲全面地反映了唐五代宋初詩歌傳播的生動場景。其中有對書面文本的複製,也有對詩歌讀音的記録,還有憑藉記憶的隨意書寫,不同傳播方式反映出抄寫者的不同意圖或者詩歌的不同用途。這些傳世本詩歌不能告訴我們的豐富細節,對於我們理解寫本時代文本的複製和應用有着十分重要的意義。

(作者單位:西華師範大學文學院)

古典文獻研究（第二十七輯上）
Journal of the Institute for Chinese Classics Studies
Nanjing University
Volume 27, No.1 2024

杜詩批點與千帆詩學的轉精

張德懿

千帆詩學，指程千帆先生的詩學研究。在程先生廣闊的研究範圍中，古典詩歌研究不僅是他“用力最勤、創獲最巨”的方面，更標志他“學術造詣的最高峰”①。千帆詩學在半個世紀中取得豐碩成果，有代表作《古詩考索》《被開拓的詩世界》等。近年來出版的千帆詩學論著，則有選本《古詩今選》、講義《程千帆古詩講録》、選集《唐詩的歷程》等，反映出千帆詩學的不同側面。程先生的詩歌評點，如《杜詩鏡銓批鈔》（下稱“《批鈔》”）與《讀宋詩隨筆》等著作，也是千帆詩學的重要部分，然較少有着眼於千帆詩學整體的詩歌評點研究②。

關於千帆詩學的發展與轉型，學界已有較多論述③。如果説千帆詩學的開端是發表於 1936 年的《少陵先生文心論》，始於 1961 年的《杜詩鏡銓》批點則可視爲千帆詩學走向成熟的新起點——不難發現，兩者都與杜詩相關。如莫礪鋒總結，“從表面上看，程先生的學術著作是在晚年完成的，但是其真正的開端却是在他遭受磨難之時”④。事實上，除了“發憤著書”的精神動力，杜詩批點實踐也促進了程千帆杜詩研究乃至千帆詩學整體的精進。

所謂“轉精”包括兩個時間維度的比較，一是千帆先生在晚年對新觀點、新方法的總結、提煉、改定，即個人學術生涯的後出轉精，二是“從傳統方法中轉

---

① 莫礪鋒《新版〈程千帆全集〉的來龍去脉》，《中華讀書報》2023 年 9 月 20 日，第 9 版。爲行文方便，本文凡涉及前輩師友處，均未使用敬稱，特此說明。

② 目前研究千帆詩歌評點的專文，僅見冷浪濤《程千帆〈杜詩鏡銓批鈔〉發微》，《杜甫研究學刊》2019 年第 4 期。

③ 一般將千帆詩學的發展歷程分爲兩個階段，二十世紀六十年代至八十年代初的《古典詩歌描寫與結構中的一與多》《論唐人邊塞詩中地名的方位、距離及其類似問題》等文代表千帆詩學研究的新方向、新境界。這些文章在觀點和方法上出現了新的因素，融合傳統考證方法與現代文學理論知識。參見周勛初《程千帆先生的詩學歷程》，《當代學術研究思辨》，鳳凰出版社，2022 年，第 210—217 頁；周欣展《從神學思維模式到辯證法——千帆詩學發展歷程的一個關鍵環節》，《南京大學學報》2010 年第 4 期，第 123—134 頁。

④ 莫礪鋒《莫信詩人竟平淡》，《莫礪鋒文集》卷十《師友雜記》，鳳凰出版社，2019 年，第 567 頁。

化出新的生機"①,即現代學者對古代學術的後出轉精。《批鈔》完成於 1961 年(下稱"稿本"),1984 年至 1985 年發表於《草堂》雜志(下稱"《草堂》本"),1990 年校定并收入《被開拓的詩世界》②(下稱"全集本")。對照《批鈔》的修訂過程與二十世紀八十年代後程千帆的詩學論著寫作,可發現千帆詩學問題起源、研究路徑及其潛在思維方式的一些綫索。

一 《批鈔》蘊含的傳統評點方式

評點是中國古代文學批評方式,即於正文行間點畫或於天頭評注,爲讀者點明精彩之處或解説文法。一般認爲,評點源自早期章句之學與六朝文論,興盛於南宋以後的文章學。評點在早期與科舉有關,關注文法與格式,其中技法、形式等内容也影響了詩歌評點③。評點具有"即目散評"等特點,具體指關注閱讀直覺、不具有完整系統,這也體現出"中國文論的思維特點着重在直覺體悟"④。

稿本《批鈔》基本師法黄侃《文選平點》的批點形式⑤,包括校勘、注釋、評論等内容,也保留了古代評點的内容與方法。從内容上看,批注主要辨析與補充了《杜詩鏡銓》所引評注的穿鑿或闕漏之處。例如,《贈別何邕》詩"五陵花滿眼,傳語故鄉春"一句,《杜詩鏡銓》引顧宸注:"不曰傳語鄉人,而曰傳語故鄉者,非惟風物關心,亦見人情惡薄,同調寂寥,故國之思,亦托之無情花鳥而已",顧宸揣探杜詩深意,賦予此句"人情惡薄,同調寂寥"的褒貶意味。古注中張溍也以爲此句關心止於故鄉風物,與起句中"生死論交地,何由見一人"呼應,意爲世風不古,無復有"生死論交"之人⑥。稿本批注謂此注"解鑿"⑦,然未加詳細解釋,《草堂》本與全集本則補充説明:"公詩懷鄉者多矣。言風物則人情自在其中。云故鄉人情惡薄,同調寂寥,有何依據?"⑧按此説,"故乡春"應

①　舒蕪《千帆詩學一斑》,鞏本棟編《程千帆沈祖棻學記》,貴州人民出版社,1997 年,第 158 頁。

②　參見徐有富《程千帆沈祖棻年譜長編》,南京大學出版社,2013 年。本文參照南京大學圖書館藏程千帆批校《杜詩鏡銓》,清同治十一年(1872)望三益齋翻刻本;程千帆《〈杜詩鏡銓〉批鈔[一]》,《草堂》1984 年第 1 期,第 52—59 頁;程千帆《〈杜詩鏡銓〉批鈔[二]》,《草堂》1985 年第 1 期,第 103—110 頁;程千帆《〈杜詩鏡銓〉批鈔[三]》,《草堂》1985 年第 2 期,第 70—77 頁;程千帆《〈杜詩鏡銓〉批鈔[四]》,《草堂》1986 年第 1 期,第 61、81—86 頁;程千帆《程千帆全集》第九卷《杜詩鏡銓批鈔》,河北教育出版社,2000 年,第 195—269 頁。

③　羅根澤《中國文學批評史》,商務印書館,2017 年,第 975—977 頁;張伯偉《中國古代文學批評方法研究》,中華書局,2023 年,第 595—617、632—635 頁。

④　黄霖《中國文學的評點與彙評》,《文學評點論稿》,鳳凰出版社,2017 年,第 4 頁。

⑤　《批鈔》序稱:"昔先師蘄春黄君之批蕭《選》,不事繁辭,或僅綴片言,或但注一字,而其義自出。高山仰止,用是步趨。"《杜詩鏡銓批鈔》,第 195 頁。此説由冷浪濤提出,見《程千帆〈杜詩鏡銓批鈔〉發微》,《杜甫研究學刊》2019 年第 4 期,第 63 頁。

⑥　蕭滌非主編《杜甫全集校注》卷八,人民文學出版社,2014 年,第 2490 頁。

⑦　程千帆批校《杜詩鏡銓》卷八,第 29a 頁。

⑧　程千帆《〈杜詩鏡銓〉批鈔[二]》,《草堂》1985 年第 1 期,第 108 頁;程千帆《程千帆全集》第九卷《杜詩鏡銓批鈔》,第 227 頁。

爲兼有風物、人情的省語，相應的首句則指京城舊交因避亂而離散，相較而言，舊注區分風物與人情顯得刻意，程注更突出詩人懷念故友的深情以及"仁者愛人"之心。

稿本《批鈔》亦多學習古代評注方式，以"增字解意"的方法爲例，程注在"貢喜音容間"的"貢喜"後加一"然"字，"馮招疾病纏"的"馮招"後加一"奈"字①，《草堂》本與全集本擴寫爲"貢公有喜，然音容間阻""馮公見招，奈疾病纏綿"②。此法近似仇兆鰲注釋杜詩時的"内注解意"，仇氏凡例稱："歐公説《詩》，於本文只添一二字，而語意豁然。朱子注《詩》，得其遺意，兹於圈内小注，先提總綱，次釋句意，語不欲繁，意不使略。取醒目也"③，即在解釋詩歌字句時"增字串連原文、使原本跳躍的語意連貫通達"④。此處程注增加兩個連詞，就使詩意、情感更爲顯豁，深得古人增字内注的長處。

此外，稿本批語往往以隻字片言評論杜詩，如《陪鄭廣文游何將軍山林十首》其十"幽意忽不愜，歸期無奈何"一句，稿本於上句旁書"果"、下句旁書"因"字⑤，《草堂》本與全集本則改寫爲"上果下因"⑥；又《九成宫》中"立神扶棟梁"旁批"虛"，"鑿翠開户牖"旁批"實"，"其陽産靈芝"旁批"地"，"其陰宿牛斗"旁批"天"⑦，此四字於《草堂》本、全集本中被删去。以上兩種批語着重説明詩句的邏輯順序、對仗方式，其形式雖然較簡省，但延續了古人對詩歌句法承接呼應、頓挫轉折方面的思考。

更重要的是，"因果""虛實"等對立概念組成的範疇，影響了千帆詩學的思考方式，不僅《讀詩舉例》歸納的"形與神""曲與直""物與我""同與異""小與大"等古典詩論的歸納運用到這一思維方式⑧，"一與多"的新提法實則也與之相關。與之相應，周勛初先生在講授《文心雕龍》時也強調在閲讀、教學中辨析"對應概念之義涵"，如"風"與"骨"、"聲"與"響"等，認爲駢文中常見將一組概念錯開分析的方法⑨。千帆詩學歸納、總結的對立概念，既反映出中國古代文學批評中内生的辯證思考方式（如諸子思想中的"和"的觀念⑩，以及劉勰文學

① 程千帆批校《杜詩鏡銓》卷二〇，第 1b 頁。

② 程千帆《〈杜詩鏡銓〉批鈔[四]》，《草堂》1986 年第 1 期，第 85 頁；程千帆《程千帆全集》第九卷《杜詩鏡銓批鈔》，第 266 頁。

③ 〔唐〕杜甫著，〔清〕仇兆鰲《杜詩詳注》卷首《杜詩凡例》，中華書局，2015 年，第 25 頁。

④ 蔣寅《〈杜詩詳注〉與唐詩之注釋》，《唐代文學研究（第 6 輯）》，廣西師範大學出版社，1996 年，第 366 頁。

⑤ 程千帆批校《杜詩鏡銓》卷二，第 15b 頁。

⑥ 程千帆《〈杜詩鏡銓〉批鈔[一]》，《草堂》1984 年第 1 期，第 54 頁；程千帆《程千帆全集》第九卷《杜詩鏡銓批鈔》，第 201 頁。

⑦ 程千帆批校《杜詩鏡銓》卷四，第 3a 頁。

⑧ 程千帆《讀詩舉例——在中國文學批評史師訓班上的講話》，《程千帆全集》第八卷《古詩考索》，河北教育出版社，2000 年，第 145—159 頁。

⑨ 周勛初《文心雕龍解析》，鳳凰出版社，2015 年，第 381 頁。

⑩ 周欣展《從神學思維模式到辯證法——千帆詩學發展歷程的一個關鍵環節》，《南京大學學報》2010 年第 4 期，第 131 頁。

批評"擘肌分理,唯務折衷"的方法①),也是對辯證法有意識的運用。

　　稿本《批鈔》所包含的古代評注方法也與"評點"的形式有關:無論是"增字解意"的注解還是"僅綴片言,但注一字"的評論,都依附於《杜詩鏡銓》原有的詩句、評注,并試圖與原有文本對話。《批鈔》是千帆詩學對杜詩的理解、詮釋,也綜合了傳統詩學的注釋成就。如果説稿本更多出自批校者閲讀過程中的有感而發、隨筆記録,《草堂》本與全集本則是對這些記録的整理與擴充,形式改動反映出傳統評點向現代學術論著轉變的過程。

二　《批鈔》對現代文藝理論的嘗試

　　《批鈔》既體現出傳統的詩學積累,又包含現代文學理論的嘗試。在修訂過程中,作者將考據與批評結合,融合傳統考證與現代詩學觀點。此外,《批鈔》的批語中與《古詩考索》收録的學術論文也多有關聯,在考據、章句之學的基礎上,新的學術觀點也逐漸醖釀成熟。

　　作於1945年的《詩辭代語緣起説》基本采用考證與歸納的方法,而《批鈔》將"代語"用於解釋與分析句意。《夏日嘆》"夏日出東北"古注往往引用天文曆書釋"東北"(寅,東北之地),程批"此東北指寅時,亦猶《古詩》'玉衡指孟冬',孟冬指西北。皆以方位與時辰相代"②藉古詩釋杜詩。從《兩點論》可以得知,程千帆曾讀到金克木《古詩"玉衡指孟冬"解》(1948)③,此則批語運用并轉化金文的新觀點。從《批鈔》中也能看出一些文章的構思、創作過程,如《諸將》其一評語反駁張溍"朱旗屬胡"的論述,提出"今昔對比"的觀點④。此説在1976年所作《杜甫〈諸將〉詩"曾閃朱旗北斗殷"解》一文中得以深化,該文從"以漢寫唐"的視角出發,還原了"朱旗"意象於漢魏晉時期的源流及情感屬性,從而指出"朱旗"仍屬李唐。

　　從簡單、片段的批注,到成熟、完整的論文,最典型代表的當屬《古典詩歌描寫與結構中的一與多》⑤。關於此話題的思考最早可見於稿本《批鈔》評《前出塞九首》其六:"太冲《咏史》,特出荆軻;公《游何將軍山林》,别咏戎王子,與此詩皆同一機杼。所謂文似看山不喜平也"⑥,《草堂》本、全集本中"文似看山不喜平"一句改作"而出之以議論,又於同中見异"⑦。又如,《鳳凰臺》批語稱"十一首皆即景爲之,獨此《鳳凰臺》一篇,別出寓言,無正面寫景之筆,亦猶太

---

　　①　周勛初《文心雕龍解析》,第875—897頁。
　　②　程千帆《程千帆全集》第九卷《杜詩鏡銓批鈔》,第213頁。
　　③　程千帆《兩點論——古代文學研究方法漫談》,《程千帆全集》第十五卷《桑榆憶往》,河北教育出版社,2000年,第180頁。
　　④　程千帆批校《杜詩鏡銓》卷一三,第20a頁。
　　⑤　此文於1981年10月3日開始寫作,完成於同年10月23日,參見徐有富《程千帆沈祖棻年譜長編》,第354—357頁。
　　⑥　程千帆批校《杜詩鏡銓》卷二,第4b—5a頁。
　　⑦　程千帆《〈杜詩鏡銓〉批鈔[一]》,《草堂》1984年第1期,第53頁;程千帆《程千帆全集》第九卷《杜詩鏡銓批鈔》,第199頁。

冲《咏史》特標荆卿,以發其寂寥中之奇想者比",《乾元中寓居同谷縣,作歌七首》其六有評語"此首別調,與《鳳凰臺》同。昌黎《秋懷》'秋气日惻惻'一首即其意"①。秦州赴同谷紀行十二首與同谷七歌多寫實景或實事,《鳳凰臺》與《七歌》其六則側面用鋒,前者寫捨身飼鳳,後者寫拔劍斬蛇,以想像之景物寓言,表現出詩人超越現實的詩思,張遠稱《鳳凰臺》詩"因所見藉題發揮",何焯以爲"此詩極變"②,浦起龍云"是詩想入非非"③,皆着眼於此。批語中用以對比的"秋气日惻惻"即韓愈《秋懷詩十一首》其四,相較於前三首寫秋葉搖落、百草凋敝、蟋蟀悲鳴、夜不能寐等傳統話題,此詩倏爾轉入"清曉卷書坐,南山見高棱。其下澄湫水,有蛟寒可掬"④。《唐宋詩醇》亦稱此首"用意與同谷六歌略同"⑤,此處"六歌"當指《七歌》之六,不僅杜甫斬蝮蛇與韓愈掬蛟龍的寓意相似,且二詩皆能於哀情中生出懇切壯志,從而於組詩內部生發出新意。

　　程千帆於此處反覆强調組詩中的"別調"與叙、議變化,對組詩結構中"一與多"的關係已有深入思考。在1981年撰寫的《古典詩歌描寫與結構中的一與多》中,作者即直接以上述批語中的詩句爲例:

　　　　左思的《咏史》八首纔把組詩提高到一個更成熟的階段,八首詩雜引歷史上的著名人物……把歷史人物的形象和詩人自己的形象巧妙地交織在一起,錯落有致,摇曳生姿,而且全詩又有首有尾,構成了一個嚴密的整體。但在他所舉的歷史人物中,第六首對荆軻的贊美,乍看起來,却是令人難以理解的……杜甫早期組詩的名篇《陪鄭廣文游何將軍山林》十首也曾運用一多對比的手法而獲得成功,舊日有些注家已經注意到了這一點。這一組詩九首都是咏山林景物,獨第三首專咏异花。⑥

　　除了對組詩的研究,文中還補入《北征》中"山果多瑣細,羅生雜橡栗。或紅如丹砂,或黑如點漆"的"閑筆",説明不同篇幅詩作結構的平衡、對比法則。此處關於閑筆的論述,其實也來源於《鏡銓》引用張潛"凡作極要緊極忙文字,偏向極不要緊極閑處傳神"⑦,張潛稱之爲"夕陽返照"之法。比起舊注中"夕陽返照",批語中"同一機杼""文似看山不喜平"等印象式、譬喻式説法,或更重視審美體驗與感性的"意象批評"法,《草堂》本歸納"出以議論,同中見异"一句更有理論總結的意味,此處的論述更在《草堂》本基礎上延伸,實現從感性認知到理性分析的轉變。

　　① 程千帆《〈杜詩鏡銓〉批鈔[二]》,《草堂》1985年第1期,第105頁;程千帆《程千帆全集》第九卷《杜詩鏡銓批鈔》,第220頁。
　　② 蕭滌非主編《杜甫全集校注》卷七,第1766頁。
　　③ 〔清〕浦起龍《讀杜心解》卷一,中華書局,2023年,第114頁。
　　④ 〔唐〕韓愈著,錢仲聯集釋《韓昌黎詩繫年集釋》卷五,上海古籍出版社,1998年,第547頁。
　　⑤ 《御選唐宋詩醇》,《景印文淵閣四庫全書》第1448冊,臺灣"商務印書館",1986年,第544頁。
　　⑥ 程千帆《古典詩歌描寫與結構中的一與多》,《程千帆全集》第八卷《古詩考索》,第111—112頁。
　　⑦ 〔唐〕杜甫著,〔清〕楊倫箋注《杜詩鏡銓》卷四,上海古籍出版社,1980年,第160—161頁。

《古典詩歌描寫與結構中的一與多》結尾區分了古代文學研究中的兩個概念："古代的文學理論"與"古代文學的理論"，前者即研究理論家的研究成果，後者則指"從作品中抽象出文學規律和藝術方法"①。從"夕陽返照""文似看山不喜平"到"出以議論，同中見異"與"一與多"，正結合了對作品的分析、總結與對古代批評家成果的歸納，背後具有自覺抽繹理論的意識。可見《批鈔》的批語將對杜詩的解讀融合於詩歌的考據與分析之中，從而提供了"文獻學與文藝學結合"的研究方法。

三　杜詩教學與《批鈔》修訂中的新思考

自 1981 年起，程千帆爲研究生講杜詩，并指導學生寫作杜詩論文，這些論文後被收入《被開拓的詩世界》。值得注意的是《批鈔》也於此數年改定、發表，《批鈔》修訂與杜詩教學、論文撰寫表現出雙向促進的關係。例如，程千帆、張宏生《杜甫在夔州詩中所反映的生活悲劇》一文提出"他似乎已净化在憂國憂民的情感之中，以至於那有意識的心靈喘息只延續了片刻，馬上便被那不自覺的、下意識的思維活動所代替"，并稱"一離開夔州，他馬上像擺脱瘟神一般地歡快輕鬆，并對兩年的夔州生活作了反省：'艱危作遠客，干請傷直性'"②。《批鈔》中《大曆二年九月三十日》詩"爲客無時了"批語"此五字足以概括公在夔生活、心情"，此條最早見於《草堂》本，應爲 1984 至 1985 年整理增補所得③。可見，杜詩教學與研究也影響了《批鈔》修訂，程先生將杜詩研究新成果轉化爲批點語體融入《批鈔》中。

《草堂》本與全集本對稿本的增補，體現出作者的新知或新思考。首先表現爲對未詳之處的重新解釋，例如《重游何氏五首》（"游"一作"過"）其四有"雨抛金鎖甲，苔卧綠沈槍"句，稿本稱"抛甲與雨，有何關聯，所未詳也"④。事實上，古人於此有所議論，早期注釋中多從名物角度考察"金鎖甲"與"綠沈槍"，然此種解釋往往難以疏通句意，宋人周紫芝《竹坡詩話》解爲"甲抛於雨，爲金所鎖；槍卧於苔，爲綠所沈，有'將軍不好武'之意"，由此更發見杜詩的"錯綜句法"⑤，仇兆鰲亦從此説。對於這一杜詩學難題，《草堂》本與全集本提及此説，但以爲"不好武"與"貫甲挺槍山林之中"的行爲仍有矛盾，又結合何焯"無求於世"之説，試圖作出解釋⑥，雖未給出定論，但豐富了此話題的討論。又《草堂》本增補"還蜀只無補"一句批注，以爲舊注引《魏志》與詩義無涉，浦起龍注"謁

---

①　程千帆《古典詩歌描寫與結構中的一與多》，《程千帆全集》第八卷《古詩考索》，第 116 頁。

②　程千帆、張宏生《杜甫在夔州詩中所反映的生活悲劇》，《程千帆全集》第九卷《被開拓的詩世界》，第 171、167 頁。此文最初發表於《文學評論》1984 年第 6 期。

③　參見程千帆《〈杜詩鏡銓〉批抄[四]》，《草堂》1986 年第 1 期，第 83 頁。

④　程千帆批校《杜詩鏡銓》卷二，第 16b 頁。

⑤　〔宋〕周紫芝《竹坡詩話》，〔清〕何文焕輯《歷代詩話》，中華書局，2004 年，第 338 頁。

⑥　程千帆《〈杜詩鏡銓〉批鈔[一]》，《草堂》1984 年第 1 期，第 54 頁；程千帆《程千帆全集》第九卷《杜詩鏡銓批鈔》，第 201 頁。

上鳳翔任拾遺之事"更不相關，故此句"但可存疑"①，兩處增補反映出批校者求真務實的治學風格。

新思考還表現爲評注方式的深化與細化，如《鄭駙馬池臺喜遇鄭廣文同飲》一詩，稿本批語稱"重對秦簫、留連夜舞，豈陷賊時尚有聲伎之樂乎？疑此詩當編入收京後作，虜貶台州之前"，《草堂》本與全集本增補解釋："此寫降賊諸人，嘗於鄭潜曜宅行樂。其後公游其地，遇鄭同飲賦詩，因及爾時情事。重對秦簫，留連夜舞，皆追憶之辭，非二人身與其事也。'泪落'之句，猶摩詰'凝碧'之咏矣。"②批語注意到所謂"'凝碧'之咏"，即王維《菩提寺禁裴迪來相看説逆賊等凝碧池上作百樂供奉人等舉聲便一時泪下私成口號誦示裴迪》，其中有"凝碧池頭奏管弦"③句。詩題已經説明，此詩爲洛陽陷敵之後，詩人聞聽逆賊作樂凝碧池上，有感而作，此詩的寫作背景，也爲杜詩"重對秦簫發""留連春夜舞"作出合理解釋。早年的分析中，意旨仍然作爲繫年的内證，尚屬傳統詩學的編年方式，而後者則從詩歌編年轉爲對詩意及表達方式的探析，反映出文獻學與文藝學的進一步結合。

稿本原無，而在《草堂》本與全集本新增的評語則源於批校者新的詩學思考。如《秦州雜詩二十首》其一"水落魚龍夜，山空鳥鼠秋"，舊注稱二句爲"倒句"，程注以爲二句本當作"魚龍水夜落，鳥鼠山秋空"，爲調諧聲律而錯綜，又提出"詩境又以句法之錯綜化實爲虚，魚龍鳥鼠悉爲群動，活潑潑地矣。此公爐錘之妙也。又此與《秋興》'香稻'二句不同，未宜混同皆稱爲倒句"④。此處關於"錯綜"的説法於古今杜詩學中都有呼應：古代杜詩學中，清人黄生以爲此句"以魚、龍、水、鳥、鼠、山見地，及坼而用之，則魚龍鳥鼠皆成活物，又因以見時"⑤，程注"悉爲群動，活潑潑地"與"皆成活物"指出了同樣的表達效果；現代杜詩學中，葉嘉瑩關注到與之區別的"香稻"句，認爲其突破傳統句法，超越寫實的意象，表現出"引人聯想觸發的感情的境界"⑥，兩者論述的重點雖然有差異，但都關注到句法對詩境、詩情的影響，或形式對内容的意義。

需要注意的是，"顛倒錯綜"在古代的句法理論中一直與"倒裝"相關聯，元人概括的五種杜詩句法中，"顛倒錯綜"直接以"香稻啄餘鸚鵡粒"爲例⑦，後黄生又細分爲"倒裝句""倒剔句""混裝句"等，程注則在古代詩論基礎上作出更

①　程千帆《〈杜詩鏡銓〉批鈔[二]》，《草堂》1985年第1期，第104頁；程千帆《程千帆全集》第九卷《杜詩鏡銓批鈔》，第218頁。

②　程千帆《〈杜詩鏡銓〉批鈔[一]》，《草堂》1984年第1期，第56頁；程千帆《程千帆全集》第九卷《杜詩鏡銓批鈔》，第206頁。

③　〔唐〕王維著，〔清〕趙殿成箋注《王右丞集箋注》卷一四，上海古籍出版社，1984年，第265頁。

④　程千帆《〈杜詩鏡銓〉批鈔[二]》，《草堂》1985年第1期，第103頁；程千帆《程千帆全集》第九卷《杜詩鏡銓批鈔》，第215頁。

⑤　〔清〕黄生撰，徐定祥點校《杜詩説》卷四，黄山書社，2014年，第125頁。

⑥　葉嘉瑩《論杜甫七律之演進及其承先啓後之成就》，《杜甫秋興八首集説》，北京大學出版社，2008年，第43—48頁。

⑦　〔元〕范梈《木天禁語》，《歷代詩話》，第748—750頁。

進一步區分。"魚龍水夜落,鳥鼠山秋空"之所以不可以與"香稻啄餘鸚鵡粒,碧梧栖老鳳凰枝"相混同,這是因爲前者首先是爲"調諧聲律"而爲之,如以"魚龍"作主語則失黏,若寫作"山秋空"則失韻且三平尾;但後者若將"香稻"與"鸚鵡"、"碧梧"與"鳳凰"互換,并不影響音韵,更可見是詩人有意倒裝。在《晚年:回憶和反省》(1986)文中,程千帆提出杜甫在回憶過去時的"思維空間"問題,認爲"杜甫以飛動的思緒,將多年來翻騰於胸中無法擺脱的由各種事實構成的歷史過程充分立體化,并多向延伸出去"①在詩歌中的記憶書寫等研究中,此種説法也有所延續,如葛曉音認爲《秋興》等詩"將許多典故和故事化爲一個個美麗的畫面或片段的印象","將若干意象組合成類似夢境的片段,最適宜表現回憶、夢幻等深層的心理感覺"②。

　　杜詩教學、杜詩研究和《批鈔》修訂之間具有緊密的聯繫。一方面,在教學與論文撰寫實踐中,千帆先生不斷吸取新的見解,將其融入《批鈔》修訂中,豐富與深化《批鈔》的内容。另一方面,《批鈔》修訂又促進了杜詩研究與教學。《草堂》本和全集本的增補,展現了千帆詩學實事求是的學術風格。新思考和深化的評注方式,從不同角度挖掘了杜詩的藝術手法與思想内涵,爲古典詩歌研究引入新的視野,至今仍具有啓發意義。

四　結語

　　程先生的詩歌評點是千帆詩學的重要部分,《杜詩鏡銓批鈔》則是千帆詩歌評點的代表作。《批鈔》的修訂與《古詩考索》《被開拓的詩世界》的寫作以及杜詩教學實踐之間的互動,從多個側面展現出千帆詩學的演進歷程。首先,稿本《批鈔》學習古代評注形式,具體表現爲"增字解意"或"僅綴片言,但注一字"等評論方式,這些形式影響了千帆詩學的思考方法,如關注對立概念組成的範疇。其次,《批鈔》中的評點包含傳統詩學積累與現代文藝理論的嘗試,作者首先采用考證與歸納的方法,在考據、章句之學的基礎上,新的學術觀點也醖釀成熟,《批鈔》體現出强烈的理論意識以及文獻學與文藝學完美的結合。最後,《草堂》本與全集本對稿本的增補,體現出作者的新知或新思考,表現爲對未詳之處的重新解釋、評注方式的深化與細化等。此外,《批鈔》修訂與杜詩教學與研究的相互影響,這種雙向促進的關係使千帆詩學研究更加深入而具有系統性。

　　杜詩批點是千帆詩學的關鍵節點,連接了傳統批點方法與現代文藝理論、杜詩教學與杜詩研究。這種促進作用可以從杜詩本身與批點的形式兩方面思考:首先,"集大成"的杜詩在風格與技法上與先秦漢魏晋南北朝詩、初唐詩、宋詩產生關聯,從而引發程先生廣博的思考。其次,《批鈔》的批點脱胎於古典詩學,又逐漸向現代研究方法轉變。評點的批評方式首先體現出"感"的特徵,如

---

① 程千帆《晚年:回憶和反省》,《程千帆全集》第九卷《被開拓的詩世界》,第182—184頁。
② 葛曉音《杜詩藝術與辨體》,北京大學出版社,2018年,第260—262頁。

程千帆自述,"文學活動,無論是創作還是批評研究,其最原始的和最基本的思維活動應當是感性的,而不是理性的,是'感'字當頭,而不是'知'字當頭……由感動而理解,由理解而判斷,是研究文學的一個完整的過程,恐怕不能把感動這個環節取消掉"①,片斷式的評點注重當下的印象、感受,故尤善於捕捉"感動"中閃現的靈光。《兩點論》中提到"用自己的心靈去感觸唐人的心"②,即古人所云"綴文者情動而辭發,觀文者披文以入情"③,對"感"的珍視實則延續了古典詩歌創作、批評中強調的"情"。從杜詩批點中還能看出"比較"的方法,傳統評點的批語與原文在頁面上位置相近,可以形成視覺上的直接對照與"對話",有利於歸納、比較之法的運用。但也要注意,形式的自由不代表內容的散漫,"圓照之象,務先博觀",有價值的比較源於批校者的學識與眼光,"只有真正熟讀博覽,沉潛浸潤於古今詩歌之中,長時期積累了欣賞和理解的成果,讀書得間,自具慧眼者,纔有可能運用這樣多角度多方面的比較方法"④。

　　若以杜詩研究著作爲參照,《杜詩鏡銓批鈔》改定的二十年,及其背後從《少陵先生文心論》發表到《被開拓的詩世界》的半個世紀,是千帆詩學走向充實與"文獻學與文藝學相結合"方法論逐漸完善的過程。對杜詩的持續探索與不斷進步,展現了千帆先生對於古典詩歌研究的熱情與投入,而千帆詩學的"轉精"也反映出近現代學者精益求精、創新進取的精神以及"爲中國文學研究找回屬於自己的尊嚴"⑤的努力。

附記:

　　1. 2023 年 2 月,筆者參與校對修訂本《程千帆全集》中《杜詩鏡銓批鈔》一卷,故得以核對南京大學圖書館藏程千帆批校《杜詩鏡銓》、2000 年版《程千帆全集》第九卷《杜詩鏡銓批鈔》等。特別感謝南京大學圖書館古籍部李丹等老師、鳳凰出版社許勇等老師的幫助。

　　2. 2023 年係程千帆先生誕辰 110 周年,謹作文以示紀念。

(作者單位:南京大學文學院)

---

　　① 程千帆《答人問治詩》,《程千帆全集》第八卷《古詩考索》,第 161 頁。
　　② 程千帆《兩點論——古代文學研究方法漫談》,《程千帆全集》第十五卷《桑榆憶往》,第 179 頁。
　　③ 〔南朝梁〕劉勰著,范文瀾注《文心雕龍注》,人民文學出版社,1958 年,第 715 頁。
　　④ 舒蕪《千帆詩學一斑》,鞏本棟編《程千帆沈祖棻學記》,第 163 頁。
　　⑤ 張伯偉《"有所法而後能,有所變而後大"——程千帆先生詩學研究的學術史意義》,《文學遺產》2018 年第 4 期,第 168 頁。

古典文獻研究（第二十七輯上）
Journal of the Institute for Chinese Classics Studies
Nanjing University
Volume 27, No.1 2024

從《白氏六帖》看白居易思想觀念的生成及演進

——以文學、宗教思想爲中心

鄧　亞

一　引言

　　唐代私修類書發展繁盛,可惜絕大多數未能傳世①。白居易的文學作品數量奪唐代之冠,且所編類書《白氏六帖事類集》(以下省稱《白氏六帖》)幸存於世,實乃文學史上極爲罕見的現象。類書“從各種書中擇抄材料,分類編次”②,常被視爲文獻輯録,主要采取“述而不作”的編纂模式③。但不能否認的是,類書之中也不可避免地滲透着編纂者的主觀意識,對於“雜采成語故實,備詞藻之用”④的《白氏六帖》而言,此種情況更爲明顯:白居易在《白氏六帖》的選材策略、編排體例、材料措置中隱性地植入了自己的思想意識。因此,將《白氏六帖》納入白居易的研究是十分重要且必要的⑤。然而就《白氏六帖》而言,學界目前仍主要集中於對其命名、成書時間、版本流傳、編撰體制等文獻屬性問題的探討上⑥,少數學者從取材、用典等角度論述《白氏六帖》與白居易詩

---

①　據《新唐書‧藝文志》著録,唐代陸贄、劉綺莊、元積、王洛賓、盛均等都編有類書,但均已亡佚(〔宋〕歐陽修、宋祁等《新唐書》卷五九,中華書局,1975 年,第 1563—1564 頁)。

②　劉葉秋《類書簡説》,上海古籍出版社,1980 年,第 7 頁。

③　鄔明《中國人傳統思維方式與類書編撰》,《上海大學學報》1990 年第 6 期。

④　〔清〕紀昀等著,四庫全書研究所整理《欽定四庫全書總目》卷一三五《白孔六帖》提要,中華書局,1997 年,第 1774 頁。

⑤　參閱蹇長春《白居易論稿》,敦煌文藝出版社,2005 年,第 331—335 頁。

⑥　較有代表性的研究成果如:胡道静《中國古代的類書》,中華書局,2005 年,第 138—155 頁;陳翀《新校〈白居易傳〉及〈白氏文集〉佚文匯考——以日本中世古文獻爲中心》,《文學遺産》2010 年第 6 期;〔日〕大渕貴之《〈白氏六帖〉の特質》,《中國文學論集》(43),2014 年;張雯《〈白氏六帖事類集〉研究》,上海社會科學院碩士學位論文,2015 年;張雯《〈白氏六帖事類集〉之“六帖”考》,《古籍整理研究學刊》2019 年第 3 期;張雯《白居易〈白氏六帖事類集〉纂集考》,《文獻》2021 年第 3 期;〔韓〕李勝超、〔韓〕崔矜傳《〈白氏六帖事類集〉編者與編纂時間新考》,韓國中國語文學會《中國語文學志》第 80 輯,2022 年。

文創作的關係①。此外，雖亦有學者注意到《白氏六帖》與白居易思想發展的關聯②，但均較簡略而未及展開，論述深度和詳細程度皆有所不足。與此同時，有關白居易思想觀念的考察亦多基於其詩文作品進行，并未注意到《白氏六帖》中相關材料的價值。由此可見，《白氏六帖》與白居易思想的關聯，仍然有待於進一步的研究。

通過《白氏六帖》探討白居易的思想狀況，主要基於兩點認識：一是《白氏六帖》編撰於白居易的大部分作品創作之前③，作爲白居易早期知識構成和思想認識的載體，白居易諸多思想的萌芽皆可追溯至早期編撰的這部類書。《白氏六帖》與白居易的詩文作品存在時間性的聯繫，對白居易思想的研究不應只着眼於其詩文，并置合觀二者可勾勒白居易思想的演進歷程。二是《白氏六帖》與白居易詩文作品間强大的互文性（Intertextuality）關係。中國文學中互文性的表現甚多，比如用典、因襲、模仿和藉鑒，以及擬代、同題共作等等④。焦亞東較早在互文性理論視域下對類書予以觀照，認爲類書編織了形形色色的互文性話語空間，構築了一個特定的互文性語境⑤。不過，從具體論述來看，其所提出的互文性主要在類書内部和不同作者的文本之間。相較而言，《白氏六帖》與白居易詩文作品間的互文性因同一作者而更爲特殊，提高了作品"知識考古"的可能性和準確性。舉一最爲典型的例證如下：

《白氏六帖》卷二六佛教子目"僧"下收録有材料"賦詩，惠休善屬文，作碧雲之什"⑥一條。《宋書·徐湛之傳》言："時有沙門釋惠休，善屬文，辭采綺艷，湛之與之甚厚。"⑦《白氏六帖》截取《宋書》中"惠休善屬文"一句，"碧雲之什"則指詩句"日暮碧雲合，佳人殊未來"。這句詩的作者歸屬有異，一説爲江淹所作，一説爲詩僧惠休所作。《白氏六帖》云"惠休善屬文，作碧雲之什"，顯然將此"碧雲"之詩繫爲惠休所作。

通讀白集，白居易先後在五首詩歌中提及"碧雲"典故。《贈别宣上人》："離念與碧雲，秋來朝夕起。"⑧《廣宣上人以應制詩見示，因以贈之，詔許上人

---

①　張雯《〈白氏六帖事類集〉與白居易詩文創作的關係——兼論其對於點校〈白氏長慶集〉的價值》，《理論界》2019 年第 1 期。

②　日本學者花房英樹較早注意到《白氏六帖》徵引文獻與白居易早期文學觀念上的一致性，但未進行詳細分析（〔日〕花房英樹《〈白氏六帖〉について》，《漢文學紀要》1949 年第 3 期）；王有朋提出《白氏六帖》反映白居易的思想傾向和關注重心，但僅簡單羅列而未深入探討（王有朋《淺論〈白氏六帖事類集〉》，《華東師範大學學報》1986 年第 1 期）。

③　對於《白氏六帖》的確切編撰時間，學者們雖有不同見解，但其爲白居易早年編撰，已成基本共識。

④　蔣寅《擬與避：古典詩歌文本的互文性問題》，《文史哲》2012 年第 1 期。

⑤　焦亞東《互文性視野下的類書與中國古典詩歌——兼及錢鍾書古典詩歌批評話語》，《文藝研究》2007 年第 1 期。

⑥　〔唐〕白居易《白氏六帖事類集》帖册六，文物出版社，1987 年，第 22 頁。本文所引《白氏六帖》卷二六"文武三教"的材料均出自此版本帖册六第 7—23 頁，爲避繁瑣，以下不再出注。

⑦　〔梁〕沈約《宋書》卷七一《徐湛之傳》，中華書局，1974 年，第 1847 頁。

⑧　〔唐〕白居易著，朱金城箋校《白居易集箋校》卷一四，上海古籍出版社，1988 年，第 830 頁。

居安國寺紅樓院以詩供奉》:"道林談論惠休詩,一到人天便作師。香積筵承紫泥詔,昭陽歌唱碧雲詞。"①《舒員外游香山寺數日不歸,兼辱尺書,大誇勝事,時正值坐衙慮囚之際,走筆題長句以贈之》:"黃菊繁時好客到,碧雲合處佳人來。"②以上三首詩作雖化引"碧雲"典故,但并未明確表現出"碧雲"詩句的作者歸屬。《答次休上人》"姓白使君無麗句,名休座主有新文。禪心不合生分別,莫愛餘霞嫌碧雲"③一詩隱約將碧雲詩句歸屬惠休;《題道宗上人十韻》中"不似休上人,空多碧雲思"④句則明確將"碧雲"詩句視爲詩僧惠休所作。謝思煒在注釋"香積筵承紫泥詔,昭陽歌唱碧雲詞"一句時,聯繫《答次休上人》《題道宗上人十韻》二詩指出:"則白直以碧雲之句爲湯惠休作矣。"⑤結合《白氏六帖》,或可作出判斷:上舉白居易有關"碧雲"典故的五首詩作中,无論是否明晰作者,白居易潛意識裏都是將"碧雲"詩句係爲惠休所作。

　　白居易之外,許渾《寄契盈上人》"湯師不可問,江上碧雲深"⑥、韋莊《題許渾詩卷》"十斛明珠量不盡,惠休虛作碧雲詞"⑦亦同樣視碧雲之句爲惠休所作。實際上,"日暮碧雲合,佳人殊未來"句出自江淹《雜體三十首·休上人怨別》⑧。《雜體三十首》有序曰:"今作三十首詩,學其文體,雖不足品藻淵流,庶亦無乖商榷云爾。"⑨明確表示三十首詩乃效仿他人所作。關於江淹擬作引發的作者混淆現象,吳聿《觀林詩話》早已揭示:"江文通學李陵等《雜體》三十首,内學休上人《怨別》一首,有'日暮碧雲合,佳人殊未來'之句,後人便以爲休上人語。……所謂文通錦,割截殆盡矣。"⑩"所謂文通錦,割截殆盡"云云可謂鞭辟入裏。江淹極爲擅長摹擬他人詩作,鍾嶸有評語言:"文通詩體總雜,善於摹擬。"⑪嚴羽《滄浪詩話》亦稱:"擬古惟江文通最長,擬淵明似淵明,擬康樂似康樂,擬左思似左思,擬郭璞似郭璞,獨擬李都尉一首,不似西漢耳。"⑫白居易、許渾等人或許正因江淹摹擬之工而誤以爲"碧雲之什"乃惠休所作。

　　從白居易詩作僅能看到其將碧雲典故繫於惠休的誤解,聯繫《白氏六帖》則能看到白居易的致誤緣由所在。在積聚材料編撰類書時,"賦詩"條材料中碧雲典故就已誤屬惠休,此後據此有誤之典所作之詩,其理解沿襲其誤而未更改。兩種文本中先後發生了一致性錯誤,可知白居易於不同時間段對此一典故持有相同的理解,《白氏六帖》和白居易詩文作品這一"前—後文本"之間的

　　① 〔唐〕白居易著,朱金城箋校《白居易集箋校》卷一五,第 889 頁。
　　② 〔唐〕白居易著,朱金城箋校《白居易集箋校》卷二二,第 1519 頁。
　　③ 〔唐〕白居易著,朱金城箋校《白居易集箋校》卷二四,第 1697 頁。
　　④ 〔唐〕白居易著,朱金城箋校《白居易集箋校》卷二一,第 1446 頁。
　　⑤ 〔唐〕白居易著,謝思煒校注《白居易詩集校注》卷一五,中華書局,2006 年,第 1175 頁。
　　⑥ 〔唐〕許渾撰,羅時進箋證《丁卯集箋證》卷一,中華書局,2012 年,第 13 頁。
　　⑦ 〔唐〕韋莊著,聶安福箋注《韋莊集箋注》卷三,上海古籍出版社,2002 年,第 145 頁。
　　⑧ 〔梁〕江淹著,〔明〕胡之驥注《江文通集彙注》卷四,中華書局,1984 年,第 165 頁。
　　⑨ 〔梁〕江淹著,〔明〕胡之驥注《江文通集彙注》卷四,第 136 頁。
　　⑩ 〔宋〕吳聿《觀林詩話》,載丁福保輯《歷代詩話續編》,中華書局,1983 年,第 128 頁。
　　⑪ 〔梁〕鍾嶸撰,呂德申校釋《鍾嶸〈詩品〉校釋》,北京大學出版社,1900 年,第 146 頁。
　　⑫ 〔宋〕嚴羽著,郭紹虞校釋《滄浪詩話校釋》,人民文學出版社,1983 年,第 191 頁。

强大互文性顯而易見①。

當然,相較於語詞、典故層面的顯性相關,《白氏六帖》與白居易思想層面的深層聯繫較爲精微隱秘,需要加以深入的分析。

二 文學思想:從《白氏六帖》的不重 文體到白氏文論的尚質輕文

唐代中期,有關新樂府和古文運動的理論占據文壇主流,身爲領袖人物的白居易,其文學思想向來爲研究者所矚目。然相關探討多聚焦於其詩文作品,如《與元九書》《讀張籍古樂府》《新樂府序》《策林·議文章碑碣詞賦》《策林·采詩以補察時政》等②,對《白氏六帖》則未曾措意。事實上,《白氏六帖》與文學作品以不同方式呈現出白居易不同階段的文學思想面貌,二者一隱一顯,需要合而觀之。

二十世紀以降,文體學的研究漸成學術熱點③,有不少學者意識到類書中蘊含文體觀念和文學批評④。在此方面,《白氏六帖》也是一個很好的例證,我們發現,白居易的編撰策略體現出輕視文體形式、重視材料內容的特點。

《白氏六帖》的不重文體主要表現爲兩點,第一是"文武三教"中收録相對較少的文體種類。據統計,《北堂書鈔·藝文部》收録詩、賦、頌、箴、連珠、碑、誄、哀辭、吊文、詔、敕、章、表、書記、符、檄、策、簡、牘、札、刺、券契,凡22種文體⑤。《藝文類聚·雜文部》收録經典、史傳、集序、詩、賦、七、連珠、書、檄、移,凡10種文體⑥。《初學記·文部》"文章"類下"敘事"列有詩、賦、祭、誓、誄、銘、訓、誥、移、檄、箋、奏、箴、誡、贊、頌、碑、銘、謚、册、哀、吊、章、表、箋、疏、論、議、難,凡29種文體⑦。《白氏六帖》卷二六收録詩、賦、頌、論、銘、誄、箴、碑、檄凡9種文體。唐四大類書的"文部"類目中,《白氏六帖》收録文體種類最少。從類書和總集的編纂來看,文體分類越爲細緻説明編者的文體意識越强、對文體的重視程度越高,反之,收録文體種類較少表明對文體的重視程度較低。

第二是《白氏六帖》不按文體進行材料彙編的編纂體例。類書之要,在其輯録材料後進行分類編排。《藝文類聚》中每一子目下遵從事類在前、詩文列

---

① 關於"前—後文本",見趙毅衡《文學符號學》,中國文聯出版公司,1990年,第123—126頁;趙毅衡《符號學原理與推演》,南京大學出版社,2011年,第145頁。

② 一個最直接的表現就是諸多文論及文學思想史著作中涉及白居易的部分,大多圍繞這些作品進行闡述。如羅宗强《隋唐五代文學思想史》,上海古籍出版社,1986年,第294—299頁。

③ 詳參李南暉主編,伏煦、陳凌編《中國古代文體學論著集目(1900—2014)》,北京大學出版社,2016年;吳承學《中國文體學研究的百年之路》,《華東師範大學學報》2019年第4期。

④ 如吳承學、何詩海《簡談文學史史料的發掘和處理》,《北京大學學報》2005年第4期;吳承學、何詩海《類書與文體學研究》,《古典文學知識》2014年第1期;任競澤《宋代文體學研究論稿》第五章《唐宋類書"文部"的文體文獻學價值》,商務印書館,2011年,第125—153頁;張灝《中國古代類書的文學觀念:〈事文類聚翰墨全書〉與〈古今圖書集成〉》,九州出版社,2013年;吳承學《論〈古今圖書集成〉的文學觀念》,載吳承學、何詩海編《古代文學的文體選擇與記憶》,鳳凰出版社,2015年,第20—38頁。

⑤ 〔唐〕虞世南編,〔清〕孔廣陶校注《北堂書鈔》,學苑出版社,1998年,第143—163頁。

⑥ 〔唐〕歐陽詢撰,汪紹楹校《藝文類聚》,上海古籍出版社,1965年,第983—1052頁。

⑦ 〔唐〕徐堅撰,司義祖點校《初學記》,中華書局,1962年,第511頁。

後的順序,將材料按詩、賦、頌、表、贊、箴、序、銘、論等文體進行分類;《初學記》
每一門目下敘事、事對之後,按賦、詩、頌、序等文體編排資料。據何詩海的研
究,《藝文類聚》全書分類所收文體,去其重複得 60 餘種,在此前《文選》收錄作
品 39 類的基礎上增加了 20 多類;《初學記》也按文體標目,全書所收文體近
40 種①。與上述二書不同,《北堂書鈔》《白氏六帖》二書收錄的材料較爲零散、
瑣碎②,且不按文體分類進行編排。再對二者加以比較,儘管《北堂書鈔》同樣
不按文體編排材料,但從前文統計其《藝文部》所收文體數量看,虞世南重視文
體的程度仍高於白居易。

　　《北堂書鈔》《藝文類聚》《初學記》三書編撰於前,無疑爲《白氏六帖》提供
了師資取法的前例,《白氏六帖》也確實在部類設立、編纂體例等方面對這三本
類書有所參考③,然而卻并未藉鑒文體的收錄種類和以文體統攝材料的編排
方式,取捨避就之際,顯然流露出白居易的個人意志。

　　與不重文體、輕視形式相反的是,白居易在《白氏六帖》的編撰中十分注重
內容的選取。從《白氏六帖》所收錄的零散、瑣碎微詞便能明顯看出這一點。
如佛教門目"寺第六十一"下收錄詞語:精舍、祇園、梵宮、金刹、香刹、蓮宮,這
些詞是寺院的別稱、通稱或指代,一定程度上可視爲同義詞。單看《白氏六
帖》,較難明了編者的選材和收錄意圖,但聯繫白居易詩文,便會發現這些瑣碎
之詞是編者出於實用目的的精心選取,它們不同頻次地出現在白居易作品中。
如《過紫霞蘭若》"紫霞舊精舍,寥落空泉石"④、《菩提寺上方晚望香山寺寄舒
員外》"晚登西寶刹,晴望東精舍"⑤、《題東武丘寺六韵》"香刹看非遠,祇園入
始深"⑥、《新樂府·兩朱閣》"仙去雙雙作梵宮,漸恐人間盡爲寺"⑦、《重修香山
寺畢題二十二韵以紀之》"闕塞龍門口,祇園鷲嶺頭""再瑩新金刹,重裝舊石
樓"⑧、《題法華山天衣寺》"山爲蓮宮作畫屏,樓臺迤邐插青冥"⑨……

　　詳察這些作品可知,同樣指"佛寺",白居易於各詩中使用精舍、寶刹、香
刹、祇園、梵宮、金刹、蓮宮等不同詞語。資偶麗、調聲律、齊句度之外,也除複
重、矯熟俗⑩,避免了詩歌中一詞多用、常用、千篇一律的缺陷,更好地將詩歌

　　① 何詩海《四大類書與唐代文體學》,《古代文學理論研究》第 25 輯《中國文論的情與體》,華東師
範大學出版社,2008 年,第 336 頁。
　　② 四庫館臣言《白氏六帖》"其體例與《北堂書鈔》同,而割裂餖飣,又出其下"(〔清〕紀昀等《欽定
四庫全書總目》卷一三五《白孔六帖》提要,第 1174 頁)。
　　③ 參張雯《〈白氏六帖事類集〉研究》,上海社會科學院碩士論文,2015 年,第 25 頁;唐雯《晏殊
〈類要〉研究》,上海古籍出版社,2012 年,第 46 頁。
　　④ 〔唐〕白居易著,朱金城箋校《白居易集箋校》卷八,第 421 頁。
　　⑤ 〔唐〕白居易著,朱金城箋校《白居易集箋校》卷三〇,第 2064 頁。
　　⑥ 〔唐〕白居易著,朱金城箋校《白居易集箋校》卷二四,第 1672 頁。
　　⑦ 〔唐〕白居易著,朱金城箋校《白居易集箋校》卷四,第 208 頁。
　　⑧ 〔唐〕白居易著,朱金城箋校《白居易集箋校》卷三一,第 2123 頁。
　　⑨ 〔唐〕白居易著,朱金城箋校《白居易集箋校》外集卷中,第 3891 頁。
　　⑩ 程千帆指出,使用代語可達到除複重、矯熟俗、資偶麗、調聲律、齊句度、別善惡、避忌諱、遠嫌疑、
明分際九類功用。詳參程千帆《唐代進士行卷與文學 古詩考索》,商務印書館,2014 年,第 351—378 頁。

語言同日常語言加以區別，達成使用别稱、指代的修辭效果——"陌生化"，從而産生審美。白居易收録詞語時既已細大不捐，遑論更重要的典故、語句，由此可見其編撰《白氏六帖》時選材的審慎及對内容的重視。

《白氏六帖》常因體例不精、引文零碎、注釋欠詳等缺點爲人所詬病和忽視，如當代學者劉葉秋批評此書"摘録的詞語，支離瑣碎，不成片斷"，"排列并無次第，注文多欠詳備，其中引證，亦不免疏舛"①。彙纂材料缺乏文體統攝，或是其體例不精的原因之一。體例往往由目的和功用決定，《藝文類聚》《初學記》的編纂目的是爲學人提供各類文體的典範之作，頗有劉勰所謂"選文以定篇"②的意味。《藝文類聚》"摘其菁華，采其指要""棄其浮雜，删其冗長"③的編撰旨趣，《初學記》"撰集要事并要文"④的編撰要求，都體現出選取典範這一價值判斷。《藝文類聚》中事文并采、"比類相從"，含有將材料按文體進行歸類的意味；玄宗命徐堅等人編《初學記》時提出"須檢事及看文體""以類相從"⑤，也注定文體分類必然成爲其編排標準。《白氏六帖》主要的功用則在於積累材料，而非提供範文，材料雖零散，但更利於創作中的聯想和運用。三書編撰目的、功用不同，故對文獻素材的處理方式亦不同。相比於文體分類標目帶來的系統化、秩序化，白居易明顯更加重視材料自身的使用價值，换言之，形式與内容相比，白居易更加重視後者。

以不重文體爲外在表徵，《白氏六帖》重内容而輕形式的編撰觀念實際構成了白居易整個文學思想的理論底色和核心基礎。白居易之文學思想，歸納而言，主要有三點：其一，認爲文藝是社會現實的真實反映；其二，提倡發揮文學的社會功能；其三，堅持語言形式爲表達内容、達到文學效果而服務⑥。一言以蔽之，即尚質輕文。不難發現，白居易這一整套文學理論與《白氏六帖》不重文體形式而重内容的編撰理念一脉相承。

誠然，白居易文學思想的演進必然受到内外諸多因素的影響，如白居易自我生命的體驗，初唐至中唐的文風變遷⑦，韓愈、柳宗元等人大力要求文學和思想革新的"古文運動"⑧，"以文爲詩"⑨詩學命題的提出，安史之亂後的政治

---

① 劉葉秋《白氏六帖事類集·前言》，載〔唐〕白居易《白氏六帖事類集》帖册一，第 4 頁。

② 〔梁〕劉勰著，黄叔琳注，李詳補注，楊明照校注拾遺《增訂文心雕龍校注》卷一〇《序志》，中華書局，2012 年，第 608 頁。

③ 〔唐〕歐陽詢撰，汪紹楹校《藝文類聚·序》，第 27 頁。

④ 〔唐〕劉肅撰，許德楠、李鼎霞點校《大唐新語》卷九《著述》，中華書局，1984 年，第 137 頁。

⑤ 〔唐〕劉肅撰，許德楠、李鼎霞點校《大唐新語》卷九《著述》，第 137 頁。

⑥ 褚斌杰《白居易評傳》，作家出版社，1957 年，第 63—79 頁。

⑦ 《新唐書·文藝傳序》對初唐至中唐的文風變化有所總結，參歐陽修、宋祁等《新唐書》卷二〇一，第 5725—5726 頁。

⑧ 有關古文運動主張和影響的論述，可參錢冬父《唐宋古文運動》，上海古籍出版社，1962 年；劉國盈《唐代古文運動論稿》，陝西人民出版社，1984 年；朱剛《唐宋"古文運動"與士大夫文學》，復旦大學出版社，2013 年。

⑨ 參程千帆《韓愈以文爲詩説》，《古代文學理論研究》第 1 輯，上海古籍出版社，1979 年，第 193—215 頁。

社會問題等。但從《白氏六帖》不重文體形式而重內容的編撰特點來看,白居易早期本心深處生發出的這一原則意識應是其文學思想的内核。白居易正是以此基本認識爲根基,延伸至作品中,不斷拓展、深入和豐富内涵,最終形成一套獨有的系統文論。從其文學批評和創作實踐兩個方面可略窺一斑。

白居易的文學批評極大程度上直接沿襲貫徹了《白氏六帖》中重内容輕形式的原則,内容和思想成爲其首要評判標準。如在元和初所作《策林·議文章碑碣詞賦》中,他强烈反對"虚美""愧辭"之作,對空有文體形式而無實際内容的作品加以排斥。朱金城説:"此篇及下一篇《采詩》均作於《新樂府》之前,實爲白氏最早之文學理論,以後諸作,立論俱未能逾此。"①從時間先後上看,白居易重内容輕形式之核心觀點完全可以前溯至《白氏六帖》。又如《與元九書》中,他批判梁、陳間綺靡頹廢的文風,認爲不過"嘲風雪、弄花草而已"②;再如其高度贊賞道宗上人"爲義作,爲法作,爲方便智作,爲解脫性作,不爲詩而作""先以詩句牽,後令入佛智"③以及張籍古樂府"風雅比興外,未嘗著空文"④的作品,這些都表明白居易在評判、區分作品優劣時,對思想内容予以優先考慮。

在重内容輕形式的基礎上,白居易的詩文創作着重强調文學的内容和文學的社會功能,并發展出形式服從内容、形式爲内容服務的思想。他倡導"爲文者必當尚質抑淫,著誠去僞"⑤,又提倡"文章合爲時而著,歌詩合爲事而作"⑥;將作品與現實關聯的同時,承接傳統儒家詩教的風雅美刺比興,又提出詩歌應發揮"補察時政""泄導人情"⑦"惟歌生民病"⑧的功用。其言自己所作樂府詩"繫於意不繫於文","爲君、爲臣、爲民、爲物、爲事而作,不爲文而作"⑨,"篇篇無空文,句句必盡規"⑩,諸多話語不厭其煩地强調其創作中思想内容居於首位。蹇長春言:"對於尚質尚意,重視詩的思想内容的自覺,特別是對於内容決定形式、形式爲内容服務的自覺,甚至爲了思想内容而有意識地犧牲藝術形式,是白居易詩論的一大特點。"⑪可以説,不僅詩論,白居易整個文學思想的特點都是重内容而輕形式。

綜上,無論是類書編撰、文學創作,還是文學批評,白居易總把内容放在首要地位,强調語言、形式爲内容服務⑫。有學者認爲白居易堅持了内容決定形

①　〔唐〕白居易著,朱金城箋校《白居易集箋校》卷六五,第 3548 頁。
②　〔唐〕白居易著,朱金城箋校《白居易集箋校》卷四五,第 2791 頁。
③　〔唐〕白居易著,朱金城箋校《白居易集箋校》卷二一《題道宗上人十韻》,第 1445—1446 頁。
④　〔唐〕白居易著,朱金城箋校《白居易集箋校》卷一《讀張籍古樂府》,第 5 頁。
⑤　〔唐〕白居易著,朱金城箋校《白居易集箋校》卷六五《策林·議文章碑碣詞賦》,第 3547 頁。
⑥　〔唐〕白居易著,朱金城箋校《白居易集箋校》卷四五《與元九書》,第 2792 頁。
⑦　〔唐〕白居易著,朱金城箋校《白居易集箋校》卷四五《與元九書》,第 2790 頁。
⑧⑩　〔唐〕白居易著,朱金城箋校《白居易集箋校》卷一《寄唐生》,第 43 頁。
⑨　〔唐〕白居易著,朱金城箋校《白居易集箋校》卷三《新樂府并序》,第 136 頁。
⑪　蹇長春《白居易評傳》,南京大學出版社,2002 年,第 458 頁。
⑫　袁行霈《中國詩歌藝術研究》,北京大學出版社,2002 年,第 252 頁。

式,形式爲内容服務的美學原則,但未能正確認識思想與藝術、内容與形式對立統一的辯證關係,未能理解美是内容與形式的合諧統一①。這種觀點值得商榷。白居易并非没有意識到思想與藝術、内容與形式間的關係,恰恰因爲有所意識,所以纔有所偏重,讓形式更好地爲内容服務。自蘇軾提出"元輕白俗"以來,白居易的詩歌語言就飽受詬病,人們多從審美意義上進行評判,殊不知形式通俗,語言淺顯,直至"老嫗能解"②的質俗,恰是白居易期使文學達到批判現實、獲取社會效果的有力形式,這應是白居易始終堅持内容第一、形式第二這一原則的深層動因。

三　宗教思想:從《白氏六帖》的三教互通到白氏信仰的三教渾融

白居易同儒道釋三教的關係一直是學界關注的熱點③,但同樣的,相關探討多基於白氏詩文作品進行,尚未注意到《白氏六帖》中彙纂的宗教材料。《白氏六帖》中儒、道、釋三教材料的編排,一方面呈顯出同處一卷的并列性,另一方面又呈顯出儒教爲先,道教次之,釋教最後的層級性;此外,材料的具體措置中還暗藏三教的浸漬貫通,具體表現爲援儒釋道、援儒釋佛、援道釋佛。《白氏六帖》中早期獨特的宗教認識,構成白居易體悟三教的重要的"前理解"。

比較《藝文類聚》《初學記》《白氏六帖》三書對道釋二教的收錄,可見白居易的匠心獨運之處:通過在《白氏六帖》的編纂中對子目的設立與編排順序這兩個關鍵問題的細節處理,隱微地表示出他的理解認識和尊崇傾向。

《藝文類聚》是現存最早收入釋道二教材料的綜合性類書,卷七六、七七"内典部"下設立門目"内典""寺碑";卷七八"靈异部上"設立門目"仙道"。對於《藝文類聚》的這一舉措,葛兆光提出兩點認識:一是收錄二教相關知識,表明他們在七世紀知識與思想話語系統中不可忽略的存在;二是各自只占二卷篇幅,并且放在靠後的位置,反映出主流意識形態對二教的貶抑與排擠④。可知,初唐時佛、道二教在知識和思想系統中雖有地位,但并不太高。《初學記》卷二三正式設立"道釋部",立"道""仙""道士""觀""佛""菩薩""僧""寺"等門目,正式確立了綜合性類書中二教的部類名稱,并規範門類設置,二教地位有所提升。

①　蹇長春《白居易評傳》,第455—458頁。
②　〔宋〕釋惠洪著,黄進德批注《冷齋夜話》,鳳凰出版社,2009年,第44頁。
③　蹇長春《白居易思想散論》一文較早全面地論述白居易的儒釋道思想(《西北師大學報》1981年第4期);陳寅恪《白樂天之思想行爲與佛道關係》是對白居易與佛道關係分析較爲深透的文章(陳寅恪《元白詩箋證稿》,生活·讀書·新知三聯書店,2001年,第331—341頁)。專著方面較有代表性的研究如謝思煒《白居易集綜論》,中國社會科學出版社,1997年;肖偉韜《白居易生存哲學本體研究》,南京大學出版社,2009年。其他成果可參譚立"白居易思想研究綜述"(譚立《經典詮釋方式與唐宋學術轉型:白居易文學式經典詮釋方式研究》,湖南大學出版社,2021年,第14—22頁)。
④　葛兆光《中國思想史》第一卷《七世紀前中國的知識、思想與信仰世界》,復旦大學出版社,2001年,第457頁。

　　《白氏六帖》中,二教地位又大幅度提高,三教并列性與層級性的共存是《白氏六帖》的特點。"文武三教"一卷中儒、道、佛三教位置的并列,説明道釋二教可與儒教分庭抗禮;儒教爲先,道教居中,佛教最後的編排順序,又呈現出三教地位的高低。在《初學記》的基礎之上,白居易大大擴張了二教的門目,計有"道教""養生""道士""圖録""法術""齊物""自然""仙""求仙""吏隱""丹藥""宫觀"等道教類目 12 個;"釋教""戒律""禪定""佛""經""僧""寺"等佛教類目 7 個。相較於《藝文類聚》《初學記》,《白氏六帖》分類的細密化傾向説明編者的認識更加深刻。從三教編排順序及道教類目明顯多於佛教類目來看,白居易早期或許更加關注道教,其早期詩歌創作中,也多有運用《白氏六帖》"養生""仙""求仙""吏隱""丹藥"幾個門目下的材料。

　　唐代采取儒、釋、道三教相容并用的統治政策,李唐王室尊崇老子,道教地位大大提升;佛教亦因開放政策獲得極大的發展空間。儘管有唐一代,統治者會根據政治需要變換思想主倡,没有定於一尊的官方意識形態,但儒教一直保持主流意識形態的文化身份和正統地位。《白氏六帖》的宗教材料編排順序折射出中唐時期三教發展的實際態勢,也反映出白居易個人早期的宗教認識:雖熟悉佛、道經典,但浸漬儒學深厚,始終未改儒者本色。這與學者曾總結的白居易"壯年是儒家思想爲主,佛、道思想次之"①的思想狀況深相契合。

　　《白氏六帖》對宗教材料處理的另一個特殊性是暗藏三教的貫通融合。白居易以儒教爲本位,援儒釋道、援儒釋佛;同時以本土宗教道教爲基礎,援道釋佛。通過對材料的選取、分門歸置,拼接、重組等手段,白居易利用材料本身携帶的複雜豐富的解讀空間,將自己對三教的認識貫注於《白氏六帖》中。

　　首先看援儒釋道。"儒教"門目"善誘"下有"人能弘道"一條,此語出自《論語·衛靈公》:"子曰:'人能弘道,非道弘人。'"《論語》長期被視爲儒家經典,摘録"人能弘道"一條於"儒教"之下,固是情理中事。但此句又數見於道教門目之下:"道教"下有"弘道";"道士"下有"人能弘道"。同一則材料在同一書中分門有異,意味着編者對材料的理解不同,不同門目之下,"道"的指代性顯然有所區别。此外,《論語·公冶長》"令尹子文,三仕爲令尹,無喜色;三已之,無愠色"之語,也多次出現在道教門目下。

　　分門不同之外,白居易也利用材料剪裁、拼接、重組的手段實現援儒釋道。"道士"下材料"志道,據德"一條,剪裁自《論語·述而》:"子曰:'志於道,據於德。'""道教"下"聖人尊道"條小注爲"聖人尊道,行有餘力,坐進其道"。《論語·學而》云:"子曰:'弟子入則孝,出則弟。謹而信,泛愛衆而親仁,行有餘力,則以學文。'"《老子》第六十二章云:"故立天子,置三公,雖有拱璧以先駟馬,不如坐進此道。"《白氏六帖》分别截取《論語》"行有餘力"和《老子》"坐進其道",將二者進行拼接、重組的加工,形成對句材料并置於道教門目下,是明顯的以儒釋道。

---

①　王拾遺《白居易研究》,上海文藝聯合出版社,1954 年,第 96 頁。

　　其次看援儒釋佛。佛教門目"禪定""僧"之下亦援引儒家的經典文辭"人能弘道"，前文已揭，不同門目下"道"的指代有所區別。又"釋教"下"開善誘之門，施方便之力"條録《論語·子罕》語："夫子循循然善誘人，博我以文，約我以禮，欲罷不能。"佛教中"開善誘之門，施方便之力"謂佛陀運用各種神通、方便手段接引群生，白居易將孔子教學中的循循善誘與此拼接、組合在一起，也是典型的以儒釋佛。

　　最後看援道釋佛。在剪裁、重組材料的基礎上，白居易還運用"格義"的方式，引道教經典和概念對佛教加以理解。如《白氏六帖》釋教門目"禪定"下有"捨筏，忘筌"。"捨筏"是佛教中的經典譬喻，《金剛般若波羅蜜經》："知我説法，如筏喻者。法尚應捨，何况非法。"①《佛説法集經》："説道如筏喻，以必捨筏喻。若聚集捨法，彼法何應樂。"②謂佛法如筏，強調渡人至彼岸之後，不再執着於"筏"而是將其捨棄。"忘筌"一詞則源於《莊子·外物》"筌者所以在魚，得魚而忘筌"，言得魚之後需要拋棄憑藉的工具"筌"，與佛教的登岸捨筏在義理上共通。又釋教門目"僧"下有"坐忘"一詞，"坐忘"出《莊子·大宗師》："墮肢體，黜聰明，離形去知，同於大通，此謂坐忘。""坐忘"是極爲重要的道家修養功夫③，不置於道教門目，却將它置於佛教門目下，表明白居易認爲"坐忘"與佛教有相通之處。

　　《白氏六帖》中三教互通的宗教認識直接延伸至白居易的詩文作品中展開，形成了三教渾融的思想特色。如大和元年（827），白居易作爲儒臣代表與安國寺僧義林、太清宮道士楊弘元進行辯論，其《三教論衡》中言儒門和釋教"雖名數則有异同，約義立宗，彼此亦無差別。所謂同出而异名，殊途而同歸者也"④，即展現出儒教與佛教兼容并蓄、圓融相通的觀念。至於道教與儒教的融通，白居易常常結合儒家經典《周易》和道家經典《莊子》《老子》進行觀點解釋，如《動静交相養賦·并序》："故聖人取諸《震》以發身，受諸《復》而知命。所以《莊子》曰：'智者恬。'《易》曰：'蒙養正。'"⑤《大巧若拙賦》："蓋取之於《巽》，受之以《隨》。動而有度，舉必合規。故曰：'大巧若拙'，其義在斯。"⑥佛道會通的表現更是典型，白居易作品中多有"捨筏""忘筌"相合、"禪定""坐忘"同一以及佛經和道書、佛教和道教人物并置等現象。如《和李澧州題韋開州經藏詩》："觀指非知月，忘筌是得魚。聞君登彼岸，捨筏復何如？"⑦詩中"捨筏""忘筌"相合。又如《答崔賓客晦叔十二月四日見寄》詩中，白居易將佛家"居士"與

　　① 〔後秦〕鳩摩羅什譯《金剛般若波羅蜜經》，《大正藏》第8册，新文豐出版公司，1983年，第749頁中。

　　② 〔北魏〕菩提流支譯《佛説法集經》卷四，《大正藏》第17册，第632頁中。

　　③ 參陳鼓應《〈莊子〉内篇的心學（下）——開放的心靈與審美的心境》，《哲學研究》2009年第3期。

　　④ 〔唐〕白居易著，朱金城箋校《白居易集箋校》卷六八，第3676頁。

　　⑤ 〔唐〕白居易著，朱金城箋校《白居易集箋校》卷三八，第2588頁。

　　⑥ 〔唐〕白居易著，朱金城箋校《白居易集箋校》卷三八，第2608頁。

　　⑦ 〔唐〕白居易著，朱金城箋校《白居易集箋校》卷一八，第1167頁。

道家"忘筌"進行搭配,云:"居士忘筌默默坐,先生枕麴昏昏睡。"①白居易又常將道家"坐忘"與佛家"坐禪"對舉,如《送兄弟回雪夜》"回念入坐忘,轉憂作禪悦。平生洗心法,正爲今宵設"②,《渭村退居寄禮部崔侍郎翰林錢舍人詩一百韻》"息亂歸禪定,存神入坐亡"③,均認爲坐忘與禪定都是洗心之法。《睡起晏坐》"行禪與坐忘,同歸無异路"④一句則直言道家之坐忘與佛家之禪定同一無二。

　　白居易之思想構成十分繁雜,思想傾向也并非一成不變,如褚斌杰所指出:"縱觀詩人白居易一生的思想,就十分複雜而充滿矛盾。"⑤白居易時而言自己"外服儒風,内宗梵行"⑥,時而稱自己"栖心釋梵,浪迹老莊"⑦,又自撰《醉吟先生墓志銘并序》言生平志行云:"外以儒行修其身,中以釋教治其心。"⑧儒釋道思想自然地雜糅混合於一身,呈現出一種獨特的精神面貌:或胸懷兼濟天下之志,積極入世;或喜道書、奉真篆、煉丹、求仙、問道;或禮佛、讀經、敬僧、參禪。以儒爲宗、傾心老莊、栖心佛禪,三者會歸而不突兀,與《白氏六帖》中三教互通的"前理解"緊密相關。《白氏六帖》中援儒釋道、援儒釋佛、援道釋佛的三教互通觀念,正是白居易達成三教融會貫通思想的前奏。

四　　餘論

　　《白氏六帖》與白居易詩文作品間存在强大的互文性關係,并置合觀《白氏六帖》與白居易詩文作品,可以更加明悉白居易思想的生成、發展、轉變。本文只是簡單進行了文學和宗教思想方面的探討,其他諸如政治、經濟、音樂思想,甚至於更小的方面如白居易獨特的"中隱"觀念等,尚有待於繼續闡發。從更高的層面看,古代文學研究中關於作家不同類型文本、"前一後文本"、"稿本—定本—修改本"之間的互文性研究,還需要進一步地增强意識,發現更多的研究對象,從而使此一理論觀照獲得更多的成果,并同時使其本身得到來自中國古代文學經驗的修正。

　　　　　　　　　　　　　　　　　　　　(作者單位:南京大學文學院)

①　〔唐〕白居易著,朱金城箋校《白居易集箋校》卷二一,第 1461 頁。
②　〔唐〕白居易著,朱金城箋校《白居易集箋校》卷一〇,第 519 頁。
③　〔唐〕白居易著,朱金城箋校《白居易集箋校》卷一五,第 876 頁。
④　〔唐〕白居易著,朱金城箋校《白居易集箋校》卷七,第 373 頁。
⑤　褚斌杰《白居易的人生觀》,《文學遺産》1995 年第 5 期,第 64 頁。
⑥　〔唐〕白居易著,朱金城箋校《白居易集箋校》卷一四《和夢游春詩一百韻并序》,第 863 頁。
⑦　〔唐〕白居易著,朱金城箋校《白居易集箋校》卷三五《病中詩十五首并序》,第 2386 頁。
⑧　〔唐〕白居易著,朱金城箋校《白居易集箋校》卷七一,第 3815 頁。

古典文獻研究（第二十七輯上）
Journal of the Institute for Chinese Classics Studies
Nanjing University
Volume 27, No.1 2024

英藏敦煌寫本 S. 6825《老子想爾注》導論*

〔美〕柏夷 著　薛　聰　吕鵬志 譯

　　《想爾注》是《老子》(又名《道德經》)最早的道教注解①。早期天師道教團将其用作全體信衆誦習的教理書。因此，《想爾注》不僅代表了天師道對《老子》的詮釋，還介紹了天師道的信仰和實踐。許多注文的護教論戰語氣顯示出天師道竭力立教的傳教熱情。針對儒家、其他形式的道教實踐以及與之有競争的《老子》注解，《想爾注》爲自己的教義辯護。此護教過程揭示的是，早期天師道在何種程度上認爲自己踐行神化老子之教獨一無二，且視《老子》其書是老子其人專爲天師道所作的初次降示。

　　《老子》家喻户曉，廣爲研究，這理應簡化手頭的研究任務。但矛盾的是，作爲“道”最重要的代表作，《老子》非常流行，其解釋方式之多，令人震驚，這使得理解《想爾注》更加困難——也更有必要，因爲《老子》經文并没有告訴我們任何關於道教的信息。

　　雖然天師道將《老子》作爲他們信仰的教理書，賦予它高於其他降授經典的首要地位，但他們的崇奉似乎更多的是針對老子(又被稱爲老君)這個人物，而非同時代人在《老子》書中找到的思想，因爲天師道的解釋往往與《老子》清晰的意旨背道而馳。《老子》中的關鍵詞句在後世道經中占據着顯耀地位，但它們往往用於表達《老子》根本没有的實踐和思想。毫無疑問，作爲道書中最爲廣泛引用的經典資料，《老子》與其他道經一樣，以相同的儀式傳授給新入門的弟子，然而所有這些活動都與《老子》本身“棄知”的禁戒相悖②。因此，即使在天師道教團内部，《老子》也没有維持它那卓絶的地位。來自老君的其他降

---

　　* 譯自 Stephen R. Bokenkamp, *Early Daoist Scriptures*, Berkeley: University of California Press, 1999. pp.29—77. 吴楊老師對譯文提出了若干修訂意見，謹致謝忱。

　　① 《想爾注》唯一的抄本是敦煌寫本 S. 6825，它始於通行本《老子》第三章末尾，并延續至第三十七章。下文“《想爾注》的作者及成書年代”一節對該寫本作了更詳細的説明。

　　② 《老子》第十九章。對這項禁戒的理解，參見《想爾注》第 265—277 行。

經,甚至包括《想爾注》在内,起初是對《老子》的補充,後來在很大程度上又遮蔽了《老子》。因此,《老子》并不像《摩西五經》或《古蘭經》那樣成爲啓示智慧的經典來源,會在宗教發展的每個階段被巧妙地還原并重新解釋。顯然,要理解道教,我們需要研究的是《老子》注釋而非《老子》經文。

　　注釋是一種解釋行爲。注家總會有意無意地根據自己的關注點重構一個文本。正因如此,在一開始,我們就需要直接面對另一種曲解的副作用,這種副作用由《老子》的現代普及所致。已對《老子》有所瞭解的讀者,尤其是通過任何一本現代譯著瞭解《老子》的讀者,他們很可能覺得《想爾注》無端曲解了一本旨在培養聖賢的神秘書籍。然而,在屈從這種第一印象之前,我們應該想到,儘管注家無疑會以各種方式重新解讀《老子》,但我們經由中古中國注家的視角來閱讀此書已經歷好幾代人,現在纔開始重新發現《老子》最初是如何被閱讀的[①]。因此,我們需要對所謂道教"曲解"《老子》的這類看法保留意見,這些看法由各種"退化論"(借用 Steve Bradbury 的貼切表述)提出,他們認爲道教的制度化以及大衆化使得純粹的道家哲學墮落[②]。

　　《老子》的"真義"仍然是爭論激烈的領域,每年都有兩三個譯本出版,此即明證。這裏的導論和譯文并不打算參與這種討論,甚至也不打算探求《老子》在道教中的地位,而是爲瞭解説《想爾注》,并儘可能地從中瞭解早期天師道。因此,我將不會參考《老子》的其他翻譯或解釋,也不會嘗試全面比較《想爾注》與其他注家、譯者對《老子》的理解,畢竟這一過程至少需要另一本篇幅與本書一樣的書。事實上,正如我將更爲充分地解釋那樣,我儘可能忽略了其他譯本,以便密切注意《想爾注》的讀法[③]。

　　因此,我們將從考察天師道教團的早期歷史開始。隨後將簡述《老子》從政治智慧書籍到自我修養專著的演變,以及《想爾注》在此過程中的作用。接下來的兩節——"存思與修身"及"道德與統治"—— 介紹注文內容以及從注文中撿拾的天師道教義。之後我將圍繞兩個争議性話題——《想爾注》的年代和作者進行介紹。我將證明《想爾注》的年代相當確定,該書撰於公元 215 年之前;而作者不詳,雖然早期文獻記載它由張魯所寫,且未發現與

---

　　①　1973 年,馬王堆帛書本《老子》在一座早期漢墓中重見天日,由此推動了對《老子》的"重新發現"。有關《老子》的現代学术解釋列在了下文的脚注中。

　　②　Bradbury("The American Conquest", In Cornclia N. Moorea and Lucy Lower, eds. , *Translation East and West*:*A Cross-Cultural Approach* , Honolulu: University of Hawaii Press, 1992. pp. 33.)引用了 Witter Bynner 的生動表述,即視道教爲"惡棍和流民混合的崇拜,建立在愚昧、恐懼之上且受神職人員支配的雜亂迷信"。我們可以清楚地看到在這類赤裸裸的輕蔑言論背後所潛藏的偏見,但同時也需要防範古人和今人在提及道教援用《老子》時,對"大衆化"抱持更爲隱晦的偏見,因爲它們一成不變地使我們瞭解更多的是作出陳述之人的觀點,而非《老子》本身。例如,在近期接續 Bynner 持偏激觀點的學者中,我們還應該把那些試圖將道教中"神秘"層面與"禮儀"層面區分開來的學者算入其中,對於前者,他們通過追溯至《老子》和《莊子》而賦予其特殊地位,而將後者貶低爲"民間宗教"。舉個例子,請參 Christian Jochim, *Chinese Religions*:*A Cultural Perspective* , Englewood Cliffs, N. J. : Prentice-Hall, 1986. pp. 8 – 10.

　　③　參導論末尾"譯文結構和體例"一節。

之相矛盾的歷史記載。在導論的末尾,讀者會找到我對翻譯原則和步驟的簡要討論,那些有興趣比較《想爾注》與其他《老子》注解的人也會找到"章次索引"。

時代背景

　　早期天師道的歷史可以根據三類資料來重建:官方正史及碑文、道教著作、佛教護教論著。每類資料各有偏見,并且它們都在根本上互相牴牾。當時的史家傾向於將天師道與當時的"叛亂"歸結到一起①。他們以這樣或那樣的方式表現出對宗教的偏見②。當時的史家對教義問題不感興趣,他們未能完全將天師道的教義和實踐與其他類似的教團區分開來。嚴格來説,早期道教文獻根本就不是這個教團的歷史記録。他們常在討論教義時提到早期教團,而且顯然已經做了相應調整。最後,佛教被攻擊爲威脅國家的宗教,護教論者撰文爲其辯護,步調一致地試圖扳倒其競争對手道教。他們不加鑒别地訴説着最卑劣的指控,并利用史學家的疏忽,將早期道教的各個方面與反叛意識聯繫起來。

　　因此,這裏將依靠前兩類著作——正史,其次爲道教自己的記述——來大致描繪出早期天師道的歷史輪廓。鑒於資料的性質,可以預見的是,關於這個論題依然存在大量學術争論。我將在脚注中提到其他一些看法。

　　這一時期的史家一致認爲天師道與黄巾軍存在某種關聯,在削弱漢朝統治的起義團體中,黄巾軍是最突出的一股勢力。由於這兩個團體關聯的確切性質(如果有的話)有争議,因此我們首先需要講述一下黄巾軍③。

　　以漢帝國東部區域爲中心的黄巾起義,由一位名叫張角的人所領導,這是一場精心策劃的運動,它圍繞着明確追求千年王國的宗教意識而組織起來。張角稱其教團爲"太平道"。在"黄天當立"的口號下,他試圖將自己和他的追

---

　　① 早期天師道歷史的重要史料是陳壽(233—297)的《三國志》和常璩(撰於公元 347 年)的《華陽國志》,范曄(398—445)的《後漢書》可資補充。在這些史書的注釋中,也保存了該時期史書的佚文。

　　② 是否應該認爲早期天師道是黄巾叛亂的一個地區分支,這個問題將在下文討論。

　　③ 接下來的論述參考了一些研究論著,包括:Werner Eichhorn, "Description of the Rebellion of Sun En and Earlier Taoist Rebellions," *Mitteilungen des Instituts für Orientforschung* 2. 2 (1954), pp. 25 - 53, and 2. 3 (1954), pp. 463 - 476; Werner Eichhorn, "Bemerkungen zum Aufstand des Chang Chio und zum Staate des Chang Lu," *Mitteilungen des Instituts für Orientforschung* 3 (1955), pp. 291 - 327; Werner Eichhorn, "T'ai-p'ing und T'ai-p'ing Religion," *Mitteilungen des Instituts für Orientforschung* 5 (1957), pp. 113 - 40; Howard S. Levy, "Yellow Turban Religion and Rebellion at the End of the Han," *JAOS* 76. 1 (1956), pp. 214 - 226; Paul Michaud, "The Yellow Turbans," *MS* 17 (1958), pp. 47 - 127; Barbara Kandel, *Taiping Jing : The Origin and Transmission of the 'Scripture on General Welfare' — The History on an Unofficial Text* (Hamburg: Deutsche Gesellschaft für die Natur-und Völkerkunde Ostasiens, 1979); Max Kaltenmark, "The Ideology of the *T'ai-p'ing ching*," in Holmes Welch and Anna Seidel, eds., *Facets of Taoism : Essays in Chinese Religion*, New Haven, Conn. : Yale University Press, 1979. pp. 19 - 45; and B. J. Mansvelt-Beck, "The Date of the Taiping Jing," *TP* 66. 4 - 5 (1980), pp. 149 - 82. 有關黄巾軍和天師道之關係的論争,特參 Mansvelt Beck 的文章。

隨者確立爲完美新社會的先驅。儘管缺乏歷史證據，但幾乎可以肯定的是，這種意識某種程度上來自一部降授經典——《太平經》，這部經典更早的時候由一個同樣以東部沿海地區爲中心的漢朝朝廷派系傳出。《太平經》僅存於五、六世紀的修訂本中，它基於宇宙的法則和個人德行既決定政體健康又決定宇宙平穩運行的觀念而宣揚一種理想的社會結構[①]。

　　通過符水咒説等舊方法和新方法來治病，黃巾軍使得人們轉而信奉他們的主張[②]。後一種做法具有重要意義。《太平經》將首過與政治及宇宙的弊病皆因人起，因而也必須在個人層面加以施治的觀念聯繫起來。《太平經》認爲罪即是人的行爲與其社會角色不合，進而阻礙了道的能量流通。如那些理應用身體勞作却又不這樣做的人，活在了懶惰之中；那些擁有財富的人爲了他們自己享樂，畜積財富，不願散施；那些理應教授道德的人只願"積"德，爲自己謀取虛名[③]。按照這種解釋，這些和其他阻礙財貨及生命力流通的行爲方式會導致疾病和死亡。我們將在《想爾注》中看到類似的説法。

　　張角把他的追隨者劃分至三十六個行政區域。顯然，他以《太平經》爲基礎，憑藉書中一位勸告賢君的天師形象，張角號稱"大賢良師"。他還自稱爲"天公將軍"，授予他的兩個兄弟"地公將軍"和"人公將軍"的稱號。

　　"黃天"的新紀元將在公元 184 年到來，這是中國傳統曆法中一個新甲子周期的開始。儘管有周密的計劃，張角叛亂的消息還是傳到了朝廷，東方的黃巾軍在這一年内便被鎮壓了。

　　與黃巾軍類似，天師道尊奉張家三位成員为創始人[④]。然而，此三人的關係分别是父親、兒子和孫子，他們相繼領導教團。史料記載，父親張陵(道教文獻中的張道陵)是沛國人(位於江蘇西北部)，曾前往蜀國(今四川西部)，在鶴鳴山學習道法[⑤]。道經記載，公元 142 年，"新出老君"即被神化的老子造訪張陵[⑥]。老子授予張陵"天師"的稱號。張陵去世後，這個稱號傳給了他的兒子張衡，最後傳給了他的孫子張魯。據説，這條傳承譜系至今仍未斷絶。他們就是三張天師，天師道亦由此得名。

　　在漢代末年席捲中國的起義運動最終遠遠滲透到相對孤立的四川盆地之

---

　　① 張角似乎也受到了黃老之學的影響。黃老是一種政治哲學，在漢代早期獲得了顯耀的地位。正如其名，黃老學説體現在與黃帝和老子(《道德經》)有關的文獻中。

　　② 有關早期醫藥中對符水咒説的使用，參 Donald Harper, *Early Chinese Medical Literature : The Mawangdui Medical Manuscripts*, London: Royal Asiatic Society, 1996.

　　③ Kaltenmark, "Ideology of the *T'ai-p'ing ching*," pp. 33 - 38.

　　④ 以下關於天師道早期歷史的簡述，參考了大淵忍爾《道教史的研究〈其の一〉初期の道教》，創文社，1991 年。以及 Terry F. Kleeman, *Great Perfection : Religion and Ethnicity in a Chinese Millennial Kingdom*, Honolulu: University of Hawaii Press, forthcoming.

　　⑤ 這座山也有許多别稱，它已被考定就是今天的鶴鳴山，位於省會成都以西約 50 公里處。

　　⑥ 根據一些道士的記述，《太平經》是老君授予張陵的著作之一。事實上，有證據表明天師道的確知道今本《太平經》的一個版本，部分證據可以在《想爾注》中找到。見於《太平經》的某些教義被《想爾注》採用，另外一些教義則被駁斥。

前,很少有關於天師道教團的歷史記録①。據《後漢書》記載,公元 184 年七月
(同年,黄巾軍起義并被鎮壓),另一個張姓人,張修,在西南地區領導了一場起
義。他的教團被稱爲"五斗米道",但他并没有被鎮壓。通過拼凑歷史碎片,大
淵忍爾指出,張修應當是天師道教團中的教區領袖之一②。

公元 191 年,我們再次見到張修。張修隨同第三位天師張魯前往漢中,雖
然這峽谷位於四川盆地北部,也没有四川盆地那麽大,但這是另一個與世隔絶
的峽谷。根據史家記載,該州軍事長官派遣二張將這個區域作爲四川和首都
之間的緩衝地帶。張修被殺,張魯隨後在漢中地區確立了他自己及其追隨者
的地位③。據史料記載,這個教團在漢中存續了大約 30 年④。在那個極端動
蕩的戰争年代,據説張魯只進行了防禦性的戰鬥,而且拒絶了他的屬下想讓他
稱"王"并建立一個新王朝的懇求⑤。

儘管他早前與統治蜀地的漢代皇室分支有聯繫,但在漢中期間,張魯完全
獨立⑥。正是在這一時期,後來描述的宗教團體開始活動。公元 215 年,張魯
向魏國將軍曹操投降,教團被迫解散。投降後,張魯、他的五個兒子以及最重
要的謀士均被封賞,天師道的信衆則遷往魏國各地。

漢中教團的解散對道教的發展產生了決定性的影響,因爲它使一個實際
上以宗教教義爲基礎的政權根據全新的凝聚原則進行重組⑦。這種改變將在
後文進行更全面的探討⑧。在此,我們將聚焦於漢中中的早期天師道教團。

如前所指,史書對天師道的記述與他們對黄巾軍活動的描述在某些方面

---

① 然而,刻於 173 年的《米巫祭酒張普題字碑》極度引人注意,它證實天師道傳經并設立祭酒。
參大淵忍爾《初期の道教》,第 41—44 頁;及 Ursula-Angelika Cedzich, "Das Ritual der Himmelsmeis-
ter im Spiegel früher Quellen: übersetzung und Untersuchung des liturgischen Materials im dritten
chüan des Teng-chen yin-chüch", Ph. D. diss., Julius-Maximilians-Universitat, Würzburg, 1993.
pp. 32 - 33.

② 大淵忍爾《初期の道教》,第 46—49 頁。關於 "五斗米" 的稱謂和二十四治,參 "導論" 後面的
討論。

③ 關於張修之死,説法不一,幾乎没有關於他與張魯關係的資料。《三國志》《後漢書》記載,張魯
殺死了張修。《典略》雖未明言張魯殺了張修,但認爲 "因其民信行修業,遂增飾之"(引自〔晋〕陳壽撰,
〔南朝宋〕裴松之注《三國志》卷八,中華書局,1959 年,第 263 頁)。《華陽國志》記載,張修戰死。由於
缺乏張修的信息,道教文獻也没有提及張修,因此從《三國志》的注者裴松之開始,許多學者提出 "修"
是 "衡" 之誤字,即這段話很可能是指張魯的父親。這種假設似乎没有根據。參大淵忍爾《初期の道
教》,第 46—47 頁。

④ 這是史書通常記載的整數,最準確的估算是漢中教團存續了大約 24 年,即從公元 191 年至公
元 215 年。參大淵忍爾《初期の道教》,第 46 頁。

⑤ 大淵忍爾《初期の道教》,第 50—53 頁。

⑥ 張魯的母親——因"有恣色,兼挾鬼道"(〔南朝宋〕范曄撰《後漢書》卷七五,中華書局,1965
年,第 2432 頁)而受到益州刺史劉焉的優待,張魯的其他家人一直被留在蜀地,以作爲他忠誠的保證。
劉焉的兒子繼任之後,殺害了張魯的母親及家人(《三國志》卷三一,第 867 頁)。

⑦ 事實上,中國的帝國政權在它整個歷史上都是以我們今天稱之爲宗教的原則爲基礎。用莫里
斯·弗里德曼(Maurice Freedman)的話來講,它是一種"凱撒即教皇,即教皇凱撒"的體制。然而,張魯
提出的治理方式有其獨特之處。這些將在"道德與統治"一節中探討。

⑧ 參《大道家令戒》導論。

有着驚人的相似之處。天師道也通過首過來治病。他們教導信衆誠實和忠誠,杜絶欺騙。當信衆生病時,要懺悔自己的罪過,并被給予"符水"飲用。出於首過的目的,病人可以在"静室"裏反思自己的過錯,并完成適當的悔過儀式。如果他們的病没有痊愈,則歸咎於他們信道不篤。

天師道進一步爲患病的信徒舉行了儀式。請禱文字寫入三份文書。一份置於山上,上呈天官;一份埋在地下;一份投入水中。此即"三官手書"。

即使史家記録有限,也表明每個人都會被認爲患有這樣或那樣的"病"。那些剛剛改宗信仰天師道的人被稱爲"鬼卒"。這個稱號的後一字是漢代行政制度用以指稱那些應爲國家服勞役的人,這些勞役通常是兵役或修建道路、堤壩等。事實上,天師道對犯小過者的懲罰之一就是義務修路。這個稱號的前一字似乎是指我們在《想爾注》中發現的一種觀念,即所有行爲不合於道的人都不過是"尸行"①。因此改宗信奉天師道的人可能被視作"鬼"——那些從"活死人"中來的人,他們復歸於生命的真正源頭,因此欠道一份勞務債。

與短命的黄巾軍相比,我們對天師道的社會組織瞭解更多。其信衆被劃分至二十四"治"或教區,每個教區由一位祭酒統領②。祭酒用《老子》來教導民衆,民衆通過齊聲誦念來熟記《老子》。通過這種方式,即使是目不識丁的教區民衆也能得到教化。

根據道教文獻,我們知道民衆要在農曆正月七日、七月七日和十月五日前往教區集會,一年三會③。在三會日,人們的出生、死亡記録將被核查,并且會舉辦公共厨會。此外,每一户奉道之家都要在三會日繳納五斗米作爲信物。正由於這種做法,天師道獲得了"五斗米道"的別稱,或在一些文獻中,被貶稱爲"米賊"。

在史料中,我們甚至還能獲得一些有關傳教手段的説明。沿着通往其占領區域的道路,祭酒建立"義舍",其構造大約與當時的亭傳相似。"行路者"——在漢末混亂時期,更可能是難民——被邀請食用義舍中的米和肉來充飢。但同時警告道,根據"鬼道",那些過度拿取食物的人將會患病。違反教規的人,擁有三次被赦免的機會,之後纔會行刑。這種對苦難百姓的寬容和關心起了作用。史家講述道,平民和夷人都樂於接受天師道的統治。

這就是《想爾注》爲之寫作的群體。它是一個混合群體,包括漢族和漢化的其他民族成員。我們稍後將會看到,《想爾注》是第一本爲普通百姓而不是爲精英讀者撰寫的《老子》注釋。這一注本的目的顯然與宗教相關。從這些事實中可以立即得出一個結論,即與其説《想爾注》是一本"注釋",還不如説它是一本以《老子》爲出發點的專著。在下一節,我們將會看到這意味着什麽。

---

①　將信道不篤的人描述爲"尸行",參《想爾注》第71—74 行及第248—249 行。

②　這個稱號源出漢代行政部門,它被授予給地方上年高德劭者,天師道將這個稱號同時用於男性和女性。參 Rolf Stein, "Remarques sur les mouvements du taoïsme politico-religieux au IIe siècle ap. J. C. ," *TP* 50 (1963), pp. 42 - 59.

③　Stein, "Religious Taoism," pp. 69 - 72.

道　體

　　任何對《老子》的注釋都不可避免地用大量筆墨來討論道的性質,即潛藏於存在之秩序背後的宇宙法則。儘管如此,《想爾注》的注釋者并沒有顯示出神秘主義的傾向,而是更關心所謂"實踐的形而上學"的思想體系,這種思想體系看似陌生,但它從本身并不神秘的宇宙論中派生出針對生存群體的道德和實踐的建議。《想爾注》并不關心認識論,更不關心精神直覺,而是盡力詳細描述道如何在世界中運作,以及人們應該如何按照道來行動。這些知識可能源於神秘洞見或神靈附體,但《想爾注》并沒有解釋注文是如何形成的。

　　正如《想爾注》的世界觀能在那個時代共有的宇宙論中找到其基本原理一樣,它的注釋策略也在很多方面與當時經典注釋所采用的策略相同。這一套被稱爲訓詁(聲訓)的方法逐詞注解經文,很大程度上依賴假定的同音字的同源關係。例如,在第50行,注文云:"谷者,欲也。"大概是説後一字是正字①。專注於適合使用這種注釋方法的經文關鍵詞,其注釋傾向甚至超出聲訓之外。在注釋"玄牝門,天地根"一句時,斟字酌句的注者在將"玄牝門"解釋爲女陰之後,又繼續斷言玄牝即是"根",因爲它是"[生存之]關鍵"。

　　那麼,《想爾注》有何新穎之處呢? 雖然我們在此不是爲了比較《老子》的早期注釋,但我們的確需要注意到非常重要的一點,即《想爾注》與河上公(可能生活在公元二世紀)及王弼(226—249)兩人極具影響力的注釋存在相當大的差异。《老子》并不是寫給那些想要修道且成爲道家聖賢的人,而是主要寫給統治者以及那些有資格爲統治者出謀劃策的統治階級成員②。對於這些人來説,道是秩序的宇宙論體系,聖人統治的人類社會應該遵奉這一體系,只有聖人纔可以完美地與道合一。河上公和王弼的解釋背離了這一原初觀念。如今我們往往通過這兩個注本來閱讀《老子》,部分地造成了一種趨勢,將《老子》的受衆範圍擴大到所有貴族階層,并且在這個過程中,明顯地改變了道的性質。在東漢以及分裂時期,隨着人們對隱逸的興趣日益濃厚,聖人的形象似乎也發生了轉變。聖人不再專指"明君",亦不再專指那些挑選出來的如孔子一樣擁有天賦聖質的少數人。如今,人們可以學道,甚至可以在遠離政治生活需求的僻静之處修道。儘管河上公和王弼的注釋都認同《老子》最關心的統治部分,但如今其他部分——涉及領悟天道的能力以及統治者的其他神秘屬性——在渴望成聖的所有士人看來是可以達到的。那些在開明統治之下可以

---

　　①　這并不像聽起來那麼奇怪。這兩個字有共同的聲符,并且發音相同。我們可以從馬王堆帛書《老子》中瞭解到,在戰國時期,許多同音字會寫成同一個字形,通行本中的偏旁是後來增添的。《想爾注》的注者僅在此處暗示了一個偏旁,而其他注家并沒有這樣做。

　　②　關於這一觀點的表述,參 Léon Vandermeersch, *La formation du Légisme*, PEFEO, no. 56 (Paris, 1965), pp. 240 - 70; Seidel, "Der Kaiser und sein Ratgeber," pp. 18 - 50; Seidel, "Das neue Testament des Tao," pp. 147 - 172; Graham, *Disputers of the Tao*, p. 170; 以及任繼愈編《中國道教史》,上海人民出版社,1990 年,第37—38 頁。

身居高位而在腐敗統治之下毅然退隱的逸民和隱士現在可以從《老子》中獲益①。

　　然而,在使道可被那些努力踐行它的人獲得時,道成爲了神秘追求的目標。無論是强調自我修養的河上公注,還是在哲學上貴“無”的王弼注,都認爲聖人首先是一個在智力和能力方面超凡脱俗的人。總之,他們認爲《老子》爲特權者而寫。

　　就這一點而言,《想爾注》可能證明它更接近漢代以前的《老子》注釋。總的來看,它關注的是以道的模式來改造社會。《想爾注》的不少段落清楚地表明,它是給明君使用的指南。然而,天師道却利用《老子》教化所有信衆。正如《想爾注》所解釋的那樣,這是因爲每個人必須與道完全一致,纔能使社會——實際上是宇宙——完美地運行。成聖的追求對所有人都是可實現的,實際上是必需的,不只是有特殊才能的人(無一例外都是精英階層)纔追求成聖。通過這種方式,《想爾注》更充分地保留了《老子》最初對治國的關注,同時,也比其他大致同時代的注釋更多地擴大了《老子》的讀者範圍。當我們探索《想爾注》所闡述的道性時,注文的這一方面會變得清晰。

　　《想爾注》將神化的老子或老君視作道之實體,將他的書視作“道的教義”(即“道教”——在後世文獻中這個詞指代整個宗教)②。實際上,二者不能分離。老君即道,道即老君③。通過《老子》,即被神化的老君的書,道直接向人們講話④。除了老子對教義的宣傳之外,他在世上的活動并没有在注釋中得

　　① Seidel, “Der Kaiser und sein Ratgeber.” 這些言論并不意味着河上公注和王弼注完全强調非政治性。正如陳金樑(Alan K. L. Chan)在他對這兩個注本的研究中所指出的那樣:“王弼和河上公的動機都是出於對國家福祉的基本現實關懷。事實上,這一表述不僅適用於這兩個注本,而且也代表了整個中國傳統思想的大部分特徵。”(Alan K. L. Chan, *Two Visions of the Way: A Study of the Wang Pi and the Ho-shang-kung Commentaries on the Lao-tzu*, Albany: State University of New York Press, 1991, p. 167)而我們討論的是許多現代譯本表達觀點的開端,即《老子》這本書主要關心的是自我修養。這一觀點似乎源於漢代對“聖人”本性的激烈討論——即那些能够冥會大道并因此適於爲統治者出謀劃策的特權者,但同樣,他們可能嘉遁山林。至於《莊子》這本書在漢代發展中所起的作用,我們往往從對我們有利的角度出發,將其假設爲事實,却未有令人信服的論述。關於王弼和河上公的聖人觀,分別參 Chan, *Two Visions of the Way*, pp. 34 - 36 and 157.

　　② 一些現代學者極爲重視《想爾注》中出現的“道教”一詞。例如,參饒宗頤《老子想爾注校證》,上海古籍出版社,1991 年,第 53 頁;以及小林正美《六朝道教史研究》,創文社,1990 年,第 314—316 頁。小林甚至認爲,由於這個詞在很晚纔用來指涉道教,因此《想爾注》不可能寫於三世紀初期。事實上,“道”和“教”這兩個詞確實是結合出現的,但并不作爲專有名詞來指稱整個宗教。而動詞“教”出現在其他描述道之行爲的動詞中間。例如,《想爾注》第 87 行云:“道教人……”因此,當動詞“教”出現在一個没有賓語的場合時(第 247 行),冒昧有違饒氏和小林氏的看法,我們應將其讀作“道的教義”,而不是“道教”。

　　③ 這在《大道家令戒》中也很明顯,它談到了道在世上的一系列降顯,而其他經典談到老君這些降顯時則説是轉世。

　　④ 字面上看確實如此,因爲在整本書中《想爾注》的注者用“‘吾’,道也”的話語來注釋《老子》中的第一人稱代詞。只在兩處,其他言説者的身份纔是確定的,并且這些都被認爲是“仙士”的話(第 241—243 行及第 305—321 行)。但正如上下文所示,由於這個人或這些人是超然的存在,并且與道合一,因此漢語的語氣轉換并不像英文聽起來那麼刺耳。

到清晰的描述,而是道本身呈現出擬人化的功能。道擁有意識和活動,也有喜好和憎惡。它不僅通過傳播其教義,也利用它的氣在世上發揮作用,氣給予生命以生機,并提供一切存在背後的動力。有時,道氣會凝結成"精",即寄居於宇宙和人身中的神。當允許道氣自由流動時,它便會貫穿萬物,爲生命和運動提供真正的原料。

這對於人來説尤爲如此,在遠古的某些時候,他們完全與道合一,以至於道"以人爲名"。雖然《想爾注》并没有細説這種原始的純樸本性,但很明顯,從他們與道合一的優越地位來看,由於故意濫用道氣結束了他們本真的存在,所以人們應對此負責。一旦邪行進入了這個圖景之中,滋養萬物的道將會遠離人類,人類便開始走向死亡①。

由於人類及宇宙的苦難和死亡皆可歸因於凡人的意志。若要走出人們發現自己所處的悲慘境地,就必須按照個人和社會這兩個相關方面來行事。雖然注文將其視作一體之兩面,但我們將在"存思與修身"及"道德與統治"兩個標題下分別探討它們。不過,需要牢記於心的是,在《想爾注》的世界觀中,社會的身體和個人的身體都必須回復於與道體合一的和諧狀態。雖然我在此試圖分別討論它們,并儘可能地避免贅言,但此二者從根本上説是相同的。

存思與修身

《想爾注》明顯不是要變成一本存思指南。儘管它没有詳述任何修行方法,但它確實提供了足够的信息,使我們對治病和成仙的養生實踐在早期天師道教團中的地位有所瞭解。通常,這些修行術都是在區分道所規定的正法與注文所描述的"今世間僞伎"的背景下來討論的。雖然,我們并不能確定注文所批評的對象是誰,但這些段落很有價值,因爲它們向我們表明了注文意在捍衛的做法。接下來的論述將以這些提示作爲基礎②。大多數情況下,所知對立養生派別的情況將移至尾注。

《想爾注》中所提及的修行基礎是道。正如道由凝結成神的活躍之氣組成一樣,依道氣而存在的神也居於人體之中。爲了成仙,修行者必須維持住體内的神,并與之相協調。

欲望、憤怒以及激烈的情緒意味着氣的破壞性運動,這些都應該被避免。根據五行的運動,若氣在王氣這個階段,人受到的傷害確實較小,儘管如此,仍然會大大減少人體的能量。因此,舉例來説,如果某日心中赤氣到達頂點時人發怒,那麼他會有較低的危險,然而原本可以更好引導的能量依然會被浪費。

注文明確規定,爲了能擁抱"清静",人應該摒除心中邪僻的傾向。追求清静的榜樣在《老子》經文中早已爲人熟知——女性、嬰兒和水——同時還有僅

① 參第567行及其以下的内容。

② 我另一篇文章中對我的研究步驟有充分的説明,見 Bokenkamp, "Traces of Early Celestial Master Physiological Practice in the Xiang'er Commentary," *TR* 4. 2 (December 1993), pp. 37–51.

見於注文的第四類榜樣：仙士。仙士是《想爾注》的所有讀者（或講話對象）可以追求的身份或地位。仙士"以道爲名"，且能升天而没有死亡。

　　"清静"一詞是指情緒的平静，這對吸收道的賦生之氣，進而滋養和完善體内神靈來説是必要的①。"清静"可以通過存思來達到。應使"晨暮之氣"進入人體，與人體自身之氣相合，進而使其均匀地周遍全身——這一方法被稱爲"大要"，它是"師"爲晨暮之行所設②。

　　除了這裏提到的晨暮，我們没有獲知關於"清静"之修的具體指示，但注文的部分段落給出了一些有關如何教導修行清静的説法：

　　　　求生之人……不隨俗轉移。真思志道，學知清静，意當時如痴濁也。以能痴濁，樸且欲就矣，然後清静能睹衆微。（第 197—200 行）

　　這種痴濁的狀態反映了道的混沌之氣。缺乏清静之質的人如同天地爲暴風驟雨或其他自然災難所擾亂。這即是説，這些人的氣没有合爲一體，某一内臟的氣在激烈的情緒中猛烈地向外跳動着③。效法道之混沌、"混雜"狀態的平静和散漫恍惚的身心合一似乎對這種存思很重要。我們知道，這與其他自稱是道家的人所踐行的存思術形成了鮮明對比④。

　　在注文的其他地方，我們讀到："用氣喘息，不合清静，不可久也。"（第 367—368 行）由此我們知道，這條禁令也表明天師道的修養方法與其他群體踐行的方法存在很大差异——這裏很可能是指養生一派⑤。我們要知道，對天師道而言，氣并不是簡單的"呼吸"——以至星體發出的東西——而是道本身的散發，是所有生命的來源和天上生命的給養。正如注文所言：

　　　　俗人食穀，穀絶便死。仙士有穀食之，無則食氣。（第 319—320 行）⑥

---

　　①　參第 391 行："道人當自重身神，清静爲本。"

　　②　參第 203—204 行。"師"并没有被詳細介紹。這個詞在此處很可能指的是張道陵，表明這種實踐由他而設。

　　③　這裏展示的 "清静"態度最接近廣成子説教詩（《莊子引得》十一《在宥》，哈佛燕京學社，1947 年，第 36 行）的態度："必静必清，無勞女形。無摇女精，乃可以長生。"關於整句詩的討論和翻譯，參 A. C. Graham, *Chuang-tzu: The Inner Chapters*, London: Unwin Paperbacks, 1986. pp. 176 - 178.

　　④　第 106—112 行及第 175—180 行中的存思術被明確批評，有關其中被譴責的"僞技"在《想爾注》譯文尾注第 26 有討論。亦參 Bokenkamp, "*Xiang'er* Commentary," pp. 44 - 47.

　　⑤　夏德安(Donald Harper)(*Early Chinese Medical Literature*, sec. 4)討論了包含"食氣[即元氣]"實踐的各種早期文獻。其中一些做法如這裏描述的存思術一樣，在早晚進行。事實上，我們并不確切知道《想爾注》主張的方法與其不同之處究竟是什麽。或許其不同之處僅僅在於天師道堅持這些氣源出於道，正如注文所提出的那樣。

　　⑥　這一觀念也來自於早期的吐納之術，它被納入了漢代的神仙信仰之中。夏德安(*Early Chinese Medical Literature*, sec. 4)翻譯了馬王堆醫書中的一段文字，其大意是："[食穀者食]方，食氣者食員(圓，圓)者天也，方[者地也]。"辟穀食氣以達到肉體飛升也見於《列仙傳》的許多仙人傳記中，王充(《論衡·道虚篇》，參〔漢〕王充撰，黄暉校釋《論衡校釋》，中華書局，1990 年，第 339 頁)對此進行了嘲諷。在這種情況下，飲食的禁忌是嚴格的。有人提議用松子和菖蒲等植物來取代與腐爛和死亡有關的穀物。這種禁忌并没有在被稱爲"五斗米道"的早期天師道教團中發揮作用，因爲他們在每年治所舉辦的三會日都會收到信米。

　　一旦進入身體，氣必須被引導遍及全身，它們纔能滋養身神。我們從批評對立道派的段落中瞭解到了這種實踐，這些道派認爲道在不同時期（根據五行的循環運行規律）居住於五臟之中，在那裏，可能會發現道穿着相應顏色的服裝。注文反對這一觀點。"入在天地間，但往來人身中耳。都皮裏悉是，非獨一處。"（第107—108行）顯然，可以進入人體的是道氣，而非道之全體，因爲注文在另一處説：

　　　　心者規也。中有吉凶、善惡。腹者道囊；氣常欲實。心爲凶惡，道去，囊空。空者，耶入，便煞人。虛去心中凶惡，道來歸之，腹則實矣。（第4—6行）

　　注文在其他地方也提到了心爲規的説法，在這些地方我們發現心的調節行爲被稱爲"明堂三道"①。"明堂"是一種古代儀式建築，一個宇宙模型，通過"明堂"，帝王將與所謂的天氣循環協調一致地移動②。此處，"明堂"應用於心，即五臟之首，它將引導三氣中的第三種也是最重要的氣（三氣爲陰氣、陽氣、"中和之氣"，最後一種是前兩者的混合）貫穿信徒的身體③。在這一點上，注文是非常明確的：

　　　　心三川。陽耶陰害，悉當閉之勿用。中道爲正。（第409—410行）

　　這就是從《想爾注》中收集到的有關"食氣"的内容。毫無疑問，口訣本應包括導氣入身、將氣混合并由心分配給身神的方法，然而這種方法在《想爾注》中没有絲毫述及。

　　《想爾注》中另一種"僞伎"遭到了嚴厲批判，此僞伎就是主張男人還精補腦的房中術。這些批評的大意在下列引文中説得很清楚：

　　　　道教人結精成神。今世間僞伎詐稱道，托黄帝、玄女、龔子、容成之文相教。從女不施，思還精補腦，心神不一，失其所守。爲揣悦，不可長寶。（第86—89行）

　　　　行《玄女經》、龔子、容成之法，悉欲貸，何人主當貸若者乎？故令不得也。（第431—433行）

　　此處提及名字的房中術代表者，其中有些見於公元前三世紀的文獻中。

---

　　①　第328—329行。正如饒宗頤（《老子想爾注校箋》，東南書局，1956年，第80頁）注釋那樣，這一意象早已出現在《太平經》中，我們從中讀到："三明者，心也。主正明堂，通日月之光，名三明成道。"（王明編《太平經合校》卷一一四，中華書局，1979年，第596頁；亦參卷三四，第17—20頁）。其他文獻，包括《黄庭外景經》在内，通常將明堂描述爲頭中的宫殿。參 Kristofer M. Schipper, *Concordance du Houang t'ing King*, Paris, 1975. p. 1 lines 32 - 35.

　　②　明堂的基礎是《河圖》的宇宙圖式，對於它的布局和意義的分析，參 Marc Kalinowski, "La transmission du Dispositif des Neuf Palais sous les Six Dynasties," in Michel Strickmann, ed. , *Tantric and Taoist Studies in Honour of R. A. Stein*, vol. 3, Brussels: Institut Belge des Hautes Études Chinoises, 1985. pp. 773 - 811.

　　③　此三氣的概念似乎來自《太平經》。參《太平經》卷四八，第146頁及其後文。

在這種批評的語境中,《想爾注》提出了自己的修身方法,即與“合氣”相關的儀式①。

　　“合氣”儀式被稱爲天師道的婚禮。有關這一儀式的傳世文獻記載,“合氣”儀式要在師傅的指導下,在嚴肅的儀式環境中舉行②。只有在配偶雙方經歷一系列存想過程并以手足互相按摩之後,性交行爲纔會發生。交媾還要唸咒,旨在使配偶的氣結合起來,强化居住於他們内臟中的“五神”,同時還將兩位修道者可以存召的神籙合并在一起③。

　　這一儀式受到了佛教和道教界的嚴厲批評④。寇謙之(卒於公元 448 年)對“合氣”儀式的敵意甚至延伸至早期天師道本身,此外,他尖鋭地批評了三位天師⑤。加之在近期馬王堆和放馬灘的考古發現之前,早期養生著作很大程度上并不爲人所知,所有這一切使得一些學者質疑早期天師道甚至是否踐行了“合氣”之術⑥。但《想爾注》對房中術經典的批評非常尖鋭,再加上散見於注文各處的暗示,表明早期天師道很可能踐行了這一儀式。

　　“精”,我始終將其譯爲“精氣”,它在《想爾注》中指氣的凝結物⑦。道氣在大宇宙和人體小宇宙中凝結成神。然而在人體内,這種精氣就像冰一樣,容易融化和漏泄,進而導致死亡⑧。至少對於男性而言,交媾是生命之精可能流失的主要方式之一。正如注文所説:

　　　　魄,白也,故精白,與元同色。身爲精車,精落,故當載營之。神成,氣來載營人身。欲全此功,無離一。一者道也。(第 102—105 行)

精氣凝結成神,神又進一步由涌入的氣所滋養。精氣往往會流失,但道愛惜人類,希望人種延續,它并没有禁止所有的交媾行爲。然而,道確實明確表示,任

---

　　① 這一儀式首先爲馬伯樂(Henri Maspero)所研究(參 *Taoism and Chinese Religion*, trans. Frank A. Kierman, Jr. Amherst: University of Massachusetts Press, 1981. pp. 536 - 541)。最近,馬克(Marc Kalinowski)詳細描述了合氣儀式的含義(參“La transmission du Dispositif”)。

　　② 《上清黄書過度儀》(*HY* 1284[譯者注:HY 指《道藏子目引得》])。雖然這一文獻尚未得到透徹研究,但下文講述的儀式概要基本上參考的是 Kristofer M. Schipper, “The Taoist Body,” *HR* 17 (1978), pp. 355 - 86; Kristofer M. Schipper, *The Taoist Body*, trans. Karen C. Duval, Berkeley: University of California Press, 1993. pp. 150 - 152; and Douglas Wile, *Art of the bedchamber*: *The Chinese Sexology Classics*, Albany: State University of New York Press, 1991. pp. 25 - 26.

　　③ 關於後一點,尤參 Schipper, *The Taoist body*. “五神”是居住在腦、肺、肝、心、下腹中的神。關於這些神靈和“合氣”儀式的更多情況,參本書翻譯的《靈書紫文上經》。

　　④ 意在取代“合氣”的上清存思術,其翻譯和討論見本書《靈書紫文上經》部分。

　　⑤ Mather, “Taoist Theocracy”, pp. 108 - 11; 及楊聯陞《老君音誦誡經校釋》,載《中央研究院”歷史語言研究所集刊》第 28 期,1956 年,第 21—24 頁。

　　⑥ 關於大淵忍爾和小林正美對這一問題所持觀點的更多討論,參 Bokenkamp, “*Xiang’er* Commentary.”

　　⑦ 這并非是注文獨有的觀念。參 Harper, *Early Chinese Medical Literature*; and Knoblock, *Xunzi*, pp. 78 - 80.

　　⑧ 注文中用來描述神從氣中形成的詞,實際上是用來表述水變成冰的詞——“結”,即結合、凝結、聚結。

何精氣的外泄都應僅僅出於繁衍的目的①。下面這段話,附帶了它對世俗房中術實踐的批評,可以表明這些觀點:

> 陰陽之道,以若結精爲生,年以知命,當名自止。年少之時,雖有當閑省之……從其微少,若少年則長存矣。今此乃爲大害。道造之何? 道重繼祠,種類不絶。欲令合精産生,故教之年少微省不絶。② 不教之勤力也。勤力之計,出愚人之心耳。豈可怨道乎? 上德之人,志操堅強,能不戀結産生。少時便絶,又善神早成。言此者,道精也。(第55—62行)

這段注文清楚地表明道教徒要保存他們的精氣,最好是徹底克制"爲了繁衍而媾合"。這段注文只涉及保存精氣,并不能作爲天師道没有踐行"合氣"儀式的證據。事實上,這段注文確實留下了一種可能性,即天師道的確鼓勵非繁衍目的的"交配"。

緊挨着前揭引文之前的幾段注文解説道,女性的身體模仿大地,因此女性的性器官并不堅硬,這使得女性具有保存精氣的天然能力。男性被告誡要效法女性。這段注文還表明女陰和陰莖皆被稱爲"根"。這一稱謂以及注文對性器官關注的意義也在另一段注文中講得很清楚,它解説道:

> 道氣歸根,愈當清净矣。……知寶根清静,復命之常法也。(第219—220行)③

現在的問題是,如果男性性器官的作用僅是外泄精氣,那爲何道氣還要"歸根"呢? 我們也注意到,"清静"對於上文談到的存思術至關重要,通過存思,心接收并正確分配道氣。實際上,這段注文涉及的是"氣"復歸於性器官中,而非"精"中。雖然二者相關,但精更加凝煉,也更加有生機,因爲它能形成居住於體内的神靈。所以需要不惜一切代價保精。雖然氣是精氣的基礎成分,但它能自然地出入於人體,并在體内循環。注文并没有説當道氣復歸於性器官之時,什麽會被期望發生,但這很可能被視作"合氣"儀式的前提條件④。進一步説,由於這裏提到的所有涉及氣的實踐,其目的都是爲了實現混合的"中和"之氣,因此某些旨在調和過度的男女陰陽之氣以避免"陽邪陰害"的實踐就顯得尤爲必要。"合氣"正是完成方法。因此,雖然"合氣"一詞并未在遺

---

① 保"精"的重要性在第427—29行再次被提及,在這種情況下,至少就其可見表象而言,它與精液一樣,也被描述爲白色。

② 正如夏德安在研究馬王堆醫書時所指出的那樣,"精"并不等同於"精液",并且這些醫書中并没有包含意爲"精液"的詞。(Harper, *Early Chinese Medical Literature*, sec. 4.)在這裏也没有一個詞能準確表達什麼是年輕人不能(而那些擁有至高德性的人能夠)"斷絶"的東西。當中文文獻的確希望將"精液"用以表示繁衍的作用物時,它們通常使用農業隱喻"種"。與夏德安所研究的文獻一樣,這裏的討論僅涉及"精";因此,我在翻譯時補了一些文字。

③ 省略號代表第二句注文所註釋的《老子》經文。

④ 無論如何,注文没有任何内容表明早期天師道没有踐行"合氣"儀式。雖然這裏的證據并不令人信服,但最可能是的,《想爾注》并不強制要求踐行這種儀式。

留於世的殘本《想爾注》中出現,但注文確實提供了合氣這種儀式的基本原理。

最後,我們需要大致地看看這些實踐的目的,即《想爾注》中"仙"這一觀念。縱觀全文,那些能够堅持信道的吉人,其最終目的被簡稱爲"壽"或作爲"仙士"的一員而"長存"。這種死而不亡的細節并不清楚,但正如索安(Anna Seidel)所言,《想爾注》可能最早提及"太陰宫"(或如此書翻譯爲"Grand Darkness"),幸運死者的身體在此處蜕變和修煉[1]:

> 太陰,道積練形之宫也。世有不可處,賢者避去托死,過太陰中,而復一邊生像,没而不殆也。俗人不能積善行,死便真死,屬地官去也。(第227—230行)

正如我在本書總論中所説,道教徒確實認識到俗世的存在會不可避免地終結。他們所尋求的長壽并不是在俗世中延續生命,而是避開死亡,此處使用避世、"托死"以及來世長存的措辭來表述這一觀點。總之,就像此處一樣,"形"即身體本身被認爲是這種死而不亡的關鍵。没人認爲只有體中精神纔能飛升至天堂長存。因此,對於這種死而不亡,太陰宫即是修煉自我形體的機制。那些未能抵達太陰宫的人將會發現自己身處地獄,後文將會表明,在那裏,他們形體同樣存活,但却是一種勞役、苦役和苦不堪言的生活。《想爾注》没有更多地提及這個目的地,儘管它顯然是一個令人討厭的目的地。

那些經過太陰宫的人"在一邊"復生其往昔之"像"。或許此"像"將會是他們俗身的一個完美而"精煉的"——暗喻冶金——擬象。注文并没有具體説明"一邊"可能在哪裏;也没有具體提及重生或復活,目前我們知道這些概念不是同佛教一起傳入中國的[2]。正如篤信老君(或道)是連續轉世的一樣,一些備受老君青睞的信徒也可能對自己持相同的看法,這并非不可能,但《想爾注》没有提供證據[3]。

不管最終的目的地是什麽,至少此處太陰宫的概念并没有脱離前文探討的養生實踐。注文在太陰宫之"太陰"與泌尿生殖器官腎之"少陰"間建立了同源關係,認爲其中有精儲存於人體之中[4]。正如凡體可以在太陰宫中煉化成更完美的精神狀態一樣,如果精没有躁動或泄露,也可以在腎中凝結成身神。我們將看到上清派發展了這樣的觀念,即可以通過吸收日月之氣,在體内創造一個完美的胞胎。由於此處强調的是生殖器官"腎",因此類似的觀念可能也

---

① Seidel, "Traces of Han Religion in Funeral Texts Found in Tombs," 載秋月觀暎編《道教と宗教文化》,平河出版社,1987 年,第 45 頁;Seidel, "Post-Mortem Immortality, or: The Taoist Resurrection of the Body," *GILGUL: Essays on Transformation, Revolution and Permanence in the History of Religions*, Leiden, 1987. p. 230.

② 關於戰國時期起死回生的記載,參 Donald Harper, "Resurrection in Warring States Popular Religion," *TR* 5.2 (1994), pp. 13-28. 遺憾的是,《想爾注》在提到諸如"改弊爲成"之類的事情時,并没有詳細指明他們是在討論俗世還是天堂。

③ 有關道本身的降顯,參本書《大道家令戒》譯文。

④ 第 427—429 行。

構成了這些修煉的思想基礎，但注文没有透露更多的信息①。

在晚出道經中，意在激活和統一身神的類似行爲被稱爲"守一"②。《想爾注》强調："守誠不違，即爲守一矣。不行其誠，即爲失一矣。"（第 111 行）的確，從所謂的"道誡"中，我們瞭解到，學道之士既不能浪費自己的精和氣，也不能使精"盈溢"。現在，我們轉入討論這些道誡以及《想爾注》中更常規的道德和社會層面。

道德與統治

注文第 206—207 行簡述了《想爾注》的一个主旨：

> 人欲舉事，先考之道誡。安思其義不犯道，乃徐施之，生道不去。

作爲老君即道之化身的主要和首要教義——"一散形爲氣，聚形爲太上老君，常治昆侖"——早期天師道認爲《老子》包含了他們必須遵守的規則，其目的在於合乎道意并獲得仙壽。任何留意人們以各種驚人方式解讀《老子》——身處禪宗（日語讀爲"Zen"）語境中；身處現代中國大陸、中國臺灣以及新加坡；甚至於身處美國新紀元運動中——的人都會意識到，這絕非一種簡單的主張。

不同於王弼從《易經》中汲取靈感，《想爾注》的注者并没有根據其他文獻來解讀《老子》。或許除《太平經》之外，《想爾注》的靈感來源依舊不詳。雖然我們幾乎不清楚《想爾注》解讀《老子》的資料來源和方法，但我們確實得睹解讀成果。

陳世驤、大淵忍爾以及其他學者已經考明了列舉"想爾戒"的各種《道藏》經文。這些戒律分爲九條指令性的戒律"九行"和二十七條禁止性的戒律。前者汲取《老子》經文詞句，後者則汲取《想爾注》注文。"九行"和我所謂的後一類戒律"想爾戒"進一步都細分爲三品——上品、中品、下品。這種排序突出了戒律的數理——它們以三和九的倍數而出現——但并不强調任何重要的等級③。雖然文字有些許差異，但戒律的各種來源明顯一致，措辭接近《想爾注》注文。其戒條如下④：

九行（摘編自《老子》）

1. 行無爲。

---

① 注文有一處提到了初生和精氣歸根，但這似乎只涉及保精以保持出生時享有的活力（參 215—219 行）。關於上清派的實踐，參本書《靈書紫文上經》譯文。

② 我在别處曾論證，由於"守一"出現在《想爾注》中，所以這個詞最好譯爲"maintaining unity"，因爲它在此處表示"一個'形—神'整體，即人通過重新統合全身之氣而再與道結合的狀態"（Bokenkamp, "Xiang'er Commentary", pp. 46－49）。關於上清派中的"守一"一詞，尤參 Isabelle Robinet, *Taoist Meditation: The Mao-Shan Tradition of Great Purity*, trans. Julian F. Pas and Norman J. Girardot, Albany: State University of New York Press, 1993. pp. 120－138.

③ 對於這些數字可能的含意，參《大道家令戒》開篇。

④ 此處翻譯參考大淵忍爾的校訂本（《初期の道教》，第 251—257 頁）。對於每條戒律的具體出處均在《想爾注》譯文脚注中注明。

2. 行柔弱。

3. 行守雌,勿先動。

4. 行無名。

5. 行清静。

6. 行諸善。

7. 行無欲。

8. 行知止足。

9. 行推讓。

想爾戒(摘編自《想爾注》)
每條均始於"戒……":

1. 勿喜邪,喜與怒同。

2. 勿費用精氣。

3. 勿傷王氣。

4. 勿食含血之物,樂其美味。

5. 勿慕功名。

6. 勿爲僞彼(伎),指形名道。

7. 勿忘道法。

8. 勿爲試動。

9. 勿殺、言殺。

10. 勿學邪文。

11. 勿貪高榮强求。

12. 勿求名譽。

13. 勿爲耳目口所誤。

14. 常當處謙下。

15. 勿輕躁。

16. 舉事當詳心,勿惚恫。

17. 勿恣身好衣美食。

18. 勿盈溢。

19. 勿以貧賤强求富貴。

20. 勿爲諸惡。

21. 勿多忌諱。

22. 勿禱祀鬼神。

23. 勿强梁。

24. 勿自是。

25. 勿與人争曲直,得静,先避之。

26. 勿稱聖名大。

27. 勿樂兵。

　　即使粗略掃一眼這些列出來的戒條也能發現，在這裏，道德涵蓋了養生之
必需。如前文所見，"九行"中的"清静"是一種獨特的食氣方式。"行守雌，勿
先動"這條戒律及"想爾戒"之第二條、第十八條戒律很可能與節制不以繁衍爲
目的的性行爲以及"合氣"儀式有關。如上所見，即使是反對憤怒、嫉妒、固執、
欲望、享樂的各種禁戒，也與合理管理身體之氣及修煉體内之神相關。因此，
認爲完成善行可以使身體在現世和彼岸世界長存也就不足爲奇了。注文采用
一個生動的比喻表達了這個觀點：

　　　　精并喻像池水，身爲池堤封，善行爲水源。若斯三備，池乃全堅。心
　　不專善，無堤封，水必去。行善不積，源不通，水必燥干。決水溉野，渠如
　　溪江，雖堤在，源沂泄，必亦空。□燥炘裂，百病并生。斯三不慎，池爲空
　　坑也。（第 329—333 行）

　　然而《想爾注》對道德的强調不止於獨善其身，還延伸到了我們通常歸入
道德範疇的那些社會行爲，但采用的方式與中國古代傳統儒家式的道德體系
截然不同。我們首先來考察《老子》中的核心概念之一"無爲"，以此作爲進入
注文這一方面的切入點。

　　"九行"第一條就是要求人"行無爲"。鮑則岳（William Boltz）曾指出，在
一處關鍵段落中，《想爾注》寫本將"無爲"這個概念竄改進《老子》經文中，而這
一概念并不見於馬王堆帛書本《老子》①。然而，這也不是王弼所理解的"無
爲"。此處"無爲"之"爲"應理解爲其同源詞"僞"，意即"人爲的、矯作的、僞造
的、僞詐的"。因此"貨有爲"（第 142 行），而嬰兒之"無爲"發生的原因是由於
"嬰兒不知自制"（第 113 行），故不能任性而爲。道并非要求信徒不作爲，而是
要求他們平静内心，平息激情，遵循道誡，依道行事。道禁止信徒以邪惡的方
式行事，這在注文裏指的是源於人類意志和激情的"人爲"方式②。那麽，對於
"無爲"，我在譯文中使用了許多相當繁瑣的對譯詞，比如"非矯作"（uncon-
trived）、"非人爲"（lacking human artifice），甚至"無心意"（lacking willful-
ness），而不是"不作爲"（inaction）、"不干預"（nonintervention）這類依據《老

　　① 此修改即馬王堆帛書本《老子》的"無名"被竄改爲"無爲而無不爲"。參 William G. Boltz,
"The Religious and Philosophical Significance of the 'Hsiang Erh' Lao-tzu in Light of the Ma-wang-tui
Silk Manuscripts," *RSOAS* 45 (1982), pp. 102 - 104. 實際上，《想爾注》對這句名言的注釋絲毫没有
"無爲"（inaction）或"最低限度的作爲"的意思（采用鮑氏根據詞源學的精確翻譯 "minimalizing ac-
tion"）。相關注文如下：
　　道性不爲惡事，故能神，無所不作，道人當法之。（第 572—573 行）
其他見於《想爾注》中的"無爲"亦同於此。有趣的是，通行本《老子》第十章"明白四達，能無知乎？"《想
爾注》却作："明白四達而無爲"，《想爾注》對此句注釋如下：
　　上士心通，自多所知。知惡而棄，知善能行，勿敢爲惡事也。
這進一步印證了鮑氏的觀點，即正是道教對《老子》的解讀，將此前没有的"無爲"概念引入到《老子》之
中，但這也表明如此解釋的原因與河上公及王弼對這個概念的解釋方法關係不大。
　　② 根據中國的養生理念，平息激情實際上與"治氣"是一回事，因爲如前所述，情緒是由五臟的任
一器官產生的過盛之氣所致。

子》譯本且使用更多的術語①。

如此解釋的話，"無爲"便與《想爾注》中另一重要概念"邪"（"錯亂、邪僻"）緊密相關②。與"邪"相對立的概念是"正"（"正直，合乎道德"），實際上，天師道在注文中被稱作"正法"，或在其他更早的文獻中被稱作"正一"——"一"既是道，又是人完全吸收了賦予生命之道氣的整合狀態。"邪"是任何背離道之教導的傾向。從宇宙層面來看，風暴、失常星宿、颶風及其他天災都是道氣錯亂的結果。有趣的是，這些天災正是人類錯誤行爲所致，因爲道引發這些天災來警告人類。只有當人們回歸於"正"或"真"之法時，最初的"太平"之世纔能恢復。

在這些"邪行"之中，有一些是前文討論的養生實踐，另有一些即此處涉及的儒家道德。衆所周知，《老子》批評重要的儒家道德概念。《想爾注》强化了這種批評，并將其置於包羅萬象的形而上學框架之内。根據注文，道"教孔丘爲知"，而孔子的追隨者"不信道文，但上孔書，以爲無上"③。因此，與注文同時代的儒生被歸入"習僞技者"；他們非常信奉的經典也"半入邪"（第248行）。

根據《老子》可知，儒家道德行不通的原因歸諸語言學（屬索緒爾的語言學模式）上的失敗與哲學上的失敗不分伯仲。由於一個詞的存在不僅暗指着它的反義詞，而且在事實上還承擔着創造其反義詞的功能，如果一位明君棄絶儒家美德，那麽他的臣民將自然而然地復歸於真正的善良，因爲此時他們無法設想其他道路④。在這一點上，《想爾注》的注者僅是部分遵循了《老子》的觀點。在解釋《老子》批評儒家思想的一個核心句子——"大道廢，有仁義"——時，注文也承認道：

> 上古道用時……同相像類，仁義不別。今道不用，人悉弊薄。時有一人行義，便共表別之。（第243—246行）

但如前文所言，《想爾注》針對的是更廣泛的讀者，而不是《老子》推崇的聖君，他們可以使百姓愚昧無知而自己又能泰然處之。每當《老子》建議抛棄知識，讓民衆愚昧無知時，《想爾注》都將所涉經句解釋爲："邪知"應該被摒棄，人們應保持對"邪文"——主要是儒家經文——的無知⑤。《老子》批評了儒家的解

---

① 雖然這遠遠超出了目前討論的範圍，但值得提出的是，《想爾注》在此處也保留了更早期對《老子》的理解，王弼之前出現的"無爲"一詞或許都應該如此理解。

② 儘管"僞"更常用於形容人類行爲，但這兩個詞都意味着對"真""正"的徹底背離。在注文中，與"僞"相對立的概念通常是"真"，即"正確的、真實的、完善的"。其含義或許來自手藝語言，即人造物只是真實物品的拙劣複製品。

③ 事實上，《老子》經文并没有出現孔子的名字，但《想爾注》通過將"孔"字（原意爲"大"）解釋爲孔姓來指涉孔子本人。參第321—322行。

④ 通行本《老子》第十八章至第二十章强有力地表達了這種觀點。

⑤ 可參第9—12行和第117—119行，隨處可見。的確，《想爾注》的注者對道書之外的任何事物都表現出明顯的鄙視態度。注文批評儒家五經一半都是"邪文"，接着又説："其五經以外，衆書傳記，尸人所作，悉耶耳。"（第248—249行）然而，這裏的問題是，注文承認某些類別的知識，背離了《老子》的意旨。只需將譯文的第243—265行與《老子》第十八章的河上公注（此部分翻譯見 Alan Chan, *Two Visions of the Way*, pp. 121‑122）對比，便可明白《想爾注》的這種解釋到底有多特別。

決方案,提出更好的方案是百姓保持愚昧無知的自然狀態,而《想爾注》并未遵循此觀點,反而提出了一種真正的宗教方案以供選擇。

根據《想爾注》的解釋,儒家道德由於其踐行者不真誠故而失敗。下至普通百姓,上至身居最高位的朝廷大臣,人們踐行道德只是希望得到世俗回報及社會贊譽。甚至自稱聖賢的人爲了追求個人顯達,也只是"章篇自揆",而忽視了聖人主要的教化之責。普通人看到那些只是表面上受到道德回報的人,就會模仿他們。其結果就是:

> 子不念供養,民不念田。但逐耶學,傾側師門。盡氣誦病,到於窮年。會不能忠孝至誠感天,民治身不能仙壽,佐君不能致太平,民用此不息,倍城邑虛空。(第 273—276 行)

脱離這種悲慘狀態需要一種宗教道德,這種道德并非基於人類對名利的欲望,而是基於人類對上天的畏懼。提出這種解決方案的一段注文雖然冗長,但却值得在此引用。《想爾注》在注釋《老子》所謂帝王應該"絕仁棄義,民復孝慈"的那段話時,提出"復"的條件如下:

> 治國法道,聽任天下仁義之人,勿得强賞也。所以者,尊大其化,廣開道心,人爲仁義。自當至誠,天自賞之;不至誠者,天自罰之。天察必審於人,皆知尊道畏天,仁義便至誠矣。
>
> 今王政强賞之,民不復歸天……世人察之不審,故絕之勿賞,民悉自復慈孝矣。此義平忓俗夫心,久久自解,與道合矣。人君深當明之也。(第 277—286 行)

人的行爲合乎道德,一方面是出於對全知之天的畏懼,另一方面是出於對道的崇敬。如此,"天"便不再是儒家思想中至高無上的道德力量,而是完全效法道的天曹[①]。上天的監察手段是通過天上的官吏在命籍中記録人類的善行和罪行。根據《想爾注》的説法,右契記録道外之人,他們注定死亡,而左契則是生契,記録那些尊奉道誠之人[②]。這些契中記録罪行的單位叫做"算"。一項嚴重的罪行將被扣除三千算。根據後世文獻的記載,一算等於從罪人壽命中扣減若干天,天數從一到十不等[③]。《想爾注》使我們確信,不僅天的監察遠超任何人君,而且百姓甚至會在暗地裏行善,因爲他們害怕若君父獎賞他們,就會被剥奪天的獎賞——"仙壽"(第 257—259 行)。

儘管《想爾注》批判了當時主流的儒家倫理,但它提出的宗教道德體系同樣依賴於人類的欲望,也依賴於它自己的"獎懲"方式[④]。那麽,對於《老子》要

---

① 關於早期儒家對"天"的看法,參 Robert Eno, *The Confucian Creation of Heaven: Philosophy and the Defense of Ritual Mastery*, Albany: State University of New York Press, 1990.

② 第 519—520 行。根據中國傳統朝儀,武官立於帝王右邊,而文官則立於帝王左邊(參第 485—487 行)。

③ 參見第 107 頁脚注 §。

④ 這并非像任繼愈(任繼愈編《中國道教史》,上海人民出版社,1990 年,第 39 頁)所認爲(接下頁)

求人們應該“無欲”,《想爾注》又該作何解釋呢?《想爾注》再次謹慎地區分了正與邪。《老子》要求君主引導人們無欲,《想爾注》則將其解釋爲人們不應該“貪寶貨”(第10—11行)。“九行”第七條只要求人“行無欲”,但這一要求顯然要通過“想爾戒”第五、十一、十二、十四、十七、十九條繞能促成,這些戒律反對的是注文所説的“邪”,即人類對功名利禄及諸如此類的欲望。正如注文藉用《老子》詩句所言:

> 無他思慮,心中曠曠但信道,如谷冰之志,東水欲歸海也。(第195—197行)

儘管《想爾注》非常强調在道德和宗教方面教化百姓,但它確實認爲自己是在補充作爲治國專著的《老子》。在某些地方,注文直接講到統治者,例如“今欲復此,疾要在帝王當專心信道誠也”[①]。正如我們期望的那樣,統治者應是效法道建立太平之世的關鍵,因爲“道之爲化,自高而降……王者法道爲政,吏民庶孽子,悉化爲道”[②]。

《想爾注》區分了三類統治者。第一類是“上聖之君”,他完全師法大道,因而招致太平符瑞。第二類是“中賢之君”,他任用賢良的信道之臣。然而《想爾注》警告道,即使這些君主的輔臣只是在某天早上離去,夜晚之前,整個國家也會有覆滅的危險。最後一類君主幾乎没有被明顯提及,此類君主違背大道,甚至“非賤真文,以爲人世可久隨之王者”,這樣的統治者不僅引發社會混亂,而且也導致了瘟疫和鬼物橫行,損害了自己和國家[③]。《想爾注》嚴格要求統治者即使自己不踐行,也要采納道之“正法”,除此之外,《想爾注》的王權觀與漢代君主思想完全一致,特別是後者是在附會儒家經典的“緯書”中發展起來的。明確講到這種違道之罪的現存注文描述了與五行相聯繫的“五帝之精”,如何依序産生注定統治天下的開國之君。當新帝王出世之時,他的名字會在河圖、洛書上預示出來,并在天上相應星宿中彰顯出來[④]。所有這些奇事都載於緯書,緯書還進一步説明,古代帝王由其母親神秘地禀受天“精”而孕育出世[⑤]。

《想爾注》給予統治者的建議與張魯在統治漢中時期的行爲方式完全一致。根據史料,我們瞭解到他的仁政、他的避戰態度以及他最終向曹操投降,

---

(接上頁)的那樣,《想爾注》基本上“維護了儒家倫理”或“吸收了儒家思想”,因爲《想爾注》一貫地批評儒家核心概念。在後面的《大道家令戒》中,我們將會明白天師道教團最終確實吸納了儒家道德,只不過這發生在漢中教團覆滅之後。

① 第265行。亦參第286行,其中以第三人稱稱呼統治者——這是一種常見的敬語形式。

② 第529、575—576行。

③ 參第527—542行。

④ 第447—451、545—547行。

⑤ 參 Bokenkamp, "Sources of the *Ling-pao* Scriptures," in Michel Strickmann, ed., *Tantric and Taoist Studies in Honour of R. A. Stein*, Mélanges chinoises et bouddhiques, no. 21 (Brussels, 1983), 此外,關於早期道教王權觀中緯書的作用的詳細討論,參 Anna K. Seidel, "Imperial Treasures and Taoist Sacraments: Taoist Roots in the Apocrypha," in Strickmann, *Tantric and Taoist Studies*, vol. 2, pp. 291–371.

這些都能在《想爾注》中找到根據①。張魯很可能認爲曹操至少是"中賢"之君。

　　然而,除了這些隱晦的細節之外,《想爾注》只是間接證明了那些給俗世史家留下深刻印象的實踐。如前所述,"静室"很可能與歸於"清静之行"的存思實踐相關。《想爾注》并未明確提及"首過",至少没有提及史家所使用的術語。但我們確實發現,《想爾注》經常提到這樣一個事實,疾病由邪行造成,信徒需要反思他們所有的行爲以確認自己没有違反道誡②。以犯戒者名義呈遞給三官的"手書"也未被《想爾注》提及,但却可以在注文中找到三官手書存在的理由:天曹在其命籍裏記録人的罪過,而地官則主管那些不幸的死者。

　　俗世的史家進一步提到,在張魯的統治下,犯法者在行刑前有三次被赦免的機會。在注文有關戰争部分,有一句話暗示它可能與這一做法相關,天師道信衆在不得已參與戰争之時,應該首先"三申五令,示以道誡,願受其降"③。同一做法亦被陸修静(406—477)提及,他指出,作爲每年三會日的活動之一,師應該"正定名簿,三宣五令,令民知法"④。顯然,這種做法與軍事無關,而很可能也是針對那些違背道誡的人。

　　最後,儘管如此,這類"知識空白"不應該過多地困擾我們。如上所述,史家似乎使用他們自己的話語來表述天師道的教義(例如,用"鬼"來指代注文徑直所稱的"尸"),不管怎樣,一半的注文都已亡佚。

　　總之,在《想爾注》的道德世界裏,道對其子民的關心貫穿始終。可以肯定的是,《想爾注》對家長式統治不僅僅是約略提到,與儒家一樣,百姓會被他們的前輩楷模所影響,這些長輩的道德影響像"風行草偃"一般感化他們。但在《想爾注》中,百姓最終可以追求的身份却是這片土地上地位最高的聖人,甚至是死後的"仙士"。這樣的指望不能被儒家支持,因爲儒家有着更嚴格的身份關係模式,它也不能令人信服地被佛教支持,因爲佛教缺乏官僚體制的推動。即使是道教,當它爲士族階層所接納時,它也會放棄我們在《想爾注》中發現極端指望。認識到這一事實,使得後世作者在這種宗教理想體系最終崩塌之時寫下的痛苦勸誠顯得更加尖鋭。事實上,這也使得《想爾注》對中國歷史上這一獨特歷史事件所作的見證顯得彌足珍貴。

---

　　①　在對待軍事的態度上,《想爾注》遵循了《老子》的看法。兵器是"不祥之器",只能由道創立,目的是威懾那些不改邪歸正的人(第463—464行)。同時,《想爾注》也承認在不得已的情況下需要戰鬥。在這種情況下,應該給予敵人三次投降的機會,并且在勝利後,要"如有家喪"般地哀悼死去的敵人(第489—491行)。

　　②　此點由索安(*La divinisation de Lao-tseu*, p. 77)提出。例如,參見第207—210行。

　　③　第489—491行。

　　④　《陸先生道門科略》(*HY* 1119),第2a頁第9行。詞組"三宣五令"與所謂"三令五申"的軍事實踐驚人地相似,後者在祈求開戰勝利之前完成。參《孔叢子》,舊題孔鮒(活動於公元前240年)撰(引自諸橋轍次《大漢和辭典》卷三,第814b頁;及《史記》卷六五(中華書局,1959年,第2161頁)記載兵家孫子對軍令的運用。這一軍事術語可能是天師道術語的基礎,但在明白"五令"的内容之前,還不可能這麽説。

《想爾注》的作者及成書年代

現存唯一殘抄本《想爾注》是從敦煌佛教藏經洞文書中發現的,這些敦煌文書於二十世紀初期由奧萊爾·斯坦因(Aurel Stein)爵士購至倫敦。該殘抄本編號爲 S. 6825,僅包含《老子》前半部分的經文和注文。其開篇部分殘缺,篇幅涵蓋通行本《老子》第三章至第三十七章末尾的部分内容。尾題“老子道經上想爾”幾字。由此可知,《老子》的下篇或“德經”亦有想爾之注,此已由著録《想爾注》的目録所證實①。

專家通過分析敦煌寫本的筆迹和紙張,判斷寫本《想爾注》大致抄於公元五世紀末六世紀初②。目前尚未發現其中存在能幫助更精確推斷抄寫年代的“避諱字”。其注文夾於經文之中,但却以一種古樸的風格呈現出來。注文和經文没有分隔,均以相同字體大小抄寫③。經文亦未分章,稍後我們會再次提到這一重要事實。著録《想爾注》的書目均只提到一位作者,一律認爲作者要麽是張道陵,要麽是其孫子張魯④。

大淵忍爾在全面分析這個注本後,斷定此注本所注釋的并非通行本《老子》,而是所謂的五千文本《老子》,長久以來人們認爲這一版本源出道教。他發現想爾本《老子》最接近“葛本”,即葛玄(約活動於公元 200 年)撰序的“五千文”本。雖然“葛本”通常分章,與想爾本不同,但一些敦煌抄本尾題此本合計4999 字,且説明此本乃“係師[即道經中張魯的稱號]定,河上真人[即河上公本《老子》]章句”⑤。這些發現表明,抄本《想爾注》中的《老子》經文確實很早,

---

① 饒宗頤(《老子想爾注續論》,載《福井博士頌壽記念·東洋文化論集》,1969 年)列出了十四條提到《想爾注》的材料。此外,我們還可以加上《道教義樞》(HY 1121,第 13b 頁)和杜光庭(850—933)《太上三洞傳授道德經紫虛籙拜表儀》(HY 807,第 15b 頁)。須説明的是,這些材料很多提到的是單獨流傳的“想爾戒”(參後文討論),而不是《想爾注》原文。有三條《想爾注》的引文保存了下來,但只有道士李榮《老子注》中的一則片段引文見於 S. 6825。該引文只有四十三字,與敦煌抄本不同之處僅僅是三個無關宏旨的虚詞。參饒宗頤《老子想爾注續論》,第 1165—1168 頁。

② 參見陳世驤《“想爾”老子道德經敦煌殘卷論證》,《清華學報》新一卷第二期,1957 年,第 42 頁;以及大淵忍爾《初期の道教》,第 294—296 頁。

③ 大淵忍爾《初期の道教》,第 294—296 頁。

④ 題張道陵撰首次見於唐代文獻:高僧法琳《辯正論》(T2110,卷六,52.531c27 及其後,[譯者注:此指《大正藏》第 52 册,第 531 頁 c 面第 27 行]);李隆基(712—756 在位)御製《道德真經疏》之《外傳》(HY 679,第 1b 頁);杜光庭《道德真經廣聖義序》(HY 725,第 111a 頁)。題張魯撰則見於時代略早的早期道書:大淵忍爾斷爲六世紀上半葉成書的《洞真太上太霄琅書》(HY 1341,參大淵忍爾《初期の道教》,第 281—86 頁)及可能成書於六朝末期的《傳授經戒儀注訣》(HY 1228,第 3b 頁;參大淵忍爾《初期の道教》,第 248 頁;以及饒宗頤《老子想爾注續論》,第 1171 頁,注 9)。有趣的是,陸德明(約550—630)在其《經典釋文》中提到舊題張魯撰《想爾注》,參 William G. Boltz, “The ‘Hsiang Erh’ Lao-tzu”, p. 95。陸德明也提到將《想爾注》作者歸諸劉表有誤,見陳世驤《“想爾”老子道德經敦煌殘卷論證》,第 43—44 頁。由此可見,《想爾注》與張魯聯繫在一起似乎是較早的説法。而將其作者歸於張道陵,這種説法似也可能出於護法論戰的佛教僧侣。

⑤ 大淵忍爾《初期の道教》,第 247—252、281—289 頁。關於“葛本”《老子》之敦煌抄本的分析,參楠山春樹《道德經類》,《講座敦煌 4:敦煌と中国道教》,大東出版社,1983 年,第 6—30 頁。亦有證據表明上清派創立者楊羲(330—?)擁有張魯本《老子》,他自己也抄了一通。參楠山春樹《道德經(接下頁

但這對考察《想爾注》作者的幫助微乎其微。

鑒於後世文獻中缺乏有關《想爾注》的信息，以及缺少早期天師道歷史的記載，可能依然很難確證張魯就是作者。儘管如此，饒宗頤和大淵忍爾提供了可靠證據，也就是最早提到《想爾注》的材料，這些材料證明張魯就是作者。由於缺乏令人信服的反證，因此不能忽視他們搜集的這些早期書證①。

大淵氏研究了改編自《想爾注》的戒律和其他早期道書徵引的戒律。他的研究進一步表明，《想爾注》如果不是張魯的著作，那也至少出自早期天師道教團之手②。確實，從大淵的研究來看，戒律逐漸使得派生戒律的注文黯然失色。隨着《河上公注》在道教中的重要性不斷上升，以及《想爾注》所提出的教義爲後世道經所發展，注文本身逐漸顯得不合時宜。最終，它只不過被視作一種古老的符文，只有高階"法師"纔能擁有③。

沿着陳世驤的研究，大淵氏進一步指出了能讓我們更準確斷定《想爾注》年代的證據。另一部早期天師道經典《大道家令戒》以一位天師的口吻撰於公元 255 年，其中所顯示的觀念與《想爾注》非常相似，文中包含"想爾"一詞，并精確引用了一條"想爾戒"④。我自己對《大道家令戒》的研究至少有六點發

（接上頁）類》，第 12—13 頁；亦參 Robinet, *La révélation du Shangqing*, vol. 2, p. 415.

① 可以確定的是，衆説紛紜，都有影響。福井康順、島邦男、楠山春樹、内藤幹治、麥谷邦夫（《『老子想爾注』について》，《東方學報》第 57 册，1985 年，第 75—107 頁）以及小林正美皆主張晚出，時間大約是公元四至六世紀。前四位學者的討論，參楠山春樹《道德經類》，第 36—38 頁；以及 Chan, *Two Visions of the Way*, pp. 109—11。楠山、島邦、内藤主要關注《想爾注》中的《老子》版本，并試圖將其與河上公本及"葛本"聯繫起來。其他學者的結論在很大程度上基於他們對早期道教思想發展的分析：他們試圖確立一些文獻的首要地位，這些文獻提及某些教義、觀念或術語，進而他們認爲這些文獻影響了《想爾注》。這些論證比較複雜，而且往往依賴於其他文獻的斷代，所以在此很難客觀評價這類觀點。除了在一些地方討論這些學者的觀點——大淵（《初期の道教》，第 310—320 頁）反駁了麥谷的觀點，陳金樑則重新審視了與河上公本有關的論點，而我在 "The Xiang'er Commentary" 一文中談到了小林氏觀點的一些問題——在此我只主張，我認爲以目前我們知之甚少的道家思想發展爲基礎的論據是存在問題的，并且，無論如何，這都不足以令人信服地推翻早期道教文獻中提及《想爾注》的證據。《想爾注》早出的最有力證據是撰於公元 255 年的《大道家令戒》（參收入此書的《大道家令戒》導論）。

② 陳世驤首先指出《太上老君經律》（*HY* 785）中的九行和二十七戒出自《想爾注》。大淵（《初期の道教》）考明另外兩部道經也抄録了同樣的系列戒條（見《太上經戒》*HY* 786 及《要修科儀戒律鈔》卷五，*HY* 463），同時對其進行了校勘，并且還研究了提及這些戒條的其他道經。大淵斷定"説戒"是《想爾注》的主要目的之一。我不同意這種觀點（Bokenkamp, "The Xiang'er Commentary"），我認爲這些系列戒條更可能形成於注文問世之後，因爲當時天師道教團與佛教教團已經頻繁接觸——這種事在漢中教團解散之前是不可能發生的。相關證據是另一部早期天師道經典《大道家令戒》，雖然它引用了《想爾注》，但并没有提及戒/誡，甚至當它徵引後來所謂的"想爾戒"時，也只是提到"天禁"。因此，所有的"禁"和"誡"很可能是根據注文專門衍生出來的。這一概念在《想爾注》的寫本中通常寫作"誡"，事實上，我始終用"precept"來翻譯它，意即"訓誡、勸誡、告誡"。"誡"在《想爾注》中既作動詞，又作名詞，并不意味着預先存在系列戒條。《想爾注》的作者雖然不反對用數羅列，但注文并未提及用數目列舉的戒條，這進一步表明，在注文撰作之時，并沒有以條目形式存在的戒律。

③ 參大淵忍爾《初期の道教》，第 288—294 頁。

④ 被徵引的是"想爾戒"的第六條（"勿……指形名道"），它在《想爾注》中出現了三次（參大淵《初期の道教》第 270 頁；《正一法文天師教戒科經》[*HY* 788]，第 16a 頁；《大道家令戒》的譯文）。大淵認爲該書中"想爾"一詞指的是《想爾注》，儘管該詞可能是涉及書名的雙關詞，但我不同意大淵的觀點（參《大道家令戒》譯文尾注 3）。

現,從中可以看出,《大道家令戒》的邏輯(若不是它的措辭)取資《想爾注》。對此,最可信的是,《大道家令戒》文末狂引《老子》,所有文字都參照《想爾注》的解釋。摘引《大道家令戒》的這部分内容將有助於説明這個觀點:

> 道隱無名,名者伐身之斧。善行無轍迹,欲令人不見其踪迹。爲道當治身養生求福耳,而教人以縱己,縱己則人見其迹。①

"某物是伐身之斧"的説法見於《想爾注》第 350 行,此處表示普通的惡。更明顯的是,我們熟知的其他注家將《大道家令戒》節引《老子》的句子解釋爲"善於行走的人不會留下踪迹"②。參照與之類似的句子,如"善數不用籌策"及"善結無繩約而不可解",可知,這或許是《老子》這段話最佳的解釋了吧。但只有《想爾注》理解爲道德意義上的"善":"信道行善,無惡迹也"(第 405 行),顯然對《老子》這句話的解釋如同我對《大道家令戒》摘引文句的英譯③。這也是《大道家令戒》作者的理解,因爲他寫道:"縱己則人見其迹。"因此,幾乎可以確定的是,《大道家令戒》的作者因襲了《想爾注》對這句話的解釋。

其餘暗中關涉《想爾注》的文句在本書《大道家令戒》譯文脚注中皆有提及。由於《大道家令戒》提到了它頒布給所有道教信徒的年代,所以我們有極其準確的《想爾注》成書年代下限——公元 255 年 2 月 1 日。然而,如大淵氏所言,《想爾注》很可能是爲一個穩定的道教團體而寫,該教團(如我們將會看到的那樣)尋求一位能采納其治國理念賢明君主。所有這些情況與漢中教團最爲符合,同時也表明張魯極可能是《想爾注》的作者。

剩下一個難解之謎是《想爾注》的題意。學者們提出了很多假説。陳世驤推測書名可能與存想神靈有關。饒宗頤和大淵忍爾引用了包含"想爾"二字的後世道經,認爲其意爲天神"想你"或學道之士應該"沉思他們(仙人)",他們給"你"帶來平静④。的確,"想爾"二字最常見的含義就是"想(或思)你"。這種簡單的解釋似乎是最好的解釋了。《大道家令戒》中有兩句話,雖然用了相似的措辭,却正表達了這個觀念:

> 子念道,道念子;子不念道,道不念子。
> 愛生行道,念爲真正,道即愛子;子不念道,道即遠子。⑤

《想爾注》也始終强調這點,兹舉幾例:

> 守誠不違,即爲守一矣。不行其誠,即爲失一也。(第 111 行)
> 人欲舉事,先考之道誠。安思其義不犯道,乃徐施之,生道不去。(第

---

① 《正一法文天師教戒科經》(*HY* 788),第 19a 頁,第 3—7 行。
② 關於河上公和王弼對此句注釋的譯文,參 Chan, *Two Visions of the Way*, p. 165. [譯者按]王弼注:"順自然而行,不造不始,故物得至而無轍迹也。"河上公注:"善行道者求之於身,不下堂,不出門,故無轍迹。"
③ 因爲注文提倡暗自行善,所以行善不應留下痕迹也就容易理解了。
④ 饒宗頤《老子想爾注續論》,第 1169 頁;大淵忍爾《初期の道教》,第 298 頁。
⑤ 《正一法文天師教戒科經》(*HY* 788),第 15a—b 頁。

206 行）

　　　　舉事不懼畏長道誡，失道意，道即去之，自然如此。（第 365 行）

　　由此觀之，"子念道，道念子"是早期天師道的一句口號。那麼，正如大淵氏所言，此注被命名爲"[道]想爾"有其道理。由於通篇寫着"想你"注的情形顯得有點可笑，又由於這個結論具有假設性，因此對這個詞，我存而不譯。

譯文結構與體例

　　與馬王堆本《老子》一樣，《想爾注》抄本中的《老子》經文亦不分章。有證據表明河上本《老子》是最早分章的版本，早期目録書將其題爲"老子河上公章句"①。但無論如何，可以確定的是，分章是一種解釋行爲，特別是考慮到古代漢語的閱讀習慣，比如當省略句子主語時，讀者通常認爲前句最後提到的主語也是後續句子的主語。爲了儘可能保留原文的結構和連貫性，我決定不插入任何有關其他版本分章的内容，就算在括號裏我也不會插入這些内容。

　　這一決定造成了一些問題，特別是因爲饒宗頤提供的整理本反而很有用，容易理解，麥谷邦夫提供了索引并附上了抄本的録文，他們都決定采用通行本《老子》的分章。因此，這裏給出的翻譯必然會參考大淵忍爾《敦煌道經·圖録編》中 S. 6825 影印本的行數②。爲了方便那些想要比較這個譯本和其他譯本或他本《老子》的讀者，我提供了一張"章次索引"表，將通行本《老子》的章次與《想爾注》的行數進行對照，參見表 1。

　　在大淵的影印本中，行數逢五計數。我采用了相同的方式，在譯文頁邊處標記對應的英文行，行數以原文爲准，逢五計數。當然，譯文的行數與中文不完全對應，但讀者應該能够毫不費力地找到我所指的原文。

表 1　《老子》章次索引

《老子》章次	《想爾注》行數	《老子》章次	《想爾注》行數
3	1—14	21	321—337
4	15—31	22	337—356
5	31—50	23	357—367
6	50—64	24	367—377
7	64—74	25	378—390
8	74—85	26	390—404
9	85—102	27	404—423
10	102—124	28	423—443

---

　　① 《老子》的分章是章句流行的結果，這種注釋體式在東漢時期頗受青睞，這一卓見參見王明《道家和道教思想研究》，社會科學出版社，1984 年，第 237 頁。

　　② 大淵忍爾《敦煌道經·圖録編》，福武書店，1979 年，第 421—434 頁。

《老子》章次	《想爾注》行數	《老子》章次	《想爾注》行數
11	124—137	29	443—459
12	137—145	30	459—478
13	145—165	31	478—491
14	165—184	32	491—504
15	184—211	33	504—518
16	211—230	34	518—526
17	230—243	35	526—553
18	243—265	36	553—572
19	265—292	37	572—584
20	292—321		

最初計算中文原文行數的人犯了如下三個錯誤:

1. 第 90 行之後的第四行結束於影印本的頁末,本爲第 94 行,誤標爲第 99 行。

2. 第 320 行被計算了兩次,導致了本應標爲第 325 行,却誤標爲第二個第 320 行。

3. 本爲第 395 行,却誤標爲第 400 行。

大淵在其影印本中用星號標記出了這些錯誤。我認爲没有理由沿襲這個做法。因爲我的編號僅作爲中文原文的參照,并且我在分析原文時也不會明顯提到漏標的行,所以第一個和第三個錯誤在這方面無傷大雅。不過,我也用小寫字母"a"來標記第二個 320 行,并將它及其後的四行標爲 320a、321a 等等。

在翻譯《想爾注》時,不可避免地會翻譯《老子》經文,此前《老子》已經被多次翻譯,因而很難用新的眼光來看待它。儘管如此,我盡力不受《老子》衆多譯本的影響,同時努力根據注文似乎指引我對每一行經文的理解來翻譯它。我知道,這是一項充滿危險的工作,不僅是因爲我的《老子》譯文完全參照我對注文的理解,也因爲《想爾注》的注者似乎更喜歡從《老子》經文中吸取具體的教訓,而不喜歡解釋經文含義。例如,由於有這種興趣,注者可能僅僅解説《老子》經文中的單個短語,隨後進行討論,而不解説句子的其他部分。在這種情況下,只能推測注者對整句經文的理解。儘管有這樣的陷阱,我還是决定踏上這條險途,因爲我堅信我在此關注的不是《老子》,而是早期道教徒對《老子》的理解。因此,嘗試用一切可用手段來領會這種理解似乎更爲可取,而不是先從流行的《老子》詮解出發,繼而試圖確定《想爾注》與其有何不同。

因此,我的目的不是比較《想爾注》與其他《老子》注釋。《想爾注》明顯將其思想强加給《老子》,例如注者在經文中發現了孔子的姓,我已在注釋中提到這點①。提到《老子》的其他版本亦是如此：只有當它們對我而言似乎能闡明《想爾注》注者的某些意圖時，我纔會提到它們(讀者應該明白，我并不打算全面比較想爾本《老子》與其他版本的《老子》)。

雖然我認爲《河上公注》和《想爾注》可能作於同時，但我并不打算參與到二者孰先孰後的爭論之中。這種比較必然聚焦於孤立的段落和觀念，而我認爲，在我們研究道教的這個階段，呈現一本完整的《想爾注》，同時呈現其中的觀念及每個觀念的相對重要性，對讀者而言是至關重要的。這篇導論的作用即是凸顯《想爾注》中那些在我看來對道教發展至關重要的內容，儘管今後的注者無疑會關注其他特徵。我在此提供的譯文旨在推動進一步理解早期天師道。然而對於那些想要解讀它的人，《想爾注》給出了忠告：

> 詰之者所況多，竹素不能勝載也，故還歸一。多者何傷？ 樸散，淳薄，更入耶。故不可詰也。(第 170—222 行)

顯然，在盡力分析《想爾注》的過程中，我已把自己牢牢地置於邪僻者的行列中了。

(作者單位：美國亞利桑那州立大學；譯者單位：西南交通大學人文學院)

① 有關《想爾注》從根本上重新解釋《老子》的更多方式，已有前賢做過細緻研究，William G. Boltz, "The 'Hsiang Erh' Lao-tzu"；任繼愈編《中國道教史》，上海人民出版社，1990 年，第 37—41 頁。

古典文獻研究（第二十七輯上）
Journal of the Institute for Chinese Classics Studies
Nanjing University
Volume 27, No.1 2024

《陸先生道門科略》考釋[*]

楊金麗　吕鵬志

　　《陸先生道門科略》(DZ1127[①]，下文簡稱《科略》)一卷，收録於《正統道藏》太平部，由南朝劉宋高道陸修静編撰，也是陸氏現存著作中唯一一部關於天師道的作品，可能成書於陸氏早年。天師道發展至南朝時期，道官道民都不再嚴格遵守漢末舊制，教團内部亂象叢生。針對這種局面，陸修静根據"盟威清約"提出了一套清整方案，涉及天師道治、宅録、命籍、命信、静室、法服、受籙署職等諸多方面，反映了南朝天師道的改革狀況，對於研究這一時期的道教歷史具有重要意義。不過此前學界對《科略》的研究并不充分，大部分學者只是將其作爲研究南朝天師道的資料之一進行運用，僅有幾位學者對此經做過專題研究。凍國棟主要關注經中的"命籍"與"宅録"[②]，美國學者倪克生(Peter Nickerson)、日本學者山田利明分别對此經作了英譯和日譯[③]，鄒海寧的碩士學位論文對陸修静的生平和《科略》做了整體性的研究[④]，王承文則以此經爲主分析了陸修静從天師道道士向靈寶經信奉者的轉變[⑤]。前人研究仍有未盡之

---

　　* 本文係西南交通大學中國宗教研究中心"天師道經典"課題研討成果之一，曾在武漢大學哲學院主辦的"當代宗教學研究的發展與創新"博士生論壇(2022 年 7 月 9—10 日，騰訊會議)上交流，承蒙評議人四川大學張澤洪教授提供寶貴的修改意見，謹致謝忱。又蒙西南交通大學人文學院吴楊、趙川、薛聰等師友惠賜修改意見，并致謝忱。

　　① 本文參考的明《道藏》(用 DZ 標示)采用文物出版社、上海書店、天津古籍出版社 1998 年聯合出版本，其編號見〔法〕施舟人原編，陳耀庭改編《道藏索引——五種版本道藏通檢》，上海書店，1996 年，第 258—348 頁。

　　② 凍國棟《道科"命籍""宅録"與漢魏户籍制的一個側面——讀陸修静〈道門科略〉札記之一》，《魏晋南北朝隋唐史資料》第十二期，武漢大學出版社，1993 年，第 89—94 頁。

　　③ Peter Nickerson, "Abridged Codes of Master Lu for the Daoist Community", in *Religions of China in practice*, ed. D. S. Lopez (Princeton: Princeton University Press, 1996), pp. 347 - 359.〔日〕山田利明《陸先生道門科略》，尾伸一郎、丸山宏編《道教の經典を讀む》，大修館書店，2001 年，第 113—124 頁。

　　④ 鄒海寧《陸修静與〈陸先生道門科略〉研究》，香港中文大學碩士學位論文，2008 年。

　　⑤ 王承文《陸修静道教信仰從天師道向靈寶經轉變論考(上)——以陸修静所撰〈道門科（接下頁）

處,尤其是經中一些重要詞句尚未得到深入考釋和透徹研究。本文擬利用早期天師道經典(如《大道家令戒》《老子想爾注》《三天内解經》《老君音誦誡經》《玄都律文》等)和其他經典(如《太真科》①等)對《科略》作較爲全面深入的考釋,以期進一步理解這部辭約旨隱的天師道經典。

一 《科略》梗概

《科略》可分爲兩大部分。第一部分從卷首至"故上德神仙,中德倍壽,下德延年",分兩段簡述漢代"正一盟威之道"出現的緣起及該道派的主要内容。第二部分由"而今之奉道,是事顛倒,無事不反。餘謹請爲出其疾病如左"承上啓下,直至卷末,分爲五段,從立治置職、宅録、命籍、靖室、法服、授籙署職等方面批評了南朝天師道教團組織、制度、儀式的混亂狀態,并提出相應的清整方案。筆者以字母 A、B 標示這兩部分,每部分之下再分若干小段,并將其内容撮要概述如下:

A.1 (卷首至"不可稱數"②) 講述太上老君授張道陵"正一盟威之道"的緣起,也即天師道的創立背景。漢末宇宙失序,六天故氣縱横,人民信仰俗神巫教,大肆祭祀鬼神,直至傾財竭產,却没有受到護佑,反而爲鬼所害,導致枉死横夭。此段可與南朝劉宋天師道經典《三天内解經》(DZ1205)的相關内容互相參證③。

A.2 ("太上患其若此,故授天師正一盟威之道"至"下德延年"④) 提出解決措施:改信天師道。太上老君擔憂上述情形,故授予張天師正一盟威之道和相關的禁戒科律。該道主張"清約治民",清約的内容包括"神不飲食,師不受錢";禁絶淫祀,"唯天子祭天,三公祭五岳,諸侯祭山川,民人五臘吉日祠先人、二月八月祭社竈,自此以外,不得有所祭"⑤;不卜日問時;治病不湯藥針灸,而是服符飲水、上章首過。太上老君授張道陵正一盟威之道,還可參證《大道家令戒》《太真科》《三天内解經》等其他早期道經⑥。

B.1 ("而今之奉道,是事顛倒"至"可不鑒之"⑦)南朝奉道者不再遵守漢末天師道的各項規定,道官道衆行事錯亂。於是陸修静撰作《科略》,試圖解決教團内部的問題,他條列天師道制度及相應的教團弊端如下。首先是立治置職制度。天師道效仿世俗行政制度"郡縣城府"設立道治和相應治職,編户著

(接上頁)略〉爲起點的考察》,《宗教學研究》2014 年第 2 期,第 1—10 頁;王承文《陸修静道教信仰從天師道向靈寶經轉變論考(下)——以陸修静所撰〈道門科略〉爲起點的考察》,《宗教學研究》2014 年第 3 期,第 20—32 頁。

　　① 此經已散佚,日本學者大淵忍爾作了輯佚,參見〔日〕大淵忍爾《太真科とその周邊》,載氏著《道教とその経典:道教史の研究 其の二》,創文社,1997 年,第 473—505 頁。

　　②⑤ DZ1127,《道藏》第 24 册,第 779c 頁。

　　③ DZ1205,《道藏》第 28 册,第 413a—b 頁

　　④ DZ1127,《道藏》第 24 册,第 779c—780a 頁。

　　⑥ 參陳國符《道藏源流考》(修訂版),中華書局,2014 年,第 311 頁。

　　⑦ DZ1127,《道藏》第 24 册,第 780a—b 頁。

籍,管治道民。又將每年正月七日、七月七日、十月五日定爲三會日①,《科略》規定道民在此三日携帶命信赴治集會,修改命籍。而今之道民多不按時赴會改籍,或不赴本治(本命所屬之治)而往他治;道官只貪圖道民繳納的信米資財,置科律制度於不顧。

B. 2　("道科宅録,此是民之副籍"至"可不哀哉"②)其次是宅録、命籍制度。宅録是道民之副籍,係道民自己保管的家口簿册;命籍以宅録爲基礎,是由本治道官(本師)掌管的道民名籍或户籍③。道民家中如有添丁減口等人員變動,籍主應於三會日赴本治改正命籍,若是生子、娶妻,還須設厨會。改籍須向本治輸送命信,生男輸紙、筆,生女輸掃帚、糞箕、席。本師將命籍上報三天,守宅之官依此護衛道民之家,道官依此上章。命信是改籍的重要條件,命信不到,則命籍不上,如此"三天削落名籍,守宅之官還天曹,道氣不復覆蓋",道民便會被鬼賊傷害,造成死傷疾病。而今之道官以酒食吸引信衆,只貪圖信脆,不宣傳明科法典;道民家有人口增減而不按時赴會更改命籍,或患病時不歸本治而告請別治之師,如此録籍名實不副,便無天官護衛,叩頭上章也無效應。

B. 3　("奉道之家,靖室是致誠之所"至"不亦遠耶"④)第三是靖室制度。靖室是天師道的宗教活動場所,當肅静以待,勤於灑掃,不置雜物,"唯置香爐、香燈、章案、書刀四物而已"。而今之奉道者,多不設靖室,或圈地爲治壇,雜草橫生;或靖室無門,任六畜游處,糞穢没膝;或儲物於靖室,鼠犬栖止。

B. 4　("道家法服,猶世朝服"至"禍可無乎"⑤)第四是法服制度。道教法服效仿世俗朝服,亦有等級之分。傳統法服是單衣配袷(帢)、幘,録生穿着袴與褶,受治職的信物是男單衣墨幘,女紺衣,三洞上道的法服是巾、褐及帔,"禮拜着褐,誦經着帔"。而今人奉道,穿配法服不按規定。纔受録或低級治職的道士,已然着上道之帔與褐,又有以帽和褶配裙,帔與褐配袴,十分雜亂。

B. 5　("科教云:民有三勤爲一功"至卷末⑥)第五是授録署職制度。前半段説明天師道徒按所積累的功德逐級遷受更高級別的録或治職。道民受録從十將軍録直至百五十將軍録,受録後稱録吏。若録吏翹勤好道,可遷署散氣道士,散氣道士始可遷署治職,治職由最低的別治職任依次遞遷游治、下治(疑衍,詳下)、配治、下品八治、中品八治、上品八治職任,直至陽平、鹿堂、鶴鳴三氣治職。後半段强調受録任治職之人須有本師、命籍、德才,缺一不可。但今之道民受録治并不完全具備這三個條件,且"佩録惟多"⑦"受治惟大";治師唯

---

①　現存最早記載天師道三會日的史料出於南北朝時期,因南方的《科略》和北方的《誦誡》都提到三會日,可以推斷三會日應當是漢魏初期天師道固有的制度。參見吕鵬志《靈寶三元齋和道教中元節——〈太上洞玄靈寶三元品戒經〉考論》,《文史》2013年第1輯,第164頁注69。

②　DZ1127,《道藏》第24册,第780b—c頁。

③　凍國棟《道科"命籍""宅録"與漢魏户籍制的一個側面》,第91頁。

④　DZ1127,《道藏》第24册,第780c—781a頁。

⑤　DZ1127,《道藏》第24册,第781a頁。

⑥　DZ1127,《道藏》第24册,第781a—782b頁。

⑦　陶弘景在《登真隱訣》卷下"章符"條的注中也表達了對世人佩録惟多的批評,文曰:"世(接下頁)

利是圖,授籙治顛倒錯亂。如此,上下皆不守科戒,完全違背了盟威清約,顛倒是非,轉向邪僻袄巫之法。此外,此段的後半部分是目前唯一保留了陸修静注的段落,藉由陸注,可以更好地理解本經。

二　内容考釋

這一節嘗試根據上文劃分的段落對《科略》進行逐段考釋,希望通過對經中一些疑難詞句的考釋,加深對南朝天師道信仰和制度的認識。

A.1　1. "夫大道虚寂,絶乎狀貌;至聖體行,寄之言教。"①"大道虚寂,絶乎狀貌"源出《老子》"大象無形"②之説。"大道"是對"道"的尊稱,二者意義無别。《老子》的"道"也稱爲"大道",具有本體論和宇宙論上的雙重意義,"道"雖是萬物的本源,但尚未被人格化。東漢時開始出現將"道"人格化爲老子、將老子神化爲"道"的思想,現存最早的記載是漢明、章之際(58—88)益州太守王阜所作的《老子聖母碑》:"老子者,道也。乃生於無形之先,起於太初之前,行於太素之元,浮游六虚,出入幽冥,觀混合之未别,窺清濁之未分。"③直接將老子等同於道。老子與道合二爲一,一方面可説是對"道"本體的人格化,另一方面則可説是對老子的神化、本體化。延熹八年(165)邊韶所作《老子銘》、敦煌所出東漢《老子變化經》殘卷(S.2295)也有類似神化老子的表述④。可見將"道"人格化、老子神化是東漢時的宗教思潮。天師道也是該思潮的一個支流,東漢張魯天師道教團誦習老子《五千文》,并傳下注本《老子想爾注》,這是第一部將"大道"人格化的天師道經典。《老子想爾注》注"孔德之容,惟道是從"曰:"道甚大,教孔丘爲知;後世不通道文,但上孔書,以爲無上;道故明之,告後賢。"注"大道氾,其可左右"曰:"氾,廣也,道甚廣大,處柔弱不與俗人争,教人以誠慎者宜左契,不誠慎者置左契。"⑤注文稱大道教孔子,又以道誠教人。曹魏天師道經典《大道家令戒》更爲詳細地闡述了人格化之"大道",此經以"大道"爲題,開篇即稱:"大道者,包囊天地,係養群生,制禦萬機者也。無形無像,混混沌沌,自然生百千萬種,非人所能名。自天地以下,皆道所生殺也。"⑥實將"大道"確立爲天師道的核心信仰⑦。此後,"大道"在天師道經典中頻繁出現,如

（接上頁）人皆用黄赤内籙中章將吏兵,此豈得相關耶。惟以多召爲威能,不料越職之爲謐。愚迷相承,遂成儀格,深可悼矣。"〔梁〕陶弘景撰,王家葵輯校《登真隱訣輯校》,中華書局,2011年,第77頁。

①　DZ1127,《道藏》第24册,第779c頁。

②　參見高明《帛書老子校注》,中華書局,1996年,第24—25頁。

③　〔清〕嚴可均編《全上古三代秦漢三國六朝文》,中華書局,1958年,第1303頁。

④　關於漢代老子的神化,參見 Anna Seidel, *La divinisation de Lao tseu dans le taoïsme des Han*. École française d'Extrême-Orient, 1992。

⑤　饒宗頤《老子想爾注校證》,上海古籍出版社,1991年,第27、43頁。

⑥　此經收入《正一法文天師教戒科經》(DZ789),《道藏》第18册,第235c頁。

⑦　吕鵬志曾考釋過天師道的核心信仰"大道",參見吕鵬志《早期道教醮儀及其流變考索》,收入譚偉倫主編《中國地方宗教儀式論集》,香港中文大學崇基學院宗教與中國社會研究中心,2011年,第69—70頁。王承文梳理了漢晉時期部分教内外經典中的"道/大道",參見王承文《陸修静道教信仰從天師道向靈寶經轉變論考(上)》,第2—8頁。關於天師道的"大道"信仰,還可參劉屹《論東晉(接下頁)

北魏寇謙之《老君音誦誡經》(DZ785，下文簡稱《誦誡》)有"上啓無極大道，萬萬至真無極大道""某甲啓太上大道"之語①；南朝《正一法文天師教戒科經》載"大道含弘，愛惜人命"②；《太上三五正一盟威籙》(DZ1208)有"得遇大道""皇天大道神符令籙契"③；《赤松子章曆》收載的章文稱"上憑大道天師科儀，謹爲某家拜奏飛度九厄天羅章"，又稱"上憑大道，乞求章文"，又稱"得奉大道"或"依憑大道"④。正因"大道"在天師道信仰中占有崇高地位，所以有時也將"大道"一詞作爲天師道的標志。史載東晉天師道道士盧悚"自稱大道祭酒"⑤，王凝之臨難時入靖上章，出靖後對其部下説他已"請大道"⑥，北魏天師道道士寇謙之假稱老君對他説"汝宣吾新科，清整道教，除去三張僞法，租米錢税，及男女合氣之術。大道清虛，豈有斯事"⑦，皆爲其例。

　　"大道虛寂，絕乎狀貌"又引出另外一個問題——天師道神靈有無形象？這一問題可以從歷時性和共時性兩個角度來探討。從歷時性角度考察，天師道神靈有意識形象與現實形象的區别和演變。天師道神靈的意識形象指道士存思的身神、籙上將軍吏兵等。天師道早在曹魏時就接受了舊方士傳統的存思法⑧，《大道家令戒》曰："《妙真》自吾所作，《黃庭》三靈七言，皆訓喻本經，爲《道德》之光華。"⑨此處所引《黃庭》爲《黃庭外景經》，乃存思身中三部八景二十四神之經典。疑同出於曹魏時期的《天師教》提及存思心中真神，云："還與真人共語言，心中真人來上天。絳黃單衣三縫冠，佩天玉符跪吾前。"⑩可與《大道家令戒》引《黃庭》互相印證。南朝的《三天内解經》也主張存思身神，"道士大乘學者，則常思身中真神形象，衣服彩色，導引往來，如對神君，無暫時有輟，則外想不入，神真來降，心無多事"⑪，這些想象中的身神具有形象，穿着彩色服飾。此外，東漢天師道可能已開始傳行仙靈籙，籙上描繪着諸將軍吏兵的形象，如《太上三五正一盟威籙》中記童子一將軍籙上的神將穿戴"金甲青帶"和"金甲緑帶"⑫，三將軍籙上的三位將軍分别有姓字、身長、服飾、佩劍等⑬。這些形象可能正是天師道出官儀中存想的對象。雖然東漢天師道出官法已無

(接上頁)南朝江東天師道的歷史淵源——以"大道"信仰爲中心》，《文史》2018 年第 1 期，第 110—111 頁。

①　DZ785，《道藏》第 18 册，第 215b、216a 頁。

②　DZ789，《道藏》第 18 册，第 232b 頁。

③　DZ1208，《道藏》第 28 册，第 426a、437a 頁。

④　DZ615，《道藏》第 11 册，第 197b、214c、194c、225c 頁。

⑤　〔宋〕司馬光編著，〔元〕胡三省音注《資治通鑑》卷第一○三，中華書局，1956 年，第 3260 頁。

⑥　〔唐〕房玄齡等撰《晉書》卷八○，中華書局，1974 年，第 2103 頁。

⑦　〔北齊〕魏收撰《魏書》卷一一四，中華書局，1974 年，第 3051 頁。

⑧　舊方士存思法見於《抱朴子内篇·地真》所載"守一法"、《遐覽》篇著録的《含景圖》《守形圖》等，參陳國符《道藏源流考》，第 321—322 頁。

⑨　DZ789，《道藏》第 18 册，第 237a 頁。

⑩　DZ789，《道藏》第 18 册，第 238b 頁。

⑪　DZ1205，《道藏》第 28 册，第 417b 頁。

⑫　DZ1208，《道藏》第 28 册，第 426a—426c 頁。

⑬　DZ1208，《道藏》第 28 册，第 429c—430b 頁。

文獻可徵,但從晋宋之際吸收了天師道出官法的靈寶出官辭中尚可了解其大概,古靈寶"新經"《太極真人敷靈寶齋戒威儀諸經要訣》(DZ532,下文簡稱《敷齋經》)所載出官法稱"出者嚴裝顯服,冠帶垂纓,整其威儀",所出之神各有形象①。

天師道神靈的現實形象主要指造像。關於道教造像的起源,學界主流觀點認爲不早於五世紀,論述的材料主要是法琳《辯正論》和關中地區北朝道教造像碑。但近來有學者通過進一步分析早期道教經典與道教造像、題記之間的關聯,發現東晋末劉宋初問世的古靈寶經及其倡行的靈寶科儀推動了道教造像的發展。靈寶齋儀和傳授儀中都出現了道教尊神形象,古靈寶經《上元金籙簡文》《敷齋經》記載,道士行自然齋之時,面對經像,散花步虛。如《上元金籙簡文》禮十方儀節中"第二、第五、第八首旋繞散花,餘面經像作可也"②。傳授儀中使用神像如仙公新經《上清太極隱注玉經寶訣》載"授太上靈寶洞玄經法……想見太上、十方真形,如今像矣"③。此外,晚出靈寶經也吸收佛教"功德迴向"觀念,將造像視作積累功德的重要途徑,如隋或唐初道典《太上洞玄靈寶業報因緣經》(DZ336)卷七"功德品"曰:"凡功德無窮,大略有九,隨其分力,各獲福田。今爲汝言,宜須諦識。一者造像……"④總之,在北朝隋唐時期,製作和供奉道教神像逐漸被道教認可和推崇,道教造像之風盛行,目前發現的北朝道教造像即爲顯證⑤。北朝道教造像碑中題名"録生"的材料極多,"録生"即"籙生",指受若干將軍籙者,顯示出這些造像融攝了天師道的成分⑥。

從共時性角度考察,天師道神靈觀又有矛盾。例如《老子想爾注》一方面主張道無形象,稱"道至尊,微而隱,無狀貌形象也。……今世間僞伎指形名道,令有服色名字、狀貌、長短非也,悉耶僞耳"⑦,明確表達了道無狀貌形象,反對將道形象化的"僞伎",另一方面又稱"一者,道也……一散形爲氣,聚形爲太上老君,常治昆侖"⑧,把"道"人格化、具體化爲太上老君。同時,漢中舊儀出官法要存思籙上官將吏兵,神靈亦有形象。又如陸修靜早期著作《科略》主張大道絶乎狀貌,并且規定靖室中"唯置香爐、香燈、章案、書刀四物而已",不見供奉神像之迹。但當他後來整理古靈寶經典和科儀之時,則承認神像,其《太上洞玄靈寶授度儀》(DZ528)參照靈寶經提出禮拜十方天尊像,他徵引上

①　吕鵬志《唐前道教儀式史綱》,中華書局,2008年,第28—31頁。

②　吕鵬志《唐前道教儀式史綱》,第152頁。

③　DZ425,《道藏》,第6册,第642c頁。

④　DZ336,《道藏》第6册,第114b頁。

⑤　關於北朝道教造像的研究,參見張勛燎《北朝道教造像再研究》,《南方民族考古》(第六輯),2010年,第163—206頁。關於道教造像起源的新探討,參見趙川《道教造像起源新探》,《文史》2022年第3輯,第99—116頁;Gil Raz, "The Introduction of Anthropomorphic Imagery in Daoist Ritual", *Studies in Chinese Religions* 8. 3(2022):301-388。

⑥　參見張勛燎《北朝道教造像再研究》,第183頁。

⑦　饒宗頤《老子想爾注校證》,第17頁。

⑧　饒宗頤《老子想爾注校證》,第12頁。

述《上清太極隱注玉經寶訣》的相關段落,并改"如今像矣"爲"如天尊象矣"①。同時代的《三天内解經》又主張存思身中真神的大乘道教。可見信仰與實踐之間的矛盾在天師道或其他道派中并不鮮見。

2. "太上老君以下古委懟,淳澆樸散,三五失統,人鬼錯亂,六天故氣稱官上號,構合百精及五傷之鬼、敗軍死將、亂軍死兵……"②

此句與下一段的"太上患其若此,故授天師正一盟威之道……蕩滌宇宙,明正三五,周天匝地,不得復有淫邪之鬼"③描述了兩種截然不同的狀態。前句稱下古時代"三五失統",六天故氣縱橫,人心敗壞,人鬼交錯;後句稱太上老君傳授張天師正一盟威之道,希望他憑藉此道"明正三五",蕩滌宇宙,收治淫邪之鬼。這兩句都提及的"三五"一詞在其他天師道經典中也大量出現,僅在一部題爲《太上三五正一盟威籙》的經書中就出現了"三五正一盟威籙""三五童子""三五功曹""三五赤炁""三五定生"等不同用例,《洞真黄書》(DZ1343)特別強調"三五七九""三五氣",其他經典中還有諸如"三五言功章""三五治職""上三五爲天,中三五爲人,下三五爲地"等説法④,不勝枚舉。"三五"的源頭可以追溯到《周易・繫辭上》:"參伍以變,錯綜其數。通其變,遂成天地之文;極其數,遂定天下之象。"《正義》曰:"參,三也;伍,五也。或三或五,以相參合,以相改變。略舉三五,諸數皆然也。"⑤清惠棟《周易述》專闢一節闡述"三五"之義,據他條列的多種古籍,可知先秦漢魏時人已結合陰陽和五行術數將"三五"之數推衍開來,指代三辰五星、三統五行、三德五事等⑥。天師道繼承和發展傳統的"三五"概念,用諸天師道信仰和實踐的各個方面,却并未解明其含義。我們推測,《科略》中的"三五"可能指三氣與五氣。南朝梁宋文明《靈寶經義疏》曰:"變文有六:一者陰陽之分,有三元八會之氣以成飛天之書",續引陸先生(筆者按即陸修静)《文統略》云:"混元既判,分爲三才,謂之三元;三元既立,五行咸具,三五和合,謂之八會,爲書之先。"又提出异議云:"三元應非三才之三元,五行非天地之五行也。而此正應是三寶丈人之三元,三元自有五德,不容闗三才既判之三元五行也。"⑦《太上昇玄三一融神變化妙經》(DZ38)卷下釋"三五":"三是玄、元、始三氣,五是五行氣"⑧,唐代道教類書《三洞珠囊》(DZ1139)卷七"二十四氣品"載"宋文明《通門》上云:'少陰、太陰、少陽、太陽,又與中和之氣合以成五氣。'五氣就前玄、元、始三氣,成數爲八。即《大洞經》云:'三元各八,合爲二十四氣,衆生品族,於是而生也'"⑨。三五之氣和合

① DZ528,《道藏》第 9 册,第 852c 頁。
②③ DZ1127,《道藏》第 24 册,第 779c 頁。
④ 見於《正一天師告趙昇口訣》《赤松子章曆》。
⑤ 〔魏〕王弼、〔晋〕韓康伯注,〔唐〕孔穎達疏《周易正義》卷七,見〔清〕阮元校刻《十三經注疏》,中華書局,2009 年,第 167 頁。
⑥ 〔清〕惠棟撰,鄭萬耕點校《周易述》,中華書局,2007 年,第 501—502 頁。
⑦ 《靈寶經義疏》,載張繼禹主編《中華道藏》第 5 册,華夏出版社,2004 年,第 512 頁。
⑧ DZ38,《道藏》第 1 册,第 853b 頁。
⑨ DZ1139,《道藏》第 25 册,第 334c 頁。

而生萬物,三五之氣失序,則人鬼錯亂;三五之氣明正,則宇宙清明。

此外,句中提到的"六天故氣"也是天師道經典中的重要概念。據學者考證,"六天"説在儒教和佛教中早已存在,儒教的六天説是東漢經學家鄭玄提出的,以五時之五天配實體之一天;佛教的六天則指三界中欲界的六天①。目前所知道書中最早采用"六天"概念的是東晋中葉的上清降誥《真誥》(DZ1016)和《登真隱訣》(DZ421)。《真誥》卷五稱"道有除六天之文三天正法在世",卷十三稱"凡六天宫則爲鬼神六天之治也"②,明確將三天與六天對立起來,并以三天爲正,以六天指代鬼神。《登真隱訣》卷下"請官"條"若欲學神仙,而輒軻疾病痊連沈滯者,當請虛素天精君,赤衣兵十萬人,在天柱宫,以制鬼滅禍,遏却六天之氣"。陶弘景注稱"六天靈鬼亟來犯人,或遇疾病,或致牢獄,或漸使貧頓,每令觸惡者,故宜急遏制之"③,可見此六天之氣亦是給人帶來灾禍之邪氣。道教中作爲鬼神的"六天"其實是一個中外混融的詞彙,"六"來自《周易》數理,"天"來自佛教。之所以用"六"來指鬼界,是因爲鬼屬陰④,而"六"在《周易》的數理和五行數理中都指代陰,與之相對的三和九都代表陽。"天"指神,則借用了漢傳佛教中"天"(梵語 deva,音譯"提婆")的概念,"諸天"即諸神⑤。"六天"并非指六個天空,而是指陰性的神,也就是鬼神或鬼魔。

與六天説相對的三天説出現得更早,使用範圍也更廣,天師道、上清派和古靈寶經典都有用例⑥。早在曹魏《大道家令戒》中已有"至今三天恚怒,殺氣縱横,五星失度"⑦的表達,《正一天師告趙昇口訣》(DZ1273)中同稱"不能中正三五之氣,上三天恚怒"⑧。東晋上清經誥《登真隱訣》卷下"入静"條載"正一真人三天法師張諱告南岳夫人口訣"⑨,"張諱"指張天師,他被稱作"正一真人三天法師"。古靈寶經之一《太上靈寶五符序》(DZ388)有"三天真皇""三天真

---

① 吕鵬志《攝召北酆鬼魔赤書玉訣與靈寶五篇真文——〈太上洞玄靈寶赤書玉訣妙經〉校讀拾遺》,《宗教學研究》2010 年第 4 期,第 28 頁。

② 〔梁〕陶弘景撰,趙益點校《真誥》,中華書局,2011 年,第 79、266 頁。

③ 〔梁〕陶弘景撰,王家葵輯校《登真隱訣輯校》,第 93 頁。

④ 鬼的本性是陰氣。《説文解字》:"鬼陰氣賊害,故从厶。"段注:"陰當作会。此説從厶之意也。神陽鬼陰,陽公陰私。"(〔漢〕許慎撰,〔清〕段玉裁注《説文解字注》九篇上,上海古籍出版社,1981 年,第434—435 頁)《論衡·論死》曰:"或説:鬼神,陰陽之名也。陰氣逆物而歸,故謂之鬼;陽氣導物而生,故謂之神。"(〔漢〕王充著,黄暉撰《論衡校釋》,中華書局,1990 年,第 872 頁)《雷虚》篇又曰:"或論曰:鬼神治陰,王者治陽。"(《論衡校釋》,第 302 頁)道教也認爲鬼屬陰氣。《老子道德經河上公章句》:"夫兩不相傷,[則]人得治於陽,鬼得治於陰。"(王卡點校《老子道德經河上公章句》,中華書局,1993 年,第236 頁)《真誥》卷十五陶弘景注云"鬼者陰物"(〔梁〕陶弘景撰,趙益點校《真誥》,第 274 頁),敦煌寫本《紫文行事决》注云:"而神鬼尚陰,并皆以夕。"(《中華道藏》第 2 册,第 190 頁)

⑤ 如南朝佛教類書《經律異相》第一篇"三界諸天"中,忉利天、炎摩天等都是神,有身長、服色、壽命、形象等。參〔梁〕寶唱等編纂,董志翹、劉曉興等校注《經律異相校注》卷一,巴蜀書社,2018 年,第7—38 頁。

⑥ 關於天師道的"三天"思想,可參〔日〕小林正美著,李慶譯《六朝道教史研究》,四川人民出版社,2001 年,第 459—485 頁。

⑦ 《道藏》第 18 册,第 237a 頁。

⑧ DZ1273,《道藏》第 32 册,第 593a 頁。

⑨ 〔梁〕陶弘景撰,王家葵輯校《登真隱訣輯校》,第 65 頁。

寶符""睹九天之靈奥,觀三天之寶囿""上三天太上靈寶真經""三天太玄陰生符"①等,另一部古靈寶經《元始五老赤書玉篇真文天書經》(DZ22)有"今三天鼇運,六天道行,雜法開化""上三天玄都紫微上宫""三天記上仙録""太清玄元上三天無極大道"②等。

《科略》和《三天内解經》等南朝天師道經典承襲《真誥》三天戰勝六天的觀念。《三天内解經》明確將代表正義的"三天正法""三天正一盟威之道"與代表邪氣的"六天故事"對立起來,認爲"自非三天正法、諸天真道,皆爲故氣"。稱太上老君在漢順帝時選擇中使"平正六天之治,分别真僞,顯明上三天之氣",并拜張道陵爲"太玄都正一平氣三天之師,付張正一明威之道,新出老君之制,罷廢六天三道時事,平正三天"③。《科略》四次出現"三天",分别是"非守宅所部,三師不領,三天闕籍,司命無名""師爲列上三天,請守宅之官,依籍口保護,禳灾却禍""三天削落名籍,守宅之官還天曹,道氣不復覆蓋""三天無名,故不免於枉横矣"④,可見三天是道民命籍在天界的保管者,是遣下守宅之官護衛道民者,與勾結五傷之鬼、敗兵死將擾亂人間的六天故氣處於對立面。《科略》中的"六天故氣"還以"責人廟舍、求人饗祠"爲特徵,可能是對存在祭祀行爲的儒教、民間宗教、部分道教等傳統的統稱⑤。

A.2 1. "太上患其若此,故授天師正一盟威之道,禁戒律科,檢示萬民逆順、禍福、功過,令知好惡。置二十四治、三十六靖廬,内外道士二千四百人,下千二百官章文萬通,誅符伐廟,殺鬼生人,蕩滌宇宙,明正三五,周天匝地,不得復有淫邪之鬼。"⑥

"二十四治",最早見於《大道家令戒》:"道以漢安元年五月一日,於蜀郡臨邛縣渠停赤石城造出正一盟威之道,與天地券要,立二十四治,分布玄元始氣治民"⑦,以及同時代的《陽平治》"教謝二十四治……"⑧天師張道陵所立二十四治爲天師道管理道民的宗教場所,具體名稱及其所在地等可參南朝上清科範彙編《太真科》⑨,《授籙次第法信儀》(DZ1244)録南朝梁張辯撰《天師治儀》⑩,《無上秘要》卷二十三"正一炁治品"引《正一炁治圖》⑪,《三洞珠囊》卷七"二十四治品"⑫、《雲笈七籤》卷二十八"二十八治"⑬,《要修科儀戒律鈔》

① DZ388,《道藏》第 6 册,第 315c、316c、318a、340a 頁。
② DZ22,《道藏》第 1 册,第 776a、788b、794b、794c 頁。
③ DZ1205,《道藏》第 28 册,第 414b—c 頁。
④ DZ1127,《道藏》第 24 册,第 780b、780c、781b 頁。
⑤ 參吕鵬志《唐前道教儀式史綱》,第 228、229 頁。
⑥ DZ1127,《道藏》第 24 册,第 779c 頁。
⑦ 《道藏》第 18 册,第 236b 頁。
⑧ 《道藏》第 18 册,第 238b 頁。
⑨ 〔日〕大淵忍爾《太真科とその周邊》,第 494—498 頁。
⑩ DZ1244,《道藏》第 32 册,第 222a—224b 頁。
⑪ 周作明點校《無上秘要》,中華書局,2016 年,第 293—302 頁。
⑫ DZ1139,《道藏》第 25 册,第 330a—334c 頁。
⑬ 〔宋〕張君房編、李永晟點校《雲笈七籤》(第二册),中華書局,2003 年,第 632—652 頁。

（DZ463）卷十①，唐末五代杜光庭《洞天福地岳瀆名山記》（DZ599）載“靈化二十四”②等資料。因前人已有較爲詳備的研究③，兹不贅述。

“三十六靖廬”，最早見於古靈寶“新經”《敷齋經》：“天師所布下二十四治，三十六靖廬、七十二福地、三百六十五名山……”④“靖廬”也稱“精廬”“廬”，係兩晉南北朝道門習用的修道場所，《抱朴子内篇·道意》稱“（李）寬所奉道室，名之爲廬，寬亦得温病，托言入廬齋戒，遂死於廬中”⑤；《真誥·稽神樞》陶注：“茅山通無石室，則必應起廬舍”⑥；《晉書》卷九十四《隱逸·陶淡傳》載陶淡“於長沙臨湘山中結廬居之”⑦；南朝陳馬樞《道學傳》：“東鄉宗超……所處精廬，鮭味不進也”⑧。北朝天師道經典《誦誡》兩次提及“靖廬”，稱“道陵演出道法，初在蜀土一州之教，板署男女道官，因山川土地郡縣，按吾治官靖廬亭宅，與吾共同領化民户，勸惡爲善”，“夫妻修行黄赤……手犯靖廬治官禁忌”⑨。北魏酈道元《水經注》記載了三處“精廬”，卷三十二《肥水》：“精廬臨側川溪”，《沮水》：“泉側多結道士精廬焉”，《江水》：“（枝江）縣東南二十里富城洲上有道士范儕精廬”⑩。

“内外道士二千四百人”，根據相關文獻的記載，受低級的若干將軍籙和相應券契（被稱爲“外籙”⑪或“外契”）的道教徒被稱爲外道士；受黄赤内籙及相應黄赤券契并行男女“黄書合氣”之道，或受更高級別的正一籙和相應券契的道教徒則被稱爲内道士，表示修道程度更深，所證法位階次更高⑫。《科略》稱受十將軍籙至百五十將軍籙等外籙者爲“籙吏”（即外道士），籙吏可署散氣道士，但不能受治職。只有散氣道士中的清修者，也即受黄赤内籙以上的内道士纔可遷署治職⑬。《誦誡》也稱“若靈籙外官，不得稱治號”⑭，可輔證外道士不

① DZ463,道藏》第 6 册,第 966a—967a 頁。

② DZ599,《道藏》第 11 册,第 59b—60c 頁。

③ 關於二十四治的研究,可參陳國符《道藏源流考》附録四《南北朝天師道考稿·設治》,第324—333 頁;王純五《天師道二十四治考》,四川大學出版社,1996 年;Franciscus Verellen, "The Twenty-four Dioceses and Zhang Daoling: The Spatio-Liturgical Organization of Early Heavenly Master Taoism," in *Pilgrims, Patrons, and Place. Localizing Sanctity in Asian Religions*, edited by Phyllis Granoff and Koichi Shinohara, Vancouver: UBC Press, 2003, pp. 15—67.

④ DZ532,《道藏》第 9 册,第 867b—c 頁。

⑤ 〔晉〕葛洪著,王明校釋《抱朴子内篇校釋》,中華書局,1985 年,第 174 頁。

⑥ 〔梁〕陶弘景撰,趙益點校《真誥》,第 237 頁。

⑦ 〔唐〕房玄齡等撰《晉書》卷九四,第 2460 頁。

⑧ 陳國符《道學傳輯佚》,載《道藏源流考》,第 435 頁。

⑨ DZ785,《道藏》第 18 册,第 216b—c 頁。

⑩ 〔北魏〕酈道元著,陳橋驛校證《水經注校證》,中華書局,2007 年,第 750、753、796 頁。相關論述參孫齊《唐前道觀研究》,山東大學博士學位論文,2014 年,第 86—88 頁。

⑪ 《太真科》和《正一法文太上外籙儀》將更令和一、十、七十五、百五十將軍籙總稱爲“外籙”。可參吕鵬志《天師道黄赤券契考》,收入程恭讓主編《天問》（丁亥卷）,江蘇人民出版社,2008 年,第 186頁。《科略》中僅稱“從十將軍籙階,至百五十”,未提及更令和一將軍籙。

⑫ 參吕鵬志《天師道黄赤券契考》,第 186—187 頁。

⑬ 參吕鵬志《唐前道教儀式史綱》,第 196—199 頁;吕鵬志《天師道黄赤券契考》,第 173—195 頁;吕鵬志《天師道登壇告盟儀——〈正一法文法籙部儀〉考論》,《宗教學研究》2011 年第 2 期,第 8—24 頁。

⑭ DZ785,《道藏》第 18 册,第 217a 頁。

可受治職。《太真科》曰：“學久德積，受命爲天師，署男女祭酒二千四百人，各領户化民。”①此稱“男女祭酒”蓋因百五十將軍籙及其他内籙須男女合受。

“千二百官章文萬通”，《魏書·釋老志》亦載“張陵受道於鵠鳴，因傳天官章本千有二百，弟子相授，其事大行”②，這些章文應該與漢中“千二百官儀”密切相關。《登真隱訣》陶注云：“千二百官儀始乃出自漢中，傳行於世，世代久遠，多有异同。”③《赤松子章曆》（DZ615）也謂太上老君授張天師“正一盟威符籙一百二十階，及千二百官儀，三百大章”④。根據《登真隱訣》卷下“請官”條引録的東漢漢中天師道儀典《千二百官儀》的部分文字⑤，可知此經是一份神明目録，供祭酒上章請官時選擇適當官君之用，而南朝的《正一法文經章官品》（DZ1218）應當是這部經典的改編本⑥。

2. “罷諸禁心，清約治民。神不飲食，師不受錢。”陸修静在下文 B.5 部分闡釋了“清約”的内涵，謂“盟威法：師不受錢，神不飲食，謂之清約（疑“約”爲衍文，校記參下文）。治病不針炎湯藥，唯服符飲水，首罪改行，章奏而已。居宅安冢，移徒動止，百事不卜日間時，任心而行，無所避就，謂〔之〕約”。“罷諸禁心”指廢除各種遵從禁忌的想法，任心而行，即所謂“約”。陶金將“清約”的精神概括爲三點：罷諸禁心、神不飲食、師不受錢，認爲這三點分别體現了清約的自由、理性、平等的精神，頗具創見⑦。“神不飲食，師不受錢”是盟威清約的重要内容⑧，《三天内解經》作“鬼不飲食，師不受錢”⑨，意即天師道信奉的神不向信衆索求飲食，道官不收納道民的信物。表達了反對祭祀和飲酒食肉的態度，這是天師道一以貫之的傳統。東漢天師道經典《老子想爾注》云：“天之正法，不在祭饋禱祠也。道故禁祭饋禱祠，與之重罰。祭饋與耶同，故有餘食器物，道人終不欲食用之也”，又云：“有道者不處祭饋禱祠之間也”⑩，立場鮮明地反對祭祀禱祠。漢中儀典《千二百官儀》曰：“蓋天大將軍十萬人，主收捕天下飲食横行鬼賊，爲萬民作精祟者”，“平天君官將百二十人……收符廟五獄營逆氣

① 〔日〕大淵忍爾《太真科とその周邊》，第 491 頁。
② 〔北齊〕魏收撰《魏書》卷一一四，中華書局，1974 年，第 3048 頁。
③ 〔梁〕陶弘景撰，王家葵輯校《登真隱訣輯校》，第 94—95 頁。
④ DZ615，《道藏》第 11 册，第 173a 頁。
⑤ 參〔梁〕陶弘景撰，王家葵輯校《登真隱訣輯校》，第 79—93 頁。
⑥ 關於《千二百官儀》和《正一法文經章官品》的研究，參見 Ursula-Angelika Cedzich, "The Organon of the Twelve Hundred Officials and Its Gods," *Daoism: Religion, History and Society* No. 1 (2009), pp. 1-93；吕鵬志《唐前道教儀式史綱》，第 20—25 頁；王宗昱《〈正一法文經章官品〉初探》，收入程恭讓主編《天問》（丙戌卷），江蘇人民出版社，2006 年，第 239—256 頁；王宗昱《〈正一法文經章官品〉校勘》，載鄭開編《水窮雲起集——道教文獻研究的舊學新知》，社會科學文獻出版社，2009 年，第 51—100 頁。
⑦ 陶金《盟約：道教法籙的精神内涵與授度儀式》，上海古籍出版社，2023 年，第 442—516 頁。
⑧ 關於“清約”，參見施舟人《道教的清約》，《法國漢學》第七輯，中華書局，2002 年，第 149—167 頁。
⑨ DZ1205，《道藏》第 28 册，第 414c 頁。
⑩ 饒宗頤《老子想爾注校證》，第 31、32 頁。

飲食之鬼"①,其南朝改編本《正一法文經章官品》還有"察炁君治名宮,主收諸祭酒食肉淫泆者,主察殺之"②等説法。這裏主張收捕向民衆索求飲食的鬼神,實質是取消祭祀,同時還禁止天師道祭酒飲酒食肉③。南北朝天師道經典《誦誡》《正一法文天師教戒科經》《三天内解經》《科略》等承襲并發展了東漢天師道的主張。《誦誡》訓誡祭酒不得收取錢財曰:"授署道教治籙符契,豈有取人一錢之法乎?""仿署治籙,無有財帛",批判淫祠、殺牲祭祀曰:"民氓同婬祠,邪令衆雜,邪令非一,仿言奉道","道民不慎科法,淫犯殺生(通"牲")"④。《正一法文天師教戒科經》批評祭祀禱請鬼神者,指出求願"不用金帛貨賂,不用人事求請,不用酒肉祭禱,直歸心於道,無爲而自得",又稱保命延年之福"非富貴者貨賂求請所能得通也,亦非酒肉祭禱鬼神所降致也"⑤。《三天内解經》批評下古之人"烹殺六畜,禱請虛無""酌祭邪鬼""禱祠鬼神",提倡"民不妄淫祀他鬼神,使鬼不飲食,師不受錢……不得飲酒食肉"⑥。《科略》一方面反對淫祀,斥責六天故氣"責人廟舍,求人饗祠,擾亂人民,宰殺三牲",認爲"祭祀鬼神,祈求福祚,謂之邪";另一方面批評祭酒陷於酒食財利,"高尚酒食……唯信詭是親","恣貪欲之性,而耽酒嗜食"(陸注:但希望財利,念在酒食。永不以科禁示民,惟課責重詭,詢求好食。五辛之菜,六畜之肉,道之至忌,啖之已自犯禁。乃復宰殺鷄犹鵝鴨,飲酒洪醉,乘以奏聞)⑦。總之,反對殺牲祭祀、收求財物是天師道從東漢到南北朝一直遵從的傳統。天師道不以血肉祭祀祈求鬼神的護佑,而提倡通過上三官手書、上章⑧、行符、授籙等儀式與鬼神進行書面交流。祭酒上章時并不向神進獻酒肉,只是讓求請上章之人繳納命素、米、香、紙、墨、書刀等信物,這些信物最終歸屬於道治,并非祭酒個人。

3. "上德神仙,中德倍壽,下德延年。"⑨此句體現了道教積善成仙的倫理思想⑩。道教不止注重儀式實踐,亦重視儒家傳統的道德倫理,聲稱積累善行越多,所獲福報也會越多。與《科略》同時或稍早的天師道經典《正一法文天師教戒科經》對此有更詳細的論述,并將奉道修善與所獲福報聯繫起來,經曰:"天師設教施戒,奉道明訣,上德者神仙,中德者倍壽,下德者增年,不横天也",又曰:"而大道含弘,乃潜人命短促,故教人修善。上備者神仙,中備者地仙,下備者增年","天道無親,惟與善人。善人保之,以致神仙"⑪。稍晚的天師道戒

　①　引文見於〔梁〕陶弘景撰,王家葵輯校《登真隱訣輯校》,第 89、93 頁。

　②　DZ1218,《道藏》第 28 册,第 536c 頁。

　③　參見吕鵬志《早期道教醮儀及其流變考索》,第 25—27 頁。

　④　DZ785,《道藏》第 18 册,第 212b、214b、215c 頁。

　⑤　DZ789,《道藏》第 18 册,第 233c、234c 頁。

　⑥　DZ1205,《道藏》第 28 册,第 413b、414a、414b、414c 頁。

　⑦　DZ1127,《道藏》第 24 册,第 779c、782a、780a、781c 頁。

　⑧　關於上章,最早做出深入研究的是德國道教學者蔡霧溪,參見 Ursula Angelika Cedzich, "Das Ritual der Himmelsmeister in Spiegel früher Quellen," Ph. D. diss. , 1987。

　⑨　DZ1127,《道藏》第 24 册,第 780a 頁。

　⑩　關於積善成仙,可參李剛《勸善成仙:道教生命倫理》,四川人民出版社,1994 年。

　⑪　DZ789 ,《道藏》第 18 册,第 232c、234a、235a 頁。

經《太上老君經律》(DZ786)進一步明確了善行多少與福報大小的聯繫,此經收録的《道德尊經想爾戒》云:"此九行,二篇八十一章,集會爲道舍,尊卑同科。備上行者,神仙;六行者,倍壽;三行者,增年不横夭。"①同經收録的《道德尊經戒》云:"此二十七戒,二篇共合爲道淵,尊卑通行。上備者,神仙;持十八戒,倍壽;九戒者,增年不横夭。"②晚出靈寶經《太上洞玄靈寶中和經》(DZ1120)亦有近似表達:"凡受教戒,奉而行之,上得神仙,中得倍壽,下得延年,而不横夭。"③

B.1　1."而今之奉道,是事顛倒,無事不反。餘謹請爲出其疾病如左。"④此句乃承上啓下的關鍵性句子,由此從上文漢末張天師所受正一盟威之道過渡到南朝時天師道"是事顛倒"的混亂局面。

2."天師立治置職,猶陽官郡縣城府,治理民物。"⑤此句似本諸《太真科》"陰官稱爲録治,陽官號爲宰守"⑥,指天師道模仿世俗郡縣城府的行政制度,設立道治作爲教內的辦公集會場所。據上下文,句中之"物"不應釋爲民衆的財物,而應訓爲鬼神⑦。北魏時刻建的《大代華岳廟碑》和《中岳嵩高靈廟碑》記載道士寇謙之"理治人鬼"⑧,與"治理民物"義近,亦證"物"指鬼神。三會之日"天官地神咸會師治,對校文書",表明道官有召集神靈的能力,下文陸修静注"道士不受《老君百八十戒》,其身無德……不可以收治鬼神"⑨,也說明道士有收治鬼神的本領。而在世俗官僚機制中,爲百姓驅逐鬼神妖怪也是地方官員的工作內容之一⑩。部分秦漢時期基層官吏的墓葬出土文獻顯示,地方官吏掌握劾鬼方術,很可能兼行治理鬼神妖怪之責⑪。法國學者樂維(Jean Lévi)通過分析六朝至唐代的小説中記録的官吏與神靈的衝突,論證了地方官吏的職責範圍包括對神靈的管轄權,人間官府的"教""詔""檄"等公文都對神怪具有强制力⑫。

---

① DZ786,《道藏》第 18 册,第 218a 頁。

② DZ786,《道藏》第 18 册,第 218b 頁。

③ DZ1120,《道藏》第 24 册,第 695b 頁。

④⑤ DZ1127,《道藏》第 24 册,第 780a 頁。

⑥ 〔日〕大淵忍爾《太真科とその周邊》,第 491 頁。

⑦ 倪克生英譯爲 affairs,不確。關於"物"釋爲鬼神,可參吕鵬志、薛聰《〈老子〉所見早期中國宗教儀式——〈老子〉"物或惡之"宗教內涵考釋》,載《"道教儀式與中國社會"國際學術研討會論文集》,香港大學香港人文社會研究所主辦,2021 年 10 月 15 日—11 月 30 日,Zoom 會議。

⑧ 《大代華岳廟碑》云:"有繼天師寇君名謙之……上神降臨,授以九州真師,理治人鬼(《中岳嵩高靈廟碑》作"理治人鬼之政"),佐國符命,輔導太平真君。"參見張勛燎、白彬《中國道教考古》第 2 册,綫裝書局,2006 年,第 580、607 頁。

⑨ DZ1127,《道藏》第 24 册,第 781c 頁。

⑩ 承蒙西南交通大學人文學院博士研究生趙允嘉提醒這一要點并惠賜相關資料,謹致謝忱。

⑪ 來國龍《漢晋之間劾鬼術的嬗變和鬼神畫的源流》,石守謙、顏娟英主編《藝術史中的漢晋與唐宋之變》,石頭出版股份有限公司,2014 年,第 67—76 頁。

⑫ 參樂維《官吏與神靈:六朝及唐代小説中官吏與神靈之爭》,《法國漢學》第三輯,清華大學出版社,1998 年,第 32—59 頁。

B.2　此段講述宅録、命籍制度，前人已有較爲詳備可靠的考釋，兹不贅述①。僅補充一則校勘，“故教云：千金雖貴，未若本齋之信命”，據下文“科教云：民有三勤爲一功，三功爲一德”，“教”前應補一“科”字，“科教”即天師道教内頒布的規章制度，如下文云“非師老科教而妄作忌諱，謂之巫”，此處强調繳納命信的重要性。

B.3　“奉道之家，靖室是致誠之所。”②“靖室”（“靖”也作“静”或“净”）是東漢天師道創製的儀式空間，現存最早的記載是《三國志·張魯傳》注引曹魏魚豢《典略》：“修法略與角同，加施静室，使病者處其中思過。”③“民家曰静，師家曰治”④，静室與天師道治既有區別又有聯繫，“静”“治”曾通用⑤。天師道南傳後，南方新出道派如上清經派、靈寶經派等沿用“静室”之法。古靈寶經吸收東漢天師道的静室并結合漢傳佛教的齋堂或布薩堂，發展出新的儀式場所“齋堂”，供齋儀法事之用，此後，天師道又受“齋堂”的影響而將其治所改稱爲“治堂”⑥。

B.4　1.“舊法服單衣袷（帢）幘，籙生袴褶。”⑦據學者考證，在係師張魯前後，五斗米道的法服包括單衣、玄冠（即“帢”）、介幘，可知“舊法服”當指東漢天師道法服⑧。在南朝時期，單衣和袴褶都是世俗社會的官服，道教化而用之，作爲法服。袴褶乃短衣長褲，爲低級官吏尤其是武吏的官服；單衣屬袍類，爲中級及以上官員的官服⑨。《南齊書·吕安國傳》記載吕安國訓誡其子曰：“汝後勿作袴褶驅使，單衣猶恨不稱，當爲朱衣官也。”⑩表明袴褶低於單衣，單衣低於朱衣。而“道家法服，猶世朝服”，穿着袴褶的籙生等級也低於穿着單衣的道官，籙生所佩之籙上有氣化而成的將軍吏兵，或許可將他們視作低級官員“武吏”。

①　凍國棟《道科“命籍”“宅録”與漢魏户籍制的一個側面》，第 89—94 頁。

②　DZ1127，《道藏》第 24 册，第 780c 頁。

③　〔晋〕陳壽撰，〔南朝宋〕裴松之注《三國志》卷八，中華書局，1982 年，第 264 頁。

④　《要修科儀戒律鈔》引《玄都律》，《道藏》第 6 册，第 967a 頁。

⑤　關於静室的研究，可參陳國符《道藏源流考》，第 331 頁。〔日〕吉川忠夫《“静室”考》，《東方學報》第 59 號(1987)，第 125—162 頁。中譯文見許洋主譯《静室考》，劉俊文主編《日本學者研究中國史論著選譯》第七卷，中華書局，1993 年，第 446—477 頁。趙益《三張“二十四治”與東晋南方道教“静室”之關係》，《東南文化》2001 年第 11 期，第 52—56 頁。吕鵬志《天師道受籙科儀——敦煌寫本 S203 考論》，《“中央研究院”歷史語言研究所集刊》第 77 本第 1 册，2006 年，第 103—104 頁。王承文《論漢晋道教“静室”的性質和來源》，《學術研究》2017 年第 2 期，第 109—123 頁；王承文《漢晋道經所見“静室”各種名稱及其與齋戒制度的關係》，《魏晋南北朝隋唐史資料》2016 年第 2 期，第 1—43 頁。

⑥　吕鵬志《靈寶齋淵源考辨》，《世界宗教研究》2022 年第 6 期，第 43 頁。

⑦　DZ1127，《道藏》第 24 册，第 781a 頁。

⑧　參孫齊《中古道教法服制度的成立》，《文史》2016 年第 4 期，第 72—75 頁。

⑨　關於“袴褶”“單衣”的研究，可參沈從文、王㐨《中國服飾史》，陝西師範大學出版社，2004 年，第 68—70 頁；張玉安《“袴褶”音義簡釋》，《藝術設計研究》2015 年第 3 期，第 26—30 頁；張玉安《朱衣、單衣及袴褶之意味》，《藝術探索》2015 年第 5 期，第 54—59 頁；張珊《東晋南朝的袴褶——兼論中國古代袴褶服的起源》，《南京藝術學院學報（美術與設計）》2017 年第 1 期，第 78—88 頁。

⑩　〔梁〕蕭子顯撰《南齊書》卷二九，中華書局，1972 年，第 538 頁。

2. "受治之信，男齋單衣墨幘，女則紺衣。"①此句明確領受治職應繳納的法信，男性道士備單衣和墨幘，女性道士備紺衣。《太真科》記載受外治治職的信物包括"單衣幘履、紙筆墨書刀等"②，《受籙次第法信儀》(DZ1244)記載的受治職法信爲"米五斗，薪一束，章紙一百張，筆兩管，墨一挺，書刀一口，單衣一領，黑幘一枚，履一緉"③。二經所載法信雖不完全相同，但都有單衣和墨(黑)幘，可作爲《科略》男性道士法信之輔證。至於女性道士需準備的"紺衣"，則不見於其他道書。按"紺"爲天青色，推測"紺衣"爲天青色的單衣。

3. "巾褐及帔，出自上道。禮拜著褐，誦經著帔。三洞之軌範，豈小道之所預。"④句中"上道"當指靈寶經派，"小道"則指天師道。根據有三：其一，"上道"以巾褐、帔爲法服，北周道教類書《無上秘要》(DZ1138)卷四十三"修道冠服品"記録的靈寶道士法服正有巾褐與帔⑤。《無上秘要》先引《洞玄真一自然經訣》："受道執經，法衣巾褐"⑥，再引《洞玄太極隱注經》："轉經坐小床上……巾鹿皮巾，披鹿皮帔，不須着褐也。無皮用布帔，着草履。太極真人讀經，法服披離羅九光錦帔……令道士讀經，勤苦於法事，鹿皮帔服，後得道日，天帝授子離羅九光之帔"⑦，又引《洞玄請問經下》："夫學道常净潔衣服，别静，燒香安高座，盛經禮拜……善備巾褐單裙，讀經帔衣"⑧，最後引南北朝末期受古靈寶經影響的《昇玄經》："有一仙人竇子明，着黄褐，戴玄巾，即前作禮行贊，繞太上七匝。"⑨這四條引文不僅證明巾褐及帔爲靈寶道士的法服，還證明了"禮拜着褐，誦經着帔"符合古靈寶經的規定⑩。值得一提的是，《無上秘要》所引的幾部古靈寶經，皆早於《科略》，表明陸修静此時已經受到古靈寶經的影響，爲其後期轉而信奉靈寶經教，整理靈寶科儀埋下了伏筆。

其二，"上道"誦經禮拜、崇奉三洞。誦經和禮十方、禮二十方都是靈寶齋正齋行道階段的重要儀式内容⑪。同時，"三洞"概念最早出自古靈寶經《太上洞玄靈寶金籙簡文三元威儀自然真經》⑫。在陸修静其他著作中，關於"三洞"的論述也出自古靈寶經，他遵循古靈寶經的思想，將古靈寶經視作綜括三洞經書的最高經典，不僅高於洞真上清經和洞神三皇經，更高於"三洞"之外的天師

①④　DZ1127，《道藏》第 24 册，第 781a 頁。

②　〔日〕大淵忍爾《太真科とその周邊》，第 494 頁。

③　DZ1244，《道藏》第 32 册，第 216a 頁。

⑤　周作明點校《無上秘要》，中華書局，2016 年，第 643—646 頁。

⑥　引文不見於今本《太上靈寶威儀洞玄真一自然經訣》(敦煌本)，《中華道藏》第 4 册，第 97—101 頁。

⑦　引文見於今本《上清太極隱注玉經寶訣》(DZ425)，《道藏》第 6 册，第 643c 頁。

⑧　引文見於今本《太上洞玄靈寶本行宿緣經》(即《太極左仙公請問經》卷下)，《中華道藏》第 4 册，第 123 頁。

⑨　引文不見於今本《太上洞玄靈寶昇玄内教經》(敦煌本)，《中華道藏》第 5 册，第 82—115 頁。

⑩　關於靈寶、天師道法服，可參孫齊《中古道教法服制度的成立》，第 77—79、81—82 頁。

⑪　參吕鵬志《靈寶齋淵源考辨》，《世界宗教研究》，第 38 頁。

⑫　參吕鵬志《天師道旨教齋考》(下篇)，《"中央研究院"歷史語言研究所集刊》第 80 本第 4 册，2009 年，第 528 頁；吕鵬志《唐前道教儀式史綱》，第 241—243 頁。

道經典①。

　　其三,"小道"指天師道也有迹可循。《敷齋經》曰:"建靈寶齋法……家一人受經,餘人有好齋者,聽齋。若時有黃赤太一祭酒,好見齋法者,聽齋,觀大法化,但不得同床而坐。縱復至德,人間名望於世,悉當在後行,以其治籙爲次第也。燒香同爾。"②換言之,雖然允許喜好齋法的天師道"黃赤太一祭酒"(法位低於靈寶道士)③聽靈寶齋,但是黃赤祭酒不得與齋官同座,而以其所受治籙爲次第排座,亦不得直接參與齋會。其他道典對黃赤道士也持同樣的貶低態度。古靈寶"新經"《太上靈寶威儀洞玄真一自然經訣》云:"天聖所尊,不得復與黃赤道士法師雜處,卧息坐起,交袂飲食。若洞神洞真可同游耳。"仙公注曰:"洞玄,靈寶是也。上清三洞主尊之書。"④《太上洞淵神咒經》曰:"道士悉奉三洞之人,不得與黃赤道士俱游也。"⑤《太上靈寶昇玄內教經》卷一曰:"居山有十事……五、當與人物有隔,不得與世間兒婦、黃赤祭酒同床席坐","太上至真要訣,時乃説之。此經玄妙,非世間黃赤祭酒所能階及"⑥。值得一提的是,陸修靜在其所著的靈寶傳授儀典《太上洞玄靈寶授度儀》中,指出當時部分道士在傳授洞玄靈寶經時錯誤地召請"下道"天師道的黃赤之官⑦:"時有單受洞玄……采博(搏)下道黃赤之官,降就卑猥,引屈非所,顛倒亂妄,不得體式,乖違冥典,迷誤後徒……"將天師道貶稱爲"下道",與《科略》中的"小道"異詞同義。《科略》視靈寶爲"上道",天師道爲"小道",已經顯現出陸修靜的判教思想及其從天師道轉向靈寶派的可能。

　　4."頃來繞受小治,或籙生之法,竊濫帔褐,已自大謬。"⑧"小治"可作兩種解釋,第一,指治所占地面積小,與中治、大治相對應,《玄都律》記載"小治,廣八尺,長一丈;中治,廣一丈二尺,長一丈四尺;大治,廣一丈六尺,長一丈八尺"⑨。第二,指級別較低的天師道治,與級別較高的"大治"相對。《太真科》云:"第五星宿治,二十有八名,名爲上治,又名大治,又名正治。"⑩意即與星宿治相配的二十四治及四別治(備治)爲大治,其餘八品游治和八品配治屬"小

<hr>

　　①　王承文《陸修靜道教信仰從天師道向靈寶經轉變論考(下)》,第28—29頁。
　　②　DZ532,《道藏》第9冊,第873b—c頁。
　　③　在五世紀以降逐漸形成的道教教階體制中,受黃赤契籙的太一道士處於由天師道正一法位晉升更高道階的中間環節,低於靈寶法位。參呂鵬志《天師道登壇告盟儀——〈正一法文法籙部儀〉考論》,第12頁。
　　④　《太上靈寶威儀洞玄真一自然經訣》(敦煌本),《中華道藏》第4冊,第98a—b頁。
　　⑤　《洞淵神咒經》卷十,《中華道藏》第30冊,第115b頁。
　　⑥　《太上靈寶昇玄內教經》(敦煌本),《中華道藏》第5冊,第83、85頁。
　　⑦　"黃赤之官"指早期天師道道士所佩受黃赤券上的官將吏兵,在行出官儀時須從道士身體中召請出來。參見呂鵬志《早期靈寶傳授儀——陸修靜(406—477)〈太上洞玄靈寶授度儀〉考論》,《文史》2019年第2輯,第127頁注2。
　　⑧　DZ1127,《道藏》第24冊,第781a頁。
　　⑨　見引於《要修科儀戒律鈔》,《道藏》第6冊,第967a頁。
　　⑩　〔日〕大淵忍爾《太真科とその周邊》,第494頁。大淵忍爾此條輯自《要修科儀戒律鈔》卷十,此外,也見於唐代道教類書《三洞珠囊》卷七"二十四治品"和宋代道教類書《雲笈七籤》卷二十八,文字內容大同小異。

治"。《科略》所指爲何？據《玄都律文》的類似記載："而頃者衆官輒便私相拜署，或所受治小而加人大治，或以身所佩法以授人，此皆不合冥典。"再結合下文陸修静注"遂乃身受下治，署人上品"時所言："謂自受天師平蓋、玉局之徒，乃署人陽平、鹿堂"，平蓋、玉局分别屬於中品治和下品治之列，而陽平、鹿堂二治爲上品治，級别高於前二治。故知，"小治"與"下治"同義，指級别較低的道治。而前文已述，帔與褐是靈寶派誦經禮拜時的法服，法位等級低於靈寶道士的正一道士自然不能穿戴，故陸修静斥之爲"大謬"。

至於《科略》中關於法服的其他科條，如"夫巾褐裙帔，製作長短，條縫多少，各有準式，故謂之法服。皆有威神侍衞。太極真人云：製作不得法，則鬼神罰人"①，也源出古靈寶"新經"②。《無上秘要》引《真一自然經訣》曰："受道執經，法衣巾褐。褐皆長三尺六寸，三十二條。若鹿皮巾褐至佳，皮褐無條數也。"③《太上洞玄靈寶本行宿緣經》（DZ1114，即《太極左仙公請問經》卷下）曰："名曰法服，法服恒有三神童侍之。……故法服當必令净潔，製作得法。不爾，鬼反害人。仙公曰：始聞法服之威神矣。"④

B.5　首先對本段作校勘如下：(1)"可署下治職任。若下治中復有功稱者"一句疑爲衍文。根據其他道書的記載，天師道治包括别治、游治、配治、二十四治(下八品、中八品、上八品)幾等，并無"下治"一級，間有稱"下治"者，也是指稱二十四治中的下品治⑤。《科略》下文"遂乃身受下治，署人上品"之"下治"亦非實指，據陸注"謂自受天師平蓋、玉局之徒，乃署人陽平、鹿堂"可知，此"下治"指下等、級别較低的治，係泛稱。(2)"佩籙惟多，受治惟多，受治惟大"，句中"受治惟多"疑涉上下文而衍。按天師道規定，一人僅能歸屬一個治區，自然只能受一個治職，無一人領受多個治區職任之説。(3)陸修静注"常後白板於人"，"後"於義無取，疑爲"授"之形近誤字。"授白板於人"與前句"自受白板治"相對，與正文"加板於人"意同。(4)陸注"師不受錢，神不飲食，謂之清約"，"約"字疑爲衍文。此句乃陸修静注"背盟威清約之正教"之言，據下文"……謂之約"，可知陸修静分别注釋"清"和"約"。且"師不受錢，神不飲食"只是清約的一部分内容，不等於清約，亦可證"約"爲衍文。(5)陸注"三吉之日，不赴會齊信"，"齊"於義無取，疑爲"賫"(俗作"齎")之形近誤字⑥。上文强調過三會日繳納命信的重要性，文中亦有"齎信"之用例。

① DZ1127，《道藏》第24册，第781a頁。
② 吕鵬志《唐前道教儀式史綱》，第230頁。王承文《陸修静道教信仰從天師道向靈寶經轉變論考(上)》，第1—2頁
③ 周作明點校《無上秘要》，第644頁。
④ DZ1114，《道藏》第24册，第667c—668a頁。
⑤ 可參〔日〕大淵忍爾《太真科とその周邊》，第494—498頁；《授籙次第法信儀》録南朝梁天師張辯撰《天師治儀》；《無上秘要》卷二三"正一炁治品"引《正一炁治圖》；《三洞珠囊》卷七"二十四治品"引《張天師二十四治圖》。
⑥ 《中華道藏》録作"賫"，陳國符《道藏源流考·南北朝天師道考稿》引文録作"齎"，皆逕改，未説明校改緣由。

　　此外,"三官遣考召君吏潛守門户"一句當連讀,不應斷開①。"考召君吏"
爲專門負責考鬼召神之事的官吏,中古道書多見②。此説可從。南朝天師道
儀典《度仙靈籙儀》(即敦煌寫本 S.203)也有"考召君吏"的用例,如"輒遣功曹
使者與考召君吏知肉人情實,應選用與不應用者,願及時下將軍吏兵""肉人受
更令時,考召君吏、逮召君吏并前後故九種吏兵,今謁爲言功舉遷……""肉人
身中故將軍吏兵隨章受遷,天曹考召君吏所考事立,所召者詣,有功勞者,〔今〕
謁爲言功舉遷……"③

　　對本段落考釋如下。

　　1. "科教云:民有三勤爲一功,三功爲一德。民有三德,則與凡异。聽得
署籙。"④"勤""功"皆指功勞、功德,《後漢書·段潁傳》:"時竇太后臨朝,下詔
曰:'……功用顯著,朕甚嘉之。須東羌盡定,當并録功勤。'"⑤南朝天師道經
典《正一法文太上外籙儀》(DZ1243)"立功求進"條曰:"凡能志學,皆應從師,
如戒修行,立功建德,德者五德也,功者九功也。"又謂"功德之名,爲善總
稱"⑥。在道教經典中,"功勤"又指勸化民衆,使其敬信道法。《正一法文太上
外籙儀》"選賢薦德"條將弟子建立的功德分爲三等,其中功德最大者"贊揚聖
化,化惡爲善,導歸師門,必此功勤,感動幽顯"⑦。晚唐道書《至言總》
(DZ1033)引《太上科》云:"令⑧教可三過爲一勤,勸化三户爲一功。"又注曰:
"勤謂心常濟物,孜孜不倦也。功謂三户舉家敬信道法,長幼孝慈也。"⑨《太上
科》可能是與《太真科》《九真明科》《四極明科》等并行的南朝上清科範彙編。
《科略》稱積累三勤爲一功,梁宋文明《靈寶經義疏》亦稱"三勤方成一功",與
《正一法文太上外籙儀》所謂"化得三人爲一功,三功爲一勤,三勤爲一勳"⑩稍
有不同,但都强調天師道道民需行善積德,纔能受籙署職。陸修静認爲"道士
不先依法化受,而便授籙治,如此之人皆是虚妄,徒爲道士,縱復修勤服善,三
天無名,故不免於枉横矣"⑪。敦煌寫本 S.203 所鈔度仙靈籙儀中也有文書稱
積累功勤後可以遷受更高級别的將軍籙,如更令遷十將軍籙的牒文言:"修義

　　① 陳國符、《中華道藏》本均點作"三官遣考,召君吏潛守門户",《中華道藏》又將"吏"誤録爲
"史"。陳國符《道藏源流考》,第 320 頁;《中華道藏》第 8 册,第 558c 頁。

　　② 劉祖國《〈中華道藏〉校點疏誤例釋》,《中南大學學報(社會科學版)》2013 年第 20 卷第 3 期,
第 278—279 頁。

　　③ 吕鵬志《天師道受籙科儀——敦煌寫本 S203 考論》,第 142、144、145 頁。

　　④ DZ1127,《道藏》第 24 册,第 781a 頁。

　　⑤ 〔南朝宋〕范曄撰,〔唐〕李賢等注《後漢書》卷六五,中華書局,1965 年,第 2149 頁。

　　⑥ DZ1243,《道藏》第 32 册,第 210a、210c 頁。

　　⑦ DZ1243,《道藏》第 32 册,第 211b 頁。

　　⑧ 疑"令"與前文"云"互倒,即《至言總》稱引的經名爲"太上科令"。《要修科儀戒律鈔》引同一段
文字作《太上科令》云:'教人改三過,可爲一勤;勸化三户,可爲一勤。'"可證。感謝薛聰同學補充這
兩條材料。

　　⑨ DZ1033,《道藏》第 22 册,第 868b 頁。

　　⑩ DZ1243,《道藏》第 32 册,第 212a 頁。

　　⑪ DZ1127,《道藏》第 24 册,第 781b 頁。

給使有功勤,今求遷請上仙或上靈十將軍籙”①,七十五遷百五十將軍籙的章文言:“肉人奉道專心,屬行修勤,好道務進”②。

2.“若救治天下萬姓,扶危濟弱,能度三命,進上八之職。”③“三命”,道教典籍中約有以下三種解釋。(1)約出於後漢時期的《太上老君中經》(DZ1168)卷下:“人生自有三命,至聚(疑作“娶”)婦嫁女,復定其一命。移徙葬埋,復定其一命。”④(2)潘師正《道門經法相承次序》(DZ1128)卷下:“三命:一曰罰命,行不善天所亡;二曰疾命,邪欲多病所生;三曰度命,衆命之數,紀物之終。”⑤(3)《雲笈七籤》(DZ1032)卷五十四“魂神”:“正一真人告趙昇曰:夫人身有三魂,謂之三命。一主命,一主財祿,一主灾衰。一常居本屬宮宿,一居地府五岳中,一居水府。”⑥《赤松子章曆》“驛馬章 亦云開度章”所言“或三命已窮,一期載續……保守身命,祿位高遷,延年益算,穀帛盈倉,錢財集聚,永保元吉”⑦中的“三命”意義與之略同。第一種“三命”指人生的三個階段,第二種“三命”特指大惡大病之人的命數,第三種“三命”指人生可能遭遇的壽命、財祿、灾厄等問題,可能需要尋求治師的幫助。《科略》既言“救治天下萬姓,扶危濟弱”,則所度的“三命”當爲第三種,也即《雲笈七籤》引正一真人的解釋⑧。

3.“或自荷白板,而加板於人。[陸修靜注]謂自受白板治,既不詣天師除正,遂以終身常授(原作“後”,據文意改,詳上)白板於人。”⑨“白板”(也作“白版”)疑化用世俗授官制度,自漢以來,授官皆有印章。授官只用板書而無詔敕印章,稱“白板”⑩,即無誥命之官。《資治通鑑·漢紀》載:“(初平元年)春正月,關東州郡皆起兵以討董卓,推勃海太守袁紹爲盟主。紹自號車騎將軍,諸將皆板授官號。”元胡三省注曰:“時卓挾天子,紹等罔攸稟命,故權宜板授官號。”⑪在《釋文辨誤》卷三中,胡三省續曰:“史炤《釋文》曰:‘板,通作版,以版籍授官。’余按字書,板、版二字,古今通用。然於此謂以版籍授官,則非也。《漢制度》曰:‘帝之下書有四:一曰策書,二曰制書,三曰詔書,四曰誡敕。策書者,編簡也,其制長二尺,短者半之,篆書起年月日,稱“皇帝”以命諸侯。王公以罪免,亦賜策書,而以隸書,凡一木兩行,唯此爲异也。制書者,帝者制度之命,其文曰“制”。詔,三公皆璽封,尚書令印重封,露布州郡也,其文曰:“告某官云云,如故事。”誡敕者,謂敕刺史、太守,其文曰:“有詔敕某官。”他皆仿此。’

①　呂鵬志《天師道受籙科儀——敦煌寫本 S203 考論》,第 143 頁。
②　呂鵬志《天師道受籙科儀——敦煌寫本 S203 考論》,第 145 頁。
③　DZ1127,《道藏》第 24 册,第 781b 頁。
④　DZ1168,《道藏》第 27 册,第 155a 頁。
⑤　DZ1128,《道藏》第 24 册,第 800c 頁。
⑥　〔宋〕張君房編,李永晟點校《雲笈七籤》,第 1190 頁。
⑦　DZ615,《道藏》第 11 册, 第 204b 頁。
⑧　承蒙西南交通大學人文學院碩士研究生閆瑞同學和陶冶勻道長惠示有關“三命”的資料,謹致謝忱。
⑨　DZ1127,《道藏》第 24 册,第 781c 頁。此條考釋參考了趙允嘉同學提供的材料,謹致謝忱。
⑩　關於“白板”,可參田餘慶《東晋門閥政治》,北京大學出版社,2012 年,第 39 頁。
⑪　〔宋〕司馬光編著,〔元〕胡三省音注《資治通鑑》卷五九,中華書局,1956 年,第 1908 頁。

李雲書曰：'尺一拜用，不經御省。'章懷注曰：'尺一之板，謂詔策也，見《漢官儀》。'則拜授官號，漢用尺一策也。時董卓挾天子，袁紹等罔攸稟令，故權宜板授官號。言無皇帝璽信，以白板授之也。豈以版籍授官乎！"①可知，"板授"指授官所用策詔公文爲白板，上無皇帝加蓋之印璽。"白版/板"實際上是強調官職非中央政權所授。《資治通鑑·晋紀》載："王恭之討王國寶也，版（王）廞行吳國内史。"胡三省注曰："以白版授官，非朝命也。"②《晋書·趙王倫傳》："〔倫〕以苟且之惠取悦人情，府庫之儲不充於賜，金銀冶鑄不給於印，故有白版之侯，君子耻服其章，百姓亦知其不終矣。"③《宋書·孝武帝紀》曰："（大明五年八月庚寅）制方鎮所假白板郡縣，年限依臺除，食禄三分之一，不給送故。"④

　　《真誥·闡幽微》陶弘景注以世俗官制中的臺除類比道教中自稱太上弟子者，"不但吾自所部領，乃太上令吾主之，故復以爲威。猶如郡縣官爵有臺除，非白版之例也"⑤。可見，"白板"指未正式受官職。陸修静批評"自苟白板，而加板於人"當指天師道道士未正式受治職，却版署他人治職⑥。又，《科略》所謂"板"多指都功版，是傳授治職的憑證，《誦誡》稱"板署治職"可證，版上書職任、時日、里籍、姓名等信息，如《正一法文傳都功版儀》（DZ1211）載天師門下大都功版版文："某郡縣鄉里，正一弟子王甲，年若干歲……宜補天師門下大都功，板署厥職，自陽平治以下任意傳授後學賢良，如法施行。某國號某年太歲某月日，於某郡縣鄉里觀中白板。係天師若干世某乙（非天師子孫云某治某乙）。"⑦此所謂"白板"指稟告板文，非《科略》所説未加蓋印章的板文⑧。前一"白板"是動賓結構，後一"白板"是偏正結構。

　　4.［陸修静注］"或先是俗身，負鬼祭饌，越入道法，立身以來，罪惡狼藉。"⑨"先是俗身"指道民在入天師道之前信奉其他民間宗教，"負鬼祭饌"表明其人可能是假托降神享受民衆祭祀的巫師。東晋中葉上清經的第一個接真者華僑便是一例，華僑之事見載於《真誥》和上清諸真傳《紫陽真人内傳》（DZ303）⑩。《紫陽真人内傳》曰："江乘令晋陵華僑世奉俗神，忽夢見群鬼神與之游行飲食。……僑自懼必爲諸鬼所困，於是背俗入道，詣祭酒丹陽許治，受

---

①　〔宋〕司馬光編著，〔元〕胡三省音注《資治通鑑·釋文辯誤》卷三，第33頁。

②　〔宋〕司馬光編著，〔元〕胡三省音注《資治通鑑》卷第一〇九，第3453頁。

③　〔唐〕房玄齡等撰《晋書》卷五九，第1602頁。

④　〔梁〕沈約《宋書》卷六，中華書局，1974年，第128頁。《南史》《建康實録》亦有相應記載，此實出自《修葺庠序詔》，收録於明代梅鼎祚《宋文紀》卷三。

⑤　〔梁〕陶弘景撰，趙益點校《真誥》，第266—267頁。

⑥　關於天師道都功版的研究，可參白照杰《揚州新出土晚唐龍虎山天師道大都功版初研》，《宗教學研究》2018年第4期，第9—16頁。關於"白板"的考釋，參考"神州儀式研究"微信群姜守誠、崔振聲、許蔚等群友的交流討論。承蒙許蔚提示相關研究論文，謹致謝忱。

⑦　DZ1211，《道藏》第28册，第490c頁。

⑧　《正一法文傳都功版儀》刺文末尾所謂"太歲某年某月朔日子，臣姓某，屬某州縣宫觀，今於某郡縣鄉里中白刺"（《道藏》第28册，第491b頁）與此句句義用法相近，可資佐證。

⑨　DZ1127，《道藏》第24册，第781c頁。

⑩　〔梁〕陶弘景撰，趙益點校《真誥》，第357頁；DZ303，《道藏》第5册，第548a頁。

奉道之法。群鬼各便消散,不復來往。"華僑早年信奉俗神,夢中常與鬼神一起游行饗醊(即享用祭品),後懼爲鬼所害,遂乃改信天師道。對華僑這類"負鬼祭饌"行爲的强烈批評正體現了天師道反對祭祀,"神不飲食,師不受錢"的精神。此外,《真誥》卷十四所舉范伯慈亦爲先事俗後改奉大道者,此人因事奉俗神而得邪勞病,傾盡家產迎師治病而不愈,後來"聞大道清約無所用,於是意變。聞沈敬作道士精進,理病多驗,乃棄俗事之,得五十日,病疾都愈"①。

5. [陸修静注]"故經云:'道士不受《老君百八十戒》,其身無德,則非道士,不得當百姓拜,不可以收治鬼神。'"②此處徵引之"經"當指古靈寶"新經"《敷齋經》③,經言:"夫祭酒當奉行《老君百八十大戒》,此可言祭酒也。故曰不受大戒,不得當百姓及弟子禮拜也。"④《敷齋經》提及的《老君百八十大戒》係南朝天師道效仿古靈寶經《三元品戒經》之"三元品戒罪目",再結合天師道特色而撰作的系列戒條⑤。早期天師道也注重戒律,《老子想爾注》已反覆强調遵道守誡,但所要求遵守的是道家規範,即清静無爲、柔弱守持等,并未形成佛教似的系列戒條⑥。陸修静在此不引傳統天師道戒而引《敷齋經》以强調祭酒需遵守戒律,再次證明陸氏此時已受到靈寶經的影響。

6. "若學不由師成,非根生;不承本,名爲無根之草。而今人受籙無此德,受治無此才。或都無師籍,或有師無籍,或雖有師籍而無德……"道民受籙的基本前提是積累勤、功、德,此外道民須歸屬某治、從本師受道,籙生進一步受治職的前提是有宣化道民之才。"師籍"係複合詞,"師"指本師(即本治之師),"籍"指道民命籍,道民身份由此二者認定,缺一不可。首先,道民不可無師,因爲"學不由師成,非根生""不緣本師起,謂之不承本"。《昇玄内教經》(敦煌本)卷二闡述此理更詳:"得道度世,莫不由師。學之有師,亦如樹之有根,緣有根故,枝條扶蔬。學道之人,亦以本師爲基,漸次成就大智。既能成就大智,復能成就小智,如樹由根生子,子復生根,展轉相生,則種類不絶。"又曰:"本師者,學之根也。譬如爲山,由于一匱之土,漸漸得其高大。本師者亦復如是,乃爲發蒙之基。後師者,備成也。"⑦"本師"也稱"主者",《玄都律文·制度律》曰:"制男官、女官、主者領户治位,皆有科次品號。若是甲治,受所領民租米百斛,

---

① 〔梁〕陶弘景撰,趙益點校《真誥》,第 255 頁。有關巫者或其他信徒改信道教之例,也參林富士《試論六朝時期的道巫之别》,收入林富士《中國中古時期的宗教與醫療》,聯經出版事業股份有限公司,2008 年,第 421 頁注 61。

② DZ1127,《道藏》第 24 册,第 781c 頁。

③ 參吕鵬志《天師道旨教齋考》(下篇),第 529—530 頁;王承文《陸修静道教信仰從天師道向靈寶經轉變論考(上)》,第 1—2 頁。

④ DZ0532,《道藏》第 9 册,第 872b 頁。

⑤ 關於老君百八十戒與《三元品戒經》的關係,參吕鵬志《唐前道教儀式史綱》,第 225 頁;楊金麗、吕鵬志《靈寶三元齋之出典——〈太上洞玄靈寶三元品戒經〉合校考釋》,載《"道教儀式與中國社會"國際學術研討會論文集》,香港大學香港人文社會研究所主辦,2021 年 10 月 15 日—11 月 30 日,Zoom 會議。

⑥ 參吕鵬志《天師道旨教齋考》(下篇),第 509 頁。

⑦ 《中華道藏》第 5 册,第 87 頁。

七十斛,折三十斛傳天師治。若二百斛,皆當詣本治施設。"①《正一法文太上外籙儀》所收與章文配套的刺文體現了道民與本治主者之間的隸屬關係,如成人超受百五十將軍條言功章的刺文曰:"某州郡縣鄉里男女生姓名年歲,被某官召,戶屬男女主者姓名,治男女姓名。"②其次,道民不可"有師無籍",陸修静注:"謂雖有師主,三會不到治,命信不上,天曹削籍,所以爲無。"是道民家有添丁減口,却未在三會日齎持命信前往道治更新命籍,以致天曹削落名籍,投刺上章均無效應。最後,道民不可"都無師籍",陸修静注曰:"人先雖奉道,失師來久,不復更屬;或先是凡俗之民,一身流寓,浮好假信,道士不先依法化受,而便授籙治,如此之人皆是虛妄,徒爲道士,縱復修勤服善,三天無名,故不免於枉横矣。況其放慢違逆者乎!"是無師無籍分爲兩種情況,其一,道民所屬本師亡故已久,却不復改屬他師,這樣的結果是"治無命籍,家無宅籙"。其二,道士未依法宣化凡俗之民,便直接授予其籙治,如此度化的道民"三天無名"。《玄都律文·制度律》認爲後一情況實乃主者之過咎,曰:"男官、女官、主者,尋奉道之民,各有根本,而比者衆官互略受他户,寔由主者之過,不能以科法化喻,輒便領受。愚民無知,謂可輕爾,致使去就任意,不遵舊典,主者受奪略之罪,民受叛違之愆,師則以狀言奏,天曹必至。違律者各罰筭一紀。"③此外,《科略》還提到另一種無有師籍的情形,道民生病時,不請本師而告請別治主者,別治主者不明所以便爲其上章,如此,"疾痛之身,録籍先無,今章忽有,非守宅所部,三師不領,三天闕籍,司命無名,徒碎首於地,文案紛紛"④。

　　7. "背盟威清約之正教,向邪僻妖巫之倒法。"陸修静注前句曰:"盟威法:師不受錢,神不飲食,謂之清。治病不針灸湯藥,唯服符飲水,首罪改行,章奏而已。居宅安塚,移徒動止,百事不卜日問時,任心而行,無所避就,謂〔之〕約。千精萬靈,一切神祇,皆所廢棄,臨奉老君三師,謂之正教。"所謂盟威正教即A.1提到的太上老君授予張天師的"正一盟威之道",也即天師道,以"清約"爲宗旨。《赤松子章曆》卷五"爲先亡言功章"條曰:"臣素以胎生,血誕之餘,千載運會,得遇太上開化之際,盟威正教,驅除穢逆。"⑤也言"盟威正教"。陸修静又注"倒法"一句云:"祭祀鬼神,祈求福祚,謂之邪。稱鬼神語,占察吉凶,謂之袄。非師老科教而妄作忌諱,謂之巫。書是圖占、冢宅、地基、堪輿、凶咎之屬,須上章驅除。乃復有曆,揀日擇時,愚僻轉甚,正科所明,永不肯從,法之所禁,而競尊用,背真向僞,謂之倒也。"是將祭祀鬼神、占卜吉凶、妄作忌諱等不符合"清約"的行爲斥爲倒法。其中,"稱鬼神語"指神靈附體,乃巫教的主要特徵。《國語·楚語下》記載了顓頊下令"絕地天通"的故事,其中説"如是則明神

①　DZ188,《道藏》第 3 册,第 459b—c 頁。

②　DZ1243,《道藏》第 32 册,第 209a 頁。

③　DZ188,《道藏》第 3 册,第 460a 頁。

④　DZ1127,《道藏》第 24 册,第 780b—c 頁。

⑤　DZ615,《道藏》第 11 册,第 212c—213a 頁。

降之,在男曰覡,在女曰巫"①。《史記·封禪書》所謂"神君者,長陵女子,以子死,見神於先後宛若""游水發根言上郡有巫,病而鬼神下之……設供具,以禮神君。神君所言,上使人受書其言,命之曰'畫法'"②,也反映了巫"降神"這一典型特徵。其他南朝天師道經典也表現出對此類"邪僻妖巫"之法的抨擊,《三天内解經》將漢世"醫巫滋彰,皆棄真從僞,弦歌鼓舞,烹殺六畜,酹祭邪鬼"的情形概括爲"群邪滋盛";又將南朝時人"烹殺六畜,禱請虚無,謡歌鼓舞,酒肉是求"的行爲稱作"信邪廢真"③。《太上老君經律》(DZ786)收録四組天師道戒律,其中《道德尊經戒》二十七戒中有"戒勿喜邪,喜與怒同""戒勿多忌諱,戒勿禱祀鬼神";《老君説一百八十戒》有"不得爲人圖山,立塚宅起屋""不得干知星文,卜相天時""不得畜世俗占事八神圖,亦不得習""不得祠祀鬼神以求僥倖""不得爲人多作忌諱""不得自多忌諱""當迴向正一,勿得習俗事"④等條目。據此,可歸納出天師道的三大特徵:第一,反對酒肉祭祀,主張與神靈進行書面交流;第二,反對卜日問時,主張"任心而行,無所避就";第三,反對受控於鬼神,主張召役鬼神。這三點正是天師道與民間巫教最根本的區别⑤。

8. [陸修静注]"道法廉退,應而不唱。静躬修術,以待求者。告訴慊至,然後撫接。若游行自衒,法之所禁。"⑥"廉""謙""慊"三字同源。《説文·广部》:"廉,仄也。從广,兼聲。"清段玉裁注:"此與廣爲對文。謂逼仄也。"《説文·言部》:"謙,敬也。從言,兼聲。"《説文·心部》:"疑也,從心,兼聲。"⑦楊樹達《積微居小學述林》卷一"釋謙"條云:"謙,蓋謂言之不自足者也。知者,兼聲之字多含薄小不足之義……《淮南子·原道篇》:'不以慊爲悲',高注云:'慊,約也'。是慊有少約之義也。《釋名·釋用器》:'鎌,廉也,體廉薄也。'是鎌受義於廉薄也。……欠、兼音近,余疑歉爲欠之加聲旁字,其他從兼聲而有薄少不足之義者,兼皆欠之假,并受義於欠也。"⑧楊説甚是。"廉"即狹窄,故有清廉節儉之義;"謙"即言少,不自大,故有謙虚恭敬之義;"慊"即心不自滿,故有疑惑之義。皆從"兼"得聲,故可通。

"廉退"即"謙退"。"唱"通"倡","應而不唱",不爲先也。《老子》第六十七章:"我有三寶,持而保之。一曰慈,二曰儉,三曰不敢爲天下先。"河上公注:"執謙退,不爲倡始也。"第六十九章:"吾不敢爲主而爲客。"河上公注:"主,先

① 〔春秋〕左丘明撰,徐元誥集解,王樹民、沈長雲點校《國語集解》,中華書局,2002 年,第 513 頁。

② 〔漢〕司馬遷撰,〔南朝宋〕裴駰集解,〔唐〕司馬貞索隱,〔唐〕張守節正義《史記》卷二八《封禪書》,中華書局,1982 年,第 1384、1388 頁。

③ DZ1205,《道藏》第 28 册,第 414a、413a 頁。

④ DZ786,《道藏》第 18 册,第 218b、220a—221a 頁。

⑤ 關於道教與巫教的區别,詳參林富士《試論六朝時期的道巫之别》,收入氏著《中國中古時期的宗教與醫療》,第 405—421 頁。

⑥ DZ1127,《道藏》第 24 册,第 782a 頁。本條考釋參考了西南交通大學人文學院博士研究生薛聰提供的觀點和材料,謹致謝忱。

⑦ 《説文解字詁林》,中華書局,1988 年,第 9254、2989、10045 頁。

⑧ 楊樹達《積微居小學述林》,中華書局,1983 年,第 10 頁。

也。〔我〕不敢先舉兵。客者，和而不倡。用兵當承天而後動。"①《莊子·德充符》描述形醜而德全的"哀駘它"時云："未嘗有聞其唱者也，常和而已矣。無君人之位以濟乎人之死，無聚禄以望人之腹。又以惡駭天下，和而不唱，知不出乎四域，且而雌雄合乎前。"唐成玄英疏："譬幽谷之響，直而無心，既不以言説招携，非由先物而唱者也。"②《淮南子·詮言篇》："聖人常後而不先，常應而不唱。"③《太上老君經律》載"道德尊经想尔戒"（即想爾九行）之最上三行有："行守雌，勿先动。"④故從"道法廉退，應而不唱"一語可見後世道教對早期道家謙退思想的繼承發展。

　　"慊至"即"誠懇之至"，非常誠懇、恭敬的樣子。佛經《舍利弗問經》："但像教之時信根微薄，雖發信心不能堅固，不能感致諸佛弟子。雖專到累年，不如佛在世時一念之善，其極慊至，無復二向。"⑤唐玄應《一切經音義》云："慊至，苦簟反，慊慊言勏勏也。"⑥《一切經音義》卷九："勏勏，《廣雅》：'勏，勤也。'《埤蒼》：'力作也。'"⑦"勏勏"即"勤勤"，誠懇貌。上清經《洞真太上太霄琅書》（DZ1352）："今有男女道士姓名，參辭執信，求受洞真，投誠慊款，久彌堅，推之玄科，不容抑閉。"⑧"欵"同"款"，《玉篇·欠部》："款，誠也。"⑨"慊""款"連言，誠懇也。陸修靜《太上洞玄靈寶授度儀》"次弟子自盟文"條曰："某當勵已肅體，供養尊禮，棄情退累，志托幽阜，長乖世塗，唯志丘岩，晝夜朝拜，思竭愚管，庶憑聖文，拔度朽骸，至心悾慊，無有二念，不敢違盟負誓，欺師慢道，有面無心，不保劫數。"⑩按：《論語·泰伯》："狂而不直，侗而不愿，悾悾而不信，吾不知之矣。"東漢包咸注："悾悾，愨也，宜可信。"⑪"悾""慊"連言，皆誠懇之義。北周道教類書《無上秘要》卷四十九"三皇齋品"引《三皇齋立成儀》云："今有某郡縣鄉里某甲，信識真典，希尚功福，遠到此山，申訴誠慊，求爲建三皇齋謝，以悔禍祈福。"⑫《文選》卷三十八載南朝梁任昉《爲齊明帝讓宣城郡公第一表》："鉅平之懇誠必固，永昌之丹慊獲申。"⑬按："懇誠"與"丹慊"對文，義通。"告訴慊至，然後撫接"，即待求問者真誠稟告所求，道官祭酒方可接納。東晉中葉上清經《真誥》列舉了服食草木之藥、房中之法及行氣導引、金丹之道等一些有

① 王卡《老子道德經河上公章句》，中華書局，2021 年，第 263、271 頁。
② 〔清〕郭慶藩撰，王孝魚點校《莊子集釋》，中華書局，2012 年，第 206—208 頁。
③ 何寧撰《淮南子集釋》，中華書局，1998 年，第 991 頁。
④ DZ786，《道藏》第 18 册，第 218a 頁。
⑤ 《舍利弗問經》，《大正藏》第 24 册，第 902 頁上欄。
⑥ 〔唐〕玄應《一切經音義》，《大正藏》第 54 册，第 733 頁上欄。
⑦ 〔唐〕玄應《一切經音義》，《大正藏》第 54 册，第 415 頁上欄。
⑧ 《道藏》第 33 册，第 682a 頁。
⑨ 詳見漢語大字典編輯委員會《漢語大字典》，四川辭書出版社，2010 年，第 2295 頁。
⑩ DZ1352，《道藏》第 9 册，第 852b 頁。
⑪ 〔清〕劉寶楠撰《論語正義》，中華書局，1990 年，第 306 頁。
⑫ 周作明點校《無上秘要》，中華書局，第 785 頁。
⑬ 《六臣注文選》，中華書局，1987 年，第 713 頁。

代表性的舊方術，其中就有“至志感靈”①，《無上秘要》卷六十五闢有“專誠品”，足見道教對信徒誠心的重視程度。

道官謙退，不主動倡行道教，不藉機炫耀法術，道民誠心求道。這也符合《正一法文太上外籙儀》首段所言：“凡男女師皆立治所，貴賤拜敬，進止依科，自往教之輕道，明來學之重真。……若衒法求利，不明正典，傳非習謬，迷誤後生。”②其中“自往教之輕道，明來學之重真”是這段話的核心要旨，化用《禮記·曲禮上》“禮聞來學，不聞往教”③。

三　結語

本文對南朝天師道經典《科略》作了逐段梳理與考釋，我們認爲，利用其他天師道經典和其他教派的相關經典對《科略》的疑難詞句進行深入考釋至少有以下三點意義。

首先，有助於深入理解天師道的信仰和實踐。天師道的最高信仰是大道，大道生出玄元始三氣④，三氣化生萬物，天、地、人、神、鬼、經、符籙皆由氣化而成。基於道氣信仰，天師道反對中國傳統宗教的祭祀儀式，創立了新的儀式。東漢天師道經典《老子想爾注》明確反對祭餟禱祠，漢中儀典《千二百官儀》及其南朝改編本《正一法文經章官品》主張收捕天下飲食橫行鬼賊，南朝劉宋的《科略》和《三天內解經》更明確提出“神不飲食，師不受錢”的口號，均表示要取消祭祀，只有天子祭天、三分祭祀五岳、諸侯祭祀山川、民衆定期祭祀祖先及社竈不在禁絶之列。取消酒肉祭祀之後，天師道通過上三官手書、上章、行符、授籙等儀式與鬼神進行書面交流。這是對傳統中國宗教（包括儒教、民間宗教、方士傳統）的重大改革，也是天師道的重大創新。

其次，有助於理解漢魏天師道到南北朝天師道的歷史演變。隨着張魯漢中天師道教團的潰散，天師道經歷了北遷和南傳，南傳後的天師道積極與南方既有道派如上清經派、靈寶經派交流互鑒。如上文所述，南朝天師道吸收靈寶經的法服制度和法位等級觀念，區分出“上道”和“小道”，還仿古靈寶經的“三元品戒罪目”製成“老君百八十戒”。而天師道也影響了南方道派，南朝上清科范彙編《太真科》記錄了天師道的許多制度、儀式。古靈寶經吸收天師道的“静室”，發展出新的儀式場所“齋堂”，隨後天師道又反過來藉鑒“齋堂”形成“治堂”。南朝天師道因與南方道教相互影響而發生演變的例證還很多，恕不一一列舉。

最後，有助於理解南北朝天師道之間的異同。南朝陸修静的《科略》與北魏寇謙之的《誦誡》之間有着千絲萬縷的聯繫，可互相申發和印證。這兩部經典同爲天師道內部清整教團之作，所呈現的南北方天師道狀況有同有異，部分内容

---

① 〔梁〕陶弘景撰，趙益點校《真誥》，第 88 頁。
② DZ1243，《道藏》第 32 册，第 206a 頁。
③ 〔東漢〕鄭玄注，〔唐〕孔穎達疏《禮記正義》卷一，見〔清〕阮元校刻《十三經注疏》，第 2663 頁。
④ 《大道家令戒》：“道授以微氣，其色有三，玄、元、始氣是也。”《道藏》第 18 册，第 235c 頁。

互有詳略，試舉兩例。既有《科略》略而《誦誡》詳者，如《科略》正文和陸修静注兩次提及治病不需針灸湯藥，只需服符飲水、上章首過，但并未説明具體儀式，而《誦誡》則更詳細記載了爲病者首過上章的儀式①。也有《誦誡》略而《科略》詳者，如《誦誡》言“後人諸官，愚闇相傳，自署治籙符契”②，但未細説如何授署治籙算作“愚闇相傳”，《科略》載有受籙署職的先後次第，違反這個次序便是顛倒錯亂，更明確者還有“遂乃身受下治，署人上品。（陸注：）謂自受天師平蓋、玉局之徒，乃署人陽平、鹿堂”③。此外，兩經還有一些相同的術語或概念，如二十四治、陽平、鶴鳴、靖廬、籙生、祭酒、治、籙、百五十籙、三會日、厨會、上章、脆願等，這些南北方天師道經典共有的概念可能均來自於更早的漢魏天師道④。不過這些概念在《科略》和《誦誡》中互有側重，如《誦誡》特別强調厨會和上章，《科略》更加强調命籍⑤。

（作者單位：西南交通大學人文學院）

　①　DZ785，《道藏》第 18 册，第 215c 頁。
　②　DZ785，《道藏》第 18 册，第 216c 頁。
　③　DZ1127 ，《道藏》第 24 册，第 781c 頁。
　④　吕鵬志《唐前道教儀式史綱》，第 239—240 頁。
　⑤　楊聯陞《〈老君音誦誡經〉校釋——略論南北朝時代的道教清整運動》，《“中央研究院”歷史語言研究所集刊》第 28 本，1956 年，第 27 頁。

古典文獻研究（第二十七輯上）
Journal of the Institute for Chinese Classics Studies
Nanjing University
Volume 27, No.1 2024

《神仙傳》八篇單傳原本考*

靳婷婷

　　葛洪《神仙傳》原本至元末應已不存，今本《神仙傳》爲明代所輯，有《漢魏叢書》本（以下簡稱"漢魏本"）和《四庫全書》所收毛晉本（以下簡稱"四庫本"）兩本，在内容、文字方面均有不同程度的差異。學界通常認爲漢魏本《神仙傳》是鈔合《太平廣記》及他書所引而成①，而四庫本《神仙傳》則被認爲更接近原帙或輯録的更爲周密，如四庫館臣②、余嘉錫③、胡守爲④等。這一觀點是否成立，需要進一步考察。

　　漢魏本、四庫本《神仙傳》中有八篇傳記——《李少君傳》《東郭延傳》《薊子訓傳》《王真傳》《劉京傳》《魯女生傳》《封君達傳》《劉安傳》，與所謂《漢武帝外傳》（《漢武帝外傳》係明《正統道藏》自《漢武帝内傳》中析出⑤）所載内容有關（其中四庫本的前五篇與《漢武帝外傳》中的五人内容文字基本全相同），而且二本差異較大，這給我們考察漢魏本、四庫本《神仙傳》的文本差異及其性質提供了良好的分析材料。本文即從此八篇單傳出發，分别從叙事板塊及順序、叙事水平、仙道思想等方面，與唐前文獻中的相關内容進行比較考辨，以辨别此八篇中，漢魏本、四庫本何者更接近原帙或早出。希望本文的分析和結論，可以對進一步辨析葛洪《神仙傳》的"原本"與《漢武帝外傳》的關係、現行四庫本

---

　　* 本文係國家社會科學基金重大項目"緯書文獻的綜合整理與研究"（20&ZD226）階段性成果；蘭州城市學院博士科研基金（LZCU‐BS2019‐53）資助項目階段性成果。

　　① 〔清〕紀昀等《武英殿本四庫全書總目》卷一四六，第 40 册，國家圖書館出版社，2019 年，第 130—134 頁。

　　② 〔清〕紀昀等《武英殿本四庫全書總目》卷一四六，第 40 册，第 125 頁。

　　③ 余嘉錫《四庫提要辨證》卷一九，第三册，中華書局，1980 年，第 1219 頁。

　　④ 胡守爲《神仙傳校釋·前言》，中華書局，2010 年，第 2—3 頁。

　　⑤ 關於《漢武帝内傳》及析出之《漢武帝外傳》的文獻問題，參閱趙益《〈漢武帝内傳〉與〈神仙傳〉關係略論》，《古籍整理研究學刊》2002 年第 1 期。此文後附於其專著《六朝南方神仙道教與文學》（上海古籍出版社，2006 年），於 2019 年再版中對此文的内容和結論做了進一步的修正（江蘇人民出版社，2019 年，第 358—362 頁）。

《神仙傳》與《漢武帝外傳》的關係,以及包含傳承“六甲靈飛十二事”五人内容的《漢武帝内傳》的成書時間等重要問題提供助益。

李少君傳

　　漢魏本和四庫本《神仙傳》之《李少君傳》所據原本,都是在《史記·封禪書》中李少君叙事的基礎上改造編撰而來,在漢魏本、四庫本的諸多文本中具有“承襲前人文本的基礎上以新時代之仙道思想漸次改寫增益”的典型性。又因此篇與《漢武帝外傳》(下文簡稱《外傳》①)中李少君段文字相同,而《外傳》中此段正是“六甲靈飛十二事”自天界仙人向凡人(漢武帝)傳授後再傳凡人的第一環,是判别《神仙傳》與《外傳》的出世先後的樞紐所在,故對此篇進行詳細的分析,作爲後文諸篇分析的範例。

　　爲凸顯《史記·封禪書》,漢魏本、四庫本《李少君傳》在叙事板塊、叙事水平和仙道思想三方面的差異,下面將三個文本按照漢魏本、四庫本的叙事順序劃分爲具體板塊來分析,《封禪書》有 8 個板塊,漢魏本《李少君傳》有 9 個,四庫本有 10 個。詳如表(1):

表(1)　李少君叙事板塊表

文獻 叙事板塊	《史記·封禪書》②	漢魏本《李少君傳》③	四庫本《李少君傳》④
1. 身份	2. 故深澤侯人以主方,匿其年及所生長	1. 齊人	1. 字雲翼,齊國臨淄人
2. 遇安期(先)生	5. (下)臣嘗游海上見安期生,食巨棗大如瓜	2. 於安期先生得神丹爐火之方	2. 患疾遇安期先生救之遂師事,後師授其神丹爐火飛雪之方、誓約口訣即升天,遂隱於世
3. 以方上武帝及方的内容	1. 以祠灶、穀道、却老方見上 5.(上)言上曰:祠灶則致物,致物而丹沙可化爲黄金,黄金成以爲飲食器則益壽	3. 家貧不能辦藥,以方上帝云:丹砂可成黄金,金成服之升仙	3. 因貧不能辦合大藥,以方上帝云:能凝汞成白銀,飛丹砂成黄金,金成服之白日升天

---

　　①　本文所引用之《漢武帝内傳》《外傳》均出自錢熙祚校勘《漢武内傳附外傳逸文校勘記》,〔清〕錢熙祚《守山閣叢書》,第 94 册,清光緒十五年(1889)上海鴻文書局石印本。

　　②　〔漢〕司馬遷《史記》卷二八《封禪書》,中華書局,2014 年,第 1656—1658 頁。

　　③　本文所引用之漢魏本《神仙傳》,均據〔明〕何鏜、〔清〕王謨輯刻的《增訂漢魏叢書》别史類《神仙傳》,清乾隆五十七年(1792)金溪王氏刻本。

　　④　本文所引用之四庫全書本《神仙傳》均出自胡守爲《神仙傳校釋》,中華書局,2010 年。該書以《四庫全書》本(收毛晉輯本)爲底本。

文獻 叙事板塊	《史記·封禪書》	漢魏本《李少君傳》	四庫本《李少君傳》
4. 識九十歲老人祖父、識武帝故銅器 5. 人聞能令人不死饋遺金錢	4. 人聞其能使物及不死饋遺金錢衣食 3. 識九十餘老人大父、識武帝故銅器	4. 識九十歲老人祖父、識武帝故銅器 5. 聞其能令人不死遺金錢	4. 識九十歲老人祖父、識武帝故銅器 5. 人聞能令人不死饋遺金錢
6. 按方製金/作丹	6. 天子親祠灶,遣方士入海求安期生之屬,而事化丹沙諸藥齊爲黄金	6. 少君密作神丹,丹成	6. 少君密作神丹,丹成未服
7. 武帝授少君方術書			7. 武帝授少君五帝六甲左右靈飛之書凡十二事
8. 勸誡武帝		7. 勸誡武帝,稱神丹大道未可得成,乃以少藥方與帝	8. 少君稱疾,上表勸誡武帝,稱神丹大道未可得成,乃以小丹方與帝非大丹方
9. 尸解	7. 李少君病死,天子以爲化去不死	8. 少君稱疾,武帝夢其爲太乙請,少君尸解	9. 帝夢少君爲太一請,少君尸解。後見於河東蒲阪市,發棺餘履
10. 少君方術傳承	8. 使黄錘史寬舒受其方	9. (1) 董仲躬囑子解方度世	10. (1) 董仲囑子問解服藥度世,子道生解方合藥與他人俱服得長生
		(2) 文成將軍得少君術	(2) 少君以六甲靈飛術十二事傳東郭延,授薊子訓神丹飛玄之方、昆侖神州貞形

　　從表(1)可以看出,在叙事板塊方面,漢魏本、四庫本《李少君傳》承襲了《史記·封禪書》的全部叙事板塊(8 個),并在《封禪書》的基礎上漸次進行了删改和擴充。其中板塊 4、5 三個文本内容近同,漢魏本、四庫本《李少君傳》較《封禪書》都增加了"勸誡武帝"板塊,於"少君方術傳承"板塊,則改變了李少君方術的傳承内容。

　　漢魏本與四庫本《李少君傳》共有 9 個叙事板塊主要内容概同、叙事順序相同,兩者顯然有承襲關係。四庫本只多出"武帝授少君方術書"板塊。在最後的"少君方術傳承"板塊,兩本都删掉了《封禪書》中"黄錘史寬舒受其方"的内容,漢魏本改爲兩個單元:"(1) 董仲躬囑子解方度世""(2) 文成將軍得少君術";四庫本承襲了漢魏本的(1)單元,但删除了(2)單元,改爲"(2)少君傳東郭延、薊子訓方術"事。從叙事板塊及順序以及增益板塊、單元的特徵來看,四庫本《李少君傳》當是在承襲漢魏本的基礎上增益改造而來①。

在叙事水平方面，《封禪書》、漢魏本和四庫本除了板塊4、5兩個叙事（《封》爲3、4）板塊基本相同外，其他概同的各個板塊，三個文本都在前者的基礎上漸次進行了内容的擴充、細化、改寫及語言的修飾潤色，增强了文本的叙事藝術性，詳如表（1）所示。主要有：如“1. 身份”板塊中，三個文本漸次具化了李少君的姓字籍貫。在“2. 遇安期（先）生”板塊中，《封禪書》只説少君“嘗游海上見安期生，食巨棗大如瓜”，漢魏本保留以上叙事（在3末）并增加了“於安期先生得神丹爐火之方”的内容，而四庫本中安期先生已變爲少君師，并進一步增益了遇師、事師、受師藥方及口訣、安期先生升仙、少君隱於世的完整情節。在“3. 以方上武帝及方的内容”板塊中，不僅漢魏本、四庫本在仙道思想方面有了較大的改造（詳見下），叙事方面也有較大擴充。《封禪書》只有少君以方見上及“方”的内容，漢魏本在其基礎上增加了“以方上帝”的原因（“家貧不能辦藥”）及“謂弟子曰”的自表情節，四庫本又在漢魏本基礎上，於自表情節和“方”的内容兩方面，大幅度地擴充了表述語言，增强了叙事性。同樣，在“勸誡武帝”板塊中，四庫本在漢魏本基礎上具化了“稱疾和勸誡”的具體時間，亦大幅度擴充了勸誡的話語和金丹方“信而有徵”（詳述煉丹時藥物變化過程）的内容，使得李少君的言辭與情理并具，增强了説服力，達到了少君自脱，成功欺騙武帝的效果，表述方面要遠優於漢魏本，更具有叙事藝術性。

在“8. 稱疾尸解”板塊也是《封禪書》、漢魏本、四庫本三個文本漸次增加了多個情節、對話及細節等。《封禪書》中只稱“少君病死，天子以爲化去不死”，漢魏本就在少君“病死”到武帝以爲的“化去不死”之間，改寫增撰了少君稱疾、武帝夢見太乙使者請少君、帝夢醒後使人問消息并探視病困的少君，使人受其方事未竟而卒、少君尸解、武帝悔恨求之不勤的完整情節。同時增加了“（帝）且告近臣曰：‘朕昨夢少君舍朕去。’”“帝曰：‘少君不死，故化去耳。’”兩句第三人稱自述。四庫本中，於漢魏本基礎上又進一步擴充了情節、細節，并對語言進行了修飾潤色。在情節方面，於漢魏本“尸解”和“武帝悔恨求之不勤”之間，四庫本又增加了百餘日後“行人有見少君在河東蒲阪市”，帝聞之發棺“唯餘履”的内容。又於“求之不勤”句後補益了“柏梁台火燒失諸秘書妙文”句。在細節方面，漢魏本作“使者”，四庫本作“綉衣使者”，進一步修飾細化；又如漢魏本作“帝曰”，四庫本作“武帝流涕曰”，增“流涕”二字以描繪武帝情狀。在語言修飾方面，四庫本在漢魏本的底本上，做了部分語句的修飾潤色。如下相同句子的對比：

---

①　此謂“四庫本在承襲漢魏本的基礎上增益改造而來”，包含幾種可能性：（1）毛晉本編纂者直接在《漢魏叢書》本《神仙傳》的基礎上進行增益改造；（2）毛晉本所根據的某個更早輯本在承襲《漢魏叢書》本《神仙傳》的基礎上進行增益改造；（3）毛晉本所根據的某個更早輯本在承襲南朝唐宋古書所引《神仙傳》的基礎上進行增益改造。因爲南朝唐宋古書所引《神仙傳》是漢魏本的直接來源，所以這三種可能性的性質是相同的，可以一并而稱。下同。

漢魏本《李少君傳》:(帝)且告近臣曰:"朕昨夢少君舍朕去。"少君乃病困,帝往視之,并使<u>人</u>受其方,事未竟而<u>卒</u>。帝曰:"……<u>故化去耳</u>。"及斂,忽失屍所在,中表衣<u>悉</u>不解,……帝<u>猶增嘆</u>,恨求少君不勤也。

四庫本《李少君傳》:(帝)且告近臣曰:"如朕夢,少君將舍朕去矣!"明日少君臨病困,武帝<u>自</u>往視,并使<u>左右</u>人受其方<u>書</u>,未竟而<u>少君絕</u>,武帝<u>流涕曰</u>:"……<u>故作此而</u>去。"既斂之,忽失<u>其</u>所在,中表衣<u>帶</u>不解,……武帝<u>殊蓋懊</u>恨求少君之不勤也。

從劃綫部分可見,四庫本完全是承襲漢魏本并於其上進一步進行了字詞的修飾潤色,使武帝的語言,更富有情緒感。在"9. 少君方術傳承"板塊,四庫本承襲了漢魏本"(1) 董仲囑子解方度世"單元,并於其後添加"子道生解方合藥與他人俱服"事增延了此單元的叙事。

總之,從叙事水平來看,在内容情節、細節到語言等方面,四庫本《李少君傳》確是在漢魏本的基礎上經過擴充、豐富和修飾潤色而來。其叙事更完整豐滿,語句表述更流暢、更引人入勝,表現出接近小說的叙事筆法。尤其四庫本在"勸誡武帝"板塊中,李少君爲自證所獻丹方信而有徵,而增益有一段描述神丹煉製過程種種變化之相的内容。就文筆而言,此段辭采華美,風格綺麗。四庫本《李少君傳》表現出的這種接近小說的叙事筆法和綺麗的語言風格與葛洪於東晉初所作的《神仙傳》①整體風格相差甚遠,更接近東晉中後期文學的品格。

在仙道思想即方術水平、升天儀式的想象水平方面,四庫本《李少君傳》要比漢魏本同傳更成熟。從方術水平來看,《封禪書》中安期生和李少君的修仙術還較樸素,呈現爲西漢時期的方術水平。李少君的服食物較爲簡單,想象力到極限,無非是一個"大如瓜"的巨棗,顯示仍在服食草木藥階段;李少君的方術主要是黃白術,"祠灶則致物,致物而丹沙可化爲黃金,黃金成以爲飲食器則益壽,益壽而海中蓬萊仙者乃可見,見之以封禪則不死,黃帝是也"②,即指依鬼神之力使丹砂(硫化汞)變爲黃金的煉金術,以此法變化而來的黃金(即藥金)作爲飲食器具可使人長壽,長壽繞能見到蓬萊仙者,見到仙者再封禪泰山則不死,黃帝就是這樣做的。這是李少君推薦給漢武帝的成仙法。到漢魏本《李少君傳》中,二人的方術已體現爲東漢時期的方術水平。李少君從安期先生處所得乃"神丹爐火之方",是金丹一類的藥方,李少君以方上武帝,自言"丹砂可成黃金,金成服之升仙"。同是丹砂煉製黃金,在《封禪書》中是以黃金外作飲食器來益壽,在漢魏本已是"服金"的觀念,且服後即可"升仙"。服金丹類的藥物一直到兩漢之交纔開始出現,服金"升仙"是東漢以來的通說③,亦即葛

　　① 《神仙傳》的寫作時間大致爲晉元帝太興年間(318—321)。參見丁宏武《〈抱朴子外篇〉的成書及思想傾向》,《甘肅社會科學》2004 年第 2 期。

　　② 《史記》卷二八《封禪書》,第 1657 頁。

　　③ 《抱朴子内篇·黃白》篇引《仙經》的三士説:"朱砂爲金,服之升仙者,上士也。"《論仙》篇引《仙經》云:"上士舉形升虛,謂之天仙。"《仙經》已佚,是東漢時期的道經。

洪宣導的"服金丹白日升天"的天仙觀念,這顯示出是用東漢以後的金丹思想來構撰仙傳。

　　到四庫本《李少君傳》中,在修仙團體傳承模式、方術水平、升仙儀式的想象水平方面更加完備、成熟。四庫本中李少君與安期先生正式成爲師徒,有完整的遇師、事師、師授丹方口訣的傳承情節,這反映了漢晉以來修仙團體的傳承制度。安期先生傳李少君的"神丹爐火飛雪之方"與漢魏本基本一致都是金丹方,但四庫本中升天儀式的想象則遠超《神仙傳》的一般水平。四庫本傳末載安期先生修爲圓滿爲"玄洲召",授少君丹方誓約口訣後,"有乘龍虎導引數百人迎安期,安期乘羽車而升天也"。這種爲特定的仙境所召,又被仙人神獸接引升天進入天界的排場描寫,已經超出了《抱朴子內篇》《神仙傳》中服食金丹大藥即白日飛升成"天仙"的想像水平,已接近東晉以後上清派《玄洲上卿蘇君傳》中蘇林升仙的敘事風格,傳曰:

　　　　（蘇林）告季通曰:我昨被玄洲召爲真命上卿,領太極中候大夫,與汝别。比明旦,有雲車羽蓋,驂龍駕虎,侍從數千人迎,林即日登天,冉冉西北而去。良久,雲氣覆之,遂絕。①

《神仙傳》中服丹藥成仙者,結尾多爲"登仙""升天（仙）""白日升天",此外再無更具體的描述。其中東漢時傳承《太清神丹經》的馬明生、陰長生師徒,是葛洪在《神仙傳》中最爲推崇的金丹大藥派的修煉者,他們是典型的服"（金丹）大藥"成天仙,白日飛升的仙人,兩人的仙傳也是在敘事上最完整的文本。特別是《陰長生傳》完整的記載了陰長生遇師、拜師、考驗、傳承丹經及儀式,後合丹服藥,"於平都山白日升天"的事迹,也沒有仙人或神獸儀仗來迎接的描述。反觀四庫本《李少君傳》中安期先生的飛升段落却與《玄洲上卿蘇君傳》飛升段落接近,只是後者是上清派以修"存思法（即五門三一法）"②爲上道修成後可爲"太微官",被任命爲"真命上卿,領太極中候大夫",爲仙人神獸接引升天的立場,呈現出更爲複雜的仙秩與仙境體系背景,升仙儀仗排場更爲誇張,語言也更華美。

　　除此之外,李少君自武帝處求得"五帝六甲左右靈飛之書凡十二事",與《漢武帝外傳》所載同（四庫本《李少君傳》同《漢武帝外傳》中李少君段除個别字詞外基本全同）。據小南一郎、李豐楙等人考證,《內傳》所記載的"六甲靈飛十二事"系統的道書經籍,兩晉時期基本上是在上清派道士手中傳授,且與《紫陽真人內傳》、《真誥》卷五、《上清大洞真經》等的記載大同小異。陶弘景《真誥叙錄》明確記載,"《上清真經》出世之源,始於晉哀帝興寧二年太歲甲子（364年）"③,《上清真經》的出世,標志着上清派的漸次形成,此時葛洪已經去世。而《抱朴子內篇》根本沒有提及"六甲靈飛十二事"等,説明葛洪對這一系統經

　　① 〔宋〕張君房編,李永晟點校《雲笈七籤》卷一〇四,中華書局,2003年,第2244—2247頁。
　　② 〔法〕賀碧來著,吕鵬志譯《〈玄洲上卿蘇君傳〉解題》,《世界宗教文化》2019年第6期。
　　③ 〔梁〕陶弘景撰,趙益點校《真誥》卷一九,中華書局,2001年,第339頁。

籍很不熟悉。小南一郎又認爲“六甲靈飛十二事”的傳承,是“尋求中國西部神山的大概是起源於中原地帶的十二事的”另一個傳承,這與“主要是在江南發展起來的《五岳真形圖》的傳承”形成了對照①。丁宏武總結認爲,“《抱朴子内篇·遐覽》是道教史上第一部道經目録,記載了葛洪所見的所有道書經籍,‘六甲靈飛十二事’等不被著録,説明此種道經確實屬於另一個傳承體系。同時,由於受家世、師承以及地域文化的影響,魏晋時期江南土著的學術傳統,在葛洪身上有明顯的體現,作爲兩晋之交固守江南學風的土著士人,其不熟悉或拒絶接受來自北方的另一種傳承,也完全在情理之中”②。因此,如果葛洪不熟悉“六甲靈飛十二事”,那麼四庫本《李少君傳》中的“六甲靈飛十二事”當屬後人改寫增入,并非葛洪構撰。故從四庫本出現的“六甲靈飛十二事”方術和服金丹升仙儀式想像兩方面來看,四庫本《李少君傳》都超出了《抱朴子内篇》和漢魏本《李少君傳》的仙道思想水平,反而呈現出與上清派關係密切、時代接近的特點。

　　綜上所述,從叙事板塊及順序以及增益板塊、單元的特徵來看,四庫本《神仙傳·李少君傳》確是在承襲漢魏本的基礎上增益改造而來,特徵清晰。而四庫本呈現出叙事筆法接近小説、語言風格辭采華美的特點,顯示出東晋中後期文學的品格。仙道思想亦超出《抱朴子内篇》、漢魏本《神仙傳·李少君傳》的水平,方術上反映出與上清派關係密切,升仙排場描寫則與上清派早期仙真蘇林仙傳的升仙儀式描寫接近,反映出東晋中後期的仙道思想的水平。故漢魏本《神仙傳·李少君傳》更早出,更接近原帙。

　　由於葛洪并不瞭解“六甲靈飛十二事”,那麼《神仙傳》中所有出現“六甲靈飛十二事”及相關内容的文本,都當是後出文本而非葛洪原作。四庫本《神仙傳》中確有一個傳承“六甲靈飛十二事”的傳經譜系,分見於《李少君傳》《東郭延傳》《薊子訓傳》《王真傳》《劉京傳》五篇,其文本與《漢武帝外傳》五人相關内容基本相同。《漢武帝内傳》《外傳》的核心叙事就是圍繞西王母傳授“長生之術”“五岳真形圖”於武帝、上元夫人傳授“六甲靈飛十二事”於武帝,及兩部經書後續的傳承譜系來構撰。《外傳》中的魯女生、封君達兩人在“五岳真形圖”傳經譜系中,而漢魏本《魯女生傳》《封君達傳》中都有傳承“五岳真形圖”的内容,與《外傳》中兩人的段落有節略或一定程度的承襲關係。另有四庫本《劉安傳》雖與《外傳》文字不同,但傳末記載“王母授武帝仙經靈方,武帝得尸解之道”的内容亦與《内傳》有一定關係。故下面對這七人的漢魏本、四庫本《神仙傳》文本進一步進行辨析,以考察何者接近原帙或早出,并進而論證其與《漢武帝外傳》之關係。辨析方法同上文《李少君傳》,仍將列出重出人物相關唐前文獻的叙事板塊表,以便凸顯漢魏本與四庫本《神仙傳》之間的承襲關係及兩本《神仙传》與其他文獻間的關係。限於篇幅,不再如上文般詳細分析,僅簡要列

　　①　〔日〕小南一郎著,孫昌武譯《中國的神話傳説與古小説》,中華書局,2006 年,第 358、359 頁。
　　②　丁宏武《〈漢武帝内傳〉非葛洪之作補證:兼論逯欽立輯録五首葛洪佚詩的真僞》,《文史哲》2011 年第 4 期。

出分析過程和結果。

東郭延傳

　　東郭延的事迹見於《博物志·方士、辨方士》（作東郭延年），漢魏本、四庫本《神仙傳》，《後漢書·方術列傳》。爲凸顯各文本間的承襲關係，下面按叙事順序劃分爲具體板塊來分析，詳如表（2）：

表（2）　東郭延叙事板塊表

文獻＼叙事板塊	《博物志·方士、辨方士》①	漢魏本《東郭延傳》	四庫本《東郭延傳》	《後漢書·方術列傳》②	《後漢書·方術列傳》李賢注引《漢武内傳》
1. 姓名籍貫	東郭延年，魏王所集方士（《方士》）	1. 東郭延，山陽人	1. 東郭延，字公游，山陽人	1. 東郭延年，方士	延年字公游
2. 拜李少君爲師并授方術			2. 拜李少君爲師，授五帝六甲左右靈飛術、游虚招真十二事及口訣		
3. 方術及效果	行容成御婦人法，并爲丞相所録，間行其術亦得其驗（《辨方士》引王仲統言）	2. 服雲母散，能夜書	3. ① 合服靈飛散，能夜書等效果 ② 行六甲左右術及效果	2. 能行容成御婦人術及具體表現。皆爲操所録，問其術而行	
4. 成仙過程		3. 數十人乘虎豹來迎，雲詣昆侖山	4. 數十人乘虎豹來迎，雲詣昆侖臺		
5. 方術傳承			5. 以神丹方、五帝靈飛秘要傳尹先生		

　　從文本和表（2）"東郭延叙事板塊表"可以看出，四庫本《神仙傳·東郭延傳》對漢魏本的增益、改造較爲簡明，主要是承襲漢魏本叙事板塊、順序和文字的基礎上，增益了"五帝六甲左右靈飛十二事"傳承的相關叙事，即東郭延拜李

　　①　本文所引用之《博物志》均出自〔晋〕張華撰，范寧校正《博物志校證》，中華書局，1980 年。
　　②　本文所引用之《後漢書》均出自〔南朝宋〕范曄著，〔唐〕李賢等注《後漢書》，中華書局，1965 年。

少君爲師,得授"五帝六甲左右靈飛之術、游虚招真十二事"及口訣、"行六甲左右術"的神通效果以及將"以神丹方、五帝靈飛秘要"傳於尹先生(尹軌)的内容。其他就是對漢魏本的一些細節做了改造和進一步的豐富。因此,漢魏本《東郭延傳》更接近原帙。

薊子訓傳

關於薊子訓的文獻見於《博物志・方士》,《抱朴子内篇》,《搜神記》,漢魏本、四庫本《神仙傳》,《後漢書・方術列傳》,《水經注・渭水注》。下面將各文本按叙事順序劃分爲具體板塊來分析,詳如表(3):

表(3)　薊子訓叙事板塊表

文獻＼叙事板塊	《博物志・方士》	《搜神記》①	漢魏本《薊子訓傳》	四庫本《薊子訓傳》	《後漢書・方術列傳》	《水經注・渭水注》②
1. 姓名、籍貫、經歷、品性愛好	薊子訓,魏王所集方士	1. 薊子訓,不知所從來	1. 薊子訓,齊人,嘗仕州郡等。行信讓與人從事,性好清澹,讀易作文	1. 薊達,字子訓,齊國臨淄人,少仕州郡等。信讓從事,性好清净,讀易作文	1. 薊子訓,不知所由來	
2. 道術(傳承)			2. 有道及效果	2. 拜少君爲師,授胎息胎食住年止白之法及效果、無常子大幻化之術	2. 客在濟陰宛句,有神异之道	
3. 變化術			3. ①抱比屋嬰失手墮死後復生②諸老人鬚髮畢白者變黑	3. ①抱比舍家嬰失手墮死後復生②諸老人髮必白者變黑,蓋神幻之大變	3. ①抱鄰嬰兒失手墮死後復生③驢卒又復生	

---

① 本文所引用之《搜神記》均出自〔晉〕干寶撰,汪紹楹校注《搜神記》,中華書局,1979 年。
② 本文所引用之《水經注》均出自〔北魏〕酈道元著,陳橋驛校證《水經注校證》,中華書局,2007 年。

續表

文獻＼叙事板塊	《博物志·方士》	《搜神記》	漢魏本《薊子訓傳》	四庫本《薊子訓傳》	《後漢書·方術列傳》	《水經注·渭水注》
4. 分形術、行厨術		2.（①分形術）到洛陽分身數十處持酒脯候公卿（②行厨術）數百人飲啖終日不盡	4.（①分形術）爲太學生至京師分身二十三處見諸貴人	4.（①分形術）爲太學生至京師分身二十三處見諸貴人	4.（②行厨術）至京師爲數百人設酒脯終日不匱	
5. 异象		3. 去後皆見白雲起從旦至暮			5. 遁去後白雲騰起從旦至暮數十處	
6. 長生表現①②		4. ①百歲公説兒時見訓賣藥會稽市 ②正始中於長安霸城與老公共摩挲銅人			6. ①百歲翁説兒時見子訓賣藥會稽 ②於長安霸城與老公共摩挲銅人	（霸城縣故城南）人有見薊子訓與父老共摩銅人
7. 速行術		5. 行之視若遲徐而走馬不及	5. 諸貴人走馬逐之不及	5. 諸貴人走馬逐之不及	7. 行之視若遲徐而走馬不及	
8. 尸解			6. 至陳公家後尸解			
9. 評價				6. 評價		

　　從文本和表（3）“薊子訓叙事板塊表”可以看出，四庫本承襲了漢魏本除“尸解”板塊外的所有叙事板塊（5個）并做了進一步的增益、改寫，承襲痕迹清晰。增益的内容主要有師從李少君學道并授“胎息胎食、住年止白之法”“無常子大幻化之術”等相關内容。但這一系内容并不集中在一處，而是穿插、化用改造在“經歷品性愛好”板塊中、“變化術”板塊末及全傳末。

　　《抱朴子内篇·地真》載左慈、薊子訓及葛玄有分形術，“守玄一……此所謂分形之道。左君及薊子訓葛仙公所以能一日至數十處”①。又漢魏本、四庫本《神仙傳》載薊子訓有分身術，即分身二十三個子訓前往二十三處的叙事，與《神仙傳·左慈傳》（漢魏本、四庫本同）屬同一種想象水平，傳曰：“户中有一

――――――

①　王明校注《抱朴子内篇校釋》（增訂本）卷一八，中華書局，1985 年，第 325 頁。

慈,戶外亦有一慈,不知孰是……須臾,有七慈相似,官收得六慈,失一慈。有頃,六慈皆失。"説明《神仙傳》原本中就有分形術叙事。又漢魏本、四庫本《薊子訓傳》中都有"3. 變化術"板塊,包含兩個事例,四庫本於其後稱"蓋神幻之大變者也",此即前文少君所傳"無常子大幻化之術"。變化術、分形術都是漢晋時期道教流行的幻術,它們是東漢以後隨佛教東傳一同進入中土的西域幻術,經本土化吸收改造而進入本土道教法術系統的一種術法。葛洪在《抱朴子内篇》中只稱其爲"變化之術"(《遐覽》),從未將其稱爲"無常子大幻化之術",所以四庫本中這種帶有佛教色彩的稱呼當是後出,非葛洪原帙。又《水經注·渭水注》在寫到"霸城縣故城南"時,引入了薊子訓與父老共摩銅人事,此事未説出處,但見載於《搜神記》《後漢書·方術列傳》(文字基本同)。此處未説引自《神仙傳》,正説明當時流傳的《神仙傳》無此段霸城叙事,這與今漢魏本、四庫本《神仙傳》合。以上都説明漢魏本《薊子訓傳》更接近原帙,四庫本爲後出。

王真傳

關於郄儉(郄孟節)的記載見於曹植《辯道論》、曹丕《典論》、《博物志·方士》、漢魏本《神仙傳》(作郄元節)、四庫本《神仙傳》(作郤孟節)、《後漢書·方術列傳》(作郝孟節)。關於王真的記載除《辯道論》《典論》無記載外,其他與郄儉所見材料同。下將諸文本按叙事順序劃分爲具體板塊來分析,如表(4):

表(4)　王真叙事板塊表

文獻＼叙事板塊	《典論》、《辯道論》(《博物志·方士、辨方士》引)	《博物志·方士》	漢魏本《王真傳》	四庫本《王真傳》	《後漢書·方術列傳》	《後漢書》李賢注引《漢武内傳》
1. 身份、姓名籍貫(經歷)	陽城有郄儉(郄孟節)(《辯道論》)	魏王所集方士名上党王真;陽城郄儉字孟節	1. 王真,上黨人(郄元節無)	1. 王真,上黨人。少爲郡吏(郤孟節無)	1. 王真、郝孟節皆上黨人	王真,上黨人
2. 王真方術及效果			3. ①行胎息術、斷穀三十餘年及效果	2. ①施行胎息胎食煉形之方(郊間人法),斷穀二百餘年及效果;②師事薊子訓得授肘後方	2. ①行胎息胎食之方,不絶房室及效果	習胎息胎食。真行之,斷穀二百餘日及效果

文獻＼叙事板塊	《典論》、《辯道論》(《博物志·方士、辨方士》引)	《博物志·方士》	漢魏本《王真傳》	四庫本《王真傳》	《後漢書·方術列傳》	《後漢書》李賢注引《漢武內傳》
3. 魏武帝疑詐問鄉里乃信其道			3. 魏武帝意疑詐問鄉里乃信其道	3. 魏武帝嫌其虛詐定校鄉里乃信其有道		
4. 郗孟節方術及效果①			4. ① 郗元節事真被授蒸丹小餌法及效果	4. ① 郗孟節事真被授蒸丹小餌法及效果		
5. 王真登女幾山仙去			5. 王真登女幾山仙去	5. 王真將三少妾登女幾山合丹去不復還		
4. 郗孟節方術及效果②	善辟穀不食,號二百歲人。郗儉辟穀百日,行步起居自若(《辯道論》)/能辟穀(《典論》)	善辟穀不食,悉號二百歲人		4. ② 孟節能合棗核以不食(辟穀)、閉炁不息(胎息),有家室(即王真所習郄間人之法)	3. 含棗核不食(辟穀)、結氣不息(胎息),有室家	
6. 王使孟節領諸方士	王使郗孟節主領諸人(《辯道論》)			6. 爲人質謹不妄言,魏武帝使令諸方士	4. 質謹不妄言,曹操使領諸方士	
7. 晋惠懷時見孟節於長安等				7. 晋惠懷之際見孟節於長安等		

　　從文本和表(4)"王真叙事板塊表"可以看出,四庫本《王真傳》是在承襲漢魏本的基礎上,增益、改寫而來,特徵明晰。四庫本承襲了漢魏本所有 5 個板塊并增加了 2 個:"6. 魏武帝使令諸方士",文字係承襲《博物志·方士》引《辯

道論》改造而來；"7. 晋惠懷時見孟節於長安等"，在叙事單元層面的承襲、改造、增益的情況有，四庫本在承襲漢魏本王真原有養生術即"2.① 胎息之術、斷穀"單元的基礎上，將其改爲"施行胎息胎食煉形之方(即郊間人之法)"，并大幅度擴充了這種"唯可不死"之術的由來及具體修煉方法等情節，而修道效果的文字則明顯蹈襲自漢魏本；另外新增一項養生術即"② 師事薊子訓得授肘後方"。在承襲漢魏本孟節原有養生術即"4.① 王真授蒸丹小餌法"單元的基礎上，又增加了亦來自其師王真的"② 辟穀、胎息術，有家室(即郊間人之法)"，辟穀術承襲自《博物志·方士》引《辯道論》。

四庫本《王真傳》中王真與"六甲靈飛十二事"的關係，僅是與薊子訓有師徒關係，但子訓傳他的是"肘後方(屬於神丹金玉之方)"，而非"六甲靈飛十二事"。從構撰者對四庫本的改造來看，對兩人"胎息胎食術"的增益比重要遠超過"六甲靈飛十二事"，這説明構撰者在修煉方法認識中對"胎息胎食煉形"術是非常看重的，但從傳中王真施行此術甚有效果，尤自嘆："行此術唯可不死，豈及神丹金玉之方邪？"遂師事薊子訓得授肘後方的記載看，構撰者仍認爲金丹方藥重於"胎息胎食術"。另外四庫本將漢魏本的王真"後登女兒山仙去"，增寫爲"一日將三少妾登女幾山合丹去不復還"，除增"入山合丹"是爲了與新增養生術"薊子訓被授肘後方"的内容相呼應，還增益了"將三少妾"，在孟節新增的"辟穀術、胎息術"叙事中云"亦有家室"，説明構撰者是認可房中術，或者認可"胎息胎食煉形"術是與房中術可兼修的。這種認爲金丹爲上，但同樣重視修煉胎息胎食(即服氣術)及房中術的修仙立場，正是早期上清派的立場。

劉京傳

關於劉京的記載見於《博物志·辨方士》(作劉景)，漢魏本、四庫本《神仙傳》。下將諸文本按叙事順序劃分爲具體板塊來分析，如表(5)：

表(5)　劉京叙事板塊表

文獻＼叙事板塊	《博物志·辨方士》引王仲統説	漢魏本《劉京傳》	四庫本《劉京傳》
1. 姓名身份(籍貫)	1. 降就道士劉景	1. 劉京，漢文帝時侍郎	1. 劉京，字太玄，南陽人。漢孝文皇帝侍郎
2. 方術及效果	2.① 雲母九子元(丸)方，年三百歲	2.① 從張君學道，受餌雲母朱英方服之及效果	2.① 棄世從張君學道，受餌朱英丸方合服之及效果
		② 知吉凶之期	② 師事薊子訓得授五帝靈飛六甲十二事，神仙十洲真形諸秘要及效果
		③ 爲人祭天益命及效果	③ 又能爲人祭天益命及效果。與王真周流名山五岳

續表

文獻＼叙事板塊	《博物志·辨方士》引王仲統説	漢魏本《劉京傳》	四庫本《劉京傳》
3. 結局	3. 莫知所在		4.（位於 3. 中）入衡山中去不復見
4. 他人用劉京方藥及效果	4. 武帝恒御此藥,有驗	3. ①（魏武帝時）皇甫隆事之,教隆雲母丸(九)子方及效果	3. ①（魏武帝時）皇甫隆事之,教隆雲母丸九子丸及交接之道二方及效果;(4.)口授煉精(咽津叩齒)法及"交接之道"之難隘
		② 老王公得九子丸御多妾生多子等效果	

　　從文本和表(5)"劉京叙事板塊表"可以看出,四庫本是在漢魏本《劉京傳》的基礎上删減、增益、改寫而來,特徵清晰。四庫本《劉京傳》除删掉漢魏本中"3. ② 老王公得九子丸等"的叙事外,承襲了漢魏本其他所有叙事板塊及順序,主要是於"2. ② 知吉凶之期"單元中增益了"靈飛六甲十二事"傳承的内容,即"師事薊子訓得授五帝靈飛六甲十二事,神仙十洲真形諸秘要及效果",於"2. ③ 爲人祭天益命及效果"後增益"與王真周流名山五岳"的内容,於"3. 他人用劉京方藥及效果① 教皇甫隆雲母丸(九)子方及效果"單元增加了交接之道、煉精(咽津叩齒)法,并於其間增益了"4. 結局(入衡山中不復見)"板塊。另外就是增加了籍貫等細節,在對人物術法效果方面,在漢魏本的基礎上增飾了更多語言。故漢魏本《劉京傳》當更接近原本,四庫本當爲後出。

　　從四庫本對漢魏本的改造來看,有兩點值得注意,其一,將"子訓傳劉京五帝靈飛六甲十二事、神仙十洲真形諸秘要等及效果"之所以插入漢魏本"2. ② 知吉凶之期"之中,蓋因爲"六甲灵飞十二事"本有使人"知吉凶之期"的效果[①],與劉京原有方術合,有改造的基礎。如四庫本《東郭延傳》載延行"六甲左右術"時,即云"能占吉凶,天下當死者,識與不識,皆逆知之。又役使鬼神,收攝虎豹,無所不爲"。其二,增益"與王真周流名山五岳"句的,蓋因兩人都被構撰拜薊子訓爲師,都在魏武帝曹操時代活動[②],師徒三人又都與胎息胎食或房中術有關,故增此句强調與王真的關係。

<h2 align="center">魯女生傳、封君達傳</h2>

　　漢魏本《魯女生傳》全録《後漢書·方術列傳》"魯女生"條下李賢注引《漢

---

　　① 李豐楙説:"(十二事)其次'太陰六丁通真遁虛玉女之籙',也是承襲漢代六丁神説:《後漢書》梁節王暢傳説'數有噩夢,從官卞忌自言能使六丁,善占夢'。六丁即是六甲旬中丁神:……役使之法,'先齋戒,然後其神至,可使致遠方物,及知吉凶也。'……"李豐楙《六朝隋唐仙道類小説研究》,臺灣學生書局,第64—65頁。
　　② 據《博物志·方士》記載,王真、郗儉、薊子訓都在曹操所集十六方士之列。

武内傳》之文,此文係删節《漢武帝外傳》魯女生段的部分字句,更改了個別字詞而來的節略本。漢魏本此篇没有直接從《漢武帝外傳》截取,而是録取了李賢注引之文,概因《神仙傳》散佚,而《後漢書》李賢注引《漢武内傳》最早較爲可信的緣故,故漢魏本此篇肯定出在唐後。四庫本與漢魏本《魯女生傳》最大的區別,就是四庫本缺少魯女生在嵩山見女仙并傳授"五岳真形圖"的叙事,其他内容文字基本近同。筆者認爲四庫本《魯女生傳》更接近爲原帙,原因有以下兩點:其一,四庫本中没有魯女生傳承"五岳真形圖"的内容,這與葛洪在《抱朴子内篇》《神仙傳》的記載一致。據《遐覽》篇記載,《三皇内文》和《五岳真形圖》被鄭隱、葛洪金丹一派認爲是最重要的符書,而這兩部書皆藏在名山五岳的石室幽隱之地,曾爲帛仲理於山中得之,這在《神仙傳·帛和傳》(漢魏本、四庫本同)中亦可得到印證。而《抱朴子内篇》從未提到魯女生有此符書。其二,四庫本比漢魏本要更爲簡略、樸素。四庫本描述魯女生的修煉效果作"傳世見之二百餘年",成仙後的排場作"從後有玉女數十人",漢魏本則分別作"傳世見之云三百餘年""從玉女三十人"。站在構撰者的角度來説,原本作"二百餘年""玉女數十人"是樸素的誇張,改寫者出於進一步誇飾的需要,將其數位增爲"三百餘年""玉女三十人"是可能的,但是如果原本是"三百餘年""玉女三十人",則没有刻意改寫爲"二百餘年""數十人"的理由。所以四庫本《魯女生傳》較漢魏本更接近原帙,而漢魏本出於唐後。

封君達的叙事見於《博物志》,漢魏本、四庫本《神仙傳》、《漢武帝外傳》、《後漢書·方術列傳》《水經注》。下面對諸文本根據叙事順序劃分爲具體板塊進行分析,如表(6):

表(6)　封君達叙事板塊表

文獻＼叙事板塊	《博物志·方士》	《水經注·河水注》引《神仙傳》	四庫本《封君達傳》	《漢武帝外傳》	《後漢書·方術列傳》	《後漢書·方術列傳》李賢注引《漢武帝内傳》
1. 姓名籍貫、學道情況	1. 魏王所集方士之一,隴西封君達	1. 封君達,隴西人	1. 封君達,隴西人	1. 封君達,隴西人,少好道	1. 封君達,方士	1. 封君達,隴西人
2. 方術①②③④	(養性法)	2. ① 服煉水銀及效果	2. ① 服黄精、服煉水銀及效果	2. ① 服黄連、服煉水銀及效果	2. 行容成御婦人術……愛嗇精氣,不極視大言	2. ① 服黄連、服水銀及效果

續表

文獻＼叙事板塊		《博物志·方士》	《水經注·河水注》引《神仙傳》	四庫本《封君達傳》	《漢武帝外傳》	《後漢書·方術列傳》	《後漢書·方術列傳》李賢注引《漢武帝內傳》
3. 號青牛師及由來	（1）號青牛師	青牛道士			3. 常乘青牛（原因①），故號爲青牛道士		3. 常乘青牛(原因①)，故號青牛道士
	（2）原因①②③④		3. ①騎青牛	3. ①常乘青牛②聞有疾病時死者與藥治之皆愈③不以姓字語人④世人識其乘青牛	②聞有病殆死者以竹管中藥與服或下針皆愈③不以姓字語人④人通識乘青牛		②聞有病死者以竹管中藥與服或下針皆愈③不以姓字語人
	（3）結果		故號青牛道士	故號爲青牛道士	因以青牛爲名	3. 號青牛師	
4. 他人施行養性法的效果		與皇甫隆養性法及大略，武帝行之有效					
					2. 方術②《五岳真形圖》的傳承（上）：魯女生授於封君達		2. 方術②《五岳圖》的傳承：魯女生授於封君達
5. 結局				4. 後二百餘年入玄丘山仙去	4. 在人間二百餘年入玄丘山不知所在	4. 皆百餘歲及二百歲	4. 二百餘歲乃入玄丘山去
					2. 方術②（下）：傳承譜系和內容效果		

　　四庫本《封君達傳》和漢魏本《封衡傳》差別較大，兩本與《漢武帝外傳》封君達段都有較爲密切的關係，但都與《外傳》文字不同。四庫本《封君達傳》中

封君達的服食物爲"服黄精""服煉水銀",《外傳》爲"服黄連""服煉水銀",而漢魏本爲"黄連"和"術",《水經注·河水注》引《神仙傳》,其文本是節略後的四庫本,亦載爲"服煉水銀",説明北魏時流傳的《神仙傳·封君達傳》,就是四庫本所呈現的内容,封君達的服食物中必有"水銀"。一個方士被載入仙傳最關鍵的原因,就是他所傳承的方術,這也是《神仙傳》這類具有一定實録性質的仙傳文本的叙事核心。因此四庫本當爲原帙。

從文本和表(6)"封君達叙事板塊表"來看,四庫本《封君達傳》和《外傳》封君達段的叙事板塊都是 4 個,《外傳》的叙事只比四庫本多了 1 個叙事單元即"2. 方術②《五岳真形圖》的傳承",此單元分爲兩部分插在"4. 結局"板塊的前後。《後漢書·方術列傳》李賢注引《漢武帝内傳》係節略《漢武帝外傳》全本而來,叙事板塊及順序同於《外傳》。從叙事板塊、叙事順序和文字的增益改寫來看,《漢武帝外傳》顯然是在四庫本《封君達傳》的基礎上增益而來,特別是從"② 救有疾病時死者皆愈"這一情節作爲原因之一夾在"3. 號青牛道士的由來"板塊中,以及板塊 3 中都有"人識乘青牛"句來看,兩本有承襲關係特徵明晰。《五岳真形圖》的傳承譜系是《漢武帝外傳》的構撰中心之一,所以《外傳》中講魯女生傳封君達《五岳真形圖》及其後傳承譜系、《真形圖》内容效果,是"封君達"段叙事的核心,而以上關於《五岳真形圖》的傳承譜系均不見於《抱朴子内篇》,《遐覽》《神仙傳·帛和傳》都載《五岳真形圖》爲帛仲理所得。又《遐覽》篇載《五岳真形圖》的效果,其中一段曰:"道士時有得之者,若不能行仁義慈心,而不精不正,即禍至滅家,不可輕也。"①此段與《漢武帝外傳》中部分文字相近,曰:"五君恒書道士善事,又司道士之奸穢,言人之不正。不正者禍身,奸穢者禍門。是以宜深忌慎之。"②可見《外傳》描述的更複雜,當是由《遐覽》篇改造而來。以上兩點都説明《外傳》封君達段當在葛洪著《抱朴子内篇》《神仙傳》後纔被構撰。而漢魏本《封衡傳》亦有"魯女生授君達五岳真形圖及效果"的内容,亦説明漢魏本確非原帙。反過來講,四庫本《封君達傳》并非《漢武帝外傳》節略而來,因爲它没有專門删除《五岳真形圖》傳承譜系的必要,更没有將經增益修飾潤色過的字句刻意改爲樸素語句的必要。

漢魏本《封衡傳》在叙事板塊、叙事單元方面較四庫本增益更多。其中關於封君達的方術和種類以及叙事結構、情節内容皆發生了比較大的變化,在整體叙事上更複雜,當是綜合四庫本《封君達傳》、《漢武帝外傳》、《後漢書·方術列傳》的基礎上經組合、剪裁、改增而來,亦係後出。

劉安傳

淮南王劉安的正式傳記見於《史記·淮南衡山列傳》和《漢書·淮南衡山濟北王傳》。《漢書》的内容和文字基本是承襲、改寫《史記》而來,但有增益和

---

① 《抱朴子内篇校釋》卷一九,第 337 頁。
② 〔清〕錢熙祚校勘《漢武内傳附外傳逸文》。

節略。劉安的仙化事迹見於《抱朴子内篇》,《搜神記》,漢魏本、四庫本《神仙傳》,《漢武帝外傳》,《水經注》。漢魏本《劉安傳》和四庫本《淮南王傳》叙事梗概大體同,都是講劉安好神仙之道,見八公執弟子禮(學仙術),後被告謀反,八仙助其飛升。但兩本在文字表述上有顯著差異,下將各文獻按叙事順序劃分法爲具體板塊進行分析,如表(7):

表(7)　劉安叙事板塊表

文獻＼叙事板塊	《搜神記》	漢魏本《劉安傳》	四庫本《淮南王傳》	《水經注·肥水注》	《漢武帝外傳》
1. 人物身份	1. 淮南王安	1. 淮南王劉安,與祖、父關係及封王原因	1. 淮南王安	1. 劉安,與祖、父關係	1. 淮南王
2. 愛好、養士等	2. 好道術,設厨宰以候賓客	2. 折節下士,好儒學,兼占候方術。養士數千人皆俊士及著作,武帝屬安爲諸父	2. 好神仙之道,方士從其游者多	2. 折節下士,好儒學,養方術之徒數千人皆俊异。多神仙秘法鴻寶之道	2. 好學多才藝、集道書招方士及其方術
3. 見八公及八公方術	3. 見八公盛禮設樂,作《淮南操》	3. 見八公及八公方術,授安方術及丹經,藥成未服	3. 見八公及八公方術	3. 見八公,八士并能煉金化丹,出入無間	3. 王能致仙人,與游處變化無常,王又能隱形飛行,服氣不食
4. 被告謀反八公助安飛升		4. 雷被、伍被告安謀反,八公使安登山大祭,埋金地中,即白日升天	4. 伍被告安必反,八公煮藥使王服之,骨肉三百、鷄犬同飛升	4. 與安登山,埋金於地,白日升天	4. 王不傳武帝道術,將誅,王知之因去
5. 武帝懊悔轉求仙(上)	5. 武帝懊悔轉求仙(上)	5. (上)天子恨然誅二被九族	5. (上)帝大懊恨誅伍被		5. (上)帝令斬王家人首以安百姓
6. 《左吴記》載安事	6. 《左吴記》載安事	6. 《左吴記》:安即以左吴等五人,至玄洲便遣還。安被罰謫守都厠		5. 《八公記》:左吴等尋安同詣玄洲,不列其鷄犬升空之事	

續表

文獻 叙事 板塊	《搜神記》	漢魏本《劉安傳》	四庫本《淮南王傳》	《水經注·肥水注》	《漢武帝外傳》
5. 武帝懊悔轉求仙（下）		5.（下）招賢士冀遇八公不得	5.（下）招方士求度世藥不得，後王母授仙經靈方得尸解之道		5.（下）收其方書得黄白事試之不驗，乃徵四方術士
7. 鷄犬升天的傳説	時人傳鷄犬舐啄餘藥盡得升天	見4			

　　所表(7)所示，漢魏本《劉安傳》共有7個叙事板塊，四庫本共有5個，兩本相同之處是叙事梗概大體同，叙事板塊多重合(1－5)，重合板塊的叙事順序和邏輯亦同，顯然有承襲關係。相對來説，漢魏本《劉安傳》在整體上要較四庫本更繁複。叙事板塊方面，漢魏本比四庫本多“6.《左吳記》載安事”板塊。在叙事情節和細節方面，兩本互有增益。主要有：在“2. 愛好、養士”板塊中漢魏本多出“品行、著作”的内容和“武帝屬安爲諸父”的情節（增益的内容均承襲自《漢書·淮南衡山濟北王傳》）；在“3. 見八公及八公方術”板塊中，漢魏本多出“授安方術及丹經，藥成未服”的内容；在“4. 被告謀反八公助安飛升”板塊中，四庫本較漢魏本多“骨肉近三百餘人同日升天”的細節；在“5. 武帝懊悔轉求仙”（下）板塊中，四庫本較漢魏本多“王母授武帝仙經靈方得尸解之道”的情節。在“7. 鷄犬升天的傳説”板塊，漢魏本的此板塊位於四庫本的板塊4。

　　由於兩本都有互相增益情節、細節的地方，故還需與《抱朴子内篇》《搜神記》《水經注》中的材料作進一步比勘，以判别何本接近原帙。

　　第一，劉安事迹還見於葛洪《抱朴子内篇》中的《論仙》《退覽》《袪惑》三篇，内容皆與漢魏本相合，却不見載於四庫本。《論仙》篇云：“夫作金皆在神仙集中，淮南王抄出，以作鴻寶枕中書。”[①]説明“作金”的黄白術見於淮南王集方士所作的《鴻寶枕中書》。此書當是漢魏本《劉安傳》記載的“言神仙黄白之事”的“《中篇》八章”。《退覽》篇云，《墨子五行記》是一部記載“變化之術”的書，劉安“鈔取其要以爲一卷”，另有《玉女隱微》一卷，亦載變化、分形等術，“其淮南《鴻寶萬畢》，皆無及此書者也”[②]，即《玉女隱微》一書不見於劉安的《鴻寶萬畢》。説明《鴻寶萬畢》就是記載變化術的書，這與漢魏本《劉安傳》中“名爲《鴻寶萬畢》三章，論變化之道”合。《袪惑》篇又載河東蒲阪項曼都言，劉安升天後，因自稱“寡人”，“遂見謫守天厠三年”，此事亦見於漢魏本《劉安傳》引録的《吳記》

―――――――――
① 《抱朴子内篇校釋》卷二，第21頁。
② 《抱朴子内篇校釋》卷一九，第337頁。

中且叙事更詳。主要不同在於：《祛惑》篇稱劉安見上帝時自稱"寡人"而見謫守"天厠"；漢魏本《劉安傳》引《吳記》則稱劉安遇諸仙伯，因不恭或誤稱"寡人"而被謫守"都厠"。葛洪雖在《祛惑》篇稱項曼都言爲"妄語"，但由於《内篇》出於前，《神仙傳》出於後，在《神仙傳》是《抱朴子内篇》中神仙方術體系的修煉人物實例這個大原則未變的前提下，他在後期作《神仙傳》時將標準放寬，將民間類似或相近的傳聞取其一亦收入《神仙傳》是很可能的，如漢魏本《劉安傳》最後還附有雞犬升天的時人傳聞。而以上《抱朴子内篇》中的相關内容皆不見於四庫本。

　　第二，漢魏本《劉安傳》中八公變化術的效果描寫與《抱朴子内篇》《神仙傳》在風格和水平上更接近。所謂變化術，《遐覽》篇曰："其變化之術，大者唯有墨子五行記……乃能令人飛行上下（飛行術），隱淪無方（隱形術），含笑即爲婦人，蹙面即爲老翁，踞地即爲小兒（易形變化術），執杖即成林木，種物即生瓜果可食，畫地爲河，撮壤成山（幻術），坐致行厨（行厨術），興雲起火，無所不作也。"①知葛洪所謂的"變化之術"有多種變化效果等。漢魏本《劉安傳》中八公法術的描述中有四句描寫與《遐覽》篇的變化術描寫效果相合，曰："吾一人能坐致風雨，立起雲霧，畫地爲江河，撮土爲山岳（幻術）……一人能分形易貌（分形、易形變化術），坐存立亡，隱蔽六軍（隱形術），白日爲暝（幻術）；一人能乘雲步虛，越海凌波，出入無間（飛行術）……一人能千變萬化，恣意所爲，禽獸草木（易形變化術），萬物立成，移山駐流，行宫易室（幻術）。"涉及幻術、易形變化術、隱形術、飛行術，除無"行厨術"，其他都與《遐覽》篇合。反觀四庫本《淮南王傳》對八公變化術的描寫："各能吹嘘風雨，震動雷電，傾天駭地，回日駐流……移易山川，變化之事，無所不能。"只有幻術。另外，從對八公變化術的描述風格來看，漢魏本與《神仙傳》中"墨子五行變化一派"人物仙傳對變化術效果的描寫亦相似，以《劉政傳》爲例，傳中對其變化術的描寫就分別包括隱形、幻化、行厨、易形變化、飛行術等，與漢魏本對八公變化術描述的點近同。

　　第三，漢魏本《劉安傳》與《搜神記》《水經注·肥水注》等文獻在叙事要點、文字上要比四庫本《淮南王傳》更貼近。《搜神記》記載了八公見淮南王，王作《淮南操》事，但較爲簡略。其見八公的文字與漢魏本相似度高，與四庫本則很低。《水經注·肥水注》中關於劉安升仙的内容與漢魏本《劉安傳》在文字方面的重合度較高，與四庫本則很低。叙事要點方面，關於劉安升仙的過程，《肥水注》中有"安登山""埋金"兩個細節與漢魏本同，但四庫本没有。關於八公方術，《肥水注》載："八士并能煉金化丹，出入無間。"②這是指八公有黄白、金丹術和飛行術，這正是漢魏本："一人能……出入無間，呼吸千里（飛行變化術）……一人能煎泥成金，凝鉛爲銀（黄白），水煉八石，飛騰流珠，乘雲駕龍，浮於太清之上（服金丹的效果）。"——這句大意的縮寫轉述。而四庫本中的八公

---

① 《抱朴子内篇校釋》卷一九，第 337 頁。

② 《水經注校證》卷三二，第 750 頁。

有金丹術僅反映在"(八公)取鼎煮藥,使王服之,骨肉近三百餘人,同日升天"句。又《肥水注》載有《八公記》的内容,曰:"左吳與王春、傅生等尋安,同詣玄洲,還爲著記,號曰《八公記》,都不列其鷄犬升空之事矣。"①漢魏本亦有與《八公記》相似的内容:"按《左吳記》云……安即以左吳、王眷、傅生等五人,至玄洲,便遣還。"主要不同是漢魏本稱出自《左吳記》。又《肥水注》云《八公記》中,"都不列其鷄犬升空之事",正好説明原《神仙傳》一定載有"鷄犬升空之事"。漢魏本恰好在傳末引有"時人"關於鷄犬舐啄餘藥亦升天的傳聞,與《肥水注》記載相符。而四庫本没有《八公記》的内容、"鷄犬升天"也不是以時人傳聞的性質單列,而是與劉安、骨肉近三百并在一起"同日升天",體現出似乎是將漢魏本中劉安、鷄犬歸納在一處,再擴充"骨肉近三百"一項,都同日升天的總結式筆法特徵。如此其删除漢魏本中《左吳記》所載劉安"素所交親"之五人同至玄洲則合理,因其與"骨肉近三百"同日升天相矛盾。總之,《水經注·肥水注》的記載和漢魏本《劉安傳》無論是文字還是内容都遠較四庫本《淮南王傳》更接近原帙。又《肥水注》段末云:"按《漢書》,安反,伏誅,葛洪明其得道,事備《抱朴子》及《神仙傳》。"②知這段材料當來自《神仙傳》,或者説來自經酈氏節略後的轉述。

以上三點都證明漢魏本《劉安傳》更接近原帙。

《漢武帝外傳》中劉安段蹈襲自《漢武故事》③,叙事較簡略,與漢魏本、四庫本相比較,文字没有重合,叙事相差較遠,但在叙事梗概、叙事板塊及順序方面仍大體相似,顯示出有一定的藉鑒關係。大體仍按照五個叙事板塊排序(在更大的範圍内與漢魏本、四庫本叙事板塊一致):1. 人物身份;2. 愛好、養士;3. 見仙人及仙人授方術;4. 被迫害而離去(成仙);5. 武帝求仙招方士。

從以上《外傳》的李少君、東郭延、薊子訓、王真、劉京等五人俱是由漢魏本《神仙傳》同傳改來,而《外傳》中的劉安段則呈現出早於漢魏本、四庫本《神仙傳》的特點。《外傳》的作者亦没有取用漢魏本《神仙傳》作爲改造的底本,而是用了《漢武故事》中的劉安的段落,但此段中没有金丹術只有黄白術與《外傳》其他五人的方術水平不相符合,説明《外傳》中的此段與其他五人的文本確非同一時期産生的文本。

綜上所述,通過以上從叙事板塊及順序、仙道思想、叙事水平等方面對漢魏本、四庫本《神仙傳》中的《李少君傳》《東郭延傳》《薊子訓傳》《王真傳》《劉京傳》等五篇分析來看,漢魏本更接近原帙,而四庫本確是經過增益、改寫,系後出。因爲漢魏本《神仙傳》雖爲明代輯本,但其在核心叙事(即包括神仙方術、仙階與仙境等在内的仙道思想及圍繞其構撰的叙事板塊)、叙事邏輯(即叙事板塊間和板塊内部的叙事順序)方面基本上保持了《神仙傳》的原貌,其與原本的區别主要在於部分字句的缺失、爲他書所引而被改編或轉抄過程中造成的

---

① 《水經注校證》卷三二,第 750 頁。
② 《水經注校證》卷三二,第 751 頁。
③ 魯迅《古小説鈎沉》,《魯迅輯録古籍叢編》第 1 卷,人民文學出版社,1999 年,第 436 頁。

語句表述、細節的差异及文字的訛誤。故漢魏本《神仙傳》中的這五篇即是接近葛洪《神仙傳》"原本"的文本。也就是説,與四庫本《神仙傳》五傳文字基本全同的《漢武帝外傳》部分,必然是在承襲原本《神仙傳》叙事板塊及順序、文字的基礎上增益、改造而來,係後出。而非《外傳》直接取自原本《神仙傳》,否則無法解釋爲何要將四庫本《神仙傳》中出現的"五帝六甲靈飛十二事"和"五岳真形圖"傳承譜系删除,將仙道思想更高階、叙事繁複接近小説、語言風格綺麗的文本一定要改寫爲仙道思想較低階、叙事簡略、文字質樸的原因和必要性。因此,認爲《外傳》直接取自於《神仙傳》,或者是已佚失的別傳材料的觀點是不準確的①。亦説明今所見四庫本《神仙傳》中李少君等五篇係自《漢武帝外傳》中摘出②。另外漢魏本《神仙傳》的《劉安傳》、四庫本《神仙傳》的《魯女生傳》《封君達傳》更接近原帙。

(作者單位:南京大學歷史學院、蘭州城市學院文史學院)

---

① T. E. Smith, *Ritual and the Shaping of Narrative*: *The Legend of the Han Emperor Wu*, PhD dissertation, University of Michigan, 1992, pp. 213, 381.

② 趙益先生亦認爲四庫全書本《神仙傳》與《漢武帝内傳》的附録部分即《外傳》中的部分相同文字反出於《漢武帝内傳》。見《〈漢武帝内傳〉與〈神仙傳〉關係略論》一文,詳見前注。

古典文獻研究（第二十七輯上）
Journal of the Institute for Chinese Classics Studies
Nanjing University
Volume 27, No.1 2024

《江文通集》所見上表首稱"臣公言""臣王言"補釋*

——兼辨六朝時期的"奏事不名"

周文俊

　　大臣上表首稱"臣某言"（臣＋上書者名＋言），是漢代以來的通用格式①，六朝時期基本遵循這一文書禮儀②。不過在南朝文集《江文通集》中，多篇由江淹代作的蕭道成上表，出現首稱語作"臣公言""臣王言"的殊例。例如《蕭太尉上便宜表》：

　　　　臣公言：臣聞經邦緯治，去華爲急；體國字民，循素乃安。聖誥遺風，具騰丹册；賢言流沫，備宣青史。何嘗不翦削浮奢，銷遺文繪，然後頌音載興，澤洽式廣……③

又如《齊王謝冕旒諸法物表》：

　　　　臣王言：以軒冕雲蹕，既非常之飾；宫懸玉戚，乃配天之禮。故呈襟效慮，必期蠲亮。重被還旨，芳訊愈越；鏡伏殊私，情影遠震……④

綜核可知，現存《江文通集》共收録蕭道成表文（以下簡稱"蕭表"）32 篇，當中25 篇（約占 78％）保留了首稱語，計有"臣某言""臣公言""臣王言"三種文例

---

　　* 本文係中國博士後科學基金第 68 批面上資助項目"文本、文書與文體：兩晋南朝公文研究"（2020M683006）、廣東省哲學社會科學規劃 2022 年度一般項目"漢魏六朝公文文體譜系建構與文本變貌研究"（GD22CZW04）階段性成果。又本文初稿曾先後在"中古時代的文本世界與物質世界"青年學者工作坊（2022 年，綫上會議）、第七届中國文體學研討會（2022 年，綫上會議）宣讀，承蒙姚樂、李猛、陸帥、陳慧等師友批評指正，謹致謝忱。
　　① 蔡邕《独断》卷上"表者……上言‘臣某言’"（《四部叢刊》影印常熟瞿氏鐵琴銅劍樓藏明弘治癸亥刊本），爲汉代以來上表起首通用格式。
　　② 現有研究指出，到了南朝劉宋初期，第一至四品官員上表仍用"臣某言"，五品及其以下官員則須在此基礎上外加"稱姓"以示區别，説參徐沖《漢唐間的君臣關係與"臣某"形式》，《中古時代的歷史書寫與皇帝權力起源》附録二，上海古籍出版社，2017 年，第 284—290 頁。
　　③ 丁福林、楊勝朋校注《江文通集校注》卷八，上海古籍出版社，2017 年，第 1310 頁。
　　④ 丁福林、楊勝朋校注《江文通集校注》卷九，第 1486 頁。

（其中一例有版本异文“某”“公”，詳後分析），如下表所示。

表 1　《江文通集》蕭表首稱用語情況列表①

首稱語	篇　題
臣某言	《蕭驃騎謝甲仗入殿表》《蕭驃騎讓油幢表》《蕭驃騎讓封第二表》《（蕭驃騎讓封）第三表》《蕭驃騎録尚書事到省表》《蕭驃騎讓豫司二州表》《蕭驃騎上頓表》《蕭驃騎謝被侍中慰勞表》《蕭驃騎慶平賊表》《蕭驃騎解嚴輸黄鉞表》《蕭驃騎讓太尉增封第二表》《蕭驃騎讓太尉增封第三表》
臣公言	《蕭太尉上便宜表》《後讓太傅揚州牧表》《蕭被侍中敦勸表》《蕭被尚書敦勸重讓表》《蕭讓劍履殊禮表》《蕭太傅謝追贈父祖表》《蕭上銅鐘芝草衆瑞表》《謝開府辟召表》《爲蕭讓九錫第二表》《被百僚敦勸受表》《蕭太傅辭輿駕親幸表》
臣王言	《齊王謝冕旒諸法物表》
臣某（一作公）言	《蕭重讓揚州表》②
失載首稱語	《讓太傅揚州牧表》《蕭拜太尉揚州牧表》《蕭讓前部羽葆鼓吹表》《蕭讓太傅相國齊公十郡九錫表》《蕭相國讓進爵爲王第二表》《蕭相國拜齊王表》《齊王讓禪表》

對於《江文通集》所見上表首稱語部分以“公”“王”代替上書者名的文本現象，前輩學者已有關注和解釋，如錢鍾書先生論述云：

　　按六朝諸集，書啓多作“君啓”“君白”之語……顯然“家集諱其名”（引者按，此五字爲錢文引吕延濟注《文選》語）。《全梁文》卷三六江淹《蕭太尉上便宜表》等首稱“臣公言”，卷三七江淹《齊王謝冕旒諸法物表》首稱“臣王言”；胥代齊高帝未登極時所撰，“公”“王”必原爲“道成”，此又臣下編集諱君上名，非子孫編集諱祖父名。③

錢先生解釋，六朝文集中的私人書信（書、啓）多見作者本名書作“君”的現象，主要緣於後人編集諱其先人之名而改字，他判斷官方文書亦有類近現象，認爲蕭表本書“道成”之名，代作者江淹在入齊後編訂文集，以避本朝皇帝名諱而改作“公”“王”。

俞紹初、張亞新先生對《蕭太尉上便宜表》首稱“臣公言”，則有如下注釋，云：

　　蕭道成其時爲司空，因是底稿，避其名諱，故但云公。④

---

① 各表篇題參照《江文通集校注》，第 1192—1490 頁。

② 按《蕭重讓揚州表》，“臣某言”見於《江文通集》明翻宋本、清梁賓刻本；“臣公言”見於明胡之驥《江文通集彙注》本、明張燮《七十二家集》本、明汪士賢《漢魏六朝名家集》本、明張溥《漢魏六朝百三家集》本。

③ 錢鍾書《全上古三代秦漢三國六朝文》之“書啓自署‘君’‘公’”條，《錢鍾書集·管錐篇》第三册，生活·讀書·新知三聯書店，2007 年，第 1836—1838 頁。

④ 俞紹初、張亞新校注《江淹集校注》，中州古籍出版社，1994 年，第 366 頁。按“蕭道成其時爲司空”之説或有小誤，此篇篇題爲《蕭太尉上便宜表》，其事亦載於《宋書》卷一〇《順帝紀》，“（昇明二年）八月辛卯，太尉齊王表斷奇飾麗服，凡十有四條”（中華書局，2018 年修訂本，第 218 頁），蕭道成其時實爲太尉，非爲司空，可略加訂正。

該注釋强調了文本的"底稿"性質,由於蕭道成當時位至三公,江淹爲他起草表文,文稿須避稱其名諱而寫作"公"。依此類推,"王"的用字亦同是理。

以上兩家觀點均指出"公""王"文本與江淹避諱有關,但對其生成語境及出現時間,理解不無分歧,存在編訂文集(上表後)與起草文稿(上表前)之别。考慮到該問題對細化認識中古時期公文文體的文本形態與流變有其意義,本文嘗試結合其他書證,予以補充解釋。

六臣注《文選》卷三八任昉《爲齊明皇帝作相讓宣城郡公第一表》,略云:

> 臣公(小字注:善本作鸞字)言:被臺召,以臣爲侍中、中書監、驃騎大將軍、開府儀同三司……封宣城郡開國公、食邑三千户,加兵五千人……①

這份由任昉代蕭鸞撰作的讓表,六臣注《文選》保存了首稱語的异文信息:五臣注本作"臣公言",李善注本作"臣鸞言"②。無獨有偶的是,《江文通集》中蕭表之一的《蕭重讓揚州表》,也存在"臣公言""臣某言"的版本异文(見前列表)。考慮到這兩篇讓表均由文士代作,撰作時間亦頗爲接近③,且兩組异文來自不同文集,内容形式仍保持高度一致,因此有理由判斷這并非巧合,實際反映了表文在不同場景下的文本面貌,它們分别爲文獻的不同版本所因承,形成今見的文本异相。

任昉讓表的這組异文,"臣鸞言"直書本名,符合上表的通用格式,應爲正式表文之貌。至於"臣公言",《梁書·任昉傳》記載了有關場景,云:"初,齊明帝既廢鬱林王,始爲侍中、中書監、驃騎大將軍、開府儀同三司、揚州刺史、録尚書事,封宣城郡公,加兵五千,使昉具表草。"④一定程度提示了"公"的用字,或與任昉"具表草"相關。前引學者解釋"因是底稿,避其名諱,故但云公",有其説服力。

再參考《文選》任昉代作的另一表文《爲蕭揚州薦士表》,其文曰:

> 臣王言:臣聞求賢暫勞,垂拱永逸,方之疏壤,取類導川……⑤

該表起首曰"臣王言",可證前引《江文通集》中《齊王謝冕旒諸法物表》"王"的用字并非孤例,説明此類文本形式在當時有其通行性。李善注引蕭子顯《齊書》曰"始安王遥光爲揚州刺史";又引劉璠《梁典》曰"齊建武初,有詔舉士,始

① 《日本足利學校藏宋刊明州本六臣注文選》卷三八,人民文學出版社,2008年,第587頁。按,參六臣注《文選》奎章閣本(《日本東京大學東洋文化研究所藏朝鮮活字本六臣注文選》,鳳凰出版社,2018年,第940頁),本處引用之正文與小字注,文字基本一致。又按,此表篇題李善注本作《爲齊明帝讓宣城郡公第一表》。

② 參考李善單注本《文選》,該表起首正作"臣鸞言"(《文選》,影印清胡克家重刻南宋淳熙本,中華書局,1977年,第535頁)。

③ 江淹《蕭重讓揚州表》作於劉宋昇明二年(478),任昉《爲齊明皇帝作相讓宣城郡公第一表》作於蕭齊延興元年(494年,是年經歷三次改元),相距不過十六年。

④ 《梁書》卷一四《任昉傳》,中華書局,2020年修訂本,第280頁。

⑤ 《日本足利學校藏宋刊明州本六臣注文選》卷三八,第587頁。

安王表薦琅邪王暕及王僧孺”①，交代了任昉撰作此表所涉人物及背景。可加留意的是，始安王蕭遥光此次上表，是應齊明帝下詔舉士之舉，并非發生在易代之際的“禪讓”特殊場合，而是來自王朝日常統治情景，屬於常規的文書運作，因此可以排除“臣王言”是權臣有意操控下的文書禮儀。又，《文選》吕延濟注曰：“任昉爲始安王作表，故本集（《任昉集》）云王言，撰集者（《文選》）因隨舊文而録之。”②此説近於前引錢鍾書先生“臣下編集諱君上名”之意見，即認爲“臣王言”源於代作者編文集時避尊者名諱的做法。不過揆諸史實，蕭遥光在南齊末年謀反身死，他被褫奪王爵當屬情理中事，如謂任昉編集仍避諱改以“王”字，頗有不易解釋之處。

對於上述任昉二表的“公”“王”之文，顧炎武早有注意，《日知録》卷二六“史家誤承舊文”條云：《文選》卷三八任昉《爲齊明帝讓宣城郡公表》稱‘臣公言’，《爲蕭揚州薦士表》稱‘臣王言’。表辭本合稱名，而改爲公、王，亦其臣子之辭也。”③此説指出任昉作表稱“公”“王”的舊文性質，并潛在界定了稿本與正本之别，意見可取。據《梁書·任昉傳》載“昉雅善屬文，尤長載筆，才思無窮，當世王公表奏，莫不請焉”④，以上文例無疑保留了任昉起草“王公表奏”的文本原始形態。由此推斷任昉爲蕭遥光作薦表之“臣王言”，同於他爲蕭鸞作讓表之“臣公言”，是“表草”階段下意識的書寫。《江文通集》和《文選》均見此類文例，顯示當時文士接受王公請托代作表奏，稿本書“臣王言”“臣公言”應屬通行做法。

以上對表奏文本不書人名現象的探討，也容易讓人想到六朝時期每逢改朝易代之際、權臣所加殊禮中的“奏事不名”之目。那麽，“奏事不名”究竟是何所指？與“臣公（王）言”是否有關係呢？

“奏事不名”殊禮，最早源於漢初蕭何。如《漢書·王莽傳上》載陳崇上奏稱美王莽功德，述及“高皇帝褒賞元功，相國蕭何邑户既倍，又蒙殊禮，奏事不名，入殿不趨”⑤，《後漢書·祭遵傳》載東漢范升上疏，述及“昔高祖大聖，深見遠慮，班爵割地，與下分功，著録勛臣，頌其德美。生則寵以殊禮，奏事不名，入門不趨”⑥。揆度其意，“奏事不名”最初是指本人奏事不稱己名。

自蕭何以後，“奏事不名”作爲殊禮，在兩漢漫長的歷史中却罕有實授記録。如前引史料，時人提及“奏事不名”，主要是對蕭何故事的回溯。相比之下，蕭何故事的另一“不名”殊禮——贊拜不名，在現實禮儀運作中仍時有施用。如《後漢書·光武十王傳·東平憲王蒼傳》載漢章帝下詔云“昔蕭相國加

　　① 《文選》卷三八，影印清胡克家重刻南宋淳熙本，中華書局，1977 年，第 539 頁。
　　② 《日本足利學校藏宋刊明州本六臣注文選》卷三八，第 591 頁。
　　③ 〔清〕顧炎武著，黄汝成集釋，欒保群、吕宗力校點《日知録集釋（全校本）》卷二六，上海古籍出版社，2006 年，第 1451—1452 頁。
　　④ 《梁書》卷一四《任昉傳》，第 281 頁。
　　⑤ 《漢書》卷九九上《王莽傳上》，中華書局，1962 年，第 4061 頁。
　　⑥ 《後漢書》卷二〇《祭遵傳》，中華書局，1965 年，第 741 頁。

以不名,優忠賢也。況兼親尊者乎! 其沛、濟南、東平、中山四王,贊皆勿名",李賢注曰"贊謂贊者不唱其名"①。此"贊皆勿名"即贊拜不名,按李賢解釋是指主禮官在朝會場合不唱大臣之名,以示尊崇。至東漢末年,贊拜不名又爲權臣所援用,以朝廷名義加諸己身。如《三國志·魏書·董卓傳》載"卓遷相國,封郿侯,贊拜不名,劍履上殿"②;《三國志·魏書·武帝紀》載"(建安)十七年春正月,公還鄴。天子命公贊拜不名,入朝不趨,劍履上殿,如蕭何故事"③,但這一時期的殊禮運作仍未見"奏事不名"的直接記載。

值得注意的是,至遲在魏晋之際,"奏事不名"重新見於現實運作,且實質内容發生了微妙變化。史書記載,司馬懿發動政變鏟除政敵并專擅朝權後,所加殊禮即有"奏事不名"之目。《晋書·宣帝紀》云:

> (嘉平元年)二月,天子以帝爲丞相,增封潁川之繁昌、鄢陵、新汲、父城,并前八縣,邑二萬户,奏事不名。④

此事的另一記載,見於《三國志·魏書·三少帝紀·齊王芳紀》裴注引孔衍《漢魏春秋》曰:

> 詔使太常王肅册命太傅爲丞相,增邑萬户,群臣奏事不得稱名,如漢霍光故事。⑤

兩相參證可知,當時的"奏事不名"殊禮,具體是指"群臣奏事不得稱名"。要言之,"奏事不名"已從原初的本人(蕭何)不自稱名,轉變爲他者(群臣)不稱其名。

這一解釋亦有旁證。比如東晋時期,明帝在即位之初,迫於當日形勢,曾予權臣王敦以殊禮,"使兼太常應詹拜授加黄鉞,班劍武賁二十人,奏事不名,入朝不趨,劍履上殿",其後明帝下詔討伐王敦,又詔曰"敢有捨王敦姓名而稱大將軍者,軍法從事"⑥,嚴禁群臣以大將軍代稱王敦姓名。由此推斷此前的"奏事不名"正是指他者(群臣)不稱其(王敦)名,是故明帝在宣布王敦爲罪臣後,又特意申命禁用前已施行的群臣奏事禮儀。再如《宋書·武帝紀中》載東晋義熙十一年(415)八月,"朝議以公(劉裕)道尊勳重,不宜復施敬護軍,既加殊禮,奏事不復稱名"⑦,這裏的"奏事不復稱名",應即"奏事不名",參考《文選》卷三八傅亮《爲宋公至洛陽謁五陵表》起首曰"臣裕言"⑧,這是義熙十二年(416)十月劉裕北伐收復洛陽後所上表文,表明他此時上表仍然自稱己名,可

---

① 《後漢書》卷四二《光武十王傳·東平憲王蒼傳》,第1439—1440頁。
② 《三國志》卷六《魏書·董卓傳》,中華書局,1959年,第174頁。
③ 《三國志》卷一《魏書·武帝紀》,第36頁。
④ 《晋書》卷一《宣帝紀》,中華書局,1974年,第18頁。
⑤ 《三國志》卷四《魏書·三少帝紀·齊王芳紀》,第123頁。
⑥ 《晋書》卷九八《王敦傳》,第2560、2563頁。
⑦ 《宋書》卷二《武帝紀中》,第37頁。
⑧ 日本足利學校藏《宋刊明州本六臣注文選》卷三八,第585頁。

證此前所加"奏事不復稱名"殊禮,是指群臣奏事不得稱劉裕之名。

由此判斷,魏晉之際由司馬懿重啓的"奏事不名"殊禮,確立了"禪讓"模式中表奏文書禮儀的雙軌式運作:一方面是權臣本人所上表奏,首稱語一仍常制、自稱己名;另一方面則是群臣奏事不得稱其名諱。這種雙軌式公文書運作,在魏晉嬗代前夕朝廷圍繞文書禮儀的一次議論中有側面體現。《三國志·魏書·三少帝紀·陳留王奂紀》云:

> (景元元年)十一月,燕王上表賀冬至,稱臣。詔曰:"古之王者,或有所不臣,王將宜依此義! 表不稱臣乎。又當爲報。夫後大宗者,降其私親,況所繼者重邪! 若便同之臣妾,亦情所未安。其皆依禮典處,當務盡其宜。"

> 有司奏,以爲"禮莫崇于尊祖,制莫大於正典。陛下稽德期運,撫臨萬國,紹大宗之重,隆三祖之基。伏惟燕王體尊戚屬,正位藩服,躬秉虔肅,率蹈恭德以先萬國。其于正典,閟濟大順,所不得制。聖朝誠宜崇以非常之制,奉以不臣之禮。臣等平議以爲燕王章表,可聽如舊式。中詔所施,或存好問,準之義類,則'燕覲之敬'也,可少順聖敬,加崇儀稱,示不敢斥,宜曰'皇帝敬問大王侍御'。至於制書,國之正典,朝廷所以辨章公制,宣昭軌儀于天下者也,宜循法,故曰'制詔燕王'。凡詔命、制書、奏事、上書諸稱燕王者,可皆上平。其非宗廟助祭之事,皆不得稱王名,奏事、上書、文書及吏民皆不得觸王諱,以彰殊禮,加於群后。上遵王典尊祖之制,俯順聖敬烝烝之心,二者不悖,禮實宜之,可普告施行。"①

魏帝曹奂之父爲燕王曹宇,朝廷這次議禮是由燕王上表稱臣而起。考慮到司馬昭此時已獨斷朝綱、把持最高政力,皇帝實已形同傀儡。這場名義上由魏帝發起的議禮,似別有政治用意。如詔書云"古之王者,或有所不臣,王將宜依此義! 表不稱臣乎",朝議謂"聖朝誠宜崇以非常之制,奉以不臣之禮",或含有司馬氏宣揚"王者不臣"、爲"禪讓"鋪墊的政治意圖。觀察朝臣所上意見,它與六朝時期"禪讓"模式下的文書運作,存在密切關聯。朝議所立文書禮儀,歸納起來,有兩大要點:

一是"舊式"。朝議云"燕王章表,可聽如舊式",燕王上章表仍按"舊式",也就是依照常制稱臣(包括稱名)。聯繫前面分析,權臣在"禪讓"運作期間的上表仍稱"臣某言","臣公言""臣王言"主要反映上表前的"表草"面貌,正式上表同樣遵從"舊式"文書禮儀。

二是"殊禮"。朝議云"中詔……宜曰'皇帝敬問大王侍御'""制書……曰'制詔燕王'",皇帝爲中心的下行文書,避稱燕王本名,以爵位名號代替。這點在此後"禪讓"運作情景中,亦見類似用例,如《南齊書·高帝紀上》載宋順帝禪位璽書,即保留有起首用語,曰"皇帝敬問相國齊王"②,是其證。朝議又云"凡

---

① 《三國志》卷四《魏書·三少帝紀·陳留王奂紀》,第 148 頁。

② 《南齊書》卷一《高帝紀上》,中華書局,2017 年修訂本,第 22 頁。

詔命、制書、奏事、上書諸稱燕王者,可皆上平。其非宗廟助祭之事,皆不得稱
王名,奏事、上書、文書及吏民皆不得觸王諱,以彰殊禮",各類上行文書遇稱燕
王之處格式皆上平,且一般情況不得稱燕王之名。前已指出,自司馬懿以來,
"奏事不名"是指"群臣奏事不得稱名",與此"殊禮"頗相對應。

由此看出,當時司馬氏控制下的魏廷,通過朝議形式確認了"非常之制"
"不臣之禮"情景下兼用"舊式""殊禮"的公文禮儀,與前揭"禪讓"模式下的雙
軌式公文書運作(權臣自稱己名、他者不稱其名)多有呼應。從中古時期"禪
讓"政治操作的内在邏輯,可更透徹理解上述雙軌式公文書運作的潛在用意。
徐冲先生對"禪讓"模式有精闢論述:

> 而在始於魏晉的"禪讓"王朝更替模式之下,新王朝創業之主的身份
> 最初也是前代王朝之臣子,但却并没有站在前代王朝的對立面而否定這
> 一身份;相反,其所采取的立場是將這一身份發揚光大,竭心盡力平定前
> 代王朝之末世亂局,由此成爲前代王朝之"功臣",實現"臣"之身份的最大
> 化;既而由此開啓王朝更替的契機,以功德爲公、爲王,開建王國,遇以殊
> 禮,其身份一步步實現"去臣化";最後由其本人或繼任者接受前代皇帝的
> 禪讓,正式即位建立新朝。[1]

以上論述敏鋭把握到王朝"禪讓"更替模式下,新王朝創業之主在獲取最高權
力的過程中,身份上的雙重遞進邏輯:一是前代王朝"功臣"的身份建構,以實
現"臣"之身份的最大化,二是"去臣化"的身份轉換,以實現"自臣至君"(徐冲
先生語)的最終目標。這是一個在"爲臣"的同時又"去臣"的政治儀式進程,
"爲臣"與"去臣"看似相反,實則相成。

權臣上表選擇沿用"舊式",與"爲臣"邏輯正相一致。"臣某言"作爲表文
格套用語,是表示君臣關係的禮儀符號。尾形勇先生分析"臣某"的自稱形式,
指出"以這種形式爲義務的皇后、皇太子、諸侯王以下的群臣,對皇帝表現了巨
大的謙虛性和隸屬程度"[2],體現了君臣之禮。稱名在古代禮儀中即被應用於
君臣場合,《禮記·曲禮上》云"父前子名,君前臣名",鄭玄注曰:"對至尊無大
小皆相名"[3],殊具政治文化象徵意義。權臣在表奏稱"臣"稱"名",此種故作
姿態,反而説明"舊式"的不可或缺。相關文書運作表面上一遵常制,實際是權
臣在"禪讓"模式中,利用此固有的政治禮儀符號,建構其"功臣"形象與身份的
一種操作。與此同時,權臣又利用"奏事不名"在内的一系列"殊禮",突破君臣
禮儀關係,以達到"去臣"并最終攫取皇權之目的。除了要求群臣避免觸犯權
臣名諱,"不名"也體現在皇帝不稱權臣本名,其意在消解"稱名"所寓臣屬象
徵,構成中古時期王朝禪讓模式"去臣化"政治進程的組成部分。

---

① 徐冲《"禪讓"與"起元":魏晋南北朝的王朝更替與國史書寫》,《歷史研究》2010 年第 3 期,第
109 頁。

② 〔日〕尾形勇著,張鶴泉譯《中國古代的"家"與國家》,中華書局,2009 年,第 117 頁。

③ 《禮記正義》卷二《曲禮上》,影印十三經注疏清嘉慶刊本,中華書局,2009 年,第 2688 頁。

　　綜上而言,"臣公言""臣王言"是六朝文士代王公作表奏時、在"表草"上避稱其名而形成的文本面貌,《江淹集校注》一書所作解釋"因是底稿,避其名諱",意見可取。此類文本流入六朝文集并留存至今,一定程度提示了該時期文獻文本内部的多元面貌及其流動特徵。至於正式上表,首稱"臣某言"(直書本名)的傳統禮儀在六朝時期繼續得到沿用,并未出現改變。該時期"禪讓"政治流程中的文書運作,權臣本人正式上表仍遵"舊式"稱名,以彰顯其功臣身份。當時權臣所獲殊禮之一的"奏事不名",并非指他上書不稱己名,實爲規定群臣奏事不得觸犯他的名諱,由此構成的官方文書禮儀雙軌式運作,契合了"禪讓"政治權力轉移模式同時强調"爲臣"與"去臣"的内在邏輯。

(作者單位:中山大學歷史學系)

古典文獻研究（第二十七輯上）
Journal of the Institute for Chinese Classics Studies
Nanjing University
Volume 27, No.1 2024

《文選》李善注"嗣宗身仕亂朝"條作者歸屬考[*]

梅　嫣　徐國榮

　　《文選》李善單注本以及六家、六臣合注本卷二十三阮籍"《咏懷詩》十七首"題下均有按語曰："顏延年曰：説者阮籍在晋文代常慮禍患，故發此咏耳。"又《咏懷詩》第一首"夜中不能寐"詩末有"嗣宗身仕亂朝，常恐罹謗遇禍，因兹發咏，故每有憂生之嗟。雖志在刺譏，而文多隱避，百代之下，難以情測，故粗明大意，略其幽旨也"云云，在李善單注本中，這條評語没有題注釋者，在六家或六臣合注本中，這條評語前面則有"善曰"。後世詩論家或將此條評語歸爲李善注，或歸爲顏延之注。前者如元代劉履《選詩補注》卷三，明代劉成德《漢魏詩集》卷十三，范欽、陳德文本《阮嗣宗集》卷下，馮惟訥《選詩約注》卷二，潘璁本《阮嗣宗集》總論，清代蔣師爚《阮嗣宗咏懷詩注》卷一，近現代黄節《阮步兵咏懷詩注》，陳伯君《阮籍集校注》卷下等；後者如明代楊慎《詩話補遺》卷三，梅鼎祚《漢魏詩乘》卷二十，許學夷《詩源辯體》卷四，張溥《漢魏六朝百三家集·阮步兵集》，清代方東樹《昭昧詹言》卷三，舊題陳沆《詩比興箋》卷二，近代丁福保本《阮嗣宗集》卷四，黄侃《阮籍咏懷詩補注》等，由此亦可見此條評語在後世影響很大。"嗣宗身仕亂朝"條作者係於何人，涉及阮詩批評史、接受史之研究，因此便有考訂之必要。學術界已經注意到"嗣宗身仕亂朝"條作者之爭議，并對之進行了辨析，我們不妨先看看學術界對此問題的看法及其理由。

一　學術界對"嗣宗身仕亂朝"條作者歸屬的幾種看法

　　其一，據李善於《文選·西京賦》自著注例——"舊注是者，因而留之。并於篇首題其姓名，其有乖謬，臣乃具釋，并稱臣善以别之，他皆類此"，認爲"嗣宗身仕亂朝"條屬於李善删去舊注後的新注。如柯弘説道："李善在題下注明

　　* 本文爲廣東省教育廳普通高校認定類基金項目"清代阮籍詩歌批評研究"（2023WQNCX117）階段性成果。

'顏延年、沈約等注'。篇內，在顏、沈的注釋之後常有'善曰'字樣，這是李善的補充注釋。至於未標明注者的各條注釋，我們認爲，應是顏、沈等人原來的注釋'有乖謬者'，李善不滿意，他在删去這些注文之後，重新作了注釋。'難以情測'這條分析性的注釋也是屬於這樣的新注……這些注釋，雖未標明'善曰'，因爲《文選》全書係李善所注，其出自李善之手是十分自然的事。查《六臣注文選》中的阮籍《咏懷詩十七首》，凡李善注《文選》中未標明注者姓名的地方，皆標以'善曰'。① 後錢志熙《論〈文選〉〈咏懷〉十七首注與阮詩解釋的歷史演變》一文也持類似的觀點，并點明"嗣宗身仕亂朝"條是李善對顏延之提到的"說者"說法之引申②。

其二，詳論李善自著注釋體例，指出李善采用舊注主要分爲采一家之舊注和采數家之舊注兩類，它們的注例不盡相同；《咏懷詩》注屬於特殊情況，即雜糅了上述兩種注例，《咏懷詩》篇題下"顏延之、沈約等注"之說明已經規定了舊注出場順序，"嗣宗身仕亂朝"條等未署名注按注例當屬於顏注。這一觀點由于溯提出：

> 李善對《咏懷》注的處理方式，是將用一家舊注與采數家舊注之例進行了糅合。同於用一家注，李善在《咏懷》篇首題明"顏延之、沈約等注"，在這裏"顏延之、沈約"已經規定了出注的順序，即同一個注釋點，先出顏注，後出沈注，李善如有補注，放在沈注之後。這樣，對於沈約注，按采數家舊注之例處理，隨注署名；而在順序上優先的顏延之注，已經完全沒有必要署名，就可以保證各家注文不相混雜，這和用一家注篇中不必標明舊注者的道理是一樣的……要之，《咏懷》未署名注爲顏注，據李善注例皎然可辨，後人之注誤題顏注、誤入顏注的情況容或有之，但畢竟只有寥寥幾則，不可據這幾條特殊的注文，而忽視全書的定例。③

其三，亦從李善於《文選·西京賦》自著注例出發，并結合《西京賦》注釋特點，認爲李善采用舊注時不具名注當爲舊注，因爲篇首已題姓名，因此將《咏懷詩》未署名注視爲顏延之注是合理的，楊慎《詩話補遺》卷三、馮惟訥《古詩紀》卷一五三、張溥《漢魏六朝百三家集·阮步兵集》等稱"嗣宗身仕亂朝"條爲顏注可爲例證；又認爲阮籍《咏懷詩》十七首或爲顏延之所編，未署名注爲顏延之所采，其作者即顏延之提到的"說者"，李善題署"顏延年、沈約等注"之"等"字亦指此，說者注與顏注可視爲一體，這一觀點見於范志新《〈文選·咏懷詩〉未標明姓氏注文的歸屬問題》。此外，范文還論及《咏懷》十七首注題名顏注較少可能是六臣合并倒置過程中使"顏延年曰"脱落；"嗣宗身仕亂朝"條中"粗明大

---

① 柯弘《"難以情測"出自誰手？——〈文選·咏懷詩注〉中的一個問題》，《福建師大學報（哲學社會科學版）》1980 年第 2 期。

② 參見錢志熙《論〈文選〉〈咏懷〉十七首注與阮詩解釋的歷史演變》，《文學遺產》2009 年第 1 期。

③ 于溯《李善〈文選·咏懷詩注〉中的舊注問題》，《南京大學學報（哲學·人文科學·社會科學版）》2011 年第 1 期。

意,略其幽旨"云云實爲互文,"粗"即"略","大意"即"幽旨",此注不同於"只引事,不説意義"的李善注和拘泥於字面之膚淺的沈約注,可爲顔注旁證等。①

其四,僅就"嗣宗身仕亂朝"條内容與鍾嶸《詩品》對顔延之注阮詩的評價契合認爲此條評語爲顔延之注。此觀點見於俞紹初等點校《新校訂六家注文選》,其"嗣宗身仕亂朝"條校勘記曰:"鍾嶸《詩品》評阮籍詩云:'厥旨淵放,歸趣難求。顔延(年)注解,怯言其志。'怯,畏也,去也。'怯言其志'正與此注'略其幽旨'意合。則此是顔注無疑。又明張溥《漢魏六朝百三家集·阮籍集》亦引有此注,作'顔延之曰',蓋張所見李善注本《文選》原來如此也。今據以改。"②

以上看法都是建立在文獻分析的基礎上,具有合理性。前三種看法都涉及對李善舊注體例的分析,其中的分歧一方面緣於學人對李善注例有着不同的理解,但更爲主要的原因是《咏懷詩》十七首舊注形式在李善《文選注》中是比較特殊的存在。根據李善自著注例和實際注釋情況來看,李善采用舊注有兩種形式:一是采一家舊注,在篇首題注者姓名,篇内從省,出己注標"善曰"以相區别;二是采舊有集注,在篇内題各注家姓名,出己注亦稱"善曰",至於在篇首是否題注家姓名,李善自著注例則没有言及,而準之相關篇目,多數未在篇首題注家姓名,應該也是從省故,但也有例外。李善《文選·子虛賦注》《文選·上林賦注》采《漢書》諸家注以及司馬彪、張揖、郭璞注,但二賦篇首題"郭璞注",且郭璞姓氏在篇内未從省。再來看《咏懷詩》注,篇首有"顔延年、沈約等注"説明,篇内也標有"顔延年曰""沈約曰",顯然其與上述第一種形式和第二種形式一般情況都不符合,與《子虛賦》《上林賦》注的情況也有出入。

因此,第一種看法雖然不符合李善注例一般情況,但若僅就《咏懷詩》注本身情況而言,不妨視爲一種大膽的推測。當然,柯文和錢文都有以六臣注本《文選》對"嗣宗身仕亂朝"條作者處理爲依據之傾向,對此于文和范文已有辯駁,即六臣、六家本中的"善曰"是合并六家注時所添,不足爲李善注之證,且劉履等人將此條歸爲李善注正因其以六臣注本《文選》爲底本。不過,雖然柯文和錢文没有提及,若就版本流傳而論,這裏也不排除"嗣宗身仕亂朝"條前的"善曰"脱落的情況。

第二種看法和第三種看法雖然力求在遵守李善注例的情況下求得融通的解釋,但也只能是一種無例可援的推測。且第三種看法某些觀點亦有待商榷,一是范文提到歷來學者稱"嗣宗身仕亂朝"條爲顔注的問題,這其實肇始於明人楊慎之誤記。楊慎《詩話補遺》卷三"阮籍詩"條稱"嗣宗身仕亂朝"條爲顔注,此論不一定是楊慎首唱,但因楊慎在當時文壇占一席之地,遂引發後人遞相祖述之。馮惟訥《古詩紀》卷一五三相關内容正是采楊慎論詩之語,又梅鼎祚《漢魏詩乘》卷二十阮籍詩其二十九亦有引用楊慎《詩話補遺》,可見他在《咏

---

① 參見范志新《〈文選·咏懷詩〉未標明姓氏注文的歸屬問題》,《文學遺産》2011 年第 6 期。

② 蕭統選編,吕延濟等注,俞紹初等點校《新校訂六家注文選》卷二三,鄭州大學出版社,2013年,第 1425 頁。

懷詩》題下按語稱"顔延年云:阮公身仕亂朝……"正是沿襲楊慎説法,而張溥《漢魏六朝百家集‧阮步兵集》又以梅鼎祚《漢魏詩乘》爲底本①。那麽楊慎此論是否是建立在對李善注的研究上呢? 從他寫作《詩話補遺》條件來看,他作出此判斷恐怕是比較隨意的,《四庫全書總目》便指出楊氏著《詩話補遺》正值其被謫雲南,無文籍可徵,僅憑記憶,書中有一些錯訛②,因此楊慎、張溥等關於"嗣宗身仕亂朝"條作者歸屬的看法不足爲據。二是范文表示《咏懷詩》十七首爲顔延之所編,未署名注爲顔延之所采,這也只是一種猜測,且帶來一系列需要解決的問題,比如阮籍詩歌在六朝流傳是十分廣泛的,蕭統《文選》對阮詩取捨爲何要遵從顔延之? 顔延之或者後來的李善爲何會在《咏懷詩》題下和"夜中不能寐"詩末引述差不多的内容? 三是范文認爲李善注"只引事,不説意義",這是受到了五臣説法的誤導,近來陳延嘉等學者都有强調李善未嘗忘記釋義,這裏不再贅述;沈約注也并非完全是拘泥於字面之膚淺,如阮籍"二妃游江濱"詩,沈約注曰"婉孌則千載不忘,金石之交,一旦輕絶,未見好德如好色"③,未嘗不是從整體把握這首詩的大意及點明其"刺譏"之旨。不過范文指出《文選‧咏懷詩》舊注的作者可能不僅僅只有顔延之和沈約,也就是説這裏存在無名氏注的可能性,頗有啓發性,惜范文未結合李善注例加以詳論。本文後面會提到,李善援引的舊注失名現象比較普遍,且李善在篇内不會稱"無名氏曰"。

第四種看法尋求了李善注例和版本以外的依據,亦具有啓發性,但是鍾嶸《詩品》評價顔延之注阮詩"怯言其志"以及"嗣宗身仕亂朝"條中的"略其幽志",其内涵還須結合六朝學術語境來探討,同時也需要回應李善爲何不合并兩處内容相近的顔延之注。此外,張溥《漢魏六朝百三家集》相關説法不可作爲旁證前已辨,這裏還需提及的是,明代流傳的《文選》版本以六家、六臣本爲主④,所以并非張溥等人當時所見李善注本《文選》即如此,這完全是他以某阮籍集爲底本的緣故。

總之,前人時賢看法雖存在不足之處,但所做出的貢獻是主要的。在此基礎上,我們可以確定的是:李善《文選注》有嚴格的注例可循,但可能因爲李善《文選注》本身有多次修訂的情況,以及文獻流傳過程中難免有舛訛,尤其是存在"五臣亂善"的問題,因此今天所見其注釋體例不一。而因爲《文選》版本的複雜性,現已很難得知李善注的原貌。這也就要求我們積極尋找注例、版本以外的證據來解決這個問題。此外,歷來圍繞"嗣宗身仕亂朝"條作者歸屬有非

---

① 參見張建偉、李衛鋒《阮籍研究》,三晋出版社,2012年,第31頁。
② 《四庫全書總目‧〈詩話補遺三卷〉提要》:"此編乃其戍雲南後所作……慎在戍所,無文籍可稽,著書惟憑腹笥。中如稱宋本杜甫集《麗人行》中有'足下何所有? 紅葉羅襪穿鐙銀'二句之類,已爲前人之所糾……如斯之類,亦引據疏舛。"載《景印文淵閣四庫全書》第五册,臺灣"商務印書館",1986年,第247頁。
③ 蕭統編,李善注《文選》卷二三,上海古籍出版社,1986年,第1068頁。
④ 參見傅剛《〈文選〉版本研究》,北京大學出版社,2000年,第91—92頁。

李即顔的傾向，但也應該看到這裏存在無名氏注的可能性。實際“嗣宗身仕亂朝”條本身的注釋風格以及它在《文選》中特殊位置透露出消息，即首先可以確定其不屬於顔注和李注。

二　“嗣宗身仕亂朝”條非李善注和顔延之注

可以看到，“嗣宗身仕亂朝”條位置在《咏懷詩》正文之中，此評是在説明阮詩述作之由，若説爲李善注，按照其一般注例，應該置於《咏懷詩》題下，可列於顔注之後，作爲對其的補充。陳延嘉對此亦早有疑問：“在正文中李善説明作者爲志的，在其全部注裏爲僅見。此注的出現，可能因爲它是《咏懷詩》的第一首，與題目之下的注類似。”①這種特殊情況就顯示將其歸爲李善注有不妥之處。詳揣這段話語義，也可看出端倪：李善注以徵引訓詁爲主，釋義和解志本非其用力之處，所以他在這裏就没有必要解釋對於阮詩“粗明大意，略其幽旨”。

同理，“嗣宗身仕亂朝”條也不大可能爲顔注，顔注既然有題注，就没有必要在《咏懷詩》第一首末句後重複交代阮詩創作背景，以及在這裏點出阮籍整組詩的主旨。又鍾嶸《詩品》表示顔延之注阮詩“怯言其志”，若“嗣宗身仕亂朝”條爲顔注，這恐怕也不符合鍾嶸之評。魏晋以來，士人受玄學“得意忘言”命題的影響，對經典和文學的解釋追求會通大義。魏晋士人所謂的“得意忘言”主要源於王弼之説，王弼《周易略例·明象》表示言、象只是得意的工具，只有忘言忘象纔能得意，即强調不拘泥於文字。早在東漢時期，出於對經學繁瑣之弊的反撥，士人已表現出“尚通”之意趣，可見漢晋學術轉型爲歷史之必然，亦知魏晋士人求文本“大意”是針對章句之學而言的。郭象注《莊子·逍遥游》便表明了此種解釋傾向：

> 夫莊子之大意，在乎逍遥游放，無爲而自得……達觀之士，宜要其會歸而遺其所寄，不足事事曲與生説。自不害其弘旨，皆可略之耳。②

强調對於文本要“會歸”“遺其所寄”，求得“大意”“弘旨”。其時士人對於儒、釋典籍及其文學作品的解釋亦采用“得意忘言”之方法，湯用彤、張伯偉等對此問題已有具論③，在此不再贅述。鍾嶸《詩品·總論》云：“文已盡而意有餘，興也。”④對比鄭玄將“比興”等同於美刺⑤，鍾嶸對“興”的定義顯然是受到了“言不盡意”“得意忘言”説之影響。那麽，在鍾嶸看來，“嗣宗身仕亂朝”條評語求

---

① 陳延嘉《關於〈文選〉李善注之“釋事而忘義”的評價問題》，趙昌智、顧農主編《李善文選學研究》，廣陵書社，2009年，第120頁。

② 郭慶藩撰，王孝魚點校《莊子集釋·内篇》，中華書局，2004年，第3頁。

③ 參見湯用彤撰，湯一介等導讀《魏晋玄學論稿》，上海古籍出版社，2001年，第26—28頁；張伯偉《中國古代文學批評方法研究》，中華書局，2002年，第44—45頁。

④ 鍾嶸著，陳延杰注《詩品注》，人民文學出版社，1961年，第2頁。

⑤ 鄭玄注《周禮·春官宗伯·大師》曰：“比，見今之失，不敢斥言，取比類以言之；興，見今之美，嫌於媚諛，取善事以喻勸之。”載阮元校刻《十三經注疏》，中華書局，1980年，第796頁。

作者之志的意圖是非常明顯的,"略其幽旨"正是對傳統"微言大義"方法的捨棄。

其實顏注本意就不在於"粗明大意",其體例應與李善一致。李善《文選·咏懷詩注》明確標爲顏注有三條:

> (嘉樹下成蹊,東園桃與李)顏延年曰:《左傳》,季孫氏有嘉樹。
> (西游咸陽中,趙李相經過)顏延年曰:趙,漢成帝趙飛燕也;李,武帝李夫人也。并以善歌妙舞幸於二帝也。
> (下有采薇士,上有嘉樹林)顏延之曰:《史記·龜策傳》曰:無蟲曰嘉林。①

其一爲釋典,其二爲徵引史實,其三爲訓詁。于溯認爲這三條注既簡且疏,頗疑爲後人旁批鼠入而整理者誤題顏注,但在承認《咏懷詩》十七首注存在無名氏注的情況下,這三條注題名顏延之應該由來有自。顏注這種體例與其在詩歌創作中"喜用古事"②(鍾嶸《詩品》)傾向是相呼應的,箋注阮詩正是向前賢學習如何熔裁古事古語或直接祖述前賢詩句。魏晋之際用典風尚雖不如南朝濃厚,但阮詩在它所屬的時代其用典現象是非常突出的③,這恐怕是顏延之重視阮詩的原因之一。顏延之《北使洛》有"振楫發吳州,秣馬陵楚山"句,李善便引阮詩"朱鱉躍飛泉,夜飛過吳州"句箋注④。又張協《七命》有"或馳名傾秦,或夜飛去吳"句,李善注曰:"《越絶書》曰:闔廬無道,湛盧之劍去之入水。行湊楚,楚王卧而設湛盧之劍也……"⑤這樣來看,顏詩中"吳州""楚山"對舉既應實景,又語有出處,且"吳州"説法的確本自阮詩。顏延之《秋胡詩》曰:"離獸起荒蹊,驚鳥縱橫去",李善注曰:"阮籍《咏懷詩》曰:(孤鳥西北飛,)離獸東南下",顏詩又云:"桑野多經過",李善注曰:"阮籍《咏懷詩》曰:趙李相經過"⑥,這裏也是化用和引用阮詩語句,而顏延之對"趙李相經過"句正有出典。可見,顏延之注阮詩不言其志并非"怯言其志",而是對阮詩形式特徵感興趣。

另一方面,鍾嶸《詩品》也説阮詩"厥旨淵放,歸趣難求"⑦,那麼他就無須非難顏延之"怯言其志",這説明鍾嶸此評別有用意。鍾嶸《詩品·總論》云:"至乎吟咏情性,亦何貴于用事?……觀古今勝語,多非補假,皆由直尋。顏延、謝莊,尤爲繁密,于時化之。故大明泰始中,文章殆同書鈔"⑧,表示詩歌本質在於抒情,遂對當時詩歌競相用事表示批評,并認爲這種風氣肇始於顏延

---

① 蕭統編,李善注《文選》卷二三,第 1068、1071、1072 頁。
② 鍾嶸著,陳延杰注《詩品注》卷下,第 43 頁。
③ 參見王利鎖《試論阮籍〈咏懷詩〉的使事用典》,《中國韵文學刊》2002 年第 2 期。
④ 參見蕭統編,李善注《文選》卷二七,第 1253 頁。
⑤ 蕭統編,李善注《文選》卷三五,第 1606 頁。
⑥ 參見蕭統編,李善注《文選》卷二一,第 1004 頁。
⑦ 鍾嶸著,陳延杰注《詩品注》卷上,第 23 頁。
⑧ 鍾嶸著,陳延杰注《詩品注》,第 4 頁。

之、謝莊。又鍾嶸强調阮詩用典無堆砌之弊,即"無雕蟲之功"①(《詩品》)之謂。南朝崇尚麗文,鍾嶸亦重視詩歌的文采,其《詩品·總論》便明確表示詩歌應該"干之以風力,潤之以丹采"②,所以若"無雕蟲之功"是言阮詩語言質樸,似非褒義,如他評劉楨詩曰"氣過其文,雕潤恨少"③(《詩品》)。鍾嶸稱當時詩歌用典是"句無虛語,語無虛字,拘攣補衲,蠹文已甚"④(《詩品·總論》),亦能確定"雕蟲"指向的是他十分反對的用典問題。陳衍《鍾嶸詩品平議》就鍾嶸的阮詩批評便有所指瑕:"夫既云'源出《小雅》',當矣;尚何至用功'雕蟲',而待辯其'無'乎。"⑤即看到"雕蟲"一詞帶有貶義色彩,"無雕蟲之功"説法不太恰當,這也能説明鍾嶸此評有針對性。這樣來看,鍾嶸評價顏延之注阮詩"怯言其志"實意在批評顏延之喜好用典,忽略詩歌本質屬性問題。由此亦能確定顏延之注阮詩之體例爲詮典釋詞。

那麼,按照顏延之的審美傾向,他應該對阮籍《咏懷》整組詩都有出注,所以我們不贊同《文選》所示阮詩爲顏延之所編的説法,像上述阮籍"朱鼇躍飛泉,夜飛過吴州"詩便不見《文選》。南朝時期,研習阮詩蔚爲風氣,除了顏延之注阮詩之外,鍾嶸《詩品》、劉勰《文心雕龍》對阮詩都有很高的評價,江淹《效阮公詩十五首》所擬習的阮詩與《文選》所選篇目亦不相同,《文選》所選阮詩出自蕭統鑒裁,無待詳辨。至於爲何今天所能見顏延之注阮詩僅有三條,這可能是顏注本阮詩未能流傳下來,李善注《文選》時已經無法再看到,且本文後面會指出,《咏懷詩》十七首中的舊注極有可能爲李善之前已經獲得相對穩定性的集注,集注本自然不全以顏注爲主,而是雜采衆家,于溯已指出《咏懷詩》十七首未署名注中某條之引書不是顏延之所能看到的,便是説明。

概言之,"嗣宗身仕亂朝"條特殊位置不符合李善的注例,這也就能够排除因版本原因而導致"善曰"脱落的情況;此條評語在六朝學術語境中即揭櫫詩人之志,而顏延之注阮詩體例爲詮典釋詞,因此其亦不屬於顏注。那麼可以確定,"嗣宗身仕亂朝"條作者爲李善之前人物,其爲無名氏注。鑒於李善注《文選》有參考底本的事實以及此條評語措辭特色,可推定此條評語出自六朝人氏之手,且極有可能爲東晋人氏。

三 "嗣宗身仕亂朝"條作者爲東晋人氏

一般認爲《文選》中李善注爲李善首次援引,但近年來隨着研究的深入也發現李善注《文選》有參考底本的事實。傅剛便指出新發現的俄藏敦煌寫本《文選注》與李善注基本相合,當爲李善所藉鑒的注本⑥。王德華通過將李善

---

① 鍾嶸著,陳延杰注《詩品注》卷上,第23頁。
② 鍾嶸著,陳延杰注《詩品注》,第2頁。
③ 鍾嶸著,陳延杰注《詩品注》卷上,第21頁。
④ 鍾嶸著,陳延杰注《詩品注》,第4頁。
⑤ 黄侃等撰,楊焄整理《鍾嶸〈詩品〉講義四種》,上海古籍出版社,2018年,第56頁。
⑥ 參見傅剛《〈文選〉版本研究》,第276—294頁。

《文選注》賦類舊注之書目與《隋書·經籍志》比對,并着眼於李善對"舊注"去取都有交代的情況,認爲李善注中的部分"舊注"當爲底本原有,并表示集注"最大可能就是蕭統編撰《文選》時,把一些文章有集注的也一并録入,以便參閲"①。徐建委通過對《漢書》注釋史及目録學的考察,發現李善注引用的古《漢書》注并非逐家徵引,而是基本引自東晋蔡謨所作的《漢書》集注本,進而探知李善《文選注》引書總的特點是喜引晋以前的注疏和多用集注本②。這樣來看,《咏懷詩》十七首中的舊注便有可能非李善一一徵引,而是李善直接引用某個集注本或者其之前某個《文選》注本,且李善對舊注不輕易捨棄。若循此思路,《咏懷詩》十七首舊注形式的特殊性亦能得到合理解釋:一是,《咏懷詩》十七首篇首題"顏延年、沈約等注",這不符合李善采舊集注一般體例,當是李善照録舊本,非其本意題署;二是"嗣宗身仕亂朝"條的位置亦是李善遵循舊注原貌之故。

　　李善《文選注》留存的阮詩集注最早應形成於南朝時期。魏晋以來,隨着文學進入"自覺的時代",文學創作與文學注釋、批評活動亦隨之興盛。魏晋南北朝時期集部文獻的集注今不多見,《隋書·經籍志》僅提到"《二京賦音》二卷,李軌、綦毋邃撰""張載及晋侍中劉逵、晋懷令衛權注左思《三都賦》三卷"等,這應該是一些集注附於別集、總集之後未再以單行本流行,而目録學家於別集、總集未作標示。儘管如此,當時流行於佛經、史書的"合本子注"可以幫助我們了解集部文獻集注的情況。"合本子注"概念由陳寅恪先生提出,陳先生認爲魏晋南北朝時期佛經翻譯存在同本異譯的情況,編者往往將多家譯本合編,而這一風氣也影響了史部之注釋,如裴松之《三國志注》、劉孝標《世説新語注》、酈道元《水經注》、楊衒之《洛陽伽藍記》等。裴松之《上〈三國志注〉表》云:"壽書……失在于略,時有所脱漏。臣奉旨尋詳,務在周悉。上搜舊聞,傍摭遺逸……其壽所不載,事宜存録者,則罔不畢取以補其闕。或同説一事而辭有乖雜,或出事本異,疑不能判,并皆抄内以備異聞"③,便交代是書要旨在於拾遺補闕、廣采異同。陳先生對"合本子注"概念未作清晰界定,學界對此亦存在論争,但陳先生着眼於當時史書"喜聚异同"之體例,將之歸於佛經翻譯之影響,是經得起推敲的,因爲貫通二者的依然是玄學通達之精神。魏晋玄學崇尚言簡意約,其後隨着著作日多,不免走向博而通。顏延之《庭誥》云:"觀書貴要,觀要貴博,博而知要,萬流可一",謝鎮之《重與顧歡書》亦云:"佛敎敷明,要而能博,要而能博,則精疏兩汰"④,南朝士人意將"要"與"博"統一起來,正揭示了玄學精神下典籍解釋方法之嬗變。據此可知,"合本子注"體例必然也有

　　① 參見王德華《李善〈文選〉注體例管窺》,趙昌智、顧農主編《李善文選學研究》,廣陵書社,2009年,第66—75頁。

　　② 參見徐建委《李善〈文選注〉引書試探》,《長春師範學院學報(人文社會科學版)》2009年第7期。

　　③ 陳壽撰,裴松之注《三國志》,中華書局香港分局,1971年,第1471頁。

　　④ 嚴可均輯《全上古三代秦漢三國六朝文》,上海古籍出版社,2009年,第505、605頁。

滲透到當時集部文獻。這種體例自然不符合傳統史學筆削謹嚴之義,那麼,李善《文選·咏懷詩注》所留存顏注提到的"説者"云云與"嗣宗身仕亂朝"條在不同位置重出也就在情理之中了。

此外,"嗣宗身仕亂朝"條中"難以情測"説法也爲六朝人習語。當時名士以其志向、器度、識鑒等不可測爲美譽,我們稍檢《晉書》等史書以及《世説新語》便可發現。阮籍就曾爲時人王昶目爲"自以不能測"①(《晉書·阮籍傳》)。又六朝時"情志"合一,所以也就有"測情""情測"説法,如"承以敦欲測其情,故發此言"②(《晉書·司馬承傳》);"幽致虚玄,非群情之所測"③(《高僧傳·晉長安釋僧肇》);"妙絶群有,非常情所測"④(釋道恒《釋駁論》)等等,可知"難以情測"即言己之情難以測阮詩。

頗疑"嗣宗身仕亂朝"條作者爲東晉人物,如果我們認爲"百代之下"是接近實指説法的話。另一方面,東晉時期正是阮籍、嵇康等竹林名士聲名大噪之際。《世説新語·任誕》云:"陳留阮籍,譙國嵇康,河内山濤,三人年皆相比,康年少亞之。預此契者:沛國劉伶,陳留阮咸,河内向秀,琅邪王戎。七人常集于竹林之下,肆意酣暢,故世謂'竹林七賢'。"後劉孝標注引東晉孫盛《晉陽秋》曰:"于時風譽扇于海内,至于今咏之"⑤,便道出了這種盛況。從文獻記載來看,"竹林七賢"成員雖都爲歷史真實人物,但其相關傳説的真實性是可疑的,即阮籍、嵇康生活之時未必有"七賢"名目并"風譽扇于海内"。"七賢"傳説產生於兩晉之交,"竹林七賢"名目之定型很大程度上是東晉士人的附會,東晉人士深厚的"林下"情結正是其時玄學思想與山水審美結合的表現⑥。那麼此時產生阮詩批評,是再正常不過的事情。

顏延之提到的"説者"應該也就是指這位東晉人氏,顏氏刪去"説者"對阮詩主旨的闡釋是由其注例決定的,或因其生活時代早於顏氏現已失名,顏氏遂稱其爲"説者"。大概後來阮詩集注本之編者亦無法考證"嗣宗身仕亂朝"條作者姓氏,只是在篇首稱"顏延年、沈約等注",用"等"字來指代之。李善在采用"嗣宗身仕亂朝"條注時,不稱"無名氏曰",此爲其注例。李善《文選注》卷十五張衡《思玄賦》篇首題有"舊注",李善注曰:"未詳注者姓名"⑦,篇内對於舊注不再言其作者;又卷十九韋孟《諷諫詩》"撫寧遐荒"句後有注云:"言受彤弓之賜……善曰:《毛詩》曰……"⑧,這裏"善曰"前面當屬舊注,李善沒有題姓氏,當屬失名注釋,另外這首詩"乃命厥弟"句後亦有一條失名的注釋,可爲印證。

① 房玄齡等撰《晉書》卷四九,中華書局,1974年,第1359頁。
② 房玄齡等撰《晉書》卷三七,第1104—1105頁。
③ 釋慧皎撰,湯用彤校注,湯一玄整理《高僧傳》卷六,中華書局,1992年,第252頁。
④ 釋僧祐撰,李小榮校箋《弘明集校箋》卷六,上海古籍出版社,2013年,第295頁。
⑤ 劉義慶著,劉孝標注,余嘉錫箋疏《世説新語箋疏》下卷上,中華書局,1983年,第727頁。
⑥ 參見梅嫣《魏晉南北朝竹林七賢文化形象研究》,暨南大學碩士學位論文,2018年。
⑦ 參見蕭統編,李善注《文選》,第651頁。
⑧ 參見蕭統編,李善注《文選》,第916頁。

　　"嗣宗身仕亂朝"條作者歸屬既已確定,我們便能理解此評認爲阮詩旨在"憂生""刺譏",正是玄學思潮浸染下士人重視個體價值的表現,所以宋元理學家曾原一《選詩演義》、劉履《選詩補注》都反對將具有個人情感傾向且不符合儒家捨生取義思想的"憂生"説法與阮詩聯繫起來,只承認阮詩表現了感時刺譏的內容。同時也説明,理學家所持論阮詩之"刺譏"與六朝士人不同,前者指向儒家憂國憂民情懷,是個體對群體的社會責任感,後者僅是個體對世俗不滿的表現,是一己之高潔之志。從現在研究來看,阮籍雖然早年服膺儒學,但由於後來目睹了司馬氏打着名教旗號大肆屠殺異己,遂主張"越名教而任自然",他也沒有表達忠魏的政治立場,他在《咏懷詩》中主要表現的是對禮法之士和追名逐利之徒的譏諷以及對人生無常的慨嘆。因此,"嗣宗身仕亂朝"條作者聯繫當時政治背景把握阮詩意義,從方法到結論都可謂客觀,稍覺未盡在於阮籍并非憂心自我"罹謗遇禍"而無法保全,而是對人類普遍命運持悲觀的態度。此外,這位批評家在"得意忘言"方法影響下對阮詩不執象而求,也充分尊重了阮詩比興抒情特色。整體來看,此評極富批評價值,尤其是與此後形成的諷諭闡釋傳統相比。從唐代五臣《文選注》開始,到宋元時期曾原一、劉履,再到明清時期唐汝諤《古詩解》、何焯《義門讀書記》、舊題陳沆《詩比興箋》等皆是以魏晉易代之事注解阮詩。又"嗣宗身仕亂朝"條似乎是目前所見最早的阮詩批評,南朝詩論家如顏延之《五君咏·阮步兵》稱阮籍"寓辭類托諷"[1],劉勰《文心雕龍·明詩》表示"阮旨遙深"[2],鍾嶸《詩品》認爲阮詩"言在耳目之內,情寄八荒之表"[3],江淹《雜體三十首·阮步兵咏懷》云"精衛銜木石,誰能測幽微"[4],當有受到此評之啓示。而後世詩論家廣泛引述此條評語,當是基於此評采取了傳統"知人論世"之批評方法,這也最終啓發了五臣注阮詩"引喻於昏亂,附會於篡奪"[5](馮惟訥評阮籍"二妃游江濱"詩)。五臣交代阮詩述作之由的説法與"嗣宗身仕亂朝"條所差無幾,顯然是受其影響。

四　結語

　　由於《文選》版本的複雜性,純粹從李善注例、版本校勘出發并不能解決"嗣宗身仕亂朝"條作者歸屬的問題。考慮到此條評語在李善《文選注》中的特殊位置及其本身的注釋風格,再結合顏延之詩學祈向、鍾嶸《詩品》對顏延之注阮詩之評價,可確定其不屬於李善注和顏延之注。又鑒於李善《文選注》中的阮詩舊注源於南朝時期某個集注本、"難以情測"爲六朝人習語之事實,以及李善援引舊注失名現象普遍情況下,推知此條作者爲六朝失名人氏。而據"竹林

---

①　蕭統編,李善注《文選》卷二一,第 1008 頁。

②　劉勰著,范文瀾注《文心雕龍注》卷二,人民文學出版社,1962 年,第 67 頁。

③　鍾嶸著,陳延杰注《詩品注》卷上,第 23 頁。

④　江淹著,胡之驥注《江文通集彙注》卷四,中華書局,1984 年,第 144 頁。

⑤　馮惟訥《選詩約注》卷二,明萬曆九年(1581)沈思孝刻本。

七賢"傳說發生等事實,可進一步將"嗣宗身仕亂朝"條作者係於東晉時代。後世詩論家將此條歸爲李善注是徑襲六家或者六臣注《文選》,而將之歸爲顔延之注肇始於明人楊慎《詩話補遺》之誤記。"嗣宗身仕亂朝"條對阮詩的研究是極富價值的,尤其是與此後形成的諷諭闡釋傳統相比。此評在阮詩批評史上的影響亦應重新審視,其不僅影響了唐以來學人對阮詩的看法,亦影響了南朝學人對阮詩的評價。

(作者單位:廣州華商學院文學院;暨南大學文學院)

古典文獻研究（第二十七輯上）
Journal of the Institute for Chinese Classics Studies
Nanjing University
Volume 27, No.1 2024

《四部叢刊》本《鶴山先生大全文集》整理發覆*

尹　波　郭　齊

　　南宋名臣、著名川籍學者魏了翁在中國思想史、經學史、文學史、教育史、巴蜀文化史上均做出了重要貢獻，對後世產生了深遠影響①。收集整理其存世文獻，深入研究其思想學術，對於認識宋代思想史、經學史、文學史、教育史及巴蜀文化史具有重要意義。

　　《鶴山先生大全文集》一百一十卷，收入魏了翁的全部詩文詞及《周禮折衷》《師友雅言》，集中體現了魏了翁的思想及學術成就，是作者最重要的代表作。然現存該集惜無完本，文字內容千瘡百孔，亟待整理。今所存六種版本，即宋開慶元年刻本(以下簡稱宋本)，明嘉靖初錫山安國銅活字本(以下簡稱安本)，嘉靖三十年邛州吳鳳重刻本(以下簡稱吳本)，清乾隆間文淵閣《四庫全書》本(以下簡稱四庫本)，清道光間沈氏鳴野山房影鈔明安國本(以下簡稱鳴野山房影鈔本)以及《四部叢刊》本。《四部叢刊》本係民國間張元濟借劉承幹嘉業堂藏宋本，其殘闕部分又用安本補充，影印而成，爲今通行之本。雖盡力"求善"，然因條件限制，又僅影印，瑕疵如故。兹因《魏了翁文集》整理與研究之機，分補闕、訂史、勘誤、移正四個部分，發覆於下，以供參考。

---

　　* 本文係國家社科基金後期資助項目"《魏了翁文集》整理研究"(22FZXB018)、國家社科基金項目"朱熹著述歷代序跋集成與研究"(22BZX055)、四川省哲學社會科學 2022 年度重點項目"《魏了翁文集》整理研究"(SC22A019)階段性成果。

　　① 在思想史上，繼朱熹之後，他與真德秀"西山、鶴山，雙峰并峙"，爲南宋中後期理學干城。在經學史上，他以其獨具特色的見解和成就儼然成家。在文學史上，他與真德秀并駕齊驅，名揚天下，占據着當時文壇的重要一席。在教育史上，他以其系統的教育思想、教學方法和豐富的教學實踐，成爲繼胡瑗、張載、呂祖謙、朱熹等教育大家之後的又一重要人物。作爲蜀人，他在四川各地多年爲官，鑽研學術，傳播文化，其思想學術已成爲蜀學的重要組成部分。元、明、清以來，魏了翁的影響不衰，在他活動過的各個地方，掀起了興建鶴山書院之風。在魏了翁的故鄉，他所創辦的鶴山書院於民國時改爲蒲江縣高等小學堂，今已發展成爲著名重點中學蒲江中學。

一　補闕

《四部叢刊》本《鶴山先生大全文集》殘闕嚴重，補闕就成爲整理中至關重要的一環。

現存各本殘闕情況是：

宋本計闕卷十八、十九、三十五、三十六、三十七、三十八、四十三、四十四、四十五、四十六、五十、五十一、五十二、五十三、七十五、七十六、七十七、一百零七、一百零八，共十九整卷；闕頁爲卷一第一頁、第二頁前四行，卷十一第十一頁，卷十七第七頁，卷三十四第十五頁，卷四十第十頁，卷四十七第十七頁，卷五十六《游忠公鑒虛集序》後半及《邵氏之溪遺稿序》前半(此處殘闕黃丕烈以下諸家尚未發現)，卷八十二第六、七、二十四頁(此第二十四頁爲《雒縣丞章公寅臣墓志銘》後半及《楊大夫墓銘》前半，黃丕烈以下諸家亦未發現)，卷八十七第二十二頁至卷末，卷九十第二頁，卷一百零二第十一頁至卷末。

安本除卷一百零七、一百零八仍闕而外，幸而宋本所闕各整卷均完好無闕(吳本、四庫本係承襲安本)。值得注意的是，現存安本情況複雜，也有優劣之分。如國家圖書館所藏本質量就較差，其卷三十七闕一頁，係《李舍人》之後半與《丁制副》的前半；卷三十八闕整整五頁之多；卷五十一、五十三各闕整三頁，卷七十五有錯簡，而《四部叢刊》所據以影印之安本則皆完好無闕，無錯簡。最值得一提的是原書所闕的一百零七(《周禮折衷》下篇)、一百零八(含詩文六篇)兩卷意外地保存在臺灣"國家圖書館"所藏清沈氏鳴野山房影鈔明安國本[①]、以及部分保存在日本靜嘉堂文庫所收陸心源皕宋樓藏安國重刊《鶴山先生大全文集》本[②]、同治刻本《鶴山文鈔》中[③]，所收闕文稍有差異。其中，最完整的當是鳴野山房影鈔本，以宋本目録相校，無一闕卷。此外安本還有上海圖書館、南京圖書館、天一閣等國內外多處收藏之殘本。

至宋本闕頁，安本、吳本、四庫本均將卷一闕頁刪去；卷十一闕頁保留，但刪去《次韻王常博題贈江陵樂德佐》題前文字一行。經核對宋本目録，係《和胡自明見貽》篇殘文。卷四十徑刪《長寧軍貢院記》末"然而"二字以下至《廣安軍和溪縣安少保生祠記》題前闕頁及文字一整頁，經核對宋本目録，係《長寧軍貢院記》及《富順監創南樓記》殘文。卷四十七徑刪《資州中和宣布之樓記》至卷末文字四頁半及闕頁，經核對宋本目録，係該篇及下篇《道州建濂溪書院記》殘文。卷八十七殘闕部分《寶章閣學士通議大夫致仕贈宣奉大夫曹公墓志銘》末較宋本多"通疏縝密"至"用之老疾交"一頁文字，是其所獲；卷九十徑刪《代哭

---

①　鳴野山房主人沈復粲生於乾隆四十四年(1779)，卒於道光三十年(1850)，其後藏書散失，則其影抄魏集當在道光間。

②　從抄配《書安忠定行狀後》奕字缺末筆來看，當爲避咸豐皇帝奕詝之諱，陸心源時也。

③　同治間，繆荃孫在蜀中吳棠幕曾校刻舊抄安本，其後又比對了丁丙所藏安本，據之選編整理成《鶴山文鈔》，録佚文四篇及《周禮折衷下》，由成都望三益齋於同治十三年刊刻，宣統時又據同治版重印。

楊端明文》以下一頁半文字及闕頁，經核對宋本目録，係該篇殘文。卷十七、三十四、八十二、一百零二、一百零九闕頁則同宋本。

宋本不闕而安本以下殘闕的部分是，目録：宋本全書目録完好，而安本、吳本則削去了除卷一百零八以外所有宋本闕卷的目録，從而使這些内容成爲有文無目。宋本闕頁部分的目録安、吳二本有的删去，如卷一《游古白鶴山》《和薛秘書聞鵶韵》《和虞永康滄江鶴再誕雛》、卷四十七《資州中和宣布之樓記》《道州建濂溪書院記》之目，而其餘各篇又予以保留，此外尚闕卷三十三目録。四庫本索性將全書目録全部削去。

内容：安本、吳本、四庫本卷六《送游吏部赴召》均脱一行，卷八脱一頁又三行，卷十脱一頁又一行，卷十八闕一頁。此外安本卷十五脱二十一行，卷十七脱一頁，卷二十兩處，各闕一頁，卷八十一闕一頁，卷一百零三闕二十行，卷一百零四闕一頁，吳本、四庫本不闕。吳本、四庫本卷七十二闕一頁，安本不闕。個別文字的殘闕，則各本俯拾皆是，難以枚舉。

對該集的補闕，首先是整卷的補闕，其次是脱漏文字的補闕。文集而外，還應包括集外佚詩佚文的補輯。關於整卷的補闕，可據安本補足宋本所闕的十七卷，據嗚野山房影鈔本、日本静嘉堂文庫所收陸心源皕宋樓藏安國重刊《鶴山先生大全文集》本、同治刻本《鶴山文鈔》補足各本所闕的第一百零七、一百零八兩卷①。集外佚詩文的輯録方面，我們經系統普查，從群籍中輯出了魏了翁佚作二十餘篇，考訂出僞作二十餘篇②。至於脱漏文字，則廣泛參考各種文獻，儘可能作了補闕。

補闕的基本方法包括内證、外證兩個方面。内證即以本書證本書，我們通過集内文字互校、宋本目録與正文互校、文集不同版本互校、全集與選集互校等，補足了大量脱漏文字③。外證即以群書證本書，以拓片證本書，通過這種方式，收獲更豐。兹按其順序擇要舉例如下：

1. 補公文套語

卷十三《謝周程三先生賜謚表》文首，可據宋刻本《元公周先生濂溪集》卷九補"上表爲臣伏准告，允臣奏請貼黄，特與周頤、程顥、程頤賜謚稱謝事。臣了翁言：伏准嘉定十三年九月□日告，據臣前任潼川府提點刑獄公事兼潼川運判日，奏乞將故虞部郎中濂溪先生周頤、故宗正丞明道先生程顥、故直秘閣判西京國子監贈直龍圖閣伊川先生程頤特與賜謚事，奉敕，周頤宜賜謚曰元，程顥宜賜謚曰純，程頤宜賜謚曰正。臣已即時望闕遥謝祗受，現訪尋各家子孫分付者"大段文字；"俞音才蔇，善類知歸"下，可據補"臣了翁誠惶誠懼，頓首頓

① 參見筆者《魏了翁佚文發覆》，《朱子學研究》第 39 輯，2022 年，江西人民出版社。

② 關於了翁佚文，歷代所輯寥寥無幾，今人的搜羅亦收獲甚微。如四川大學古籍整理研究所編《全宋文》僅輯得佚文三篇；北京大學古文獻所編《全宋詩》輯得佚詩七首，還應剔除誤輯之洪咨夔詩二首；近年吳洪澤編《宋代蜀文輯存校補》無新增。詳見筆者《魏了翁佚文考論》，《宋史研究論叢》第 23 輯，2023 年，科學出版社；《魏了翁佚文僞作誤題考辨》，《古籍整理研究學刊》2023 年第 4 期。

③ 如據宋本目録補標題脱漏處，據《鶴山文鈔》《鶴山題跋》以及吳本、四庫本文集補正文闕處等。

首";文末"善人浸多,斯世永賴"之後,可據補"臣無任瞻天望聖、激切屏營之至,謹奉表稱謝以聞。臣了翁誠惶誠懼,頓首頓首,謹言。嘉定十四年八月日,朝請郎、直秘閣、特授知漢川軍府、兼管内勸農事、兼提舉潼川府、果、渠州、慶安、廣安兵馬巡檢盜賊公事、借紫、臣魏了翁上表"一段文字。

卷十五《奏乞爲周先生賜謚》文首"臣猥以晚學"之前,可據《道命録》①卷九補"朝奉郎、潼川府路提點刑獄公事、兼提舉常平等事、兼權潼川路運判魏了翁狀奏:照對",文末"惟陛下財幸"之後,可據宋刻本《元公周先生濂溪集》卷九、《道命録》卷九補"取進止"三字。其後所附《又小貼子》末"恐於褒崇美意猶有未盡"句尾,可同上據補"是敢僣請"四字,"并乞睿照"句尾,亦可同上據補"伏候敕旨"四字。

《奏乞早定周程三先生謚議》文首,可據《道命録》卷九補"朝散郎、潼川府路轉運判官魏了翁伏奏";文末貼黄"欲乞聖慈并下有司討論施行"之後,可據補"伏候敕旨"四字。

卷二十三《申尚書省乞檢會原奏賜橫渠先生謚狀》文首,可據《道命録》卷九補"朝請郎、直秘閣、知潼川府魏了翁狀";文末"所關不小"後,可據同上補"須至具申"四字。

卷五十三《周元公程純公正公謚告序》文末"期於獲命乃已也"後,可據宋刻本《元公周先生濂溪集》卷九補時間"秋八月壬子朔,具位臣魏了翁恭書"。

此類公文套語,可爲確定魏了翁史實、詩文的準確繫年提供有力佐證。

2. 補文之繫年、結銜之完備

卷四十六《華亭縣重修學記》文末,紹熙《雲間志》②卷下、正德《松江府志》③卷十二有重要結銜,可補:"端平三年九月壬戌,資政殿學士、通議大夫、提舉臨安府洞霄宮、臨邛郡開國侯、食邑一千五百户、實封三百户魏了翁記,中奉大夫、新除權吏部尚書、兼修國史、實録院同修撰、兼給事中、侍講、天水縣開國男、食邑三百户趙彦悈書,朝散郎、除起居舍人方大悰篆額,從事郎、特差知嘉興府華亭縣、主管勸農公事、兼兵馬監押、兼監鹽場、主管堰事、搜捉銅錢下海出界、專一點檢圍田事楊謹立石。"

《常熟縣重修學記》文末,寶祐《重修琴川志》④卷十二、《吳都文粹續集》⑤卷六亦有重要結銜,可補:"端平三年十月戊戌,資政殿學士、通議大夫、提舉臨安府洞霄宮、臨邛郡開國侯、食邑一千五百户、食實封三百户魏了翁記。"

《程純公楊忠襄公祠堂記》文末,景定《建康志》⑥卷三十一有重要時間及結銜,可補:"端平三年十二月癸巳,資政殿學士、通議大夫、提舉臨安府洞霄

---

①　〔宋〕李心傳輯《道命録》,清《知不足齋叢書》本。下同。

②　〔宋〕楊潛《(紹熙)雲間志》,清嘉慶十九年古倪園刊本。下同。

③　〔明〕陳威修,顧清纂《(正德)松江府志》,明正德七年刊本。

④　〔宋〕孫應時《(寶祐)重修琴川志》,清道光景元鈔本。下同。

⑤　〔明〕錢穀《吳都文粹續集》,清乾隆間文淵閣《四庫全書》本。

⑥　〔宋〕周應合《(景定)建康志》,清乾隆間文淵閣《四庫全書》本。下同。

宫、臨邛郡開國侯、食邑一千五百户、食實封三百户魏了翁記。"

卷四十八《全州清湘書院率性堂記》，文末重要的寫作時間"紹定元年九月記"原闕，可據《永樂大典》①卷七千二百四十補。

卷五十《江陵州叢蘭精舍記》題下小注"紹定四年夏"原闕，可據日本京都大學人文科學研究所藏元至正七年重刻《荆南承天禪院叢蘭精舍記》碑拓片補，文末"紹定四年夏，□邛魏了翁"原闕，可據補。其中方框，又可據文集卷四十九《寶慶府濂溪周元公先生祠堂記》文末補出"臨"字。

卷五十三《彭山李肩吾從周字通序》文末，可據知不足齋叢書本《字通》②卷首補"肩吾名從周。嘉定十有三年夏六月癸酉望，白鶴山人魏了翁書"。

《朱文公語類序》文末，可據《朱子語類》③補"嘉定十三年九月丁亥朔，臨邛魏了翁序"。

《李伯勇明復春秋集義序》文末，可據李明復《春秋集義》④卷首魏了翁序補："嘉定十四年十二月辛亥朔，白鶴山人魏了翁書。"

《毛義甫居正六經正誤序》文末，可據毛居正四庫本《六經正誤》卷首魏了翁序補："寶慶初元冬十二月丁亥朔，臨邛魏了翁序。"

卷五十四《衛正叔禮記集説序》文末，可據通志堂經解本《禮記集説》卷首魏了翁序補："寶慶元年冬十有一月甲申，臨邛魏了翁序。"

卷五十五《致堂先生胡公斐然集序》文末，可據四庫本《斐然集》卷首魏了翁序補："端平元年九月戊申，鶴山魏了翁序。"

卷九十六《范靖州良輔生日》題注"十月二十□日"，方框處原闕，可據《中興以來絶妙詞選》⑤卷七《鷓鴣天·范靖州十月廿一日生日》補"一"字。

當然，對來自其他文獻的補闕也須仔細判斷，細加甄別。如卷四十三《道州寧遠縣新建濂溪周元公祠堂記》文末，康熙《永州府志》⑥結銜"資政殿大學士、前簽書樞密事魏了翁撰"。據《宋史》⑦魏了翁傳，了翁加贈資政殿大學士在嘉熙元年三月卒後十日，故不取；又如卷五十四《陳少陽文集序》文末，光緒《知服齋叢書》本《少陽集》卷首所載了翁序尚有"如左。宋光（寧）戊戌正月之吉，魏了翁華父撰"。了翁既卒於嘉熙元年丁酉，焉能序於二年戊戌？況歷了翁一生，無論是宋光宗還是宋寧宗，皆無戊戌之年，誤題也，故亦不取。

此類脱闕補出了包括今人研究，如《魏了翁年譜》⑧等失載或繫年不準確的寫作時間、官職結銜，彌足珍貴。

① 〔明〕解縉等《永樂大典》，明寫本。下同。
② 〔宋〕李從周撰《字通》，《知不足齋叢書》本。下同。
③ 〔宋〕黎靖德編，王星賢點校《朱子語類》，中華書局，1986年。下同。
④ 〔宋〕李明復《春秋集義》，文淵閣《四庫全書》本。
⑤ 〔宋〕黄昇輯《中興以來絶妙詞選》，北京圖書館出版社，2004年。
⑥ 〔清〕劉道著修，錢邦芑纂《（康熙）永州府志》，清康熙九年刻本。下同。
⑦ 〔元〕脱脱等《宋史》，中華書局，1985年。下同。
⑧ 彭東焕《魏了翁年譜》，四川人民出版社，2003年。下同。

3. 補文中之闕

文中之闕,有整段整句之脱闕,有局部之脱闕,包括嚴重失誤、闕字不通、語意不周諸情形。分述於下。

整段整句脱闕:

卷十五首《奏乞爲周濂溪賜謚》,"擢司祥刑,既服攸司",宋刻本《元公周先生濂溪集》卷九、《道命録》卷九,在"擢司祥刑"下,有"於蜀之柬"四字;"道德隆重,爲世師表","道德隆重"下,有"學問正大"四字,是也。"苟下之,民不□□",可據上引及《朱熹文集編年評注》①卷九十八《濂溪先生事實記》補"肯從"二字。

卷十七《直前奏六未喻及邪正二論》,"古者國有大疑則"之後,《四部叢刊》本於版框外標注"宋本原闕",開慶本是也。其他各本均同,而在《歷代名臣奏議》②卷九十八、《續宋宰輔編年録》③卷十有此四百餘字,可據以補之,以成全璧:"謀及庶人,謀及工商,漢議已狹於前,李唐以降,又不如古,然而尚於相維之間,默寓交儆之意。中書進擬,門下審覆,尚書奉行,而兩省之屬有給舍、諫官,尚書省之屬有長貳、郎曹,一政令之行,經涉非一,使之得以迭爲正救。迨乎樞府,雖曰本兵,而同班分班,厥有深旨。又使臺臣得以糾察,侍從得以獻納,百執事得以封章奏對。蓋以宇宙大物,非一人智力所能獨運也。熙、豐以後,宰掾始繁,而三省之屬有不得其職者矣。中興以來,務爲省并,而三省體統有不能盡復承平之舊者矣。至於近世,則愈觀愈失,往往事之已行,雖侍從、兩省、臺諫有不及知。方其未然,常若不知;迨其知之,則既無及。中外之所指目,莫不曰食君之禄,而轅駒仗馬曾不少伸。豈知君臣上下邈不相接,有一事焉,中外沸騰,遠近傳布,而有位之士猶罔聞知。但見府城增衛,關市戢言,始從而訪問焉,則知其爲有警也。然且莫名其爲何事,問之同列,同列不知,藉曰知之,十不一二。是故欲言而不得其要,雖言而無救於事。《易》曰:'尊酒簋貳,剛柔濟也。'此言險難之時,君臣上下簡易而相親也。今事勢愈迫則上下之情愈疏,蓋必曰博訪則張皇,多言則漏泄,百司各舉其職則多事,於是咨謀之道益狹,委任之才日卑,是不亦過憂之甚歟。范純仁嘗曰:'今所用之臣多是老於患難'",其後續接文集"獎之使進"云云,正與《范忠宣集》④奏議卷下《論大臣輔政不當顧慮形迹》之文相合。

卷四十七《資州中和宣布之樓記》,"故少保之塚嗣,嘗爲"下,亦於版框外標注"宋本原闕",且延及下篇。其他各本均闕如。可據宋本目録補下篇之題《道州建濂溪書院記》,再據宋刻本《元公周先生濂溪集》卷十補文首闕文:"周元公先生世居春陵之濂溪,誅經訂禮,宜有秩祀。自向侯子忞始祠於學,趙侯汝誼更度之。自郡士胡元鼎始即故居爲祠,何士先諸人損益之,張宣公暨諸賢

---

① 〔宋〕朱熹撰,郭齊、尹波編注《朱熹文集編年評注》,福建人民出版社,2019年。
② 〔明〕黄淮、楊士奇編《歷代名臣奏議》,明永樂十四年内府刻本。下同。
③ 〔明〕吕邦耀《續宋宰輔編年録》,明天啓元年刻本。
④ 〔宋〕范純仁《范忠宣集》,清乾隆間文淵閣《四庫全書》本。

既各爲之記。嘉定十年，龔侯維蕃訪先生之裔孫鑰，得累世券劑，始知營道西十八里爲濂之原，又東流二十里，爲濂溪保，左曰龍山，右曰豸嶺，則故居之實也。明年，更爲祠，奉先生象。其前一堂，堂內重門夾墅，爲學者講肄之所，至此亦云備矣。乃十二年，番陽董侯與幾始至，舍菜於祠，顧旁近皆周氏子弟，率躬耕自給，乃買田爲糧以教育之。惟鑰能世其業，則付鑰主之。尚以館塾狹隘，且距郭遠，弗便往來，謀於近郊築室授徒，而難其地。一日，出郭西三里款虞帝廟，事畢游後岡，去廟數百步，有岩石林立，其中數十丈平，濂山峙其西，濂水徑其南，列巘縈環，九疑隱約，若天作地藏而有待焉者。侯乃出奉賜錢三十萬，命知營道縣胡枑即其平爲室，榜曰'濂溪書院'。方伯監司咸助成之。會僧田百畝乏主，侯以爲書院養士之用，權爲員二十。轉運判官趙公汝諿亦爲歲截州通判所掌錢十萬。役成，侯以書抵某曰：'子學先生之學者也，易名曰元，又以子請，郡人謂是役宜有紀。"其後接續文集"雖然，不可以他屬也"云云，不僅使"侯書"得以標出下引號，也使本篇得成完璧。又，張伯行編《周濂溪先生全集》卷十此文末結銜有"資政殿大學士、前簽書樞密院事魏了翁撰"一句，此同上康熙《永州府志》例，也是妄補，兹不取。

　　此脫闕涉及上篇之末、下篇之標題及文首，賴有宋本目錄與他書，方得以補全。文末結銜又因熟悉了翁生前僅爲資政殿學士，方不至於誤補。

　　卷四十八《長沙縣四先生祠堂記》，"大象發之曰：'天在山中，大畜，君子以多識前言往行焉，審問而謹思"，據《周易》，"前言往行"後，有"以畜其德"，而無"焉"字，可見定有脫闕，以至於標不出下單引號。宋刻本《元公周先生濂溪集》卷十二所載此文不闕，正可據補："以畜其德。'且天在山中，心之體也。聞一言焉，見一行"，其後正接"焉，審問而謹思"云云。且"天在山中"以下又見於明邱濬《大學衍義補》①卷七十一，係"魏了翁曰"。此蓋因"天在山中"重文而脫，亦可見宋本也有脫闕。

　　局部脫闕之嚴重失誤者：

　　卷十五《奏乞早定周程三先生諡議》，"而熹、栻之學實宗周頤及程顥"。朱熹學説來自周敦頤、二程，曾改定《二程文集》，編有《二程遺書》，故當據《道命録》卷九，於"程顥"後補"程頤"二字。此屬重大失誤。

　　《論人心不能與天地相似者五》，"昔之人念其成材之不易也，故必扶植而容養之，相融於善意，以圖惟國事之濟"。此是講人主之事，故當據《歷代名臣奏議》卷六十，於"人"後補"主"字。此屬嚴重錯誤。

　　局部脫闕之不通者、語意不周者則俯拾皆是：

　　卷六《過屈大夫清烈廟下》文末，可據《永樂大典》卷五千七百六十九補小注"此詩係歸鄉沱祠下所作，前記用以爲歌，故并載之"。

　　卷十六《直前奏事札子二》，"齊淮兩大帥乘异情，此疆埸安危之幾也"，"乘异情"不通，當據《歷代名臣奏議》卷九十八於"乘"後補"間"字。

---

　　① 〔明〕邱濬《大學衍義補》，明成化刻本。

《乙酉上殿札子三》，"故天之神明，春秋冬夏，風雨霜露"，"春秋"前當有闕字，故語意未周，且與下文"地載神氣，爲風霆流形，庶物露生"失偶，當據《宋元學案》①卷八十《鶴山學案》於其前補"爲"字。

卷十八《應詔封事》，"必極□時之選"，方框處闕字，參宋本目録、文集卷五十五《楊伯昌子諆浩齋集序》，當據《玉海》卷三六②、《周易啓蒙翼傳》卷中引方回《周易集義跋》補"一"字。"六曰復臺諫舊典，以黜陟"，"以黜陟"不通，當據《宋元學案》卷八十《鶴山學案》於"以"後補"公"字；"其給封駁不當"，"給封駁"不通，當據同上於"給"後補"事"字。給事，宋代官名。

卷十九《被召除禮部尚書内引奏事第五札》，"環視四顧，遠郊近甸，無可恃"，"無可恃"前當闕一字，故語意不周，當據《歷代名臣奏議》卷二百二十五補"一"字；"譬如人之身"，"人之身"語意不周，當據同上於"人之"後補"一"字，方得周全；"事已無及。陛下曲留聖意"，"陛下"前當闕一字，故語意不周，當據同上於其前補"惟"字。此惟字常爲句首用字。

卷二十三《申尚書省乞檢會原奏賜橫渠先生謚狀》，"事體一同。聞已下禮官勘當"，"聞已下"前當有闕字，故語意不周，當據《道命録》卷九於其前補"竊"字，此亦常爲句首用字；"方卒也"，不通，當據同上於"方"後補"其"字；"程純公問司馬文正公"，"程純公問"語意不周，當據同上於"問"前補"以"字；"速與賜謚。上以補先朝之闕典"，"上以補先朝"之前當有闕字，故語意不周，當據同上於其前補"庶幾"二字。

卷三十四《答遂寧李侍郎》，"只在君臣、父子、夫婦日用飲食間作去"，五倫于此，僅有三而少其二，當據《宋元學案》卷八十《鶴山學案》於"夫婦"後補"昆弟、朋友"四字。

卷三十八《成都府學三先生祠堂記》，"人惟獨夫陰陽五行之秀以成乎兩間"，"獨夫""成乎"二處皆不通，當據宋刻本《元公周先生濂溪集》卷十二於"獨"後補"得"字，"成"後補"位"字；"由三先而來"，"先而"二字不通，當據同上於"先"後補"生"字；"究其用"，語意不周，當據同上於"究"後補"極"字。

卷四十一《石源計義甫川上樓説》，"俯仰而過，臨川興懷，□□慨然"，方框處原闕字，當據《山谷外集詩注》③卷十二補"能不"二字。

卷四十二《簡州四先生祠堂記》，"凡以崇化美俗"，語意不周，當據宋刻本《元公周先生濂溪集》卷十二於"凡"後補"所"字；"吾今知非伊洛之學而洙泗之學也"，"吾今知"語意不周，當據同上於"吾"後補"乃"字；"子其爲發明"，語意不周，當據同上於"爲"後補"我"字。

卷四十三《道州寧遠縣新建濂溪周元公祠堂記》，"已不能成周之舊"，"不能成周"不通，當據宋刻本《元公周先生濂溪集》卷十於"不能"後補"如"字。

---

① 〔清〕黄宗羲原著，〔清〕全祖望補修，陳金生、梁運華點校《宋元學案》，中華書局，1986 年。下同。

② 〔宋〕王應麟《玉海》，清光緒九年浙江書局刊本。下同。

③ 〔宋〕黄庭堅撰，〔宋〕史容注《山谷外集詩注》，《四部叢刊》景元刊本。

《海州太守題名壁記》，"武定七年，改青、冀二州□□□"，闕字四庫本作"及海州"。《魏書・地形志》①："海州，劉子業置青州，武定七年改海州。"《元和郡縣志》②卷十一："武定七年，改青、冀二州爲海州。"可據補"爲海州"三字。

卷四十四《合州建濂溪先生祠堂記》，"先帝下其奏奉常，周子曰元"，"周子"與上句不接，當據宋刻本《元公周先生濂溪集》卷十一於其前補"謚"字，方通；"郡少府又餘法用"，"又餘"不通，當據同上於"又"後補"以"字；"使人即其不欲以求諸非道"，"即其不欲"語意不周，當據同上"即其"後補"所"字；"而季康子，於由、求"，"而季康子"不通，當據同上於"而"後補"於"字，方與下句對仗。

卷四十六《華亭縣重修學記》，"而父師者爲之左右師以教之"，既爲左右師以教之，則"父師"之下必有闕，當據紹熙《雲間志》卷下補"少師"二字；"又嘆宣公鍾美是邦而人未之或知，爲表而出之"，"爲表而出之"語意不周，當據同上於句首補"故"字；"斯游斯息，玩聖賢之所學何事"，"所學何事"語意不周，當據同上于"所學"後補"爲"字。

《常熟縣重修學記》，"爲塾二，以儲書，凡祭器、祭服藏焉"。此既爲塾二，又述及言游後裔，當各有所闕，應據寶祐《重修琴川志》卷十二于"以儲書"前補"東"字，"祭服藏焉"後補"西以居言氏之裔"，方爲完璧；"夫《檀弓》不知何人"，此句明顯未完，當據同上補"所作"二字。"人之有疑弗決者……皆以一言爲可否"，"皆以一言"不通，當據同上于"一言"前補"游"字。

《程純公楊忠襄公祠堂記》，"進退在我，富貴不可淫也；死生在我，威武不可屈也"，此排比句首各有闕字，故語意未周，當據景定《建康志》卷三十一於"進退在我""死生在我"句前補"使"字，"富貴不可淫也""威武不可屈也"句前補"而"字；"居則求其安矣，食則求其飽"，下句語意未周，當據上句之例及同上於末尾補"矣"字；文末原闕"公之曾孫天麟，今爲提領建康戶部酒庫所主管文字，執奉常事惟謹，公之澤深長矣"一段重要佚文，可據同上補。

卷四十七《夔州重建州學記》，"夔故有學"下，可據乾隆《蒲江縣志》③卷三補"在州治之北"一句。

《道州建濂溪書院記》，"如生乎時，立乎其位"，"生乎時"不通，當據下句例及宋刻本《元公周先生濂溪集》卷十於"生乎"後補"其"字。

卷四十八《全州清湘書院率性堂記》，"凡皆立國之初，是爲群言之首"，"是爲"與上句不接，當據《永樂大典》卷七千二百四十於句首補"以"字。

《長寧軍六先生祠堂記》，"如是而爲極爲儀，爲性命"，"爲性命"語意不周，當據上句之例及宋刻本《元公周先生濂溪集》卷十二于"爲性"後補"爲"字。

卷四十九《湘鄉縣褚公洗筆池記》，"即故堤遺址封略而浚治焉"，其下遺漏

①　〔北齊〕魏收《魏書》，中華書局，1997 年。

②　〔唐〕李吉甫《元和郡縣志》，中華書局，1983 年。

③　〔清〕紀曾蔭修，黎攀桂纂《（乾隆）蒲江縣志》，清乾隆四十九年刻本。下同。

重要史實,當據《昭忠録》①卷三、嘉靖《長沙府志》②卷五於其後補"更爲祠堂其上"一句。

《寶慶府濂溪周元公先生祠堂記》,"士謂是不可以無記也","士謂"不通,文中所述寶慶府教授梁士英遺書魏了翁請記,故當據宋刻本《元公周先生濂溪集》卷十一於"士"後補"英"字;"記先生之特祠,文公朱子也","特祠"語意不周,當據同上於後補"者"字。

卷五十《觀亭記》,"士人田氏爲作疏亭,今"後,《四部叢刊》本於版框外標注"安氏本原闕"一頁,闕頁後爲"渠江之左,僅存","今""渠江"雖不通,但無闕頁,當據康熙《靖州志》③卷六於"今"後補"在"字;"僅存"後,當據同上補"其迹"二字;"觀象於天,觀法於地,觀鳥獸之文與地之宜","與地之宜"不通,當據同上於"與"後補"天"字。

《江陵州叢蘭精舍記》,"近世如丁、夏、吕、王,亦操觚弄翰矣","亦操觚"語意不周,當據日本京都大學人文科學研究所藏元至正七年重刻《荆南承天禪院叢蘭精舍記》碑拓片於"亦"後補"能"字;"公卿大臣皆卑躬屈膝唯後","唯後"不通,當據同上於"唯"之後補"恐"字;"晏然自處。温大會僚吏",此二句之間語意不周,且無時間限定,當據同上於"自處"後補"他日"二字;"距城西首餘","首餘"有誤,當據同上改補爲"百餘里"。

卷五十二《虞忠肅公奏議序》,"使公外顧利害,内怵得喪","使公"前應有闕字,故語意未周,當據《補續全蜀藝文志》④卷二十三、萬曆《四川總志》⑤卷五十二補"向"字。

卷五十三《李伯勇明復春秋集義序》,"嘗諸儒之傳",不通,當據《經義考》⑥卷一百九十於"嘗"後補"覽"字。四庫本《春秋集義》卷首序作"參觀",不確。

卷六十一《跋吕正獻公繳進興龍節虜使例外送土物奏稿》,"元祐初政,以文忠烈平章軍國重事,司馬文正、吕正獻爲左右揆……有大遼使耶律拱辰、韓□之來,則正獻爲右揆時也",闕字四庫本作"寧"。查《遼史》⑦卷十七固有韓寧者使宋,然爲真宗時,與此不合。《續資治通鑑長編》⑧卷四百零七載,韓懃副耶律拱辰使宋正在元祐二年,可據補。

卷八十三《知南平軍朝請江君塤墓志銘》,"於是民始然喪其樂生之志","始然"不通,此句是真得秀答江塤問政之語,故當據《西山文集》⑨卷八十三於

① 〔宋〕佚名《昭忠録》,清《守山閣叢書》本。下同。
② 〔明〕孫存修,楊林纂《(嘉靖)長沙府志》,明嘉靖刻本。下同。
③ 〔清〕祝鐘賢修,李大壽纂《(康熙)靖州志》,清康熙刻本。下同。
④ 〔明〕杜應芳《補續全蜀藝文志》,明萬曆刻本。
⑤ 〔明〕虞懷忠修,郭棐纂《(萬曆)四川總志》,明萬曆刻本。下同。
⑥ 〔清〕朱彝尊撰,林慶彰、蔣秋華等新校《經義考新校》,上海古籍出版社,2010年。
⑦ 〔元〕脱脱等《遼史》,中華書局,1974年。
⑧ 〔宋〕李燾《續資治通鑑長編》,中華書局,2004年。下同。
⑨ 〔宋〕真德秀《西山文集》,《四部叢刊》景明正德刊本。

“始”後補“蒿”字。四庫本《鶴山集》作“群”，不確。

　　卷一百零四《周禮折衷》，“貳，小宰、小司徒、小宗伯、小司馬、小司寇也”，“小司寇”後，據《周禮注疏》原文①，當補“小司空”；“廉辨爲廉端”，不通，當據同上於“廉辨”後補“或”字；“以官共”，不通，當據同上於“以”後補“其衆”；“周、殷則不得以此知”，不通，當據同上於“以此”後補“推”字。

　　卷一百零五《周禮折衷》，“《左氏》昭六年”，“昭六年”誤，當據《周禮注疏》原文於“昭”後補“十”字；“國謂卿大夫致仕者”，“國謂”不通，當據同上於“國”後補“老”字。

　　卷一百零七《周禮折衷》，“天子下士玄端之服皆服之”，不通，當據《周禮注疏》原文於“天子下”後補“至”字；“外命婦祭祀賓客”，不通，當據同上於“命婦”後補“王”字；“謂於池內懸行振動以拂池”，不通，當據同上於“懸”後補“銅魚，車”。

　　卷一百零九《師友雅言》，“上經坤盡於復，又二卦而下經乾盡於姤，又二卦坤盡”，“又二卦而”不通，當據下句之例及《宋元學案》卷八十《鶴山學案》於“又二卦”後補“乾盡”；“世人自人，天自天”，句首顯然有脫，當據同上補“後”字。

二　訂史

　　文集中有些文字表面上文從字順，看不出錯誤，難於判斷。但仔細考證，所述却與史實不符，需多方比勘，加以訂正。試舉數例。

　　卷六《端平三年春三月戊午朔天子有詔俾臣了翁以僉書樞密院奏事既上還山之請乃休沐日丁丑與賓佐謁濂溪先生祠賓主凡二十有二謂是不可無紀也遂以明道先生雲淡風輕之詩分韵而賦而詩有二言有四言同一韵者則二客賦之了翁得雲字》，“賓主凡二十有二”，宋刻本《元公周先生濂溪集》卷七作“二十有四”，且篇末注云：“分韵二十四詩，督府一時名勝之所賦也”，孰爲正確呢？查程顥名詩《偶成》（雲淡風輕近午天）爲七言四句，凡二十八字。題云“而詩有二言，有四言同一韵者，則二客賦之”，即二十八字中，有兩個字同一韵，有四個字同一韵，其餘二十二字各字一韵，凡二十四韵。則知拈韵時，二十二人各分一韵，兩字、四字同韵者由另兩人即“二客”承擔，故作詩者實二十四人。“賓主凡二十有二”者，乃未計外客二人在內，所以下文特加説明。由此，知文集所述與《元公周先生濂溪集》所引皆不誤，側重點不同而已，可列出，而不煩改爲“二十四”。

　　卷十《八月七日被命上會稽沿途所歷拙於省記爲韵語以記之舟中馬上隨得隨書不復叙次》第十五首“吳會元從二郡呼，今將吳會指姑蘇。孫賁、朱欽諱傳皆有吳會二郡字”，“欽諱”乃指宋欽宗趙桓名諱，故當據《三國志·吳志》②卷十一《朱桓傳》改。

---

　　①　〔漢〕鄭玄注，〔唐〕賈公彥疏，趙伯雄整理《周禮注疏》，北京大學出版社，1999年。下同。

　　②　〔晋〕陳壽著，〔南朝宋〕裴松之注《三國志》，中華書局，2011年。

卷十一《次韵知常德袁尊固監丞送別四詩八月十日》,《瀛奎律髓》①卷二十五云:"鶴山魏公寶慶乙酉謫靖州,凡七年,後紹定辛卯歸蜀。此云八月十日,蓋是歲也。"所考不誤。常德府時屬湖南路,治武陵。袁尊固名申儒,福建建安人,紹定二年黄朴榜進士,了翁故人。蓋了翁紹定四年六月被官復原職之命,秋天離靖返蜀,由沅水順流而下,途經武陵,再逆長江西還。

卷十五《奏乞早定周程三先生謚議》,"而二年於兹,猶未有以易其名者。豈事大體重,未容以輕議邪?抑自邇年以來,謚之美者曰文、曰宣、曰成既首以用諸周、程之苗裔,故思所以加諸此者而未能也?"表面看,"周、程"與題合,似無問題。然此既請謚,則尚未有謚可知,上文也言"而二年於兹,猶未有以易其名者",故此"周、程"不可能指周敦頤和二程。《道命録》卷九引作"周、孔",指周公、孔子,方合"自邇年以來,謚之美者曰文、曰宣、曰成既首以用諸周、孔之苗裔"之語,當據改。

卷十六《直前奏事札子二》,"帝者之盛,中外無虞,而臣儆其君曰'兢兢業業,一日二日萬幾',君戒其臣曰'敕天之命,惟時惟幾'",表面上看,"帝者"之稱未嘗不可,然下文所引君臣告誡之言出自《尚書》中《皋陶謨》《益稷》篇,特指舜與皋陶之對答,故不可能泛稱帝王。當據《歷代名臣奏議》卷九十八改爲"帝舜",方合史實。

卷二十三《申尚書省乞檢會元奏賜横渠先生謚狀》,"惟是第二次奏狀貼黄爲故崇文院校書郎、同知太常禮院横渠先生張載并致易名之請"。北宋崇文院官名僅有校書,無校書郎,當據《道命録》卷九删"郎"字。宋代諸籍《宋九朝編年備要》《古靈集》《直齋書録解題》《麟臺故事》《名臣碑傳琬琰集》《剡録》《山谷外集》《續資治通鑑長編》等皆只稱"崇文院校書"。

卷二十六《辭免除端明殿學士同僉書樞密院事督視京湖軍馬奏狀十一月三日》,"三日"誤。彭東焕《魏了翁年譜》第四百零八頁據文集卷二十六《辭免端明殿學士同簽書樞密院事督視京湖軍馬狀》、《宋史·理宗紀二》、《續資治通鑑》②卷一百六十八等認爲應作"六日",是,當據改。

卷二十七附卷二十八《奏和不可信常爲寇至之備正月十一日》,"臣今月二日,得淮西制置尤焴書,聞虜酋已斃,賊勢漸退……今十三日,得焴公狀私書",考了翁行迹,端平三年正月初一率兵發京口,十一日至采石,十二日至池州。題注"正月十一日",故文中"今十三日"顯誤,應爲"今月三日",方合事實。當據彭東焕《魏了翁年譜》第四百二十三頁所考改。

卷二十九《奏乞早定峽州襄陽守臣二月四日》,"二月四日",宋本文集目録作"三月四日",何者爲是呢?查文集卷二十六至三十爲"督府奏陳",所收諸文皆按月日編排,本篇前爲端平三年二月十六日之《榜被兵諸郡蠲免科役》,後爲三月六日之《自劾》,按編序,作"三月四日"是。再從文中所述內容來看,既稱

---

①〔元〕方回選評,李慶甲集評校點《瀛奎律髓彙評》,上海古籍出版社,2005年。

②〔清〕畢沅《續資治通鑑》,中華書局,1999年。

“王旻既死”，王旻爲襄陽主將，於端平三年二月二十一日降蒙，襄陽失守，則此篇不可能爲二月四日所作可知，當據目錄改。

卷三十二《又柬》，“高后上仙在慶元三年十一月六日，而晦翁去國乃元年□月”，所述朱熹行迹有誤。查朱熹被罷免，於紹熙五年閏十月二十六日離京，途經雲山、桐廬、衢州、玉山、上饒、武夷，於十一月二十日抵達建陽，故其去國不可能在慶元元年。若以朱熹被徹底罷免爲“去國”，也不可能在元年，其落職罷祠在二年之末。四庫本於“月”上妄填“六”字，更爲無稽。

卷三十三《答名山張監茶伯西》，列名“李願中侗、劉彥冲子昭、汪聖錫應辰”等，“子昭”誤，當據朱熹《屏山先生劉公墓表》《籍溪先生胡公行狀》《皇考朱公行狀》等改爲“子翬”。劉子翬爲朱熹啓蒙三先生之一。

卷三十五《答廣西趙經略》，“某己酉之秋負罪去官，舟歷嘉禾”，“己酉”不確。了翁貶靖州在寶慶元年，是歲爲乙酉，故“己”當改爲“乙”。此爲古籍刊刻中經常之錯。

卷四十六《成都府録事廳題名壁記》，“公自紹熙十四年四川類省試以《易》學冠同經生，明年賜第”，紹熙僅有五年，故“紹熙”或爲“紹興”之誤。

卷五十五《致堂先生胡公斐然集序》，“長沙吳德夫間爲予言，胡仲明氏學業行誼爲世楷則，出一編書名《斐然集》以授予”，“仲明”誤，《晦庵集》《朱子語類》《郡齋讀書志》《道命録》《宋名臣言行録續集》《宋史·胡寅傳》等均作“明仲”，當據改。四庫本《斐然集》卷首序作“胡仲剛氏”，大誤。

卷六十三《跋方宣諭宗卿庭實奏議》，“國家自熙、豐大臣養成禍本，崇寧改弦未竟，而紹聖以後再蹈前誤，以濟私欲”，“崇寧”二字疑。考一反熙、豐新法實在元祐年間，且下句述紹聖事，而崇寧在紹聖之後，顯誤，當改爲“元祐”。

卷七十六《朝請大夫利州路提點刑獄主管冲佑觀虞公剛簡墓志銘》，“憂國一誠，純終弗是，貳年秋八月辛亥，以疾卒，年六十有四”，四庫本改“弗是”爲“弗疵”，“貳年秋八月”以下則各本同。據上文言“厥三年，韃虜始入寇”，則此述“貳年秋八月辛亥以疾卒”顯然抵牾。考卷九十一《哭虞仲易提刑》云“維寶慶三年冬十一月戊子，追降朝請郎、靖州居住魏某謹遣家隸明冲，以酒脯庶羞之奠，告於故某官虞公”，參之以了翁《昭代親友帖》，是爲虞剛簡卒於寶慶三年八月之鐵證，“貳年秋八月辛亥以疾卒”之説誤。再細讀原文，原來係“弗是”二字互倒致誤，當改爲“憂國一誠，純終弗貳。是年秋八月辛亥，以疾卒，年六十有四”，方與史實相符，由此可糾正歷來虞剛簡生卒年之誤。

《隆州教授通直郎致仕譙君仲午墓志銘》，“乃寶慶元年七月己丑，不幸齋志以卒，年五十有九”，彭東焕《魏了翁年譜》第三百零五頁考證“元年”應爲“三年”之誤，可據改。

卷七十八《朝奉大夫太府卿四川總領財賦累贈通議大夫李公墓志銘》，“年六十有一，卒於淳熙四年閏六月壬辰”，文中曰“某生未及月而公卒”，了翁生於淳熙五年六月八日，可見李蘩卒在五年。彭東焕《魏了翁年譜》第四十五頁亦考證“四年”無閏月,當爲“五年”之誤,可據改。又“閏六月壬辰”,龍騰《魏了翁傳》①第三百七十三頁據陳垣《二十史朔閏表》考證閏六月是癸巳朔,無壬辰日,故李繁應卒於“六月壬辰”,即六月二十九日,了翁出生後二十一天,當據改。

三　勘誤

文集文字錯訛十分突出,俯拾皆是。這裏舉出一些例子,以見一斑。依據本集内證、版本校勘(如宋本、安本、吴本、四庫本文集及選集《鶴山題跋》《鶴山文鈔》《鶴山詩集》《鶴山集鈔》《鶴山長短句》與《師友雅言》《宋元學案·鶴山學案》)改正者,以及一般形近、音近而誤,刻寫筆誤者不列。

卷十《後殿侍立》小注:“東府奏事訖,丞相以兼樞密使留身奏西府事。參政先退,然後相樞再上奏事,之退,然後引其餘上殿官奏事。”“之退”不通,當據《咸淳臨安志》②卷十五改爲“先退”。

《夏至日祀闕伯於開元宫前三日省中齋宿三首》小注:“北有一堂二閣,閣爲左右丞相位,當爲會議之所。”“當”字不通,應據《咸淳臨安志》卷十五改爲“堂”。

卷十六《論敷求碩儒開闡正學》,“其有小慧纖能者,僅於經解語録諸生揣摩剽竊,以應時用”,“諸生”明顯不通,而各本皆同,《歷代名臣奏議》所引也同,《宋元學案·鶴山學案》所引則將此二字删去。按上下文,“諸生”顯係“諸書”之誤,當改。

卷十八《應詔封事》,“繇彖爻象之辭,畫爲爻位虛之别,互反龍飛之説,乘承比應之 例,亦安可以不知?”“畫”下“爲”字顯爲衍文,當據《玉海》卷三十六、《周易啓蒙翼傳》卷中引方回《周易集義跋》删。吴本、四庫本此段文字闕。“凡在邇列,猶至半月兼句尚後受告”,“尚”字不通,當據同上改爲“而”字。“若内制之不時請對,夜直宣召,外制之駁正除授,封還詞頭,非此蘊剛大之氣,負淵源之學者,不能居此”,“非此”不妥,這裏是泛指而非特指,當據同上改爲“非夫”。

卷十九《第三札》,“於是官員外戚、女寵嬖幸代操政柄”,“官員”不妥,當據《歷代名臣奏議》卷五改爲“宦官”。

《第五札》,“自餘荆、鄂、四川軍人,大抵皆非舊戍”,上文歷數騎司之軍、建康戎司、京口戎司、池州戎司、水軍戍非其地,這裏却言“軍人”,不妥,當據《歷代名臣奏議》卷二百二十五改爲“軍分”,方與上文相稱。

卷二十三《論四川改官人積滯札子》,“乾道三年故事,通以百二十員爲額,不爲東南、四川”,“不爲”不通。《建炎以來朝野雜記》③乙集卷十四載:“乾道

①　龍騰編著《魏了翁傳》,四川師範大學電子出版社,2021年。
②　〔宋〕潛説友《咸淳臨安志》,浙江古籍出版社,2012年。下同。
③　〔宋〕李心傳著,徐規點校《建炎以來朝野雜記》,中華書局,2000年。

初，黃仲秉爲起居舍人，爲上言，以郡計之，東南約三郡，而改官者二人，四川約六郡，而改官者二人，多寡不均，灼然可見，乃命通以百二十人爲額焉。"參之此，乃知"不爲"當改爲"不分"。

《申尚書省乞檢會元奏賜橫渠先生謚狀》，"照得橫渠先生奮乎關中，闡明禮學，窮極道奧，遍覽而獨造，兼體而不累"，"不累"不通，當據《道命錄》卷九改爲"及用"。"體""用"爲宋代理學常用範疇。"發前代不傳之秘，示後學有已之端"，"已"字不通，當據同上改爲"守"。

卷二十七附卷二十八《奏措置江陵府三海八櫃》，"由寸金隄展南紀、楚望諸門，東匯於沙市，爲南海"，"展"字不通，當據《宋史》卷三百九十七《吳獵傳》改爲"歷"。

卷三十二《答虞永康》，"但詳味銘之始末，所謂'人之晞聖，資蓋鮮夷，亦或僅有'，而言人之能有志於晞聖，此資質絶難得"。按，"人之晞聖"以下乃葉適爲魏了翁所作《師立齋銘》文，見《水心集》①卷二十六。原文"鮮"作"匪"，"而"作"而患失時"，此顯係節引原文之誤，當據葉集删"而"字。

卷三十三《上曾樞密》，"今曾公之官不爲小矣，曾公之時不爲泰矣，曾公之居位不爲近矣，而裴回顧慮，未欲有所建明"，"不爲泰""不爲近"邏輯不通，乃涉上"不爲小"而誤，應改作"不爲不泰""不爲不近"。

卷三十五《答易尚書》，"則知從者久寓潙上之麓"，"潙上"泛指地區，不可言"麓"，當據民國《寧鄉縣志》②改爲"潙山"。

《答李遂寧》，"蓋詩中'野'字皆合韵二麌"，"二"字誤。四庫本作"十"，也誤。按《廣韵》③，"麌"字爲上聲第九韵，當據改爲"九"。

卷三十七《丁制副》，"方其拔田冒於彭門，鞠和彦威於崇慶，皆出於人心不平之久，公論稱快。既乃聞徙冒而不威，賞罰之大者既爾，餘事推見"。"不威"不通，各本皆同，"不"下顯係脱一處置動詞。

卷三十八《永康軍評事橋免夫役記》，"今富順守陵陽虞侯爲鄭別駕"，"鄭"字誤；"壞城郭以飭守備"，"壞"字誤，當據光緒《灌縣志》④卷十三改爲"郡""培"。

卷四十一《眉山孫氏書樓記》，"南陽开氏之書凡五十篋"，據晁公武《郡齋讀書志序》⑤，井度以其家藏書遺公武，即其事，則"开"乃"井"之誤，當據改。

卷四十二《簡州四先生祠堂記》，"其後又見侯以是贈言於朋友，勒石於斯宮，率縷縷申言之"。據文意，侯所勒石者作者已見，且據下"率"字，勒石者當不止一處，而一祠堂難稱爲"斯宮"，故此二字有誤。宋刻本《元公周先生濂溪集》卷十二作"所居官"，方合上下文意，可據改。"子其爲我發明四先生之所以

① 〔宋〕葉適《水心集》，清《永嘉叢書》本。
② 周震鱗修，劉宗向纂《（民國）寧鄉縣志》，民國三十年活字本。
③ 〔宋〕陳彭年等著，周祖謨校《廣韵校本》，中華書局，2011。
④ 〔清〕莊思恒修，鄭珮山纂《（光緒）增修灌縣志》，民國印本。
⑤ 〔宋〕晁公武撰，孫猛校證《郡齋讀書志校證》，上海古籍出版社，1990年。

嗣往開來之意而記諸社”，“社”字突兀，全文未嘗及此，當據宋刻本《元公周先生濂溪集》卷十二改爲“學”。上文侯自述“僕嘗因是又取周元公、程純公、正公、張明誠中子之象而祠於學”，是其證。

卷四十三《道州寧遠縣新建濂溪周元公祠堂記》，“則巨刀豪末之得失不足以爲戚忻也”，“巨刀”不通，當據宋刻本《元公周先生濂溪集》卷十改爲“錐刀”。

卷四十四《元符忠諫堂記》，“今崇寧用事之臣籍其祖於邪昔，附其事於奸黨”，“昔”字不通，當作“下”。據《宋史》卷二百九十《家願傳》，楊恂入黨籍邪下第五等。四庫本作“類”，屬臆改。

《普州貢院記》，“士從甌襲”，“士”字不通，當據光緒《潼川府志》①卷十四改爲“筮”。

《合州建濂溪先生祠堂記》，“學者之當以此求之，則養心之説備矣”，“之當”不通，應據宋刻本《元公周先生濂溪集》卷十一改爲“又當”。

卷四十五《寶謨閣直學士知潼川府贈太師劉清惠公祠堂記》，“築室三楹而厚祀之，旁曰憩亭，以傅於愛棠之義”，“旁”字誤；“銜命朔庭，威名擔虜”，“擔”字誤；“民巷祭野祀，朝論以祀秩禁之不可”，“祀秩”誤，當據光緒《潼川府志》卷八改爲“榜”“憺”“禮秩”。

《瀘州重修學記》，“迨貞觀，定爲孔子爲先聖而黜周公”，“定爲”不妥，當據乾隆《蒲江縣志》卷三改爲“定以”。“其學則五禮六樂五御六射六事九數也”，“六射六事”誤，當據《周禮注疏》卷十及乾隆《蒲江縣志》卷三改爲“五射六書”。“期紹昔聞、開來哲，爲萬里建長治之策”，“里”字不通，當據《古文淵鑒》②卷六十四及乾隆《蒲江縣志》卷三改爲“世”。

卷四十六《大宗正司記》，“公館吏舍，庖湢儲待，鳩僝告功”，“待”字誤；“予惟古者官之長必曰司馬正”，“馬”字誤；“紏過懲違”，“過”字誤；“法之志善者也”，“志”字誤；“無以拔賢賢之效”，“拔”字誤，當據咸淳《臨安志》卷八改爲“偫”“曰”“遏”“至”“收”。

《華亭縣重修學記》，“前門後閣，左右二翼，而館鄉賢於夾”，“門”“閣”“夾”皆實物，“翼”字無當；“於是奸胥亂民緣絶爲欺，吏以官爲市，民以吏爲仇”，“以吏”不妥；“合子思、孟子相傳之要指，在諸生發明爲己之學”，“在”字誤，當據紹熙《雲間志》卷下改爲“廡”“與吏”“與”。

《常熟縣重修學記》，“白於州於部使者，爲廬以貯之”，“廬”字誤，當據寶祐《重修琴川志》卷十二改爲“廈”。

《程純公楊忠襄公祠堂記》，“自夫學之不謀”，“謀”字誤；“蹈仁義爲康莊”，“爲”字誤；“學士爲何事”，不通；“公諱邦乂，字希稷，言州吉水人”，“言州”無此建置，當據景定《建康志》卷三十一改爲“講”“如”“學士大夫學爲何事”“吉州”。

卷四十九《湘鄉縣褚公洗筆池記》，“紹定二年邵君自言爲宰”，“言”字誤；

① 〔清〕阿麟修，王龍勛纂《（光緒）潼川府志》，清光緒二十三年刻本。下同。
② 〔清〕徐乾學輯《古文淵鑒》，清康熙刻本。

"余惟咸以無心爲感,艮以不獲其身爲明","不獲其身爲明"與艮卦意不合,可見"明"字誤,當據《昭忠録》卷三、嘉靖《長沙府志》卷五改爲"信""止"。

卷五十《通泉縣重修學記》,"故吏終日文書敲扑間,救故不贍",後"故"字誤,當據光緒《潼川府志》卷十三改爲"過"。"必知聖賢所傳者何事,而内反諸躬,有學以問思辨而篤行之,則亦無以异於禮義之養矣","學以"誤,當改爲"以學"。博學、審問、慎思、明辨、篤行五目見《中庸》。

《邛州白鶴山營造記》,"壁間繪像率范瓊、杜措、丘文播諸人明名筆","明"字衍,當據《蜀中廣記》①卷十三删。

《觀亭記》,"以制律命曆,以立經陳紀","經"字誤;"蓋日趨乎北陸,則朔易之方而始終萬物之地也","而"字誤,當據康熙《靖州志》卷六改爲"綱""爲"。

《江陵州叢蘭精舍記》,"院即書侍中羅君章含之故居也","書"字誤;"近知如丁、夏、吕、王,亦能操觚弄翰矣","知"字誤;"然觀其從庾元規,仁謝仁祖",上"仁"字誤;"温大會寮史,君章雍容末至,若有氣吞奸豪之勇","至"字誤;"僅以徽宗初起起之謫籍","初起"誤;"《荆州記》乃謂距城西百餘里,墩川爲樓","墩"字誤;"而劉名明之假其宅","名"字衍;"又知以士大夫正心修身當以千載自期","知以"二字互倒;"苟有所好學恐懼而不得其正","學"字誤;當據日本京都大學人文科學研究所藏元至正七年重刻《荆南承天禪院叢蘭精舍記》碑拓片改爲"晋""世""友""坐""初政""畋""劉明之""以知""樂"。"况君章來陽人也","來"字誤,當據拓片及《晋書》②卷九十二《章含傳》改爲"耒"。此形近而誤。

卷五十二《邵氏擊壤集序》,"聖人不心量直與天地萬物上下同流","不"字誤,當據《性理大全書》③卷十三、《皇極經世書》④卷首所引魏了翁序改爲"之"。

《達賢録序》,"堯之未得舜,舜之未得禹,咎繇也,憂之","咎"上當脱"禹之未得"四字。《漢書·晁錯傳》⑤:"大禹得咎繇而爲三王祖",當據補。

《虞忠肅公奏議序》,"自秦漢以來,惟兩董公能識此意","兩"字誤;"金煬侯刑馬誓師","煬"字誤,當據萬曆《四川總志》卷五十二改爲"有""湯"。"知我有備,勢不得入,返而尸其",末句不通;"蓋古張忠獻公後先一揆","古"字誤,當據《補續全蜀藝文志》、萬曆《四川總志》卷五十二改爲"卒走死""與"。

卷五十三《彭山李肩吾從周字通序》,"且曰近世博通古文、刊别聲韵宜莫如夏文莊也","曰"字誤,當據《字通》卷首改爲"自"。

《朱文公語類序》,"後數年,竟從余乞本刊諸肯衣","肯"字誤,當據《朱子語類》卷首載《眉州刊朱子語類序》改爲"青"。按:青衣即青衣江,所流經地域包括宋代眉州、嘉定府。此以江名代州府。

---

① 〔明〕曹學佺撰,楊世文校點《蜀中廣記》,上海古籍出版社,2021年。

② 〔唐〕房玄齡等《晋書》,中華書局,1974年。

③ 〔明〕胡廣《性理大全書》,明嘉靖二十二年刻本。

④ 〔宋〕邵雍《皇極經世書》,明萬曆刻本。

⑤ 〔漢〕班固《漢書》,中華書局,1975年。

《潘舍人昌年集篆韵序》，"或同音而异形，或同异意而异聲"，"同"後之"异"衍，當據《類篇》①序删。了翁此上下數語皆出《類篇》，四庫本改"异意"爲"形"，足見其臆改淺薄。"鄭氏曰，閑暇無事於之游"，"於"字誤，當據《類篇》序改爲"謂"。

卷六十《跋晏元獻公帖》，"至康定攻守之策，則韓宗獻主攻"，"宗"字誤，當據《東都事略》②卷六十九改爲"忠"。韓忠獻，韓琦也。

卷六十一《跋鄭忠穆公家問遺事》，"公獨於此時連柱其罪"，"柱"字誤，當據《宋史》卷三百九十九《鄭毅傳》改爲"折"。四庫本作"斥"，乃臆改。

卷六十二《跋范太史記司馬公布衾銘》，"雖布衾□枕，亦以驗公所安於死生窮達之際"，所闕字四庫本作"角"，非。此言其儉，而"角枕"乃言其華，見《詩經·葛生》。《新唐書·陽城傳》③言城嘗以木枕布衾質錢，人重其賢，爭售之。此作"木枕"或當近之。

卷六十五《題陳思書苑菁華》，"《儀禮》百官書於束"，"官""束"誤，當據宋刻本《書苑精華》卷首所載魏了翁手書序及《儀禮》原文改爲"名""策"。

卷六十九《參知政事資政殿學士致仕真公德秀神道碑》，"嘉定九年，遷博士"，"九"字誤，當據《宋史·真德秀傳》改爲"元"。按下文叙事次序，亦當作"元年"。

卷七十五《知文州主管華州雲臺觀安君蕃墓志銘》，"如山嘗與賓貢，爲伯父士龍微"，"微"字誤，當據嘉慶《武階備志》④卷十二改爲"後"。

卷七十六《宋故籍田令知信州王公自中墓志銘》，"號爲義勇者，又爲生生之具"，後"爲"字誤；"卒五人以某生户爲伍長"，"某生"誤，當據民國《平陽縣志》⑤卷八十九改爲"無""其主"。

卷七十七《知江原縣兼權通判成州馬君範墓志銘》，"未報，又辟重應府新津縣令"，"重應"誤；"秩滿，尋辟知重慶府江原縣"，"重慶"誤，當據《宋史·地理志五》改爲"崇慶""崇慶"。

卷八十四《蘇伯起振文墓志銘》，"自四經、三《禮》、《語》《孟》以來，摘精扴萃"，"扴"字誤，當據《永樂大典》卷二千四百零一改爲"拔"。

卷一百零四、一百零五、一百零六《周禮折衷》，"若畿内鄉遂及四等公邑皆爲溝洫法"，"若"字誤；"兩家各得其一，背無手書字"，"背"字誤；"凡失財用物辟名者，以官刑諸冢宰而誅之"，"諸"字誤；"羞亦進也"，"羞"字誤；"言然，向來之所膳膏者皆是死之脂膏"，"言"字誤；"鄭知籩下竹器"，"下"字誤，"言謂之張大幕者以其言旅故知大幕也"，"謂"字誤，當據《周禮注疏》原文改爲"是""皆""詔""薦""若""是""爲"。

① 〔宋〕司馬光《類篇》，清康熙四十五年刻本。下同。
② 〔宋〕王稱撰，吳洪澤箋證《東都事略箋證》，上海古籍出版社，2023年。
③ 〔宋〕歐陽修、宋祁等《新唐書》，中華書局，1975年。
④ 〔清〕吳鵬翺輯《(嘉慶)武階備志》，清同治十二年刻本。
⑤ 〔清〕符璋總纂《(民國)平陽縣志》，民國十五年刻本。下同。

卷一百零九《師友雅言》，“詩猶承也，謂奉納之懷之”，句末“之”字誤，當據《禮記》原注改爲“中”。“勾龍與棄配社稷，皆壇而不屋，爲若夫子巍然南面”，“爲”字誤，當據《昌黎先生集》①卷三十一改爲“豈”。“羽勢已屈而漢有强形，故轅公一説而歸太公、吕后”，“轅公”誤，當據《史記·項羽本紀》②，説項羽歸太公、吕后者乃侯公。“今按《讀書記》於《柲》詩下吕氏云”，“書”字誤；“泉水即今衛州其城之有泉也”，“其”“有”字誤，當據《吕氏家塾讀詩記》③改爲“詩”“共”“百”。“其實君設酒肴，君臣皆有”，下句“君”“有”字誤，當據《段氏毛詩集解》④卷十六所引改爲“群”“在”。“《月令》祭四時之也”，“也”字誤，當據《駁五經異義》⑤原文改爲“位”。四庫本作“物”，屬臆改。

四　移正

　　錯簡移正，有隔卷之錯，隔篇之錯，隔行之錯，隔句之錯，隔字之錯，形式多樣，但萬變不離其宗，都是卒不可通。卷十六《論除授之間公聽并觀如元祐用人》篇末有黄丕烈批云：“原裝卷一五第二葉與卷一六第三葉誤倒。今憑五柳主人携示，照宋鈔本正之。書遇一部必展讀一過，必有益處，此其是也。嘉慶丙寅夏六月望後一日，蕘翁記。”可知前賢已對該集錯簡有所是正。今略列蕘翁未及者錯簡諸例，以供參考。

　　1. 隔卷之移正

　　卷九十四第二頁下《送嘉甫弟赴眉山》以下，“行己不論官小大，窮探無人會”云云，至第八首《劉左史光祖生日》“誰是同心相覓。天運樓湖上鱷魚何事”，其詞明顯不通。

　　卷九十五第二頁下《虞萬州剛簡生日用所惠詞韵》以下，“久向閑邊看，對滄江，烟輕日淡，雨疏雲薄，一片閑心不間精粗”云云，至第九首《婦生朝李倅同其女載酒爲壽用韵謝之》“風流別乘初屆，元在越王無窮，事機難料”云云，其詞亦不通。

　　按：此承宋本之誤。當據宋本目録、安本、吳本、四庫本等，將卷九十四與九十五的第三至四頁篇目及正文互換，方合符節。卷九十四《送嘉甫弟赴眉山》“行己不論官小大，窮探不間精粗”，《婦生朝李倅同其女載酒爲壽用韵謝之》“風流別乘初屆，元在越王樓。湖上鱷魚何事”；卷九十五《虞萬州剛簡生日用所惠詞韵》“一片閑心無人會”，《劉左史光祖生日》“誰是同心相覓。天運無窮，事機難料”。

　　2. 隔篇之移正

　　卷七十五《太常博士李君大有墓志銘》第五頁自“謙仲所居允方闇門俟遣”

　　①　〔唐〕韓愈《昌黎先生集》，宋刻本。
　　②　〔漢〕司馬遷《史記》，中華書局，1982年。
　　③　〔宋〕吕祖謙《吕氏家塾讀詩記》，淳熙九年刻本。
　　④　〔宋〕段昌武《段氏毛詩集解》，文淵閣《四庫全書》本。
　　⑤　〔東漢〕許慎撰，鄭玄駁《駁五經異義》，《問經堂叢書》本。

至第六頁"良用嘉嘆太常寺主簿遷太常博士"四百餘字,本卷《知文州主管華州雲臺觀安君墓志銘》第十五頁中,有"會某勾去已七八疏未官率善其職"至第十六頁"歷司農,錫之京秩,布列幕屬"凡四百餘字,皆不通。

按:此卷宋本闕,安本、吴本皆如此,僅四庫本有訂正,是也。當據之互乙,方字通句順:《太常博士李君大有墓志銘》云"謙仲所居官率善其職","歷司農、太常寺主簿,遷太常博士"。《知文州主管華州雲臺觀安君墓志銘》則云"會某勾去已七八疏,未允,方閤門俟遣","良用嘉嘆。錫之京秩,布列幕屬"。

3. 隔行之移正

卷七十四《朝奉郎新知邛州何君悬方墓志銘》,"咸相毋犯。覈歲之出入,凡浮於用者節之。期歲戒視始至倍蓰"。

按:宋本、安本、吴本、鳴野山房影鈔本皆同,惟四庫本於"咸相"後加"惕"字,文意不佳。其實,只需將"戒"字移正到"咸相"後,則兩通矣:"咸相戒毋犯""期歲視始至倍蓰"。

卷七十六《宋故籍田令知信州王公墓志銘》,"甎以片計二百二十二萬,片一十八斤,爲錢三千六百重,人荷四片,爲錢十四千四百"。

按:此亦有錯簡,"片一"之間當有闕文,"重"字又是衍文,當據民國《平陽縣志》卷八十九移正:"片重一十八斤,爲錢三千六百",方合符節。

卷七十六《隆州教授通直郎致仕譙君墓志銘》,"不本之踐,不求之經史,徒剿取伊洛間方言以科舉之文。問之,則曰先儒語録也。語履録一時門弟子所傳抄,非文也,徒用之欲以乘有司之闇而給取之爾"。

按:此乃《四部叢刊》影安本之誤,據吴本、四庫本、鳴野山房影鈔本將"履"字移正,"方言以"後加"用之"即可:"不本之履踐,不求之經史,徒剿取伊洛間方言以用之科舉之文。問之,則曰先儒語録也。語録一時門弟子所傳抄,非文也,徒欲以乘有司之闇而給取之爾。"

4. 隔句之移正

卷七十五《太常博士李君墓志銘》末有銘曰:"家人之威如,兄弟之怡如。靖共乃事,委如蛇如。予奕奕令姿,孰媲而如。未哺戢暉,孰陁而摧如。"

按:據下句之例,"予"字當置於"而"字之後,"奕奕令姿,孰媲而予如",方文從字順。

5. 鄰字之移正

卷四十四《毛氏慈惠莊記》,"氣載理而流形於天地有間餘不足","間"與"有"字互倒,當據四庫本乙。

卷五十一《黄侍郎定勝堂文集序》,"其一念之積乃至覆宗滅使祀生靈皆受其禍","使""祀"二字皆不通。此乃同音而誤倒,據吴本、四庫本乙正即可。"此不足與共他功日張對便殿","功""他"二字互倒,當據四庫本乙正。

卷八十《華容縣丞奉議郎致仕沈君連墓志銘》,"攝舉事,詔延左右生論説無時","詔"字誤置,當據四庫本移於"攝"之前。

要之，《四部叢刊》本影印之《鶴山先生大全集》一百一十卷，其中用宋本作底本有九十一卷，用安本補宋本之闕的卷數是十七卷，分別占全書比例是82.73％、15.45％。本文所舉之例，除去補公文套語，補文之繫年、結銜之完備部分，以及訂史之前三條外，且按條計算，共 190 條正誤，出自宋本之誤 88 條，安本之誤 102 條，占比分別是 46.32％、53.68％。以 82.73％的篇幅，其誤僅有46.32％，可見宋本卷次，雖説成於衆手（從版心所刻有大全集幾、奏議幾、大全集·奏議幾、館職策幾、故事幾、狀札幾、督府奏陳幾、大全集·書幾、記幾、序幾、跋幾、大全集·跋幾等，體例不一），也有脱誤，但總體而言質量較好。用明嘉靖初安本補闕部分（版心刻鶴山文集卷之幾），錯、訛、衍、倒無不有之，宋槧之精，明刻之訛，於此可見。

殘闕脱漏、史實不確、文字錯訛、錯簡誤倒是《四部叢刊》本《鶴山先生大全文集》在文獻方面存在的主要問題，即如宋本，亦難免有刊刻之誤，遑論其他。擇善而從，方是解決這些問題的主要方法。經過整理研究，在很大程度上恢復了文集的原貌，朝着完備可靠的目標前進了一大步。由於該集錯訛嚴重，以上所做的工作還只是初步的，遺文剩義尚復不少。漸減瑕疵，日趨盡善，有待將來不懈努力。

（作者單位：四川大學古籍整理研究所）

古典文獻研究（第二十七輯上）
Journal of the Institute for Chinese Classics Studies
Nanjing University
Volume 27, No.1 2024

黄榦文集版本源流考[*]

陳啓遠

黄榦(1152—1221)，字直卿，號勉齋，福州閩縣(今福建福州)人。早年受業朱熹，後爲熹婿。以蔭補官，調監台州酒務、嘉興府石門酒庫，入荆湖安撫使幕，歷知臨川縣、新淦縣、漢陽軍、安慶府。寧宗嘉定十四年(1221)卒，年七十。事見宋鄭元肅《勉齋黄文肅公年譜》，《宋史》卷四三〇有傳。

黄榦是朱熹學術的正統傳人，朱熹臨終以深衣及所著書授黄榦，手書與訣曰："吾道之托在此，吾無憾矣。"①黄氏本人即撰有《聖賢道統傳授總叙説》，論定朱熹之道統地位。黄榦在講學傳道上亦身體力行，他廣收生徒，啓元明朱子學之正統。真德秀稱，"勉齋先生黄公：惟公之在考亭，猶顔、曾之在洙泗，發幽闡微，既有補于學者，繼志嗣事，又有功于師門"②，將黄榦喻爲朱子門下的顔淵、曾參，可謂的論。

關於黄榦的著作，《宋史》本傳稱"有《經解》《文集》行於世"③。據各家目録所載，黄榦的經解著作有《勉齋先生講義》一卷、《論語通釋》十卷、《孝經本旨》一卷、《儀禮經傳通解續》十五卷、《論語原意》一卷、《六經講義》一卷等④。然而，除了賡續朱熹之作的《儀禮經傳通解續》有多種刻本傳世，《勉齋先生講義》爲黄榦文集所收，其他經解著作均已不存。相比之下，黄榦文集則流傳有緒，且維持了宋末編刻時最完整的四十卷本面貌，内容詳實可靠。研究黄榦的學術思想和生平經歷，兼及朱熹以降道統的確立和傳承，黄榦文集無疑是極其重要的材料。

　＊　本文受到中央高校基本科研業務專項資金"現存《永樂大典》本宋元别集研究"(23ybb05)資助。

①　〔元〕脱脱等《宋史》卷四三〇《黄榦傳》，中華書局，1977年，第12778頁。

②　〔宋〕真德秀《西山文集》卷五四，文淵閣《四庫全書》本，臺灣"商務印書館"，1986年影印本，第1174册，第867頁上欄b面。

③　〔元〕脱脱等《宋史》卷二〇二《藝文志一》，第5070頁。

④　參方彦壽《黄榦著作版本考述》，《歷史文獻研究》第25輯，華中師範大學出版社，2006年，第220—230頁。

　　黃榦文集詩文分體編排，其編纂結集當在黃榦卒後完成。國圖所藏元刊延祐二年（1315）重修本《勉齋先生黃文肅公文集》卷二六於“經說”之題下雙行小字注稱：“先生所著之書，如《書傳》《易解》《論語通釋》《儀禮通解》《孝經本旨》之類皆成書。其尚未有終篇者，有未脫稿者，有一時因筆所記者，有與朋友講貫所及者，今集爲經說，附于集中。”①可見編者對黃榦文集進行了一些搜集、整理的工作。此本末附黃榦門人所編《語録》和《年譜》，觀此處口吻，似乎黃榦文集的編纂，也同樣出自勉齋門人之手。

　　宋末出現了多種版本的黃榦文集，但似乎均流傳不廣。黃榦卒於寧宗嘉定十四年，《宋史》本傳稱其《文集》行於世，然而反映寧、理二朝圖書流通情況的陳振孫《直齋書録解題》和趙希弁《讀書附志》兩部目録中，均未著録黃榦文集，《宋史·藝文志》則著録有“《黃榦文集》十卷”②。關於黃榦文集在宋末的編刻流傳，黃震有詳細的記述。其《黃氏日抄》卷九二《跋勉齋集》云：

　　　　“某淳祐丙午春得《勉齋文集》于山陰施侯德懋，衡陽本也。後二十七年來撫州，推官李君龍金，衡陽人，復以其本見遺，則字之磨滅不存者已十二三。因思翻刊于江西倉司，而丙午所得本留故山，欲借別本證磨滅不存字，闔郡咸無之，方以書不復全爲憂。未幾，臨汝書堂江君克明招臨江董君雲章偕來，其家收勉齋文最備。謂初得衡陽本十卷，次得岩溪趙氏所刊本二十四卷，次得雙峰饒氏録本《書問》一卷，次得徽庵程氏録本《書問》一卷，次得北山何氏録本《答問》十卷，近又得三山黃氏友進刊本四十卷，凡衡陽、岩溪、雙峰、徽庵本皆在焉，而又多三之一，獨無《答問》。某因館致董君盡求其書，屬幹辦常平司公事趙君必趩相與裒類爲《勉齋大全集》。董君云：‘衡陽本最初刊，有妨時，有不盡刊，故爲最略。岩溪所刊，雖略增，其板已毁於火。三山所刊，分類多未當，聞亦頗散失。此集真成大全矣。’并記其説如此。勉齋嘗宰臨川，倉司既祠晦翁，并祠勉齋。《勉齋祠堂記》，峨峰黃氏所作，能發明晦翁、勉齋相傳之正，并刻附卷末。咸淳九年二月。”③

　　黃震赴任江西常平倉司，想要翻刻黃榦文集，聯繫到了“收勉齋文最備”的董雲章，“盡求其書”，“相與裒類”，成一《勉齋大全集》，刊於江西倉司，卷末附有峨峰黃氏所作《勉齋祠堂記》。黃震此跋作於度宗咸淳九年（1273），距黃榦卒年已有52年。據其所述，黃榦文集刊本頗多，但黃震時已“闔郡咸無之”，這或許就是陳、趙二目未曾著録黃榦文集的原因。其中有衡陽十卷本，爲黃榦文集的最早刻本，最爲簡略，《宋志》所著録者，似即爲衡陽本；岩溪趙氏刊二十四

　　　　　————————

①〔宋〕黃榦《勉齋先生黃文肅公文集》卷二六，《中華再造善本》金元編，影印國家圖書館元刻延祐二年重修本，國家圖書館出版社，2005年，第1頁a面。文中所稱“元刻本”“元本”，如無特殊説明，均指此本。
②〔元〕脱脱等《宋史》卷二〇二《藝文志一》，第5070頁。
③〔宋〕黃震著，張偉、何忠禮主編《黃震全集》卷九一《跋勉齋集》，浙江大學出版社，2013年，第2418頁。

卷本,較之衡陽本略有增加,然在黃震時板片已毀;又有雙峰饒氏録本《書問》一卷、徽庵程氏録本《書問》一卷、北山何氏録本《答問》十卷,蓋黃榦著作之單行者;三山黃氏友進刊四十卷本,則包含了此前諸本的全部内容,而又多出三分之一的篇幅,僅缺《答問》。

不過,黃震刊刻的這個《大全集》本并没有流傳下來。《大全集》本卷數不詳,據黃震的記載,該本附有峨峰黃氏《勉齋祠堂記》,而現今存世的各種黃榦文集均爲四十卷,《附集》中均無此記。且黃友進刊本"獨無《答問》",今存各本亦均無《答問》。綜合以上特徵,可知現存黃榦文集,當均以三山黃友進刊本爲共同的祖本。黃友進其人生平事迹無考,從其自署之籍貫和姓氏來看①,很可能是黃榦的族裔。

元代曾刊行四十卷本《勉齋先生黃文肅公文集》,現有三部元刻本分藏於海内外,均爲延祐二年重修本。其中國家圖書館藏本曾爲《北京圖書館珍本叢刊》、《宋集珍本叢刊》、《中華再造善本》(金元編)影印,利用最爲方便。

明代以程朱理學爲官學,科舉取士明確規定"以宋儒傳注爲宗",黃榦在景泰七年(1456)亦得以陪祭孔廟②,享有崇高的地位。然而其文集却乏人關注,有明一代,黃榦文集不曾刊刻,亦罕見爲明人所徵引。

黃榦文集在明代的流傳情況,僅可據《永樂大典》引文和各種公私書目的著録稍窺端倪。今存《永樂大典》殘卷中所見黃榦詩文,共計詩 2 首,文 22 篇,出處作"宋《黃勉齋集》"或"《勉齋集》",文字與元刊四十卷本幾乎完全一致。《文淵閣書目》著録有《勉齋文集》六册本和八册本各一種③,則明初内閣可能藏有兩種黃榦文集。至《内閣藏書目録》,則僅於卷三中載有"《勉齋黃文肅公文集》六册,全。宋黃榦著,凡十卷。又《講義》一卷"④,據此知明代内閣所藏六册本共十卷,殆衡陽本,另一八册本至萬曆間似已不存。《國史經籍志》稱"黃榦《勉齋集》十卷"⑤,蓋抄撮前志所記。私人藏書目中,晁瑮《晁氏寶文堂書目》稱有"《黃勉齋集》,欠下册"⑥,未標卷數,不知爲何種版本。錢謙益《絳

---

①　"三山"爲福州之別稱,而黃榦恰爲福州人。

②　〔清〕張廷玉等《明史》卷一六四《張昭傳》,中華書局,1974 年,第 4459 頁。

③　〔明〕楊士奇等編《文淵閣書目》,國家圖書館藏漫堂抄本。據劉仁《文淵閣書目版本系統考論》(載《文獻》2019 年第 4 期)一文,存世諸本《文淵閣書目》可分爲漫堂鈔本系統、四庫底本系統及塾本系統三個系統,其中漫堂抄本時間最早,四庫底本系統其次,塾本系統最晚。國圖藏漫堂抄本不分卷,亦無頁碼,"荒字號第三櫥"中,"荒二百四十二"和"荒二百四十三"分別對應八册本《勉齋文集》和六册本《勉齋文集》。四庫底本系統在"日字號第三櫥"中均"關宋朝文集二百餘種",著録黃榦文集的内容當在闕葉中。塾本系統則注明書籍的存闕信息,稱"《黃勉齋集》一部八册,全",又有"《黃勉齋集》一部六册,全"(此處據《叢書集成初編》本),體現了萬曆三十三年編著《内閣藏書目録》前的文淵閣藏書情況。

④　〔明〕張萱等《内閣藏書目録》卷三,馮惠民、李萬健等選編《明代書目題跋叢刊》上册,書目文獻出版社,1994 年,第 507 頁下欄。

⑤　〔明〕焦竑《國史經籍志》卷五,馮惠民、李萬健等選編《明代書目題跋叢刊》上册,書目文獻出版社,1994 年,第 451 頁下欄。

⑥　〔明〕晁瑮《晁氏寶文堂書目》卷上,《中國歷代書目題跋叢書》第一輯,上海古籍出版社,2005 年,第 43 頁。

雲樓書目》著録"《黄勉齋集》十卷"①,應當也同樣源出衡陽本。可見明代流傳的黄榦文集,并非僅有四十卷本一種,宋末的十卷衡陽本系統在當時仍未失傳。天一閣還曾藏有一部棉紙藍絲欄明抄本《勉齋文集》,共四十卷,清代阮元、薛福成編目時尚在閣中,惜在民國時已不知去向②。

明代以後黄榦文集傳本日稀,清初時"集没文湮,幾乎無傳"③。所幸康熙至乾隆年間,黄氏後裔據家藏寫本校訂,數次刷印(下文簡稱清刻本),流傳稍廣。據筆者查考,清刻本至少有四種印本存世。編纂《四庫全書》時,館臣又據清刻本抄録。清代尚有數種抄本流傳,多有源出元刻本的,質量較高,足資校證。

時至今日,學界對黄榦的政績、學術均較爲關切④,而關注其文集版本的却寥寥無幾。黄彰健曾以北京圖書館藏元刻本與三種抄本對校⑤,詳列各本異同,判别優劣,不乏灼見,然黄氏未曾比對大陸圖書館所藏諸本,在結論上仍稍顯偏頗;祝尚書參酌歷代目録、題跋,采録諸家之説并加以考辨,對黄榦文集版本的基本情況作了梳理⑥,惜祝氏對其中一些版本似未親自寓目,僅據前人記載,不免稍稍有所差池;方彦壽《黄榦著作版本考述》一文羅列九種不同的黄榦文集,一一加以説明,然而多是介紹性的文字,絶少發明。2018 年 9 月,《儒藏》精華編第 240 册出版,上册即爲《勉齋先生黄文肅公文集》(下文簡稱《儒藏》本),以中華再造善本影印國圖所藏元刻重修本爲底本,參校以北大圖書館藏清影宋抄本和《四庫全書》本,是黄榦文集迄今爲止唯一的點校本,不過據筆者的一孔之見,其中的參校本選擇似乎尚有值得商榷之處。

要之,目前學界對於黄榦文集版本源流的研究,尚有進一步探討的空間。筆者發現當下已有的研究和各種古籍目録的著録中,往往不加考辨地因襲前説,導致原本簡單清晰的黄榦文集版本脉絡疑竇叢生。故對黄榦文集自宋末迄及清代的版本源流情況,稍加董理,以期正本清源。其中訛謬之處,尚祈方家指正。

一　元刻《勉齋先生黄文肅公文集》考述

宋槧各本後皆失傳,黄榦文集今以元刊四十卷本《勉齋先生黄文肅公文集》爲最古。現存元刻本三部,以卷末所附内容的不同,又可分爲兩種。其一

---

①　〔清〕錢謙益《絳雲樓書目》卷三,《叢書集成初編》據《粤雅堂叢書》排印本,商務印書館,1934年,第 34 册,第 81 頁。

②　阮元《天一閣書目》卷四之二和薛福成《天一閣見存書目》卷四均著録此本,然在 1935 年馮貞群編目的《鄞范氏天一閣書目内編》中已不見著録。

③　《宋儒文肅公黄勉齋先生文集》清刻中印本所附黄鉞題識,南京大學圖書館藏本。

④　相關的研究成果,詳參單曉娜《理念與行止:黄榦研究》(中國社會科學出版社,2014 年)導言第二節中的文獻綜述部分。

⑤　黄彰健《跋北京圖書館本〈勉齋先生黄文肅公文集〉》,《"中央圖書館"館刊》第二十七卷第一期,第 151—162 頁。

⑥　祝尚書《宋人别集叙録》卷二三,中華書局,1999 年,第 1148—1152 頁。

正文後有《附集》一卷,其二則在正文後有《語録》《年譜》《附集》各一卷。瞿鏞、丁丙與陸心源等人均以此本爲宋本,傅增湘則謂均爲元刻元修本,此後傅氏之説遂爲定論。現分述各元本如下:

1.《勉齋先生黄文肅公文集》四十卷、《語録》一卷、《年譜》一卷、《附集》一卷(下簡稱元刻甲本)

元刻甲本今存兩帙,一藏國家圖書館,著録爲元刻延祐二年重修本(下簡稱國圖藏元刻本)。該本索書號03589,共四十册,框高20.9厘米、寬15.5厘米[①],每半頁十行,行十八字,雙魚尾,細黑口,左右雙邊。版心中題卷數,下魚尾之下標頁碼,頁碼下間記刊工之名,上魚尾之上間記字數。書中鈐“虞山瞿紹基藏書之印”及“鐵琴銅劍樓”印,知爲常熟瞿氏舊藏[②]。首爲目録,爲各卷之細目,其後即爲正文。正文後有門人林圓記録、梁祖康校正《勉齋先生黄文肅公語録》,門人鄭元肅録、陳義和重編《勉齋先生黄文肅公年譜》,《勉齋先生黄文肅公附集》,均爲一卷。《附集》中録《國史附傳》、《轉官告詞》、《謚議》、《覆謚》、《行實》、李燔《鰲峰精舍祠堂記》、友人及門生所撰祭文等篇。

瞿鏞稱此本“字畫清勁,體似顔柳。爲宋刻中致佳本”[③],以爲此本乃宋刊,國圖則著録爲“元刻延祐二年重修本”。細核原書,《附集》頁一一、頁一二、頁一五中縫處有“延祐二年刊補”字樣,是重修本無疑。黄彰健認爲,國圖藏元刻本中還有數頁,其刊刻時間當尚在延祐二年以後[④],其言有據,當可信從。且此本間記刊工名,如“林”“志”等,而記有刊工名的幾頁,字體顯與他處有异,似爲補刊時所加。定其爲“元刻”,祝尚書認爲“蓋以卷中不避宋諱也”[⑤],實則書中有避宋諱處,只是在避諱上不甚嚴格。傅增湘已指出天禄琳琅舊藏本(即下文所述之元刻乙本)“貞”字缺末筆,此本并同。而據筆者核查,此本中“匡”“恒”“桓”也同樣缺末筆,光宗“敦”字正文中出現共七處,均不避諱,而在《語録》中出現八處,前五處均缺末筆,後三處又不避諱,其他諸帝名諱則均不避,是知該本若非宋刊,即系覆宋本。另外,此本中凡是語涉宋帝及“今上”、作爲國號的“宋”處,《附集》提及“朱文公”時均空格示敬,從這一情況來看,結合上文所述《語録》中有避南宋光宗“敦”字諱的事實,筆者懷疑此本實則仍有係宋刊元修本的可能[⑥],只是因別無所據,故仍取傅氏之説,以其爲元刻本。至於宋帝名諱或避或不避的原因,可能是宋末刊刻時已避諱不甚嚴格,也可能是元

---

① 中華再造善本工程編纂委員會編著《中華再造善本總目提要》,國家圖書館出版社,2015年,第1214頁。

② 此本之前的遞藏源流不詳,《年譜》首頁有“倪仁卯(?)文房印”朱文方印,印主待考,或與此本的收藏有關。

③ 〔清〕瞿鏞編纂,〔清〕瞿果行標點《鐵琴銅劍樓藏書目録》卷二一,上海古籍出版社,2000年,第592—593頁。

④ 黄彰健《跋北京圖書館本〈勉齋先生黄文肅公文集〉》,第151頁。

⑤ 祝尚書《宋人別集叙録》卷二三,第1151頁。

⑥ 元人覆刻宋本,對避北宋諸帝名諱處,多有照抄原書的,然而保留南宋中後期帝諱的情況,則似乎相對較爲少見。此處蒙北京大學《儒藏》編纂與研究中心張麗娟老師提示,在此謹致謝忱。

代對宋諱進行了部分回改,已難以做出具體判斷。

　　另一部現藏吉林省圖書館,此本相關信息罕見披露,僅各種目録中有簡單的著録。筆者未曾目驗,《吉林省圖書館珍本圖録》介紹此本稱“匡高20.3厘米,廣15.4厘米”“有佚名題簽及清代黃宅中朱簽題識”“有抄配”①,行款則與國圖藏本完全一致。根據《圖録》所附書影,較之國圖藏元刻本,吉林省圖藏本似爲後印本。

　　國圖藏元刊本板片已漫漶,書中斷板闕頁的情況亦所在多有。然總體而言,現存諸種黃榦文集,以此本的文字最爲完整,且僅此本與吉林省圖藏本同時附有《語録》及《年譜》,頗爲珍貴。

　　2.《勉齋先生黃文肅公文集》四十卷、《附集》一卷(下簡稱元刻乙本)

　　元刻乙本現存一部,藏於日本静嘉堂,而在民國時則尚存兩部,另一部爲天禄琳琅舊藏本。《天禄琳琅書目後編》於元版集部著録《勉齋先生黃文肅公文集》二函二十册:

> 　　宋黃榦撰,書四十卷,分詩、書、銘、記、序、題跋、啓、婚書、疏、祝文、奏狀、擬奏、代奏、論、講議、經説、策問、公移、公札、公狀、行狀、志、銘、祭文、雜著、判語二十五門。末附《國史傳》、《告詞》、《謚議》、《覆謚》、《行實》、《祠堂記》、《祭文》十二篇。②

　　《書目後編》以此本爲元刻,而該本的分體、卷次③以及《附集》所載篇目,與國圖藏元刻本無一不合。

　　關於此本的收藏源流和行款格式,傅增湘有較爲詳細的記載,氏著《藏園群書經眼録》稱:

> 　　《勉齋先生黃文肅公集》四十卷,《附録》一卷(宋黃榦撰,缺卷十一至十五)。元刊本,十行十八字,黑口,左右雙闌。補葉有“延祐二年刊補”六字,下綴刊工人名一字,在下魚尾下。上魚尾上間記字數。卷中“貞”字缺末筆。鈐有“乾隆御覽之寶”“天禄琳琅”“天禄繼鑒”“謙牧堂藏書記”“兼牧堂書畫記”各印。查《天禄目續編》收入元板類。(此徐梧生司業藏書,翰文齋新收得者。己巳正月。)④

　　“謙牧堂藏書記”“兼牧堂書畫記”二印爲納蘭揆叙之藏書章。揆叙爲納蘭明珠次子,家富藏書,其後所藏均歸天禄琳琅。傅氏提到的“徐梧生司業”即山東藏書家徐坊,天禄琳琅舊藏本民國時轉爲徐坊所得。徐坊卒於1916年,其書漸散⑤,該本亦流入書肆。傅增湘記其在己巳(1929)正月見此本,缺卷十一

　　① 吳愛雲主編《吉林省圖書館珍本圖録》,吉林人民出版社,2009年,第15頁。
　　② 〔清〕彭元瑞等編《天禄琳琅書目後編》卷一一,《清人書目題跋叢刊》影印光緒十年王先謙刻本,中華書局,1995年,第十册,第364頁下欄b面。
　　③ 詳參本文附録。
　　④ 傅增湘《藏園群書經眼録》卷一四,中華書局,2009年,第1049頁。
　　⑤ 劉曉麗《山東藏書家徐坊及其所藏宋刊善本研究》,《人文天下》2016年第4期,第46頁。

至十五,已非完帙。據傅氏所載,該本行款與刊補情況和國圖藏本吻合。傅增湘曾據此本校補家藏兩部清抄本,其中一部文字脱漏甚多①。傅增湘依據徐坊藏本,或在天頭處加以説明,或在正文中直接校補,取傅氏校記與元刻甲本對勘,發現兩者在文字上亦完全相同。惜此本之後踪迹全無,不知去向。

　　静嘉堂藏本,原爲陸心源舊藏。陸心源提及此本共四十卷,又有《附集》一卷,"每葉二十行,行十八字,間有元修之葉,板心刊'延祐二年補刊'六字","上下皆小黑口"②,并詳記該本卷次。今據陸氏所記,與國圖藏元刻本相校,發現兩者分卷完全一致。陸氏認爲此本爲宋刊元修本,其藏書後歸日本静嘉堂所有,嚴紹璗《日藏漢籍善本書録》著録此静嘉堂藏本,稱半葉十行,行十八字③,與陸心源所記合,亦定爲宋刊本。然傅增湘《藏園群書經眼録》卷一四記:

> 《勉齋先生黄文肅公集》四十卷,附録一卷(宋黄榦撰)。元刊本,陸心源氏原題宋刊,十行十八字,黑口雙闌。按:此書余曾叚徐梧生(坊)藏本校過,其中有壞板,脱失文字甚多,檢視此本亦然,蓋同爲元刊元修之本也。(日本静嘉堂文庫藏書,己巳十一月十三日閲。)④

傅增湘赴日檢視,推翻陸心源之説,指出此本與徐坊藏本當均屬元刊元修本。

　　綜上所述,元刻乙本在分卷、行款、文字、補版情況上與元刻甲本完全一致,當是同一套版片刷印而成。只是天禄琳琅舊藏本下落不明,静嘉堂藏本亦不易得見,難以進一步具體鑿實兩者的關係。

　　關於元刻本的來源,前文已指出其避宋諱,當係覆宋本,且當出自三山黄友進刻本。另外,元刻甲本《年譜》中引述他人奏狀時,原本當是稱作"黄榦"之處均被改爲"黄某",與李成晴所論"家集諱其名"的情況十分類似⑤。筆者猜測《年譜》部分的底本或許即經過黄氏子孫的諱改。

二　黄榦文集清刻本考述

　　《現存宋人别集版本目録》和《中國古籍總目》著録有清刻《宋儒文肅公黄勉齋先生文集》四十卷本三種,分别稱爲康熙四十三年(1704)黄若金刻本、康熙四十三年沈涵刻本和康熙五十年黄鉞刻本,或稍欠精確。而據筆者查考,今存世有十部清刻本,書名均題作"宋儒文肅公黄勉齋先生文集",其完帙均爲四十卷,當據同一版片刷印而成,與元刻本屬於不同版本系統。经比勘,清刻本可分爲四種不同的印本:初印本、次印本、中印本、後印本。

---

　　①　即下文所稱"傅校四十卷本"。
　　②　〔清〕陸心源著,王增清點校《儀顧堂集》卷二〇《宋本黄勉齋集跋》,浙江古籍出版社,2005年,第390頁。
　　③　嚴紹璗《日藏漢籍善本書録》,中華書局,2007年,第1583頁。
　　④　傅增湘《藏園群書經眼録》卷一四,第1049頁。
　　⑤　李成晴"《宋人文集之"家集諱其名"問題釋證》,《宋史研究論叢》2019年第1期,第201—218頁。

1. 初印本

筆者曾目驗的初印本僅一部，藏於國圖，索書號 22579，一函八册，册首鈐"京師圖書館藏書記"朱文方印。首爲康熙四十三年福建學政沈涵序，次黄榦十八世孫黄若金跋，亦作於康熙四十三年，次建寧郡守程仕序，次校閱姓氏；隨後爲目録，稱"勉齋先生黄文肅公文集目録"，書名與書衣題簽不同，目録中詳列各卷篇名；目録後即爲正文，無附録部分。正文半頁十行，行二十二字，白口，四周單邊，單魚尾，版心上中下分别題"黄文肅公文集"、卷數和頁數，行款與元刻本迥异①。檢視全書，未見有避諱處。

黄若金《勉齋公文集跋》稱：

> 余祖勉齋先生……獨其文集未獲與《喪》《祭》諸書公布寰宇……兹值沈學院崇儒重道，幸賞識有人，用以秘本呈而電之，遂慨爲梨棗倡……愧余年邁八旬，獨肩厥任……若董其成者，若金曾何力之與有……時康熙四十三年歲次甲申長夏日，十八世裔孫若金百拜題。

是知此本在福建學政沈涵的支持下，得以順利刊刻。該本卷一有"提督福建學政沈鑒定"和"建寧郡主程較正"的題名，自卷一以下，各卷又常有參與校訂、編次者的題名，基本上以黄氏子孫爲主，如卷三題"十八世裔孫貢生若金手輯，十八世孫松溪學生員基觀較刊"，卷一六題"十八世裔孫貢生若金手輯，松溪派裔孫紳衿全較刊"，卷二四題"十九世裔孫生員源清正字，十九世裔孫監生翼源參閲"。黄若金當爲族中學術素養較高且較有名望之長者，出面牽頭組織②。這個刻本的編訂、刊刻實際上是合舉族之力而完成的。

《現存宋人别集版本目録》著録有清人所刻《宋儒文肅公黄勉齋先生文集》四十卷本，其中有康熙四十三年黄若金刻本和康熙四十三年沈涵刻本③，《中國古籍總目》亦同④，似有兩種康熙四十三年刻本，實不確。此本即爲其中著録的"沈涵刻本"，根據上述分析，可判明所謂"沈涵刻本"即爲"黄若金刻本"，或許只是因爲沈涵之序冠於書首，相關目録便將沈涵認作實際刊刻者。

2. 次印本

次印本一部，藏於北京大學圖書館，現著録爲金閶文雅堂刻本，三函二十册，索書號 SB/817.57/4448。該本扉頁題"黄勉齋先生全集"，有"金閶文雅堂梓"和"□□沈心齋先生鑒定"字樣。首爲沈涵序，次程仕序，次黄若金跋，次校閱姓氏，之後爲目録，目録後即接正文。正文後無序跋和《附集》。每卷卷首均

---

① 下述三種印本行款皆與此本相同。

② 黄若金爲貢生，當具備一定的文化素養。康熙《建寧府志》卷八載"康熙十一年，興化府同知署府事寧完福、教授郭萬完捐俸，率生員張麗日、黄若金等重建黌門，并修聖廟兩廡"，則早在康熙初年，黄若金已積極參與地方事務。黄若金在編訂活動中的具體分工則很難詳考，當時他已年過八旬，很可能只是憑藉威望做了一個"挂名主編"。

③ 四川大學古籍整理研究所編《現存宋人别集版本目録》，巴蜀書社，1989 年，第 264 頁。

④ 中国古籍總目編纂委員會編《中國古籍總目·集部》，中華書局、上海古籍出版社，2012 年，第 350 頁。

鈐"北京大學圖書館藏印"。較之初印本,此本在行款、分卷、文字乃至各卷卷首題名上均完全一致,唯二的差別在於調換了程仕序、黄若金跋的順序和增添了扉頁。

據中印本所附黄鉞跋文,在版片刻成後,因"刊資無償",黄榦文集版片曾"執於刻鋪數載",金閶文雅堂或即黄鉞所提到的刻鋪,在版片抵押期間,書鋪曾刷印發售。黄鉞稱其於康熙四十九年秋季捐資贖回書板,那麽次印本的刷印時間當在康熙四十三年夏至四十九年秋之間。

3. 中印本

筆者曾目驗的中印本共三部,其中以南京大學圖書館藏本最爲完整。南大圖藏本典藏號08663,一函十冊,鈐"金陵大學藏書"朱文印。首爲康熙四十三年沈涵序,次爲程仕序,再次爲目録,目録後爲正文。卷一在"提督福建學政沈涵鑒定"和"建寧郡守程仕較正"的兩行後,又分別有"十七世孫浦庠生鉞續刊藏版"和"男庠生繼河督梓"的刊記。全書之末附有康熙五十年黄鉞《祖黄文肅公文集跋》。跋文稱:

> ……夫勉齋公受深衣之寄……無何年來集未文湮,幾乎無傳,而僅得於宗裔手書之藏帙。適於康熙甲申,學使沈公校士芝山,訪求斯集,與刺史程公命序倡鐫,而文始著。然工雖竣而刊資無償,其集版又執於刻鋪數載。是如爲山而已於一簣。鉞不勝咨嗟嘆悼,毅然於庚寅秋捐資贖回藏版,於家補刊殘缺,庶不没吾祖著書之苦心,亦無負沈、程二公倡刊之美意……康熙伍拾年辛卯之莫春,錦江派今居柘浦岐山十七世裔孫浦庠生鉞節侯百拜謹識。

初印本和次印本中所附的沈涵、程仕二序及黄若金跋文均已爲《宋集序跋彙編》收録,黄鉞此跋則極其罕見,然而黄鉞跋文中卻透露了康熙年間刊刻黄榦文集的兩項關鍵信息:其一,跋文中稱"僅得於宗裔手書之藏帙",則黄若金等人當時以族中所藏的傳抄本爲底本刊刻;其二,因爲無力支付刊資,黄榦文集版片"執於刻鋪數載",後來是黄鉞出資贖回了版片,時在康熙庚寅(即康熙四十九年),補版刻印則在次年。如此,則黄鉞與黄若金等人刊行黄榦文集用的是同一套版片。將中印本與初印本、次印本對勘,確實在文字、行款、篇目上完全一致,差別主要在於以下三點:一是中印本刪去了黄若金跋文;二是中印本在卷一和卷四十加上了"十七世孫浦庠生鉞續刊藏版"和"男庠生繼河督梓"的兩行題名;三是卷末附有黄鉞跋文,爲之前印本所無。

《現存宋人别集版本目録》著録康熙五十年十七世孫黄鉞刻本《宋儒文肅公黄勉齋先生文集》,稱僅南京大學圖書館有藏[①],此説亦不確。南大圖所藏清刻中印本,并非天壤間孤本,上海圖書館和國家圖書館亦各藏有一部中印本。上圖所藏索書號"407070—79",一函八冊,首爲程仕序,次爲目録,目録後

---

① 四川大學古籍整理研究所編《現存宋人别集版本目録》,第264頁。

即接正文,卷末無序跋和《附集》。此本卷一、卷四〇均有黄鉞和黄繼河的題名,是知此本與南大圖藏本均爲中印本,只是上圖藏本抽去了黄跋。此本每篇均有黄笔或朱笔圈點、斷句的痕迹,間有校勘,或徑改字,或在天頭處注稱“此字疑”。不過校者常用理校法,似未據別本対校,如元刻本卷一《答刘正之見招四絶》“一醉從君話昔年”一句,此本作“一醉君君話昔年”,校者蓋以“君君”文義不通,遂用墨筆將第一個“君”改爲“因”。國家圖書館本爲鄭振鐸舊藏,索書號 XD6561,共兩函八册,存卷一至卷二一,鈐“北京圖書館藏”“長樂鄭振鐸西諦藏書”等印。卷一有黄鉞父子題名,正文至卷二一而終,後附黄鉞跋。

4. 後印本

後印本一部,藏於湖南圖書館,罕見目録著録,筆者從“全國古籍普查登記基本數據庫”中獲知相關訊息。此本索書號“善 433/31”,一函四册,存文集卷一至卷二八,并附年譜一卷。首爲沈涵序,次程仕序、黄鉞跋,之後則有黄朝彰《祖黄文肅公文集叙》和黄叔德《祖黄文肅公文集跋》,落款時間分別爲乾隆九年(1744)和乾隆八年。其後爲勉齋先生像、環峰書院八景圖等圖像,再次爲目録,標注每卷之細目。目録後爲《年譜》,第二册起爲正文。卷一有“提督福建學政沈涵鑒定,二十世孫貢生樹德手輯藏版”和“建寧郡守仕較正,二十一世孫庠生英較刊”的兩行題名。書内鈐有“優禮堂”“湘陰郭氏”等藏章。與之前的各印本相較,此本雖然在文字、篇目上依然并無變化,但也在以下五點上呈現出了較大差異:一是將黄鉞跋文的位置從卷末移至卷首;二是多出了黄朝彰、黄叔德二人所撰之序跋;三是繪製了各種圖像;四是在正文之前增添了《年譜》;五是將卷一原本黄鉞父子的刊記改作黄樹德和黄英。

此本中的《年譜》,前半部分的内容與國圖藏元刻本所附《年譜》完全一致,其後又記載自宋至清黄榦“歷沐恩榮”的情況,末署“大清雍正四年丙午莫春十七世孫黄鉞謹記”。黄叔德跋文中則提到,“康熙甲申叔祖(若金)始出是集,繕寫呈獻,學使沈公匦命鋟梓,捐俸刊布。年來又復散失。(德)恐愈久而愈失業。爰纂輯考訂,訛者正之,缺者補之”。可知黄鉞在康熙五十年後,又得到了一部《年譜》,遂抄録其中的全部文字,并附録歷代官方對黄榦的封贈、褒揚,拼合這兩部分的内容,置於正文之前。乾隆初年,黄樹德等人則在黄鉞所作工作的基礎上再加以校補,刷印以行。

上文共考辨六部清刻本的印次情況,另有四部存世清刻本筆者未曾目驗。《現存宋人別集版本目録》著録的康熙四十三年黄若金刻本,上海圖書館和福建圖書館分別有藏,筆者在上圖查書時,蒙館員告知,上圖藏本已發還原藏家,福建圖書館藏本亦僅知共 12 册,筆者猜測這兩部刻本存有黄若金跋,故著録爲“黄若金刻本”,當以屬初印本的可能性較大。檢索“全國古籍普查登記基本數據庫”,可知蘇州圖書館、新安縣圖書館也各藏有一部清刻四十卷本《宋儒文肅公黄勉齋先生文集》,蘇圖所藏共 20 册,有黄鉞跋文而無《年譜》,當爲中印本,新安縣圖書館 8 册,存三十三卷(一至十二、十七至三十七),著録爲清刻本,難以具體判明其印次。

如上所述,清刻本的四種印本在文字、篇目上完全一致,而通過具體的比對,筆者發現清刻本與元刻本大有差異。首先在分卷上,清刻本雖仍保留了四十卷的篇幅,但對應的分類與元刻本多有歧异①,各類的卷次大致均較元刻本滯後二卷。其次,較之元刊本,清刻本在字詞上亦屢有改動。如元刻本卷一《十二日復歸桃枝嶺》一詩,"聞道前朝開闢日,曾住浮屠幾千衆","前朝",清刻本作"前山";同卷《讀史戲呈劉正之》,"西曹地近不足責,不過能污車上茵","責",清刻本作"貴";元刻本卷二一《徽州朱文公祠堂記》,"迨我文公","迨",清刻本作"造"。從文義上看,元刻本的文字顯然優於清刻本。清刻本還有更改違礙字的現象,如元刻本卷八《與李夢聞書》(三),"殘虜狂悖",清刻本改"虜"爲"寇";元刻本卷二〇《書甌山楊先生帖》,"虜退圍解,痛哭流涕,以防後患"一句,清刻本改"虜"作"敵"。

另外,元刻本多有斷爛處,清刻本所據底本的缺漏則更甚於元刻本,故脱落的文字更多。更有甚者,黄若金等人在校訂時,往往據己意妄删妄增,如元刻本卷四頁一一斷板,缺失下半部分内容,黄若金等人編定時蓋不知此處有闕頁,將元刻本卷四頁一二第一行的"而老及之矣乃以"臆改爲"夫以",以與元刻本第十頁末句相連,實際上缺少元本頁一一整頁的内容。此類例子甚多,陸心源即早有揭示②,黄彰健亦有細緻的分析③,兹不贅述。清刻本的校勘質量也不高,"零星訛舛更不勝枚舉"④,筆者試以該本目録與正文的不合處爲例説明:此本卷七目録有《復李仲詩西帥》,"西帥",正文實作"淮西帥";卷一七目録有《復陳幼學》,正文作《復王幼學》;卷二二目録有《書晦庵先生正本大學》,正文中則缺此篇;卷三八目録有《楊科院》,正文作《楊料院》;卷四〇目録有《嘉興道門》,正文則作《嘉興道間》。

不過,清刻本中也偶有可據以補元刻本之缺的地方,并非一無是處。如元刻本卷五頁一六至一八,有不少斷板痕迹,每頁都有很多缺字,清刻本對應的卷頁中,元本頁一七、一八的内容全缺,但元本頁一六 b 面的内容却很完整;元本卷九頁一二 a 面首兩行均闕最末四字,據清刻本,可以"之驚愕晉""者也今日"八字補全;又如元本卷一〇頁一 a 面下半部分斷板,導致《復吳勝之湖北運判》一文中多有缺字,清刻本卷一二的《復吳勝之湖北運判》則是一篇完整無缺的書信。

黄若金等人所據底本,僅知爲"宗裔手書之藏帙"。而除有少部分的脱漏和缺少《附集》外,清刻本的篇目與元刻本完全相同,雖卷次順序不同,文體分類則較爲一致,可見兩者當有共同的祖本。筆者猜測黄氏子孫所藏亦源於三山黄友進四十卷本,歷經輾轉傳抄,至康熙年間,缺漏既多,清刻本在刊刻過程

---

① 詳參本文附録。
②④ 〔清〕陸心源著,王增清點校《儀顧堂集》卷二〇《宋本黄勉齋集跋》,第390頁。
③ 黄彰健《跋北京圖書館本〈勉齋先生黄文肅公文集〉》,第151—162頁。

中又經黃若金等人妄改，總體質量不高。

三　清抄本述要

清代尚有數種黃榦文集的抄本流傳，多據善本抄録。現擇要介紹如下：

1. 紅藥山房抄本

紅藥山房抄本《勉齋先生黃文肅公集》四十卷，又《附集》一卷，現藏於北京大學圖書館，索書號 LSB/5398，一函十一册。有“李氏木齋”印，爲李盛鐸舊藏。首爲李盛鐸記，稱“此帙源出宋刻”云云，又提到此帙當是插花山馬氏所抄；次接目録，出各卷細目，分卷與國圖藏元刻本全同；後即正文，正文後爲《附集》。該本半頁十行，行十八字，版心中題卷數、頁碼，下題“紅藥山房抄本”，行款、文字亦與元刻本幾乎一模一樣，元刻本缺頁斷板處，此抄本也大多空缺未抄録，語涉宋帝及朱文公等同樣空格示敬。總的來説，該本的文字脱漏甚於國圖藏元刻本，如國圖本卷二三頁八上半部分斷爛，紅藥山房抄本則頁八全闕；國圖本卷三八頁五 a 面第二行“材”和“神”之間缺三字，此抄本則缺四字，“神”字亦缺。據此，紅藥山房抄本當亦據某一元刻本抄録，而所據本之刷印在國圖藏本之後。不過，紅藥山房抄本中也有一些文字可補元刻本之缺，如國圖本卷五頁一六 b 面斷板，缺字甚多，紅藥山房抄本第七行、第八行均可補三字，第十行可補一字；國圖本卷三二頁一六全缺，此抄本則僅缺下半部分。

此抄本還鈐有“吾研齋”“吕氏藏書之印”“石研齋秦氏印”“臣恩復”“慶嘉館藏”“北京大學藏”等印。“吾研齋”“吕氏藏書之印”爲吕葆中藏書章，葆中字無党，吕留良長子，浙江石門人，康熙四十五年進士。李盛鐸提到的插花山馬氏則爲馬思贊，思贊藏宋元古籍甚夥，紅藥山房爲其藏書處之一。吕、馬二人均爲清初浙江藏書家，主要活動於康熙年間，時代、地域相近，且來往較爲頻繁①。“石研齋秦氏印”“臣恩復”爲揚州藏書家秦恩復之印，秦氏生活時代晚於馬、吕二人，爲乾隆五十二年進士，嗜書好古，蓄書數萬卷，藏書之所即號“石研齋”。據此，筆者推測馬思贊可能家中即藏有一元刊《勉齋先生文集》，紅藥山房抄本或即馬思贊據家藏本抄録，後歸吕葆中，乾嘉間爲秦恩復所藏，後輾轉入李盛鐸之手。

該抄本卷二五“無恒產而有恒心者”一句，“恒”字缺末筆，與元刻本同，然其他各處宋諱均不避，是知寫手在抄寫時不甚仔細，或其所據底本已是如此面貌。此外，卷一《與胡西園(伯履)》，“玄雲翳崇岡”一句，“玄”字缺末筆，元刻本不缺，應是避清聖祖之諱②。

2. 南圖藏影抄本

丁丙舊藏“影宋抄本”《勉齋先生黃文肅公文集》四十卷，又《附集》一卷，共

---

① 吕葆中與其父吕留良編訂《晚邨先生八家古文精選》時，即從馬思贊處借得底本數十種。參付瓊《清代唐宋八大家散文選本考録》，商務印書館，2016 年，第 136 頁。

② 此處元刻本不避，文淵閣四庫本及南圖藏影抄本同樣缺末筆，文津閣本則改作“元”，當是避清諱。

八册,現藏於南京圖書館。此本首爲丁丙跋文①,提到"卷中略有闕文",認爲是
"影寫時版已漫漶也";次爲目録,僅標注各卷所載文體;目録後爲正文四十卷,卷
後附《勉齋先生黄文肅公附集》,所收篇目不出國圖藏元刊本《附集》之範圍。

該影抄本行款與元刻本同,鈐有"八千卷樓珍藏善本""八千卷樓藏書之
印""四庫著録""江蘇第一圖書館善本書之印記"等章,知爲丁丙舊藏後售江南
圖書館者。目録頁下另有一"汪魚亭藏閲書"朱文印,爲汪憲藏書章。汪憲號
魚亭,錢塘(今浙江杭州)人,乾隆十年進士。除此印外,汪憲在書中并未留下
其他信息,該抄本的具體抄寫時代不詳。此本在分卷上與元刻本也略有差異,
其將元刻本列爲卷一的"詩"列爲卷一六,卷一至卷十五爲"書",恰爲元刻本的
卷二至卷一六,卷一六以後卷次又完全同於元本。卷一六"玄雲翳崇岡"一句,
"玄"字缺末筆,與紅藥山房抄本同,知此本當抄寫於康熙朝之後,乾隆朝之前。
此抄本曾經丁丙補抄,卷二〇頁十四(即此卷最末一頁)原缺,丁丙補全此頁,
并附記"據潛園本抄",當據陸心源藏本抄補。

經過簡單的校勘,發現南圖藏影抄本在文字上與國圖藏元刻本的相似度
非常高,僅間有錯字,多可斷定爲抄寫之誤。如國圖本卷一《十二日復歸桃枝
嶺》,詩題中"日"字,南圖藏本誤作"月",又如同卷《凡今之人莫如兄弟詩并序
餘》,序稱"與友人趙仲宗、趙舜和、潘謙之","和"字,南圖本誤作"知"。若再做
進一步的考察,則可發現南圖藏本的脱漏又更甚於紅藥山房抄本,不過也有幾
處的文字完備程度比國圖藏元刻本稍好,如國圖本卷一〇頁五、頁六均有不少
斷板痕迹,南圖本頁五 a 面缺字較少,此後幾面缺字大略相同,而頁六 b 面則
很完整,可補元本之缺。

丁丙稱此本爲"影宋抄本",筆者判斷此本與紅藥山房抄本同源,當直接或
間接源自元刻本,不過抄者對黄榦文集的卷次稍有改動。

3. 國圖所藏兩種傅增湘校本

國家圖書館藏有兩種清抄本,均經傅增湘校改。其一現著録爲善本,題爲
《勉齋先生黄文肅公文集》,共三十七卷,又《附集》一卷,索書號 00396,一函八
册,《宋集珍本叢刊》據以影印。該本(下文簡稱傅校三十七卷本)正文行款與
元刻本同,首附程仕序,知當抄於康熙四十三年之後。序前有題識云"咸豐二
年壬子秋九月十三日,得此新安汪氏藏本於歷下",題識旁鈐"竹虛徐□唯印"
白文印,鈐印上又以小字記稱"同日得此印"。這一題識并未署名,《宋集珍本
叢刊提要》謂此爲傅增湘題識,不確,傅氏生於同治十一年(1872),其時尚不在
人世。國圖著録稱此本有陳介祺跋,似即指此題識。陳介祺(1813—1884)爲
晚清金石大家,嗜好收藏印璽、鐘鼎等文物,其身份與"得印鈐書"的行爲正相
符合,且對照現存陳介祺信札,兩處字迹頗爲相近,將此題識作者定爲陳介祺,
可信度較高。如是則該本先爲新安汪氏(即汪啓淑)所藏,後轉入陳介祺篋中。
序後爲目録,未標各卷細目。目録後即爲正文,卷末《附集》爲傅氏所補抄,其

---

① 丁丙跋文亦見於《善本書室藏書志》卷三〇。

後又有傅增湘統計的《黃勉齋先生集缺文》一表。

該本在内容上與元刻本相同，但較之元刻本，其“判語”少了兩卷，“書”少一卷，故全書爲三十七卷。《宋集珍本叢刊》提要批評此本“卷序編次舛誤”①，言之有據。傅校三十七卷本除“卷七後無卷八，卷九後又編爲卷八，卷八後復又編爲卷九”這樣的訛誤外，將“詩”既不置於卷首或卷末，而列爲卷一六，又將“判語”列爲卷一五，置於“書”之後、“詩”之前，在體例上有失妥當。

傅校三十七卷本還鈐有“新安汪氏”“啓淑信印”“沈則恭印”“沈則恭校書”“茶石”“料理琴書夷猶今古”“沈揆石手定本”“揆石”“雙鑒樓藏書印”“沅叔手校”“校書亦已勤”等印，可見在傅增湘之前，至少曾經汪啓淑、陳介祺、沈則恭三人收藏。“新安汪氏”“啓淑信印”爲汪啓淑藏書章，汪氏爲安徽歙縣人，寓居杭州，家富藏書，活躍於乾隆朝。沈則恭不知爲何人，揆石或是其字，咸豐間有上海籍耶穌會士名沈則恭者，或即是此人。傅增湘後從北平書鋪文友堂處購得此抄本，時在民國戊辰(1928)。

傅增湘認爲此本“是從舊刊鈔出者”，判斷大致準確，該本語涉宋帝時空格示敬，避諱情況則與紅藥山房抄本完全一致。從文字上看，傅校三十七卷本也與國圖藏元刊本極爲相似。不過，此本在抄寫時應該也參考過清刻本，有些元刻本缺字而清刻本不缺的地方，傅校三十七卷本與清刻本一致。據此，傅校三十七卷本當亦承自元刻本，只是在傳抄的過程中，某位抄者對黃榦文集的卷次進行了較大規模的重新編排。傅增湘曾以元刻本校此本②，書中天頭、行間多有傅氏校記。據其識語，傅氏校書在民國己巳年(1929)二月十七日至三月初四間，即得書之次年，所用校本，當是徐坊遺書。

其二現著録爲普通古籍，題作《勉齋集》，索書號“22578”，四函十六冊，共四十卷，卷末同樣有傅增湘補抄之《附集》一卷。該本(下文簡稱傅校四十卷本)首爲程序，次目録，分卷與元刻本全同，其正文之行款亦與元刻本同，結合其文字面貌情況，判斷此本當源自元刻本。據書中傅增湘識語，在校閱上述三十七卷本的同時，傅氏亦以元刻本校補此本。該本未見傅增湘《藏園群書經眼録》等目録著録，亦未鈐藏書章，且原抄本空缺之處甚多，難以確考其抄録和收藏的相關信息

4.《四庫全書》本

《四庫全書》收録黃榦《勉齋集》四十卷，《四庫全書總目》著録其底本爲“編修勵守謙家藏本”，《編修勵第一次至第六次交出書目》著録有“《黃勉齋集》四十卷，宋黃榦著，二十四本”③，未明確指稱所據版本。今《四庫全書》本存世有文淵閣本、文津閣本、文溯閣本、文瀾閣本四種④，後兩種閣本筆者未能寓目，

①　四川大學古籍所編《宋集珍本叢刊》第 108 册，綫裝書局，2004 年，第 196 頁。

②　傅氏此時尚以元刻本爲宋刻，故於書中題識、校語中每每以“宋本”稱之。

③　吳慰祖校訂《四庫采進書目》，商務印書館，1960 年，第 173 頁。

④　據《文瀾閣四庫全書版況一覽表》(載《浙江圖書館古籍善本書目》，浙江教育出版社，2002 年，第952 頁)，文瀾閣本《勉齋集》卷一至卷二十四、卷三七、卷三九、卷四十原抄，其餘諸卷爲補丁抄。

本文僅就文淵閣本和文津閣本展開討論。四庫本無序跋目録,半頁八行,行二十一字。據書前提要,文淵閣本和文津閣本分別於乾隆四十四年三月和乾隆四十九年二月進呈。

對四庫本《勉齋集》略加考察,即可發現其分卷與清刻本完全相同,文字面貌也與清刻本基本一致,顯然是以清刻本爲底本的。因清刻諸印本之間極爲相似,四庫底本具體爲哪一印次的清刻本已難以詳考。祝尚書稱,"檢四庫本,大體與元刊本無異"①。此説似是而非,四庫本與元刻本均源自三山黄友進刊本,確實在篇目、分體上差別不大,但畢竟分屬不同版本系統,在文字、卷次上仍有不同,"大體無异"的説法有待進一步深化。《儒藏精華編・勉齋先生黄文肅公文集》的點校説明則直接稱"《四庫全書》本,係抄自元刻"②,這一觀點并不準確,《四庫全書》本當直接抄自清刻本。

四庫本中多有隨意改字的現象,最爲粗率。如元刻本卷一《雙髻峰》詩"萬山環立兩山高"一句,清刻本并同,文淵閣四庫本則改"高"爲"起";元本卷一四《與李貫之兵部書》,中有"夷狄窺伺"語,清刻本改"夷狄"爲"敵寇",文淵閣四庫本則又改爲"外侮"。

5. 静嘉堂藏影寫宋本

此本現藏於日本静嘉堂書庫。《日藏漢籍善本書録》著録稱:

> 《(勉齋先生)黄文肅公文集》四十卷,《附録》一卷。〔宋〕黄榦撰。影摹寫宋刊本,共八册,静嘉堂文庫藏本。原陸心源十萬卷樓藏書。③

可知此本爲陸心源舊藏,稱爲"影摹寫宋刊本",又有《附録》一卷,當即爲陸氏據所藏元刻乙本影寫。

6. 臺灣所藏三種清抄本

據黄彰健《跋北京圖書館本〈勉齋先生黄文肅公文集〉》一文,臺灣"中央研究院"歷史語言研究所(以下簡稱"史語所")藏有朱氏潛采堂舊鈔本和西圃蔣氏手校鈔本兩種黄榦文集,"中央圖書館"藏清南昌彭氏知聖道齋抄本《勉齋先生黄文肅公文集》,共三種清抄本。

朱氏潛采堂舊鈔本《勉齋先生黄文肅公文集》四十卷(缺卷一一、卷一二),《附集》一卷,鈐"杲會里朱氏潛采堂藏書""朱彝尊錫鬯父"二印,爲清初朱彝尊舊藏。該本行款與元刻本同,而分卷則與南圖影抄本一致。黄彰健以潛采堂本與國圖藏元刻本對勘,并觀察潛采堂本之空白處,認爲其所據"元延祐重修本之刷印應在館本之後"④。他還指出,潛采堂本的《附集》部分有六頁可補國圖藏元刻本之缺失,并將這六頁文字抄于文末,這當然是彌足珍貴的。黄氏推

---

①　祝尚書《宋人別集叙録》卷二三,第 1151 頁。

②　〔宋〕黄榦著,周國林點校《勉齋先生黄文肅公文集・校點説明》,《儒藏精華編》第 240 册上,北京大學出版社,2018 年,第 22 頁

③　嚴紹璗《日藏漢籍善本書録》,第 1584 頁。

④　黄彰健所稱"館本"即國圖所藏元刻本。

斷"潛采堂本在抄録時曾參據別本"。不過,黃彰健此處所記頁碼有誤,實際上國圖藏元刻本當是第三十二頁的内容與第三十三頁不銜接,可據潛采堂本在第三十二頁後補六頁。

根據黃彰健的描述,潛采堂本的面貌與紅藥山房抄本和南圖藏影抄本較爲接近。而朱彝尊自康熙三十一年辭官回鄉後,與馬思贊交往頗爲密切,馬思贊常向朱彝尊提供圖書參考抄録①,那麽這一潛采堂抄本很可能也是據馬思贊的藏書抄寫的,與紅藥山房抄本同源。

臺灣史語所另藏有烏絲雙欄本《宋儒文肅公黃勉齋先生文集》四十卷,卷首有程仕序,分卷與諸康熙刻本同,只是將卷三五誤標爲卷三四,以致全書有兩個卷三四。此本行款與清刻本同,當抄録自清刻本。書中有"西圃蔣氏手校鈔本""晟""東曙""曉峰□藏"等印,乃蔣繼軾所抄。繼軾字蜀瞻,號西圃,揚州人,康熙五十二年進士,藏書萬卷,秘笈琳琅。傅增湘曾記此西圃蔣氏鈔本,"庚午六月二十一日翰文齋送閲"②,時在民國庚午(1930)。黃彰健稱,西圃蔣氏鈔本鈐有"翰林院"滿漢文方印,據此認爲該本爲四庫全書本《勉齋集》之底本。值得懷疑的是,傅增湘曾比對此本與元刻本的卷次差異,詳記此書所鈐之印,却并未提及"翰林院"印,其中恐怕尚有書賈作僞的嫌疑,不能斷定其爲四庫底本。

臺北"中央圖書館"藏清南昌彭氏知聖道齋抄本《勉齋先生黃文肅公文集》四十卷,又《附集》一卷,缺卷一一、一二,與潛采堂本同,分卷、缺頁情況也多與潛采堂本同。該本正文半頁十行,行二十四字,其《附集》亦有六頁可補國圖藏元刻本之缺。此爲彭元瑞所抄,元瑞爲乾隆二十二年(1757)進士,活躍於乾、嘉兩朝。黃氏推斷,知聖道齋本應與潛采堂本同源,但并非據潛采堂本抄録,蓋因潛采堂本不缺處,知聖道齋本間有脱漏,且兩者行款不同。

以上三種抄本,筆者未見原書,僅照録黃彰健之描述,并間據相關著録,對其結論有所補充和修正。

四　結語

關於黃榦文集的版本源流,綜合如上考述,大致可以得出以下幾點結論。

其一,黃榦文集在宋末曾有多種刊本,然今均已不存。而傳世諸本,均維持了四十卷的規模③,當共同源於三山黃氏友進刊本。

其二,根據分卷和文字上的差異,現存黃榦文集大致可劃分爲兩大版本系統,一爲元刻本系統,題作《勉齋先生黃文肅公文集》,有《附集》一卷,包括元刻甲本、元刻乙本、紅藥山房抄本、南圖藏影抄本、靜嘉堂藏影寫宋本、國圖所藏

① 參劉玉才《朱彝尊晚年手牘考録》,《北京大學古文獻研究中心集刊》第一輯,北京燕山出版社,1999年,第332—342頁。
② 傅增湘《藏園群書經眼録》卷一四,第1050頁。
③ 傅校三十七卷本雖題三十七卷,然而實際内容仍是四十卷,詳見上文論述。

兩種傳校本、潛采堂本、知聖道齋本,其中僅元刻甲本於卷末另有《語録》和《年譜》各一卷,較之元刻本的分卷,南圖藏影抄本和潛采堂本改易"詩"的卷次,稍有不同,傳校三十七卷本的差異則更大一些。另一個則是清刻本系統,源出黄氏家藏寫本,往往題作《宋儒文肅公黄勉齋先生文集》,無《附集》部分,包括清刻四種印本、四庫全書本和西圃蔣氏鈔本,其中僅清刻後印本有《年譜》部分。

其三,元刻本系統的質量遠勝過清刻本系統,而在元刻本系統内部中,又有三種分卷方式,南圖藏影抄本、潛采堂本和傳校三十七卷本將"詩"列爲卷一六,與元刻本列爲卷一不同,黄彰健已指出,"宋人文集常常將詩列爲卷一"①,則當以元刻本的處理爲佳。傳校三十七卷本將"判語"列於"書"之後,同樣不甚可取。總體而論,筆者認爲點校黄榦文集,當以國圖藏元刻本爲底本,以紅藥山房抄本及國圖所藏清刻初印本爲參校本,并據南圖藏影抄本、潛采堂本補全缺失文字。《儒藏》本選用清刻本系統中質量最爲粗劣的四庫本爲參校本②,又忽略黄彰健已抄録的六頁元刻本缺葉,似乎不甚可取。

其四,清代的幾種黄榦文集刻本,向來不被重視,目録著録多有訛誤。上文對此已多有揭示。更有甚者,《中國古籍總目》還將黄鉞修版後印行的清刻中印本誤稱作"康熙五十年孫鉞刻本"③。版本固然有優劣之分,然在著録上也同樣需要認真對待。

根據以上論述,可將黄榦文集版本源流圖示如下(已佚之本加以方框,無直接傳抄關係以虛綫表示):

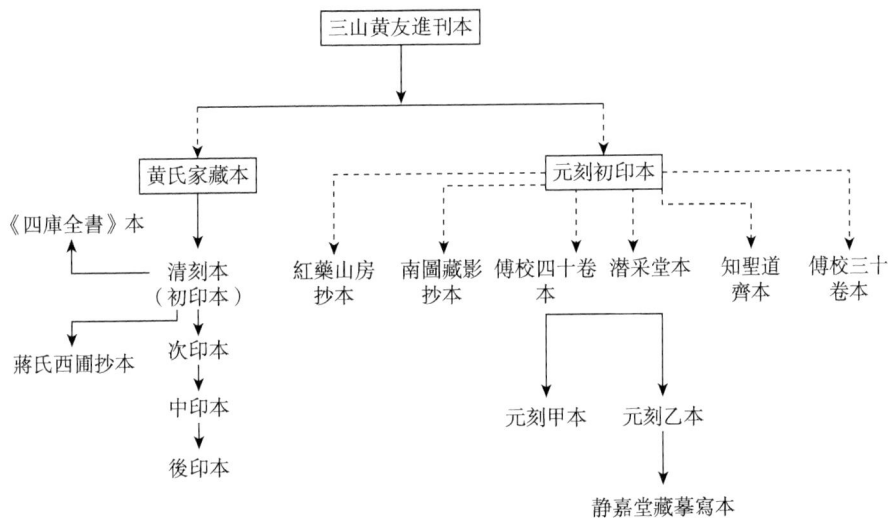

---

① 黄彰健《跋北京圖書館本〈勉齋先生黄文肅公文集〉》,第153頁。

② 點校者未明言所據爲何種四庫本,但從其校語來看,使用的當是文淵閣《四庫全書》本。

③ 中國古籍總目編纂委員會編《中國古籍總目·集部》,第350頁。

附錄　各版本卷次差异簡表

	元刻本、紅藥山房抄本	清刻本、四庫本	南圖藏影抄本	傅校三十七卷本
詩	卷一	卷四〇	卷一六	卷一六
書	卷二至卷一六	卷四至卷一八	卷一至卷一五	卷一至一四
銘	卷一七	卷一八	卷一七	卷一七
記	卷一七、一八	卷一九、二〇	卷一七、一八	卷一八
序	卷一九	卷二一	卷一九	卷一九
題跋	卷二〇	卷二二	卷二〇	卷二〇
啓	卷二一	卷二三	卷二一	卷二一
婚書、疏、青詞、祝文、奏狀	卷二二	卷二四	卷二二	卷二二
擬奏、代奏、論	卷二三	擬奏、代奏置於卷二五,論則在卷三	卷二三	卷二三
講義	卷二四、二五	卷一、二	卷二四、二五	卷二四、二五
經説	卷二六	卷三	卷二六	卷二六
策問	卷二七	卷二六	卷二七	卷二七
公札	卷二七至二九	卷二七、二八	卷二七至二九	卷二七至二九
公狀	卷三〇至三二	卷二九至三一	卷三〇至三二	卷三〇至三二
行狀	卷三三	卷三七	卷三三	卷三三
朱先生(朱熹)行狀	卷三四	卷三六	卷三四	卷三四
志銘	卷三五	卷三八	卷三五	卷三五
祭文	卷三六	卷三九	卷三六	卷三六
雜著	卷三七	卷三四、三五	卷三七	卷三七
判語	卷三八至四〇	卷三二、三三	卷三八至四〇	卷一五

（作者單位:北京語言大學文學院）

古典文獻研究（第二十七輯上）
Journal of the Institute for Chinese Classics Studies
Nanjing University
Volume 27, No.1 2024

楊慎與中晚明考據學群體意識的覺醒及其成員構成[*]

朱仙林

　　考據工作起源甚早，但考據學作爲宋明理學之學術他者，實發軔於宋代[①]。受到蒙元及明初政治環境及學術發展等不利因素的限制，考據學發展到明代已趨於沉寂。伴隨着明中期政治環境的鬆動，商業文化、出版事業的發達，特別是楊慎的异軍突起，圍繞着考據工作而形成的考據學群體意識逐漸從沉寂中走向覺醒，考據學群體也逐漸得以形成。對此，林慶彰先生在二十世紀八十年代出版的《明代考據學研究》[②]中曾進行了開拓性的考察，引發了學界的廣泛關注。此後的研究者對於明代考據學及其成員的考察，主要集中在林先生所圈定的範圍內[③]。這一方面固然説明林先生關於明代考據學的研究具有持久的價值，另一方面也正好暴露出近年來關於明代考據學的研究繼承有餘而創新不足的事實。

　　要想突破這種困境，持續推進明代考據學研究，就需要將以下兩個問題重

---

　　* 本文爲國家社科基金青年項目《楊慎與中晚明考據學群體研究》（項目號 17CZW027）的階段性成果、江蘇省高校"青藍工程"（2020）優秀青年骨幹教師資助成果。
　　① 温志拔《知識、文獻、學術史：南宋考據學研究》，中國社會科學出版社，2019 年，第 6—9 頁。
　　② 林慶彰《明代考據學研究》，臺灣學生書局，1986 年。
　　③ 如亢學軍《明代中晚期考據學研究》（大衆文藝出版社，2010 年）、吕斌《胡應麟文獻學研究》（中國社會科學出版社，2006 年）、趙樹廷《心學的絶唱，實學的序曲——焦竑學術遞嬗的個案探析》（《山東大學學報》2008 年第 1 期）、郭康松《論楊慎對明清考據學的貢獻》（《歷史文獻研究》總第 27 輯，2008 年）、趙良宇《明代考據學的學術特點及其學術地位》（《遼寧大學學報》2008 年第 4 期）、高小慧《楊慎〈升庵詩話〉及其據詩學》（《鄭州大學學報》2013 年第 4 期）、朱仙林《十年來楊慎研究述評及展望》（《書目季刊》第 51 卷，2017 年第 3 期）等，以上所舉并非全部，而是僅選取其中時代較近且影響較大者。當然，研究者中也有突破上述八位考據學家者，如徐光台《西學傳入與明末自然知識考據學》（《[臺灣]清華學報》新 37 卷，2007 第 1 期）、潘志剛《王肯堂〈鬱岡齋筆麈〉研究》（華中師範大學碩士學位論文，2016 年）、李忠偉《試論明中期學者豐坊〈詩經〉學考據特徵》（《寧波大學學報》2019 年第 5 期）等，但數量既不多，影響也有限，故還需要更全面深入的研究來加以彌補。

新加以梳理。首先,楊慎所倡導的考據學,是如何引發中晚明考據學群體意識的覺醒的? 關於此點,此前的研究者在没有進行詳細的過程性梳理的情况下,却普遍將其作爲一個不證自明的前提加以利用。其次,中晚明考據學群體成員除林慶彰先生已提及的楊慎、梅鷟、陳耀文、胡應麟、焦竑、陳第、周嬰、方以智等八位之外,是否還有更多的學者參與其中? 只有儘可能全面地掌握了中晚明考據學群體成員及其考據學成果的基本情况,纔能够真正做到在現有研究成果的基礎上,持續推進明代考據學研究向更深更廣的方向發展。

　　有鑒於此,筆者通過仔細爬梳相關原始文獻,對明代考據學及其成員的構成作進一步考察,以期拋磚引玉,爲以後明代考據學的發掘、整理與研究開展更深入的工作提供基礎性認識。

一　中晚明考據學群體意識的覺醒

　　伴隨着中晚明書籍文化的發達及文人結社活動的活躍①,那些在學術及思想文化領域頗具特色的論著,得以在學人之間快速傳播,因此往往形成某種"對話"的態勢。楊慎因在"大禮議"中表現出的"鐵中錚錚"②而受到時人欽佩,其考據學著作淵博而饒富新意,其開啓的"博學于文"的考據之風,逐漸成爲有别於理學及心學的風潮,故吸引衆多士子慕其人、讀其書③。但那些關注并認真閱讀楊慎著作的人,漸漸發現楊慎的諸多考據著作也存在種種問題,因此在求真求實態度的支配下,又開啓了糾駁楊慎考據謬誤及回護楊慎考據成績的熱潮,伴隨着此熱潮而來的正是考據學群體意識的逐漸覺醒。

　　嘉靖九年(1530),貶謫雲南的楊慎與友人李元陽一起前往大理點蒼山,在李元陽的建議下,又得到學生董難的幫助,楊慎撰寫了其古音學上的名著《轉注古音略》。此書完成後,嘉靖十一年(1532)由李元陽刊刻出版,時任雲南巡撫的顧應祥(1483—1565)爲其作序:

> 升庵子謫居於滇,慨古學之弗明,而六書之義日晦,於是乎有《古音略》之作焉。《略》凡五卷,上自經史,下及諸子百家之書,靡不究極。而所取以爲證據者,五經之外,惟漢以前文字則録,晋以下則略焉,蓋本於復古,而不欲以後世之音雜之也。④

---

①　關於明代文人結社的分期及各時期的基本情况,詳見何宗美《明末清初文人結社研究》,南開大學出版社,2003 年,第 17—22 頁。

②　〔清〕紀昀《欽定四庫全書總目》(整理本),中華書局,1997 年,第 1591 頁。

③　頗值得注意的是,一部分陽明後學也關注過楊慎的考據學著作,如胡直(1517—1585)就曾寫有《書丹鉛總録》一文,對楊慎的相關考據成果提出了商榷意見。其中有云:"《丹鉛總録》,新都楊升庵慎所著。初各本散録,近好事者始彙刻爲總録。世咸稱升庵博物爲一時冠,予獨疑天下物未必能盡博。偶得是録,因揭首册一二條,以身所經嘗者較之,則所録誠不能無繆,予然後知天下之物,果不能以盡博,然亦不必盡生也。"〔明〕胡直《衡廬精舍藏稿》卷一八,《景印文淵閣四庫全書》1287 册,臺灣"商務印書館",1983 年,第 440 頁。

④　王文才、張錫厚輯《升庵著述序跋》,雲南人民出版社,1985 年,第 13 頁。

顧氏在序中既點出了楊慎撰寫此書乃是針對當時"古學之弗明"與"六書之義日晦"的學術現狀,又充分肯定了楊慎引證資料的廣博,表現出較爲强烈的崇博尚實的爲學態度。其實,顧氏不僅在《轉注古音略序》中肯定了楊慎廣徵博引的治學態度,也在自己晚年精心撰寫的著作《静虚齋惜陰録》中多次談到楊慎《轉注古音略》《丹鉛録》中存在的問題,并提出了自己的看法①。雖然在顧氏的相關著作中,僅有少數幾條直接討論楊慎考據方面的内容(但該書卷一〇到卷一二凡三卷,均爲考據方面的内容,值得特别關注),然足以説明楊慎的考據工作在其生前已引起了周邊學者的關注與回應;再結合顧氏對陽明後學"空談性命"的批判態度,甚至爲此放棄心學進而轉向理學的學術取向②,正可説明黜虚崇實乃是當時學界的共同追求,而這也正是楊慎提倡考據學的初心所在。

　　若説顧應祥對楊慎考據成果的回應還顯得不那麼充分,那顧氏的好友何良俊(1506—1573)的回應則要全面深入得多。何良俊作爲明代有名的藏書家,不僅善於搜藏,"藏書四萬卷",而且能將所藏之書"涉獵殆遍"③,因此擁有淵博的學識。同時,他還能將學識轉化成著作,其編撰的《何氏語林》就是窮十餘年之力完成的,而《四友齋叢説》更是其晚年讀書治學的結晶。在《四友齋叢説》中,何氏曾用了大量篇幅來討論楊慎的考據成果,涉及楊慎的《升庵詩話》《丹鉛餘録》《譚苑醍醐》等考據學著作,對於推動中晚明考據學發展起到了十分重要的作用。

　　作爲顧應祥與何良俊的共同好友,朱曰藩(1500—1561)是楊慎最虔誠的崇拜者④。他在詩學方面"不爲七子蕫學杜流風所囿,别宗六朝初唐"詩風,得到楊慎的擊節稱許和大力擢拔,成爲楊慎倡導的六朝派詩學在金陵的擁護者和傳播者⑤。而朱曰藩之所以能與楊慎訂交,主要得益於顧應祥、周復俊等人的幫助⑥。作爲朱曰藩與楊慎牽綫人的周復俊(1496—1574),對朱、楊二人的詩學成就多所肯定,如説楊慎"少小逸才,蜚聲天禄,諸有所作,刻意以漢魏初唐自期,宋以後不屑也。《春興》八首及古選諸什,信媲美古人";説朱曰藩的詩"鏗音繼響,洋洋乎流燁于淮之南矣"⑦。據于慎行《南京太僕寺卿周公復俊墓

　　① 〔明〕顧應祥《静虚齋惜陰録》,《續修四庫全書》子部第1122册,上海古籍出版社,2002年,第402、422、475、478、513頁。
　　② 錢明《浙中王學研究》,中國人民大學出版社,2009年,第110—112頁。
　　③ 〔明〕何良俊《四友齋叢説》,中華書局,1959年,第5頁。
　　④ 據朱曰藩《人日草堂引》所述,嘉靖三十八年(1559),朱曰藩得楊慎委托陳玉泉帶去的楊慎本人畫像,朱氏將其懸於寓所,并於人日(正月初七)邀請何良俊、金子坤、盛時泰、黄姬水、文伯仁、郭第、顧應祥等好友,焚香禮拜,共同瞻仰楊慎的畫像,共賦《人日草堂詩》一卷,文伯仁繪《人日草堂圖》,并寄給楊慎。〔明〕朱曰藩《山帶閣集》卷三一,《四庫全書存目叢書》集部第110册,齊魯書社,1997年,第259—260頁。
　　⑤ 雷磊《楊慎詩學研究》,中國社會科學出版社,2006年,第174—177頁。
　　⑥ 陳斌《廣陵詩人朱曰藩文學交游考述》,《福建師範大學學報》2010年第3期。
　　⑦ 〔明〕周復俊《涇林雜紀》卷二,《續修四庫全書》子部第1124册,第160頁。

志》稱，周復俊“及至滇中，交楊用修太史，雅相矜許，太史校公集序之”①。可見，周復俊與楊慎也頗爲投緣，他們不僅談論詩文，更互相交流考據心得。楊慎曾對范曄《後漢書》稱嚴光爲餘姚人的結論表示質疑，并進行了考證②。隨後，楊慎將其考證結論告知周復俊：

> 嚴光，南陽新野人。梅福之婿。少與光武同游學，此正在新野時耳。後避王莽之亂，與福同入吳，福爲吳市門卒，而光乃披羊裘釣澤中。光武物色，訪而得之。既而動星象，歸江湖，乃隱于富春山耳。予聞之楊升庵用修説。③

此外，楊慎還對《禹貢》“三江”之説進行了考證，指出《禹貢》“三江”當於“上流發源求之”④。周復俊對楊慎的結論頗不以爲然：

> 《禹貢》曰：“三江既入，震澤底定。”三江在吳地久矣，第吳中川澤之流派既繁，故三江之名迹難定。近升庵乃移三江并入巴蜀。余笑而書之曰：“楊子其横哉，硬拖三江水迢迢入兩川矣。”旁一友曰：“此事多半不成。”⑤

上述兩例主要側重於楊慎考證對周復俊的影響，而下面一例則恰恰相反，乃是楊慎的考證充分吸收了周復俊的看法：

> 嘉靖乙未（十四年），予奉使南滇，與楊太史用修會於仙村，偶談及《世説新語》“阿堵”事，諸説未定。予曰：“‘傳神寫照，正在阿堵中。’猶言此中也。”楊公深以爲然。⑥

周氏在嘉靖十四年（1535）出使雲南，得與楊慎相識，他們在交談中談及《世説新語》中“阿堵”事，周氏解“阿堵”爲“此中”，其説得到楊慎的充分肯定。此後，楊慎便在嘉靖十六年（1537）成書的《丹鉛續録》卷三“阿堵”條中采納了周氏的看法，并對周氏的解説進行了擴充：

> 《晋書》云：“王衍口不言錢，晨起見錢堆床前，曰阿堵。”近世不解此，遂謂錢曰阿堵，可笑。晋人云“阿堵”，猶唐人曰“若個”，今曰“這個”也。故殷浩看佛經曰：“理亦應在阿堵中。”《晋書·顧長康傳》曰：“傳神正在阿堵中。”謝安謂桓公曰：“明公何用壁後置阿堵輩。”是也。凡觀一代書，須曉一代語，觀一方書，須通一方之言，不爾不得也。⑦

楊慎視爲“近世不解此，遂謂錢曰阿堵”的“可笑”説法，恐怕正包含在周氏所説

①　〔明〕焦竑編《國朝獻徵録》卷七二，見周駿富輯《明代傳記叢刊》第112册，臺灣明文書局，1991年，第606頁。
②　〔明〕楊慎《升庵集》卷四九，《景印文淵閣四庫全書》第1270册，第615頁。
③　〔明〕周復俊《涇林雜紀》卷二，《續修四庫全書》子部第1124册，第143頁。
④　〔明〕楊慎《升庵集》卷四九，《景印文淵閣四庫全書》第1270册，第761—763頁。
⑤　〔明〕周復俊《涇林雜紀》卷一，《續修四庫全書》子部第1124册，第123頁。
⑥　〔明〕周復俊《涇林雜紀》卷一，《續修四庫全書》子部第1124册，第122頁。
⑦　〔明〕楊慎《丹鉛續録》，《景印文淵閣四庫全書》第855册，第170頁。

"諸説未定"之中。對此,楊慎不僅舉出多條證據來證明"阿堵"即是"這個"(此説較周氏"此中"更合理)①,而且還將其上升到"凡觀一代書,須曉一代語,觀一方書,須通一方之言"的理論高度。由此可見,在中晚明考據學的發展歷程中,雖然楊慎是開風氣之先者,但并非由楊慎單向輸出影響,而是存在與同時代學者的"互動",這無疑對楊慎考據工作的形成和發展有十分積極的作用,也爲推動和擴大考據學群體提供了契機。

要論與楊慎"互動"最頻繁者,無疑是長期陪伴在他身邊的張含(1479—1565)、王廷表(1490—1554)和簡紹芳(約 1494—1558)等人。張含與楊慎自幼訂交,書信往來不絕②,張含的詩集中有將近一半的作品與楊慎相關,同時其作品也多經楊慎評選,得到後世的高度贊揚③。而楊慎也時常就學術問題與張含書信交流,其在詩話方面的觀點甚至與張含"同見聞者十八九"④。可見兩人之間的志同道合。王廷表在嘉靖十六年(1537)所寫《刻丹鉛餘録序》中,曾談及他與楊慎討論學術的相關情況:

> 表訪升庵子于連然,獲《丹鉛餘録》讀之未竟也。尋升庵子持以過表,訂《卷耳》《東山》詩,謂表曰……表退而思,《卷耳》雖托言,無害於義可也。考張橫渠詩云:"閨閫誠難與國防,默嗟徒御困高岡。尊罍欲解痡瘏恨,采耳元因備酒漿。"意與升庵子合,結繘果在燭出之後。古語多倒,解而曰結,猶治而曰亂也……遂復諸升庵子曰:"子之見卓矣。"⑤

作爲楊門六學士之一的王廷表,與其師楊慎討論考據學方面的問題應該并非僅此一次,可惜因資料的缺失,其詳情暫不得而知。簡紹芳被認爲是楊慎入滇後最親密的朋友⑥,與楊慎爲"忘年交",凡楊慎"出入必引與俱……在滇南倡和及評較文藝,惟簡爲多,張愈光(張含)諸人不及也"⑦。關於楊慎與簡紹芳之間就考據學方面的互動情形,最直接的材料見於楊慎《升庵集》卷六三"以蠡測海"條:

> 東方朔《客難》云:"以管窺天,以蠡測海。"張晏注曰:"蠡,瓠瓢也。"然蠡字從蟲,若與瓢義不協。又按揚子《方言》云:"蠡,瓠、瓢也。"字從瓜從蠡。劉向《九嘆》云:"蚏蠡蠡於筐箐。"今閩、廣之地以鸞魚殼爲瓢,江、淮

---

① 謝肇淛即贊同楊慎之説:"阿堵,猶今言這個。故王夷甫謂'舉却阿堵物',顧長康謂'精神政在阿堵中',但作'這個',讀其義自明。"〔明〕謝肇淛《文海披沙》卷五,《續修四庫全書》子部第 1130 册,上海古籍出版社,2002 年,第 292 頁。

② 李宇舟《從"總角之交"到"白首唱和"——張含與楊慎的交游考》,《曲靖師範學院學報》2014 年第 2 期。

③ 殷守剛、徐秋雅《前言》,〔明〕張含著,殷守剛、徐秋雅點校《張愈光詩文選》,雲南教育出版社,2019 年,第 8 頁。

④ 張含《升庵詩話補遺序》,〔明〕張含著,殷守剛、徐秋雅點校《張愈光詩文選》,第 215 頁。

⑤ 王文才、張錫厚輯《升庵著述序跋》,第 68 頁。

⑥ 豐家驊《簡紹芳:楊慎研究第一人——楊慎交遊考述之一》,《江蘇教育學院學報》2009 年第 5 期。

⑦ 〔明〕朱孟震《玉笥詩談》卷上,《叢書集成初編》本,商務印書館,1936 年,第 8 頁。

之間或用螺之大者爲瓢,是以蟲殼代瓜匏用也,故蠡字之取義兼之。暇日
與簡西嶠談及此,漫筆之。[①]

楊慎“暇日與簡西嶠談及此,漫筆之”的描述,展現了他與簡紹芳討論“以蠡測
海”這個學術問題的生動場景。據此,我們可以大致瞭解楊慎與其好友討論學
術問題的一般情形;甚至如果我們推測,在楊慎的考據學成果裏,一部分條目
的最初靈感與逐步完善正源於與像簡紹芳這樣的摯友的討論中,應該與事實
真相相距不遠。

　　據考察,簡紹芳曾閱讀過楊慎絕大多數的著作,因此他在給楊慎所撰的年
譜中,曾對楊慎博學尚考的學術特點進行了準確而深入的總結,如他舉出“注
張”“水盡源通塔平”“喬宇嵬瑣”等三例,以證明楊慎考據的“該洽精辨”;又舉
出“王導之賊晉室”“太王之非翦商”“魯之禘祭不始于成王周公”“范蠡無載西
施之事”“辨文公《與大顛書》之僞”“駁歐陽氏非非堂之説”等十餘例,以證明楊
慎考據的“證據古今,闡揚幽隱”,“有功世教”[②]。簡氏的評價建立在事實基礎
上,其結論是可靠的,這些評價無疑爲我們今天正確看待楊慎考據學成績提供
了重要參照。

　　總之,楊慎貶謫雲南後,其考據工作逐步展開[③]。在此過程中,圍繞在楊
慎周邊的學者受到楊慎的影響,也逐漸開始關注甚至從事考據工作,其中一部
分人還曾與楊慎就相關考據問題進行過某種程度的互動,這種互動不僅對楊
慎考據工作的推進有重要幫助,也在某種程度上促使社會上形成了一股崇實
尚博的考據之風。這股風氣隨着時代的推進,到陳耀文(1524—1605)《正楊》
的出現,最終引發了一場聲勢浩大的考據熱潮。

　　當然,對於《正楊》的出現,有人持批評態度。如陳耀文同年進士黄甲
(1519—?)[④]就曾評價《正楊》説:

　　　我朝學問淵博、著述最富者,莫過楊公用修。用修摇筆著書,直寫胸
　　中聞見,定不肯屑屑更檢書册,誤處自不能免。若予同年陳晦伯之《正楊》
　　一書,乃就用修之引用者從而考證之,即所正皆當,已落第二義矣。[⑤]

　　其後薛岡(1561—1641?)[⑥]也有類似的説法:

————————————

①　〔明〕楊慎《升庵集》,《景印文淵閣四庫全書》第 1270 册,第 615 頁。

②　王文才、萬光治等編注《楊升庵叢書》(六),天地出版社,2002 年,第 1282 頁。

③　關於楊慎貶謫雲南後,其考據工作展開的基本情形,詳見朱仙林《楊慎考據學的被理解與被誤
解——以〈四庫全書總目〉的評價爲例》,《中國四庫學》2020 年第 2 期。

④　《嘉靖二十九年進士登科録》載:“黄甲,貫南京興武衛,軍籍,江西上猶縣人。國子生。治《易
經》。字首卿,行四,年三十二,正月十一日生。”見龔延明主編,毛曉陽點校《天一閣藏明代科舉録選
刊·登科録》下册,寧波出版社,2016 年,第 64 頁。其生平另見《(道光)上元縣志》卷一六《文苑》,《中
國地方志集成》江蘇府縣志輯 3,江蘇古籍出版社,1991 年,第 308 頁。〔明〕顧起元《客座贅語》卷八“黄
蟄南父子”,中華書局,1987 年,第 257 頁。

⑤　〔明〕周暉《金陵瑣事》卷一,《金陵瑣事·續金陵瑣事·二續金陵瑣事》,南京出版社,2007 年,
第 56 頁。

⑥　楊國玉《薛岡〈天爵堂筆餘〉記〈金瓶梅〉事新考》,《河南理工大學學報》2017 年第 1 期。

用修過目成誦,故實皆在其胸中,下筆不考,誤亦有之,然無傷于用修。好事者尋章摘句,作意辯駁,得其一誤,如得一盜贓,沾沾自喜。此其人何心! 良可笑也。①

黄、薛二氏均認爲楊慎知識淵博,著書直抒胸臆,故不屑翻檢書册,其考證偶誤之處在所難免,而陳耀文等"好事者尋章摘句,作意辯駁,得其一誤,如得一盜贓,沾沾自喜",故"即所正皆當,已落第二義",因此"良可笑也"。黄、薛二氏僅從維護楊慎學術原創性角度出發,對陳耀文等人的考證工作持批判態度,這當然是不可取的做法。因爲陳耀文等人的考據工作不僅不會動摇楊慎學術的原創性價值,反而會通過糾駁楊慎考證的訛誤,給予楊慎學術更客觀公正的評價,最終起到維護楊慎學術地位的作用。實際上,黄、薛二氏所表現出的認知態度,爲我們深入瞭解作爲明代考據學倡導者的楊慎,在時人心中究竟居於怎樣的地位提供了絶好的例證。

此後,孫能傳(1564—1613)②在所著《剡溪漫筆》卷二"文士好上人"條中指出:

文士多好上人,往往非薄前輩,轉相彈射。子輿氏有《孟子》,王充遂作《刺孟》,劉文孺章又作《刺〈刺孟〉》。左氏有《國語》,柳子厚遂作《非〈國語〉》,江端禮、虞仲常又作《非〈非國語〉》。屈原有《離騷》,楊子雲遂作《反騷》,徐昌穀禎卿又作《反〈反騷〉》。楊用修有《丹鉛録》,陳觀察晦伯遂作《正楊》,胡孝廉元瑞又作《正〈正楊〉》。③

孫氏認爲此類著作存在"非薄前輩,轉相彈射"的嫌疑,是"文士多好上人"的結果,也就是争勝之心使然。但若仔細考察孫氏的《剡溪漫筆》,其中亦有許多考證的内容(且有涉及楊慎考據的條目),因此孫氏并非要否定考證本身,而是强調在考證時應當更加客觀公允。同樣的態度也表現在楊慎之孫楊宗吾(生卒年不詳)身上,楊宗吾在《檢蠹隨筆》卷七"正楊"條中,就對陳耀文在批駁乃祖楊慎之失時言語過當而深致不滿:

先太史公博極群書,著作百數十種,國朝以來宇内無兩。即如近代王元美先生,謂先公才情蓋代,未嘗少有指駁,而獨不滿於一汝南陳晦伯,故有《正楊》一書,云其曲引舛正,無非皆洗垢索瘢。余不暇條辨枚列,姑舉其横逆不通者一二于左,以告大方之家云。④

清人蔣超伯(1821—1875)在所撰《南漘楛語》卷五"明人積習"條中,更將此種學術上的争論稱爲"掊擊之習",且與"剿襲之陋"并舉:

掊擊之習,無過於前明士大夫。《丹鉛總録》《譚苑醍醐》《哲匠金桴》等書甫出,陳晦伯即作《正楊》以詆之。崔銑爲《鈐山堂集》作序,人品平

---

①　〔清〕周亮工《書影》,上海古籍出版社,1981年,第227頁。
②　司馬朝軍《續修四庫全書雜家類提要》,商務印書館,2013年,第98頁。
③　〔明〕孫能傳《剡溪漫筆》,《續修四庫全書》子部第1132册,上海古籍出版社,2002年,第335頁。
④　〔明〕楊宗吾《檢蠹隨筆》,《四庫全書存目叢書》子部第144册,第695頁。

常，而所著《洄詞》，力排陽明。至程篁墩爲伊川報九世之仇，作《蘇氏檮杌》，尤可异也。剿襲之陋，亦無過於明人，鳥鼠山人胡纘宗游李西涯之門，樂府全仿西涯；戴仲鶡爲何景明弟子，詩格全仿大復。①

蔣氏平生治學承乾嘉遺風，埋首考訂，著作等身，因此他對《正楊》等書的批評，絕非是想要否定考證本身，而是對其考證態度的不滿。總之，通過分析可見，批評者提出批評，或是爲了維護楊慎的學術地位，或是集中批評考證時所展現出的態度，幾乎均未直接針對《正楊》考證工作本身。也就是説，若陳耀文在《正楊》中糾駁楊慎考據之失時，是以維護楊慎的學術地位爲目的，且語言平實些、態度誠懇些，那批評者們或許就不會有如此强烈的抵觸態度。

其實，就當時的實際情況而言，多數學者對《正楊》類著作的出現是支持的。如與陳耀文幾乎同時的鄧球（1525—1595）曾在與友人談話中説：

客一日談及博物。予曰：程明道嘗戒人以玩物喪志。然物皆此理，博之亦於心有養，若以爲誇而矜之，便不能不動心。隨有得處，便與商量，亦即此是學工。夫聖門由博入約，只此而已，矜誇則可惜……要之，博物一節最難……按：本朝楊慎號升庵，正德辛未（六年，1511）狀元也。以事戍滇南，居林下，頗涉獵；又其才思，頗能文。然常以自矜於人，人益以不厭於心。汝南陳耀文（原注：癸丑進士）作《（二）[正]楊集》二卷②，謂以正其謬。大都孔、孟以後子書，蝟出事多，詭异相傳。人偶所見載籍，遂謂在是，不審甲乙，异説遂起，我是彼非，如之何其能盡正之也！緣升庵自張大取侮，世如二公，祇是擾攘，一生何益？吾儒惟虛心將道理商量，更是有益之事。然荆公之執、升庵之妄，非遇二敵，亦無以折之。③

鄧氏以道學家的姿態指出，聖門求學，“由博入約，只此而已，矜誇則可惜”，且學問之道“博物一節最難”，故應當“隨有得處，便與商量”，方是“學工”。而楊慎因常“自矜於人”，故“自張大取侮”，從而招致陳耀文的詰難也屬常理。但此等討論，并非“虛心將道理商量”，而“祇是擾攘”，故於“一生何益”？隨即又指出，若非遇到陳耀文，則“升庵之妄”“亦無以折之”。可見，鄧氏是支持此類學術討論的存在的，只是他認爲討論時要注意方式和態度。

與此同時的另外一位學者張鳳翼（1527—1613），對於《正楊》的出現則表現出更爲積極歡迎的態度，他在《題〈正楊〉後》中説：

客謂：“《正楊》一書，似陳氏與楊相攻擊。”予曰：“不然。何休作《公羊墨守》《左氏膏肓》《穀梁廢疾》，而鄭康成乃《發墨守》《針膏肓》《起廢疾》，由是休有操戈入室之嘆。今固不嫌于并存也。故古人有《反騷》，又有《反〈反

---

　　①　〔清〕蔣超伯《南漘楛語》，《續修四庫全書》子部第 1161 册，第 325 頁。

　　②　鄧球的記載有兩點錯誤，其一，陳耀文乃嘉靖二十九年（庚戌年，1550）進士；其二，《正楊》有四卷，非二卷。詳見朱仙林《陳耀文生平事迹及其交游考》，《古籍整理研究學刊》2017 年第 2 期。

　　③　〔明〕鄧球《閑適劇談》卷四，《續修四庫全書》子部第 1127 册，第 639 頁。

騷〉》,亦各紓其意見而已。《丹鉛》一書,足廣异聞,而記憶之誤,亦誠有如陳所言者。顧無《正楊》,則《丹鉛》足以益人,而亦足以誤人;有《正楊》,則《丹鉛》不至誤人,而自足以益人。是《正楊》固楊之忠臣也,正之庸何傷?"①

張氏的態度非常明朗,認爲《正楊》的出現,絶不能僅僅看作是"陳氏與楊相攻擊",并舉何休與鄭康成之間辯論爲例,認爲這是很合理的學術辯論。因爲"無《正楊》,則《丹鉛》足以益人,而亦足以誤人;有《正楊》,則《丹鉛》不至誤人,而自足以益人",且强調稱:"《正楊》固楊之忠臣也,正之庸何傷?"可見,張氏是積極支持《正楊》類著作出現的。在他看來,此類著作的出現不僅無害於學術,甚至會促進學術的交流。張氏之見,可謂卓識②。

此後,梅守箕(1559—1603)③在所作《閏稿序》中就説:"近世獨楊用修(慎)、陳晦伯(耀文)、王元美(世貞)、焦弱侯(竑)輩能雜引互訂,留心墳籍,雖見解有窮,雌黄各别,要不失稽古之意耳。"④正因爲如此,自《正楊》面世後,學界關注楊慎及其考據學著作的人逐漸增多,隨之而來的是,出現了大量考證類著作及文章。如朱國禎(1558—1632)在《涌幢小品》卷一八"正楊"條中指出:"楊用修(慎)博學,有《丹鉛録》諸書,便有《正楊》,又有《正〈正楊〉》。"⑤周亮工(1612—1672)在《因樹屋書影》卷八中更進一步指出:

> 楊用修(慎)先生《丹鉛》諸録出,而陳誨伯(耀文)《正楊》繼之,胡元瑞(應麟)《筆叢》又繼之,時人顔曰《正〈正楊〉》。當時如周方叔(嬰)、謝在杭(肇淛)、畢湖目(拱辰)諸君子集中,與用修爲難者,不止一人;然其中雖極辨難,有究竟是一義者,亦有互相發明者。予已彙爲一書,顔曰《翼楊》。書已成,尚未之鐫耳。⑥

據朱、周二人的觀察,當時參與楊慎著作是非討論的學者確實不少,這類學術討論現象的普遍存在,無疑正是中晚明考據學群體意識覺醒的必然結果。對此,明末方以智在《通雅自序》中,從學術研究的延續性角度着眼,曾特别指出:

> 澹園(焦竑)有功於新都(楊慎),而晦伯(陳耀文)、元美(王世貞)、元瑞(胡應麟)駁之不遺餘力。以今論之,當駁者多不能駁,駁又不盡當。然因前人備列以貽後人,因以起疑,因以旁徵,其功豈可没哉! 今日之合而辯正也,固諸公之所望也。⑦

---

①　〔明〕張鳳翼《處實堂集·後集》卷五,《續修四庫全書》集部第1353册,第670頁。

②　胡應麟《藝林學山引》曰:"竊聞之,孔魚詰墨,司馬疑孟,方之削荀,晦伯正楊,古今共然,亡取苟合。不佞于用修,盡心焉耳矣。"其意與張氏同,均認爲此類考證著作的出現,有利於學術發展。〔明〕胡應麟《少室山房筆叢》卷一九,上海書店出版社,2009年,第190頁。

③　段齊瓊《梅守箕序跋研究》,安徽師範大學碩士學位論文,2019年,第10頁。

④　〔明〕梅守箕《梅季豹居諸二集》卷九,《四庫未收書輯刊》6輯第24册,北京出版社,1998年,第572頁。

⑤　〔明〕朱國禎《涌幢小品》,中華書局,1959年,第415頁。

⑥　〔清〕周亮工《書影》,上海古籍出版社,1981年,第227頁。

⑦　〔明〕方以智《通雅》,《景印文淵閣四庫全書》第857册,第4頁。

觀方氏所持態度,雖然也説"以今論之,當駁者多不能駁,駁又不盡當",似對陳耀文等人的考證不甚滿意,但那是從純學術研究的角度而言的,并不存有個人情緒在其中。其實,方氏對陳氏等人的考證工作本身是持肯定態度的,因此他繞會説出"其功豈可没哉"的話,并且在陳氏等人考證的基礎上"合而辯正",認爲這樣做是"諸公之所望"。對此,四庫館臣在《通雅》提要中評價道:

> 明之中葉,以博洽著者稱楊慎,而陳耀文起而與争。然慎好僞説以售欺,耀文好蔓引以求勝。次則焦竑,亦喜考證,而習與李贄游,動輒牽綴佛書,傷於蕪雜。惟以智崛起崇禎中,考據精核,迥出其上。風氣既開,國初顧炎武、閻若璩、朱彝尊等沿波而起,始一掃懸揣之空談。雖其中千慮一失,或所不免,而窮源遡委,詞必有徵,在明代考證家中,可謂卓然獨立矣。①

此後,錢穆先生在《中國近三百年學術史》第四章《顧亭林》中也有類似的看法②,而嵇文甫先生更據此加以申説:

> 晚明時代,以讀書稽古著稱的,有胡應麟、焦竑、陳第、方以智等,稍前則有楊慎、陳耀文,而王世貞亦頗有根柢。這些人除陳(指陳第)、方二氏外,雖都不免於"聞見博雜",但對於古學復興運動都是很有關係的。大概楊、陳(指陳耀文)、王、胡,投間抵隙,相引而起,爲一組;焦、陳(指陳第)同時而相交游,在某點上亦可并論;方氏最後,亦最特出,卓爾不群。③

總之,上文的考察,已基本還原了由楊慎所倡導的中晚明考據學群體意識覺醒的具體情形。可見,因楊慎博辨的學術性格和求真的治學態度,他所倡導的考據學確實引起了同時代及稍後學者的廣泛關注與積極參與,由此而形成的考據學群體,不僅有別於程朱理學,也不同於陸王心學,在推動明代學術向求真務實方面發展無疑具有不可替代的積極作用。

二 中晚明考據學群體的成員構成

通過上文的梳理可知,圍繞楊慎及其所倡導的考據學,在中晚明已經逐漸形成了一個擁有較爲明確學術理念的考據學群體。在這個群體的成員中,除了學者已多有關注的楊慎(1488—1559)、梅鷟(約 1490—?)、陳耀文(1524—1605)、胡應麟(1551—1602)、焦竑(1540—1619)、陳第(1541—1617)、周嬰(約1576—?)、方以智(1611—1671),以及上文已經介紹過的張含(1479—1565)、顧應祥(1483—1565)、王廷表(1490—1554)、簡紹芳(約 1494—1558)、周復俊(1496—1574)、何良俊(1506—1573)等人外,尚有如下學者值得着重探討。

---

① 〔清〕紀昀《欽定四庫全書總目》(整理本),第 1594 頁。
② 錢穆《中國近三百年學術史》,九州出版社,2011 年,第 148—149 頁。
③ 嵇文甫《晚明思想史論》,河南大學出版社,2008 年,第 141 頁。另外,謝國楨先生在《明末清初的學風》一文中亦有類似的看法。見謝國楨《明末清初的學風》,上海書店出版社,2006 年,第 40—41 頁。

1. 季本(1485—1563),字明德,號彭山,紹興府會稽(今浙江紹興)人。正德十二年(1517)進士,授建寧府推官。因生性耿介,宦海沉浮二十餘年,後官至長沙太守。季本起初師事王文轅,後拜王陽明爲師。生平詳見《明儒學案》卷一三《知府季彭山先生本》及《徐渭集》卷二五《先師彭山先生傳》等①。所著有《易學四同》八卷《別録》四卷、《詩説解頤》四十卷、《春秋私考》三十六卷、《四書私存》三十八卷、《説理會編》十六卷、《季彭山先生文集》四卷等。其中《詩説解頤》"取衆家之長,獨闢蹊徑"②,是繼楊慎之後在《詩經》解讀方面具有明顯考據特徵的著作③。正因爲如此,四庫館臣在給該書寫提要時,稱該書"徵引該洽","改定舊説","必反覆援據,明著其所以然"④。正是對其所具考據特徵的充分肯定。

2. 郎瑛(1487—1566 後),字仁寶,號草橋,杭州府仁和(今浙江杭州)人。幼孤,體弱多病,長爲諸生。後科舉不利,遂絶意仕途。生平詳見許應元《草橋先生郎瑛傳》及舊題萬斯同《明史》卷三九六《隱逸傳》等⑤。郎瑛讀書廣博,所著有《訂正孝經》一卷、《大學格物傳》一卷、《萃忠録》二卷、《青史衮鉞》六十卷、《七修類稿》五十五卷(明刊本爲五十一卷《續稿》七卷)等。其中《七修類稿》及《續稿》作爲讀書筆記,是郎瑛"日綜群籍,參互考訂"⑥的成果,其書"引證頗廣,當時楊升庵已屢引其説"⑦,其實《七修類稿》及《續稿》也曾多次徵引楊慎的觀點⑧。這種互相徵引對方考據成果的現象,正可説明當時考據學者間某種良性互動的關係。

3. 豐坊(1494—1569 後),字存禮,一字人叔、人翁,號南禺外史,晚年更名道生,寧波府鄞縣(今浙江寧波)人。嘉靖二年(1523)進士⑨。豐坊乃豐熙(1468—1538)之子,嘉靖"大禮議"中,父子兩人均站在以大學士楊廷和爲首的"保守派"一邊⑩,惹怒了世宗,爲此遭到了世宗的嚴厲懲治⑪。懲治的結果,豐

---

①　〔清〕黃宗羲著,沈芝盈點校《明儒學案》卷一三《浙中王門學案三》,浙江古籍出版社,2012 年,第 271—273 頁。〔明〕徐渭《徐渭集》,中華書局,1983 年,第 628—629 頁。

②　〔日〕西口智也《季本的詩經觀》,《嘉應大學學報》2002 年第 4 期。

③　李忠偉《試論明中期學者豐坊〈詩經〉學考據特徵》,《寧波大學學報》2019 年第 5 期。

④　〔清〕紀昀《欽定四庫全書總目》(整理本),第 202 頁。

⑤　〔明〕焦竑編《國朝獻徵録》,周駿富輯《明代傳記叢刊》第 114 册,第 809 頁。〔清〕萬斯同《明史》,《續修四庫全書》史部第 331 册,第 291 頁。另外,美國學者富路特主編的《明代名人傳》中對郎瑛的生平亦有介紹。見〔美〕富路特《明代名人傳》3,北京時代華文書局,2015 年,第 1079 頁。

⑥　〔明〕陳善《七修續稿原序》,〔明〕郎瑛《七修類稿》,上海書店出版社,2001 年,第 543 頁。

⑦　〔清〕李慈銘《越縵堂讀書記》,上海書店出版社,2015 年,第 700 頁。

⑧　〔明〕郎瑛《七修類稿》,第 59、145、227、236、546、579 頁。

⑨　關於豐坊的生平介紹,詳見林慶彰《豐坊與姚士粦》,華東師範大學出版社,2015 年,第 12—18 頁。

⑩　實際上,除了政治傾向基本一致外,豐坊對楊慎的學術也較爲熟悉,如豐坊的《書訣》中就曾提及楊慎藏有宋拓本小楷《金剛經》。〔明〕豐坊《書訣》,《景印文淵閣四庫全書》第 816 册,第 166 頁。

⑪　有學者認爲嘉靖大禮議的核心問題,并非閣權與皇權的角力,改革派與保守派的對抗、程朱理學與陽明心學的鬥爭,而是象徵正統的身份符號——皇考、聖母的歸屬問題。詳見杜洪濤《空位危機、女主干政與嘉靖議禮》,《史林》2011 年第 1 期;《再論嘉靖大禮議——以張延齡案爲綫索》,《北京師範大學學報》2013 年第 4 期。

熙被貶福建鎮海衛戍所，後卒於戍地，豐坊被貶南遷，後被罷職以歸。自此，從北宋豐稷（1033—1107）以來即令人艷美的"四明豐氏"大族的政治命運就這樣徹底斷送了。"因爲家族已經失去政治經濟地位，所以豐坊只能變本加厲地標榜家族的學術傳統，爲此不惜遍僞群經"①，而豐氏家族的萬卷樓藏書極爲豐富②，正爲豐坊的作僞提供了條件，還爲其僞書增加了可信度③。當然，豐坊遍僞群經的行爲固然令人不齒，但他與季本沿着楊慎的考據方法治《詩經》④，在明中期《詩經》學領域"挣脱宋儒的羈絆"，且"不依歸於漢儒，因而創造出了自己的一片天地"⑤，却是值得肯定的。

　　4. 鄭曉（1499—1566），字窒甫，號淡泉，嘉興府海鹽（今浙江海鹽）人。嘉靖二年（1523）進士，授兵部職方主事，"日就省中羅九朝故牘閲之"，撰《九邊圖志》三十卷，士林争傳之。大禮議起，鄭曉與豐熙、楊慎等一樣，"跪左順門，慟哭不已，上怒，下錦衣獄，杖闕下"⑥。累官至刑部尚書。生平詳見《明史》卷一九九《鄭曉傳》等⑦。鄭曉博學多識，熟諳典故，著有《四書講義》六卷、《吾學編》六十九卷、《今言》四卷、《古言》二卷、《鄭端簡公文集》十二卷等。其《古言》多有論及漢宋之學、考證經史之説者，對於中晚明考據學突破宋學的藩籬提供了幫助⑧。

　　5. 陳絳（1513—?），字用揚（陽），自號罍山子，紹興府上虞縣（今浙江紹興上虞區）人。自幼"岐嶷不凡，讀書過目輒成誦"。嘉靖二十三年（1544）進士，授樂平令。官至應天府尹。嘉靖四十三年（1564），任寧前兵備的陳絳⑨，公務之暇，益肆力於問學，自己携帶的書籍不够，就向當地的藏書家借閱，凡有所疑議，爲之辨證，彙而成編，名之曰《山堂隨鈔》⑩。據陶望齡（1562—1609）《金罍子序》稱，是書由他改作《金罍子》："其命名曰《山堂隨鈔》，予懼名之近於説，而不知者街談巷語之書，概而少之，故更之曰《金罍子》。"⑪書中所載，"非經史子説疑佚弗訂，非獨創胸臆弗據，其旁證肆引非確有實據弗贅，古今不剖之疑、未

　　①　王赫《僞書的誕生：明中葉文化學術氛圍與豐坊的作僞》，《文獻》2020 年第 4 期。
　　②　任繼愈主編《中國藏書樓》（貳），遼寧人民出版社，2001 年，第 1034—1036 頁。
　　③　王赫《豐坊經學作僞研究》，南京大學碩士學位論文，2019 年，第 8 頁。
　　④　李忠偉《試論明中期學者豐坊〈詩經〉學考據特徵》，《寧波大學學報》2019 年第 5 期。
　　⑤　劉毓慶《從經學到文學——明代〈詩經〉學史論》，商務印書館，2001 年，第 201 頁。
　　⑥　戚元佐《刑部尚書端簡公曉傳》，〔明〕焦竑編《國朝獻徵録》卷四五，見周駿富輯《明代傳記叢刊》第 111 册，第 197 頁。
　　⑦　〔清〕張廷玉等《明史》，中華書局，1974 年，第 5271—5274 頁。
　　⑧　林慶彰《明代的漢宋學問題》，《明代經學研究論集》（增訂本），華東師範大學出版社，2015 年，第 16—17 頁。
　　⑨　張士尊《明代遼東都司與山東行省關係論析》，《東北師大學報》2008 年第 2 期。
　　⑩　《嘉靖二十三年進士登科録》載："陳絳，貫浙江紹興府上虞縣，民籍。國子生。治《易經》。字用陽，行十九，年三十二，五月十五日生。"見龔延明主編，毛曉陽點校《天一閣藏明代科舉録選刊·登科録》中册，寧波出版社，2016 年，第 795 頁。其生平另見《（康熙）上虞縣志》卷一五《人物志》，載《中國方志叢書》華中地方第 545 號，成文出版社有限公司，1983 年，第 805 頁。《（光緒）上虞縣志》卷一〇《人物》，載《中國方志叢書》華中地方第 63 號，成文出版社有限公司，1970 年，第 215 頁。
　　⑪　〔明〕陳絳《金罍子》，《續修四庫全書》子部第 1124 册，第 303 頁。

闡之旨,間或有發明"①,故四庫館臣認爲,此書"大抵欲仿其鄉人王充《論衡》,博引古事而加以論斷考證"②。是一部頗爲重要的考據學著作。

6. 顧起經(1515—1569),字長濟(一字玄緯),號羅浮外史,南直隸常州府無錫(今江蘇無錫)人,顧可學(1482—1560)嗣子。以國子生謁選,授廣東鹽課副提舉,兼署市舶③。生平好藏書,所注《類箋唐王右丞詩集》十卷,是"今見王維詩最早的注本","其注着重於揭示詞語、典故的出處,對人名、地名等,亦盡力稽考。凡注皆徵引諸書以相參證,不自作解","注中所徵引,堪稱詳博"④。其中就曾多次徵引楊慎《丹鉛餘録》《丹鉛續録》的内容,"呈現出明代中晚期在詩歌注釋方面的考據特色"⑤。

7. 陳士元(1516—1596),字心叔,號養吾,德安府應城(今湖北應城)人。嘉靖二十三年(1544)進士。次年知灤州。嘉靖二十八年(1549)辭官,遍游五岳,所至輒爲記述。及歸,杜門謝客,專心著述四十餘年。陳士元"天姿超邁,學問淹博,一代著述之富,自楊升庵、朱鬱儀外,定推士元"⑥。曾纂修《灤州志》十一卷,張居正爲之序。所著有《易象彙解》二卷、《易象鈎解》四卷、《五經異文》十一卷、《論語類考》二十卷、《孟子雜記》四卷、《古俗字略》五卷、《史書論纂》四十卷、《名疑》四卷等。其中《易象彙解》《易象鈎解》二書對《易經》異文的搜集、考訂,具有重要的文獻價值⑦。《論語類考》的撰寫,受楊慎等人影響甚大,書中曾反復徵引包括楊慎在内的諸家學説,參互考訂,然後下以己意,是對《論語》的名物典故進行詳細考證的考據學專著⑧。《孟子雜記》是陳士元另一部考證著作,該書對孟子其人及《孟子》一書的考證詳實精細,在孟子學史上具有重要價值⑨。

8. 方弘静(1516—1611),字定之,號采山,南直隸徽州府歙縣(今安徽歙縣)人。嘉靖二十九年(1550)進士,授東平知州。累官至南京户部右侍郎。方弘静學識淵博,著述多種,今存有《素園存稿》二十卷、《千一録》二十六卷等。方弘静與李攀龍、王世貞等復古派人士交往密切,在詩學方面成績不俗⑩。《千一録》者,"録經解也,而子附焉。子有輔經者,有畔經者,於是乎有評矣,評子所以明經也。詩者,經之流乎,三百之後,可觀而興者,未盡亡焉,君子是以游於藝也"⑪。在此書中,保存有大量方弘静針對楊慎等人的考辨成果,是考

① 〔明〕陳絳《金罍子》,《續修四庫全書》子部第 1124 册,第 310 頁。
② 〔清〕紀昀《欽定四庫全書總目》(整理本),第 1659 頁。
③ 《(康熙)常州府志》卷二三《人物》,《中國地方志集成》江蘇府縣志輯 36,第 519 頁。
④ 郁賢皓主編《中國古代詩文名著提要·漢唐五代卷》,河北教育出版社,2009 年,第 158—159 頁。
⑤ 劉黎、郭芹納《乾嘉考據學源起之新探》,《社會科學家》2010 年第 8 期。
⑥ 《(光緒)應城縣志》卷一〇《人物·儒林》,《中國地方志集成》湖北府縣志輯 11,第 338 頁。
⑦ 劉體勝《晚明陳士元易學思想探繹》,《華南師範大學學報》2010 年第 4 期。
⑧ 唐明貴《陳士元〈論語類考〉探微》,王志民主編《齊魯文化研究》總第 9 輯,泰山出版社,2010 年,第 233—238 頁。
⑨ 劉體勝《陳士元的〈語〉〈孟〉學》,《江漢論壇》2009 年第 7 期。
⑩ 王官旺、王建軍《方弘静生平及其詩學思想略論》,《柳州師專學報》2005 年第 3 期。
⑪ 〔明〕方弘静《千一録自序二》,《千一録》,《續修四庫全書》子部第 1126 册,第 103 頁。

察中晚明考據學群體不應忽視的重要資料。

9. 朱睦㮮(1517—1586)，字灌甫，號西亭，周藩定王朱橚六世孫，襲封鎮國中尉。藏書甚富，編有《萬卷堂書目》四卷。著述亦不少，如《授經圖》二十卷、《五經稽疑》八卷等①。朱睦㮮對楊慎十分瞭解，《萬卷堂書目》卷四收録楊慎的《升庵集》二十一卷、《升庵續集》四卷，《授經圖》卷二〇著録楊慎的《升庵經説》八卷，《五經稽疑》卷一《周易》"因此援彼"條還引用了楊慎的觀點(見《升庵集》卷四一"數往者順知來者逆"條)。而《授經圖》"是明中葉提倡漢學的代表性著作"②。《五經稽疑》則是最能體現其經學考據方面成績的重要著作，四庫館臣認爲："是書取五經疑義，參考异同而斷以己意，徵引極爲該博……詞簡而明，亦説經家當考之書也。"③

10. 李時珍(1518—1593)，字東璧，號瀕湖，黄州府蘄州(今湖北蘄春縣)人。李時珍三次参加鄉試，均以失敗告終，這讓他徹底放棄了科舉之路，轉而跟隨父親學習醫術④。經過長期深入民間走訪調查，及廣泛參閲歷代文獻，"遂漁獵群書，搜羅百氏"，"歲歷三十稔，書考八百餘家，稿凡三易"而成《本草綱目》五十二卷。書中"辯疑正誤"，"博而不繁，詳而有要，綜核究竟，直窺淵海"。爲此，好友王世貞在《本草綱目序》中將《本草綱目》與楊慎的著作并舉："予方著弇州《卮言》，恚博古如《丹鉛》《卮言》後乏人也，何幸睹兹集哉。"⑤顯然，李時珍撰寫的《本草綱目》，不僅是中醫藥學、植物學史上的巨著，也是中晚明考據學思潮影響下成書并反過來促進了中晚明考據學發展的重要著作⑥。

11. 張元諭(1519—?)，字伯啓，號月泉生，人稱白眉公，金華府浦江(今浙江浦江縣)人。自幼穎悟嗜學。嘉靖二十六年(1547)進士⑦，授工部主事。官

---

① 周翔宇《明代經史學家朱睦㮮著作考》，《歷史檔案》2016 年第 3 期。

② 林慶彰《朱睦㮮及其〈授經圖〉》，《明代經學研究論集》(增訂本)，華東師範大學出版社，2015 年，第 245 頁。

③ 《五經稽疑》卷首提要，〔明〕朱睦㮮《五經稽疑》，《景印文淵閣四庫全書》第 184 册，第 679 頁。

④ 唐明邦《李時珍評傳》，南京大學出版社，1991 年，第 20—22 頁。

⑤ 《丹鉛》《卮言》，實爲楊慎的《丹鉛録》及《楊子卮言》，但唐明邦先生却將其誤作"《丹鉛卮言》"，并解釋稱："《丹鉛卮言》是談道教煉丹術的書，涉及許多煉外丹的藥物，王世貞未必完全弄得清楚；不少煉丹藥物，李時珍都有深入研究，載之於《本草綱目》。"(唐明邦《李時珍評傳》，南京大學出版社，1991 年，第 50 頁)實際上，在《本草綱目》卷一《引據古今經史百家書目》中，楊慎的《丹鉛録》《楊升庵集》正在其中。錢超塵等校《金陵本〈本草綱目〉新校正》，上海科學技術出版社，2008 年，第 20、24 頁。

⑥ 美國學者艾爾曼認爲："考據學對很多領域都產生了重大影響。例如，當李時珍發現很多關於中藥材的資料十分混亂甚至有很多是錯誤的，於是就重新整理出版了《本草綱目》。很多人與李時珍的想法相似，面對中醫的很多資料如《黄帝内經》《傷寒論》等，都發現它們存在一些版本、來歷上的問題，如發現《黄帝内經》是漢朝寫的醫書，并不是出自黄帝之手。"見褚國飛《中國歷史上的科舉、考據與科學——訪美國普林斯頓大學艾爾曼教授》，《中國社會科學報》2009 年 12 月 29 日第 004 版。

⑦ 《嘉靖二十六年進士登科録》載："張元諭，貫浙江金華府浦江縣，民籍。國子生。治《春秋》。字伯啓，行二十八，年二十九，四月二十八日生。"見龔延明主編，毛曉陽點校《天一閣藏明代科舉録選刊·登科録》下册，寧波出版社，2016 年，第 11 頁。

至滇南觀察副使。張元論"博通經史,兼工詩文,深究經傳注疏,多所發明,讀史凡所評斷,皆爲確論,文追秦漢,詩步盛唐"①。著有《詹詹集》七卷、《篷底浮談》十五卷等。其中《篷底浮談》對楊慎等人的考據成果多有駁正,通過此書有助於瞭解中晚明考據學的發展狀況。

12. 王世貞(1526—1590),字元美,號鳳洲,又號弇州山人,南直隸蘇州府太倉州(今江蘇太倉)人。嘉靖二十六年(1547)進士。授刑部主事。後歷任大理寺評事、青州兵備使、山西按察使、郧陽巡撫等職,累官至南京刑部尚書。王世貞作爲"後七子"文學復古運動的領袖,著述宏富,"考自古文集之富,未有過於世貞者"②。其博學更是與楊慎齊名,明姚張曾説:"國朝人文彬彬然盛豐,而所謂博雅君子大都伯仲之間,獨嘉、隆以來,前有楊用修,繼有王元美二公。"③著有《弇州山人四部稿》一百七十四卷、《弇州續稿》二百七卷《目錄》十卷、《弇山堂別集》一百卷等。王世貞作爲當時的文壇盟主,具有極高的聲望,"一時士大夫及山人、詞客、衲子、羽流,莫不奔走門下。片言褒賞,聲價驟起"④。王世貞曾參與到"正楊"的隊伍中,對楊慎的考據成果進行批駁,且與陳耀文展開論戰,因其盟主的身份和博辨的學識,無疑對中晚明考據學擴大社會影響起到了推波助瀾之效。

13. 王士性(1547—1598),字恒叔,號太初,又號元白道人,台州府臨海(今浙江臨海)人。萬曆五年(1577)進士,授確山知縣⑤。歷任禮科給事中、河南提學、右僉都御史、南京鴻臚寺正卿等職。著有《五岳游草》十二卷、《廣游志》二卷、《廣志繹》五卷(卷六《四夷輯》有目無文不計)等。王士性最爲人熟知的是其在地理學方面的成績,自譚其驤先生將王士性與徐霞客并舉後,學者們普遍認爲王氏也是明代最爲杰出的地理學家⑥。但實際上,其《廣志繹》中除了記載大量人文地理和自然地理方面的資料外,還有一些地理知識的考據内容,或援引前輩學者的觀點作爲支撐,或駁斥前人的考證失誤。如卷一關於"黄河九曲",就引用楊慎及潘昂霄的觀點,并總結説:"以此參考之,《河圖像緯》及《河源志》與《禹貢》一一皆合。用修博雅,當有據。"而卷四關於"會稽禹穴",則駁斥了楊慎的觀點:"會稽禹穴窆石陷入石中,上鋭下豐,可動而不可起,真神異也。或者禹葬衣冠之所,又謂生而藏秘圖者。太史公云:'上會稽,探禹穴',明謂此無疑。楊用修强以石紐村當之,石紐乃大禹所生,會稽則其所

①　浙江省社會科學院編著《浙江人物志(中)》,浙江人民出版社,1986年,第132頁。
②　〔清〕紀昀《欽定四庫全書總目》(整理本),第2325頁。
③　張文賢編著《精美書法》,復旦大學出版社,2016年,第146頁。
④　〔清〕張廷玉等《明史》卷二八七《王世貞傳》,第7381頁。
⑤　確山爲陳耀文家鄉,王士性任確山知縣時,陳耀文已辭官居家,而王士性族叔王宗沐與陳耀文爲好友。關於王宗沐與陳耀文的交游情況,詳見朱仙林《陳耀文生平事迹及其交游考》,《古籍整理研究學刊》2017年第2期。
⑥　徐建春《王士性及其〈廣志繹〉》,《杭州大學學報》1990年第3期;《王士性研究三題》,《浙江學刊(雙月刊)》1994年第4期。

葬,彼禹穴二字,乃後人所作也。"①王士性在實地考察的基礎上,合理利用前人的考證成果,最終完成了《廣游志》《廣志繹》這樣杰出的地理學著作,無疑是對由空談性理轉向經世務實的時代思潮的及時回應,也是對中晚明考據學群體意識覺醒的積極回應。

14. 王肯堂(1549—1613),字宇泰,號損仲,別號損庵,又號念西居士,南直隸鎮江府金壇(今江蘇常州金壇區)人。萬曆十七年(1589)進士,選爲庶吉士。同科有焦竑、高攀龍、董其昌等②。官至福建參政。王肯堂"好讀書,尤精於醫"③,所著有《論語義府》二十卷、《尚書要旨》三十六卷、《鬱岡齋筆麈》四卷、《證治準繩》一百二十卷等。其中《鬱岡齋筆麈》是王肯堂的隨筆雜記,書中徵引經史子集達 135 種④,包括楊慎的《丹鉛餘録》和陳耀文的《正楊》,其受中晚明考據學思潮之影響不言而喻。更可注意者,王肯堂將考據工夫用在了醫學上⑤,進而在醫學考據方面取得巨大的成就,特別是他的《證治準繩》"該博精詳"⑥,被認爲與李時珍《本草綱目》一起"爲吾國醫藥兩大淵藪"⑦。

15. 張萱(約 1553—1636⑧,一作 1558—1641⑨),字孟奇,號九岳,別號西園,惠州府博羅(今廣東惠州)人。萬曆十年(1582)舉於鄉,由中書舍人官至户部郎中。張萱聞見博洽,"生平無他嗜,獨癖書,老而彌篤。藏萬卷,丹鉛無不遍者,自天地陰陽以及兵、農、禮、樂、元乘、韜鈐,無不探討淹貫"⑩。著述多種,如《西園聞見録》一百零七卷、《疑耀》七卷等。其中尤以《疑耀》因與狂人李贄存在著作權之爭⑪,且被收入《四庫全書》中,而爲人所熟知。《疑耀》不僅内容廣博,且"考證故實,循循有法","其他考證"亦"往往有依據"⑫,因此被後世學者認爲是一部"考據有法"的學術著作⑬。同時,該書中的部分内容還被稍後的張燧采入《千百年眼》,可見其考據學價值是得到時人認可的。

16. 朱國禎(1558—1632),字文寧,號平涵,又號虯庵居士,湖州府烏程

①　〔明〕王士性撰,吕景琳點校《廣志繹》,中華書局,1981 年,第 7、72 頁。
②　柯卉《王肯堂的生平與學術》,復旦大學碩士學位論文,2001 年,第 3、41 頁。
③⑥　〔清〕張廷玉等《明史》卷二二一《王肯堂傳》,第 5818 頁。
④　潘志剛《王肯堂〈鬱岡齋筆麈〉研究》,華中師範大學碩士學位論文,2016 年,第 36 頁。
⑤　潘志剛先生曾在其文章中談及此點。最可注意者,潘先生説,考據學"到了明朝中晚期由楊慎突起,繼而胡應麟、王肯堂等人呈現群體而起的形勢,從而使考據學在這段時間顯得尤爲耀眼"。只可惜此後潘先生未能就此課題進行更深入的考察。見潘志剛《王肯堂〈鬱岡齋筆麈〉研究》,華中師範大學碩士學位論文,2016 年,第 55—56 頁。
⑦　謝觀《中國醫學源流論》,福建科學技術出版社,2015 年,第 74 頁。
⑧　毛慶耆《〈疑耀〉著作權之"張"冠"李"戴》,《中國典籍與文化》1998 年第 3 期;《明代嶺南學者張萱及其〈疑耀〉》,《暨南學報》2003 年第 5 期。
⑨　〔美〕富路特《明代名人傳》(1),第 116 頁。鞠明庫、艾險峰《張萱〈西園聞見録〉舉疑》,《華僑大學學報》2007 年第 2 期;陳麗萍《晚明學人張萱及其〈西園聞見録〉》,《雲南師範大學學報》2008 年第 5 期。
⑩　《(道光)廣東通志》卷二九一《張萱傳》,《續修四庫全書》史部第 675 册,第 120—121 頁。
⑪　毛慶耆《〈疑耀〉著作權之"張"冠"李"戴》,《中國典籍與文化》1998 年第 3 期。
⑫　〔清〕紀昀《欽定四庫全書總目》(整理本),第 1593 頁。
⑬　毛慶耆《明代嶺南學者張萱及其〈疑耀〉》,《暨南學報》2003 年第 5 期。

(今浙江湖州)人。萬曆十七年(1589)進士,授翰林院庶吉士。累官至國子監祭酒。天啓四年(1624),以建極殿大學士身份出任内閣首輔。朱國禎不僅是政治家,也是史學家,一生著述頗豐①,其中《皇明史概》一百二十一卷、《涌幢小品》三十二卷,均具有較高的史料價值和蘊含着大量考據成果②。

17. 鄭明選(生卒年不詳),字侯升,號春寰,湖州府歸安(今浙江歸安)人。萬曆十七年(1589)進士。知安仁縣,官至南京刑科給事中③。著有《鄭侯升集》四十卷,其中卷三一至卷四〇爲《秕言》④,專事考證,其中針對楊慎《丹鉛餘録》等的考據條目不少,可見鄭氏的考據工作在一定程度上受到了中晚明考據學思潮的影響。但四庫館臣對其考據成績甚爲不滿,認爲是編雖“皆考證之文”,但“舛陋特甚”,“所引證者,不過《韵會》《事物紀原》之類,而遽欲攻詰古人,宜其動輒自敗矣”⑤。四庫館臣以乾嘉考據學的學術標準來衡量鄭氏的考據成果,其批評自然有其合理性,但若站在中晚明考據學發展的大背景下來認識鄭氏的考據成果,那麼對其的評價或許就應該更爲積極一些,畢竟鄭氏能夠延續中晚明考據學思潮而從事考據工作,對擴大考據學的社會影響確有十分積極的作用,這是值得充分肯定的。

18. 張燧(生卒年不詳),字和仲,長沙府湘潭(今湖南湘潭)人。其父張嘉言,字克揚,萬曆二十年(1592)進士,曾任廣州推官,後遷工部郎中。張燧乃張嘉言次子,國子生,後還家,築香海居,讀書其中,因病卒於家⑥。所著有《千百年眼》十二卷、《經世挈要》二十二卷等。其《千百年眼》爲張燧的史學讀書筆記,共 511 個條目(卷一 28 條,卷二 40 條,卷三 45 條,卷四 46 條,卷五 43 條,卷六 55 條,卷七 47 條,卷八 37 條,卷九 46 條,卷十 42 條,卷十一 34 條,卷十二 48 條)⑦。通觀全書可知,該書乃是晚明史學領域一部充滿批判精神的著作,其編纂深受楊慎、焦竑、王世貞等人的考據思想影響,内容則涉及史實考據、史事辨析和史事歸納。

19. 許學夷(1563—1633),字伯清,南直隸常州府江陰縣(今江蘇江陰)人。因深刻認識八股取士之弊,故厭棄舉業⑧,隱居家鄉,專心文史之學⑨。所著有《詩源辯體》三十六卷《後集纂要》二卷、《許伯清詩稿》一卷等。其中《詩源

---

① 趙承中《明代史學家朱國禎著述録略》,《文獻》1990 年第 4 期。

② 錢茂偉《朱國禎及其〈史概〉再探》,《寧波師院學報》1990 年第 4 期。

③ 《(同治)湖州府志》卷七二《人物傳》,同治十三年(1874)刻本。

④ 〔明〕鄭明選《鄭侯升集》,《四庫禁毁書叢刊》集部第 75 册,第 522—655 頁。《秕言》有單行本,四卷,明萬曆二十四年(1596)刻本,上海圖書館、天津圖書館等有藏。此四卷本,《四庫全書總目》卷一二六子部雜家類存目有提要。

⑤ 〔清〕紀昀《欽定四庫全書總目》(整理本),第 1685 頁。

⑥ 〔明〕郭金臺《張和仲小傳》,《石村詩文集》,岳麓書社,2010 年,第 207—208 頁。

⑦ 〔明〕張燧撰,朱志先校釋《〈千百年眼〉校釋》,武漢大學出版社,2018 年,第 7 頁。

⑧ 許學夷曾作《論舉業》:“三代立賢,尚矣;漢舉賢良,猶爲近古。舉業本以明經,而其流大異,範辭蔓語,童習而長試之,家以爲賢子,國以爲良士,是豈所謂經濟之學耶?”〔明〕許學夷著,杜維沫校點《詩源辯體》,人民文學出版社,1987 年,第 432 頁。

⑨ 汪泓《許學夷生平志趣與文學活動論考》,《南開學報》2004 年第 1 期。

辯體》是許學夷“歷四十年，十二易稿”①而成，被認爲是“晚明復古詩論的扛鼎之作”②。在此書中，許學夷對包括楊慎在内的歷代學者的詩學思想進行了梳理、整合與辨識，并由此形成了自己完整且獨特的詩學體系③。因此，《詩源辯體》不僅是明代詩學領域的重要文本，也無疑應該視作中晚明考據學與文學相結合的極爲成功的典範文本④。

20. 孫能傳（1564—1613），字一之，號心魯，寧波府奉化（今浙江奉化）人。萬曆四十四年（1616）進士。官至工部員外郎。嘗與張萱同編《内閣書目》八卷。所著有《謚法纂》十卷、《益智編》四十一卷、《剡溪漫筆》六卷等。其《剡溪漫筆》“雖屑越於訓故名物之辨，搜校於耳目聲咳之餘，往往出入經史，錯綜古今。遺文舊説，糾傳習之訛；奥義微辭，補注疏之闕。進之博雅，未必不足以備摩研編削之一助也”⑤。可見，孫氏“雖屑越於訓故名物之辨”，但實則亦曾“糾傳習之訛”，“補注疏之闕”，從事於考證之事矣。

21. 王嗣奭（1566—1648），字右仲，號於越，寧波府鄞縣（今浙江寧波）人。萬曆二十八年（1600）舉人。所著《杜臆》十卷，是其潛心研究杜詩的結晶，被認爲是“代表着明代注杜的最高成就”⑥。王嗣奭在書中對杜詩的箋釋，據學者的研究主要采取“以意逆志”的方法⑦；但通觀全書，其對杜詩及其歷代注釋（其中就包括楊慎、王世貞等）的考證亦多有精彩之處。可以説，《杜臆》不僅是明代杜詩注釋的重要成果，也應該看作是明代以考據方法注杜詩的重要成果⑧。

22. 謝肇淛（1567—1624），字在杭，號武林，福州府長樂縣（今福建福州長樂區）人。萬曆二十年（1592）進士。歷任湖州推官、南京刑部主事等職，官至廣西左布政使。謝肇淛愛抄書，懂藏書，會讀書，因此其著述頗有根柢，如《五雜組》十六卷、《文海披沙》八卷、《滇略》十卷、《小草齋詩話》六卷等均頗具價值。其中《五雜組》以“懷疑論和好奇心構成了全書的主要基調”⑨，該書與《文海披沙》一起，成爲了我們考察謝氏考據學成績與不足的主要著作，也對我們深入瞭解考據學在晚明的發展有重要幫助。

---

①　〔明〕許學夷著，杜維沫校點《詩源辯體》，第 433 頁。

②　陳廣宏《詩論史的出現——〈詩源辯體〉關於“言詩”傳統之省察》，《文學遺產》2018 年第 4 期。

③　余恕誠《〈許學夷詩學思想研究〉序》，方錫球《許學夷詩學思想研究》，黃山書社，2006 年，第 1—3 頁。

④　考據學與文學的融合，楊慎無疑是開風氣之先者。詳見吕斌《明代博學思潮與文論——以楊慎爲例的考察》，《文學評論》2010 年第 1 期。

⑤　孫能正《刻〈剡溪漫筆〉小引》，〔明〕孫能傳《剡溪漫筆》，《續修四庫全書》子部第 1132 册，第 317 頁。

⑥　楊海健《王嗣奭年譜稿》，《中國詩歌研究》2013 年第 10 輯。

⑦　張家壯《回歸與超越：〈杜臆〉與“以意逆志”法》，《福建大學學報》2008 年第 1 期。

⑧　明代以考據法注杜詩始於楊慎，王嗣奭在《杜臆》中對杜詩及歷代注釋的考辨，或正是受到了楊慎之影響。見王永波《杜詩在明代的評點與集解》，《山西大學學報》2016 年第 4 期。白建忠《楊慎文學評點研究》，人民出版社，2019 年，第 135—164 頁。

⑨　〔美〕富路特《明代名人傳》（2），第 748 頁。

23. 趙崡(1569—1619)①,字子函,一字屏國,號敦物山人,西安府盩厔(今陝西周至縣)人。萬曆三十七年(1609)舉人,此後三次科考均未中進士,遂絕意仕途,致力於金石學的研究②。趙崡"家有傲山樓,藏書萬卷"③。又能親自搜訪金石名書,窮三十年之力,所獲碑刻二百五十五通,趙氏雖最愛明代都玄敬、楊用修"全文鈔刻"之例,但因"負廬所入,不足以既匠氏",故只能用歐陽修、趙明誠之例,"獨刻跋語"(趙崡《石墨鐫華自叙》),"椎拓裝潢,復爲疏記","援據考證"④而成《石墨鐫華》八卷。可見,《石墨鐫華》不僅是明代金石學領域的重要著作,其"考據精詳,推勘深至,如老吏斷獄"(康萬民《石墨鐫華序》),更表明此書實亦爲中晚明考據學的重要成果之一。

24. 徐𤊹(1570—1642)⑤,字惟起,號興公,福州府閩縣(今福建福州)人。布衣終身。與曹學佺、謝肇淛爲摯友。徐氏不僅藏書豐富,且善讀書,讀書凡有所得,即題於卷端,或校勘辨僞,或考證品評,所論多精當,其題跋經後人彙輯,頗爲後世稱道⑥。所撰有《筆精》八卷、《榕陰新檢》八卷、《鼇峰詩集》八卷等。《筆精》是其考據學的代表作,四庫館臣認爲其書"采摭既富,可資考證者頗多"⑦,沈文倬先生認爲其書"在明人著述中已屬力矯空疏、漸趨平實之作"⑧,陳微先生認爲其書"廣稽衆籍、通古論今、刪繁舉要、摭取精粹、工於文辭的功力,是其博洽的學識和經驗的融合,不愧爲一部精彩迭見的博雅精神的平實之作"⑨。

25. 姚旅(1572—?),字園客,初名鼎梅,興化府莆田(今福建莆田)人。少負才名,却屢試不第,後布衣終身。所著《露書》十四卷,四庫館臣認爲,其書"雜舉經傳,旁證俗説",但"詞氣猥薄,頗乖著書之體"⑩,雖然整體評價并不高,但却明確指出了《露書》具有的考據學性質。其實,若考察該書內容就會發現,姚旅在書中曾多次反覆提及楊慎、胡應麟等人的考據成果,并對其中的某些內容進行辨析,可見其曾受到中晚明考據學思潮的影響,是我們瞭解考據學在中晚明發展狀況的重要文本。更何況據今人的研究表明,此書乃"是一部內容極爲豐富的筆記類史籍","保存有大量明末社會特別是莆仙兩縣的商業、戲劇、音樂、方言、民俗等方面的史料"⑪。因此,應該突破四庫館臣的評價,對該

---

① 關於趙崡生卒年,各種記載説法不一,今參考趙崡後人趙黨軍先生的相關記載,見趙黨軍《趙崡和他的傲山樓——憑吊一代學者趙崡先公》,http://blog. sina. com. cn/s/blog_b0451d500101cscv.html,2012—11—01。

② 成永興《明趙崡書學思想研究》,陝西師範大學碩士學位論文,2011 年,第 5—6 頁。趙陽陽《讀四庫提要札記兩則》,《圖書館雜志》2013 年第 4 期。

③④ 〔清〕錢謙益《列朝詩集小傳》丁集中,第 532 頁。

⑤ 陳微《明代藏書家徐惟起研究》,福建教育出版社,2016 年,第 21—29 頁。

⑥ 馬泰來整理《新輯紅雨樓題記 徐氏家藏書目》,上海古籍出版社,2014 年。

⑦ 〔清〕紀昀《欽定四庫全書總目》(整理本),第 1594 頁。

⑧ 沈文倬《前言》,沈文倬校注,陳心榕標點《筆精》,福建人民出版社,1997 年,第 1 頁。

⑨ 陳微《明代藏書家徐惟起研究》,福建教育出版社,2016 年,第 243 頁。

⑩ 〔清〕紀昀《欽定四庫全書總目》(整理本),第 1713 頁。

⑪ 劉福鑄《姚旅的〈露書〉及其方言學價值》,《莆田學院學報》2010 年第 1 期。

書進行更全面深入的研究。

26. 馮復京(1573—1623),字嗣宗,南直隸蘇州府常熟(今江蘇常熟)人。學問廣博,但布衣終身。著有《六家詩名物疏》五十五卷、《國朝常熟先賢事略》十六卷、《説詩補遺》八卷等①。其中《六家詩名物疏》,乃是馮氏"嗤宋人爲固陋"而作②。四庫館臣評價此書曰:"其徵引頗爲賅博,每條之末間附考證","其議論皆有根柢,猶爲徵實之學者",③且"在徵引衆説之外,往往自下按語,考論衆義之得失,其中又多批駁朱子"④。劉毓慶先生認爲,這種"對名物凡有歧説者,多出己意,辨其是非得失,詳加考證"的做法"最值得注意"⑤。此後,浙江嘉善人沈萬鈳(字仲容,萬曆丁酉舉人)受馮氏《六家詩名物疏》的影響,撰成《詩經類考》三十卷。雖考據不及馮氏之精⑥,但亦是受中晚明考據學思潮影響下的《詩經》學産物。

27. 顧大韶(1576—?),字仲恭,南直隸蘇州府常熟(今江蘇常熟)人。與顧大章(字伯欽)爲孿生兄弟,大章舉萬曆三十五年(1607)進士,而大韶則布衣終身。顧大韶雖無功名,但"肆力於學問,六經諸史百家内典之書,靡不亂其津涉,啓其鈐鍵"⑦,又嫻於詩文,而尤擅經學⑧,博學多識,而尤精於考證⑨。所著有《炳燭齋稿》不分卷、《炳燭齋隨筆》一卷、《炳燭齋文集》二卷等。《炳燭齋稿》中有《五帝世系辨》《五木經辨》《魂神辨》《偅蟲辨》等考據學文章;《炳燭齋隨筆》則是顧大韶考據學的專書,此書顧氏比之於程大昌《演繁露》和王應麟《困學紀聞》⑩,可見其在顧氏心中之地位⑪。

28. 焦周(生平不詳),字茂潛,一字茂孝,焦竑次子。萬曆三十一年(1603)舉人⑫。焦氏"負絕人之才,深嗜古學,於典籍靡所不涉,博極群書而目

---

① 郭明芳《明代馮復京著述及其〈六家詩名物疏〉版本著録考述》,《東吳中文綫上學術論文》2013年第23期。

② 〔清〕錢謙益《馮嗣宗墓志銘》,《牧齋初學集》卷五五,上海古籍出版社,1985年,第1378頁。

③ 〔清〕紀昀《欽定四庫全書總目》(整理本),第203頁。

④ 于浩《明末清初詩經學研究》,武漢大學博士學位論文,2016年,第104頁。

⑤ 劉毓慶《從經學到文學——明代〈詩經〉學史論》,商務印書館,2001年,第152頁。

⑥ 〔清〕紀昀《欽定四庫全書總目》(整理本),第220頁。

⑦ 〔清〕錢謙益《顧仲恭傳》,《牧齋初學集》卷七二,上海古籍出版社,1985年,第1611頁。

⑧ 顧大韶曾説:"讀類書文集而不讀子史,是沽酒市脯之學也;讀子史而不讀五經,是拔本塞源之學也;讀五經而不講理學,不通三教,是貧兒數寶之學也。故曰博學而詳説之,將以反説約也。"〔明〕顧大韶《炳燭齋隨筆》,《續修四庫全書》子部第1133册,第1頁。

⑨ 顧大韶在《答翁子澄妹丈書》中説:"憶往歲與何季穆(即何允泓)辨三江之説,辨之數年,始知郭景純之言爲當,季穆欲著論以明之而未果。後讀《歸震川集》,則已先得吾心之同然矣。始大悟,嘆曰:'使吾早讀震川之集,則可以無數年之辨論矣。'以此知學之不可不博也。又嘆曰:'使吾無數年之辨論,雖震川之集,亦且忽而不信矣。'以此知問辨之不可不精也。"據此可知,顧氏認爲問辨之精源於學問之博,這與楊慎的考據學觀點如出一轍。〔明〕顧大韶《炳燭齋稿》,《四庫禁毁書叢刊》集部第104册,第541頁。

⑩ 〔清〕錢謙益《顧仲恭傳》,《牧齋初學集》卷七二,第1615頁。

⑪ 關於顧大韶考據學的初步討論,見孫常鳳《顧大韶與晚明社會》,北京師範大學碩士學位論文,2005年,第24—42頁。

⑫ 胡露《〈四庫全書總目〉時間之誤舉例》,《齊齊哈爾大學學報》2014年第4期。

無再過"①。所著《焦氏説楛》七卷,延續了其父焦竑的考據之風,對楊慎等人的考據成果進行了諸多駁正,是晚明一部重要的考據學著作。

29. 鄒忠胤(生卒年不詳),字肇敏,南直隸常州府武進(今江蘇常州)人。萬曆四十一年(1613)進士。歷任錢塘令、福建參議、九江副使等職。官至江西按察司副使②。據沈守正(1572—1623,錢塘人)所撰《鄒侯肇敏扈冶齋詩義序》稱:"余結髪受《詩》,所心服者唯王、唐、汪、向,今則我邑侯鄒肇敏先生。先生常有《詩删》行世,奉爲功令,不敢贊一詞。"③可見鄒氏在《詩》學方面的成就頗高。鄒氏雖窮研經學,著作多種,但今存者僅《詩傳闡》二十三卷。此書正是其《詩》學成就的重要代表④。該書依托豐坊偽《詩傳》而加以推演的做法,遭到四庫館臣的嚴厲批評⑤;但其深受中晚明考據學思潮的影響,表現出强烈的考據熱情,以及"博引諸家説對疑義加以考證"的做法,却得到後世研究者的高度評價,認爲清初疑古學者姚際恒對《詩經》的"懷疑和考辨,正是建立在鄒忠胤、何楷等人的基礎上"⑥。

30. 沈德符(1578—1642),又名麟禎,字虎臣,又字景倩,嘉興府秀水(浙江嘉興)人。萬曆四十六年(1618)舉人。此後屢試不第,遂絶意仕進,日以讀書著述爲事。沈德符既家富藏書,其藏書以史學著述及通俗文學爲主⑦;又博學多聞,著述繁多,存於今者有《萬曆野獲編》三十卷、《歷代正閏考》十二卷、《清權堂集》二十二卷、《顧曲雜言》一卷等。其中《萬曆野獲編》的編撰,因受到王世貞等人求真務實的史學考據風格的影響⑧,博采衆長,精於考辨,"堪稱明代歷史瑣聞類筆記中的翹楚"⑨。

31. 董斯張(1587—1628),本名董嗣章,字然明,號遐周,自稱借庵居士、瘦居士,湖州府烏程(今浙江湖州)人⑩。董氏好讀書,曾"泛覽百家之籍,旁窮二氏之微"⑪,但因身體羸弱,不幸英年早逝,故其所著并不甚多。但閔元衢在《祭董遐周文》中説,假如董氏并非英年早逝,那麼"使假伏生之年,其所著詩若文以迄稗官,未知與用修、元美孰多?"⑫將其與明代最爲博學之楊慎、王世貞并舉,可知他其實亦是一位博學之人。所著今存者有《吳興備志》三十二卷、《廣博物志》五十卷、《吹景集》十四卷、《静嘯齋存草》十二卷、《静嘯齋遺文》四卷等。而

① 〔明〕焦潤生《説楛小序》,〔明〕焦周《焦氏説楛》,《續修四庫全書》子部第1174册,第1頁。

② 《(康熙)常州府志》卷二四《人物》,《中國地方志集成》江蘇府縣志輯36,第540頁。

③ 〔明〕沈守正《學堂集》,《四庫禁毁書叢刊》集部第70册,第634頁。

④ 〔明〕鄒忠胤《詩傳闡》,《四庫全書存目叢書》經部第65册,第470—849頁。

⑤ 〔清〕紀昀《欽定四庫全書總目》(整理本),第222頁。

⑥ 于浩《鄒忠胤〈詩傳闡〉與明末清初詩經學》,《人文論叢》2018年第2期。

⑦ 范知歐《沈德符家族藏書事迹始末鈎沉》,《文獻》2011年第4期。

⑧ 孫衛國《沈德符與王世貞》,《中國典籍與文化》1999年第1期。

⑨ 林家豪《沈德符史學思想探析——基於〈萬曆野獲編〉的史料記載》,《嘉興學院學報》2015年第2期。

⑩ 馮保善《"三言""二拍"編者的朋友——董斯張》,《文史知識》2002年第4期。

⑪ 韓曾駒《静嘯齋詩序》,〔明〕董斯張《静嘯齋存草》,《續修四庫全書》集部第1381册,第465頁。

⑫ 〔明〕董斯張《静嘯齋存草》,《續修四庫全書》集部第1381册,第573頁。

《吹景集》是其考據學方面的代表性著作,在此書中他對楊慎、陳耀文、王世貞、焦竑、胡應麟等人的考據成果均有辨析,并在卷一四"博物信是難事"條中指出:

　　　　近世惟用修、元美稱博綜最,婺州胡元瑞跋扈自雄,幾欲與吳、蜀鼎立,乃汝南有《正楊》相傳,閩亦有《正王婺州》,幸未聞議其後者。近閱其書,如"夷羊在牧""僧孺好石"二事,稍爲正之。至《雙樹幻鈔》一種,所錄經藏,某經幾千卷,某經幾百卷,全據《西游記》中誕語,以侈多聞,其間又稱論爲經,殊可怪笑。試一閱《聖教總目》,元瑞敗闕立見矣。元瑞稱用修有二癖,至以迂怪滅裂譏之,且曰:"求忠臣于楊氏之門,或爲余屈其一指也。"元瑞豈真謂霸氣未消,後來者竟不敢以一矢相加遺耶? 余胸中有幾卷書,輒敢生此狂語? 年來覺百年一瞬,學古無涯,實見博物是一難事,但願多讀書晚著書,向蠹魚場中與諸賢把臂共行,便是極樂國土,以此自勖,并勖同調者。①

董斯張藉批評胡應麟考據成果的疏失,特別強調學古無涯,博物實難,提倡要"多讀書晚著書"。由董氏的表述可以看出,他實際非常強調博學之於考證的重要性,而這正與楊慎所倡導的博學於文的考據學思想相一致。

32. 畢拱辰(? —1644),字星伯,號湖目,萊州府掖縣(今山東萊州)人。萬曆四十四年(1616)進士。歷任江蘇鹽城知縣、江西吉安府推官、山西按察司僉事、冀寧道(太原)兵備僉事等職。崇禎十七年(1644),李自成帶兵攻入太原後,被李自成部將殺害。畢拱辰"生平最好書","署中無事,終日讀古。嘗以書相餉,受人餉者,必以其人所未見者報之。家中積書幾萬卷"②。畢拱辰著述頗多,但流傳下來的絕少,僅有在音韵學史上具有重要地位的《韵略彙通》二卷③,以及由他編纂潤飾的《泰西人身說概》和校訂的《斐録答彙》等少數幾種④。因此,雖然周亮工在《因樹屋書影》中曾着重提及畢氏在考據學方面對楊慎的駁難⑤,但限於材料,其詳暫不得而知。

33. 何楷(約1591—1646),字玄子,號黃如,漳州府鎮海衛(今福建漳州漳浦縣)人⑥。天啓五年(1625)進士。崇禎時,任户部主事、刑科給事中、工科給事中等職。何楷"博綜群書,寒暑勿輟,尤邃于經學"⑦。所著有《古周易訂詁》十六卷、《詩經世本古義》二十八卷等。其中《古周易訂詁》,四庫館臣稱其"取材宏富","詞必有據","不爲懸空臆斷、穿鑿附會之説,每可以見先儒之餘緒"⑧。肖滿省先生認爲,《古周易訂詁》"以廣博宏富的資料,成爲古《周易》研究的集

①　〔明〕董斯張《吹景集》,《續修四庫全書》子部第1134册,第125頁。
②　〔清〕計六奇《明季北略》,中華書局,1984年,第429頁。
③　張玉來《略論〈韵略彙通〉的幾個問題》,《山東師範大學學報》1986年第4期。
④　鄒振環《畢拱辰及其校譯的漢文西書》,《登州與海上絲綢之路國際學術研討會論文集》,人民出版社,2008年,第316—327頁。林濤《畢拱辰與〈泰西人身說概〉》,《春秋》2018年第5期。
⑤　〔清〕周亮工《書影》,上海古籍出版社,1981年,第227頁。
⑥　樊國相《何楷生平小考》,《語文教學通訊》2016年第4期。
⑦　〔清〕張廷玉等《明史》卷二七六《何楷傳》,第7077頁。
⑧　〔清〕紀昀《欽定四庫全書總目》(整理本),第52頁。

大成之作",是書"保存了大量先儒舊說,是研究明代以前易學思想的重要資料"①。楊自平先生甚至通過考察,明白指出何楷這種復古思想淵源於明代考據學的復興②。《詩經世本古義》,四庫館臣認爲此書"引援賅洽,凡名物訓詁,一一考證詳明,典據精確,實非宋以來諸儒所可及"③。劉毓慶先生特別指出,此書"能擺脱舊說的干擾,從考證出發,對傳統經解存在的矛盾及缺憾,作十分有意義的探討"④。于浩先生從中晚明考據學的整體視角出發,認爲《詩經世本古義》"不僅徵引當時學界之成果,也詳加考訂,展現出了明代考據學的成就"⑤。

34. 茅元儀(1594—1640),字止生,號石民,別號東海書生、夢閣主人等,湖州府歸安(今浙江湖州)人。官至副總兵。茅元儀是"唐宋派"成員茅坤之孫,自幼勤奮好學,博覽群書,尤喜讀兵、農之書。著述宏富,除所輯二百四十卷的兵學著作《武備志》外⑥,尚有《石民詩集》五十二卷、《暇老齋雜記》三十二卷等。其中《暇老齋雜記》是崇禎元年(1628)茅氏"待罪思過"時所作⑦,在該書中,茅氏曾對包括楊慎、王世貞等人在內的中晚明考據學家的考據成果進行了辨析,體現出較爲明顯地考據學特色,是晚明考據學持續發展的重要成果之一。

35. 毛晋(1599—1659),原名鳳苞,字子久(一作子九),晚年改名晋,字子晋,號潜在,別號汲古閣主人等。南直隸蘇州府常熟(今江蘇常熟)人。毛晋爲諸生,布衣終身,曾游錢謙益門,好古博聞,嗜書如命,藏書室多處,尤以汲古閣最爲知名。其一生編刻圖書六百餘種⑧,著述亦復不少。其中編著的《毛詩陸疏廣要》二卷,四庫館臣認爲其書"辨難考訂""亦頗不苟"⑨,是較爲集中的體現晚明《詩經》考據學方面成績的重要成果⑩。劉師培甚至認爲此書引據淹博,是清代陳啟源《毛詩稽古編》、包世榮《毛詩禮徵》的濫觴⑪。

36. 朱明鎬(1607—1652),字昭芑,南直隸蘇州府太倉(今江蘇太倉)人。少聰穎,天資絕人,擅制文,復社張溥(1602—1641)、張采(1596—1648)讀其文皆稱善,折節與交⑫。朱氏性喜讀書,且"每讀一書,手自勘讎,朱黃鉤貫,上自年經月緯,政因事革,下至於方言物考,音義章句,無不通以訓故,參以稗家,捃摭補綴穿窒,疑定紕繆,絲分縷析而後止"⑬。所著多種,唯《史糾》二卷存世。朱氏撰

① 肖滿省《〈古周易訂詁〉研究》,《周易研究》2013年第3期。
② 楊自平《何楷〈古周易訂詁〉的訂詁成果析論》,《鵝湖學志》2011年第47期,第98—101頁。
③ 〔清〕紀昀《欽定四庫全書總目》(整理本),第204頁。
④ 劉毓慶《從經學到文學——明代〈詩經〉學史論》,商務印書館,2001年,第206頁。
⑤ 于浩《明末清初詩經學研究》,武漢大學博士學位論文,2016年,第84頁。
⑥ 白壽彝先生稱此書爲"軍事學的百科全書"。白壽彝《中國通史綱要》,上海人民出版社,1980年,第830頁。
⑦ 任道斌《茅元儀生平、著述初探》,《明史研究論叢》1985年第3輯。
⑧ 曹之《中國古籍編撰史》,武漢大學出版社,2015年,第320頁。
⑨ 〔清〕紀昀《欽定四庫全書總目》(整理本),第189頁。
⑩ 劉黎、郭芹納《乾嘉考據學源起之新探》,《社會科學家》2010年第8期。
⑪ 劉師培著,鄔國義、吳修藝編《劉師培史學論著選集》,上海古籍出版社,2006年,第175頁。
⑫ 向燕南、石岩《明末史家朱明鎬的生平、交游與著述》,《歷史文獻研究》總第31輯,2012年。
⑬ 〔清〕吳梅村《朱昭芑墓志銘》,《吳梅村全集》卷四六,上海古籍出版社,1990年,第949頁。

寫《史糾》,乃深受楊慎所倡導的考據之風的影響,是以考證之法研究歷代正史的考據史學的杰作①。明乎此,也就不難理解向來認爲明代學術空疏浮泛的四庫館臣,會對《史糾》另眼相看,并給予很高的評價了,四庫館臣説:"(《史糾》)於諸史皆鈎稽參貫,得其條理,實——從勘驗本書而來,較他家爲有根據……要其參互考證,多中肯綮,精核可取者十之六七,亦可謂留心史學者矣。"②

三　結語

綜上,筆者通過對相關原始文獻的細緻梳理,不僅基本還原了由楊慎倡導的中晚明考據學群體意識覺醒的具體情形,更首次明確指出,中晚明考據學群體成員除林慶彰先生已提及的楊慎、梅鷟、陳耀文、胡應麟、焦竑、陳第、周嬰、方以智等八位之外,受楊慎影響而參與到中晚明考據學的群體實際包含季本、豐坊等四十多位,他們在各領域的考據學成果共同構築起了中晚明考據學成就的整體面貌。雖然這些參與者大多與楊慎時空懸隔,但他們與楊慎處於相同的時代背景下,圍繞着共同的學術話題,展開了一場超越時空的激烈但不失精彩的學術互動,他們的這種特殊形式的互動所結出的研究碩果,給已被打上"空疏學風"③標籤的明代學術帶來了全新的變化,并由此逐漸形成了一種有別於理學和心學的具有共同學術理念的考據學群體④。雖然這個群體無法如程朱理學和陸王心學那樣在社會層面擁有巨大的影響,但在學術層面却着實已與程朱理學、陸王心學形成了鼎足之勢。

（作者單位：江蘇第二師範學院文學院）

---

①　向燕南、石岩《從叙史到考史:朱明鎬及其〈史糾〉》,《輔仁歷史學報》2009 年第 24 期。叢玉龍《朱明鎬與〈史糾〉的評史理論》,《濮陽職業技術學院學報》2010 年第 2 期。王本業《朱明鎬〈史糾〉考據史學探微》,雲南師範大學碩士學位論文,2013 年。

②　〔清〕紀昀《欽定四庫全書總目》(整理本),第 1170 頁。

③　楊緒敏《論明代空疏學風形成和嬗變的原因及影響》,《北方論叢》2006 年第 4 期。饒宗頤先生曾對此"空疏學風"作了新的解讀:"明代經學一向被人目爲空疏,從清人考證學的立場看,自容易作出這樣的評價。須知考證學的目的在求真,着力於文字訓詁上的詮釋,明人則反是,他們治經儘量避開名句文身的糾纏,而以大義爲先,從義理上力求心得,争取切身受用之處,表面看似踏虚,往往收到行動上預期不到的實效。"饒宗頤《明代經學的發展路向及其淵源》,載林慶彰、蔣秋華主編《明代經學國際研討會論文集》,"中央研究院"中國文哲研究所籌備處,1996 年,第 15 頁。

④　美國漢學家艾爾曼先生認爲:"不管以後見之明看起來是多麼重要,明代的考證學先行者們没有在他們的時代擁有決定性的影響。"(〔美〕艾爾曼著,復旦大學文史研究院譯《經學·科舉·文化史:艾爾曼自選集》,中華書局,2010 年,第 65 頁)艾氏的説法無疑是十分正確的,他告訴我們,明代考據學雖在學術層面與程朱理學、陸王心學形成了鼎足之勢,但就實際的社會影響層面而言,確實無法如程朱理學和陸王心學那樣對社會擁有決定性的影響。而代玉民先生在其關於焦竑研究的博士論文中認爲:"考據學在明代雖無法達到陽明學與程朱學的發展程度,但在學者人數以及考據範圍等方面已具有相當的規模。就考據學者而言,楊慎、梅鷟、胡應麟、王世貞、焦竑、陳第、方以智等人并非明代思想界的邊緣人物,而是中晚明第一流的學者。考據學者的學術地位的中心化,很大程度上表明考據學在明代屬於不可忽視的、正在崛起的重要學術傳統。"(代玉民《焦竑與明清儒學研究》,南京大學博士學位論文,2018 年,第 154 頁)代氏的觀察無疑對我們進行中晚明考據學群體的考察具有重要啓發意義。

古典文獻研究（第二十七輯上）
Journal of the Institute for Chinese Classics Studies
Nanjing University
Volume 27, No.1 2024

《顏魯公集》四庫提要疏證*

趙陽陽

　　《四庫全書總目》卷一四九集部二別集類著録《顏魯公集》，此則提要撰成後，學者偶有疏釋補正。胡玉縉引録孫星衍《廉石居藏書記》、吴焯《綉谷亭薰習録》以爲補釋①，李裕民復據史志訂正提要所謂元剛爲留正子之誤②，其他訂補選注《總目》之作雖多，然涉及顏集者僅作簡要補證③。四庫全書研究所整理之《欽定四庫全書總目》以武英殿本爲底本，校以浙本、粤本，然於顏集提要僅有一條校語④；魏小虎《四庫全書總目彙訂》則以浙本爲底本，校以殿本，於此條下僅引及萬曼《唐集叙録》與楊武泉《四庫提要辨誤》⑤。今不揣譾陋，以武英殿本之顏集提要文字爲綱，校以浙本、文淵閣本、文津閣本、文溯閣本、《紀曉嵐删定〈四庫全書總目〉稿本》、《武英殿聚珍版叢書》本《文忠集》卷首提要等別本⑥，隨

---

　　* 本文係國家社科基金項目"《顏魯公文集》校箋與研究"(23BZW053)階段性成果。

　　① 胡玉縉撰，王欣夫輯《四庫全書總目提要補正》，上海書店出版社，1998年，第1191—1192頁。

　　② 李裕民《四庫提要訂誤》，中華書局，2005年，第360頁。

　　③ 余嘉錫《四庫提要辨證》(中華書局，1980年)、崔富章《四庫提要補正》(杭州大學出版社，1990年)、王勇《四庫提要叢訂》(齊魯書社，2018年)於顏集并無辨證。楊武泉《四庫全書總目辨誤》(上海古籍出版社，2001年，第199—200頁)僅對李裕民"留元剛爲留正之孫"的説法補充兩則例證。司馬朝軍《四庫全書總目精華録》(武漢大學出版社，2008年，第678—679頁)選録顏集提要，注而無校，所注五條或關於作者生平研究，或引録提要所及文獻，對提要之具體問題并未涉及。他如陳尚君、張金耀《四庫提要精讀》(復旦大學出版社，2008年)、王培軍《四庫提要箋注稿》(上海大學出版社，2019年)亦爲選體，皆未涉及顏集。

　　④ 四庫全書研究所整理本《欽定四庫全書總目》，中華書局，1997年，第2000—2001頁。

　　⑤ 魏小虎《四庫全書總目彙訂》，上海古籍出版社，2012年，第4774—4775頁。

　　⑥ 底本與校本所據詳列於下。武英殿本:臺北"商務印書館"《影印文淵閣四庫全書·總目》據武英殿本影印本，2000年，第四册，第40—41頁。浙本:中華書局影印王伯祥先生斷句本，1965年，第1283—1284頁。文淵閣本:上海古籍出版社影印本，1992年，第2—3頁。文津閣本:中國書店影印本，2018年，第1—5頁。文溯閣本:全國圖書館文獻縮微複製中心影印《金毓黻手定文溯閣四庫全書提要》，2000年，第675頁。《紀曉嵐删定〈四庫全書總目〉稿本》:國家圖書館出版社，2011年，第六册，第409—412頁。《文忠集》提要:臺北"故宫博物院"藏《武英殿聚珍版叢書》本《文忠集》卷首，署紀昀、陸錫熊、平恕撰。文瀾閣本(杭州出版社，2015年影印本)顏集係丁丙補鈔，不具論。

文注出异同，并博采諸家書目，旁及史傳、方志、別集、筆記等，爲顔集提要作詳細疏證，同時補正前賢之罅漏。不特便於提要之讀者，且可爲治顔集者之助。

此條提要的初撰者①，據《武英殿聚珍版丛书》本《文忠集》目録末之提要，署"總纂官内閣學士臣紀昀、光禄寺卿臣陆锡熊、纂修官右庶子臣平恕"，考以提要纂修之慣例，似當爲平恕。據武英殿本《四庫全書總目》卷首《欽定四庫全書勘閱繕校諸臣職名》之"纂修官"部分，其第二位即"右春坊右庶子臣平恕"②，而纂修官中翁方綱、朱筠、余集、邵晋涵、周永年、戴震、姚鼐等更在其後。浙刻本《四庫全書總目》卷首《乾隆四十七年七月十九日奉旨開列辦理四庫全書在事諸臣職名》列平恕入"校勘《永樂大典》纂修兼分校官"中，職銜爲"文淵閣校理右春坊右庶子"③。考平恕生平，法式善《清秘述聞》卷十六載乾隆四十五年庚子恩科會試同考官："編修平恕字寬夫，浙江山陰人，壬辰進士。"④同卷乾隆四十六年辛丑科會試同考官中亦有平恕⑤。《清秘述聞》卷十二於廣東省"并院"（廣東省雍正七年分設廣韶、肇高兩學政，乾隆十六年後統設一員）下載："平恕……（乾隆）四十八年以侍讀學士任。"⑥《清秘述聞》卷八載乾隆五十三年戊申恩科鄉試："廣西考官：侍讀平恕。"⑦同卷又載嘉慶三年戊午科鄉試："江南考官：内閣學士平恕。"⑧《清秘述聞》卷九於江蘇省"江蘇學院"下載："平恕……嘉慶三年以内閣學士任。"⑨據王家相《清秘述聞續》，嘉慶六年辛酉科會試考官中有"兵部侍郎平恕"⑩。《清秘述聞續》卷九於江蘇省學政下載："平恕……嘉慶六年以户部侍郎任。"⑪又據王昶《春融堂集》，乾隆五十一年，平恕時任少詹事⑫。據上可知，平恕爲乾隆三十七年（壬辰，1772）進士，後任翰林院編修、侍讀學士、少詹事、廣東學政、内閣學士、江蘇學政、兵部侍郎、户部侍郎等職。平恕之著述，目前僅知有《紹興府志》八十卷傳世，乾隆五十七年刊行。

《顔魯公集》十五卷、《補遺》一卷、《年譜》一卷、《附録》一卷。副都御史

---

　　①　查檢《四庫提要分纂稿》（翁方綱等撰，吳格、樂怡標校整理，上海書店出版社，2006 年）、《翁方綱纂四庫提要稿》（吳格整理，上海科學技術文獻出版社，2000 年）、《四庫全書提要稿輯存》（張昇編，北京圖書館出版社，2006 年）等書中已知館臣所撰提要稿，皆未及顔集。

　　②　〔清〕永瑢等《欽定四庫全書總目》第一册卷首，影印武英殿刻本，臺灣"商務印書館"1983 年，第 24 頁。

　　③　〔清〕永瑢等《四庫全書總目》卷首，影印浙刻本，中華書局，2003 年，第 13 頁。

　　④　〔清〕法式善撰，張偉點校《清秘述聞》卷一六《同考官類四》，中華書局，1982 年，第 498 頁。

　　⑤　〔清〕法式善撰，張偉點校《清秘述聞》卷一六《同考官類四》，第 500 頁。

　　⑥　〔清〕法式善撰，張偉點校《清秘述聞》卷一二《學政類四》，第 372 頁。

　　⑦　〔清〕法式善撰，張偉點校《清秘述聞》卷八《鄉會考官類八》，第 282 頁。

　　⑧　〔清〕法式善撰，張偉點校《清秘述聞》卷八《鄉會考官類八》，第 308 頁。

　　⑨　〔清〕法式善撰，張偉點校《清秘述聞》卷九《學政類一》，第 323 頁。

　　⑩　〔清〕王家相撰，張偉點校《清秘述聞續》卷一《鄉會考官類一》，中華書局，1982 年，第 530 頁。

　　⑪　〔清〕法式善撰，張偉點校《清秘述聞續》卷九《學政類一》，第 769 頁。

　　⑫　〔清〕王昶《春融堂集》卷六五，清嘉慶十二年塾南書舍刻本。

黃登賢家藏本。①

　　陳振孫《直齋書録解題》卷十六著録“《顏魯公集》十五卷《補遺》一卷《附録》一卷”載：“唐太子太師京兆顏真卿清臣撰，之推五世孫，師古曾侄孫。案《館閣書目》，嘉祐中宋敏求惜其文不傳，乃集其刊於金石者爲十五卷……（留）元剛復爲之《年譜》，益以《拾遺》一卷，多世所傳帖語，且以《行狀》《碑》《傳》爲附録。”②陳氏著録之顏集顯爲留元剛刻本，其内容與四庫諸本相同，可見《四庫全書》所據之安國刻本沿襲留元剛刻本之舊貌，内容并無差異。另提要據以著録之“副都御史黃登賢家藏本”，據下文知爲明嘉靖年間錫山安國所刻十五卷本。

　　唐顏真卿撰。真卿事迹具《唐書》本傳。

　　按，顏真卿事迹，除新、舊《唐書》所載外，尚有殷亮《顏魯公行狀》及令狐峘《光禄大夫太子太師上柱國魯郡開國公顏真卿神道碑銘》（俱載黃本驥編本《顏魯公文集》卷十四），所載互有參差。史傳所載大體因襲《行狀》與《碑銘》。

　　其集見於《藝文志》者，有《吳興集》十卷，又《廬州集》十卷、《臨川集》十卷，至北宋皆亡。③

　　《新唐書》卷六十《藝文志》第五十載：“顏真卿《吳興集》十卷，又《廬州集》十卷、《臨川集》十卷。”④晁公武《郡齋讀書志》卷四上僅載“顏真卿文一卷”⑤。留元剛《顏魯公文集後序》云：“按《藝文志》《行狀》《神道碑》，公佐吉州有《廬陵集》十卷，刺撫州有《臨川集》十卷，刺湖州有《吳興集》十卷、《韵海鏡源》三百六十卷，爲禮儀使有《禮儀集》十卷，今并逸而不傳。”⑥

　　有吳興沈氏者，采掇遺佚，編爲十五卷，劉敞爲之序，但稱沈侯而不著名字。⑦

　　劉敞《顏魯公文集序》：“吳興沈侯，哀魯公之忠而又佳其文，懼久而不傳與雖傳而不廣也，於是采掇遺逸，輯而編之，得詩、賦、銘、記凡若干篇，爲十五卷，學者可觀焉。”⑧陳振孫《直齋書録解題》卷十六“《顏魯公集》”條云：“案《館閣

　　①　四庫全書研究所整理本《欽定四庫全書總目》校云：“文淵閣庫書作《顏魯公集》十五卷補遺一卷年譜一卷行狀一卷神道碑一卷，《總目》與之不符。”（中華書局，1997年，第2000頁）此當因《總目》將《行狀》《神道碑》部分合爲《附録》一卷，文淵閣庫書則將《行狀》《神道碑》均標爲一卷。今按文淵閣本、文溯閣本書前提要，均無“《年譜》一卷、《附録》一卷”八字（文津閣本有），而文淵閣本書前提要於“唐顏真卿撰”五字下獨有“後附以年譜及碑狀”。大約對於《年譜》《行狀》《神道碑》究竟是否能獨立爲一卷各有不同的認識，遂致著録之差異，實則所據均爲明安國刊本《顏魯公文集》，内容并無二致。
　　②　〔宋〕陳振孫撰，徐小蠻、顧美華點校《直齋書録解題》，上海古籍出版社，1987年，第471頁。
　　③　“吳興集”三字，文淵閣、文津閣本書前提要均誤作“興觀集”，而文溯閣本書前提要不誤。
　　④　〔宋〕歐陽修、宋祁等《新唐書》，中華書局，1975年，第1604頁。
　　⑤　〔宋〕晁公武撰，孫猛校證《郡齋讀書志校證》，上海古籍出版社，2011年，第844頁。
　　⑥　〔唐〕顏真卿《顏魯公文集》卷一八，清黃本驥《三長物齋叢書》本。
　　⑦　“但稱沈侯”四字，文津閣、文溯閣本書前提要作“但沈稱侯”。
　　⑧　〔唐〕顏真卿《顏魯公文集》卷一八。

書目》，嘉祐中宋敏求惜其文不傳，乃集其刊於金石者爲十五卷。今本序文劉敞所作，乃云吳興沈侯編輯，而不著沈之名。"①

按，劉敞序中所云"吳興沈氏"，孫利政通過對劉敞《公是集》的細讀，考定是同時和州歷陽人沈立②。其説可從。沈立生平詳見楊杰《無爲集》卷一二《故右諫議大夫贈工部侍郎沈公（立）神道碑》、《宋史》卷三三三《沈立傳》，可參。

嘉祐中，又有宋敏求編本，亦十五卷，見《館閣書目》。

留元剛《顔魯公文集後序》云："得劉原父所序十二卷，即嘉祐中宋次道集其刻於金石者也。篇簡漫漶，字義舛訛，乃以史傳諸書、碑迹、雜記銓次年譜，繫以見聞，參异訂疑，搜亡補失。"③陳振孫《直齋書録解題》卷十六云："留元剛刻於永嘉，爲後序，則云'劉原父所序，即宋次道集其刻於金石者也'，又不知何據。"④都穆《顔魯公文集後序》："《顔魯公集》有二，予家舊藏本凡十五卷，人間所傳又有宋永嘉守留元剛本，視予家者十五而闕其三……考之《館閣書目》，謂嘉祐中宋敏求惜公文不傳，乃集其刻於金石者爲十五卷。及觀元剛之序，則云原父所序，即敏求集其刻於金石者，而乃止十二卷，何也？"⑤晚清丁丙在《善本書室藏書志》中著録明活字本《顔魯公文集》五卷《補遺》一卷，稱："宋嘉祐間宋次道搜之金石，亦編十五卷，似非沈氏舊次。嘉定間留元剛得十二卷，益以《補遺》《年譜》《行狀》，雖十五卷，又非宋氏舊次。"⑥萬曼《唐集叙録》據陳振孫所載認爲："陳氏的話對留元剛所論采存疑態度，蓋留元剛把劉序沈氏本及宋次道本混淆了。他所得的十二卷本，或者僅是宋敏求本的殘卷。"⑦

案，提要似以吳興沈氏所編與宋敏求所編爲兩本，沈本在前而宋本居後，丁丙等從其説。然南宋留元剛則直認二本爲一，以致後來陳振孫、都穆皆有不解，至萬曼先生則徑謂留元剛將沈本與宋本混淆。萬先生的看法有兩處需要具體辨析，首先所謂"他（留元剛）所得的十二卷本，或者僅是宋敏求本的殘卷"，實未加詳考。劉敞的序與"吳興沈氏"是合而爲一的，倘若宋敏求本爲另外一個編本，編者又處於同一時期，則其中當無劉敞之序言，若此則今存都穆編本（據留元剛本重編）應當無劉敞序。然而，事實上今存《顔魯公文集》卷首皆有劉敞之序（殘闕者除外），説明留元剛所得十二卷殘本當是所謂吳興沈氏編本。其次，萬氏認爲"留元剛把劉序沈氏本及宋次道本混淆了"，大概過於低估留元剛在編輯《顔魯公文集》過程中的能力與貢獻。事實上，今存諸本《顔魯公文集》，其源皆出於留元剛編集本。留氏又有《顔魯公年譜》之作，更收集顔

① 〔宋〕陳振孫撰，徐小蠻、顧美華點校《直齋書録解題》，第471頁。案，趙士煒《中興館閣書目輯考》亦自《直齋書録解題》中輯得，文字略同。
② 孫利政《〈顔魯公文集〉編者"沈侯"考》，《讀書》2022年第11期。
③⑤ 〔唐〕顔真卿《顔魯公文集》卷一八。
④ 〔宋〕陳振孫撰，徐小蠻、顧美華點校《直齋書録解題》，第471頁。
⑥ 〔清〕丁丙撰，曹海花點校《善本書室藏書志》卷二四，浙江古籍出版社，2016年，第992頁。
⑦ 萬曼《唐集叙録》，河南大學出版社，2008年，第84頁。

真卿書法,刻石爲《忠義堂帖》八卷①,對魯公生平、功業、著述甚爲稔熟。因此,留元剛《顏魯公文集後序》中所爲劉敞作序的吳興沈氏編本與宋敏求編本實爲一本的看法特別值得重視。

前及《館閣書目》提到宋敏求(1019—1079)編本時也未及劉敞、沈立,似乎兩個編本之間毫無關係。實際上,宋敏求與劉敞(1019—1068)同齡,沈立(1007—1078)較二人年長十餘歲。宋敏求長期任史館修纂,從事修史、修志工作,頗爲歐陽修所賞識,有《春明退朝録》《長安志》之作,又編《唐大詔令集》一百三十卷;劉敞則曾協助司馬光修《資治通鑑》,任集賢院學士,與歐陽修、梅堯臣交好;沈立曾任兵部郎中、右諫議大夫等職,藏書頗富,與劉敞交善。因此據三人之年歲與彼此之身份,不妨大膽推測:顏集本爲宋敏求編纂,沈立獲藏宋編本之抄本後請劉敞作序,隨後刊以行世。顏真卿曾爲吳興太守,又曾撰書《吳興沈氏述祖德記》,稱與沈氏有所謂“江南婚姻之舊,中外伯仲之穆”②,作爲吳興沈氏之後人,以刊行文集的方式來紀念對其家鄉、家族有恩惠的顏真卿,實合於情理。劉敞序中稱“然魯公殁且三百年,未有祖述其書者”,正説明了這次刊行的紀念意義。之所以有此猜測,最重要的原因是留元剛(1179—?)距離劉敞、沈立時代尚近③,他所掌握的相關史料應當較後世爲充分,所言理當受到特別重視。

此外,如沈編本與宋編本爲不同之本,則其皆十五卷,是否太過巧合? 且劉敞序沈編本,云其“采掇遺逸,輯而編之,得詩、賦、銘、記凡若干篇,爲十五卷”④,陳振孫引《館閣書目》謂宋編本“乃集其刊於金石者爲十五卷”⑤,考今本顏集皆冠以劉敞序,其内容以碑銘等金石文字爲主,切合《館閣書目》對宋編本的描述。又江休復《嘉祐雜志》云:“宋次道集顏魯公文十五卷,詩才十八首,多是湖州宴會聯句詩。”⑥所述宋敏求編本與今存冠以劉敞序之版本相合,此亦可作沈編本與宋編本爲一本之輔證。

　　江休復《嘉祐雜志》極稱其采録之博⑦。

---

　　① 黄本驥《顏魯公著作考》(載黄本驥編《顏魯公文集》卷一九,清《三長物齋叢書》本)云:“嘉定間元剛守永嘉,得敏求殘本,失其三卷,因爲補之,附以《年譜》……元剛又集公書刻石爲《忠義堂帖》八卷。越三年,東平鞏嶸又續刻二卷,今存者惟孫退谷所藏殘本。”

　　② 〔唐〕顏真卿撰,趙陽陽點校《顏魯公文集》,《陝西古代文獻集成》第二十六輯,陝西人民出版社,2021年,第132頁。

　　③ 留元剛其人,人物詞典多付之闕如,僅吳海林、李延沛編《中國歷史人物生卒年表》(黑龍江人民出版社,1981年,第219頁)、馬興榮等主編《中國詞學大辭典》(浙江教育出版社,1996年,第104頁)等稍有涉及,然亦不詳其生年。按留元剛《顏魯公文集後序》云:“予後公三百九十四年而生,又三十五年而守永嘉,訪公之來孫,自五代徙居於此。”考顏真卿公元785年遇害,則留元剛當生於1179年。葉適《溫州新修學記》:“嘉定七年,留公茂潛來守。”嘉定七年(1214)正值留元剛三十五歲,與序中所言暗合。

　　④ 〔唐〕顏真卿《顏魯公文集》卷一八。

　　⑤ 〔宋〕陳振孫撰,徐小蠻、顧美華點校《直齋書録解題》,第471頁。

　　⑥ 〔宋〕江休復《江鄰幾雜志》,《叢書集成初編》本,中華書局,1991年,第14頁。

　　⑦ 嘉祐雜志,武英殿本《文忠集》提要作“筆録”。

　　按，江休復《嘉祐雜志》載："宋次道集顏魯公文十五卷，詩才十八首……又《和政公主碑》，肅宗女，代宗母妹。潼關失守，輟夫柳潭乘以濟媿妹。首云'平陽興娘子之軍于司竹，襄城行匹庶之禮於宋公，常糺匡復之師於武后，皆前代所未有'也。"①

　　檢顏真卿撰於廣德二年八月之《和政公主神道碑》，略云："皇唐勃興，王道丕變。平陽起娘子之軍於司竹，襄城行匹庶之禮於宋公，常樂糺匡復之師於武后，皆前古之所未有……公主姓李氏。隴西成紀人。皇唐元宗至道大大明孝皇帝之孫，肅宗文明武德大聖大宣孝皇帝之第二女……天寶九載春三月既望，封和政公主，降於河東柳潭，既笄之三載矣……洎凶羯亂常，潼關不守，玄宗幸蜀，妃后駿奔。姊曰寧國公主，嬬嫛屏居，誰或訃告，乃棄其三子，取其夫之乘以乘之。柳侯徒行，公主愧焉，下而同趨者日且百里。每臻坎險，必先濟寧國，而後從之。柳侯辭，公主曰：'我若先涉，脫有危急，不能俱全，則棄我姊矣。'柳侯感嘆，躬負薪之役，公主怡然，親饋饎之事。"②可與江休復之記載相參證。

　　觀江休復之記載，并未有稱贊宋次道編輯魯公集之語，蓋館臣將《和政公主神道碑》中"皆前代所未有"誤植於宋次道所輯魯公集之上，因而滋生"《嘉祐雜志》極稱其采錄之博"之誤解，亦可見提要初纂時限於程期，在利用序跋時偶有斷章取義之粗疏。

　　　　至南宋時，又多漫漶不完。嘉定間，留元剛守永嘉，得敏求殘本十二卷，失其三卷，乃以所見真卿文別爲補遺，并撰次《年譜》附之，自爲後序。③

　　留元剛《顏魯公文集後序》云："予後公三百九十四年而生，又三十五年而守永嘉，訪公之來孫，自五代徙居於此。本朝皇祐、紹興間，嘗錄其後，官者六人。忠義之澤，滲瀣悠久，有自來矣。求公文而刊之，將以砥礪生民，而家無藏本，得劉原父所序十二卷，即嘉祐中宋次道集其刻於金石者也。篇簡漫漶，字義舛訛，乃以史傳諸書、碑迹、雜記銓次年譜，繫以見聞，參異訂疑，搜亡補失，其涉於公之筆而無考，則不敢及焉。故書遺亡，網羅未備，尚俟後人。"④

　　提要前謂沈編本與宋編本爲一先一後之二本，此則謂留元剛本以"敏求殘本十二卷"爲基礎別爲補遺，而留元剛序稱其"家無藏本，得劉原父所序十二卷"，實已將"劉原父所序"本與"宋敏求殘本"等同。前後叙述之錯亂，蓋受《直齋書錄解題》以來諸書目之影響而未加細考所致。

　　　　後人復即元剛之本分爲十五卷，以符沈、宋二本之原數。沿及明代，

---

　　① 〔宋〕江休復《江鄰幾雜志》，第14頁。

　　② 〔唐〕顏真卿《顏魯公文集》卷八。

　　③ "并撰次年譜附之自爲後序"十一字，文溯閣本書前提要無。"自爲後序"，文淵閣本書前提要作"詳爲考訂"。"自爲後序"下，武英殿本《文忠集》提要有"而宋、沈所編全書皆不存"十字。

　　④ 〔唐〕顏真卿《顏魯公文集》卷一八。

留本亦不甚傳。①

孫星衍《平津館鑒藏書籍記》卷二著録《顏魯公文集》十五卷,謂:"此集據劉敞序,本十五卷,後留元剛僅得十二卷,附以《補遺》《年譜》《行狀》。明都穆復重爲編次,仍作十五卷,以符舊集之數。《碑銘》、新舊《史》本傳,則又穆所附益也。"②

按,留元剛刊本之後,今見最早者爲嘉靖年間都穆編次的安國刊本③。安國本爲明清以來刊行諸本,多以安國本爲據。提要所云"後人",顯指安氏刊本之編輯者都穆。

> 今世所行,乃萬曆中真卿裔孫允祚所刊,脱漏舛錯,盡失其舊。

瞿鏞《鐵琴銅劍樓藏書目録》著録明活字本《顏魯公文集》十五卷,云:"原書已失,嘉祐中宋次道嘗集其刊於金石者,成十五卷,劉原父序。又謂吳興沈氏(按,沈氏在宋次道前,丁丙跋中甚詳)有輯本,後留元剛刻於永嘉,序云沈本即宋本,不知何據。此明錫山安國以活字銅版印行者,板心有'錫山安氏館'五字,較萬曆間魯公裔孫允祚刻本獨完善,殆出留氏舊本,惟《補遺》一卷有目無書,《年譜》一卷亦闕。"④

按,萬曆二十四年(1596),顏真卿二十五世裔孫顏胤祚重刊《顏魯公文集》,其書前有劉敞、楊一清、都穆序,可知所出爲安氏本。又增萬曆丙申戴燿序、張居仁後序。據戴燿《序》:"公集刻自平原,中多訛舛,博士君(案,指顏胤祚)將再梓於家塾。值余行役闕里,而以校讎爲請,不佞三遜,顏君三揖。……遂躬校讎而叙其梗概如此。"可知此本據萬曆十七年本重刻。不過此本篇目次第與所據之劉思誠本不同,且將安國本《補遺》之十五首文字散入各卷,已失安國本舊貌,校勘亦粗疏,此戴燿之過也。

> 獨此本爲錫山安國所刻,雖已分十五卷,然猶元剛原本也。

都穆《顏魯公文集後序》:"《顏魯公集》有二,予家舊藏本凡十五卷,人間所傳又有宋永嘉守留元剛本,視予家者十五而闕其三……元剛復謂公所著書'逸而不傳',而其本有公文《補遺》及《年譜》《行狀》,皆予家所無。而予家本自《和政公主碑》至《顏夫人碑》十首,又元剛之所未有,此又何也? 舊本皆以詩居首,今僭爲編訂。以奏議第一,表次之,碑銘次之,書序與記又次之,而以詩終焉。若《補遺》諸作,則各從其類,卷仍十五,以符舊集之數。而《年譜》《碑狀》《列

---

① "後人"至"甚傳",武英殿本《文忠集》提要作:"後人復分元剛之本爲十五卷以當之,迨明而流傳益罕。"

② 〔清〕孫星衍撰,焦桂美、沙莎點校《平津館鑒藏書籍記》卷二,上海古籍出版社,第 85 頁。

③ 明嘉靖年間,無錫安國先後有活字本《顏魯公文集》與刊本《顏魯公集》之印行,二本文字偶有小異。參拙文《明安國本〈顏魯公文集〉考述》,載賈三强主編《陝西地方文獻研究》第一輯,商務印書館,2016 年 11 月。

④ 〔清〕瞿鏞編纂,瞿果行標點《鐵琴銅劍樓藏書目録》卷一九《集部》一,上海古籍出版社,2000年,第 500 頁。

傳》諸文别爲繕寫，以附於後。其間字之訛謬，復爲校讎，損壞不可讀者姑且闕之……毗陵安民泰欲梓公集，少傅石淙公（杨一清）既爲之序，而復求予言。”①楊一清《顔魯公文集序》：“公之文初輯於宋人沈氏，劉原父序之，留元剛氏又續爲搜輯刻之，傳今多不存，學者罕得而見。散見於金石間者，千百之一二耳。近錫山安國民泰得傳録舊本，志重梓之，請予序。”②丁丙《善本書室藏書志》著録明活字本《顔魯公文集》云：“明嘉靖癸未吴郡都穆重爲編訂，以奏議第一，表次之，碑銘次之，書序與記之類又次之，而以詩終焉，卷仍十五，以符舊數。毗陵安民泰梓之，石淙楊公序之，即此本也。版心有‘錫山安氏館’五字。按田裕齋瞿氏書目亦安氏本，亦缺《年譜》《行狀》《碑銘》，豈當時先印正集流通，以後未將附録復合歟？”③又同卷著録山海劉思誠“萬曆翻安本”《顔魯公文集》十五卷云：“前有嘉靖二年石淙楊一清序，次劉敞《魯公文集序》，次留元剛後序，次嘉靖癸未吴郡都穆後序，蓋翻安國刊本也。有萬曆己丑平原邑人趙焞、平原學博楚麻城羅樹聲爲劉侯重鋟序跋。按《廉石居藏書記》云：‘是本都氏所私定也。四庫所收即此本，疑脱都氏序，故疑爲元剛本耳。’”④

　　按，提要稱安國刊本“雖已分十五卷，然猶元剛原本”，意謂刊本分卷雖爲十五卷，但其内容并無超出留本者。留元剛本之具體篇目，以今世傳都穆編訂之安國刊本考察之，仍然缺少都穆《後序》所謂“自《和政公主碑》至《顔夫人碑》十首”。可見都穆并未將家藏十五卷本多出的内容增補到留元剛本中，而僅就留元剛刊本進行了重編，并訂正文字訛誤而已。因此，孫星衍以四庫所收爲都穆“私定”本，其説不確。孫氏同時懷疑四庫所據脱都穆後序，亦臆測之詞。又丁丙所謂田裕齋，即常熟瞿鏞之藏書室，“田裕齋瞿氏書目”亦即瞿鏞《鐵琴銅劍樓藏書目録》。瞿鏞、丁丙所著録之活字本《顔魯公文集》皆缺《年譜》與《補遺》（即瞿目所謂《行狀》《碑銘》），而生年稍晚於丁丙的繆荃孫在其《藝風藏書記》中説：“錫山安國活字本，首有楊一清序。瞿氏、丁氏《書目》均無《補遺》《年譜》，此本獨全，亦可貴也。”⑤可見，繆氏所著録之活字本不闕。因此，丁丙推測當時先印正集流通，以後未將《附録》復合，應符合實情。

　　　　真卿大節，炳著史册，而文章典博莊重，亦稱其爲人。

　　《舊唐書·顔真卿傳》末史臣贊云：“清臣富於學，守其正，全其節，是文之杰也。苟無盧杞惡直，若任之爲相，遂行其道，豈有希烈之叛焉。”⑥《新唐書·顔真卿傳》：“當禄山反，哮噬無前，魯公獨以烏合嬰其鋒，功雖不成，其志有足稱者。晚節偃蹇，爲奸臣所擠，見殞賊手。毅然之氣，折而不沮，可謂忠矣。”⑦劉敞《顔魯公文集序》：“魯公極忠不避難，臨難不違義。是其塵垢糠粃，猶祇飾

---

①②　〔唐〕顔真卿《顔魯公文集》卷一八。

③　〔宋〕陳振孫撰，徐小蠻、顧美華點校《善本書室藏書志》，第992頁。

④　〔宋〕陳振孫撰，徐小蠻、顧美華點校《善本書室藏書志》，第993頁。

⑤　繆荃孫撰，黄明、楊同甫標點《藝風藏書記》卷六，上海古籍出版社，2007年，第132頁。

⑥　〔後晉〕劉昫等《舊唐書》卷一二八，中華書局，1975年，第3597頁。

⑦　〔宋〕歐陽修、宋祁等《新唐書》卷一五三，第4861頁。

而誦習之,將以勸事君,況其所自造之文乎!"①留元剛《顏魯公文集後序》:"文章之輕重在一身,節義之輕重在國家。存而爲節義,發而爲文章,盡之於一身,推之於國家,漢唐以來魯公一人而已。"②楊一清《顏魯公文集序》:"文章節義,天地間元氣所關,而國家氣運興衰,端必由之……當禄山亂作,豺豕哮噬,前無堅城,顏魯公首倡大順。以烏合之衆嬰賊鋒,列郡應之如響,使賊逡巡不敢長驅而西。明皇得從容狩蜀,靈武受禪,郭、李卒成收復之勛,要之義氣所激,公之功居多。"③

今人論及魯公,往往謂書法獨絶,而其節義、文章遂爲所掩。新舊《唐書》首揭魯公之忠正,此後表彰魯公節義、文章者代不乏人,而以留元剛、楊一清所論最精,故引録如上。今人如能讀之而有所思、有所效,則天地之元氣必然豐沛,國家之氣運必然興盛。

　　集中《廟享議》等篇,説禮尤爲精審。

《舊唐書·禮志》:"建中二年九月,太常博士陳京上疏言:祫祭太廟,并合享遷廟獻祖、懿祖二神主。敕下尚書省百僚集議。禮儀使太子太師顏真卿議曰云云……其時禮儀使顏真卿因是上狀,與京議异,京議未行。"④顏真卿之《廟享議》即在此一背景下撰作。魯公於禮學夙所究心,又曾任禮儀使,其《元陵儀注》數千言,是詳載唐代帝王喪葬儀禮程序的珍貴史料,與《廟享議》同爲研究唐代禮制的重要資料。

　　特收拾於散佚之餘,即元剛所編亦不免闕略。今考其遺文之見於石刻者,往往爲元剛所未收。謹詳加搜緝,得《殷府君夫人顏氏碑銘》一首、《尉遲迥廟碑銘》一首、《太尉宋文貞公神道碑側記》一首、《贈秘書少監顏君廟碑》《碑側記》《碑額陰記》各一首、《竹山連句詩》一首、《奉使蔡州書》一首,皆有碑帖現存。⑤

黄本驤本《顏魯公文集》卷首所録《四庫簡明目録》後有黄氏按語,云:"按《唐書藝文志》,顏真卿有《盧集》十卷,行狀作《廬陵集》,提要誤作《盧州集》。又云《殷府君顏氏碑銘》《尉遲迥廟碑銘》二首增入《補遺》卷,今檢武英殿聚珍版《文忠集》内無此二碑。又《政和公主碑》《顏元孫墓志》殘文二首,提要云據《江氏筆録》采出,今檢《全唐文》顏集内《殷夫人顏氏》《尉遲迥》《和政公主》《顏元孫》四碑,皆有全文,而《和政公主》提要誤作政和,《顏元孫神道碑》提要誤作

──────────

①②③　《顏魯公文集》卷一八。
④　《顏魯公文集》卷二《廟享議》後附録,此爲黄本驤所節録,較《舊唐書》原文更易知其始末,故引之。
⑤　"收拾"上,武英殿本《文忠集》提要有"遺文在宋散佚已多故"九字。"今考"至"未收",武英殿本《文忠集》提要作"今去唐益遠而其文之見於石刻者尚間有可采"。"緝",文淵閣本書前提要作"輯"。"殷府君夫人顏氏碑銘一首尉遲迥廟碑銘一首"凡十九字,武英殿本《文忠集》提要無。連,文津閣本書前提要作"聯"。書,浙本作"詩",魏小虎謂安國刻本顏集卷十六有《奉使蔡州書》,可以爲證。自"得《殷府君夫人顏氏碑銘》一首"至下文"今俱采出"部分文字,文溯閣本書前提要無。

墓志。”①

　　武英殿聚珍本《文忠集》之排印，在四庫館抄録《顔魯公集》并撰寫提要之前，故未及參考館臣有關之輯佚成果。黄本驥在武英殿聚珍本之基礎上，復拾遺補缺，今傳世之福建書局、廣雅書局翻刻聚珍本之《拾遺》四卷，即爲黄本驥補遺、孫星華增訂。民國間《叢書集成初編》本即依黄本驥、孫星華補遺本排印。

　　　　又《政和公主碑》殘文、《顔元孫墓志》殘文二篇，見《江氏筆録》；《陶公栗里》詩見《困學紀聞》，今俱采出，增入《補遺》卷内。②

　　萬曼《唐集叙録》“顔魯公集”條引黄丕烈《士禮居藏書記》云：“今檢《全唐文》殷夫人顔氏、尉遲迥、和政公主、顔元孫四碑，皆有全文，而和政公主《提要》誤作政和，《顔元孫神道碑》，《提要》誤作墓志。”③

　　按《提要》所舉篇名，都穆家藏本固已有之。都穆《顔魯公文集後序》云：“予家本自《和政公主碑》至《顔夫人碑》十首，又元剛之所未有，此又何也？”④都穆之疑問只能有一種答案，即是其家藏本十五卷爲北宋原本。其所謂“舊本”蓋就其家藏本與南宋留元剛本合而言之，既然“皆以詩居首”，説明兩本的編排次第大體一致。可見，安國刻本篇目悉同宋留元剛本，都穆雖重編爲十五卷，然并未以家藏本補遺。以都穆的學識而言，本有機會補輯成一部最佳的魯公文集，但最終僅就留元剛本略爲編次，實難稱魯公之功臣。

　　　　至留元剛所録《禘祫議》，其文既與《廟享義》複見，而篇末“時議者舉然”云云，乃《新唐書·陳京傳》叙事之辭，亦非真卿本文。⑤

　　《新唐書·陳京傳》：“建中初，代宗喪畢，當大祫。京以太常博士上言……詔百官普議。禮儀使、太子少師顔真卿曰：‘今議者有三：一謂獻、懿親遠而遷，不當祫，宜藏主西室；二謂二祖宜祫食，與太祖并昭穆，缺東向位；三謂引二祖祫禘，即太祖永不得全其始，宜以二主祔德明廟……夫祫，合也。有如別享德明，是乃分食，非合食也。’時議者舉然，於是還獻、懿主祫於廟，如真卿議。”⑥黄本驥重編《顔魯公文集》卷二《廟享議》下有黄本驥按語：“案《舊唐書·禮志》所載魯公《廟享議》，與《新唐書·陳京傳》所載魯公《禘祫議》本一文也。《新書》經史臣宋祁手删潤而成，故字句多异，留元剛編公集誤録爲二，今以《京傳》所載祔録於後。又公議禘祫是建中二年九月以太子少師充禮儀使時事，元

---

　　①　〔唐〕顔真卿《顔魯公文集》卷首。
　　②　“卷内”下，武英殿本《文忠集》提要有：“共爲十六卷，仍以劉敞序冠於簡首。又真卿碑帖尚有《殷夫人顔氏碑銘》一首、《尉遲迥廟碑銘》一首，殘缺特甚，難以刊刻。”
　　③　萬曼《唐集叙録》，第 87 頁。
　　④　〔唐〕顔真卿《顔魯公文集》卷一八。
　　⑤　自“至留元剛所録《禘祫議》”至下文“官終起居舍人”間文字，文溯閣本書前提要無。“廟享義”，浙本作“廟享議”，是。
　　⑥　《顔魯公文集》卷二《廟享議》後附録，此爲黄本驥所節録。

剛纂公《年譜》誤載於永泰二年二月貶峽州別駕之後,并正之。"①

   又《干禄字書序》乃顏元孫作,真卿特書之刻石,元剛遂以爲真卿文,亦爲舛誤。今并從刊削焉。後附《年譜》一卷,舊亦題元剛作,而譜中所列詩文諸目,多集中所無,疑亦元剛因舊本增輯也。元剛字茂潛,丞相留正之子,官終起居舍人。②

  楊士奇《東里文集》卷十《跋干禄字書》:"右顏魯公《干禄字書》,辨別字之正俗及通用,亦間有析其義者。云干禄者,蓋唐以書取士也。而公真書小字傳於後者,亦獨見此耳。"③楊士奇亦將《干禄字書》歸於顏真卿名下,與留元剛同誤。

  李裕民《四庫提要訂誤》謂留元剛乃留正之孫,非子也;并謂《八閩通志》卷六七有傳④。楊武泉《四庫提要辨誤》復引《宋史·留正傳》與《(雍正)福建通志》爲證,然均極簡略。今按,《(弘治)八閩通志》卷六十六載:"留元剛,字茂潛,晉江人,正之孫。博聞强記,爲文奇峭。開禧三年,試博學宏詞科。嘉定初,爲秘閣校理。累遷直學士院,除起居舍人,謂'國朝左右史立御座後,今乃立朵殿之東,乞復侍立修注舊法'。知溫州,勤恤民隐,發奸摘伏,人服其精敏。元剛蚤負盛名,已乃鬱鬱不適,築圃北山,號'雲麓',有《雲麓集》。真德秀最敬禮之。"⑤據此知留元剛確爲留正之孫,然《四庫提要訂誤》所云《八閩通志》卷次有誤。

  上文對《四庫全書總目》之《顏魯公集》條進行校訂與疏證。欲通過諸本合校,獲知諸本文字之優劣、先後及因襲關係;通過詳細疏證,厘清顏集提要之所由來以及其對後來學者的影響。就其文字先後而言,文淵閣本書前提要署"乾隆四十五年八月",文溯閣本書前提要署"乾隆四十七年五月",《武英殿聚珍版叢書》本《文忠集》提要署"乾隆四十七年十月",文津閣本書前提要署"乾隆四十九年十一月"。《紀曉嵐删定〈四庫全書總目〉稿本》據夏長樸的研究,編纂時間在乾隆四十八年二月⑥。浙本刊成於乾隆六十年十月,崔富章認爲浙本的底本爲乾隆五十七年的四庫館寫本,韓超則認爲浙本是據四庫館撰寫的早期《四庫全書總目》稿本爲底本,校以文瀾閣抄本,再吸收多家校勘成果而成的一種"整理本"⑦。殿本刊成於乾隆六十年十一月,其底本爲乾隆六十年紀昀修

---

  ① 《顏魯公文集》卷二《廟享議》後附録。

  ② "後附"至"增輯也"凡三十六字,武英殿本《文忠集》提要無。"官終起居舍人"下,文淵閣本書前提要尚有"乾隆四十五年八月恭校上"十一字,文溯閣本書前提要有"乾隆四十七年五月恭校上"十一字,文津閣本書前提要有"乾隆四十九年十一月恭校上"十一字,武英殿本《文忠集》提要有"乾隆四十七年十月恭校上"。另篇末,武英殿本《文忠集》提要題署除紀昀、陸錫熊外,尚列"纂修官右庶子臣平恕"銜名。

  ③ 〔明〕楊士奇撰,劉伯涵、朱海點校《東里文集》卷一〇,中華書局,1998年,第142頁。

  ④ 李裕民《四庫提要訂誤》,中華書局,2005年,第360頁。

  ⑤ 〔明〕黃仲昭編纂《(弘治)八閩通志》卷六六《人物》,明弘治刻本。

  ⑥ 夏長樸《重論天津圖書館藏紀曉嵐删定〈四庫全書總目〉稿本的編纂時間》,《湖南大學學報》2016年第6期。

  ⑦ 韓超《浙本〈四庫全書總目〉底本及其成書過程的再討論——南京圖書館藏〈總目〉殘稿初探》,《图书馆杂志》,2020年第12期。

訂完竣稿本①。如此則浙本之文本面貌當在殿本之前。就文字質量而論，顏集提要也基本符合後出轉精之常理，諸本中以殿本最優（僅誤"禘祫議"爲"禘祫義"），《紀曉嵐删定〈四庫全書總目〉稿本》次之（誤"尉遲迥"爲"尉遲迴"、"禘祫議"爲"禘祫義"），浙本又次之（《奉使蔡州書》爲信札，誤作"詩"最爲硬傷），文淵閣本書前提要再次之（"吴興集"誤作"興觀集"，"詳爲考訂"爲後來諸本改爲"自爲後序"），而文津閣、文溯閣本書前提要則多有删削，其中文溯閣本脱略最甚。《武英殿聚珍版叢書》本《文忠集》提要則介於文溯閣本、文津閣本書前提要之間，不僅誤"吴興集"为"興觀集"、"廬陵集"为"廬集"，具體文字表述與後出的浙本、殿本也存在較多不同，體現其作爲早期文稿的性質。

　　就提要之內容而言，其中所載既有訛誤之處，又有待發之覆。提要所謂"江休復《嘉祐雜志》極稱其采録之博"，當係提要誤讀《嘉祐雜志》、斷章取義所致。自陳振孫以降，學者對於顏集北宋本究竟有沈、宋兩種還是僅有一種頗感迷惑，至《總目》則徑謂北宋本有二、沈先而宋後，完全無視留元剛所云顏集之北宋沈本與宋本當係一本的觀點。提要撰寫時所據顏集版本僅有明安國刊本、顏胤祚刊本、清武英殿本數種，故對於顏集編刊歷史未能瞭然，所論亦未能周全。而顏集卷數之分合，蓋因明都穆重編魯公文集時，完全依照南宋留元剛本，并未據家藏北宋本進行補訂。理清此點，對於校理《顏魯公文集》乃至恢復北宋本面貌均有重要的意義。

　　本文撰作之主要動因，蓋欲正本清源，驅散《總目》所謂顏集先有沈編、後有宋編一説之迷霧，因《總目》影響甚大，所云幾成定論，故不能不詳作考辨。自宋敏求編竣魯公集以來，迭經留元剛（校刻《顏魯公文集》）、顏欲章（校刻《顏氏傳書》本顏集）、陳邦彦（所輯《唐文》流入内府，爲《全唐文》襲用）、四庫館臣（四庫本顏集有所增補）、文穎館臣（《全唐文》於顏文復有增補）、黄本驥（增輯重編三十卷本《顏魯公文集》）等賡續增輯，格局初定，然其中誤收之作亦復不少。當前如能在考察歷代顏集編刊、輯佚過程的基礎上，追溯顏集文本之來源，以辨其僞，以存其真，進而利用存世善本與相關石刻拓本，厘正傳本訛誤，建立可信文本，則不僅可爲唐代文史研究奠定基礎，亦可使今人在景仰顏公其人、學習顏公其書的同時，能知其文章之典雅、學思之精微。

（作者單位：西北大學文學院）

---

　　①　崔富章《〈四庫全書總目〉武英殿本刊竣年月考實——"浙本翻刻殿本"論批判》，《浙江大學學報》2006年第1期。

古典文獻研究（第二十七輯上）
Journal of the Institute for Chinese Classics Studies
Nanjing University
Volume 27, No.1 2024

四庫提要史源芻議[*]

——以史部地理類爲例

琚小飛

　　《四庫全書總目》(以下簡稱"《總目》")是中國古代集大成式的官修書目。從目録學發展歷程來看，《總目》藉鑒歷代書目編纂經驗，集各種撰述體例於一身，擷取諸家之長，總結并發展解題式書目的撰述原則和題寫方式，辨章學術，考鏡源流，代表着中國古代目録學發展的新高峰。《總目》對近兩千年的學術發展有系統之梳理與總結，成爲學人讀書治學的津筏，具有極爲重要的學術價值。

　　提要(又稱解題)，謂摘出要領，即韓愈《進學解》所稱之"記事者必提其要，纂言者必鈎其玄"[①]。提要的叙述體例屬於中國古代解題式目録的一種，姚名達《中國目録學史》給"解題"所下的定義爲：不同於一般的目録摘要，解題不僅記録篇名卷數、撰人之履歷，還著録版本類別、款式、版刻特點、得書經過，更重要的是介紹書的内容，作出簡要評述，縷析學術之淵源[②]。因此，就中國古代解題提要的要義來説，大致是以上多種内容的雜糅，學人之間也并未形成完全統一的準式。《四庫全書總目》凡例稱"每書先列作者之爵里，以論世知人，次考本書之得失，權衆説之異同，以及文字增删、篇帙分合皆詳爲訂辨，巨細不遺"[③]。從凡例來看，提要内容大致分爲三個部分：首先叙述作者生平；其次撮舉典籍要旨；最後縷述書中訛誤及版本源流。關於提要的撰寫原則與體例，凡例稱"仿劉向、曾鞏等《目録序》之例，將各書大旨及著作源流詳悉考證，詮疏崖略，列寫簡端，并編《總目》"[④]，雖言模仿曾鞏的《目録序》而成，但這種嚴格界

---

　　* 本文係 2021 年度國家社會科學基金特别委託專項"《永樂大典》綜合研究、復原"(21@ZH046)階段性成果。

① 〔唐〕韓愈撰，馬其昶校注《韓昌黎文集校注》第一卷，上海古籍出版社，2014 年，第 51 頁。
② 參見姚名達《中國目録學史》，吉林人民出版社，2013 年，第 127 頁。
③ 〔清〕紀昀《四庫全書總目·凡例》，國家圖書館出版社，2019 年，第 133—157 頁。
④ 《辦理四庫全書檔案》，乾隆三十八年三月十一日，辦理四庫全書處奏摺。

定叙述内容的分段式提要,乃是選取解題書目的某些部分組成固定格式,反而與清代序跋的體例極度相合。窺諸清代藏書目録,無論官撰還是私著,提要撰述方式多遵從《總目》之例,因而在某種程度上,經由四庫館臣規訓的解題體例,成爲清代藏書目録寫作的範式。

一　地理類提要史源考察

四庫館臣從開始校閲典籍時,即須撰寫提要,粘貼於各書之中,此爲分纂稿,現存四庫底本中常附有提要稿,此即經由分纂稿而來。分纂稿完成後,彙於一編,方有《總目》之稱謂①。《總目》經乾隆三十九年初次進呈、乾隆四十六年二月第二次進呈、乾隆四十七年七月第三次進呈後,各階段均由館臣參與校改,因而形成了初次進呈存目、内府寫本書前提要直至各閣寫本《總目》、稿本《總目》、殿本《總目》等。各階段《總目》的文本形態,其實就是提要由草撰、修改至定稿的過程,對於探究和追溯提要史源的重要性不言而喻。《總目》修改的過程,是提要文本面貌出現變化的重要階段。爲防落入抄襲的俗套,四庫館臣有時不得不進行雜糅抄撮,難免留下蛛絲馬迹。只有在剥離各個階段賦予的文本内容之後,纔能够厘清四庫提要的文本建構過程和史料來源。當然,某些孤立的、片段式的史料,會被館臣從原有文獻環境中抽離,添加新的提要文本之中,從而形成既不類似原始文本又難以窺探史源的全新叙述。

《四庫全書總目》地理類共收書150種,經詳細考察提要後,發現相當多的内容源於前人的序跋,甚至有些直接參稽他作改撰而成,這愈加啓發進一步思考提要采擇史料的來源。只有在明晰提要史源基礎上,纔能進一步考辨提要,去僞存真。提要的纂修,最初由分纂官校閲典籍,大致撰寫一篇對書籍的介紹、評騭得失的提要,粘貼於書籍之内,後由總目協勘官進行增删、修改和加工,并按照特定的編次體例成編,彙輯後再由不同館員進行潤飾等。從這個過程看,每一篇提要的文本生成過程十分複雜,歷經數人之手纔最終完帙,因而在追溯提要的史料來源時,首先需要辨明不同時期提要稿撰述的細節變化,并進而將提要内容與前人序跋、他人文集等比勘,以窺探提要的史源和采擇史料的一般原則。

首先,《中吴紀聞》提要爲四庫館臣采擇毛晉撰述之後記剪裁而成,以致沿襲舊訛。《中吴紀聞》提要作"其風土人文,爲新舊《圖經》、范成大《吴郡志》所不載者,仿范純仁《東齋紀事》、蘇軾《志林》之體,編次成帙"②。翻檢《四庫全書初次進呈存目》(以下簡稱《進呈存目》)所録《中吴紀聞》早期提要稿、上海圖書館藏乾隆四十六年進呈本及中國國家圖書館藏乾隆四十七年修改稿,發現遣詞造句及叙述内容與殿本《總目》一致,可確證四庫館臣在草撰《中吴紀聞》

① 關於《總目》的名稱,張宗友《論〈四庫全書總目〉的稱名問題》(《國學研究》第41卷)一文有詳細叙述。
② 〔清〕紀昀等《四庫全書總目》卷七〇。

提要後,并無潤飾及修改之舉,完整保留自初次進呈以來的内容。細核該提要,其中"《東齋紀事》"應爲"《東齋記事》"之誤,又提要大意爲《中吴紀聞》乃補《圖經》及《吴郡志》之缺漏,仿《東齋記事》與《東坡志林》編次而成。尋繹館臣撰述,此提要與毛晋撰述《後記》契合,二者之間似有淵源關聯。汲古閣毛晋《中吴紀聞·後記》稱"吴中風土人文,范文穆公《吴郡志》無餘憾矣。昆山龔希仲,又考新舊《圖經》及地志不載者,曰《中吴紀聞》,命子昱厘爲六卷。效范忠文公《東齋紀事》,暨蘇文忠公《志林》體,皆取其有戒於人耳"①,兩者叙述文辭或有差異,但主旨意涵相同,且多處記載呈現的一致性,愈發體現二者之間的因襲,即館臣可能是剪裁毛晋《後記》内容,以成提要之言。值得注意的是,毛晋誤《東齋記事》爲《東齋紀事》,四庫提要亦相沿未改,直至殿本《總目》,均未糾正。《中吴紀聞》自成書以來,歷元明清之際,皆有名家跋語,如元代盧熊,明代嚴春、楊子器、蔣杲、毛扆,清代何焯等。檢諸家跋語,均未言及《中吴紀聞》的撰述緣起和體例等,惟毛晋《後記》登載,而提要内容又極度相似,可知提要應當參稽毛氏記文。除毛晋《後記》外,《中吴紀聞》提要亦曾徵引盧熊後記、毛扆跋語和何焯跋語。提要云"元至正間,武寧盧熊修《蘇州志》,訪求而校定之"②,乃出於何焯跋"此書始自公武訪求校定,復出於世"③,何氏跋語又源於毛扆跋"洪武八年,從盧公武假本録傳,蓋是書賴公武搜訪之力,表章至今"④。綜上可知,《中吴紀聞》提要采擇的史料源於各家跋語,四庫館臣重新剪裁,大體不出各家題跋之意。

其次,《夢粱録》提要爲四庫館臣抄撮清初士人跋語,復加闡釋而成。《夢粱録》提要最早由翁方綱撰稿,《翁方綱纂四庫提要稿》載"《夢粱録》二十卷,不著名氏,是宋亡後追記臨安盛時風物,自郊廟宫殿,下至百工雜戲之流皆具,似《東京夢華録》而文不雅馴。蓋此書但取紀實,不免雜以方言俚語,少文筆耳"⑤。乾隆三十九年七月,《總目》纂修官彙編各分纂官所撰提要稿,以便進呈御覽。於是在翁稿基礎上,館臣稍有潤飾,《進呈存目》載"全用《東京夢華録》之體,以紀南宋郊廟宫殿,下至百工雜戲之事。周密《武林舊事序》云:'欲如孟元老《夢華》而進雅,固謂《夢華録》不足於雅馴耳,而自牧是書之俚俗,殆有甚於《夢華録》者'"⑥。以翁方綱所撰提要稿與《進呈存目》對比,四庫館臣大致抄録翁稿中關於《夢粱録》内容的記載,略加調整文辭,惟删去"是宋亡後追記臨安盛時風物"一句,并將翁稿中推測性内容"似《東京夢華録》而文不雅馴"直接改爲"全用《東京夢華録》之體"。兩者記載之立場均不外乎斥責《夢粱

---

① 〔明〕毛晋《中吴紀聞後記》,見〔宋〕龔明之撰,孫菊園校點《中吴紀聞》附録,上海古籍出版社,1986年,第154頁。

② 〔清〕紀昀等《四庫全書總目》卷七〇。

③ 〔清〕何焯《跋中吴紀聞》,見〔宋〕龔明之撰,孫菊園校點《中吴紀聞》附録,第154頁。

④ 〔明〕毛晋《汲古閣書跋》,見《中國歷代書目題跋叢書》第一輯,上海古籍出版社,2005年,第130頁。

⑤ 〔清〕翁方綱《翁方綱纂四庫提要稿》,上海科技文獻出版社,2005年,第352頁。

⑥ 江慶柏等整理《四庫全書初次進呈存目》,人民文學出版社,2015年,第128頁。

録》俚俗不堪，而《進呈存目》評騭文辭，明顯又較翁稿激烈，認爲《夢粱録》之俚俗更甚於《東京夢華録》。中國國家圖書館藏《四庫全書總目》殘稿録《夢粱録》提要作“是書全仿《東京夢華録》之體，所紀南宋郊廟宫殿，下至百工雜戲之事，委曲瑣屑，無不備載。然詳於叙述，而拙於文采，俚詞俗字，展笈紛如，又出《夢華録》之下”①。相較《四庫全書初次進呈存目》，國圖《總目》殘稿對提要内容進行了整飭，殿本《總目》最終相沿國圖《總目》殘稿。國圖《總目》殘稿乃乾隆四十七年七月十九日《總目》進呈之後，經館臣修改後抄寫而成，察此提要，其品評之言更爲嚴苛，“拙於文采，俚詞俗字，展笈紛如，又出《夢華録》之下”②，更是直接論斷了《夢粱録》與《東京夢華録》之軒輊。從翁方綱草撰提要稿至《進呈存目》，再到乾隆四十七年進呈《總目》修改稿本，直至乾隆六十年殿本《總目》，長達十數年的提要撰述過程中，四庫館臣對《夢粱録》的評價呈持續低走之勢，文辭愈發激烈，然大體仍未超脱翁稿之輪廓，據此可知《夢粱録》提要的生成乃以翁稿爲基礎。

　　頗有意味的是，翁方綱草撰《夢粱録》提要稿，其撰寫的史料來源并未言明。對《夢粱録》的點評之立場是否出自翁氏本人，亦不甚明了。在回溯歷代有關《夢粱録》的序跋時，發現其與王士禎跋語③完全一致，隻字未改。藉此便能知悉，提要文本所呈現的面貌，實際又是翁方綱轉録清初王士禎跋語，再經館臣參稽而成，對《夢粱録》内容的紹介以及評騭，乃至於四庫館臣的潤飾删改，皆未脱王跋窠臼。

　　根據《四庫全書》編纂過程，徵訪書籍在呈送四庫館後，需經由纂修官校閲，而校閲的主要步驟即是考訂典籍、鑒定版本、撰寫提要，這時形成的提要稿一般被認爲是分纂稿，如翁方綱、邵晉涵、戴震等皆有分纂稿留存。前輩學人深入研究過分纂稿與提要稿之間的异同，四庫學界大致認同這樣的結論，即分纂稿屬於提要的初始階段，而提要稿則是提要不斷進行删改潤飾過程中逐步形成，屬於提要纂成前的修改階段，兩者之間的撰述模式和基本思路尚有較大區别。就地理提要而言，多數典籍的提要參考甚至直接移録翁方綱的分纂稿，因而在探討提要的史源時，亦能爲考辨提要真實的撰寫者提供幫助。

　　《翁方綱纂四庫提要稿》史部地理類録《乾道臨安志》，察提要稿内容，僅謄録厲鶚跋語，并附以各卷目次，并無翁氏草撰痕迹。其稱：

　　　　乾隆三十八年十一月，浙江巡撫三寶送到孫仰曾家藏《乾道臨安志》壹部，計書貳本。第一本前有題云：乾道《臨安志》十五卷，宋臨安尹吴興周淙彦廣所修也。此宋槧本僅一卷至三卷，無序目可稽。觀其稱孝宗爲今上，紀牧守至淙而訖，其爲“乾道志”無疑。吾郡志乘之傳世者，北宋圖經久已無有。南渡建爲行都，則此志居首。繼之以施愕“淳祐志”、潛説友

①　中國國家圖書館藏《四庫全書總目》殘稿，善本編號：17572。
②　〔清〕紀昀等《四庫全書總目》卷七〇。
③　王紹曾、杜澤遜編《漁洋讀書記》，青島出版社，1991年，第89—90頁。

"咸淳志"，皆爲宋人排續。予所見者，祇有"咸淳志"百卷，向在花山馬氏，爲吳君綉谷抄儲，尚缺七卷。趙君功千復購得宋槧本之半，固已珍如球圖。今孫君晴崖從都下獲此"乾道志"，雖僅存十之一二，而當年宮闕官署及城中橋梁坊巷具存，職官亦燦如執掌，武林掌故之書，莫有或先焉者。淙尹京時，撩湖浚渠，綽有政績，其書更可寶也。因亟借録副本，識數語而歸之。皇清雍正十二年正月二十有一日。錢唐厲鶚書。①

翁方綱撰寫的《乾道臨安志》分纂稿乃移録他人跋語，并非真正的提要模式，直至《進呈存目》纔具備提要的雛形："宋右文殿修撰知臨安府周淙撰。臨安自南渡後建爲行都，淙於乾道五年再任杭帥，始創爲之《志》，凡十五卷，見於《宋史·藝文志》。其後淳祐間施諤、咸淳間潛説友曆事編纘，皆有成書。今惟潛《志》尚存抄帙，周、施二《志》世已無傳。此本爲杭州孫仰曾家所藏宋槧本，卷首但題作《臨安志》，而中間稱高宗爲'光堯太上皇帝'，孝宗爲'今上'，紀牧守至淙而止，其爲《乾道志》無疑。惜其自第四卷以下俱已缺佚，所存者僅什之一二也。第一卷紀宮闕官署，題作行在所，以別於郡志。體例最善，後潛《志》寔遵用之。二卷分沿革、星野、風俗、州境、城社、户口、廨舍、學校、科舉、軍營、坊市、界分、橋梁、物産、土貢、税賦、倉場、館驛等諸子目，而以亭堂樓觀閣軒附其後。叙録簡括，深有提要。三卷紀自三國吳自宋乾道中諸牧守，詳略皆極得宜。淙，字彦廣，湖州人。其尹京時，撩湖浚渠，頗著政績，故所著述亦具有條理。今其書雖殘缺不完，而於南宋地志中爲最古之本。考武林掌故者，要必以是書稱首焉。"②經館臣整飭過的提要文本，却與厲鶚跋語高度吻合，提要似係跋語的改寫。從叙述順序上看，提要首重考訂《志》之源流，次書之大旨，再置評騭，而厲跋中除未記載《臨安志》大旨外，其他盡皆一致。

經由館臣增補的《乾道臨安志》提要大旨稱"第一卷紀官闕官署……三卷紀自三國吳至宋乾道中諸牧守"③，由卷次篇目至内容要義，叙述較爲詳實，雖爲厲跋不載，但其轉述過程并不複雜，將翁氏草撰的篇章目次簡單改易即可。此外，提要有多處直接承襲跋語，如"稱孝宗爲今上，紀牧守至淙而訖，其爲《乾道志》無疑"，較厲跋一字不易。關於《臨安志》之成書經過，厲跋作"繼之以施諤《淳祐志》、潛説友《咸淳志》，皆爲宋人排續"④，簡要論及施諤、潛説友二人著作，而提要於此作"其後淳祐間施諤、咸淳間潛説友曆事編纘，皆有成書"⑤，這種刻意求變的叙述反而盡漏攘襲之迹。繼而厲跋中叙及周淙任臨安府尹的政績及《臨安志》價值部分，提要亦加以吸收，并略作調整次序，先述淙之政績，後稱譽《乾道志》，稱"其尹京時，撩湖浚渠，頗著政績，故所著述亦具有條理。今其書雖殘缺不完，而於南宋地志中爲最古之本。考武林掌故者，要必以是書

① 〔清〕翁方綱《翁方綱纂四庫提要稿》，第339頁。

②③⑤ 江慶柏等整理《四庫全書初次進呈存目》，第166頁。

④ 〔清〕厲鶚撰，羅仲鼎、俞浣萍點校《厲鶚集》卷中《樊謝山房文集》卷八，浙江古籍出版社，2016年，第610頁。

稱首焉”①，兩處内容多數文辭一致，表達的意涵亦完全相同。殿本《總目》在《進呈存目》基礎上，依據提要的三段式内容加以整飭，將“淙，字彦廣，湖州人”調整至作者生平處，除此皆沿襲提要原稿。《總目》著録《乾道臨安志》的版本來源爲孫仰曾家藏本，止三卷，與厲鶚跋語所言孫氏藏宋槧本一致，爲同一刻本無疑。且翁方綱轉録厲鶚跋語，客觀上爲四庫館臣草撰提要稿提供了素材。因而，厲鶚跋語的所有内容，經過翁方綱的移録，便成爲了《總目》中《乾道臨安志》提要的直接史源。

　　除此之外，《北河紀》《黄海》提要亦是直接參考翁方綱分纂稿而成。《翁方綱纂四庫提要稿》稱“萬曆壬辰進士、官工部郎中，管河張秋時作此書。首列河道諸圖，次自河程、河源分列諸門，詳疏北河源委及歷代治河利病，以河事爲主，而文附焉。至其山川古迹以及古今志咏之屬，則爲四卷附後，名曰紀餘，言河工者所必資也。《明史·藝文志》卷數同”②。翁氏撰寫的分纂稿，後來均被纂修官採納，成爲提要第一層次的内容，僅稍有文句次序之别。提要第二層次則爲館臣評騭内容，分纂稿并無專門叙述，難以比覆。《總目》作“其書乃其以工部郎中視河張秋時所作。《明史·藝文志》著録，卷數亦同。首列河道諸圖，次分河程、河源、河工、河防、河臣、河政、河議、河靈八記，詳疏北河源委，及歷代治河利病，搜採頗備，條畫亦頗詳明。至山川古迹及古今題咏之屬，則别爲四卷附後，名曰紀餘”③，提要主旨及撰述層次皆與翁稿一致，僅將八記分别鋪述，又將《明史·藝文志》卷數之記載移置於前。又《翁方綱纂四庫提要稿》録《黄海》提要稱“《黄海》，明歙人潘之恒輯。《明史·藝文志》潘之恒《黄海》二十九卷，此本則卷數不甚了然。其曰紀初者八，其曰紀藏者七，其曰紀迹者十有八，其曰紀游者二十有一，其曰紀异者六，皆别之爲卷，則已六十卷矣。然其中次第數或有焉，或闕焉，或參差錯互焉，是則未定之稿，不爲成書矣。黄山在徽州府西北百三十里，舊名黟山，唐改今名。跨踞宣、池、江、浙數郡，世傳皇帝與容成子、浮丘公煉藥於此，故有浮丘、榮成諸峰。此第圖經之説，以備古迹一條則可。若此書居然上溯軒轅，採摭經傳，凡語及皇帝者皆入焉。至以《廣皇帝本行紀》《真仙通鑑》諸書與六經之文并列，何其誕也”④。提要全然攘襲翁方綱撰稿，除提要前增“嘉靖間官中書舍人”及提要末增“大抵以多爲勝，而考證之學，與著述之體，則非所講也”⑤外，主旨内容甚或遣詞次序，與翁稿同。

　　根據《總目》凡例，館臣撰寫的提要包含作者爵里、典籍要旨與考訂文字得失三個部分，經前文考訂，叙述典籍要旨與考訂文字得失方面，大多抄撮前人序跋，至於著書人世次爵里，提要雖多稱各有本傳，但經過仔細比勘，提要中凡叙列宋人作者生平及相關事迹，大多直接移録厲鶚《宋詩紀事》。試以《剡録》

①　〔清〕紀昀等《四庫全書總目》卷六八。
②　〔清〕翁方綱《翁方綱纂四庫提要稿》，第340頁。
③　〔清〕紀昀等《四庫全書總目》卷六九。
④　〔清〕翁方綱《翁方綱纂四庫提要稿》，第369頁。
⑤　〔清〕紀昀等《四庫全書總目》卷七六。

提要爲例,略作申述:

提要載"似孫字續古,號疏寮,餘姚人。淳熙十一年進士,歷官校書郎,出倅徽州,遷守處州"①。據查,高似孫,《宋史》并無傳記,事迹見於其父高文虎傳,"新知江陰軍高似孫降一官,罷新任"②,又《宋會要》職官七十五作"嘉泰三年十一月二十八日,新知信州高似孫與祠禄,以臣僚言,似孫倅徽陵轢守長,寓居幹撓郡政"③。觀此,高似孫任官經歷,史無明文。且《宋史》《宋會要》等登載高似孫事迹,皆寥寥數筆,不似提要撰述之詳。若如提要之言,其人物事迹乃參考正史本傳,斷不會叙述如此詳贍。檢尋《宋詩紀事》,其載"高似孫,字續古,餘姚人,文虎子。淳熙十一年進士,歷官校書郎,守處州,有《疏寮小集》"④,僅"出倅徽州"七字爲《宋詩紀事》所闕,其他全與提要同,"號疏寮"雖本句未載,但末句提及。

又提要擇取陳振孫《直齋書録解題》與周密《癸辛雜識》中記高似孫事,其載"陳振孫《書録解題》稱,似孫爲館職時,上韓侂胄生日詩九首,每首皆暗用'錫'字,寓九錫之意,爲清議所不齒。知處州尤貪酷,其讀書以奥僻爲博,以怪澀爲奇,至有甚可笑者,就中詩猶可觀。周密《癸辛雜識》亦記其守處州日,私挾官妓洪渠事。其人品蓋無足道,其詩有《疏寮小集》,尚傳於世,而文則不少概見"⑤。此處取材亦與《宋詩紀事》雷同,《宋詩紀事》於高似孫下小字叙列關涉高氏之記載,"陳直齋云:似孫少有俊聲,登甲科,不自愛重。爲館職,上《韓侂胄生日詩》九首,皆暗用錫字,爲清議所不齒。晚知處州,尤貪酷。其讀書以隱僻爲博,其作文以怪澀爲奇。至有甚可笑者,就中詩猶可觀也。《癸辛雜識》高疏寮守括日,有籍妓洪渠,慧黠過人,一日,歌《真珠簾》詞,至'病酒情懷猶困懶',使之演其聲,若病酒而困懶者,疏寮極賞之。適有客云:卿自用卿法。高因視洪云:吾亦愛吾渠。遂與落籍而去,以此得噴言者"⑥。提要記載上韓侂胄生日詩之事,與《宋詩紀事》完全契合,其載洪渠之事,乃簡略概括之言。提要述高似孫事迹,參稽《直齋書録解題》和《癸辛雜識》不足爲奇,但高似孫獻韓侂胄詩一事,不惟《直齋書録解題》記載,《劉克莊文集》亦有載録,提要獨擇取《解題》與《癸辛雜識》,且正好與《宋詩紀事》輯録内容和書目完全對應,不得不讓人懷疑四庫館臣并未取材《直齋書録解題》和《癸辛雜識》,而是貪圖便利直接抄録《宋詩紀事》。合此二證,《剡録》提要轉引《宋詩紀事》明矣。

一直以來,四庫提要素以取材廣泛、旁徵博引著稱,但當我們具體到每一篇提要的史料選取時,呈現出的場景并非如此。四庫館臣撰寫提要時,也會考慮到取材近便的原則,甚至直接轉引他人著作。初看《剡録》提要,評驚高似孫人品等内容非常精彩,知人論世,由小見大,更是知悉時人韓侂胄、高文虎等事

①⑤　〔清〕紀昀等《四庫全書總目》卷六八。

②　〔元〕脱脱等《宋史》卷三九四《高文虎傳》,中華書局,1985年,第12033頁。

③　《宋會要輯稿》職官七五,第5092頁。

④⑥　〔清〕厲鶚輯《宋詩紀事》卷五五,上海古籍出版社,1983年,第1402頁。

迹，不因人廢書。但當我們回溯提要的史源時，便會發現館臣僅是就便轉引
《宋詩紀事》的記載，甚至沒有覆核原始史料，全然憑信，以致輕重偏頗，遭世人
訾議。余嘉錫曾將《癸辛雜識》所載高似孫事與提要相較，"文虎作書與銀花，
及似孫私挾洪渠事，同載《癸辛雜識》中，提要不以文虎之言責似孫，而顧咕咕
於其爲洪渠脱籍，未爲知所輕重也"①，余氏以爲若論高似孫爲人之不重於世，
《癸辛雜識》另有他事記載，似孫不養其親，其父已有言相及，此爲不孝於家，兹
事體大，絶非私挾洪渠事可比，可提要獨採與《宋詩紀事》完全相同的史料，來
品評高似孫屢遭時人噴言，其因襲痕迹再次顯露。

　　毋庸諱言，各家跋語自有沿襲，故廣儲諸家序跋，試以交互比勘，則因襲脉
絡自明。就地理類提要而言，四庫館臣草撰内容以至最終定稿形態，多參稽明
清之際文人撰述的序跋，尤以朱彝尊、厲鶚、杭世駿等爲著。館臣採擇序跋，并
非一味抄録，部分内容直接轉引，部分内容則是充分吸收序跋的評騭，化爲己
用。由多種涉及不同結構組成的提要内容，顯然是四庫館臣雜糅的結果，只有
逐步抽離相關叙述，追本溯源，於寥寥數語中發現暗合的因襲關聯，這樣纔能
最大程度體現和反映《總目》的學術卓見。

二　提要史源考察的學術史意義

　　對提要史源的考察，不僅能够窺探四庫館臣採擇的史料，更重要的是可以
追溯提要的實際撰寫者。我們在研究分纂稿或者提要稿時，更多的集中在兩
者的區别和對比上，忽略了兩者之間承襲關係而反映出的實際撰寫問題，即四
庫館臣如何取捨史料。當然，還有一個值得關注的問題，如何界定提要的撰
寫者？

　　長期以來，各篇提要的實際撰寫者往往淹没在四庫館臣群體之中，甚至
紀昀一手删定《總目》之説，亦掩蔽提要撰著者的學術貢獻。在重新審視各
篇提要的史源以及館臣採納的史料的詳情之後，可以據此考察提要的供稿
者或者説撰寫者。地理類提要中，類似《北河紀》《黄海》等，完全移録翁稿，
雖有些許差異，但主要内容、主旨思想及撰述次序皆照搬翁稿，從這個層面
上説，翁方綱應是這兩篇提要的實際撰寫者。我們認爲，移録分纂稿或在分
纂稿基礎上進行删改、潤飾而成，提要大旨不外分纂稿内容的，應該將撰寫
者歸於分纂稿作者。至於序跋的參稽，則要逐一分辨。如《至元嘉禾志》，提
要不過二百餘字，僅寥寥數字不同，絶大部分乃攘襲朱彝尊跋語而成，文辭
不同處或是刻意求異而轉變叙述主體，皆屬改易朱跋。從整個提要的結構、
叙述模式來看，與朱彝尊跋語無異，可以認爲《至元嘉禾志》提要的實際供稿
者爲朱彝尊。

　　自乾隆年間《四庫全書總目》刊印以來，很多學人叙及其在總結古代學術、
嘉惠後學以及指示學問門徑方面作用巨大。清人陳鶴《紀文達公遺集序》稱

---

①　余嘉錫《四庫提要辨證》卷七，中華書局，2008年，第358頁。

“《提要》一書,詳述古今學術源流,文章體裁异同分合之故”①,周中孚亦稱“竊謂自漢以後簿録之書,無論官撰私著,凡卷第之繁富,門類之允當,考證之精審,議論之公平,莫有過於是編矣”②,充分稱譽《總目》在總結學術源流和體例編排等方面的功用。昭槤《嘯亭雜録》云“所著《四庫全書總目》,總匯三千年間典籍,持論簡而明,修詞澹而雅,人争服之”③,高度評價《總目》,實有嘉惠後學之用,引起了時人的維揚。乾嘉之際的王昶盛贊《總目》在讀書治學方面頗有價值,“《提要》二百卷,使讀者展閲了然”④,其後張之洞進一步總結,將《總目》視爲學人讀書治學之門徑,“今爲諸生指一良師,將《四庫全書提要》讀一過,即略知學問門徑矣”⑤。直至民國時期余嘉錫先生仍然自稱其學問乃從《總目》中汲取,“余之略知學問門徑,實受提要之賜”⑥。然而,上文揭櫫的四庫提要文本形成的過程以及采擇史料的來源,愈發引起對《總目》的學術史價值的思考。通過對地理提要的史源考察,發現提要撰寫雜出衆手,多以清初序跋爲據,四庫館臣僅作簡要的潤飾,大量言辭沿襲或轉引舊跋,提要中的多數精鑿之論,如評典籍之源流、考文字之精審、置評論之公允,并非出自四庫館臣之手。當然,這僅是地理類提要的撰寫以及文本形成情況進行的闡述,若要從整體上判斷《總目》在多大程度上能够反映了清代目録學的成就,恐怕要進行全面和細緻的審視。

　　值得關注的是,雖然自《總目》問世之後,一直頗受讀書人贊譽,甚或將其視作中國古代目録學最爲廣博之作,“蓋自列史藝文、經籍志及《七略》《七録》《崇文總目》諸書以來,爲由閎博精審如此者”⑦。但由於《總目》的刊刻情形以及卷帙浩繁難以抄寫等問題,使其流播極爲有限,普通的讀書人可能難以目睹。乾隆五十九年,在武英殿印製《總目》之前,浙江學政阮元以文瀾閣所藏抄本《總目》爲底本,率先在浙江刊刻,爲最早通行之《總目》版本。乾隆六十年,《總目》歷經多年的修改,最終交付武英殿刊印完成,并分别送往七閣收貯。同治七年,廣東書局以浙本爲底本,重新刊刻,是爲粤本《總目》。縱觀整個清代,僅有三種《總目》版本,而且殿本《總目》一直久藏皇家藏書樓及南方三閣,一般人絶無可能接近,遑論閲讀徵引。一般而言,清代殿本除了置於清宫各處陳列庋藏之外,還會售與外間,以便流通。乾隆六十年十一月,清廷考慮到“是書(《總目》)便於翻閲,欲得之人自多”⑧,於是下令“聽武英殿總裁照向辦官書之例,集工刷印,發交京城各書坊領售,俾得家有其書,以仰副我皇上嘉惠藝林之

　　① 〔清〕陳鶴《紀文達公遺集序》,見〔清〕紀昀撰,孫致中等校點《紀曉嵐文集》第三册,河北教育出版社,1995 年,第 729 頁。
　　② 〔清〕周中孚《鄭堂讀書記》卷三二,商務印書館,1940 年,第 587 頁。
　　③ 〔清〕昭槤撰,冬青校點《嘯亭雜録》卷一〇,上海古籍出版社,2012 年,第 250 頁。
　　④ 〔清〕王昶《湖海詩傳》卷一六《浦褐山房詩話》,上海古籍出版社,2013 年,第 173 頁。
　　⑤ 〔清〕張之洞撰,司馬朝軍點校《輶軒語·語學第二》,華東師範大學出版社,2010 年,第 138 頁。
　　⑥ 余嘉錫《四庫提要辯證·序録》,第 52 頁。
　　⑦ 〔清〕王昶《湖海詩傳》卷一六《浦褐山房詩話》,第 173 頁。
　　⑧ 《纂修四庫全書檔案》,乾隆六十年十一月,第 2374 頁。

至意"①。從現存殿本售賣簿看，殿本《總目》價格不菲，國家圖書館藏《清同治光緒間武英殿賣書底簿》記載，同光時期《四庫全書總目》每部 16.06 兩，數十年間僅售賣十一次，合計十四部，總體而言流通并不廣泛，閱讀者不多。再從清人書目著録的情形來看，普通士人極少閱讀《總目》，僅有一些較爲著名的藏書家或者學者型的官僚具備收儲《總目》的條件。王昶與紀昀交誼甚篤，嘉慶十年撰《金石萃編》，且多次引用《總目》，推測其應閱讀了《總目》。嘉道之際，吳壽暘整理家藏典籍後撰寫《拜經樓藏書題跋記》，録陳鱣跋語引《四庫全書總目》之記載，這説明陳鱣曾參引《總目》。丁丙《八千卷樓書目》載"《欽定四庫全書總目》二百卷，乾隆三十七年紀昀奉敕撰，京板本刊本"②，京板本刊本，至今仍未發現，推測應該指的是書肆之間流通的浙本《總目》。此外，周中孚《鄭堂讀書記》稱"《四庫全書總目》二百卷，湖州沈氏刻本"③，其實湖州沈氏刻本并非清代新刊之本，而是阮元刊刻之浙本《總目》，因湖州籍士人沈青、沈以澄曾參與浙本的刊刻，故周氏徑稱湖州沈氏刻本。陳鱣徵引、丁丙登載《總目》，乃因家富藏書，周中孚則是曾就學於阮元，熟讀《四庫全書總目》，稱"學之途徑在是"④，於是遍求諸史藝文、經籍，自漢迄唐存佚各書，備以搜集古籍，模仿《總目》體例，撰寫《鄭堂讀書記》。此後，著名藏書家黄丕烈、陸心源、張金吾等皆徵引和閱讀《總目》，《堯圃藏書題識》《皕宋樓藏書志》云"伏讀《四庫全書總目》"⑤，明言閱讀《總目》，黄堯圃、陸心源家藏豐富，購貯《總目》并非難事。張金吾《愛日精廬藏書志》言及《春秋讞義》稱"《四庫全書總目》曰：原書十二卷，久無刊本，諸家所藏皆佚脱其後三卷，無從校補，此本後三卷皆全，可貴也"⑥。這些士人或徵引《總目》，或收藏《總目》，皆是有機會閱讀《總目》的。不難發現，他們均是清代知名學者，并非普通讀書人，他們能够閱讀《總目》，或是因爲顯赫的家世，有能力購買，或是機緣巧合館於權貴之家，有機會接近。余嘉錫先生亦稱《總目》主要於清代碩學大儒的學問之道，頗有功焉，"嘉道以後通儒輩出，莫不資其津逮，奉作指南"⑦。反觀清代普通士人的讀書隨筆及友朋之間的學術信札，絕少提及《總目》，這種迥然有別的情形，頗能説明《總目》在普通士人之間的流播和影響。據此，《總目》在清代讀書人之間的流傳并不廣泛，所能産生的影響也僅在著名學者之間，一般讀書人難以獲得和閱讀。我們應該清醒地認識到，雖然《總目》是中國古代目録學的巔峰之作，但也不能盲目誇大其對清人治學的作用。

---

①　《纂修四庫全書檔案》，乾隆六十年十一月，第 2374 頁。

②　〔清〕丁立中編《八千卷樓書目》卷九，國家圖書館出版社，2009 年，第 489 頁。

③　〔清〕周中孚《鄭堂讀書記》卷三二，商務印書館，1940 年，第 587 頁。

④　李玉安、陳傳藝編《中國藏書家辭典》，湖北教育出版社，1989 年，第 238 頁。

⑤　〔清〕黄丕烈撰，屠友祥校注《堯圃藏書題識》，上海遠東出版社，1999 年，第 436 頁。〔清〕陸心源撰，許静波點校《皕宋樓藏書志》卷八，浙江古籍出版社，2016 年，第 145 頁。

⑥　〔清〕張金吾撰，柳向春整理，吳格審定《愛日精廬藏書志》卷五，上海古籍出版社，2014 年，第 85 頁。

⑦　余嘉錫《四庫提要辯證·序録》，第 49 頁。

三　結語

當我們深入了解提要撰寫的流程以及四庫館臣撰寫提要的方式,窺探各種提要稿文本的生成時,發現所有附着於《總目》之上的稱譽,或許都值得省思。首先,提要的撰寫雜出衆手,以致訛舛相襲,謬誤較多;其次,提要多采擇他人撰述,轉引序跋①,甚至大量的精鑿之論并非出於四庫館臣之手;最後,由於《總目》卷帙較大,刊刻極爲不便,清代僅浙本、殿本、粤本三種而已,藏書大家也僅寥寥數人收貯,遑論普通讀書人,因而其流播範圍并不廣泛。據此,我們應該清醒地認識到,由於提要撰寫過程的複雜性、提要文本形成的特殊性和流通傳播的有限性,需要重新審視《總目》在清代學術史上的價值,《總目》在清代學術界乃至讀書人之間產生的影響,没有想象的那樣深遠。

在清代學術史上,由於《四庫全書簡明目録》的傳抄與刊刻更爲便利,其對清人讀書治學引發的關注,或許比《四庫全書總目》更爲直接和深刻。清人讀書之餘,隨身、隨處標注《簡明目録》,更加催生了對《簡明目録》校注的研究,愈加促使《簡明目録》更爲廣泛的傳播,甚至成爲清代藏書家和書肆售賣書籍及判斷典籍珍貴與否的標杆,對清人購書、藏書乃至版本校勘均產生了深遠影響。

(作者單位:杭州師範大學人文學院)

---

① 關於提要多采序跋,莊清輝《〈經義考〉與〈四庫提要〉之關係》(林慶彰、蔣秋華主編《朱彝尊〈經義考〉研究論集》,"中研院"文哲所籌備處,2000年,第475頁)、張學謙《〈四庫全書總目〉"易緯"提要辨證》(江慶柏、楊新勛主編《2019中國四庫學研究高層論壇論文集》,鳳凰出版社,2021年)等多有涉及。

古典文獻研究（第二十七輯上）
Journal of the Institute for Chinese Classics Studies
Nanjing University
Volume 27, No.1 2024

從《目録學叢考》到《校讎廣義》：
論程千帆先生的目録學研究[*]

張宗友

  程千帆先生(1913—2000)的學問，發端於目録之學。上個世紀三十年代，自《目録學叢考》起，程先生對作爲重要學術門類的目録學（校讎學）[①]，有持續、深入之研究，建構起以《校讎廣義叙目》爲標志的有關治書之學的理論體系。該體系的學術結晶，即是皇皇巨著《校讎廣義》（晚年與徐有富先生合作完成）。《廣義》由版本編、校勘編、目録編、典藏編四編組成，體系完備，概念明晰，引據典要，析論入微，深受學人歡迎[②]，成爲研治古代文史之學的入門之書。學界對程先生有關目録學（校讎學）的治學實績與方法等，頗有發明，但對其相關著述之面貌及學術貢獻、抱負等，尚缺乏全面的研究。探討杰出學者的學術實績與思想，是一門學問不斷得以深化或重新出發的重要取徑，也是該門學問學術史的有機組成部分。以下試考程先生之目録學著作，并討論其學術貢獻與抱負。

一 程千帆先生目録學之著述

  程千帆先生有多少種目録學著述？尚無系統討論。最爲學界熟知、流傳最廣的當屬一版再版的《校讎廣義》。2022 年，程先生《校讎學略説》正式出版（浙江大學出版社），成爲當年一個重要學術事件。《校讎學略説》可以看作是

---

[*] 本文係紹興文化研究重點工程項目(22WHZD01 - 3Z)階段性成果，朱彝尊研究中心、貴陽孔學堂研修成果。

 ① 按：在程千帆先生之前，學界對於校讎學、目録學之界義，往往淆焉莫辨，混同使用。本文根據行文需要兼用二稱，不作嚴格之區分。

 ② 陶敏先生指出："全書布局合理，條理清晰，概念準確，語言簡明，舉例愜當而富於啓發性，不僅是一部優秀的學術著作，也是一部優秀的校讎學教科書。"(陶敏《校讎學重建的奠基之作——評程千帆、徐有富〈校讎廣義〉》，《中華讀書報》1999 年第 21 期；又載程千帆述、張伯偉編《桑榆憶往》，《程千帆全集》第 8 册，鳳凰出版社，2023 年，第 618 頁)

《校讎廣義》的前奏。如果進一步前溯，可知《目録學叢考》乃是程先生的第一部目録學著作，也是程先生的第一部學術著作。本文開篇即稱程先生學問"發端於目録之學"者以此。

（一）《目録學叢考》

《目録學叢考》編訖於民國二十六年(1937)而出版於民國二十八年(1939，中華書局)，作者署名程會昌(先生原名逢會，改名會昌，伯昊其字，筆名千帆)。《叢考》是一部論文集，共收六篇文章：《别録七略漢志源流異同考》《雜家名實辨證》《漢志詩賦略首三種分類遺意考》《漢志雜賦義例説臆》《杜詩僞書考》《清孫馮翼四庫全書輯永樂大典本書目鈔本跋》。書前《叙目》云：

> 　　右文六篇，甲戌、丁丑之間作。今勒成一卷，題曰《目録學叢考》，以壽家君五十初度。溯余入大學，執贄江寧劉衡如先生之門，又以世誼從彭澤汪辟疆先生問。兩君精邃劉、班之業，故兹所論次，亦探涉目録者多。凡所申述，多本師旨，间具新義，亦淺不足觀。意在娱親，遂自忘其廬陋爾。民國二十六年，歲次丁丑，清明節，寧鄉程會昌謹識於玄覽齋。①

此序於《叢考》編撰緣起，交待甚明，并自道其目録學師承。"家君"名康(詳下)。"江寧劉衡如先生"即劉國鈞(1899—1980)，衡如其字，金陵大學教授；"彭澤汪辟疆先生"，即汪國垣(1887—1966)，字辟疆，又字笠雲，號方湖，又號展庵，中央大學教授。"甲戌、丁丑之間"，即 1934—1937 年。程千帆先生 1932 年 8 月入金陵大學中文系學習，1934 年秋復旁聽金陵大學國學班的課程。國學班"教師是中央大學中文系一部分老師和金大中文系老師"②。三十年代南京高等學府內"大師雲集"，程先生"從劉衡如(國鈞)先生學過目録學、《漢書·藝文志》"，"從汪辟疆先生(國垣)學過唐人小説"，"汪辟疆先生精於目録學和詩學，雖在金大兼過課，但没有開設這方面的課程，我也常常带着問題，前去請教"③。程先生自述云：

> 　　我的治學可以説是從校讎學入手的。一九三四年秋，我跟劉衡如老師學習目録學，寫了一篇題爲《漢志詩賦略首三種分類遺意説》的學期論文，將《七略》和《漢書·藝文志》中屈賦、荀賦、陸賦三家分類的標準，作了合理的説明。此文發表於《金陵大學文學院季刊》第二卷第一期。這是我發表的第一篇論文，那時我是大學三年級的學生。爲了鞏固自己的學習，我又連續寫了幾篇論文，其中有《别録七略漢志源流異同考》《雜家名實辨證》《杜詩僞書考》等。這些論文後輯爲《目録學叢考》，一九三九年由中華書局出版，該書爲我的第一本論文集。④

---

① 程千帆《目録學叢考·叙目》，中華書局，1939 年，第 1—2 頁。
② 徐有富《程千帆沈祖棻年譜長編》，南京大學出版社，2013 年，第 32 頁。
③ 程千帆述，張伯偉編《桑榆憶往》，《程千帆全集》第 8 册，第 375 頁。
④ 程千帆述，張伯偉編《桑榆憶往》，《程千帆全集》第 8 册，第 416 頁。按：根據《程千帆沈祖棻年譜長編》及《學術年表》(徐有富、丁思露、楊珂、徐雁平編，載《程千帆全集》第 12 册)，知《别録七(接下頁)

　　程先生自述時已是晚年,其中關於"第一篇論文"的記憶可能有誤。1933年11月,程先生《評戴望舒著〈望舒草〉》發表於《圖書評論》第2卷第3期①。這是一篇關於新詩的研究論文。戴氏《望舒草》出版於1933年8月(上海現代書店),故程先生評論撰寫於8月至11月之間,撰成與發表均極爲迅速。此文較《漢志詩賦略首三種分類遺意説》之撰成約早一年。尚是大二、大三學生的程先生,已經體現出在當代文學、古代文史等領域的研究能力。由於程先生此後走向古代文史而不是當代文學的研究道路,晚年回憶中遂認定《漢志詩賦略首三種分類遺意説》爲第一篇論文。

　　《目録學叢考》所載六篇文章,《杜詩僞書考》後被收入《古詩考索》(上海古籍出版社,1984年),餘五篇被收入《閑堂文藪》(齊魯書社,1984年),在新時期均得以再度發表,故《目録學叢考》作爲專題論集,未再單獨印行。

(二)《校讎廣義目録篇》

　　如果説《目録學叢考》是程先生目録學的發端之作,那麽,《校讎廣義·目録編》則是程先生有關目録學的成熟之作、結撰之作。《目録編》出版於1988年(齊魯書社),上距《目録學叢考》的正式出版恰隔半個世紀。從《叢考》到《目録編》,中間還有若干階段性著述,足以體現程先生在目録學領域持續而深入的精耕細作。《校讎廣義目録篇》就是其中之一。

　　《校讎廣義目録篇》鮮爲人知,是由於此著問世之時(1941年),正值抗戰時期,山河破碎,國事艱難。程先生由南京一路西遷,歷屯溪(1937)、長沙(1937)、漢口(1938)、重慶(1938)、康定(1939)、雅安(1939)、樂山(1940)等地,終得於中央技藝專科學校謀得國文講師教職;次年(1941)秋轉在樂山武漢大學任教。《目録篇》前載《校讎廣義叙目》,末題"中華民國三十年,歲次辛巳,寧鄉程會昌叙於國立武漢大學"。可知程先生輾轉西南各地之間,在極爲困難的情況下,研究不輟,撰成專書,并利用在武大擔任教職的機會,將《目録篇》予以油印。次年(1942)八月,程先生遷至成都,任教於母校金陵大學,教授目録學與駢文;又明年(1943),任教於四川大學,仍兼金陵大學課;至抗戰勝利之年(1945),復到武漢大學任教。可知程先生在抗戰期間,一直堅持研究、講授目録學。1949年以後,随着課程體系的調整,程先生對目録學的研究與講授,方告一段落②。

────────────

（接上頁)略漢志源流异同考》一文也發表在《金陵大學文學院季刊》第二卷第一期上,時間是1935年。又,《清孫馮翼四庫全書輯永樂大典本書目鈔本跋》發表於《圖書館學季刊》1935年第9卷第2期;《杜詩僞書考》則作於1936年8月。另二篇無考,當作於1935年秋至1937年4月《目録學叢考》編定之前。

　　① 徐有富《程千帆沈祖棻年譜長編》,第29頁。此文後收入《閑堂詩文合鈔》(載《程千帆全集》第8册,第134—141頁)。

　　② 關於研究目録學的早期經歷,程先生《勞生志略》云:"一九四二年秋,金陵大學已遷至成都,我就母校之聘。那時劉衡如先生仍然担任着文學院院長,工作非常忙,因爲知道我在繼續學習校讎學,并且計劃寫一部比較全面的書,就將這門功課派我擔任。這對我來説,當然是既求之不得,又誠惶誠恐的事。於是就一邊講,一邊寫下去。一九四五年,我改到武漢大學工作,擔任的課程中仍然有這一門,積稿也隨之充實。解放以後,進行教學改革,這門課被取消了。隨後我又因人所共知的原(接下頁)

“文革”中，程先生著作爲“狂童”所毀，《校讎廣義目録篇》僅餘殘册，其中“歷史第六”“流別第七”“功用第八”三篇，隻字無存。

（三）《校讎學略説》

1978 年，程先生應匡亞明校長之聘，擔任南京大學中文系教授；次年秋天，招收研究生三名（徐有富、莫礪鋒、張三夕）。“考慮到研究生需要獨立進行科學研究，則校讎學知識和訓練是必不可少的，於是就從十年浩劫中被搶奪、被焚燒、被撕毀的殘存的書稿中去清查那部尚未完成的《校讎廣義》，結果是校勘、目録兩部還保留了若干章節，而版本、典藏兩部分，則片紙無存。”①程先生不得不於 9 月 9 日起重新撰寫，10 月 25 日即完成《校讎學略説》講義，11 月 2 日交南京大學印刷廠排印，21 日校對②。《略説》是爲應對“文革”後學術荒蕪、人才斷層的局面而産生的救急之章。檢《年譜長編》，知程先生爲三位碩士讲授校讎學課程時間爲 1980 年 3 月 8 日至 4 月 29 日③。“這門課程是專門爲他的三位研究生開的，結果系内系外、校内校外不少研究生與中青年教師都來旁聽。”④

1980 年，程先生應殷孟倫先生之邀，至山東大學講學。6 月 3 日至 20 日，爲中文系研究生上校讎學課程。“所講内容由南京大學研究生徐有富、莫礪鋒、張三夕和山東大學研究生朱廣祁、吳慶峰、徐超記録整理成《校讎學略説》，并於 1981 年由山東大學出過油印本。1983 年，王紹曾先生爲山東大學古典文獻學專業研究生講校讎學即以該講稿作教材，他與王培元先生一起，核對了引文，統一了體例，改正了一些錯字，還加了一個目録，又油印過一次。”⑤王紹曾先生云：

> 《校讎學略説》理論新穎完整，内容精深博大，深入淺出，語言生動流暢，使一門枯燥乏味的古老的校讎學具有很大的可讀性，從而進一步體會到章學誠所説的校讎之學在於“辨章學術，考鏡源流”，在程先生手裏從理論到方法變得更加系統、完整。⑥

《校讎學略説》是《校讎廣義》的前奏⑦。徐有富先生指出：“正是有了這本《校讎學略説》，程先生年輕時想寫一部《校讎廣義》的願望纔最終得以實現。”⑧雖是救急之章，價值不減，故 2022 年浙江大學出版社將《略説》正式

（接上頁）因，離開了工作崗位近二十年，對這部没有完成的稿子更是理所當然地無暇顧及了。”（程千帆述，張伯偉編《桑榆憶往》，《程千帆全集》第 8 册，第 417 頁）

①④⑤　徐有富《校讎學略説序》，第 2 頁。

②　徐有富《程千帆沈祖棻年譜長編》，第 296、302—304 頁。

③　徐有富《程千帆沈祖棻年譜長編》，第 313 頁。

⑥　王紹曾《治書之學的入門嚮導——讀程千帆、徐有富著〈校讎廣義〉》，載氏著《目録版本校勘學論集》，上海古籍出版社，2005 年，第 1022 頁。此文原載《書目季刊》第 33 卷第 4 期（2000 年）。

⑦　王紹曾先生指出：“程先生在山東大學講授的《校讎學略説》，實際上是《校讎廣義》的縮影。”（《治書之學的入門嚮導——讀程千帆、徐有富著〈校讎廣義〉》，第 1022 頁）

⑧　徐有富《校讎學略説序》，第 9 頁。

出版。

(四)《校讎廣義》

　　程先生移硯南大之後,焕發出極大的工作熱情,一方面悉心指導學生,培養人才;一方面抓緊時間從事科研,努力補回被耽誤的十八年時間。而與青年同仁、門弟子合作寫書,就是上述兩方面工作的完美結合。同弟子徐有富合作撰寫《校讎廣義》,就是其中一個顯例:

　　　　有富畢業之後,留校任教。和我當年随劉、汪兩位先生學習這門科學時深感興趣一樣,他也對校讎學有强烈的愛好,并且有對之進行深入研究的決心。因此,我就不僅將這門功課交給了他,而且將寫成這部著作的工作也交給了他。我能够與有富合作寫這部書,教學相長,薪盡火傳,實爲晚年的一大樂事。①

　　作爲文明的盜火者与文化的守夜人,學者最爲樂見的是教學相長、薪火相傳,背後通常是十年如一日的努力與堅持。從程先生有意安排徐有富先生從事校讎學科研工作,到《校讎廣義》四編首次全部出齊,時間長達十六年之久。兹以徐有富先生所撰《程千帆沈祖棻年譜長編》爲據,將《校讎廣義》這部皇皇巨著的合撰、出版歷程,摘其要者勒表如次(表中括號内數字係《長編》頁碼):

表1　《校讎廣義》合撰、出版歷程表

時　間	事行摘要
1983.03.29	程先生安排徐有富本學期整理汪辟疆先生著作,下學期聽校讎學,并準備寫出校讎學講稿。(390)
1983.11.21	程先生將王欣夫校讎學講義給徐有富。(400)
1984.11.30	徐有富送校讎學講義給程先生。(423)
1985.12.01	程先生撰《校讎廣義叙録》附記。(451—452)
1986	《校讎廣義·版本編》寫畢,并準備寫《校勘編》。(474)
1987.06.16	《校讎廣義·目録編》校好,擬送齊魯書社。(481)
1988.04.06	徐有富見程先生,共同研究《版本編》。(496)
1988.08	《目録編》由齊魯書社出版。(504)
1988.09.20	徐有富送《版本編》部分書稿給程先生。(505)
1988.09.26	《版本編》初稿完成。程先生讓徐有富寫信給齊魯書社,匯報修訂情况。(506)
1988.11.20	程先生看完《版本編》書稿。(509)
1989.02.25	程先生托蔣寅將《版本編》書稿送交齊魯書社。(512)

---

　　①　程千帆述,張伯偉編《桑榆憶往》,《程千帆全集》第8册,第418頁。按:《校讎廣義》卷前載《校讎廣義叙録》一篇,其文末附程先生《附記》(1985年),其中也有類似表述,不贅。

續表

時　間	事行摘要
1989.03.14	程先生收到《目録編》樣書十本。(512)
1989.03.18	程先生以《校讎廣義·叙録》修改稿寄齊魯書社。(513)
1989.04.20	徐有富見程先生，談《校讎廣義》事。(514)
1989.05.10	程先生讓徐有富寫信給齊魯書社，訂正《目録編》的文字錯誤。(514)
1989.06.13	程先生收到《目録編》。(516)
1989.09.16	徐有富見程先生，談《校讎廣義》事。(521)
1989.10.14	程先生同徐有富商量，欲將《版本編》申報國家教委古籍委員會課題。(524)
1989.11.26	程先生讓徐有富寫信給齊魯書社，談《校讎廣義》出版問題。(528)
1990.02.17	程先生與徐有富商定《版本編》插圖，并寄給出版社。(536)
1990.02.28	《版本編》被列爲古委會直接資助項目。(537)
1990.08	程先生留條給徐有富，指出《廣義》寫作中特別注意之點。(554)
1990.09.03	程先生向徐有富提供校勘資料。(555)
1990.10.15	徐有富收到《版本編》校樣，次日轉給程先生。(558)
1990.12.01	程先生《版本編》校畢。(563)
1990.12.09	程先生贈書給徐有富，并談《版本編》校對事。(564)
1990.12.11	《版本編》校樣寄回齊魯書社。(564)
1990.12.28	程先生同徐有富談如何處理異體字問題。(565)
1991.01.06	徐有富見程先生，談《校讎廣義》事。(567)
1991.01.13	徐有富見程先生，談《校讎廣義》事。(568)
1991.01.15	《校讎廣義·目録編》獲江蘇省哲學社會科學優秀成果二等獎。(568)
1991.03.28	程先生同徐有富談《校讎廣義·校勘編》之寫作。(578)
1991.07	是月，《版本編》正式出版。(593)
1991.09.27	程先生開始審閱《校勘編》。(604)
1991.11.02	徐有富從濟南帶回《版本編》樣書十本。(609)
1991.12.04	程先生改完《校勘編》第一章。(613)
1992.01.14	徐有富送程先生《校勘編》第二章。(619)
1992.02.02	程先生將《校勘編》初稿改畢。(621)
1992.04.25	齊魯書社致函程先生，談《版本編》郵資及稿酬事。(629)
1992.05.25	齊魯書社社長孫言誠，催交《校勘編》書稿。(622)
1992.06.04	程先生兩日收到《版本編》成書，合計七十册。(633)

續表

時　　間	事行摘要
1992.12.31	徐有富將《校勘編》清稿送給程先生。(651)
1993.01.26	程先生開始修改《校勘編》。(654)
1993.02.24	程先生看完《校勘編》,交徐有富。(654)
1993.07.18	程先生與徐有富談《校讎廣義·典藏編》如何撰寫等問題。(662)
1993.07.30	《校讎廣義·版本編》獲江蘇省哲學社會科學優秀成果三等獎。(663)
1993.09.30	徐有富見程先生,談《校勘編》出版事。(668)
1993.10.06	徐有富送程先生《典藏編》寫作大綱。(668)
1993.12.28	《校讎廣義·版本編》獲南京大學優秀教材一等獎。(675)
1994.03.22	徐有富送程先生《典藏編》部分書稿。(684)
1994.06.07	《校讎廣義·典藏編》被批准爲古委會重點研究項目。(693)
1994.07.21	程先生收到《校勘編》校樣,次日交徐有富校對。(699)
1994.09.08	徐有富將校過之《校勘編》校樣寄給齊魯書社。(705)
1994.12.18	《校讎廣義》列入《中國傳統文化研究叢書》。(711)
1995.04.21	程先生致函齊魯書社,詢問《校勘編》出版進度。(725)
1995.09.28	程先生看完《目録編》增補稿。(744)
1995.12.30	《版本編》獲國家教委第三屆普通高校優秀教材一等獎。(751)
1996.02.20	程先生收到徐有富《典藏編》初稿,開始校改。(758)
1996.09.05	程先生收到徐有富《典藏編》第二稿,開始看稿(校訖於 27 日)。(773)
1996.10.04	《典藏編》定稿寄給齊魯書社。(779)
1997.01.31	《光明日報》刊登《中國傳統文化研究叢書》書目,《校讎廣義》列在第一輯。(795)
1997.05.20	《版本編》獲本年度國家級教學成果獎二等獎。(802)
1997.06.01	校過之《典藏編》校樣寄給齊魯書社。(803)
1998.02.24	齊魯書社告訴程先生,《校讎廣義》四編同時開印。(819)
1998.07.04	程先生收到《校讎廣義》一套(四編)。(829)
1998.08.19	徐有富取回《校讎廣義》16 包,凡 380 本。(835)

通過上表,可知程先生很早就對合著《校讎廣義》一事進行布局,歷經十五六年的苦心經營,往復修改,多達一百二十萬字的《校讎廣義》四編終於在 1998年全部出齊,成爲學林盛事。《古籍新書目》載文稱:"程千帆、徐有富合著的《校讎廣義》將紛紜繁複的校讎內容,厘定爲四目:首版本,次校勘,再次目録,最後典藏。每目獨立成篇,涉及方方面面,條理分明,囊括珠貫,兩千年治學之成就悉數納入,近代圖書館之新成果亦加吸收,堪稱一部包容古今,體大思精的專著。""三

代學者薪盡火傳,成就了一部校讎學史上的階段性總結著作,實爲學界一大盛事。"①次年(1999),《校讎廣義》榮獲第四屆國家圖書獎一等獎。

《廣義》各編印行時間匪一,其後又數次印行,讀者當瞭解其版本情況。兹稍加梳理:

1.《目録編》最早由齊魯書社印行(1988),《版本編》次之(1991),以上二種硬封精裝,内署"南京大學古典文獻研究所專刊",是爲"專刊本"。

2.《校讎廣義》納入"中國傳統文化研究叢書",并於1998年一次性出齊四編(《版本編》《校勘編》《目録編》《典藏編》),此即風行學界二十餘年、流傳最廣的版本,可稱作"文化叢書本"。

3. 2000年,河北教育出版社推出《程千帆全集》,内收《校讎廣義》四編,是爲"河北教育本"。

4. 2020年,經徐有富先生精心修訂、增補的《校讎廣義》四編由中華書局出版,是爲"中華本",成爲近年最通行之本。

5. 2023年,在程千帆先生一百一十周年誕辰之際,鳳凰出版社推出全新的《程千帆全集》,首收經徐有富先生最新修訂的《校讎廣義》四編(《版本編》《校勘編》在《全集》第一册,《目録編》《典藏編》在第二册),是爲"鳳凰本"。

一種著作的多次修訂印行,就是其學術價值的生動證明。

二　程千帆先生目録學之貢獻

程千帆先生的目録學貢獻,始於目録學專題之研究,繼之以目録學理論之探索,而集成於治書之學的理論建構與書寫實踐。

(一) 專題研究

程先生在目録專題研究方面的成果,集中體現爲《目録學叢考》所收之六篇文章,各文之主旨與側重各有不同。

1.《别録七略漢志源流異同考》一篇,作於民國乙亥(1935)五月。當時程先生在金陵大學求學,劉國鈞先生授以《漢書·藝文志》,此文即受該課啓發而作。《異同考》是對目録學開創時期源流異同問題的考察。經過排比劉歆、班固等人之史實,得出"三者以授受言,固歆受之向,班受之劉,此無可疑者也""《漢志》又班氏删其要以備篇籍者,因更從省爲一卷""班氏取《七略》舊文以成書,事等鈔胥,難言著述"等諸多論斷,多徵實可信。

2.《雜家名實辨證》一篇,在辨雜家名實。文章針對章學誠"後世著録之人……凡於諸家著述,不能遽定意旨之所歸,愛之則附於儒,輕之則推於雜"之觀點而發,認可章氏"識其大者",但"若云《漢志》已多淆亂,非敢所承"。文章藉此申論,"上規《略》《志》,下迄《提要》,稍事整比,以見雜家之流變。而證後世目録門類名實不符,數典忘祖者,在所多有,辨章學術、考鏡源流之難,蓋不

---

①　孫言誠《書學之大成　治學之門徑——淺談齊魯書社新書〈校讎廣義〉》,載《古籍新書目》第104期第1版(1998年4月28日)。

自今日始云”。全文大要在此,而其意義,在於對書目分類名實之檢討,并不局限於漢代(如論《隋志》“雖總號雜家,實暗分四目”,論《四庫全書總目》“雜家乃兼包諸子”之類),最後揭出“雜家之土日以拓,雜家之實日以亡”之論斷。

3.《漢志詩賦略首三種分類遺意考》,對《詩賦略》首三種(即屈原賦之屬、陸賈賦之屬、荀卿賦之屬)分類的理據加以說明。《詩賦略》各種(類)之下無“叙論”(即小序),章學誠頗致疑於“首三種賦區分之義例何在”。孫德謙“以爲門類既分,唐勒諸賦自從屈原而出,枚皋諸賦自從陸賈而出,秦時雜賦自從孫卿而出”,程先生即本諸孫説而疏釋之。屈原賦之屬(二十家),“《楚辭》之屬是也”;陸賈賦之屬(二十一家),“以今論之,則漢賦之屬(第二種賦,皆漢制也)”;荀卿賦之屬(二十五家)惟荀子《賦篇》今存,“《賦篇》者,疑指荀子所爲詩,其體則皆用賦者耳”;“《賦篇》文體,實介《詩》與《楚辭》之間”。三類性質不同,因此隸爲三種(類)。

4.《漢志雜賦義例說臆》一篇,以當時頗有“作者莫徵,年代失考之作”,劉氏“以部次未周,人代難詳,乃多冠雜字,詔示來學”,遂“著爲變例,別録主題,以類相從”。設置雜賦,乃劉氏出於不得已的權變之舉。

5.《杜詩僞書考》一篇,係考辨杜詩僞書之作。程先生當時編《杜詩目録》,“緣以得知僞書數種”,即王洙《杜工部集注》、蘇軾《老杜事實》、黄庭堅《杜詩箋》、虞集《杜律注》、杜舉《杜陵詩律》。所考可補胡應麟《四部正訛》、姚際恒《古今僞書考》之闕。程先生後治杜詩成就斐然,蓋已肇端於此。

6.《清孫馮翼四庫全書輯永樂大典本書目鈔本跋》一篇,對孫氏輯本進行覆按,可視作民國時期四庫學研究風氣下的產物①。

(二) 體系建构

程先生《目録學叢考》所載各篇,雖是專題研究,實已經涉及目録學理論(如分類理論)之探索;其後,程先生雖輾轉西南,不遑寧居,但仍繼續深入思考目録學、校讎學相關理論問題,并進一步寫出《校讎廣義目録篇》一書(1941 年武漢大學油印本)。該書篇首是《校讎廣義叙目》,即《校讎廣義》全書(包括版本篇、校勘篇、目録篇與藏弃篇)的本書書録部分②。《校讎廣義叙目》是程千帆先生在目録學、校讎學領域最具全局性、最重要的一篇理論文章。

---

① 按:民國時期是四庫學發展史上的第一個高峰,討論大典本的文章還有唐圭璋《四庫全書大典本別集補詞》(1933)、袁同禮《四庫全書中永樂大典輯本之缺點》(1933)等(詳孫彦、王姿怡、李曉明選編《民國期刊資料分類彙編·四庫全書研究》,國家圖書館出版社,2010 年)。

② 按:1981 年,程先生將《校讎廣義叙目》的主體部分(從“叙曰”至“其亦可也”)裁出,保留末附之《校讎學範疇諸家論列異同表》,以《校讎目録辨》之名正式發表(載《文獻》1981 年第 1 期,第 256—260 頁)。《校讎目録辨》後收入《閑堂文藪》(齊魯書社,1984 年,第 185—190 頁)。1998 年,《校讎廣義·目録編》出版,首載《校讎廣義叙録》。兩相比較,可知《校讎廣義叙録》仍本諸《校讎廣義叙目》,其主體是《叙目》已有之文字(自“叙曰”起,“其亦可也”之下,“余以顓蒙”至“幸進教焉”也包括在内[《叙録》改“進”爲“垂”。又改“藏弃”爲“典藏”]),於《校讎學範疇諸家論列異同表》之後,另附上程先生新撰之説明文字(從“這篇叙録”始,至“我們期待着教正”,凡六段),末署“一九八五年十二月一日　程千帆附記於南京大學”。可見,無論是《校讎目録辨》還是《校讎廣義叙録》,其主體均以《校讎廣義叙目》爲基礎。故《校讎廣義叙目》一文,是最能體現程先生目録學與校讎學思想的最初與最重要的學術文本。

《校讎廣義叙目》開篇即云："治書之學，舊號校讎。比及今世，多稱目録。核其名實，歧義滋多。"在分析校讎、目録二詞的種種歧義與含混、交叉之處，又引據并分析鄭樵（1104—1162）、王鳴盛（1722—1797）、章學誠（1738—1801）、洪亮吉（1746—1809）、黄丕烈（1763—1825）、繆荃孫（1844—1919）、朱一新（1846—1894）、葉德輝（1864—1927）、張爾田（1874—1945）、汪辟疆（1887—1966）等十家觀點之後，程先生得出結論：

> 竊意四家所云（引按：四家指洪亮吉、繆荃孫、葉德輝、汪辟疆），各存微尚，局通雖异，專輒無嫌。而今欲盡其道，則當折中舊説，别以四目爲分。若乃文字肇端，書契即著，金石可鏤，竹素代興，則版本之學宜首及者一也。流布既廣，异本滋多。不正脱訛，何由籀讀？則校勘之學宜次及者二也。篇目旨意，既條既撮，爰定部類，以見源流，則目録之學宜又次者三也。收藏不謹，斯易散亡；流通不周，又傷錮蔽，則藏弆之學宜再次者四也。蓋由版本而校勘，由校勘而目録，由目録而藏弆，條理始終，囊括珠貫，斯乃向、歆以來治書之通例，足爲吾輩今兹研討之準繩。而名義紛紜，當加厘定，則"校讎"二字，歷祀最久，無妨即以爲治書諸學之共名，而别以專事是正文字者，爲校勘之學。其餘版本、目録、藏弆之稱，各從其職，要皆校讎之支與流裔。庶幾尚友古人，既能遞溯而明家數；啓牖來學，并免迷罔而失鑒衡，其亦可也。

至此，程先生構建起治書之學的理論體系，涵蓋古書版本、校勘、目録、藏弆的各個層面；其背後的邏輯，正是學者認識并使用古書的自然次序[1]。尤其是將藏弆（九十年代出版時改作"典藏"）作爲校讎學的一部分，更是"慧眼獨具"，識見超卓[2]。畛域既分，一套精嚴的學科體系遂同時得以建構，同上述理論申發相互輝映：

表 2　1941 年《校讎廣義》篇目表

版本篇	校勘篇	目録篇	藏弆篇
書契第一	述旨第一	名義第一	官守第一
制度第二	源流第二	著録第二	蟫林第二
官本第三	清儒第三	體式第三	訪求第三
家刻第四	識誤第四	類例第四	護惜第四
坊槧第五	擇術第五	編次第五	厄運第五
優劣第六	取資第六	歷史第六	功罪第六
	是正第七	流别第七	
		功用第八	

---

[1]　王紹曾先生指出："作者是根據校讎學發展的順序來安排的，是符合事物發展的客觀規律的。"（《治書之學的入門嚮導——讀程千帆、徐有富〈校讎廣義〉》，第 1023 頁）

[2]　王紹曾先生指出："從清代以來，迄今爲止，談校讎學的，都限於版本、目録，從未有人把典藏作爲校讎學的組成部分之一。作者慧眼獨具，從校讎學的發生、發展的源流着眼，在版本、校勘、目録之外，加典藏一編，使校讎學建立完整的體系。這是對校讎學的一種創新，也是對校讎學的一大貢獻。"（《治書之學的入門嚮導——讀程千帆、徐有富〈校讎廣義〉》，第 1023 頁）

　　如表 2 所示，各篇命名，带有民國學術印記，既有章學誠《文史通義》《校讎通義》名篇之遺，也與先秦諸子以至乾嘉學人名篇成例相仿佛。以下試將《校讎廣義目録篇》、《校讎學略説》第四章“目録”與《校讎廣義·目録編》之子目作進一步比較：

表 3　《目録篇》《略説》《目録編》細目比較表

《校讎廣義目録篇》	《校讎學略説》第四章“目録”	《校讎廣義·目録編》
名義第一	第一節　名稱和淵源	第一章　目録與目録學
著録第二	第二節　目録學的功用	第二章　目録的結構及其功用
體式第三	第三節　目録書的體制	第三章　目録的著録事項
類例第四	第四節　目録類例的沿革	第四章　目録的分類沿革
編次第五	第五節　目録的源流和種類	第五章　綜合目録
歷史第六		第六章　學科目録
流別第七		第七章　特種目録
功用第八		第八章　目録的編製

　　通過上表，不難看出《校讎學略説》《校讎廣義·目録編》同《校讎廣義目録篇》之間的淵源關係。就《略説》而言，第一節“名稱和淵源”，對應於《目録篇》之“名義第一”；第二節“目録學的功用”，對應於“功用第八”；第三節“目録書的體制”，對應於“著録第二”“體式第三”“編次第五”；第四節“目録類例的沿革”，對應於“類例第四”；第五節“目録的源流和種類”，對應於“歷史第六”“流別第七”。就《目録編》而言，第一章“目録與目録學”，對應於《目録篇》的“名義第一”；第二章“目録的結構及其功用”，對應於“體式第三”“功用第八”；第三章“目録的著録事項”，對應於“著録第二”；第四章到第七章凡四章，對應於“類例第四”“流別第七”；第八章“目録的編製”，對應於“編次第五”。雖其間偶有重合或歧異之處，但仍可看出，無論是八十年代初的《校讎學略説》，還是其後的《校讎廣義》，其目録部分的理論基礎與章節設計，均以《校讎廣義目録篇》爲前承。據此可以得出如下兩點認識：

　　其一，早在二十世紀四十年代（確切地説是 1941 年），程先生已經建構起以治書之學爲核心的由《版本篇》《校勘篇》《目録篇》《藏弆篇》四大部分組成的嚴密的理論體系，將劉向、歆父子以降的古代校讎學（目録學）推向一個全新的高度。易言之，向、歆父子開創的校讎之學（目録之學），至此演進爲嚴密的現代學科體系。

　　其二，由《校讎廣義目録篇》到《校讎學略説》，書寫範式上已由民國著述的篇目格局改易爲當代論著的章節結構。《目録篇》用文言寫就，偏於理論申發；《略説》則用現代漢語寫成，偏於課程講授。其中轉變，係程先生本人根據新時期的工作任務與學界現狀而作出。因此，八十年代以降先後完成的《校讎學略説》《校讎廣義》，是程先生校讎學（目録學）理論的在新的時代條件下的具體實施與呈現，惟作適應性改變，即在細部上有所調整與完善（如改“篇”爲“編”，易

“藏弆”爲“典藏”等)而已①。

除《校讎廣義叙目》(1941)外，程先生另外有兩篇理論文章，與其目録學(校讎學)思想密切相關。一篇是《言公通義》(1942)②，另一篇是《論目録書之叙例》(1943)③。

《言公通義》者，實爲疏通、發揮章學誠“言公”之説(《言公上》云：“古人之言，所以爲公也，未嘗矜於文辭，而私據爲己有也。”章氏《文史通義》内篇有《言公》篇，分上中下三篇)。文章稱“輒就《遺書》，會通其旨”，實則本諸章氏官師合一、六經皆史等説，分“立言之宗旨”“作述之情態”“類例之依據”三個層次，予以會通發明。文章多引章氏之説加以發揮，所論皆明辨易曉，有助於理解“文史校讎”④者頗夥。如云：

　　原夫公私之有异，由於官師之分途；官師之分途，由於治教之殊轍；治教之殊轍，由於器道之相别；器道之相别，由於事理之兩歧。其在古先，則事理也，器道也，治教也，官師也，固二而一者也……六藝之文，官司是守，治化所出，號令所宣。其所發施，但期共曉，有理必寓於事，而不托空言；有言皆出於公，而非由私意。

　　古者典章政教，具在王官，非宦學事師，則受書無所。故治教不分，官師合一，學術所在，莫不從同也。及周之東，天子失官，而官師分途，而治教殊轍……古人立言之宗旨，在事以寓理，器以寓道，治以舉教，官以舉師，而不同於後人，則其較然可知者。此言公之本，其義一也。

　　綱紀典籍，類例最要；誠以類例既分，學術自明。然六藝九流，自爲部次；七略四庫，代有异同。其間出入分合，前人究之詳矣。獨依據所在，論者罕聞。蓋以古人立言之宗旨弗彰，作述之情態難考故也。若繩以公私之義，則經之於史，古人公言之所存也；子之與集，後人私言之漸集也。史乃經之本，集則子之流。依據既知，區以别矣。

---

① 程先生在談到合著之《校讎廣義》時指出：“我比較有自信心的是，上述諸名家(引按：指余嘉錫、姚名達、張舜徽、來新夏)的校讎學著作或綜論校讎學史，或專論校讎學某一分支的深奧問題，而本書則是比較全面地論述校讎學的實際操作方法的教科書。所以對於初涉文史研究工作的學生而言，本書或許具有較大的實用價值和指導意義。”(《桑榆憶往》，第418頁)

② 按：該文全名是《言公通義——章學誠學術思想綜述之一》，原發表於《國立武漢大學文哲季刊》1942年第7卷第2期(10月)，後刊於《南京大學學報》1982年第2期，復收入《閑堂文藪》，今見《程千帆全集》第8册(第350—361頁)。

③ 按：該文發表於《斯文》半月刊1943年第3卷第9期(5月1日)，現收入《程千帆全集》第12册“逸稿”内(第489—493頁)。

④ 按：“文史校讎”見章學誠致錢大昕書，係章氏自我體認之語，與戴震之“經學訓詁”相對，“他以‘文史’爲範圍而與‘經學’相抗，以‘校讎’爲方法而與‘訓詁’相抗。戴震由訓詁以通經而明‘道’，他則由校讎以通文史而明‘道’”(余英時《論戴震與章學誠》，三聯書店，2000年，第164頁)。

及劉歆治書,析類爲六,荀(勗)李(充)繼作,分部爲四。屢變之由:一緣作述宗旨,古今不齊;一緣卷帙多寡,先後自异。然隸類雖别,大旨差同,要皆周室之遺法也。

《言公通義》勝義紛披,既是民國時期章學誠思想大行於世的明證,也是程先生在建構起治書之學的理論框架之後,在學理上所作更深一層的探索,其宏旨則在探討古代學術公私何以分途的根本性問題,同時間接地證明校讎學(目録學)的本源問題。《言公通義》超越了後世學科的藩籬,實是程先生最重要的理論文章之一。

《論目録書之叙例》者,就目録書之著録事項而發。細按全篇,知先生所謂"叙例",既包括"叙"("全書總叙"、部類"小序"),又包括"例"("凡例""[《七志》]條例"),實際上就是今日所謂之"全目之序"與部類小序;如果將書目視作一個自足的著述系統,那麽,全目之序與部類小序,合起來即構成書目的類序系統,成爲辨章學術、考鏡源流的重要手段。程先生既考溯"叙例"之源,指出"叙例之制實隨目録以俱來","漢師説《詩》《書》,篇各如叙;丘明傳《春秋》,隨事發凡。目録之有叙例,斯其祖矣";復申"叙例"之用("闡經籍之功用""述文運之源流""明學術之异同""通目録之義例"),分析入細,洵不刊之論。

《校讎廣義叙目》《言公通義》《論目録書之叙例》三篇理論文章表明,二十世紀四十年代初期的程先生(剛剛處於而立之年),在目録學(校讎學)理論建樹上處於巔峰時期,在當時青年學人中,與姚名達先生(1905—1942)、張舜徽先生(1911—1992)遥相呼應,鼎足而三。

三　程千帆先生目録學之抱負

如上所述,程先生的校讎學(目録學)理論,主要建樹於二十世紀四十年代初期(1941—1943)。回顧學術史可知,民國時期恰是目録學、校讎學大爲興盛的時期。代表性學者及相關著作有:

余嘉錫(1884—1956):《目録學發微》(1930—1948 年講授,1963 年初版,1991 年出版增訂本)。

向宗魯(1895—1941):《校讎學》(1944)。

劉咸炘(1896—1932):《續校讎廣義》(1919)、《目録學》(1928)。

汪辟疆(1887—1966):《目録學研究》(1934)。

杜定友(1898—1967):《校讎新義》(1930)。

劉紀澤(1901—1960):《目録學概論》(1931)。

姚名達(1905—1942):《目録學》(1933)、《中國目録學史》(1938)、《中國目録學年表》(1940)。

蔣元卿(1905—1999):《校讎學史》(1935)。

張舜徽(1911—1992)：《廣校讎略》(1943 屬稿, 1945 印行)①。

以上諸作, 1949 年以後印行不一。就目録學(校讎學)而言, 當前最受學界歡迎的著作, 僅有《目録學發微》(余嘉錫)、《校讎廣義》、《中國目録學史》(姚名達), 以及《廣校讎略》(張舜徽)、《中國目録學史論叢》(王重民, 1903—1975)等數種而已。上揭諸家, 或英年早逝(向宗魯、劉咸炘), 或遇敵犧牲(姚名達), 或罹禍殞身(王重民), 惟程千帆先生與張舜徽先生度過特殊時期, 在新時期大放異彩。《校讎廣義》的風行, 同其立意宏大的學術追求、體大思精的理論建構、極便初學的章節設計密不可分。

《校讎廣義》各編陸續問世後, 程先生極爲自謙②, 而學界好評如潮③。從總體上加以評述者, 以王紹曾、陶敏兩位先生具有代表性。王紹曾先生將其推爲"校讎學的基礎工程", "治書之學的入門嚮導"：

> 這部皇皇巨著, 累積程千帆先生和徐有富教授十餘年的心力, 不但使四十年代的《校讎廣義》得到了復活, 而且爲我國治書之學從理論到方法, 作了創造性的總結和闡發。這是對章學誠《校讎通義》的重大發展。我爲這部巨著的問世而感到歡欣鼓舞, 更爲莘莘學子得到治書之學的入門嚮導而馨香禱祝。④

陶敏先生將《校讎廣義》推爲"校讎學重建的奠基之作"：

> 《校讎廣義》一書, 對這一傳統學科作了重新構建, 賦予它以現代意識和科學品格, 使它更好地爲建設精神文明、弘揚民族傳統文化服務, 繼往開來, 功在後世, 具有十分重大的意義。⑤

以上評述, 實事求是, 對《校讎廣義》的學術貢獻作了恰如其分的概括。需要進一步追問的是, 程千帆先生何以能在目録學(校讎學)領域做出如許貢獻,

---

①　按：以上諸書出版信息, 來源於以下各書之序跋、後記或專文等：余嘉錫《目録學發微》(巴蜀書社, 1991 年)；向宗魯《校讎學》(商務印書館, 2014 年)；劉咸炘《劉咸炘學術論集·校讎學編》(黄曙輝編校, 廣西師範大學出版社, 2010 年)、《劉咸炘論目録學》(上海科學技術文獻出版社, 2008 年)；汪辟疆《目録學研究》(商務印書館, 1934 年)；杜定友《校讎新義》(上海書店, 1991 年據中華書局 1930 年排印本影印)；劉紀澤《目録學概論》(上海中華書局, 1931 年)；羅艷春、姚果源《姚名達學術簡編》(《姚名達文存》, 江蘇人民出版社, 2012 年)；蔣元卿《校讎學史》(商務印書館, 1935 年)；張舜徽《廣校讎略》(上海古籍出版社, 2013 年)。

②　如《致傅璇琮(二〇)》云："《校讎廣義·目録編》前數年曾呈教, 近《版本編》已出樣書, 綴輯舊聞, 并無新意, 但可爲初學略示門徑而已。"(《閑堂書簡》, 1991 年 11 月 12 日,《程千帆全集》第 9 册, 第 360 頁)又《致傅璇琮(二五)》云："《校讎廣義·典藏編》近已脱稿, 在采納群言, 學術獨創性不高不强, 但將向歆父子創立之中國獨有之校讎學作統一而全面之表述, 則自此書始, 世之君子或有取焉。"(《閑堂書簡》, 1996 年 4 月 1 日, 第 363 頁)

③　除下揭王、陶二氏外, 專業書評還有張三夕《書林盛事, 學術大業——讀程千帆、徐有富〈校讎廣義·目録編〉〈版本編〉札記》(《南京大學學報》, 1994 年第 4 期)、徐雁《"藏書亦自有其道"——程千帆、徐有富〈校讎廣義·典藏編〉評介》(《新世紀圖書館》, 1999 年第 4 期)等。

④　王紹曾《治書之學的入門嚮導——讀程千帆、徐有富著〈校讎廣義〉》, 第 1022 頁。

⑤　陶敏《校讎學重建的奠基之作——評程千帆、徐有富〈校讎廣義〉》,《中華讀書報》1999 年第 21 期；又載《桑榆憶往》,《程千帆全集》第 8 册, 第 614 頁。

自致隆高？

　　回顧先生家世可知，程先生出自詩禮世家，學術淵源可以上溯至湖湘學派。曾祖父霖壽，字雨蒼，有《湖天曉角詞》。伯祖父頌藩，字伯翰，有《程伯翰先生集》。叔祖父頌萬，字子大，號鹿川田父、十發老人，有《十發居士全集》，與易順鼎、曾廣鈞在光、宣間稱“湖南三詩人”；曾參張之洞幕府，後任岳麓書院山長、武昌自強學堂監督。外祖父車廞，字伯夔，僑居湖南，以書法名當時。父名康，字穆庵，號顧廬居士，師從王闓運高足成都顧印伯，專攻宋詩，尤精後山，有《顧廬詩鈔》①。程頌萬、程康，均入汪辟疆《近代詩壇點將録》。程先生自稱“詩是我的家學，我幼承庭訓，十二三歲即通聲律”②。童蒙受學，程先生先後入武昌聖約瑟中學附屬小學和漢口振華中學讀書，而大部分時間跟隨堂伯父君碩先生在有恒齋內學習。君碩先生名士經，是叔祖父十發老人的長子，有《曼殊沙館初集》。君碩先生教授《論語》《孟子》《詩經》《左傳》《禮記》《資治通鑑》《文選》《古文辭類纂》《經史百家雜鈔》等書，程先生另外泛讀頗廣，“從《日知録》初識考據門徑，從《近思録》《呻吟語》《松陽講義》初識理學面目，從《小倉山房尺牘》略知應酬文字寫法”③。君碩先生講授時文辭義理并重，對《禮記》中《曲禮》《少儀》《內則》以及有關喪服諸篇講解得很詳細，對《禮運》《大學》《中庸》諸篇尤爲重視。寫字也是日課之一，君碩先生期望能知能行，寫、作俱佳。童蒙時代的教育經歷表明，程先生深受傳統文史之學的熏染，對傳統文化懷有深厚的感情與强烈的認同。

　　1928年，程先生從漢口至南京，考入金陵大學附屬中學初中三年級，開始接受新式教育。1932年，程先生考入金陵大學中文系，不僅寫新詩和白話文，還在一批大師指導下接受文史訓練。程先生自述道：

　　　　我跟黃季剛（侃）先生學過經學通論、《詩經》、《説文》、《文心雕龍》；從胡小石（光煒）先生學過文學史、文學批評史、甲骨文、《楚辭》；從劉衡如（國鈞）先生學過目録學、《漢書·藝文志》；從劉確杲（繼宣）先生學過古文；從胡翔冬（俊）先生學過詩；從吳瞿安（梅）先生學過詞曲；從汪辟疆先生（國垣）學過唐人小説；從商錫永（承祚）先生學過古文字學。我是金大的學生，但中央大學老師的課我也常跑去聽，因爲那個時時候是鼓勵去偷聽的。我曾向林公鐸（損）先生請教過諸子學，向汪旭初（東）、王曉湘（易）兩先生請教過詩詞。汪辟疆先生精於目録學和詩學，雖在金大兼過課，但没有開設這方面的課程，我也常常带着問題，前去請教。④

　　以今日眼光視之，程先生就是在追随一批國學大師學習，舉凡經學、史學、

<hr>

① 　以上參見《致馬驌程（二）》（《閑堂書簡》，《程千帆全集》第9册，第292—293頁）、《桑榆憶往》（程千帆述，張伯偉編《程千帆全集》第8册，第370頁）。
② 　程千帆述，張伯偉編《桑榆憶往》，《程千帆全集》第8册，第370頁。
③ 　程千帆述，張伯偉編《桑榆憶往》，《程千帆全集》第8册，第372頁。
④ 　程千帆述，張伯偉編《桑榆憶往》，《程千帆全集》第8册，第375頁。

諸子學、文學，俱臻一流。程先生後來從事目録學（校讎學）、文學的科研與教學，除個人喜好、時代際遇之外，最根本的動力來自於諸位師長的言傳身教、辛勤培育，以及由此而生長的對於傳統文化的熱愛。這份熱愛的動力支撐着程先生度過清貧的求學生涯，輾轉西南的抗戰時期，以及非罪獲譴的右派歲月。1938年，程先生有《余以春初就聘益陽之龍洲書院，未幾病罷。比來渝州，輒以行迹可念，追賦小詩云爾》組詩，其三云：

> 恒情惡貧賤，得飽更求餘。吾亦常苦貧，而不樂簪裾。撐腸借舊業，發篋著我書。注杜稱千家，幽閟煩爬梳。孳孳事目録，瑣瑣及蟲魚。埋夢盈荒齋，聊可鬼載車。虛窗對平野，此意同春鋤。①

顛沛流離之中，程先生仍讀書、注書、著書無輟。即使在被打成右派、下放牧牛的人生低谷時期②，程先生仍通讀晋、隋八史③，“了得《史通箋記》及《唐代文學探賾》二書，共約三十萬言”④。而一旦移硯南大，“受到一個老知識分子應有的尊敬”⑤，程先生立即焕發出學術青春，“無日無夜地工作”⑥，“恨不能一天當兩天用”⑦，“每天没有三千字不下書桌”⑧。

程先生以下兩段與友生書中語，可以見其擔當：

> 對個人恬澹，對國事誠摯，此即數千年士大夫頑强抵抗一切不合理的黑暗勢力的精神支柱，而其抵抗又非文天祥、于謙式的，而是東坡式的，即以夷然不屑或嬉笑怒罵出之。⑨

> 我始終是個儒家，也信馬克思主義，但儒家是本體。我相信人與人之間的關係是一切的根本，人活着就得做一點對人類有益處的事。就憑這一點，我在十八年的右派生活中活了下來。⑩

從程先生的“夫子自道”中可知，先生實以儒家自居，以傳承文化爲己任，“行道救世，保存國粹”⑪，從而弘毅有爲，能頑强抵抗一切不利條件，在學術研

　　①　程千帆《閑堂詩存》，《程千帆全集》第8册，第6頁。
　　②　程先生自稱“以非罪獲嚴譴，叱犢斲鷄，取薪擇米，四序非我，俯仰由人”（《唐代進士行卷與文學日譯本序》，《閑堂文存》，《程千帆全集》第8册，第63頁），“要鐮刈藿，倚杖牧牛”（《致劉國鈞》，《閑堂書簡》，1976年2月15日，《程千帆全集》第9册，第130頁），復“爲鬥牛斷其距骨”而術後卧床幾一年、學步亦近半年（《致吴志達（三六）》，《閑堂書簡》，1993年11月13日，第162頁）。
　　③　程千帆《致蔣寅（二三）》：“我曾於放牛之餘，通讀晋、隋八史。”（《閑堂書簡》，1990年4月5日，第429頁）
　　④　程千帆《致王淡芳（一）》，《閑堂書簡》，1973年□月17日，第35頁。
　　⑤　程千帆《致劉茂舒、皮公亮（三）》，《閑堂書簡》，1980年3月5日，第318頁。
　　⑥　程千帆《致陸耀東（一六）》，《閑堂書簡》，1992年12月8日，第730頁。
　　⑦　程千帆《致吴志達（三）》，《閑堂書簡》，1978年12月16日，第142頁。
　　⑧　程千帆《致楊翔强（五）》，《閑堂書簡》，1977年12月29日，第52頁。
　　⑨　程千帆《致蔣寅（二六）》，《閑堂書簡》，1990年8月7日，第431頁。
　　⑩　程千帆《致周勃（五七）》，《閑堂書簡》，1997年4月29日，第288頁。
　　⑪　説詳張伯偉《行道救世，保存國粹——程千帆先生的精神遺産》（《程千帆全集》第8册，第621—639頁）。

究、培育人才兩個方面,做出了極爲杰出的貢獻。程先生在目録學(校讎學)領域的建樹,正是其學術志業的一個重要方面。

四　結語

程千帆先生幼承家學,受堂伯父君碩先生教導,得以奠定堅實的文史根基。大學時代,程先生負笈金陵,得從在寧諸位大師游,親承音旨,轉益多師,朴學根柢日益堅實,學業精進,遂有志於弘揚國學,以學術報國。程先生深受劉國鈞、汪辟疆二位先生影響,其學術研究發端於目録之學,《目録學叢考》是其第一部學術著作。在極爲艱苦的抗戰時期,雖顛沛於西南天地之間,程先生仍在校讎學領域深耕精進,先後撰寫《校讎廣義叙目》《言公通義》《論目録書之叙例》等理論文章,由《版本篇》《校勘篇》《目録篇》《藏弆篇》四部分組成的《校讎廣義》,於焉成形,建構起以治書之學爲核心的現代理論體系,從而將劉向、歆父子開創的校讎之學,推向現代學術的新高峰。進入新時期後,程先生移硯南大,重啓校讎之學以作育人才,草就《校讎學略説》以課諸生(鑒於學術荒蕪的現狀而成救急之章),其實本諸《廣義》而作適應性改變。程先生格局博大,擘畫甚偉,在目録學(校讎學)領域,與留校任教的徐有富先生合作,經過十餘年時間的辛勤耕耘,終成多達一百二十萬字的全新的《校讎廣義》(包括版本、校勘、目録、典藏四編)。早年鴻構遂臻新境,校讎之學於焉重振。此書一版再版,已然是風行學界的當代名著。

清儒阮元爲錢大昕《十駕齋養新録》作序云:"學術盛衰,當於百年前後論升降焉。"[1]作爲中國學術的重要分支,古典目録學(校讎學)在上個世紀二三十年代進入現代學術視野并完成轉型,距今已有百年。百年之中,目録學(校讎學)著作日益增多,而學界公認之典範著作,僅有余嘉錫《目録學發微》、姚名達《中國目録學史》、程先生與徐有富先生合著之《校讎廣義》,以及張舜徽《廣校讎略》、王重民《中國目録學史論叢》等數種而已。1949 年以後,以"目録學"或"目録學史"命名的著作,在基本理論、書寫範式上,多本諸余、姚二家之説,未越藩籬,創獲有限。惟程先生《校讎廣義》一書,體大思精,與時俱進,理論性與實用性相結合,體現出强大的學術生命力。

在目録學(校讎學)領域,對於南雍學術乃至中國學術而言,程先生是一位承先啓後的杰出學者、仰之彌高的學術典範。程先生繼承金陵大學劉國鈞先生、中央大學汪辟疆先生開辟的現代目録學(校讎學)事業,在上個世紀四十年代,已將這門學問推向新高峰;進入新時代,程先生又與徐有富先生合作,撰成巨著《校讎廣義》,樹立了一座新的學術高峰,爲學界留下重視文獻學、研究文獻學的學術傳統[2]。程先生的文化精神、研究事業與學術傳統,是留給今人的

---

① 錢大昕《十駕齋養新録》,江蘇古籍出版社,2000 年,第 1 頁。

② 程先生治學,一向强調文獻學與文藝學的完美結合。如云:"文藝學在理論上解決問題,文獻學在史料上、背景上解決問題,我所追求的是文藝學和文獻學的高度結合。"(《桑榆憶往》,第(接下頁)

一筆寶貴的文化遺産。

[附記]

　　2023 年是程千帆先生誕辰一百一十周年，南京大學文學院"兩古"學科教師舉辦十餘場學術講座，以示紀念。本文即據筆者 10 月 10 日同題講座寫成，以志追懷與傳承。

　　　　　　　　　　　　　　　　　　　（作者單位：南京大學古典文獻研究所）

（接上頁）411 頁）"文獻學與文藝學之高度融合乃文學論著之妙境。"（《致蔣寅（五八）》，《閑堂書簡》，1996 年 3 月 4 日，第 451 頁）

古典文獻研究（第二十七輯上）
Journal of the Institute for Chinese Classics Studies
Nanjing University
Volume 27, No.1 2024

西晋劉寶的經史之學與名士之風

徐光明

劉寶,字道真,西晋高平人,曾任河内太守,御史中丞,侍中,安北將軍等職。劉寶於《晋書》無傳,《世說新語》在德行、品藻、任誕、簡傲等門類記其事迹4條(詳下文)。1974年2—6月,山東鄒縣文物保管所在郭里鎮公社獨山村西北2.5公里處發掘了一座西晋古墓,出土永康二年(301)墓志一方,并有大量隨葬物品出土,墓主正是劉寶①。劉寶墓志的出土對其生平履歷多有記載,杜志强結合墓志討論了劉寶的家世、仕履、名士作風和學術文化諸問題②,對認識、瞭解劉寶具有較高的參考價值。《通典》存錄劉寶兩篇文章,一則涉及經學,一則涉及史學,然學界目前的討論尚不充分。同時,筆者以爲,針對劉寶的名士行爲,尚可結合魏晋時代風氣作進一步討論,故不揣淺陋,在前人研究基礎上,對劉寶的經史學術和名士事迹進行再研究,敬祈博雅君子教正。

一 經學:泰始十年議孫爲祖持重事

(一) 劉寶等人議禮的内容及時代背景

西晋人對禮制在國家中的重要地位有清醒的認識,如晋武帝時河南功曹史龐札等人曾上表指出:"夫禮者,所以經國家,定社稷也。"③永嘉中,戴邈有言:"帝王之至務,莫重於禮學。"④晋人重視禮制,在於統治者的提倡。曹魏時

---

① 山東鄒城市文物局《山東鄒城西晋劉寶墓》,《文物》2005年第1期。此墓早年被盜掘,前室、後室的隨葬品位置有所移動,隨葬品主要出土於東、西耳室内,有陶、瓷、銅、鐵等150餘件,近期有學者關注到劉寶墓的陶俑服飾,參見張珊、白國柱《山東鄒城劉寶墓陶俑服飾考》,《藝術與民俗》2022年第4期。

② 杜志强《西晋名士劉寶生平發微》,《中國典籍與文化》2015年第2期。下引杜志强觀點皆出此文,不另出注。

③ 房玄齡等《晋書》卷五〇《庾純傳》,中華書局,1974年,第1400頁。

④ 房玄齡等《晋書》卷六九《戴若思附戴邈傳》,第1848頁。

玄風大熾,儒學衰微①,士人群體面臨嚴重的精神危機,高平陵政變後司馬氏掌權,采取整肅士風、改弦更張的政策,維護專制集權中央王朝的統治。司馬昭曾令荀顗、羊祜、任愷等撰定新禮:"晋國建,文帝又命荀顗因魏代前事,撰爲新禮,參考今古,更其節文,羊祜、任愷、庾峻、應貞并共刊定,成百六十五篇。"②司馬炎登基後,采取兩項舉措:一則恢復太學,設置博士,强化經學教育;二則崇儒復古,統一思想,全面整頓儒家倫理思想③。喪服是禮儀制度的核心,當時的學者多有討論,劉寶便參與其中。

《通典》卷八八"孫爲祖持重議"條下,收録西晋庾純、劉智、劉寶、王敞、吳商、成洽等人有關荀顗死後,嗣孫荀徽服喪年限問題的討論,嚴可均據此將劉寶的議論輯入《全晋文》卷七五,也是嚴輯書中劉寶唯一的文章,通過此文可以瞭解劉寶的經學旨趣,現根據《通典》移録全文如下:

> 劉寶以爲:"孫爲祖不三年。《喪服》云'孫爲祖周',按《小記》'爲祖後者爲祖母三年',二文不同,何以爲正?答曰:《經》無孫爲祖三年之文,《小記》所云爲祖母三年,自謂無後養人子以爲孫者耳。《喪服》云'爲人後者三年',爲人後者,或爲子,或爲孫,故《經》但稱爲人後,不列所後者名,所以通人無貴賤爲人後者用此禮也。若荀太尉無子,養兄孫以爲孫,是《小記》所謂爲祖後者也。夫人情不殊,祖所養孫猶子,而孫奉祖猶父,古聖人稱情以定制,爲人後者無復父祖之差,同三年也。《喪服傳》'父卒,然後爲祖後者斬',此謂嫡孫爲祖喪主,當服斬,不解《傳》意,《小記》與《傳》但解《經》意耳。《傳》稱者此祖後,謂父之長子,祖之嫡孫也。己上厭於父,父亡然後乃下爲長子斬,非孫上爲祖斬也。"④

劉寶提及的荀太尉,即荀顗。據《晋書》,荀顗無子,以從孫荀徽爲嗣。此文的繫年,杜志强以爲在晋武帝泰始十年(274),可從。具體的月份可進一步推定,《晋書·武帝紀》載:"夏四月己未,太尉、臨淮公荀顗薨。"⑤泰始十年四月壬辰朔,己未爲二十八日⑥。荀顗死後,"帝爲舉哀,皇太子臨喪,二宮賻贈,禮秩有加"⑦,凶禮一般包括治喪禮儀、葬禮、喪服三部分,根據時間推論,庾純、劉寶等人討論荀徽的服喪問題,當在是年五月。

養生送死觀念極重的古人,對凶禮中的喪服尤爲重視,《隋書·經籍一》著録的喪服禮研究著作有46家63部,是禮學著作中最多的一種。皮錫瑞《經學通論》三禮類有"論古禮最重《喪服》六朝人尤精此學爲後世所莫逮"一條;章太炎講《文心雕龍·論説》,從文學角度指出:"議禮若魏晋間《喪服》諸文,雖以汪

① 參見馬宗霍《中國經學史》,河南人民出版社,2016年,第61—66頁。
② 房玄齡等《晋書》卷一九《禮上》,第581頁;同參卷三九《荀顗傳》,第1151頁。
③ 劉運好《深化·拓展:西晋經學發展再考論》,《中原文化研究》2016年第6期。
④ 杜佑撰,王文錦等點校《通典》卷八八,中華書局,2016年,第2409頁。
⑤ 房玄齡等《晋書》卷三《武帝紀》,第63頁。
⑥ 陳垣《二十史朔閏表》,古籍出版社,1956年,第49頁。
⑦ 房玄齡等《晋書》卷三九《荀顗传》,第1151頁。

中之能文,亦不能爲其後世也。"①可見喪服之制在當時影響深遠。庾純等人有關荀徽服喪的討論,爭論的焦點在於服喪年限,下表據《通典》卷八八編列:

荀徽服喪意見表

參與者	服喪年限	依　據
侍中庾純	不服喪	律無嫡孫先諸父承財之文。
劉智	服喪	魏晋二代亦自行之。
劉寶	服喪一年	經無三年爲祖之文。
王敞	服喪三年	《小記》爲祖母三年,祖父三年可知也。
國子博士吳商	服喪三年	孫及曾玄其爲後者,皆服三年,受重故也。
成洽	服喪一年	上下降殺一等,經之例也。

　　庾純,字謀甫,潁川鄢陵人,博學多聞,當世儒宗,《晋書》有傳,曾任國子祭酒②。劉智,字子房,平原高唐人,劉寔之弟,以儒行稱,深得管輅贊譽,事迹附見《晋書·劉寔傳》,《晋書》載劉智著《喪服釋疑論》,對喪服制度"多所辨明"③,此事即《隋書·經籍一》著録的《喪服釋疑》二十卷④。吳商議禮之事,見徵於東晋寧康二年(374)博士謝攸、孔粲之論,王彪之稱吳商爲中才小官⑤。王敞、成洽無考。上舉六人多數支持荀徽服喪,至於具體的年限,因《喪服》經無明文規定⑥,且荀徽屬於過繼之孫,故而衆人意見并不統一。據上文可知,劉寶較爲熟悉喪服禮,能與當時的禮學專家庾純、劉智等人討論荀徽服喪的年制。

　　西晋伊始,對喪服制度進行過討論和改革⑦,晋武帝司馬炎對喪服制度則是身體力行。魏元帝咸熙二年(265)八月,司馬昭病逝,司馬炎雖"遵漢魏之典,既葬除喪,然猶深衣素冠,降席撤膳",然"遂以此禮終三年"⑧,意在矯正漢魏奉行的喪服制度,恢復三年之喪,同年十二月魏晋禪代,司馬炎下詔:"諸將

---

① 童嶺《南齊時代的文學與思想》雜篇《章太炎先生〈文心雕龍〉講録兩種》,中華書局,2013年,第134頁。
② 《晋書》卷二四《職官》載:"晋初承魏制,置博士十九人。及咸寧四年,武帝初立國子學,定置國子祭酒、博士各一人,助教十五人,以教生徒。"(第736頁)立國子學、設國子祭酒,乃武帝强化經學教育之舉措。
③ 房玄齡等《晋書》卷四一《劉寔附劉智傳》,第1198頁。
④ 魏徵等《隋書》卷三二《經籍一》,中華書局,1973年,第920頁。參見杜佑撰,王文錦等點校《通典》卷八八,第2412—2413頁。
⑤ 房玄齡等《晋書》卷二〇《禮中》,第617頁。
⑥ 太康(280—289)初年,摯虞上表:"蓋冠婚祭會諸吉禮,其制少變;至於《喪服》,世之要用,而特易失旨。……喪禮易惑,不可不詳也。況自此已來,篇章焚散,去聖彌遠,喪制詭謬,固其宜矣。是以《喪服》一卷,卷不盈握,而爭説紛然。"(房玄齡等《晋書》卷一九《禮上》,第581頁)可見《喪服》殘缺是導致衆人意見不同的根本原因。
⑦ 泰始二年(266)八月司馬昭周年之祭,西晋朝廷曾展開大規模的喪服論爭,參見韓旭《晋文帝喪服之爭始末》,《魏晋南北朝隋唐史資料》第44輯,上海古籍出版社,2021年。
⑧ 房玄齡等《晋書》卷二〇《禮中》,第613、614頁。

吏遭三年喪者,遣寧終喪。"①泰始三年(267)三月戊寅,"初令二千石得終三年喪"②,太康七年(286)十二月,"始制大臣聽終喪三年"③。司馬炎力主恢復三年之喪,梁滿倉以爲根本原因在於建設五禮制度的需要,國有大喪是否行三年之禮,這是關係國家禮制大典的重大問題,皇帝的態度起到舉足輕重的作用。三年之喪在西晋不再是禁忌話題,反而成爲可以公開討論的國家制度理論問題④。荀顗死後荀徽是否應該服喪,服喪三年與否,於是成爲朝臣們的談資。

劉寶以爲可服喪一年,原因一則在於經無三年爲祖的明文,二則在於荀徽作爲荀顗的嗣孫,也要盡到相應的服喪義務,於是劉寶提出這樣一種介於不服喪與服喪三年之間的折中方案,體現出他師古適用的議禮原則,既不違背古制,又不過於冒進,屬於一種權變舉措⑤。儘管當時晋武帝力主三年之喪,然而并未形成制度,所以劉寶所提不失爲一種穩妥的服喪之議。結合上文可知,在泰始十年之前,劉寶已起家爲官。按照慣例,劉寶乡品定品當爲二品⑥,因史無明文,今已無法得知劉寶起家官的具體職位,杜志强考證劉寶家世并非單寒,高平劉氏有較爲厚實的文化基礎,結合劉寶參與議禮的情況來看,其起家當爲清貴之官。泰始十年的議禮之事也是我們確知的劉寶早年宦途事迹之一。

(二) 劉寶結緣扶風王司馬駿原因臆測

劉寶議禮一事當是他日後結緣扶風王司馬駿的原因所在,《世説新語》德行第22條記載:"劉道真嘗爲徒,扶風王駿以五百匹布贖之,既而用爲從事中郎。當時以爲美事。"⑦《世説新語》此條本意在於展示司馬駿的愛才之舉,杜志强據此推斷劉寶爲徒之前已入仕,其個人才華也有所展現,從而爲司馬駿所知,遂決定將其贖回并用爲幕僚。筆者贊同劉寶爲徒之前已入仕的看法。劉寶因何爲徒,原因不得而知。司馬駿愛才惜士的看法,或過於寬泛,細思之下,更深層的原因應該是劉寶此前討論荀徽服喪之事,給司馬駿留下了不錯的印象。《晋書》記荀顗曾"與扶風王駿論仁孝孰先,見稱於世"⑧,荀顗與司馬駿就當時流行的仁孝先後問題相互切磋討論⑨,可見二人志氣相投。劉寶在荀顗死後討論荀徽服喪而提出的折中方案,既不違背古制,又使荀徽適當地得盡孝道,還涉及司馬駿與荀顗此前討論的仁孝問題,當令司馬駿對其青眼有加,爲

---

① 房玄齡等《晋書》卷三《武帝紀》,第53頁。
② 房玄齡等《晋書》卷三《武帝紀》,第55頁。
③ 房玄齡等《晋書》卷三《武帝紀》,第77頁。
④ 梁滿倉《魏晋南北朝五禮制度考論》,社會科學文獻出版社,2009年,第637頁。
⑤ 梁滿倉《魏晋南北朝五禮制度考論》,第42—48頁。
⑥ 參見〔日〕宮崎市定《九品官人法研究》,韓昇、劉建英譯,中華書局,2008年,第66—72頁。唐長孺《九品中正制度試釋》,《魏晋南北朝史論叢》,商務印書館,2010年,第108—118頁。
⑦ 劉義慶著,劉孝標注,余嘉錫箋疏,周祖謨、余淑宜、周士琦整理《世説新語箋疏》(修訂本),上海古籍出版社,1993年,第23頁。下引此書,只標書名。
⑧ 房玄齡等《晋書》卷三九《荀顗傳》,第1150頁。
⑨ 唐長孺《魏晋南朝的君父先後論》,《魏晋南北朝史論拾遺》,中華書局,2011年,第235—250頁。

他日後入扶風王府埋下伏筆。事實上，劉寶在扶風王府地位頗高，可以證明他與府主關係和睦。《世説新語》記起初司馬駿用劉寶爲從事中郎，《三國志》裴注引《蜀記》載劉寶還擔任司馬一職（詳下文），當屬遷升。《晋書·職官志》記："諸公及開府位從公加兵者，增置司馬一人，秩千石；從事中郎二人，秩比千石。"①司馬與從事中郎是藩王府僚佐中較高的職位，劉寶初入扶風王府便被授予從事中郎，而後轉升司馬，足見司馬駿對他的重視。據《通典》卷三七《職官十九·晋官品》，從事中郎第六品，這當與劉寶爲徒前的官職持平，側面證明劉寶起家鄉品定品爲二品。

　　至於劉寶入扶風王府的時間，大致可以確定在咸寧二年（276）十月之後，這也與泰始十年（274）的議禮事件相隔不遠。《晋書》載司馬駿："咸寧初，羌虜樹機能等叛，遣衆討之，斬三千餘級。進位征西大將軍，開府辟召，儀同三司，持節、都督如故。"②據《晋書·武帝紀》，咸寧二年五月司馬駿討北胡，斬其渠帥吐敦，十月，拜征西大將軍，此年司馬駿得以開府徵召幕僚，劉寶入駿府當在此後不久。《資治通鑑》記太康七年（286）九月戊寅，司馬駿薨③，或劉寶擔任扶風王僚佐止於此時，約十年左右。顏師古《漢書叙例》記劉寶爲"晋中書郎，河內太守，御史中丞，太子中庶子，吏部郎，安北將軍"④，除去河內太守、安北將軍之外⑤，其餘職位均爲中央官職，可推測劉寶離開扶風王府後便進入洛陽爲官，隨後他得到司空張華的賞識（詳下文）。

二　史學：答愍懷太子事與著作《漢書駁義》

（一）劉寶答愍懷太子問本事

　　《通典》卷七二"天子追遵祖考妣"條，杜佑小注引有愍懷太子司馬遹問中庶子劉寶漢高祖尊父一事，通過此文可以考察劉寶的史學思想，然嚴可均未將此文輯入《全晋文》中，《通典》可補嚴書之漏，現移録全文如下：

　　　　後漢荀悦曰："《孝經》云：'故雖天子，必有尊也，言有父也。'王者父事三老以示天下，所以明孝也。無父猶設三老之禮，況其存者乎！孝莫大於嚴父，故子尊不加於父母。家令之言，於是過矣！"晋愍懷太子令問中庶子劉寶云："太公家令説太公，爲是？爲非？"對曰："荀悦論賜家令爲非，臣以悦不識高帝意。高帝雖貴爲天子，事父不失子之禮。時即位已六年，而不加父號，是以家令言'雖父乃人臣也'，言無可尊敬名號，當與人臣同禮，欲

---

① 房玄齡等《晋書》卷二四《職官志》，第 727 頁。
② 房玄齡等《晋書》卷三八《宣五王·扶風王駿傳》，第 1125 頁。
③ 司馬光《資治通鑑》卷八一《晋紀三》武帝太康七年，中華書局，1956 年，第 2591 頁。
④ 班固著，顏師古注《漢書》，《漢書叙例》，中華書局，1962 年，第 5 頁。案：中書郎，即中書侍郎。吏部郎，即尚書吏部郎。
⑤ 河內太守第五品，下轄溫縣乃帝鄉，離開扶風王府的劉寶短時間内不大可能擔當如此重要的職位；安北將軍第三品，結合墓志，可知是劉寶生前的最後官職（安北將軍，領護烏丸校尉，持節都督幽州諸軍事）；所以劉寶入京後最有可能出任的職官是中書侍郎（第五品）。

以此感動之。帝聞家令言乃悟,即立號太上皇,得人子尊父之道。若不聞家令言,父終無號矣。家令説是也。"①

此事見於《漢書》,繫於高祖六年(前201)。時天下初定,高祖五日一朝太公,太公家令説太公以爲:"天亡二日,土亡二王。皇帝雖子,人主也;太公雖父,人臣也。奈何令人主拜人臣! 如此,則威重不行。"②太公聞之,因而改行,高祖心善家令之言,賜金五百斤,并下詔尊父號爲太上皇。

荀悦將此事記入《漢紀》并加以評論,他認爲《孝經》所言孝道爲大,"孝莫大於嚴父,故子尊不加於父母",即便劉邦是皇帝,也要尊崇其父,而不應將皇權之尊施之於父,家令之言不當,更不應該賞賜。太公家令的言論是對是錯,愍懷太子心存疑惑,於是詢問劉寶的意見。劉寶以爲荀悦并不能體會高祖的用意,理由是:高祖未尊崇太公名號,則太公位同人臣,固然當用人臣之禮迎接皇帝,家令之言意欲感動高祖爲太公增崇名號,於是高祖開悟,加太公太上皇號,展現人子敬父之道。劉寶以爲家令之言爲當。劉寶此論,顏師古與司馬貞都曾引用,然并不完整,杜佑所引最全,顏注《漢書》以爲:"晋太子庶子劉寶云善其發悟己心,因得尊崇父號,非善其令父敬己。"③司馬貞《史記索隱》曰:"顏氏按:荀悦云'故雖天子必有尊也,無父猶設三老,況其存乎? 家令之言過矣'。晋劉寶云'善其發悟己心,因得尊崇父號也'。"④

無論太公家令的目的是尊崇皇權還是感悟高祖——後人無法得知其真實意圖,不過可以肯定的是,關於這一問題,荀悦和劉寶的立論都緊緊圍繞孝道展開,其背景正在於漢晋是提倡孝道的時代,如漢朝皇帝以孝爲謚,《漢書》顏注曰:"孝子善述父之志,故漢家之謚,自惠帝已下皆稱孝也。"⑤西晋更是將孝道放在倫理道德的首位,何曾稱司馬昭:"公方以孝治天下。"⑥可見劉寶的論述并非無的放矢,此論當是《漢書駁義》之文,清人黃逢元《補晋書藝文志》卷二著録《漢書駁義》二卷(安北將軍高平劉寶道真撰),黃氏云:

> 本《隋志》,唐新舊《志》議作義。《漢書序例》云:"劉寶字道真,高平人,晋中書郎,河内太守,御史中丞,太子中庶子,吏部郎,安北將軍。注云侍皇太子講《漢書》,別有《駁義》。"元案:宋祁《漢書》校説引景祐余靖校本云:"劉寶字道宇,高平人,晋吏部侍郎,餘無説。"官爵及字與《序例》稍異,靖云餘無説者,是《駁義》一書外再無他説,以釋顏注"別有"二字之疑,《史記·高祖本紀》索隱引晋劉寶云當即《駁義》。⑦

①　杜佑撰,王文錦等點校《通典》卷七二,第1952頁。

②③　班固著,顏師古注《漢書》卷一《高帝紀下》,第62頁。

④　司馬遷撰,裴駰集解,司馬貞索隱,張守節正義《史記》卷八《高祖本紀》,中華書局,1982年,第382頁。

⑤　班固著,顏師古注《漢書》卷二《惠帝紀》,第86頁。

⑥　房玄齡等《晋書》卷三三《何曾傳》,第995頁。

⑦　黃逢元《補晋書藝文志》,《二十五史補編》第三册,中華書局,1955年,第3911頁。

　　或問，將劉寶論荀悦《漢紀》之言歸入《漢書駁義》，似有不妥。筆者以爲并無不妥，解答有二：一則《漢紀》内容全部取自《漢書》，《漢書》爲《漢紀》之母；二則顏師古《漢書叙例》收録二十三家《漢書》舊注，荀悦《漢紀》、崔浩《漢紀音義》位列其中，可見古人并不刻意區分《漢書》與《漢紀》，那麽劉寶批評荀悦之論，歸入《漢書駁義》自然也在情理之中了。至於劉寶答愍懷太子一事的時間，發生在劉寶任太子中庶子時，當屬劉寶晚年①。根據現有記載，可見劉寶的經史之學，始終秉持着孝道爲先的學術理念，這也是西晋王朝提倡的治國原則。

（二）《漢書駁義》産生的時代背景

　　此處對《漢書駁義》出現的背景略作介紹，西晋上流社會流行講《漢書》之風，如陸機、潘岳、左思三人均參與了以賈謐爲中心的講《漢書》沙龍活動，時人對《漢書》的推崇可見一斑②。同時，針對《漢書》，社會上興起了兩股學術風潮，一爲批判班固及《漢書》，二爲比較馬、班二人與二書的優劣③，兩股風潮殊途同歸。當時批判班固與《漢書》者，如傅玄：“吾觀班固《漢書》，論國體則飾主闕而抑忠臣，叙世教則貴取容而賤直節，述時務則謹辭章而略事實，非良史也。”④皇甫謐《高士傳序》：“高讓之士，王政所先，厲濁激貪之務也。史、班之載，多所闕略。”⑤華嶠有論：“（班）彪、固譏遷，以爲是非頗謬於聖人。然其論議常排死節，否正直，而不叙殺身成仁之爲美，則輕仁義，賤守節愈矣。固傷遷博物洽聞，不能以智免極刑；然亦身陷大戮，智及之而不能守之。”⑥馬班優劣論者，如張輔比較《史》《漢》，《晋書》本傳載：

　　　　遷之著述，辭約而事舉，叙三千年事唯五十萬言；班固叙二百年事乃八十萬言，煩省不同，不如遷一也。良史述事，善足以獎勸，惡足以監誡，人道之常。中流小事，亦無取焉，而班皆書之，不如二也。毀貶晁錯，傷忠臣之道，不如三也。遷既造創，固又因循，難易益不同矣。又遷爲蘇秦、張儀、范雎、蔡澤作傳，逞辭流離，亦足以明其大才。故述辯士則辭藻華靡，叙實録則隱核名檢，此所以遷稱良史也。⑦

---

① 杜志强考證劉寶死於永康二年（301），司馬遹遹爲太子在永熙元年（290）至元康九年（299），劉寶出任太子中庶子在這十年内，已屬人生中的晚年。

② 參見陳君《潤色鴻業：〈漢書〉文本的形成與早期傳播》，北京大學出版社，2020 年，第 131 頁。有關六朝《漢書》研究的較近成果，參見陸駿元《韋昭〈漢書音義〉之傳習與接受考略——兼論中古〈漢書〉南北注本的分野與遞變》，《文學遺產》2022 年第 4 期；《中古〈漢書〉注釋之承繼與統合——從“河北”到“江南”的歷史譜系析論》，《中國典籍與文化論叢》第 26 輯，鳳凰出版社，2022 年；《“〈漢書〉學者”與其授讀：六朝〈漢書〉異文與歷史文本研探（上）》，《儒家典籍與思想研究》第 14 輯，北京大學出版社，2022 年；《“〈漢書〉學者”與其授讀：六朝〈漢書〉異文與歷史文本研探（下）》，《儒家典籍與思想研究》第 15 輯，北京大學出版社，2023 年。

③ 陳瑩《唐前班馬優劣并稱演變軌迹的梳理與考辨》，《史學理論研究》2010 年第 3 期。

④ 王天海、王韌《意林校釋》，中華書局，2014 年，第 537 頁。

⑤ 嚴可均校輯《全上古三代秦漢三國六朝文》，《全晋文》卷七一，中華書局，1958 年，第 1873 頁。

⑥ 范曄《後漢書》卷四〇《班彪附班固傳下》，中華書局，1965 年，第 1386 頁。

⑦ 房玄齡等《晋書》卷六〇《張輔傳》，第 1640 頁。

葛洪以爲：“班固以史遷先黄老而後六經，謂遷爲謬。夫遷之洽聞，旁綜幽隱，沙汰事物之臧否，核實古人之邪正。其評論也，實原本於自然，其褒貶也，皆準之乎至理。不虚美，不隱惡，不雷同以偶俗。劉向命世通人，謂爲實録；而班固之所論，未可據也。固誠純儒，不究道意，玩其所習，難以折中。”①袁宏對班固也略有微辭，《後漢紀序》曰：“班固源流周贍，近乎通人之作，然因籍史遷無所甄明。”②以上對班固及《漢書》的批評言論，一改東漢三國時尊崇《漢書》的常態，預示着一種新的學術動向，即批判地看待《漢書》。結合《漢書駁義》的書名，杜志强以爲該書應當以駁斥他説爲主，可能主要是對班固或其他《漢書》舊注提出質疑。聯繫西晉諸多學者批判班固的言論，劉寶不無參與其中的可能。杜志强同時指出顔師古不太贊同劉寶的學術傾向，并以爲顔師古批評的對象包括劉寶在内。此點或可商榷，顔師古批判的是南朝《漢書》舊注而非漢晉舊注，簡言之即南朝《漢書》注出現的新變範式，如崔慰祖：“常欲更注遷、固二史，采《史》《漢》所漏二百餘事，在厨簏，可檢寫之，以存大意。”③還有陸澄，《史通·補注》記載：“陸澄所注班史，多引司馬遷之書，若此缺一言，彼增半句，皆采摘成注，標爲异説，有昏耳目，難爲披覽。”④無論是崔注《史》《漢》還是陸注《漢書》，二人注書的重點在於增補史書疏漏，這種廣采异聞、補闕史實的做法與漢魏以來重視音韵訓詁的傳統史書注解理念背道而馳，不爲顔師古所喜，故而招致他的大加撻伐⑤。《漢書叙例》選録劉寶及其《駁義》，説明顔師古對劉寶的《漢書》研究并不排斥，顔氏注意到了《漢書》注其他形式的成果，在《高帝紀》中引用劉寶的觀點，體現了顔氏兼收并蓄的學術態度。假如劉寶之論“徒爲煩冗，祇穢篇籍”，顔氏“無取”⑥即可，又何必加以引用呢？

需要指出的是，對《漢書》的共同愛好，是張華賞識劉寶的助力之一，因爲張華同樣精通《漢書》，二人學術興趣相投，《世説新語·言語》第23條記：

> 諸名士共至洛水戲。還，樂令問王夷甫曰：“今日戲樂乎？”王曰：“裴僕射善談名理，混混有雅致；張茂先論《史》《漢》，靡靡可聽；我與王安豐説延陵、子房，亦超超玄箸。”⑦

劉孝標注引《晋陽秋》曰：“華博覽洽聞，無不貫綜。世祖嘗問漢事，及建章千門萬户。華畫地成圖，應對如流，張安世不能過也。”⑧張安世乃張湯子，其人記憶超群，漢武帝亡書三篋，詔問衆人，無人能知，張安世識之，具作其事。《晋陽秋》比較二張，意在突顯張華博物多聞，對漢史了如指掌。陸機有《講〈漢書〉

① 王明《抱朴子内篇校釋》（增訂本），中華書局，1985年，第184頁。
② 袁宏撰，張烈點校《後漢紀》，《後漢紀序》，中華書局，2017年，第1頁。
③ 蕭子顯《南齊書》卷五二《文學·崔慰祖傳》，中華書局，1972年，第902頁。
④ 劉知幾著，浦起龍通釋，王煦華整理《史通通釋》，上海古籍出版社，2009年，第123頁。
⑤ 參見拙文《顔師古〈漢書叙例〉不録南朝〈漢書〉注家考辨》，《中國典籍與文化》2023年第3期。
⑥ 班固《漢書》，《漢書叙例》，第3頁。
⑦ 《世説新語箋疏》（修訂本），第85頁。案：“箸”通“著”。
⑧ 《世説新語箋疏》（修訂本），第85頁。

詩》：“稅駕金華，講學秘館。有集惟氂，芳風雅宴。”①此詩乃陸機爲賈謐講《漢書》所作。《世説新語·簡傲》第 5 條（詳下文）記張華推薦陸機拜訪劉寶，陳君敏鋭地指出張華此舉不爲無因②。可以肯定，晋惠帝元康年間，京師洛陽存在一個《漢書》學術交流圈，參與者有張華、賈謐之類的高官和貴戚，有陸機、潘岳、左思之類的第一流文人和學者，亦有劉寶此類介與顯貴與文人學者之間的官員③。

三　名士之風

　　結合《世説新語》《金樓子》等文獻的記載及出土文物的佐證，可以發現劉寶身上有濃重的魏晋名士作風和喜好，如善嘯、嗜酒與服散、主張薄葬、參與人物品評、忽視人倫大防、喜好圍棋等行爲，這也是折射出魏晋時代的風氣，以下分論之。

（一）善嘯

　　劉寶善嘯，具有高超的音樂才能，《世説新語·任誕》第 17 條載：“劉道真少時，常漁草澤，善歌嘯，聞者莫不留連。有一老嫗，識其非常人，甚樂其歌嘯，乃殺豚進之。”④此條記劉寶年少時，因食老嫗之豚，後超用老嫗之子，其子後携牛酒拜訪劉寶被拒事，表現劉寶知恩圖報和率性而爲的個性。從中亦可窺探劉寶善於歌嘯之才能⑤，雖不得而知其嘯聲效果如何，然當屬音聲優美，抑揚頓挫，否則不會“聞者莫不留連”，就連老嫗也“樂其歌嘯”，此老嫗恐怕也是通曉歌嘯之人，故而認爲劉寶是“非常人”，可見劉寶的歌嘯，造詣匪淺。嘯從發音到結束的聽覺效果，從成公綏《嘯賦》中可窺探一二，如引聲與用氣，“唱仰抃而抗首，嘈長引而慘亮。或舒肆而自反，或徘徊而復放”；如抒情、粗獷、低音、高音等歌嘯的種類，“或冉弱而柔撓，或澎濞而奔壯。横鬱鳴而滔涸，列飄眇而清昶。逸氣奮涌，繽紛交錯”；嘯音對自然之聲的模擬，“奏胡馬之長思，向寒風乎北朔。又似鴻雁之將雛，群鳴號乎沙漠”；嘯聲的藝術效果，“飛廉鼓於幽隧，猛虎應於中谷。南箕動於穹蒼，清飈振乎喬木”；長嘯的社會文化功能，“散滯積而播揚，蕩埃藹之溷濁。變陰陽之至和，移淫風之穢俗”⑥。魏晋時孫登以善嘯知名，《世説新語》記阮籍“箕踞嘯歌”，謝鯤“傲然長嘯”，周顗“傲然嘯

　　①　逯欽立輯校《先秦漢魏晋南北朝詩》，《晋詩》卷五，中華書局，1983 年，第 678 頁。
　　②　陳君《潤色鴻業：〈漢書〉文本的形成與早期傳播》，第 131 頁。
　　③　上述諸人皆在朝爲官，此處强調是其他們身份的突出特質，如張華位居司空，賈謐是賈后親屬，潘陸左等是西晋文學的代表性人物，至於劉寶，既非高官貴戚，亦非一流文人，故而此處暫以官員界定其身份。
　　④　《世説新語箋疏》（修訂本），第 736 頁。
　　⑤　中國古代的嘯分爲長嘯、吟嘯、嘯歌三種，參見范子燁《“嘯”：東方古國的口哨音樂》，《中國文化》第十二期（1995）。另可參青木正兒《“嘯”的歷史和字義的變遷》，《中華名物考》（外一種），范建明譯，中華書局，2005 年，第 180—188 頁。
　　⑥　蕭統編，李善注《文選》卷一八，中華書局，1977 年，第 263 頁。相關分析參見范子燁《魏晋之音：嘯臺本事及其相關文學書寫》，《文學評論》2020 年第 2 期。

咏”,謝安“吟嘯不言”,桓玄“吟嘯”,可見魏晉嘯風盛行,時人善嘯,劉寶亦在其中。長嘯、歌嘯、吟嘯、嘯咏,都離不開“嘯”這一外在表現形式。有學者指出,長嘯既是魏晉士人飄逸、任達個性與氣質的體現,也是其精神苦悶的象徵和思想超脱的反映①。魏晉政治的高壓,導致部分士人選擇以音樂爲寄托,排遣内心的苦悶,歌嘯即其一,這正反映出魏晉的時風。然劉寶善嘯,在其“少時”,當與政治因素無關,而是受社會風氣的影響。

(二) 嗜酒與服散

劉寶嗜酒,《世説新語·簡傲》第 5 條記:“陸士衡初入洛,咨張公所宜詣,劉道真是其一。陸既往,劉尚在哀制中。性嗜酒,禮畢,初無它言,唯問:‘東吴有長柄壺盧,卿得種來不?’陸兄弟殊失望,乃悔往。”②陸機作爲東南秀士拜訪劉寶,其目的在於結交洛陽名士,打通此後的仕途之路,劉寶出言荒唐的背後,余嘉錫結合《抱朴子》以爲,居喪飲酒乃京洛習俗,劉寶亦不例外,同時反映出南北相輕之實情。龔斌對輕視南士有進一步發揮③。杜志强以爲此事還反映出南北名士的人生旨趣不同,諸家分析皆有道理。本文關心的重點在於,劉寶之所以對陸機説出求葫蘆種的荒唐之語,實際上不僅僅是他嗜酒的最佳注脚,甚至還可以推測他服散,因爲葫蘆不僅是盛酒、飲酒的佳器,還可以作爲醫用器皿盛放藥物,如《後漢書》記費長房遇仙奇事,“市中有老翁賣藥,懸一壺於肆頭”④,老翁的藥物便存儲在葫蘆中。再則,酒本爲藥,醫字從酒,醫與酒有不可分割的關係,於是盛酒的器皿葫蘆,便與醫術關係頗深⑤。居喪期間的劉寶,面對遠道而來的客人,問“東吴有長柄壺盧,卿得種來不”,出言荒悖的背後,或許正反映出劉寶内心的某些真實想法:以酒爲藥治療服散帶來的并發症。魏晉名士喜好飲酒和服散,二者聯繫密切,典型代表便是嵇康⑥。服散後需飲熱酒,加速血液循環,揮發藥力,如葛洪以爲:“聞貴人在大哀,或有疾病服石散,以數食宣藥勢,以飲酒爲性命。”⑦余嘉錫以爲劉寶嗜酒,“非必因有疾,及服寒食散也”⑧,此論或可商榷。結合劉寶的諸多行徑,如善嘯、嗜酒、主張薄葬、參與人物品評(詳下文),皆屬當時的名士行徑,深受魏晉社會風氣影響。名士間流行的服散,劉寶不無參與其中,嗜酒的舉動正是服散的佐證之一。

(三) 主張薄葬

劉寶主張薄葬,梁元帝《金樓子·終制》記:“高平劉道真、京兆摯仲洽,并

①　倪鍾鳴《論長嘯與魏晉風度》,《深圳大學學報》(社會科學版)1985 年第 3 期。
②　《世説新語箋疏》(修訂本),第 769 頁。
③　劉義慶撰,劉孝標注,龔斌校釋《世説新語校釋》(增訂本),上海古籍出版社,2019 年,第 1639—1640 頁。
④　范曄《後漢書》卷八二《方術·費長房傳》,第 2743 頁。
⑤　高毓秋《葫蘆與醫文化》,《上海中醫藥雜志》1997 年第 3 期。
⑥　范子燁《嵇康鍛鐵與服散養生》,《陝西師大學報》(哲學社會科學版)1994 年第 3 期。
⑦　楊明照《抱朴子外篇校箋》下册,中華書局,1997 年,第 16 頁。
⑧　《世説新語箋疏》(修訂本),第 770 頁。

遺令薄葬。"①魏晋社會盛行薄葬之風②,始於漢獻帝建安十年(205)曹操的厚葬禁令,曹操安排自己的後事,下過兩次命令,要求薄葬,曹丕同樣實行薄葬,臣下如韓暨、王觀、高堂隆、賈逵、徐晃等亦有薄葬遺令。西晋帝室同樣如此,司馬懿司馬師父子,"宣帝豫自於首陽山爲土藏,不墳不樹,作《顧命終制》,斂以時服,不設明器。景、文皆謹奉成命,無所加焉。景帝崩,喪事制度有依宣帝故事"③,安平王司馬孚遺令:"當以素棺單槨,斂以時服。"④貴臣如王祥、石苞、杜預皆主張薄葬,典型者如皇甫謐,遺言:"吾欲朝死夕葬,夕死朝葬,不設棺槨,不加纏斂,不修沐浴,不造新服,殯唅之物,一皆絶之。"⑤薄葬也是名士任情縱性的一種體現,如《世説新語・文學》劉孝標注引《名士傳》記劉伶:"常乘鹿車,携一壺酒,使人荷鍤隨之,云:'死便掘地以埋。'"⑥《名士傳》意在刻畫描寫劉伶放浪形骸、不拘禮俗、遺落世事的人物形象,其中劉氏自言死則埋之,不經意間傳達出他信奉薄葬的理念。劉寶薄葬意見的提出當在晚年,彼時劉寶仕宦多方,具有豐富的人生閲歷,又受到薄葬時風的影響,所以纔有這種想法,并立下遺令。但是根據出土的劉寶墓來看,墓室采用雙室結構,前設石門,屬於西晋高等級的墓葬形制;且隨葬器物衆多,頗能反映上層貴族的生活實態⑦,顯然後人并未遵從劉寶的遺令,而是予以厚葬。這與劉寶的死亡原因有關,杜志强考證劉寶於永康二年(301)正月二十九日死於趙王司馬倫之手。趙王倫集團旋即覆滅,劉寶屬於冤死,當有人爲其平反,獲朝廷允許後予以厚葬,如解系、解結兄弟,被趙王倫殺害後,齊王冏上奏宜爲其平反,八坐議可,"永寧二年,追贈光禄大夫,改葬,加吊祭焉"⑧。再如張華,太安二年(303),朝廷下詔:"華之見害,俱以奸逆圖亂,濫被枉賊。其復華侍中、中書監、司空、公、廣武侯及所没財物與印綬符策,遣使吊祭之。"⑨劉寶情況當與之相似,至於何人爲劉寶上奏平反,極有可能是當時身居朝廷高位的同鄉,高平籍官員閭丘沖、滿奮等人(詳下文)。

(四) 參與人物品評

劉寶參與的人物品評,現有文獻記載有兩例。第一例是品評諸葛亮,《三國志》諸葛亮本傳裴注引《蜀記》云:

晋初扶風王駿鎮關中,司馬高平劉寶、長史滎陽桓隰諸官屬士大夫共

① 蕭繹撰,許逸民校箋《金樓子校箋》,中華書局,2011年,第442頁。
② 參見董曄《論魏晋南北朝時期的薄葬風氣》,《山西師大學報》(社會科學版)2013年第3期。鄧名瑛《魏晋時期的薄葬禮俗》,《倫理學研究》2014年第4期。陳華文、陳淑君《論魏晋南北朝的薄葬理念及社會意義》,《廣西民族大學學報》(哲學社會科學版)2014年第5期。
③ 房玄齡等《晋書》卷二〇《禮中》,第633頁。
④ 房玄齡等《晋書》卷三七《宗室・安平獻王孚傳》,第1085頁。
⑤ 房玄齡等《晋書》卷五一《皇甫謐傳》,第1417頁。
⑥ 《世説新語箋疏》(修訂本),第250頁。
⑦ 山東鄒城市文物局《山東鄒城西晋劉寶墓》,第24—25頁。
⑧ 房玄齡等《晋書》卷六〇《解系傳》,第1632頁。
⑨ 房玄齡等《晋書》卷三六《張華傳》,第1077頁。

論諸葛亮,于時譚者多譏亮托身非所,勞困蜀民,力小謀大,不能度德量力。金城郭冲以爲亮權智英略,有踰管、晏,功業未濟,論者惑焉,條亮五事隱没不聞於世者,寶等亦不能復難。扶風王慨然善冲之言。①

《蜀記》中扶風王僚佐對諸葛亮的品評,明顯分爲兩派,一派以劉寶、桓隰爲代表,持否定態度,另一派郭冲則肯定諸葛武侯的功績,并條列諸葛亮隱事五例,劉寶等人不能反駁,最後司馬駿認可郭冲的看法,這則故事側重於記述郭冲爲諸葛亮辯護,却爲我們提供了劉寶參與人物品評的例證。從時間上來看,此例應早於第二例《世説新語》注記劉寶評高平士人。此例杜志強已指出,轉録如下,《世説新語・品藻》第9條記王衍云:"閭丘冲優於滿奮、郝隆。此三人并是高才,冲最先達。"劉孝標注引荀綽《兖州記》曰:"于時高平人士偶盛,滿奮、郝隆達在冲前,名位已顯,而劉寶、王夷甫猶以冲之虚貴,足先二人。"②劉寶與王衍二人皆推重閭丘冲,而劉寶與閭丘冲正是同鄉,劉寶此舉有獎掖本州人士,爲之邀名的意味在内。《兖州記》涉及的高平籍人士包括閭丘冲、滿奮、郝隆,三人皆出身士族,西晉時位至高官。閭丘冲,《兖州記》云:"冲字賓卿,高平人,家世二千石……好音樂,侍婢在側,不釋弦管……爲光禄勛,京邑未潰,乘車出,爲賊所害。"③據《晋書》,永嘉五年(311)六月丁酉,劉曜、王彌入京師,尚書閭丘冲等大批官員遇害④。滿奮,曹魏太尉滿寵之孫,《三國志》裴注引《世語》:"奮,晋元康中至尚書令,司隸校尉。"⑤郝隆出身漢晋時期的高平望族,劉孝標注引《晋諸公贊》曰:"隆字弘始,高平人。爲人通亮清識。爲吏部郎、楊州刺史。"⑥數人皆出自高平當地的望族,與劉氏門庭相埒。

閭丘冲尚有一事值得討論,晋懷帝即位後,葬武悼楊后,朝廷議懷帝爲楊后服喪事,有以爲服小功五月者,有以爲服齊衰者,議論紛紛,閭丘冲議:"楊后母養聖上,蓋以曲情。今以恩禮追崇,不配世祖廟。王者無慈養之服,謂宜祖載之日,可三朝素服發哀而已。"⑦閭丘冲根據楊后養育懷帝的實情,指出帝王無爲養親服喪之制,提出可素服發哀的權變措施,這是一種折中的方案,得到朝廷的認可和實行。聯繫劉寶議荀徽服喪一事,閭丘冲在服喪問題上的態度與劉寶相近,即事從權宜。《兖州記》言劉寶以爲閭丘冲優於郝隆、滿奮,劉寶與閭丘冲在經學(喪服)問題上觀點相近,以及二人皆喜好音樂,或是劉寶對閭丘冲另眼相看的原因所在。

(五) 忽視人倫大防

劉寶對男女之事和人倫大防不甚措意,後世類書中記有一則,明人陳耀文《天中記》卷二九惑溺類"下地叩頭"條引《語林》:

① 陳壽《三國志》卷三五《蜀書・諸葛亮傳》,中華書局,1982年,第917頁。
② 《世説新語箋疏》(修訂本),第508頁。案:郝隆當作郝隆,乃郝鑒叔父。
③⑥ 《世説新語箋疏》(修訂本),第508頁。
④ 房玄齡等《晋書》卷五《孝懷帝紀》,第123頁。案:尚書,即尚書令。
⑤ 陳壽《三國志》卷二六《魏書・滿寵傳》,第725頁。
⑦ 房玄齡等《晋書》卷二○《禮中》,第623頁。

晋劉寶，字道真。子婦始入門，遣婢修虔，劉聊之甚苦，婢固不從。劉乃下地叩頭，婢懼而從之。明日，語人曰："手推故是神物，一下而婢子服淫。"①

陳耀文，字晦伯，號筆山，河南確山人，嘉靖二十九年（1550）進士，曾任陝西行太僕寺卿，著有《天中記》六十卷、《經典稽疑》二卷、《學林就正》四卷等。清修《四庫全書》收入《天中記》，該書内容廣泛，類目繁多，引文翔實有據，内容大多準確可信，史料價值較高，引書數百種，可供校勘、補史、輯佚之用②。例如，學者指出，《天中記》卷一"天"類、"星"類多引張衡《靈憲》，與《後漢書·張衡傳》注相較，有不見於《後漢書》者；卷一九"賢婦"類"復仇"引《吴曆》文，較《三國志》注爲詳；卷一七所引《朝野僉載》，記陸慶餘爲洛州長史事，不見於趙守儼點校本（包括文末補輯九十餘條），説明乃是佚文③。基於此，雖《天中記》出現時代較晚，但不能忽視其文獻價值，故而《語林》所記劉寶事迹，足資參考。

《語林》記劉寶事，劉寶言手推即用强，叩頭乃用計，二者對言。此處的劉寶近乎無賴淫徒，與傳統的正人君子形象大相徑庭，却與魏晋士人的某些作風相似，如他事後洋洋得意，四處宣揚，不由得令人想起晋室南渡後，周顗當衆露體一事，《世説新語·任誕》第 25 條劉注引鄧粲《晋紀》："王導與周顗及朝士詣尚書紀瞻觀伎。瞻有愛妾，能爲新聲。顗於衆中欲通其妾，露其醜穢，顏無怍色。"④劉寶、周顗之舉，當是受西晋朝野一時風氣的影響，《宋書·五行一》記："晋惠帝元康中，貴游子弟相與爲散髮倮身之飲，對弄婢妾。逆之者傷好，非之者負譏。"⑤於時中朝名士及顯貴對男女之事和人倫大防皆不甚措意，甚至有積極仿效的趨勢，葛洪《抱朴子·疾謬》批評："落拓之子，無骨鯁而好隨俗者，以通此者爲親密，距此者爲不恭，誠爲當世不可以不爾。於是要呼憒雜，入室視妻，促膝之狹坐，交杯觸於咫尺，弦歌淫冶之音曲，以誂文君之動心。載號載呶，謔戲醜褻，窮鄙極黷，爾乃笑亂男女之大節，蹈《相鼠》之無儀……然而俗習行慣，皆曰此乃京城上國，公子王孫貴人所共爲也。"⑥最爲昭著者，無過賈后。

筆者推測，劉寶宣淫的舉動有其内在原因，即服散。服散後身體燥熱，需要解衣散熱，故而裸體，這在一定程度上可以解釋當時京師士人爲何盛行裸體之風。服散後尚需飲酒宣導藥性，酒能亂性，加之寒食散中化學藥物的刺激，會使人神志不清，意識模糊，做出一些不合常理的舉動，可見服散可以引發一系列的連鎖反應。將劉寶嗜酒、服散、宣淫等事情結合來看，可以發現其中的

---

① 陳耀文《天中記》（二），《四庫類書叢刊》，上海古籍出版社，1991 年，第 354 頁。
② 參見馮惠民《陳耀文和他的〈天中記〉》，《文獻》1991 年第 1 期；鄭慧生《一部罕見的類書——〈天中記〉》，《中國典籍與文化》1995 年第 2 期；孫順霖《陳耀文和他的〈天中記〉》，《天中學刊》1995 年第 2 期。近年來，學者多關注《天中記》的版本，參見朱仙林《〈天中記〉版本源流考略》，《圖書館雜志》2014 年第 7 期；沈秋燕《〈天中記〉版本源流新考》，《圖書館雜志》2019 年第 6 期。
③ 馮惠民《陳耀文和他的〈天中記〉》，第 237 頁。
④ 《世説新語箋疏》（修訂本），第 741 頁。
⑤ 沈約《宋書》卷三〇《五行一》，中華書局，1974 年，第 883 頁。
⑥ 楊明照《抱朴子外篇校箋》上册，中華書局，1991 年，第 623—625 頁。

内在聯繫。

（六）喜好圍棋

值得注意的是，劉寶墓的隨葬物品中出土了圍棋子，共計 310 枚，其中黑子 145 枚，白子 165 枚[①]，這可以證明早期圍棋爲縱橫 17 道棋盤（容納 289 枚棋子）。

圍棋，古稱博弈，廣義上講是對各類棋弈游戲的總稱。傳説堯作圍棋，以教丹朱。二十世紀七十年代，雲夢睡虎地秦墓出土了戰國時期的大小棋局“博”[②]。漢代字書中，揚雄《方言》、許慎《説文解字》皆稱弈爲圍棋。降及魏晋，圍棋迅速普及，棋藝水平發展迅速，堪稱中國圍棋史上的第一次高峰期[③]。喜好圍棋之人衆多，上至帝王，下至僧侶，無不參與其中。士人甚至達到了痴迷的程度，韋昭《博弈論》批評説：“今世之人，多不務經術，好玩博弈，廢事棄業，忘寢與食，窮日盡明，繼以脂燭。當其臨局交争，雌雄未決，專精鋭意，神迷體倦，人事曠而不脩，賓旅闕而不接，雖有太牢之饌，《韶》《夏》之樂，不暇存也。”[④]圍棋活動火熱，當時的藝文作品多有關於弈棋理論的討論，例如應瑒《弈勢》、邯鄲淳《藝經》、馬朗《圍棋勢》、蔡洪與曹攄的《圍棋賦》等，但這些作品限於討論圍棋的變化和象徵意義，并無太多理論的總結；真正對圍棋活動進行系統的理論闡述，并在中國藝術批評史上占據重要地位的專門性棋藝專著，則是晋人范汪的《棋品》，此書記載棋手生平籍貫，明分品第，權衡人物，對南朝的圍棋著作亦有較大的影響[⑤]。范汪《棋品》的出現，正是立足於魏晋時期棋風大熾的時代背景。

如前所述，劉寶的葬禮屬於朝廷在其冤死之後的追葬，主導其事者可能是同鄉高平籍官員閭丘沖、滿奮等人，諸人應該對劉寶生前的喜好有所知曉。考慮到劉寶諸多行爲皆受魏晋時風的熏習與影響，他極有可能喜好圍棋，以圍棋子作爲隨葬品，正是投其所好。

四　結語

縱觀劉寶的一生，早年參與荀徽服喪的討論，屬於經學論禮問題，晚年回答愍懷太子的漢高祖尊父事，屬於史學評價問題。就劉氏現存的經史論述而言，其論學範疇圍繞着當時社會上極爲重視的孝道問題展開。陳戍國以爲：“統治者之於孝道的提倡，門閥制度的推動，喪服制度的傳統影響及其全面深入的討論，於是造成了晋朝最重喪服因而努力恢復先秦傳統喪服制度的局

[①]　山東鄒城市文物局《山東鄒城西晋劉寶墓》，第 21 頁。

[②]　雲夢睡虎地秦墓編寫組《雲夢睡虎地秦墓》，文物出版社，1981 年，圖版 42。

[③]　參見范子燁《“手談”與“坐隱”：魏晋南北朝的圍棋風尚》，《文史知識》2000 年第 5 期；收入《竹林軒學術隨筆》，鳳凰出版社，2012 年，第 239—251 頁。

[④]　蕭統編，李善注《文選》卷五二，第 725 頁。

[⑤]　高華平《魏晋的圍棋和范汪的〈棋品〉》，《文獻》2000 年第 4 期。

面。"①此論一語中的。反言之亦成立,晋朝努力恢復喪服制度的局面,其表現形式便是對喪服制度極爲深入的討論和統治者對孝道的提倡,劉寶的經史之學緊緊圍繞"孝道"這一核心展開,足見他本人正是踐行孝道理念之人,這也與魏晋社會的時代風氣相契合,符合晋朝皇室提倡的治國理念。另外,劉寶之所以前後得到扶風王司馬駿和司空張華賞識,其中的助力因素,與他的經史之學不無關聯。

同時劉寶深受魏晋時風的影響,具有明顯的名士作派,如善嘯、嗜酒與服散、主張薄葬、參與人物品評、忽視人倫大防、喜好圍棋。可以説,時代與社會造就了個體的生命,魏晋社會和時代深刻影響到了劉寶的舉動;而個體則能够反映時代和社會的諸多面相,從劉寶身上,可以看出他是魏晋社會和時代的一個縮影和投射。

(作者單位:南京大學文學院)

---

① 陳戍國《中國禮制史》(魏晋南北朝卷),湖南教育出版社,2002 年,第 160 頁。

古典文獻研究（第二十七輯上）
Journal of the Institute for Chinese Classics Studies
Nanjing University
Volume 27, No.1 2024

《津逮秘書》宋人題跋版本續考[*]

趙　瑞

　　毛晋《津逮秘書》收録宋人題跋二十家，幾乎囊括了宋代所有重要題跋作家。《津逮秘書》所收群書之中，題跋一類最爲特别，其他在入《秘書》前皆爲完整之書，題跋却只是文集中一類或幾類，經過毛晋的整合纔形成"專集"的面貌。因此，毛晋之於諸家題跋除了校刻，尚有編輯之功，而這一再加工的過程却也隱去了它們的版本、出處等文獻信息。它們之中，《東坡題跋》《山谷題跋》《六一題跋》最爲人熟知，成書、版本皆有學者爲之一一厘清[①]；《容齋題跋》最爲特殊，内容與《容齋隨筆》頗多重合，版本有作僞的嫌疑，需撰專文考辨。所餘諸家既無專門研究，亦不能單獨成文，宜於合而論之。《魏公題跋》等七家，筆者已撰成并發表《〈津逮秘書〉宋人題跋版本考論》，專門討論其版本源流與文獻價值[②]；《元豐題跋》等另外七家，筆者再撰《〈津逮秘書〉宋人題跋版本續考》，考察它們的成書、版本、僞誤等。通過對十四家題跋成書、版本等相關情况的全面考察，既可以更爲客觀地評估它們的文獻價值，又可以進一步發掘毛晋輯録宋人題跋的意圖。《津逮秘書》在保存秘笈方面向來多得褒譽之詞，宋人題跋的輯録却受到四庫館臣的非議，"題跋二十家，皆鈔撮於全集之中，亦屬無謂"[③]。確實，諸家文集具在，重爲題跋設一專集難道不是"叠床架屋"之舉嗎？如果從文獻保存的角度看，四庫館臣的非議不無道理。可是，如果從文獻傳播的角度看，四庫館臣其實是忽視了毛晋的其他用意，他不避重複輯録宋人題跋，自有其個人、時代的原因與意義。

---

　　[*]　本文係國家社科基金青年項目"宋代題跋文體研究"（17CZW020）階段性成果。

　　[①]　參見王宏生《北宋書學文獻考論》，上海三聯書店，2008 年，第 129—139、160—167、41—60 頁。

　　[②]　趙瑞《〈津逮秘書〉宋人題跋版本考論》，《古典文獻研究》第二十一輯上卷，鳳凰出版社，2018 年，第 256—264 頁。

　　[③]　〔清〕永瑢等編《四庫全書總目》卷一三四，中華書局，1965 年，第 1138 頁。

一　《元豐題跋》考

　　《元豐題跋》,宋曾鞏撰,共收題跋十四首。此本原是《元豐類稿》卷五十的"金石録跋尾",毛晋將之析出單行。卷後有毛晋跋二則,文云:

　　　　宋興,五星聚奎,歐、蘇繩武,文運大振於天下,而曾子固尤爲歐陽公嫡嗣,不特士類見稱,即歐陽公亦曰:"此吾昔者願見而不可得者也。"嘗集古今篆刻爲《金石録》五百卷,不得與趙氏《金石録》三十卷并傳,豈獨曾子固賞識反出李易安夫婦下耶?始信書之顯晦不可思議也。若其收藏之富,寵遇之隆,讀王震《序》、韓維《神道碑》,可謂贊嘆無遺矣。東平丁氏乃云:"曾文定之文價,至陳文定而後論定。"何哉?海隅毛晋識。

　　　　余嘗論《東觀餘論》,力排六一居士《集古録》瑕處,將謂吹求無剩矣。及閱子固《跋》中如"江""紅""二""三""周昕""李翕"之類,不得不正永叔之失。子曰:"吾猶及史之闕文也,今亡已夫!"蘇子瞻所以痛戒妄改古人文字云。晋又識。[1]

　　前跋交待的是選輯《元豐題跋》的理由。北宋私人輯録金石拓本、法書墨迹成部帙且知名的有歐陽修、曾鞏、趙明誠三家,歐陽修集成千卷,名爲《集古録》;曾鞏集成五百卷,趙明誠集成二千卷,同名爲《金石録》。《集古録》以及兩種《金石録》拓本及其跋尾原本早已經散佚不傳,歐陽修、趙明誠所作跋尾後皆編爲專書,因此廣爲人知,曾鞏的跋尾只是編入《元豐類稿》,名氣遠遜於歐、趙二家。毛晋因此將之輯出單行,以廣其傳。後跋肯定了曾鞏金石題跋的價值,即能够糾正歐陽修《集古録跋尾》的考證之失。至於《元豐題跋》版本出處,二跋均未提及。現存明以前的《元豐類稿》主要有元大德八年(1304)丁思敬刻本(以下簡稱元刻本)(《四部叢刊初編》)、明正統十二年(1447)鄒旦刻本(以下簡稱正統本)(《宋集珍本叢刊》)、明隆慶五年(1571)邵廉刻本(以下簡稱隆慶本)(《宋集珍本叢刊》)、明萬曆二十五年(1597)曾敏才等刻本(以下簡稱萬曆本)(《四部備要》)。《元豐題跋》與以上諸本對勘,文字互有异同。《桂陽周府君碑并碑陰》,《元豐題跋》"圖經但云周府君",元刻本、正統本"府"作"使",隆慶本、萬曆本同《元豐題跋》;"蓋當時已有此語",元刻本、正統本作"蓋當時已爲此語",隆慶本、萬曆本同《元豐題跋》。《漢武都太守漢陽阿陽李翕西狹頌》,《元豐題跋》"馬瑊中玉",元刻本、正統本"瑊"作"珹",隆慶本、萬曆本同《元豐題跋》;"武都之上流",元刻本、正統本"流"作"禄",隆慶本、萬曆本同《元豐題跋》。《元豐題跋》文字與元刻本、正統本异,與隆慶本、萬曆本同,底本或是其中一本,或是與二本同源。

　　曾鞏生前集有《金石録》五百卷。歐陽修《答曾舍人》:"惠碑文,皆佳,多荷

---

　　① 〔宋〕曾鞏《元豐題跋》,明汲古閣刻本。

多荷。"①可見曾鞏與歐陽修之間有石刻拓本的交流,曾鞏彙輯《金石録》或是受歐陽修影響。《金石録跋尾》中有明確年份的條目,最早爲嘉祐間(1056—1063),最晚爲熙寧九年(1076),可知《金石録》的輯録至少歷時十數年。金石拓本與一般書籍的形制不同,以歐陽修《集古録》爲例,其樣式爲"每卷碑在前,跋在後。衘幅用公名印,其外標以緗紙,束以標帶,題其籤曰:某碑卷第幾"②。裝幀形式接近於卷軸裝,每一卷即一軸,卷首有籤標其卷數,前爲拓本,後可題寫跋尾。《金石録》性質與《集古録》相近,形制也應與之相似。此種形制不易保存與流傳,極易散失。《集古録》有千卷之多,南宋之時真迹已不可多見。《金石録》只五百卷,南宋時可能也散失殆盡。曾鞏生前并未輯録《金石録》上的跋尾,卒後繇由門人輯入《元豐類稿》。林希《墓志》説曾鞏"集古今篆刻,爲《金石録》又五百卷,出處必與之俱"③,也就是説曾鞏會在拓本之後留下一些交代出處的文字。所謂出處可能指的是拓本得到的時間、地點,也可能是碑刻主人、所在等信息。《金石録》五百卷,每篇都有出處,何以現存僅有跋尾十四條? 或許多數"出處"都比較簡略,《元豐類稿》因此棄而不録,只是將少數篇幅稍大、内容相對豐富的收入本集。《池北偶談》卷十四"二金石録":"曾子固亦集古篆刻,作《金石録》五十卷(誤,應爲五百卷),見子開所撰《行狀》。今《元豐類稿》第五十卷所載《金石録跋尾》僅十五條(誤,應爲十四條),蓋未竟之書也。"④曾鞏曾有《續元豐類稿》《外集》,今已佚失,其中是否有金石跋尾已不可確知。南宋陳思《寶刻類編》引《金石録》跋尾十條,均見於《元豐類稿》,如果此時《續元豐類稿》與《外集》尚未散佚的話,那麽其中收録金石跋尾的可能性不大。此外,《金石録跋尾》在文獻中有不同的名字,《寶刻叢編》稱爲《南豐集古録》,《學古齋金石叢書》稱爲《元豐金石跋尾》。名稱雖異,内容卻不出於《元豐類稿》卷五十《金石録跋尾》的範圍。因此,曾鞏《金石録跋尾》并不一定是"未竟之書",也許當時面貌便是如此。

二　《淮海題跋》考

《淮海題跋》,共十四首,宋秦觀撰。卷後有毛晉跋三則,其一云:

> 四學士并轡眉山之門,秦、黄名尤早著,凡同門推重少游,似出魯直之右。晁无咎詩云:"高才更難及,淮海一鬟秦。"張文潛云:"秦文倩麗紆桃李。"可謂語無溢辭矣! 其《後集》不知何人所編,輒混他人詩句。陸游嘗辨《悼王子開五詩》是賀鑄作,恨未能一一厘正耳。題跋直可頡頏坡、谷,惜不多見,然幽蘭一幹一花,迥勝木犀滿園也。海隅毛晉識。⑤

---

① 〔宋〕歐陽修撰,李逸安點校《歐陽修全集》卷一五〇,中華書局,2001 年,第 2469 頁。
② 〔宋〕歐陽修撰,李逸安點校《歐陽修全集》卷一四三,第 2327 頁。
③ 〔宋〕曾鞏撰,陳杏珍、晁繼周點校《曾鞏集》附録《曾鞏墓志》,中華書局,2004 年,第 801 頁。
④ 〔清〕王士禎撰,勒斯仁點校《池北偶談》卷一四,中華書局,1997 年,第 323 頁。
⑤ 〔宋〕秦觀《淮海題跋》,明汲古閣刻本。

明末小品大興，文人尤其推崇蘇軾及蘇門弟子的題跋。毛晉受時風影響，蘇門四學士的題跋全部被輯入《津逮秘書》，其中秦觀題跋僅有十四首，也合成一卷單行。毛晉爲《淮海題跋》寫了三則跋語，之於秦觀的題跋每有褒美、激賞之詞。這大概就是"一幹一花"不忍遺録的原因吧！秦觀有《淮海居士集》四十卷，《後集》六卷。《淮海居士集》卷三十四"贊、跋"收題跋五首、卷三十五"跋"收九首，《淮海題跋》即合兩卷的題跋而成。毛晉汲古閣曾藏宋本《淮海居士集》，《汲古閣秘本書目》著録有"宋版秦淮海集八本"①。今以《淮海題跋》與宋本、明本對勘，文字與宋本同，《淮海題跋》底本當爲汲古閣所藏宋本。

　　《淮海題跋》中《書王蠋後事文》又見於晁補之《无咎題跋》，《无咎題跋》則出自《鷄肋集》。徐培均《書王蠋後事文》注云："（明刊本《濟北晁先生鷄肋集》）後於宋本《淮海集》，疑錯入，且訛字甚多，顯係轉鈔之誤。"②此文歸屬秦觀尚有可商榷之處。首先，明刊本《鷄肋集》雖後於宋本《淮海集》，但明本《鷄肋集》并非編於明代，而是出於宋本《鷄肋集》。《淮海居士集》今存以乾道九年（1173）高郵軍學刊本爲最早，祝尚書推測"乾道之前已有四十卷本（《淮海居士集》）行世……王定國殆不欲亂其編次，因以爲全集，再將其所輯編爲後集"③。宋本《鷄肋集》刊於紹興七年（1137），早於宋本《淮海集》的刊刻時間。其次，《鷄肋集》中《書王蠋後事文》雖有"訛字"，但可能是《鷄肋集》在傳抄過程中出現的訛誤，不能證明《鷄肋集》一定抄自《淮海集》。因此其文歸屬不能據此而定。《秦觀資料彙編》持論正與徐説相反，認爲本文應歸屬晁補之：

　　　　《淮海集》卷三十四有《書王蠋後事》一文，亦見於晁補之《鷄肋集》卷三十三。據考，此爲晁補之文。今傳《鷄肋集》，爲其從弟晁謙之所編，紹興七年重刊於福建建陽，上距補之去世僅二十八年。弟爲兄編集，年歲相近，所據爲家集，自當可信。補之長於春秋之學，文集中有《春秋左傳雜論》四十六篇。王蠋爲戰國時齊人，縱筆及之，駕輕就熟。此文温潤典縟，自然天成，乃晁氏固有風格。秦觀擅長在於漢唐二代歷史，其論文所引史料，漢唐史書超過半數。其文集中，亦未見春秋人物專論。④

　　從内容上看，《淮海題跋》中的題目與内容不符，文章是爲王蠋事迹寫的題跋，而不是"後事"。《无咎題跋》中的《書王蠋事後》題目與内容較爲相符，也切合題跋命名的慣例。從風格上看，晁補之題跋最大的特點是長於論辯，題跋固然可以議論，但像晁補之如此偏好議論、説理并不多見。比如《跋蘭亭》論唐太宗計取《蘭亭》爲失信；《跋化度寺碑》由古人不兼能，刺後世學而不專之弊；《書陳唐父綿州遺愛事》論當世官吏"數易地之弊"，申述"責治之效宜緩而遠"的主張。《書王蠋事後》與晁補之題跋的風格較爲一致。因此，我們認爲《秦觀資料

①　〔明〕毛扆《汲古閣秘本書目》，《叢書集成初編》，中華書局，1985 年，第 28 頁。
②　〔宋〕秦觀撰，許培均箋注《淮海集箋注》卷三四，上海古籍出版社，2000 年，第 1117 頁。
③　祝尚書《宋人別集叙録》，中華書局，1999 年，第 557 頁。
④　周義敢、周雷編《秦觀資料彙編·序言》，中華書局，2001 年，第 23—24 頁。

彙編》的觀點可能更趨近真相。南宋唐仲友《秦少游〈書王蠋事後〉》云："少游《書王蠋事後》,論甚偉,義甚高,然未爲知太史公之意者也。"①如果《書王蠋後事文》確是晁補之所作,它在南宋已經參入秦觀集中,彼時題目尚未訛爲《書王蠋後事文》。

三　《海岳題跋》考

《海岳題跋》一卷,共七首,宋米芾撰。米芾有《寶晋山林集》(已佚)《寶晋山林集拾遺》《寶晋英光集》《寶章待訪録》《海岳名言》《書史》《畫史》等,可是《海岳題跋》并非出於以上諸集,而是輯自《米襄陽遺集》②。《米襄陽遺集》一卷,明范明泰輯,成書於明萬曆三十二年(1604)。《海岳題跋》卷後毛晋跋云:

> 淳化間,王著受詔緒正秘閣法帖十卷,一時推爲墨王。惟米元章力排其僞帖大半,無不异其賞識。故凡法書、名畫一經米老品題,則巧僞不能惑,臨摹不能亂,古人所謂能識書家主人者也。余數年前,曾采其遺事一卷行世,今復采題跋數則,附以《寶章待訪録》,彙成一册。非但欽其討究之精,朱文公嘗云:"此老胸中丘壑最殊勝處,時一吐出,以寄真賞耳。"至若人外高踪,筆墨妙薦紳間,讀張伯雨《中岳外史傳》、陳眉公《〈米襄陽志林〉序》,豈曰更有知不盡處。③

"遺事一卷"指毛晋自輯的《米元章志林》一卷,此書成於明天啓五年(1625),其時毛晋已見過《米襄陽遺集》,《志林》中《跋歐率更史事帖後》《跋自畫雲山圖》便是來自《遺集》。輯録宋人諸家題跋之時,毛晋又將《遺集》全部七首題跋輯出編爲《海岳題跋》,并附以《寶章待訪録》,刻入《津逮秘書》。

《海岳題跋》中《跋烟巒晚景圖》《跋自畫雲山圖》二首乃其獨有,其餘五首又見於《寶晋山林集拾遺》與《寶晋英光集》六卷本、八卷本。此五首是否與以上三集存在淵源關係非校勘不能證明。四書對勘,异同如下:《跋殷令名帖》,《海岳題跋》"跋殷令名帖",八卷本作"跋頭陀寺碑";《海岳題跋》闕"彦文",八卷本"昌言之孫彦文";《海岳題跋》闕此四字,八卷本"襄陽米黻"。《跋顏平原帖》,《海岳題跋》"跋顏平原帖",八卷本作"跋顏書";《海岳題跋》闕此十五字,八卷本"崇寧丙戌六月六日從九品下米芾記"。《跋晋太保謝安石帖後》,《海岳題跋》"跋晋太保謝安石帖後",六卷本、八卷本、《拾遺》皆作"跋謝安石帖";《海岳題跋》闕此九字,六卷本、八卷本、《拾遺》"云購于侍中王貽永家";《海岳題跋》闕此三字,六卷本、八卷本"米芾記",《拾遺》作"米某記"(米芾孫米憲避祖諱改)。《跋歐率更史事帖後》,《海岳題跋》"跋歐率更史事帖後",六卷本、八卷本皆作"歐陽詢度尚庚亮帖贊",《拾遺》作"歐陽詢庚亮帖贊";《海岳題跋》闕"銀青光禄大夫",六卷本、八卷本、《拾遺》"太子率更令銀青光禄大夫";《海岳

---

① 曾棗莊編《宋代序跋全編》卷一五七《題跋》六一,齊魯書社,2015年,第4485頁。

② 王宏生《北宋書學文獻考論》,第266—276頁。

③ 〔宋〕米芾《海岳題跋》,明汲古閣刻本。

題跋》闕“己未”，六卷本、八卷本、《拾遺》“元豐己未官長沙”；《海岳題跋》闕“中散大夫”，六卷本、八卷本、《拾遺》“獲于中散大夫鍾離”。《跋快雪時晴帖》，《海岳題跋》闕“將軍”以下十六字，六卷本同《海岳題跋》，八卷本“右軍將軍會稽内史王羲之字逸少書快雪帖”；《海岳題跋》闕此二十八字，六卷本同《海岳題跋》，八卷本“予在都下以好玩十種易於蘇太簡孫秘書激字志東志東與余德友也”；《海岳題跋》“蘇才翁子美跋”，六卷本闕“才翁”，八卷本同《海岳題跋》；《海岳題跋》闕此二十六字，六卷本同《海岳題跋》，八卷本“丙申以示翰林學士蔡公仍以翰林印印之即太簡作翰林時所用”；《海岳題跋》闕此八字，六卷本同《海岳題跋》，八卷本“紹聖丁酉海岱樓題”；《海岳題跋》闕此四字，六卷本、八卷本“米芾審定”。可見，《海岳題跋》與《寶晉山林集拾遺》《寶晉英光集》六卷本與八卷本互見條目，文字多有不同。因此，《海岳題跋》底本《米襄陽遺集》中的題跋應非輯自《寶晉英光集》六卷本、八卷本與《寶晉山林集拾遺》。

《跋烟巒晚景圖》著録於《珊瑚網》《郁氏書畫題跋記》《式古堂書畫彙考》，後有元、明人跋數首。《跋自畫雲山圖》著録於《珊瑚網》《郁氏書畫題跋記》《式古堂書畫彙考》《石渠寶笈》，後亦有宋、明人跋數首。《跋晉太保謝安石帖》著録於《清河書畫舫》《式古堂書畫彙考》《大觀録》，又見於《戲鴻堂法帖》。《跋歐率更史事帖後》著録於《清河書畫舫》，張丑跋云：“歐陽信本《度尚帖》有宋跋，世有刻本，當是真迹。”①又見於《戲鴻堂法帖》②。《跋快雪時晴帖》著録於《清河書畫舫》《式古堂書畫彙考》，又見於《戲鴻堂法帖》③。可見以上五跋的真迹或刻本明代乃至清代尚存。《跋殷令名帖》《跋顏平原帖》又見於《清河書畫舫》，《米襄陽遺集》與《清河書畫舫》所録題名與文字相同。《清河書畫舫》注出《海岳小集》，可知《米襄陽遺集》所録或出於《海岳小集》，或與之同源。以上諸跋或存真迹、刻本，或見於他書，范明泰或許以爲傳世諸集未收，遂輯入《米襄陽遺集》。

王宏生《北宋書學文獻考論》指出《海岳題跋》與《米襄陽遺集》文字有兩處不同④。《跋殷令名帖》，《米襄陽遺集》“與丹陽葛藻”，《海岳題跋》闕“丹陽”。《跋晉太保謝安石帖》，《米襄陽遺集》有“元符中，歸翰長蔡公，建中靖國二月十日以余特愛此帖，欲博於奇玩，十年不成”一段，《海岳題跋》闕此三十一字。此二處可能不是毛晉漏刻。《跋殷令名帖》，《海岳題跋》於“丹陽”處作二字丁，説明《題跋》所據底本此處字迹模糊。《跋晉太保謝安帖》，《米襄陽遺集》多出三十一字爲重文，《海岳題跋》因此删去。《海岳題跋》中有誤字。《跋歐率更史事

① 〔明〕張丑撰，徐德明校點《清河書畫舫》，上海古籍出版社，2011年，第99頁。
② 《海岳題跋》本《跋晉太保謝安石帖》《跋歐率更史事帖後》較之《戲鴻堂法帖》，文字略有闕漏，不知是否爲移録所致。
③ 此跋《戲鴻堂法帖》文字多於《海岳題跋》，張丑《清河書畫舫》《題跋考誤》：“丑按：元章跋尾止大書一百七字，見《山林集》中，其側行書者，并後人潤色以成之，中間丙申、丁酉謬誤，此殆妄人一時信筆之過，海岳豈至是哉。”可知《戲鴻堂法帖》多出文字，乃後人所加，《海岳題跋》與原帖文字相同，僅遺“米芾審定”四字。
④ 王宏生《北宋書學文獻考論》，第275頁。

帖後》"渤海縣開國男歐陽詢,字信長",四庫本《寶晉英光集》卷六、《清河書畫舫》卷三、《式古堂書畫彙考》卷七"信長"皆作"信本"。按:《新唐書·歐陽詢傳》:"歐陽詢,字信本。"①當以"信本"爲是。《跋歐率更史事帖後》"究延年之化",諸書均作"延平"。按:"延平之化"典出《晋書·張華傳》,指太阿、龍泉劍入延平津化龍事。又,柳公權《送梨帖》跋尾:"因太宗書卷首見此兩行十字,遂連此卷末,若珠還合浦,劍入延平。"②米芾合用《晋書》事典與柳公權語典,"延平之化"喻失而復合。《跋歐率更史事帖後》論及的《度尚帖》與《庾亮帖》本爲一軸,後裂爲二,至米芾繚合二爲一,"延平之化"正指此事。當以"延平"爲是,而非"延年"。《米襄陽遺集》於此二處亦誤,可見《海岳題跋》乃是承襲舊誤。從《海岳題跋》的字丁與删重來看,毛晉刻書能够忠實原本,且有一定程度的修訂;從闕文與誤字來看,雖然米芾傳世文獻頗多,毛晉并未以他本校《米襄陽遺集》。

《寶章待訪録》條目内容、形式極似題跋,或是因此,毛晉將之附於《海岳題跋》之後。《四庫全書總目》謂此書云:"皆紀同時士大夫所藏晋唐墨迹。"③《寶章待訪録》乃書畫著録之書,實非題跋。毛晉輯録宋人題跋頗受當時小品風氣的影響,題跋之中往往雜入其他文體。毛晉看來,題跋辨體固然重要,文章有趣味、韵味也很重要。

四　《无咎題跋》考

《无咎題跋》一卷,宋晁補之撰,共收題跋三十首。晁補之有《鷄肋集》七十卷,卷三十三爲題跋,《无咎題跋》即合此卷題跋以及卷六十九《豬齒臼化佛贊并序》而成。此卷後有毛晉二跋,其一稱晁補之"題跋絶無浮薄之調",其二叙述選入《豬齒臼化佛贊并序》的理由:

> 余始見東坡先生所記豬母佛,不勝驚异,擬援唐文宗蛤中觀世音像等事,標諸《戒殺文》之首,繼讀无咎先生所作《豬齒臼化佛贊》及《序》,益動捨熱血汁。想昔馮具區先生見斯文,極爲嘆賞,曰:"朗誦一過,不覺毛堅皮粟(疑爲"栗"之誤),汗出泣下。"无咎嘗參圓通、海覺二士,晚年又見揩老,而東坡、山谷俱爲師友,故其見解卓絶如此。至文章華妙又剩事爾。余向誓願集唐宋以來弘道明教之文,續梁僧祐、唐僧道宣之後,以羽翼法門。如无咎此篇,寧可不入大藏邪?因刻題跋之後,以爲嚆矢云。

《豬齒臼化佛贊并序》并不是題跋,但因其内容勸善弘佛,正與毛晉夙願相合,遂被附於題跋之後。

《鷄肋集》宋本尚見於明人公私書目,但已不可多得。崇禎八年(1635),顧凝遠依宋本翻刻,是爲崇禎本,《无咎題跋》所據底本可能即此崇禎本。《无咎

---

① 〔宋〕歐陽修、宋祁《新唐書》卷一九八《列傳》第一二三,中華書局,1975 年,第 5645 頁。
② 〔宋〕米芾撰,趙宏注解《書史》,中州古籍出版社,2013 年,第 62 頁。
③ 〔清〕永瑢等編《四庫全書總目》卷一一二,第 958 頁。

題跋》中偶有誤字。如《跋第五永篋》，《四部叢刊初編》本《鷄肋集》“高彪校書”，《无咎題跋》“校”誤爲“拔”；《跋蘭亭叙》，《鷄肋集》“常以太宗之賢”，《无咎題跋》“常”誤爲“韋”。

五　《放翁題跋》考

《放翁題跋》六卷，宋陸游撰。此集乃是合《渭南文集》卷二十六至三十一的六卷題跋而成。《渭南文集》傳世有五十卷與五十二卷本，兩本卷二十六至三十一均爲“跋”，且内容相同。五十二卷本卷二十六《真廟賜馮侍中詩》《高宗聖政草》《高宗賜趙延康書》《高宗御書》諸條有目無文，而五十卷本與《放翁題跋》題目、正文俱在，《放翁題跋》出於五十卷本《渭南文集》無疑。毛晉跋《放翁題跋》云：“余于渭南縣伯諸書，已七跋矣。”[1]汲古閣刻陸游全集一百六十七卷，每書後皆有跋，“七跋”分别是爲《劍南詩稿》《渭南文集》《家世舊聞》《南唐書》《老學庵筆記》《放翁逸稿》（二篇）而作。“諸書”皆刻於《放翁題跋》之前，《題跋》當出於其中毛刻的五十卷本《渭南文集》。毛晉跋《渭南文集》云：“既得光禄華君活字印本《渭南文集》五十卷，乃嘉定中翁幼子遹編輯也……但活板多謬多遺，因嚴加讎訂，并附剞劂。”[2]毛刻《渭南文集》底本爲華珵刻銅活字本，《放翁題跋》底本亦出於此本。

毛晉於《津逮秘書》諸家題跋之後多有題跋，其中最有文學風味的就是爲《放翁題跋》所作的一首。文曰：“余於渭南縣伯諸書，已七跋矣，又復何言？但其咏《釵頭鳳》一事，孝義兼摯，更有一種啼笑不敢之情溢於筆墨之外，故并記之。按：放翁初娶唐氏，閎之女也。伉儷相得，弗得于姑。出之，未忍絶，爲别館住焉。姑知而掩之，遂絶。後改適同郡宗子士程，嘗於春日出游，相遇禹迹寺南之沈氏園，放翁悵然賦一調云：‘紅酥手，黄藤酒，滿城春色宫墻柳。東風惡，歡情薄，一懷愁緒，幾年離索。錯，錯，錯！春如舊，人空瘦，泪痕紅浥鮫綃透。桃花落，閑池閣，山盟雖在，錦書難托。莫，莫，莫！’令人不能讀竟。”此跋不叙述選録緣由，不交待底本，而只記陸游一件感人的軼事和一首動人的詞。可見，毛晉在輯録宋人題跋的過程中，自己的題跋寫作也潛移默化地受到了影響。

六　《晦庵題跋》考

《晦庵題跋》三卷，宋朱熹著。百卷本《晦庵先生朱文公文集》卷八十一至卷八十四共收題跋四卷，《晦庵題跋》乃合卷八十二至八十四的三卷題跋而成，遺卷八十一不録。卷後有毛晉題跋二則，其一給出了選録理由：

　　　　先生爲絶學梯航，斯文菽粟，即童蒙皆能道之，故先喆尚論者，輒作道

---

① 〔明〕毛晉撰，潘景鄭校訂《汲古閣書跋》，古典文學出版社，1958年，第30頁。

② 〔明〕毛晉撰，潘景鄭校訂《汲古閣書跋》，第62頁。

巍德尊等語。至若癖耽山水,跌宕詩文,一往情深,幾爲理學所掩。惟壽昌吴氏一贊頗具隻眼,贊云:"先生每觀一水一石,一草一木,稍清陰處,竟日目不瞬。飲酒不過兩三行,又移一處。大醉,則跌坐高拱。經史子集之餘,雖記録雜説,舉輒成誦。微醺,則吟哦古文,氣調清壯。"某所聞見,則先生每愛誦屈原《楚騷》、孔明《出師表》、陶淵明《歸去來辭》并杜子美數詩而已。余今獨梓其題跋若干卷,亦即與壽昌同賞云。①

朱熹是理學家,題跋中不免有一些道德説教、倫理綱常,但是道學氣息不像真德秀題跋那麽濃厚,一些論藝評文以及表現個人情趣的題跋寫得也頗有稱道之處。毛晉"欣賞"朱熹的題跋,就是因爲它們能够反映生活趣味,記録個人生活的點點滴滴,在理學家之外,呈現出一個更爲真實的朱熹。

百卷本《晦庵先生朱文公文集》有閩本與浙本兩個系统,兩本的題跋在編排與文字上略有不同。首先是次序不同。如《記游南康廬山》《書濂溪光風霽月亭》《游密庵記》,閩本置於卷八十四末,浙本則收在卷七十九中。其次是文字略有不同。如:《跋諸人贈路君詩後》,閩本"嘗爲蘄東尉",浙本"東"作"水"。《跋蔡端明獻壽儀》,閩本"獨以字書之精而已",浙本"書"作"畫"。《書程子禘説後》,閩本"非授舜以天下之重",浙本"授"作"禪"。《跋吕仁甫諸公帖》,閩本"仁甫晚歲宦達",浙本"宦"作"官"。《跋劉雜端奏議及司馬文正公帖》,閩本"八月戊申朔朱熹",浙本"朱熹"作"新安朱熹謹書"。《跋東坡書李杜諸公詩》,閩本"老翁并詩",浙本"并"作"并"。《跋徐騎省所篆項王亭賦後》,閩本"晚乃得請扃法",浙本"請"作"謞"。《子言行卷後》,閩本"王泉喻公手書",浙本"王"作"玉"。《晦庵題跋》與二本對勘,《晦庵題跋》篇目與文字均與浙本相同,當出於浙本。

七 《水心題跋》考

《水心題跋》二卷,宋葉適著。葉適有《水心先生文集》二十九卷,明黎諒編刻於正統、景泰年間。此集卷二十九爲"雜著",毛晉將此卷抽出,并命名爲《水心題跋》。宋本《水心先生集》亦爲二十九卷(《集》二十八卷,《拾遺》一卷),已佚。正統本乃黎諒重編,已與宋本不同,《水心題跋》内容同於正統本,當出於正統本。《汲古閣秘本書目》:"《葉水心全集》二十九卷,二十本,舊鈔。"②《水心題跋》底本可能即此舊鈔本。《水心題跋》原爲"雜著",毛晉并未甄選,其中依然保留"雜著"中的非題跋文,計有《進故事》《胡鐇名説》《陳子淵等字説》《陳漫翁祭器述》《錢則甫字説》《贈薛子長》《温州州學會拜》七首。

八 餘論

本文考察的七家宋人題跋大多是從各家文集的"題跋"或"雜著"文類中輯

---

① 〔宋〕朱熹《晦庵題跋》,明汲古閣刻本。
② 〔明〕毛扆《汲古閣秘本書目》,第31頁。

出,偶爾也會兼收其他文體。它們的編輯與版本各有特點。《元豐題跋》出自《元豐類稿》卷五十"金石録跋尾",它們本是曾鞏在金石拓本上留下的跋尾,後被其門人輯入《類稿》。曾鞏有《金石録》五百卷,但跋尾今存僅十四首。可能是因爲,原本上的跋尾多數比較簡略,只有少數篇幅稍長、内容較爲豐富,有收入文集的必要。《元豐題跋》的底本可能是隆慶本或萬曆本《元豐類稿》中的一種。《淮海題跋》底本當爲汲古閣所藏的宋本,其中《書王蜀後事文》又見於晁補之《无咎題跋》,從内容與風格上看,它更像是晁補之的手筆。《海岳題跋》出自明范明泰輯録的《米襄陽遺集》,文字與通行的六卷本、八卷本等米芾文集多有不同,其中五首録自當時流傳的米芾真迹或刻帖,兩首與《海岳小集》存在淵源關係。《海岳題跋》後附的《寶章待訪録》雖然内容、形式極似題跋,但并非真正的題跋文體,只是記録書畫的筆記。《无咎題跋》的底本可能是顧凝遠依宋本翻刻的崇禎本。《猪齒臼化佛贊并序》一篇雖不是題跋,因爲毛晋特別欣賞,也被收入《无咎題跋》。《放翁題跋》出於毛晋所刻五十卷本《渭南文集》,底本出自華珵刻銅活字本,刊刻過程中可能有校勘、訂正。《晦庵題跋》底本出於浙本系統的《晦庵先生文集》,但不知何故只收四卷題跋中的三卷。《水心題跋》本是《水心先生文集》中的"雜著",其中既有題跋,也有非題跋文,底本可能是毛晋家藏的舊鈔本,此本源出於黎諒在正統、景泰年間編刻的《水心先生文集》。

　　相對集中而全面地考察《津逮秘書》宋人題跋的成書、版本,一方面可以呈現它們的真實面貌與文獻價值,一方面可以更加準確地理解毛晋輯録的意圖,回應《四庫全書總目提要》"亦屬無謂"的訾議。《津逮秘書》宋人題跋的輯録在崇禎末年,彼時小品之風正熾,置身其中毛晋不能不爲之所熏習,其表現有三个方面:其一,毛晋曾編刻過蘇軾、米芾的小品文集《蘇米志林》,選入蘇軾文227篇,米芾文115篇,皆是意趣横生的"小碎"文章[1]。毛晋舅氏魏浣《序》云:"文人之筆何以謂之文也? 必待其鄭重授簡,抽思而出之,及爲春容大篇,累千百言而後嘆其工,天機之玄賞不與焉。惟夫偶然落墨,雜於醉夢之餘,小言率語,動有意思,碎金殘璧,皆成至寶,是爲不可及耳。"[2]話語中明顯透露出爲小品文張目的意圖。其二,毛晋與當時小品文作家有交游,且能達成相似的文學趣味。晚明重要小品文作家、選家陳繼儒曾爲毛晋的《隱湖題跋》寫過序,二人還一起討論過題跋,"嘗憶數年前,眉公與予論題跋一派,惟宋人當家,惜未有拈出示人者。予因援容齋自序云:'寬閑寂寞之濱,窮勝樂時之暇,時時捉筆據几,隨所趣而志之。雖無甚奇論,然意到即就,亦殊自喜。'此獨非拈出示人者耶! 眉公點頭撫掌曰:'襪材今萃於子矣。'"[3]消閑、自娱、寄趣、隨性,這些他們共識的題跋寫作、文本的妙處,顯然是基於小品的審美趣味。其三,毛晋在

---

① 《蘇米志林》所選不盡爲蘇軾、米芾的文章,也有一些他人關於二人的記載。本文爲行文方便,徑稱蘇軾文、米芾文。

② 〔明〕毛晋輯《蘇米志林》,北京大學藏明天啓五年(1625)刻本。

③ 〔明〕毛晋撰,潘景鄭校訂《汲古閣書跋》,第36—37頁。

爲宋人題跋所作的題跋中,不時透露出時風所倡的小品理念。跋《山谷題跋》云:"從來名家落筆,謔浪小碎,皆有趣味。"①跋《鶴山題跋》云:"兹集題跋七卷,無論嚴君子小人之辨,袞鉞凛然,即偶載一句一物,如黎莫椰子酒、橄欖詩之類,亦寓表廉訓儉之懷。所謂稻粱之養正,藥石之伐邪,具足華父散卓間。"②跋《海岳題跋》云:"今復采題跋數則,附以《寶章待訪録》,彙成一册,非但欽其討究之精。朱文公嘗云:'此老胸中丘壑最殊勝處,時一吐出,以寄真賞耳。'"③概而言之,在毛晋看來,題跋小而有趣,小而有味,可以内含作者更爲真實的生活、自我與性情,其理路與小品作家在文章體制、體貌、功能方面所追求的,有着諸多相似或吻合之處。也許正是根深蒂固的小品觀念的作用,毛晋纔會在諸家題跋專集中選入其他體式的小品,因爲它們儘管不是題跋,但皆是有趣味的短章。

　　小品其實是一個寬泛的文類,它可以包含諸如序、跋、記、尺牘等篇幅短小的一衆文體。既然毛晋深受晚明小品思潮的影響,爲何不索性輯録小品或者其他小品文體,偏偏爲宋人題跋單辟專集呢? 這一方面緣於毛晋的個人喜好,其爲宋人題跋所作跋語不止一次表達過對題跋的耽愛,"後村集頗浩繁,予偏喜其題跋"④,"(秦觀)題跋直可頡頏坡、谷,惜不多見,然幽蘭一幹一花,迴勝木犀滿園也"⑤。他在全面輯録宋人題跋之前其實已經有過裒輯蘇軾題跋的行爲,其所編刻的《蘇子瞻志林》兩卷二百二七篇,卷下一百二十篇全是題跋。毛晋跋云:"唐宋名集之最著者,無如八大家。八大家之尤著者,無如蘇長公。凡文集、詩集、全集、選集不啻千百億本,而《寓黄》《寓惠》《寓儋》《志林》《小品》《艾子》《禪喜》之類,又不啻千百億本,似可以無刻,然其小碎尚有脱遺。余己未春,閉關崑湖之曲,凡遇本集所不載者,輒書卷尾,得若干卷;既簡題跋,又得若干則。聊存痂嗜,見者勿訝为遼東白豕云。"⑥從跋語以及選文數量不難看出毛晋對題跋的偏愛。更重要的一方面是因爲,宋人尤其是蘇軾、黄庭堅二家的題跋受到晚明小品作家的一致推崇,并逐漸被樹立成爲具有典範意義的小品文體。陳繼儒序楊鶴編《蘇黄題跋》云:"題跋,文章家之短兵也。缽底有獰龍,靸鞋脚下有劣虎,非筆具神通者,未暇辦此……惟蘇黄乃具天眼耳。"⑦毛晋跋《容齋題跋》云:"題跋似屬小品,非具翻海才射雕手,莫敢道隻字。自坡仙、涪翁聯鑣樹幟,一時無不效顰。"⑧其他如董其昌、鍾惺也有過一些揄揚之語。與此同時,蘇、黄二人題跋的選録活動也在士大夫階層中廣泛開展。首先,當時流行的蘇文選集尤其是小品文集逐漸增選題跋的數量,以至於後來遠

①　〔明〕毛晋撰,潘景鄭校訂《汲古閣書跋》,第 25 頁。
②　〔明〕毛晋撰,潘景鄭校訂《汲古閣書跋》,第 29 頁。
③⑧　〔明〕毛晋撰,潘景鄭校訂《汲古閣書跋》,第 36 頁。
④　〔明〕毛晋撰,潘景鄭校訂《汲古閣書跋》,第 34 頁。
⑤　〔明〕毛晋撰,潘景鄭校訂《汲古閣書跋》,第 27 頁。
⑥　〔明〕毛晋輯《蘇米志林》,北京大學藏明天啓五年(1625)刻本。
⑦　〔明〕楊鶴編《蘇黄題跋》,明崇禎刻本。

超其他文體。茅坤於萬曆七年(1579)編成《唐宋八大家文鈔·東坡文鈔》,其時小品文尚未盛行,是書二十八卷中題跋僅有兩篇。李贄於萬曆二十八年(1600)編成《坡仙集》,此時小品風氣漸開,是書十六卷中題跋入選二十餘篇。王納諫於萬曆三十九年(1611)編成《蘇長公小品》,它的"出現是小品獲得重視,名正言順地登上文壇的標誌性事件"①,是書四卷中選入題跋五十餘篇,幾乎是一卷的體量。迨至天啟五年(1625),毛晉所編的《蘇子瞻志林》題跋的數量竟然占到全書的一半。其次,蘇、黃題跋專輯漸次産生。蘇、黃題跋的專門輯録至少可以追溯到鍾惺,他的《摘黃山谷題跋語記》摘録黃庭堅題跋十六則,并且前加題記,後加跋語。從題記、跋語以及摘録這種形式來看,鍾惺之於黃庭堅的題跋在欣賞之外是有以之爲範本取法的意圖。只是筆記式的摘録影響力有限,還不能像書籍一樣廣泛傳播。現存以書籍形式流通的蘇、黃題跋最早的大約是楊鶴編選的本子,他從蘇、黃二家的文集、筆記中選録題跋等短文近七百則,編成《東坡題跋雜書》《山谷題跋書後》各六卷。其後,黃家惠又在楊鶴本的基礎上,編成一種八卷本的《蘇黃題跋》。選録數量的增加以及專輯的出現,表明蘇、黃題跋在受推崇的同時已經得到了廣泛的傳播。既有名家的推揚,又有出版物的助瀾,宋人題跋尤其是蘇、黃二家在晚明被重新發現,并且迅速經典化爲"最可誦法"②的對象。

　　題跋確實是晚明小品的异代先聲,二者至少在四個方面有着精神傳承。首先,宋人題跋中所寫的生活與晚明小品作家理想的有頗多吻合,尤其在文房生活上,宋人題跋爲明人樹立了雅致的標杆。其次,宋人題跋與晚明小品非常關注日常以及因之而生的涓滴感受,從手邊的筆墨到過眼的書畫,從故舊的詩文到往日的游行,寫物不厭其小,體悟不厭其細,一切不宜在"高文大册"言説的都可入題跋或小品。再次,宋人題跋與明人小品皆是一些體式短小、章法靈活的文章,無論主題、題材爲何,皆能給人一種"風行水上、自然成文"的觀感。蘇軾所説的"大略如行雲流水,初無定質,但常行於所當行,常止於所不可不止,文理自然,姿態橫生"③,在晚明演變成了小品鼓吹者反復强調的"偶然落墨""率爾成文"之類的寫作或評賞標準。最後,宋人題跋與明人小品客觀上都以自我表現或再現爲中心,很少涉及儒士的人生理想與社會責任,而且小品作家多好刻意追求蘇、黃題跋中無意爲之的自我之真。誠如吳承學先生所論"從小品艺术的角度看,宋人的題跋对晚明小品文的影响也是十分巨大的"④,蘇、黃題跋更是在小品文流行、發展的過程中發揮過重要作用,之於晚明小品作家它們既是欣賞也是學習的對象。

　　毛晉順應時代的潮流將宋人題跋輯出單行,一方面可以引起學者對題跋文體的重視,提高題跋的地位;一方面可以爲學者提供更多、更易於得到的案

---

①　江枰《蘇軾散文研究史稿》,復旦大學出版社,2020 年,第 547 頁。

②　〔明〕鍾惺《隱秀軒集》卷三五,上海古籍出版社,1992 年,第 565 頁。

③　〔宋〕蘇軾《與謝民師推官書》,《蘇軾文集》卷四九,中華書局,1986 年,第 1418 頁。

④　吳承學《中國古代文體形態研究》,中山大學出版社,2000 年,第 257 頁。

頭讀本、學習範本。它們確實不見得一定是珍本秘笈,却在題跋傳播、推廣的歷史上起到過不可忽視的作用。回過頭再來看四庫館臣的訾議,我們知道"亦屬無謂"的評價僅是從文獻整理、保存着眼的,這也正是他們稱贊《津逮秘書》"較他家叢書去取頗有條理"的原因。而毛晉輯録宋人題跋至少還有兩方面的意圖:一是滿足自我喜好;一是推廣題跋,迎合時風。《四庫全書總目》的意見固然自有其視角,却不是唯一的視角,學者不能因此而忽略《津逮秘書》宋人題跋在文學史上的意義。

（作者單位:上海師範大學教育學院）

古典文獻研究（第二十七輯上）
Journal of the Institute for Chinese Classics Studies
Nanjing University
Volume 27, No.1 2024

出土簡牘《志怪故事》《泰原有死者》再解讀*

張　峰　熊　琳

一

　　1986 年甘肅天水放馬灘一號墓出土秦簡《志怪故事》（下文簡稱《志》），主要講述的是丹死而復生、并説出一些祠墓宜忌的故事①。2010 年，北京大學入藏了一批香港馮燊均國學基金會捐贈的秦簡牘，屬於非科學發掘品。據整理者介紹，這批簡牘的出土地爲湖北省中部江漢平原地區②，其中有一篇名爲《泰原有死者》（下文簡稱《泰》）的木牘文獻，也是講死者復生後説出一些祠墓宜忌，甚至如何收斂死者等具體喪葬習俗的故事③。現將兩篇文本釋寫如下。

　　先來看《志》（釋文根據文義適當分段，下《泰》篇同）：

　　　　八年八月己巳，邸丞赤敢謁御史：大梁（梁）人王里□□④曰丹，□今⑤

---

　　*　本文係 2022 年度國家社科基金冷門絕學研究專項學者個人項目"出土楚文字疑難字整理、研究及資料庫建設"（22VJXG058）階段性成果、2023 年度中央高校基本科研業務費社科專項"楚系出土文獻疑難字整理、考釋與研究"（2023CDJSKJJ35）階段性成果。

　　①　參何雙全《天水放馬灘秦簡綜述》，《文物》1989 年第 2 期，第 28—29 頁。後有較清晰的紅外圖版發表，參孫占宇《天水放馬灘秦簡集釋》，甘肅文化出版社，2013 年，第 59—60 頁。本文釋文據此。

　　②　北京大學出土文獻研究所《北京大學藏秦簡牘概述》，朱鳳瀚、韓巍、陳侃理執筆，《文物》2012 年第 6 期，第 65 頁。

　　③　北京大學出土文獻研究所《北京大學藏秦簡牘概述》，朱鳳瀚、韓巍、陳侃理執筆，《文物》2012 年第 6 期，第 71 頁。本文釋文據此。

　　④　前者確定下從卅，後者確定從辵。孫占宇釋爲"髡徒"（見孫占宇《天水放馬灘秦簡集釋》，第 270 頁），整體字形似不合。

　　⑤　此字圖版作，秦簡"今"作（睡虎地《語書》7），橫畫下部的點可能是"今"字下部，也可能是圖版墨痕。

(?)七年，丹束（刺）傷人垣離里中，因自□殹，□①之于市三日，₁葬之垣離南門外。三年，丹而復生。丹所以得復生者，吾（語）②犀武舍人。犀武論其舍人尚（掌）命者，以丹₂未當死，因告司命史公孫强。因令白狐穴，屈（掘）出丹，立墓上三日，因與司命史公孫强北之趙氏之北₃地柏丘之上。盈四年，乃聞犬狣（吠）鷄鳴而人食。其狀類（纇）益（嗌），少麋（黴）墨（黑），四支（肢）不用。

丹言曰：死者不欲多衣；₄死人以白茅爲富，其鬼賤，於它而富。③

丹言：祠墓者毋敢嗀=（哭，哭），鬼去敬（驚）走；已，收腏（餟）而罄（罄）之，如此鬼終身不食殹。₅

丹言：祠者必謹騷（掃）除，毋以淘（滫）淎（洒）④祠所；毋以羹沃腏（餟）上，鬼弗食殹。₇

再來看《泰》：

泰原有死者，三歲而復産，獻之咸陽。言曰：

死人之所惡∟，⑤解⸢₁予死人衣。⑥ 必令産見之；弗産見，鬼輒奪而入

----

① 舊釋爲"棄"，孫占宇指出與"棄"字不類（孫占宇《天水放馬灘秦簡集釋》，第271頁）。蔣文釋爲"肆"，訓爲陳列（蔣文《事鬼指南：也談放馬灘秦簡舊所謂"志怪故事"的文本性質》，《古典文獻研究》第二十四輯上卷，鳳凰出版社，2021年，第194頁）。按，此字模糊難辨，睡虎地《法律答問》簡71有"棄市"一詞，字形與簡文不同（曹旅寧曾據簡文討論秦代"棄市"，指出"棄市"是絞刑而非斬刑，因爲實施斬刑身首异處，復活的可能性不大。參曹旅寧《從天水放馬灘簡看秦代的棄市》，《廣東社會科學》2000年第5期，第134—139頁。現在看來，簡文可能并非"棄"字。再者，"棄之于市"與"棄市"含義也可能不同），與"肆"亦不類。

② "吾"讀爲"語"參宋華强《放馬灘秦簡〈邸丞謁御史書〉釋讀札記》，《出土文獻研究》第10輯，中華書局，2011年，第139頁。

③ "富"，學者有多種理解（如字讀，訓爲富有、貴，或訓爲完善考究；讀爲福，訓爲福氣。諸説參姜守誠《放馬灘秦簡〈志怪故事〉考釋》，《簡帛研究2014》，廣西師範大學出版社，2014年，第154頁。連劭名《雲夢秦簡〈詰〉篇考述》，《考古學報》2002年第1期，第26頁），其中如字解釋成"貴"應是合理的，也與下文"賤"字呼應。"賤"，姜守誠從方勇讀爲"薦"，但訓爲積聚，意思是鬼以積聚白茅而致富（姜守誠《放馬灘秦簡〈志怪故事〉考釋》，《簡帛研究2014》，第155頁）。"其鬼賤"實際是"其鬼以白茅爲賤"的省略，"於它而富"意思是以除了白茅之外的物品爲貴。

④ 讀爲"洒"，訓爲洗滌，參李學勤《放馬灘簡中的志怪故事》，《文物》1990年第4期，第44頁。下引李學勤觀點如無出注，均出自此文第43—47頁。《説文解字·水部》："洒，滌也。從水，西聲。古文爲灑埽字。"（〔漢〕許慎撰《説文解字（附檢字）》，中華書局，1978年，第236頁）

⑤ "∟"是原牘文的句逗號，共七處。雍淑鳳將此句斷爲"死，人之所惡"（雍淑鳳《北大藏秦牘〈泰原有死者〉斷句、語譯、闡釋商榷》，《古籍研究》第65卷，鳳凰出版社，2017年，第197頁），非。

⑥ "解予死人衣"，有多種解釋，主要對"解"字的理解不同。一是，整理者將"解"訓爲解開，句謂"把親朋好友助葬饋贈的衣物隨便打開"（李零《北大秦牘〈泰原有死者〉簡介》，《文物》2012年第6期，第81、83頁）。劉信芳也訓爲"解開"，但其將全句理解爲"死人之所惡，解予死人衣。（予死人衣），必令産見之"，認爲"必令産見之"語意上承前省略了"予死人衣"，將"解予死人衣"理解成"解己衣以贈死者"（劉信芳《秦簡"丹而復生"與"泰原有死者"合論》，《考古與文物》2020年第6期，第95頁）。二是，訓爲解發（此説在"解"後斷開，參黃杰《放馬灘秦簡〈丹〉篇與北大秦牘〈泰原有死者〉研究》，馮天瑜主編《人文論叢》2013年卷，中國社會科學出版社，2013年，第443—444頁）。三是，訓爲多（孫占宇《天水放馬灘秦簡集釋》，第274頁）。四是，訓爲撕裂、毀壞，句謂"撕裂、毀壞用以給死者隨葬的衣物"（姜守誠《北大秦牘〈泰原有死者〉考釋》，《中華文史論叢》2014年第3期，第148頁）。按，這些説法當中，（接下頁）

之少内⌐。

死⸝行2人所貴，黄＝圈＝（黄圈。黄圈）以當金，①黍粟以當錢，②白菅以
當緜〈綿〉。③

女子死，三⸝行3歲而復嫁，後有死者，勿并其冢⌐。

祭死人之冢，勿哭。④須其已食⸝行4乃哭之；不須其已食而哭之，鬼輒
奪而入之厨⌐。

祠，毋以酒與⸝行5羹沃祭⌐，而沃祭前⌐。

收死人，勿束縛。毋决其履，毋毁其器。⸝行6令如其産之卧殹，令其魗
（魄）不得荅（絡）思⌐。

黄圈者，大叔（菽）⸝行7殹，斊（熬）⑤去其皮，置於土中，以爲黄金

（接上頁）整理者説法相對更可信。劉信芳説後出，認爲“必令産見之”語意上承前省略了“予死人衣”，是非常正確的。但將“解予死人衣”理解成“解己衣以贈死者”，似不可從。因爲這種説法并未將“解予死人衣”的“衣”理解出來，按照他的説法，牘文應作“解衣予死人”。

①　李零指出“黄圈”即黄色豆芽(李零《北大秦牘〈泰原有死者〉簡介》,《文物》2012年第6期,第82頁),爲諸家所從。如牘文下文“黄圈者,大菽殹,斊去其皮,置於土中,以爲黄金之勉”,姜守誠譯爲“黄圈就是大豆芽苗,將其外層的皮殼割去,放置於土中,可以當作黄金來使用”(姜守誠《北大秦牘〈泰原有死者〉考釋》,《中華文史論叢》2014年第3期,第161頁),雍淑鳳譯文同(雍淑鳳《北大藏秦牘〈泰原有死者〉斷句、語譯、闡釋商榷》,《古籍研究》第65卷,第201頁)。蔣文不同意“黄圈”指黄色豆芽,認爲指大豆(蔣文《“黄豆瓜子”何以支付“地下賦”——從〈泰原有死者〉、馬王堆遣策看東漢張叔敬鎮墓文》,《簡帛》第20輯,上海古籍出版社,2020年,第173頁),今從之。

②　李零指出“錢”即“緡錢”,“中國古代圜錢,有方孔可以穿繩,穿起來的錢叫緡錢。緡錢有如黍粟之穗”(李零《北大秦牘〈泰原有死者〉簡介》,《文物》2012年第6期,第82頁)。

③　“白菅”與“緜”形貌當有相似之處,故陳劍認爲“緜”係“綿”之訛,“綿”與財富有關(參陳劍《據出土文獻説“懸諸日月而不刊”及相關問題》,《嶺南學報》第10輯,2018年,第71—72頁。此承審稿專家指出)。本文初稿從姜守誠説:“‘緜’通‘緤’,或本係‘緤’之訛字”,簡文是説用白菅(白茅)抵消冥界中的徭役(參姜守誠《北大秦牘〈泰原有死者〉考釋》,《中華文史論叢》2014年第3期,第153—154頁。這之前,互聯網上有學者已經指出“緜”讀爲“緤”,參《説北大藏秦簡〈泰原有死者〉中暗含的一個讓死者“死而復生”的藥方》,http://blog.sina.com.cn/s/blog_4d399bba01014i2f.html,2012年7月19日),認爲“姜氏對文義的理解非常正確,但認爲‘緜’本係‘緤’的訛字實不必。目前已發表的秦簡中,‘緜’均表‘緤’,無一例外,概秦文字‘緜’是徭役之‘緤’的專字。死人在地下世界也要服徭役應是秦漢時人的通行觀念,這在漢代鎮墓文中亦有體現。如東漢建和元年(147)加氏朱書陶瓶鎮墓文(出土於墓道耳室):‘故以自代鉛人,鉛人池池,能舂能炊,上車能御,把筆能書’、東漢靈帝熹平二年(173)張叔敬朱書陶缶鎮墓文:‘鉛人持代死人,黄豆瓜子,死人持給地下賦’(參黄景春《早期買地券、鎮墓文整理與研究》,華東師範大學博士學位論文,2004年,第95、125頁)。前者説的是用‘鉛人’代替死者在地下服勞役,後者還説用‘黄豆瓜子’代替死者在地下繳税”。現在看來,這些説法是有問題的。

④　劉國勝讀爲“祭死人,之冢勿哭”,“之”訓爲至(劉國勝《北大藏秦簡讀後記》,《簡帛》第8輯,上海古籍出版社,2013年,第87頁),雍淑鳳同意劉國勝意見,讀爲“祭死人,之冢,勿哭”(雍淑鳳《北大藏秦牘〈泰原有死者〉斷句、語譯、闡釋商榷》,《古籍研究》第65卷,第199頁)。按,按照劉國勝、雍淑鳳的説法,牘文應作“之冢祭死人,勿哭”,而不是“祭死人,之冢勿哭”。故他們的説法不可從。

⑤　字形作斊,蔣文改釋,改讀爲“斊（熬）”,“熬去其皮”指“用乾炒、乾煎的手段去掉黄卷(大菽)的皮”(蔣文《“黄豆瓜子”何以支付“地下賦”——從〈泰原有死者〉、馬王堆遣策看東漢張叔敬鎮墓文》,《簡帛》第20輯,第172頁)。按,漢簡帛中“斊(熬)”寫法確實跟此字很像,如馬王堆一號墓遣策簡74“熬”作𤑔(參劉釗主編《馬王堆漢墓簡帛文字全編》,中華書局,2020年,第1084頁),但所從的“斊”左側字形缺少右下一捺筆畫,與𤑔并不完全相同。

之勉。①_{行8}

　　學者們對兩篇簡牘研究的側重點有所不同,《志》因簡文不甚清晰,關注點主要在字詞考釋上,并以此爲基礎,討論它的篇題、性質、墓主及其身份等。從簡文發表至今,研究從未間斷,據姜守誠 2014 年的統計,文章專著共計 150 篇(部)左右②。時至今日,論著已達到 160 篇(部)左右。《泰》因晚出,研究文章相對較少;再者也沒有疑難文字,學者們的關注點主要在文義理解上。李零曾説:"《泰原有死者》和《志怪故事》内容相似,有必要作比較研究。"③之後有學者在這方面進行了嘗試,如黄杰、劉信芳從文本解讀角度,陳侃理、森和從風俗角度,對兩者進行了一定的比較研究④,取得了一些成績。但時至今日,兩文還有很多問題没有弄清,需要系統梳理與解讀。本文試從文本比較的視角出發,先對二者的異同做一簡要説明,之後在正確理解文義的基礎上討論兩篇簡牘所傳遞的主要文化内涵及反映的社會風俗。爲了行文的方便,對某些字詞的釋讀會隨文討論。

二

　　通過對兩篇簡牘的比較可知,二者有同、有不同。先説同。

　　第一,主人公都是死後三年復活。

　　第二,文章結構均是死者復活＋所言冥間宜忌。

　　再説不同。

　　第一,形式上。《志》像一個官文書,時間、地點、人物等一應俱全;《泰》則更像一篇普通文獻。

　　第二,行文細節上。《志》開篇詳細描述了丹的籍貫、死亡緣由、復活經過及復活後的狀態等,之後借丹之口講祠墓宜忌;《泰》基本開篇就講一些宜忌,死亡緣由、死而復生經過等全無。

　　第三,死者所言内容上。《志》死者所言内容主要跟祠墓有關;而《泰》的範

---

　　①　"勉",李零認爲與"勸""勖"同義,指助葬之物(李零《北大秦牘〈泰原有死者〉簡介》,《文物》2012 年第 6 期,第 83 頁)。"勉"似可讀爲"免",《禮記·内則》:"棗、栗、飴、蜜以甘之;董、苴、枌、榆、免、薧,滫瀡以滑之;脂膏以膏之。"鄭箋:"免,新生者。"([漢]鄭玄注,[唐]孔穎達疏,龔抗雲整理,王文錦審定《禮記正義》卷二七《内則》,北京大學出版社,2000 年,第 969—970 頁。引用時標點有改動。)牘文似指新出生物。"以爲黄金之勉(免)"一方面是説置於土中的黄圈可以當黄金,另一方面可能是説置於土中的黄圈可以新生出更多的黄圈(黄金)。

　　②　姜守誠《放馬灘秦簡〈志怪故事〉考釋》,《簡帛研究 2014》,第 119—127 頁。

　　③　李零《北大秦牘〈泰原有死者〉簡介》,《文物》2012 年第 6 期,第 84 頁。下引李零意見如無出注,均出自此文第 81—84 頁。

　　④　黄杰《放馬灘秦簡〈丹〉篇與北大秦牘〈泰原有死者〉研究》,《人文論叢》2013 年卷,第 433—458 頁。劉信芳《秦簡"丹而復生"與"泰原有死者"合論》,《考古與文物》2020 年第 6 期,第 93—97 頁。陳侃理《秦簡牘復生故事與移風易俗》,《簡帛》第 8 輯,第 69—82 頁。[日]森和《秦代簡牘"死者復生"故事的幾個問題》,"出土文獻的語境"國際學術研討會暨第三屆出土文獻青年學者論壇論文,臺灣大學中國文學系、臺灣"清華大學"中國文學系主辦,2014 年 8 月 27—29 日。

圍會更廣一些,還説了"女子死三歲而復嫁"等問題。

第四,用詞上。《志》以"三年""復生"對應《泰》"三歲""復産",《志》篇均用"年",而《泰》篇均用"歲"。《志》講祠墓時用"祠",而《泰》用"祭"和"祠"。《志》在每個宜忌前面均冠以"丹言曰"或"丹言",而《泰》則全篇只用一個"言曰"。《志》在"丹言曰"或"丹言"下面提到的"死者""死人""鬼"應是同一的,而《泰》在"言曰"下面提到的"死人""鬼"應是對立的。

對於相同點,説明兩篇簡牘的内容和性質類似;對於不同點,一定程度上揭示了行文方式的多樣性和創作手法的進步(詳下文)。當然這些同與不同還涉及對觀念、内涵等的理解,後文會詳細論述。其實,所謂的同和不同,廣義上可以從兩個方面來理解,一是文字上,二是内容上。

從文字上説,《志》用"祠",《泰》用"祭""祠",黄杰認爲是秦、楚文化系統用字的不同[1],這也許是正確的。"年"和"歲",也許亦是秦、楚文化系統用字不同的反映。翻檢秦楚簡牘文字,秦多用"年"表時間,楚多用"歲",尤其是紀年。《泰》之所以用"歲"可能跟出自湖北江漢平原,受楚文化影響有關。另外,《志》開篇復活一段有幾處文字有必要再次討論。

第一,對八年、七年、三年、四年等年份,學者還未達成一致意見。"八年",有秦王政八年(前239)、秦昭王八年(前299)、秦惠文王更元八年(前317)等説法[2]。陳長琦根據汪曰楨《歷代長術輯要》和張培瑜《中國先秦史曆表》,對曆法進行排比,發現這三個王的八年八月均没有己巳日[3]。有學者據此認爲簡文記日有誤,并指出犀武死於秦昭王十四年(即周赧王二十二年,前293),"八年"應在犀武死之前,秦昭王八年説可信[4]。晏昌貴也看到了上舉三説與簡文記日不合,故提出趙惠文王八年(前291)説,相應地,下文的"邸丞"也就變成了趙國的邸縣之丞[5]。按,趙惠文王八年説的問題在於,放馬灘出土木板地圖上有與簡文記載的"邸"可能爲一地的"邸"地,一般認爲即秦國的邸道[6];若簡文"邸"指趙國,則與地圖記載相矛盾。再者,簡文若是發生在趙國的事情,那麽趙國邸縣丞赤向本國御史報告本國人"丹"的奇事,報告内容中似乎不應用"趙氏"稱呼趙國。兩相比較,"八年"是秦王的紀年當無疑問。田煒根據放馬灘《日書》甲、乙個别詞寫法的考察,認爲放馬灘簡抄寫於秦統一後[7]。日

①　參黄杰《放馬灘秦簡〈丹〉篇與北大秦牘〈泰原有死者〉研究》,《人文論叢》2013年卷,第451頁。
②　參孫占宇《天水放馬灘秦簡集釋》,第269—270頁。
③　陳長琦《天水秦簡〈墓主記〉試探》,《戰國秦漢六朝史研究》,廣東人民出版社,1997年,第80—81頁。
④　宋華强《放馬灘秦簡〈邸丞謁御史書〉釋讀札記》,《出土文獻研究》第10輯,第139頁。孫占宇《天水放馬灘秦簡集釋》,第270頁。
⑤　參晏昌貴《放馬灘簡〈邸丞謁御史書〉中的時間和地點》,《出土文獻》第4輯,中西書局,2013年,第302頁。
⑥　曹婉如《有關天水放馬灘秦墓出土地圖的幾個問題》,《文物》1989年第12期,第78、80頁。陳長琦《天水秦簡〈墓主記〉試探》,《戰國秦漢六朝史研究》,第75頁。
⑦　田煒《論秦始皇"書同文字"政策的内涵及影響——兼論判斷出土秦文獻文本年代的重要標尺》,《"中央研究院"歷史語言研究所集刊》第89本第3分,2018年,第426—427頁。

本學者末永高康根據放馬灘《日書》乙 55 貳“入八月四日己丑旦心”，計算出確切年份爲秦始皇三十年（前 217）①。可見，放馬灘簡抄於秦統一後當無疑問。但其中的《志》篇由於有“八年”的限制，應該在秦統一前已經成文；再結合犀武的活動年代，秦昭王八年確實更勝，但“己巳”一時還難以弄清②。

“七年”前的兩個字，確實不清，指具體的年份或時間段均有可能，我們更傾向於時間段之説③。“三年”，兩篇簡牘都説死者三年後復生，秦始皇時期的志怪小説“王道平”妻父喻也是死後三年復生④，後代孫季貞（《太平廣記·卷一三三·報應三二》“孫季貞”條）⑤、烏頭（《太平廣記·卷三五五·鬼四十》“劉隋”條）等的復活亦是死後三年。簡文“三年”應是實指，可能代表時人的通行觀念，認爲三年後如不復活，那麼以後復活的幾率會很渺茫⑥。“盈四年”是丹復活後滿四年，也就是死後第八年。從《志》的時間上看，簡文的思路非常清晰，即秦某王元年，也就是簡文的“□今（?）七年”丹死被葬，三年後復活，又過四年，也就是第八年基本具備了生人的基本功能，當年即秦某王八年邸丞赤向御史報告了此事并記録下來。

第二，“因令白狐穴，屈（掘）出丹，立墓上三日”，對這句話含義的理解幾乎無疑議，但對字詞斷句的理解有些不同。李學勤斷爲“因令白狐穴屈出丹”，將“屈”讀爲“掘”。孫占宇將“丹”屬下讀，“屈”從李學勤讀爲“掘”⑦。姜守誠與李學勤斷句同，認爲“屈”應讀作“窟”，通“掘”，意爲挖，“穴窟”即“窟穴”，即挖洞⑧。按，孫占宇將“丹”下讀似不確，姜守誠對“穴屈”的解釋似乎也沒必要。秦簡“屈”讀爲“掘”常見，如睡虎地《日書》甲 37 背貳：“屈（掘）遝泉，有赤豕，馬尾犬首。”⑨在復活小説中，死而復活者往往不能自己從墓中出來，大都需要藉助外力將墳墓挖開或棺材打開纔能出來，如《太平廣記·卷三七五·再生一》“史姁”條記載：“漢陳留考城史姁……臨死謂母曰：‘我死當復生。埋我，以竹杖柱於瘞上，若杖折，掘出我。’及死埋之，柱如其言。七日往視，杖果折。即掘出之。”很顯然，“掘出”是一個詞，後面接賓語，在漢代也有這樣的用法，如《漢

①　末永高康《天水放馬灘秦簡〈日書〉乙種“入八月四日己丑旦心”をめぐる一考察》，《中國研究集刊》第 64 號，大阪大學中國學會，2018 年，第 1—12 頁。此承審稿專家指出。

②　記日錯誤，在楚簡、漢簡中確有用例。另外，朔日不合也可能是其他原因，參陳長琦《天水秦簡〈墓主記〉試探》，《戰國秦漢六朝史研究》，第 81 頁。

③　參宋華強《放馬灘秦簡〈邸丞謁御史書〉釋讀札記》，《出土文獻研究》第 10 輯，第 138—139 頁。

④　參〔晉〕干寶撰，汪少楹校注《搜神記》卷一五“王道平”條，中華書局，1985 年，第 178—179 頁。

⑤　本文稱引的《太平廣記》均參李昉等編《太平廣記》，中華書局，1986 年。引用原文中的標點均爲引者所加，後文不再出注説明。

⑥　姜守誠認爲“三年”對於生命歷程而言，具有神秘的影響力和標志性的時間跨度。參姜守誠《放馬灘秦簡〈志怪故事〉中的宗教信仰》，《世界宗教研究》2013 年第 5 期，第 161—162 頁。

⑦　孫占宇《天水放馬灘秦簡集釋》，第 269 頁。

⑧　姜守誠《放馬灘秦簡〈志怪故事〉考釋》，《簡帛研究 2014》，第 147 頁。

⑨　本文引睡虎地秦簡原文均來自睡虎地秦墓竹簡整理小組編《睡虎地秦墓竹簡》，文物出版社，1990 年。下文不再出注。

書·中山靖王勝傳》："掘出尸,皆燒爲灰。"①"穴"即挖,《墨子·備穴》："穴土而入。"②"因令白狐穴,屈(掘)出丹",於是就讓白狐(用爪子)挖(洞),掘出丹。"立墓上三日",很可能是因爲丹剛從死亡世界回到世間,需要暫時的静養,不能立即動彈。

第三,"其狀類益、少麋墨,四支不用",李學勤斷讀爲"其狀類(顙)益(嗌)、少麋(眉)、墨,四支(肢)不用",翻譯成"丹的狀貌是喉部有疤,眉毛稀落,膚色黑,四肢不能動轉"。李零斷讀爲"其狀類益(縊)",指丹"面容類似縊死者",余同李學勤③。宋華强將"狀"釋爲"淵",斷讀爲"其淵(肝)類(戾),益少麋(黴)墨(黑),四支(肢)不用(通)",譯爲丹面部黑氣終於穩定下來,皮膚上的黑色越來越少,四肢久不使用導致氣血不通④。蔣文讀爲"少麋(糜)、墨(默),四支(肢)不用"("其狀類益"未破讀)⑤,其中"少糜、默",應是理解爲少粥,默不作聲。按,(1) 這裏先説"類益",它的含義與前面"因自□殴,□之于市"相關。"自"後不清之字圖版作█形,比較有代表性的意見是釋爲"刺"或"刎"⑥。相較而言,釋爲"刺"的可能性不大,原因一是,前文用"束"表"刺",此處直用"刺"不免有疑,況且與"刺"作█(睡虎地《封診式》53)形似也不符。二是,文獻中"自刺"常跟表示結果的詞連用,如《漢書·王莽傳》："賜臨藥,臨不肯飲,自刺死。"⑦簡文若爲"刺",則"因自□"并未交代丹已死亡,下文"□之于市"也不是説丹如何死亡的,而大意是説丹被放在了市場上。至於是否是"刎"字,這裏也持保留意見。因爲秦簡從勿的"吻"作█(睡虎地《封診式》66),"刎"字所從的"刀"應在右側,圖版如果右側從刀,似也較難與"刎"字吻合。"因自□殴"文義上應是説丹如何死亡的,"自□"可能是與割頸而死意義相近的詞。若果如此,李學勤對"類益"的解釋就有道理⑧。(2) 再説"少麋墨"。前文云丹能聽見聲音,也能進食了,接下來的描寫似應是丹有所好轉的表現,所以宋華强"少麋(黴)墨(黑)"的讀法似可從,可與《搜神後記》"徐玄方女"死而復活後"顔色肌膚氣力悉復常"(參《太平廣記·卷三七五·再生一》"徐玄方女"條)對比。蔣文理解成吃很少的粥,默不作聲,與前後文的"人食""其狀""丹言曰"相矛盾。(3) 最後説"四支不用"。《搜神記》"顔畿"條記載,顔畿復生後被家人"將護累

---

① 〔漢〕班固撰,〔唐〕顔師古注《漢書》卷五三《景十三王傳》,中華書局,1962 年,第 2428 頁。

② 〔清〕孫詒讓撰,孫啓治點校《墨子間詁》卷一四《備穴》,中華書局,2001 年,第 550 頁。

③ 李零《秦簡的定名與分類》,《簡帛》第 6 輯,上海古籍出版社,2011 年,第 8—10 頁。

④ 宋華强《放馬灘秦簡〈邸丞謁御史書〉釋讀札記》,《出土文獻研究》第 10 輯,第 142 頁。

⑤ 蔣文《事鬼指南:也談放馬灘簡舊所謂"志怪故事"的文本性質》,《古典文獻研究》第二十四輯上卷,第 194 頁。

⑥ 何雙全釋爲"刺"(何雙全《天水放馬灘秦簡綜述》,《文物》1989 年第 2 期,第 28 頁),孫占宇釋爲"刎"(孫占宇《天水放馬灘秦簡集釋》,第 271 頁)。

⑦ 〔漢〕班固撰,〔唐〕顔師古注《漢書》卷九九下《王莽傳》,第 4165 頁。

⑧ 《太平廣記·卷三七六·再生二》"五原將校"條記載"將校"身首異處而死,復活後頸部留有疤痕(即便身首異處,有的也能復活,還如《太平廣記·卷三七六·再生二》"鄭會""王穆""李太尉軍士"條均記載身首異處而死者都可以復活)。

月,飲食稍多,能開目視瞻,屈伸手足"①,《廣异記》"華妃"條亦載盜者剖華妃之棺,其"面如生,四肢皆可屈伸"(參《太平廣記·卷三三〇·鬼十五》"華妃"條)。可見能够屈伸手足是復活較重要的標志。雖然"丹"復活後滿四年,但四肢還不能靈活使用,也就是不如常人那樣②。綜上,此句可斷讀爲"其狀類(類)益(嗌),少麋(黴)墨(黑),四肢不用",意思是丹的狀態是喉部有疤,膚色稍微黳黑,四肢還不能靈活使用。

　　簡文對丹復活後的描述,包括丹恢復聽覺,人食③,肌膚顏色漸常,但四肢還不能靈活使用等。上舉顏畿復活後,雖然可以飲食,但"不能言語",如此十餘年,最終還是死亡。《甄异録》(《甄异傳》)"司馬義"條也載,司馬義妾碧玉復活後至"周歲始能言"(參《太平廣記·卷三二一·鬼六》"司馬義"條)。這些都説明,復活後最終能够言語繞算如常人,所以簡文下文繞有"丹言"。簡文對丹復活經歷及恢復情况進行詳細描述,最終落在能够言語上,無非想增加丹復活的可信度,讓人深信所説不疑。

　　從内容上説,兩篇均采用復活主題討論死人喜好、祠墓宜忌,甚至一些喪葬習俗,反映了秦人對死亡及死後世界的認識,凸顯了秦人所獨具的鬼神觀念。通過對兩篇簡牘的内容分析,會一一揭示復活、祠墓等在秦代的傳承關係,顯示秦人尤其是下層人民持有的喪葬方式及背後所傳遞的意識形態,深刻認識秦人那種非常質樸的鬼神觀及宗教信仰,將秦人對待生命終結後的世界展現在我們面前,彌補了傳世文獻記載的缺憾。如果更進一步思考,也許會意識到創作者或抄寫者煞費苦心編織的復活情景及言説内容,要傳遞的可能不僅僅是告誡人們在對待祠墓及喪葬習俗等方面何爲何不爲那麽簡單,簡牘的某些語句或許暗藏某種深意。下面通過對讀的形式對簡牘所體現的復活"故事"、祠墓制度、喪葬習俗、死後世界、鬼神觀念等進行闡述,以期盡最大可能還原簡牘的真實内涵,并藉此窺視秦人的社會風俗。

(一) 復活"故事"

　　死而復生一直是古代作品中津津樂道的話題,早在《山海經·大荒西經》中就有記載:"有魚偏枯,名曰魚婦。顓頊死即復蘇。"④西晋汲冢出土竹書《古文周書》也載有"越姬死,七日而復"⑤的志怪傳説。《搜神記》《搜神後記》《幽明録》《冥祥記》等魏晋南北朝志怪小説中亦有很多類似題材。可見在古人看

---

①　〔晋〕干寶撰,汪少楹校注《搜神記》卷一五"顏畿"條,第185頁。亦見於《太平廣記·卷三八三·再生九》"顏畿"條,但没有"屈伸手足"之類的話。

②　"四肢不用"常見於古醫書,指的是四肢痠軟無力,嚴重者失去活動能力。前引李學勤將"四肢不用"翻譯成"四肢不能動轉",似稍有疑問。因爲前文已經説"因與司命史公孫强北之趙氏之北地柏丘之上",丹雖然不一定能自己行走,但經過四年的休養,四肢應只是不能靈活運轉,不應是不能動轉。

③　李學勤認爲指"吃生人的飯食",似也可理解爲像生人那樣吃東西。鬼與生人吃食物的方式不一樣,前舉烏頭復活後,猶出入墓中,時人呼其爲鬼,"飲食必待冷而後食",與生人异。

④　袁珂《山海經校注(增補修訂本)》,巴蜀書社,1992年,第476頁。

⑤　見《文選》卷十五張衡《思玄賦》"子有故於玄鳥兮,歸母氏而後寧"下李善注引《古文周書》,參〔梁〕蕭統編,〔唐〕李善注《文選》,上海古籍出版社,1986年,第657頁。

來,復活并非虛妄。在他們的觀念中,復活是真實存在的,《志》《泰》的創作者或者時人對復活亦是深信不疑。但有很多學者認爲《志》屬於志怪小説,比《搜神記》早幾百年,甚至認爲越姬故事比簡文還要早①。如果把簡牘與志怪小説對比,會發現它們有本質區別②。

　　從時間脉絡上看,復活作品的叙述方法和情節日趨成熟,但《志》《泰》與《搜神記》等中的志怪小説在叙述方法上還有一定的距離③,就連表達的重點也不一樣。魏晋志怪小説來源於古代神話和早期歷史傳説,這些神話漸漸演變成簡單的故事,最後演變成情節比較成熟的志怪小説。雖然早期神話、故事、小説之間的具體界限我們較難分清,但通觀魏晋志怪小説,其行文中大都有真實年月,主人公姓名、年齡以及一些詳細的人物對話,一些復生類志怪小説中還提到時人不信起死回生的傳聞,以至於親自驗證之事。如《搜神記》“李娥”條,太守聽聞復生後李娥的述説後,遣人“驗語虛實”④。這些志怪小説表達的多是復活之離奇,而兩篇簡牘則用大量篇幅通過能够往返陰陽兩界人之口表達如何正確祠墓等。尤其《泰》,開篇只説了“泰原有死者,三歲而復産”這麽一句關於“復産”的話,其他所有文字都跟如何“復産”無關。

　　《志》篇雖然也有真實年月,甚至表面上看是一件政府官文書。當時遇見或者聽聞死而復活之奇聞怪事,可能要向上級報告,比如《搜神記》“棺中生婦”條載:“魏時,太原發冢破棺,棺中有一生婦人……送之京師。”⑤所以有學者認爲《志》乃“地方官吏聽到民間有這樣一件事情,便報告了上級”⑥,所説雖有道理,但也不排除創作者煞有介事地弄成真實官文書的樣子,以“增强故事的可信性,不一定説明這確是一份官府文書”⑦。可以説,弄成官文書開頭應是這類文獻的常用手法,是爲了讓生者更加相信“丹”所言不虛,目的還是爲簡文後半部

---

　　① 　伏俊璉《戰國早期的志怪小説》,《光明日報》2005年8月26日,第6版。認爲《志》屬於志怪小説的還如張寧《放馬灘〈墓主記〉的文學價值》,《秦文化論叢》第7輯,西北大學出版社,1999年,第457頁;姚小鷗《清華簡〈赤鵠〉篇與中國早期小説的文體特徵》,《文藝研究》2014年第2期,第53頁;丁丁《秦簡中的志怪故事與復生類志怪小説的淵源》,《戲劇之家》2014年第7期,第353—354頁;等等。

　　② 　關於《志》篇的性質,主要有六種意見:一是認爲屬於志怪故事,進而有學者認爲是志怪小説(見上注);二是官文書;三是廣義上的《日書》;四是喪葬文書;五是神仙方術類、驅鬼辟邪類文獻;六是事奉死人的實用性文書(相關各意見參姜守誠《放馬灘簡〈志怪故事〉考釋》,《簡帛研究2014》,第161—166頁。馬秋男《放馬灘秦簡〈丹〉篇文本性質的再思考》,《國學學刊》2019年第2期,第18頁。蔣文《事鬼指南:也談放馬灘簡舊所謂“志怪故事”的文本性質》,《古典文獻研究》第二十四輯上卷,第193—199頁)。目前,學者大都否認《志》屬於志怪小説(可參陳民鎮《中國早期“小説”的文體特徵與發生途徑——來自簡帛文獻的啓示》,《中國文化研究》2017年冬之卷,第68—70頁;馬秋男《放馬灘秦簡〈丹〉篇文本性質的再思考》,《國學學刊》2019年第2期,第14—20頁;王謙《放馬灘秦簡〈丹〉篇是志怪小説嗎?》,《珞珈史苑》2019年卷,第127—147頁)。我們認爲第六種説法較可信,詳正文論述。

　　③ 　倪晋波《秦國文學研究》,復旦大學博士學位論文,2007年,第173頁。

　　④ 　〔晋〕干寶撰,汪少楹校注《搜神記》卷一五“李娥”條,第181頁。

　　⑤ 　〔晋〕干寶撰,汪少楹校注《搜神記》卷一五“棺中生婦”條,第186頁。對比“泰原有死者,三歲而復産,獻之咸陽”,李零認爲“泰原”是死者下葬的地方,咸陽是秦都,無疑是正確的。

　　⑥ 　胡平生、李天虹《長江流域出土簡牘與研究》,湖北教育出版社,2004年,第233頁。

　　⑦ 　祝中熹《對天水放馬灘木板地圖的幾點新認識》,《隴右文博》2001年第2期,第22頁。

分服務。敦煌懸泉置漢簡有這麼一句話："其死者,毋刀刃上冢①,死人不敢近也。上冢,不欲哭,哭者,死人不敢食,去。即上冢,欲其□。"(V1410③:72)②此簡文前後接續不清,何雙全歸爲《日書》③。孫占宇認爲《志》後半部分與懸泉置漢簡相類,且出土的《日書》并非全部是選擇時日吉凶之書,還夾雜着一些方術作品,《志》應是放馬灘簡《日書》乙種中的一篇④。這種觀點受到了很多學者批評⑤,這是正確的。從出土《日書》看,其中的個別語言與《志》《泰》確有相似之處。比如,(1) 在兩篇簡牘中常見"毋以""毋""勿"等詞,這在睡虎地秦簡《日書》中也非常常見。(2) 在已出土的《日書》中也可覓見與兩篇簡牘復活者所言相似的話,如常見的十二干支日吉凶資料:"辰不可以哭、穿舁,且有二喪,不可卜筮、爲屋。"(睡虎地《日書》乙191貳)在懸泉置漢簡命名爲《死》的《日書》中也有體現:"辰不可穿。穿,不出三月有五喪。毋以死者。以死者,不出三年有五喪。勿以哭泣,以哭泣,不出三月復哭。"⑥(I0309③:266 正面)"毋以死者"即"毋以辰死者"之省,說的是勿以辰日死;"勿以哭泣"說的是勿以辰日哭。這些宜忌與干支日結合,與牘文"祭死人之冢,勿哭"等雖似,但簡牘并無時日選擇;且懸泉置漢簡"其死者"那段話本身不能確定爲《日書》,更不能據之類推。再者,《志》《泰》開篇詳略不同,但性質相同,這完全不是狹義、廣義《日書》所具備的。

　　從兩篇簡牘的對比看,復活者所言内容并不完全相同,而且同一篇内復活者所言主題前後也不一致,有的甚至不考慮前後文邏輯關係,很像一個"雜亂"的摘抄本⑦。如《泰》開篇説死人不喜歡太多的衣服,後面説女子復嫁,接着又説收斂死者。最有意思的是,《泰》前面説"死人所貴,黄圈",按正常行文,後文的"黄圈者,大菽殹"這樣的解釋性話語應接在其後,但創作者却將其放在最

----

　　①　死人害怕"刀刃",在後代復活小説中也有類似的記載。如《太平廣記·卷三七五·再生一》"崔涵"條記載,後魏時,崔涵死而復活,但"性畏日,不仰視天,又畏水火及兵刃之屬。常走於路,疲則止,不徐行也。時人猶謂是鬼"。崔涵之所以害怕兵刃,可能是崔涵并未完全恢復人性,而更接近鬼性。

　　②　胡平生、張德芳編撰《敦煌懸泉漢簡釋粹》,上海古籍出版社,2001年,第183頁。

　　③　何雙全《漢〈日書〉叢釋》,甘肅省文物考古研究所、西北師範大學歷史系編《簡牘學研究》第2輯,甘肅人民出版社,1997年,第50頁。上引胡平生、張德芳編撰《敦煌懸泉漢簡釋粹》將這句話放在"典籍文化類"裏面,按照該書"前言",典籍文化類包括古籍、日書、私信。作者將其夾在《日書》中進行論述,也可看出作者的傾向性。

　　④　孫占宇《放馬灘秦簡乙360—366號"墓主記"説商榷》,《西北師大學報(社會科學版)》2010年第5期,第49頁。孫占宇《天水放馬灘秦簡集釋》,"概述",第2—3頁。認爲《志》屬於《日書》乙種一部分,最早提出者爲任步雲(參任步雲《放馬灘出土竹簡日書芻議》,《西北史地》1989年第3期,第87頁)。

　　⑤　黄杰《放馬灘簡〈丹〉篇與北大秦牘〈泰原有死者〉研究》,《人文論叢》2013年卷,第454—455頁。姜守誠《放馬灘秦簡〈志怪故事〉考釋》,《簡帛研究2014》,第164—165頁。馬秋男《放馬灘秦簡〈丹〉篇文本性質的再思考》,《國學學刊》2019年第2期,第19頁。

　　⑥　胡平生、張德芳編撰《敦煌懸泉漢簡釋粹》,第178頁。

　　⑦　初稿完成後,檢索到郭珏已有《志》《泰》對死人好惡的列舉"很像一個比較隨意的摘抄"(郭珏《秦漢出土文獻中的"知死"與"事死"》,《簡帛》第8輯,第61頁)。但作者只是一筆帶過,并未有任何説明。後蔣文又指出各條之間關係鬆散(蔣文《事鬼指南:也談放馬灘簡舊所謂"志怪故事"的文本性質》,《古典文獻研究》第二十四輯上卷,第198頁)。

後①。《志》篇按照邏輯關係應將"毋以羹沃餕上"放在"收餕而聲之"前面,但簡文却放在了後面。這些都啓示我們當時的創作者很可能將某些材料中的一些固定條目按照自己的需要摘抄"拼凑"并加工成文,而《志》《泰》以及懸泉置漢簡中均出現祭死人之冢勿哭之類的話,又説明此條有共同的祖本,最初可能是單獨書寫成句。這就不難理解爲什麽《志》篇一連出現三個"丹言",而《泰》篇只有一個"言曰"。最初每個"丹言"可能都是獨立的,《泰》的每條亦如此,之所以《泰》保留了一個"言曰",很有可能是創作手法日臻成熟②。

雖然《志》《泰》核心所言内容并不完全相同,但都未脱離對人剛死時如何隨葬、死後如何祭祀等,這些顯然是告誡生人的。蔣文認爲《志》《泰》性質是一種經過包裝指導生人如何事奉死人的實用性文書③,應是比較接近事實的。這類供指導生人事奉死人的文書,能够隨死者埋藏於地下,并非與墓主職業相關。應該是這類文書在當時已經有了固定程式和用途,人人需要知曉,且廣爲流傳;當然與墓主的偏好也脱離不了干係。

《志》《泰》與魏晋志怪小説有什麽關係呢? 我們認爲簡牘復生"故事"一方面爲後代志怪小説提供了原型或素材。魯迅説:"中國本信巫,秦漢以來,神仙之説盛行,漢末又大暢巫風,而鬼道愈熾;會小乘佛教亦入中土,漸見流傳。凡此,皆張皇鬼神,稱道靈异,故自晋訖隋,特多鬼神志怪之書。"④簡牘復活"故事"難免不爲後代所藉鑒,比如前文所舉"王道平"妻子死而復活的故事可能已在秦地有所流傳,到了《搜神記》中,經過文學上的加工,成了魏晋志怪小説的原型。《太平廣記·卷三七五·再生一》"崔涵"條記載,復活者崔涵看見有人賣棺槨器具,云:"'柏棺勿以桑木爲槐。'人問其故。涵曰:'吾在地下,見發鬼兵。有一鬼稱是柏棺,應免兵。吏曰:爾雖柏棺,桑木爲槐。遂不免兵。'"雖然崔涵復活所説"柏棺勿以桑木爲槐"與簡牘神似,但其表達重點并不在此。我們懷疑,"崔涵"類志怪小説受簡牘的影響很大,先秦尤其是秦時類似《志》《泰》這類文獻應該很多,作者對内容的選擇有很大的主動權,然多大同小异,後代志怪小説在其基礎上按作者需求稍加潤色,也完全合乎情理。另一方面,簡牘也間接影響了後代志怪小説的叙述模式。也就是説,叙述者爲了表達自己的目的,采用了死而復生的叙述結構。《搜神記》"戴洋""劉安"⑤,復蘇的目的是

① 從《泰》全篇來看,最後一段并未出現牘文告誡詞語"惡""貴""勿""須""毋"等,這段有無完全不影響全篇含義,很可能怕讀者不清楚何謂"黄圈以當金"而臨時加的,故置於最後。

② 這一點提示《泰》可能比《志》成文稍晚(姜守誠也有此類看法,參《放馬灘秦簡〈志怪故事〉考釋》,《簡帛研究 2014》,第 178 頁)。蔣文認爲《泰》書寫於木牘,只寫一個"言曰"是爲了减少字數,節省篇幅(蔣文《事鬼指南:也談放馬灘簡舊所謂"志怪故事"的文本性質》,《古典文獻研究》第二十四輯上卷,第 198 頁)。不一定可信。

③ 蔣文《事鬼指南:也談放馬灘簡舊所謂"志怪故事"的文本性質》,《古典文獻研究》第二十四輯上卷,第 199 頁。

④ 魯迅《中國小説史略》,東方出版社,2012 年,第 28 頁。

⑤ 前者參〔晋〕干寶撰,汪少楹校注《搜神記》卷一五"戴洋"條,第 183 頁。後者參敦煌本句道興撰《搜神記》,見於王重民、王慶菽、向達等編《敦煌變文集》,人民文學出版社,1984 年,第 869 頁。

想説明他們的靈異——"妙解占候"、知曉陰陽,與簡牘"丹"和"死者"復活之後知曉鬼神世界有异曲同工之妙。《搜神後記》"徐玄方女"條、《异苑》"章泛"條(參《太平廣記·卷三八六·再生十二》)[1],他們復生是爲了至死不渝的愛情。敦煌文學《黄仕强傳》,記載唐永徽三年(652)黄仕强復生後抄寫《證明經》得以長命的故事,其目的是宣揚佛教地獄觀念與因果報應[2]。雖然都采用復生的叙述結構,但作者對内容的關注點及所着筆墨均不同,各取所需。

在復生"故事"基礎上,簡牘傳達了祠墓及喪葬等宜忌,體現在《志》三個"丹言"和《泰》"死者"所言中。爲了論述的方便,下文先從《志》第二個"丹言"説起。

（二）祠墓制度

第二個"丹言"對應《泰》篇"祭死人之冢,勿哭"云云,二者内容基本相同。其中《志》"祠墓者毋敢哭,哭,鬼去敬走"中的"鬼去敬走",李學勤將"敬"讀爲"驚",將這句話翻譯成"鬼就嚇跑了",姜守誠翻譯成"鬼就會因驚嚇而跑掉了"[3]。李零則將"敬"讀爲"徑",理解成"鬼去則走"。按,"敬"讀爲"驚"可從。而"去"字,從李學勤、姜守誠的翻譯來看,似乎并未將"去"翻譯出來,或者直接理解成了副詞"就"。若與前引懸泉置漢簡"上冢,不欲哭,哭者,死人不敢食,去"對比,可知"鬼去驚走"大概意思相當於"去"。如果"去"與懸泉置漢簡的"去"直接對應,那麽"鬼去驚走"可以理解成"鬼去,驚走",指的是鬼離開(祭飯),受驚逃跑。當然,懸泉置漢簡的"去"也可能與《志》的"走"對應,那麽《志》的"去"可讀爲"遽"[4]。劉淇《助字辨略》卷四:"遽,遂也。"[5]《後漢書·劉玄列傳》:"成敗未可知,遽自縱放若此!"[6]"鬼去(遽)驚走"的意思是,鬼遂受驚逃跑[7]。前説更合用字習慣,可能是《志》本義。"已,收餟而釁之"的意思是祭祀完畢,收起來祭飯并將其吃掉。這在當時屬於常態[8]。下文提到的《孟子·離婁下》之文就充分説明在墓祭結束後,曾將祭祀的酒肉送給乞食者吃。

① 《甄异傳》亦有此條,作"章沈",參魯迅《古小説鈎沉》,《魯迅全集》第八卷,人民文學出版社,1973 年,第 272 頁。

② 王晶波《敦煌文學中的死而復生故事及其内涵》,《甘肅社會科學》2009 年第 2 期,第 96 頁。

③ 姜守誠《放馬灘秦簡〈志怪故事〉考釋》,《簡帛研究 2014》,第 167 頁。

④ "去",溪母魚部;"遽",群母魚部(本文古音皆來自陳復華、何九盈《古韵通曉》,中國社會科學出版社,1987 年)。聲母同爲牙音,韵母相同,可通。簡帛中未見"去""遽"直接相通例證,但常見"去"與"却"、"劮"與"却"通(參自於藍《戰國秦漢簡帛古書通假字彙纂》,福建人民出版社,2012 年,235—236 頁),説明"去"與從慮聲的字讀音很近。

⑤ 劉淇《助字辨略》,王雲五主編《萬有文庫》第二集七百種,商務印書館,1937 年,第 113 頁。

⑥ 〔宋〕范曄撰,〔唐〕李賢等注《後漢書》卷一一《劉玄劉盆子列傳》,中華書局,1973 年,第 471 頁。

⑦ "去"讀爲"怯"似也通,《詩·大雅·緜》"混夷駾矣"鄭箋:"混夷,夷狄國也。見文王之使者將士衆過己國,則惶怖驚走奔突,入此柞棫之中而逃,甚困劇也。"(〔漢〕毛亨傳,〔漢〕鄭玄箋,〔唐〕陸德明音義;孔祥軍點校《毛詩傳箋》,中華書局,2018 年,第 362 頁)"去(怯)驚走"猶如"惶怖驚走"。

⑧ 對於祭祀之後祭品的處理方式,典籍記載主要有兩種,一是"致胙",二是分給參與祭祀的人。里耶秦簡"祠先農"還記載將祭品賣給地位低下的刑徒人員(參彭浩《讀里耶"祠先農"簡》,《出土文獻研究》第 8 輯,上海古籍出版社,2007 年,第 22 頁。史志龍《秦"祠先農"簡再探》,簡帛網,http://www.bsm.org.cn/? qinjian/5283.html,2009 年 6 月 13 日)。不管哪種,祭祀結束後祭品最終都將被吃掉。

　　第三個“丹言”，“祠者必謹騷（掃）除，毋以淘（潲）浍（洒）祠所；毋以羹沃腏（餟）上，鬼弗食殹”，對應《泰》篇“祠，毋以酒與羹沃祭，而沃祭前”，但不完全對應。釋爲“淘”的字作“”，還有釋潟、涂、注等説法①。同墓《日書》乙 285“皋陶”的“陶”作，可知簡文釋爲“淘”可信。李零將“淘”訓爲“淘米水”②，諸家基本無异議。翻檢古書，“淘”字出現較晚，《廣雅·釋訓》：“淘淘，流也。”③除此義項外，主要用爲動詞澄汰、淅米義④，且例證都很晚。而“淘米水”義秦漢主要用“潘”等表達⑤。故簡文“淘”是否具有名詞“淘米水”義，還有疑問。《禮記·玉藻》：“日五盥，沐稷而靧粱。”孔疏：“沐，沐髮也。靧，洗面也。取稷粱之潘汁，用將洗面沐髮，并須滑故也。”⑥《禮記·内則》：“五日則燂湯請浴，三日具沐。其間面垢，燂潘請靧；足垢，燂湯請洗。”鄭箋：“潘，米瀾也。”陸德明《經典釋文》：“潘，芳煩反，淅米汁。”⑦説明淘米汁能够清除污垢，可以洗頭、洗面，在當時用途應該比較廣泛。簡文中將“淘”的意義與“淘米汁”聯繫起來似可信，但似破讀爲“潲”⑧。《史記·三王世家》“蘭根與白芷，漸之潲中”，裴駰《史記集解》引徐廣曰：“潲者，淅米汁也。”⑨“毋以淘（潲）浍（洒）祠所”，説明時人爲了去除污垢，及尊敬祖先的緣故，常用淘米水洗滌祠所。而簡文則告誡人們，死後世界的情形則恰恰相反。

　　《志》篇第三個“丹言”的内容相對好理解；而《泰》篇“而沃祭前”，學者則有不同意見。李零將此句前後均施逗號，并與下段“收死人”連在一起理解，全句語譯爲：“祠墓，不要把酒和羹澆在食物上。灌祭之前，不要捆綁死者。不要弄壞他的鞋子，不要打碎他的器物。”陳侃理在“而沃祭前”後面施句號，認爲“祠，毋以酒與羹沃祭，而沃祭前”的意思是祠時不要把酒和羹澆在祭品上面，而要澆在祭品前面⑩。劉國勝也有相同觀點，并指出“沃祭”之“祭”與《志》篇的“餟”相當，指祭品⑪。黄杰認爲“祭”没有“祭品”之義，所以斷爲“祠，毋以酒與羹沃，祭而沃”，意思是“‘祠’的時候不要將酒和羹澆在餟上，要等到‘祭’時再

---

　　① 參姜守誠《放馬灘秦簡〈志怪故事〉考釋》，《簡帛研究 2014》，第 158 頁。
　　② 李零《秦簡的定名與分類》，《簡帛》第 6 輯，第 10 頁。
　　③ 〔清〕王念孫著，鍾宇訊點校《廣雅疏證》，中華書局，1983 年，第 184 頁。
　　④ “淘”，《正字通》：“淅米也。又蕩也。又澄淘，水流貌。又澄汰，與洮同。”（〔明〕張自烈，〔清〕廖文英編，董琨整理《正字通》，中國工人出版社，1996 年，第 594 頁。）玄應《一切經音義》卷七“洮汰”下引《通俗文》：“淅米謂之洮汰。”（徐時儀校注《一切經音義三種校本合刊》，上海古籍出版社，2012 年，第 148 頁。）
　　⑤ 《説文解字·水部》：“潘，淅米汁也。”參〔漢〕許慎撰《説文解字（附檢字）》，第 236 頁。
　　⑥ 〔漢〕鄭玄注，〔唐〕孔穎達疏；龔抗雲整理，王文錦審定《禮記正義》卷三〇《玉藻》，第 1030—1031 頁。
　　⑦ 〔漢〕鄭玄注，〔唐〕孔穎達疏，龔抗雲整理，王文錦審定《禮記正義》卷二七《内則》，第 974 頁。
　　⑧ “潲”從攸聲，“淘”與同從攸聲的“莜”“條”“篠”“縧”古音皆爲定母幽部，故“淘”與“潲”可通。
　　⑨ 〔漢〕司馬遷撰，〔南朝宋〕裴駰集解，〔唐〕司馬貞索隱，〔唐〕張守節正義《史記（點校本二十四史修訂本）》卷六〇《三王世家》，中華書局，2014 年，第 2576—2577 頁。
　　⑩ 陳侃理《秦簡牘復生故事與移風易俗》，《簡帛》第 8 輯，第 78 頁。
　　⑪ 劉國勝《北大藏秦簡讀後記》，《簡帛》第 8 輯，第 87—88 頁。劉信芳也認爲“祭”指祭品，參劉信芳《秦簡“丹而復生”與“泰原有死者”合論》，《考古與文物》2020 年第 6 期，第 94 頁。

澆在餟上"①。黄杰如此斷句的理由是："毋以酒與羹沃祭"後面的句讀符號
"∟"距上下字的間距很小,與本篇其他六處間距很大(也就是抄寫時就加上)
不同,屬於後來閲讀者不明文義而誤加②。

《泰》共有七處"∟","而沃祭前"後面確應從陳侃理施句號,前後文義無
關。因爲"毋以酒與羹沃祭∟而沃祭前"這句話較難理解,所以黄杰懷疑"毋以
酒與羹沃祭"後面的"∟"屬於誤點,進而改斷,實乃猜測之詞。但他看到此處
"∟"與别處不同確有道理。我們懷疑,此處"∟"乃抄寫者抄完之後校勘牘文
時怕讀者在此處誤讀而加(這种情况在戰國秦漢簡牘中多見),并不是後來某
個閲讀者誤加,加上的"∟"是提醒閲讀者注意此處應斷句。《志》"毋以羹沃餟
上",顯然"死者"告訴我們祠墓時不要把羹澆灌到餟(祭祀所用食物)上③,説
明日常生活中有用羹沃食物上的情况。關沮周家台秦簡 348—349 祭祀"先
農"時云:"到困下,爲一席,東鄉(向),三朘(餟),以酒沃,祝曰:'某以壺露、牛
胙,爲先農除₃₄₈ 舍。先農笱(苟)令某禾多一邑,先農桓(恒)先秦父食。'"④説
的是用酒沃祭"先農",與用羹沃祭方法相同。這裏的"朘"王貴元認爲指祭祀,
非指祭祀所用食物⑤。根據《志》《泰》,"朘"還應理解爲食物⑥。"以酒沃"就是
"以酒沃餟","餟"承前省略。"三朘(餟),以酒沃"説的是三次進獻餟食,并用
酒澆灌到食物上。比較《志》"毋以羹沃餟上"與周家台秦簡"三餟,以酒沃"可
知,《泰》的"沃祭"就是《志》的"沃餟"、周家台的"沃","上"字有無并不影響文
義。可見,"祭"就是"餟"的意思。"前"應解釋成方位詞,與"餟上"的"上"語法
地位相同。全句文義應以陳侃理、劉國勝理解爲是。

《志》第二個"丹言"中的"祠墓",可以省爲第三個"丹言"中的"祠";巧合的
是《泰》篇也用"祠",李零認爲指"祠墓",也就是《泰》的"祭死人之冢",即墓祭。
王充《論衡·四諱》:"墓者,鬼神所在,祭祀之處。"⑦學術界關於它的起源和確
立時間有商代、西周、春秋戰國,東漢明帝、啓於秦始皇的陵寢之制等説法⑧,
其分歧主要在於與"墓祭"起源相關的先秦時期墓上建築性質問題。考古發現
商代已有墓上建築,一直到春秋戰國時期也有發現⑨。有學者認爲其功用是

①　黄杰《放馬灘秦簡〈丹〉篇與北大秦牘〈泰原有死者〉研究》,《人文論叢》2013 年卷,第 444—
445 頁。

②　黄杰《放馬灘秦簡〈丹〉篇與北大秦牘〈泰原有死者〉研究》,《人文論叢》2013 年卷,第 445 頁。

③　李零《北大秦牘〈泰原有死者〉簡介》,《文物》2012 年第 6 期,第 83 頁。

④　湖北省荆州市周梁玉橋遺址博物館編《關沮秦漢墓簡牘》,中華書局,2001 年,第 132 頁。

⑤　王貴元《周家台秦墓簡牘釋讀補正》,《考古》2009 年第 2 期,第 72 頁。

⑥　史志龍認爲確切地是指"碎肉",參史志龍《秦"祠先農"簡再探》。

⑦　黄暉《論衡校釋》,中華書局,1990 年,第 972 頁。

⑧　參馬新《試論漢代的墓祀制度》,《山東大學學報(哲學社會科學版)》2014 年第 1 期,第 20 頁。
其中"西周"説參郭明《先秦時期墓上建築研究》,《華夏考古》2012 年第 1 期,第 78 頁。

⑨　墓上建築形式可分爲平地起建和墳丘上起建兩種,參郭明《先秦時期墓上建築研究》,《華夏考
古》2012 年第 1 期,第 63—80 頁。

"陵寢"的"寢"，是墓主靈魂飲食起居之所①。有學者則認爲是用於墓祭的享堂，進而認爲商代已有墓祭②。墓祭活動在傳世材料中也多有記載，如《禮記·檀弓下》記載顏淵對子路云："去國，則哭于墓而後行。反其國，不哭，展墓而入。"③《孟子·離婁下》也載："蚤起，施從良人之所之，遍國中無與立談者。卒之東郭墦間，之祭者乞其餘；不足，又顧而之他。"趙岐注："墦間，郭外冢間也。乞其祭者所餘酒肉也。"④説明春秋戰國時民間已有墓祭活動⑤。簡牘的"祠墓"正是這種做法的延續。

　　漢代以後，從上到下祠墓上冢已經成了一種風俗，《漢書·朱買臣傳》記載朱買臣貧窮時，"獨行歌道中，負薪墓間。故妻與夫家俱上冢，見買臣饑寒，呼飯飲之。"⑥唐時，玄宗甚至下令"寒食上墓，宜編入五禮，永爲恒式"⑦。至宋朱熹《家禮·卷五·祭禮》"墓祭"云："三月上旬擇日。前一日，齋戒，具饌。厥明灑掃，布席，陳饌……乃徹而退。"⑧明代《帝京景物略·卷二城東内外·春場》載當時清明風俗云："三月清明日，男女掃墓，擔提尊榼，轎馬後挂楮錠，粲粲然滿道也。拜者、酹者、哭者、爲墓除草添土者，焚楮錠次，以紙錢置墳頭。望中無紙錢，則孤墳矣。哭罷，不歸也，趨芳樹，擇園圃，列坐盡醉。有歌者，哭笑無端，哀往而樂回也。是日簪柳，游高梁橋，曰踏青。"⑨簡牘記載墓祭的内容包括哭墓、掃除、進獻食物、沃祭、撤去食物等環節，後代文獻之記載與其頗似。但簡文還提到了"祠所"，一方面，我們可以籠統地認爲指墳墓周圍之空地處，打掃乾净，并於祭祀時鋪席，祭品放其上；但另一方面，"祠所"極有可能是指經過修建的專供祭祀之用之所。因爲簡文要求祠者必須謹慎恭敬地打掃，不要用淘米水洗滌祠所，顯然這是針對一個固定場所或建築而言。上舉考古已發掘的墓上建築均爲貴族墓葬，其性質還有爭論，但從春秋鳳翔秦公陵園 XII37 墓上建築布局與親人宗廟、朝寢均不同，規模也小得多，發掘報告推測可能屬於享堂之類⑩來看，墓上建築性質似爲祭祀之享堂。下層人民的墓地是否也有墓上建築或者周圍有些小建築作爲墓祭固定場所已不得而知，但《史記·孔子世家》云："孔子葬魯城北泗上。"裴駰《史記集解》引《皇覽》云："孔子冢去城一里。

　　①　楊寬《中國古代陵寢制度史研究》，上海古籍出版社，1985 年，第 100—106 頁。
　　②　楊鴻勛《關於秦代以前墓上建築的問題》，《考古》1982 年第 4 期，第 402—407 頁。
　　③　〔漢〕鄭玄注，〔唐〕孔穎達疏，龔抗雲整理，王文錦審定《禮記正義》卷一〇《檀弓下》，第 350 頁。
　　④　〔漢〕趙岐注，〔宋〕孫奭疏，廖名春、劉佑平整理，錢遜審定《孟子注疏》卷八下《離婁章句下》，北京大學出版社，2000 年，第 283 頁。
　　⑤　楊寬《中國古代陵寢制度史研究》，第 109 頁。馬新《試論漢代的墓祀制度》，《山東大學學報(哲學社會科學版)》2014 年第 1 期，第 22 頁。
　　⑥　〔漢〕班固撰，〔唐〕顏師古注《漢書》卷六四上《嚴朱吾丘主父徐嚴終王賈傳》，第 2791 頁。
　　⑦　〔後晉〕劉昫等撰《舊唐書》卷八《玄宗本紀上》，中華書局，2013 年，第 198 頁。
　　⑧　〔宋〕朱熹，王燕均、王光照校點《家禮》卷五《祭禮》，載於朱熹撰，朱杰人、嚴佐之、劉永翔主編《朱子全書(修訂本)》第七册，上海古籍出版社、安徽教育出版社，2010 年，第 945—946 頁。
　　⑨　〔明〕劉侗、于奕正撰，孫小力校注《帝京景物略》，上海古籍出版社，2001 年，第 102 頁。
　　⑩　陝西省雍城考古隊《鳳翔秦公陵園第二次鑽探簡報》，韓偉、焦南峰、田亞岐、王保平執筆，《文物》1987 年第 5 期，第 65 頁。

冢塋百畝,冢南北廣十步,東西十三步,高一丈二尺。冢前以瓴甓爲祠壇,方六尺,與地平。本無祠堂。"①孔子冢前有用磚鋪的與地平齊的祠壇,專供祭祀之用。到了以墓祭爲主要祭祖方式的漢代,從上貴族到下庶民大都在墳墓旁修建用於祭祀的祠堂。只是貴族的祠堂較宏偉,而普通百姓的祠堂較小罷了②。簡文的"祠所"雖不一定如漢代的祠堂,但類似孔子冢前用磚鋪成專供祭祀之用的固定場所則不無可能。

(三) 喪葬習俗

1. 隨葬衣物

第一個"丹言",對應《泰》篇死人"所惡""所貴",但二者内容稍有不同。《志》"死者不欲多衣",一般理解爲給死者隨葬的衣服不要太多("欲"訓爲"愛好"或"想要")。在秦人的觀念中,"多衣"是他們嚮往的。如睡虎地《日書》甲種 26 正貳:"裚(製)衣,丁丑媚人,丁亥靈,丁巳安於身,癸酉多衣。""癸酉多衣"的意思是"在癸酉製衣一生有很多衣服"③。另外在放馬灘《日書》甲乙種、睡虎地《日書》乙種、九店楚簡《日書》以及北大秦簡中也有關於"製衣"及其宜忌的記載④,説明古人對"衣食住行"的"衣"很重視。本着"事死如事生,事亡如事存"⑤的觀念,對死去的親人隨葬很多的衣物,以使他們在地下不受寒凍是再平常不過的了。但死者的世界與生人世界正好相反,不喜歡多衣。姜守誠認爲這體現了節葬理念⑥,深刻顯示了"故事編創人移風易俗的良苦用心,他(或他們)試圖從節葬的角度對秦地舊風俗進行干預和矯正"⑦。簡文强調死者不欲"多衣",確有想要減輕生人經濟負擔的意味,與簡牘所宣導的用白茅等物品隨葬,道理是一樣的,存在不經意間契合某種節葬理念的可能性。⑧ 但簡牘的創作目的似不是宣導節葬,也不是對"舊風俗進行干預和矯正";而是告誡人們如何正確隨葬衣服,即"必令産見之"⑨。第一,"死者不欲多衣"强調的是死者不想要"弗産見"之衣,因爲這樣的衣服再多,對死者也毫無幫助,反而會被鬼奪走,造成巨大的浪費。隨葬"必令産見"的衣服,更多的是要標識衣物

① 〔漢〕司馬遷撰,〔南朝宋〕裴駰集解,〔唐〕司馬貞索隱,〔唐〕張守節正義《史記(點校本二十四史修訂本)》卷四七《孔子世家》,第 2354—2355 頁。

② 因爲百姓的祠堂較小,根本起不了祠堂祭祀的意義,僅僅是一種象徵。祭祀者不能進入祠堂,祭祀活動在堂外進行。參馬新《試論漢代的墓祀制度》,《山東大學學報(哲學社會科學版)》2014 年第 1 期,第 28 頁。

③ 吳小强《秦簡日書集釋》,岳麓書社,2000 年,第 44 頁。

④ 北大簡有《製衣》篇,參劉麗《北大藏秦簡〈製衣〉簡介》,《北京大學學報(哲學社會科學版)》2015 年第 2 期,第 43—48 頁。

⑤ 〔漢〕鄭玄注,〔唐〕孔穎達疏,龔抗雲整理,王文錦審定《禮記正義》卷五十二《中庸》,第 1681 頁。

⑥ 姜守誠《放馬灘秦簡〈志怪故事〉中的宗教信仰》,《世界宗教研究》2013 年第 5 期,第 170 頁。姜守誠《北大秦牘〈泰原有死者〉考釋》,《中華文史論叢》2014 年第 3 期,第 175 頁。

⑦ 姜守誠《放馬灘秦簡〈志怪故事〉中的宗教信仰》,《世界宗教研究》2013 年第 5 期,第 171 頁。

⑧ 這種節葬理念,與漢以後"人死無知"的無神論薄葬觀大相徑庭,不可相混。

⑨ 上文已指,簡牘的某些語句暗含某種深意,這是不争的事實。但需要强調的是,所謂的深意只是針對某一句話而言。簡牘全篇的主旨應該是一致的,即通過復活者之口述説死亡世界宜忌。本文結尾部分還有詳述,可參看。

的所有權①。後代出土的衣物疏上，如東晋穆帝升平五年(361)周芳命妻潘氏衣物疏及吐魯番高昌地區衣物疏，不無煩瑣地羅列隨葬給死人的各種衣物，并常在這些衣物前加“故”字②，也許就受了簡牘思想的影響。但我們注意到，所謂的“故”不一定都是平時所用，如“故棺材一口”(周芳命妻潘氏衣物疏)、“故黄桑棺一口”(北涼緣禾六年[437]翟萬衣物疏)、“故波斯錦十張，故魏錦十匹，故合蠧大綾十匹，故石柱小綾十匹，故白絹卅匹，故金錢百枚，故銀錢百枚”(高昌章和十三年[543]孝姿衣物疏)等③，之所以用“故”只是爲了標識所有權。當然“必令産見”的衣服畢竟少數，無形中減輕了生人的經濟負擔。第二，從睡虎地和放馬灘《日書》中可以看到，秦人所關注的多是生老病死、婚喪嫁娶、亡盜宜忌、衣食住行等關乎生産生活的事，文字中不包含任何的道德評價和價值判斷，這體現了秦人重實惠的功利主義價值觀④。《志》《泰》中充斥着大量的“勿(毋)”字句，有的還給出了“勿”的理由，實利主義思想也非常明顯。秦人尤其是下層民衆“從節葬的角度對秦地舊風俗進行干預和矯正”，以此達到“移風易俗”的目的的説法，不一定完全符合事實。

　　2. 收斂死者

　　“祠墓制度”部分已指，《泰》篇“收死人，勿束縛。毋決其履，毋毀其器。令如其産之卧殹，令其魄不得荅思”跟祠墓無關，“收”指收斂⑤，是講如何收斂死者的⑥。陳侃理認爲“勿束縛”反映的是“蜷曲特甚”的屈肢葬風俗，“毋決其履，毋毀其器”反映的是“毀器葬”風俗⑦。劉信芳指出“收死人”謂安葬，“令如其産之卧”謂屈肢葬，“荅”讀爲喪魂落魄之“落”，“令如其産之卧殹，令其魄不得落思”指的是“收死人，使其如出生時的姿勢，這樣做是爲了使死者魂魄不致失落”⑧。黄杰指出“勿束縛”也許反映的是爲死者穿衣、加衾後用帶子捆扎的現象⑨。本文初稿亦如此認爲。後來尚宇昌指出，直肢葬中有衣衾捆綁與肢體捆綁兩種方式，并得到了考古的證實，牘文“勿束縛”可能是指直肢葬中不要對死者的手脚進行肢體捆綁⑩。

　　根據考古發現，比如西安半坡戰國墓葬中，直肢葬是上體仰卧，下肢直伸；

----

① 參姜守誠《北大秦牘〈泰原有死者〉考釋》，《中華文史論叢》2014 年第 3 期，第 176 頁。

② 參黄景春《早期買地券、鎮墓文整理與研究》，第 204—205、239—255 頁。

③ 參黄景春《早期買地券、鎮墓文整理與研究》，第 243、247 頁。

④ 李曉東、黄曉芬《從〈日書〉看秦人鬼神觀及秦文化特徵》，《歷史研究》1987 年第 4 期，第 62 頁。

⑤ 《史記·扁鵲列傳》：“(扁鵲)曰：‘收乎？’曰：‘未也，其死未能半日也。’”裴駰《史記集解》：“收謂棺斂。”參〔漢〕司馬遷撰，〔南朝宋〕裴駰集解，〔唐〕司馬貞索隱，〔唐〕張守節正義《史記(點校本二十四史修訂本)》卷一〇五《扁鵲倉公列傳》，第 3372—3373 頁。

⑥ 劉國勝《北大藏秦簡讀後記》，《簡帛》第 8 輯，第 88 頁。

⑦ 陳侃理《秦簡牘復生故事與移風易俗》，《簡帛》第 8 輯，第 73—77 頁。

⑧ 劉信芳《秦簡“丹而復生”與“泰原有死者”合論》，《考古與文物》2020 年第 6 期，第 95—96 頁。

⑨ 黄杰《放馬灘秦簡〈丹〉篇與北大秦牘〈泰原有死者〉研究》，《人文論叢》2013 年卷，第 453 頁。

⑩ 尚宇昌《北大秦牘〈泰原有死者〉“勿束縛”新解》，《咸陽師範學院學報》2017 年第 3 期，第 16—19 頁。

屈肢葬分爲上身仰卧,下肢蜷曲;上身側卧,下肢蜷曲兩種①。無論在直肢葬還是屈肢葬中,收斂死者的時候均有捆扎行爲②。牘文"勿束縛"并未言及捆束方法,致使諸家理解不同。我們更傾向牘文爲加衾後捆扎死者的現象,而不是屈肢葬。除了尚宇昌文所列理由外,還可補充幾點。一是,聯繫牘文下文"令如其産之卧殴,令其魄不得著(絡)思",説明"束縛"導致了死人不同於活着時候的卧姿,而且直接束縛了形魄。姜守誠指出"收死人,勿束縛……令如其産之卧殴"即"入殮亡人時應讓尸體處於自由、安詳、無拘束的本真狀態"③。在小斂、大斂時進行絞衾,顯然也是束縛了身體,這不是生時無拘無束的卧姿。二是,《漢書·楊王孫傳》記載:"裹以幣帛,鬲以棺槨,支體絡束。"④這是沿襲的先秦絞衾習俗⑤,其中"支體絡束"是生人常規做法,牘文中"束縛"的對象很可能是"支體"。從目前學術界對屈肢葬的研究可以看出,蜷曲特甚的屈肢葬可能在死者死後對下肢立即進行捆綁,但屈肢葬中上肢是否也進行了捆綁,學術界及考古發掘中很少説明。對比來看,牘文是符合直肢葬的。三是,考古資料證實,春秋至戰國中期之前的秦墓直肢葬與屈肢葬并存,采用直肢葬的墓葬多爲中高級墓葬,而小型墓葬多采用屈肢葬⑥。到了秦朝滅亡後的西漢初年,秦墓中的屈肢葬基本銷聲匿迹⑦。就秦墓的地區而言,如果説關中地區戰國晚期至秦末秦墓中屈肢葬與直肢葬并存的話⑧,那麽江漢地區的秦墓基本采用了直肢葬。比如時代大約前 278 年至前 241 年之間的江陵九店 M487、M488 洞室秦墓,大約前 278 年至西漢前之間的江陵揚家山 M135 号秦墓,秦統一前或初的江陵岳山 M27、M41、M35、M36、M30、M23、M39、M38、M15、M19 秦墓,皆采用仰身直肢葬⑨。時代爲前 256 年至西漢早期的雲夢睡虎地秦墓中,直肢葬和屈肢葬并存,直肢葬有 M7、M9、M35、M43、M44、M47,屈肢葬有 M11、M23、M45,但屈肢葬的下肢蜷曲幅度已經非常舒緩,没有捆

① 金學山《西安半坡的戰國墓葬》,《考古學報》1959 年第 3 期,第 70—71 頁。

② 據《禮記·喪大記》《儀禮·士喪禮》,先秦對死者常實行絞衾和"乃屢,綦結于跗,連絇"的捆扎方式(參高崇文《試論先秦兩漢喪葬禮俗的演變》,《考古學報》2006 年第 4 期,第 448—449 頁),其目的多是爲了牢固與固定。從考古發現看,仰身直肢葬中已經證實在這種捆扎方式。蜷曲不甚的屈肢葬下肢脛骨與股骨可以不用再捆扎;而蜷曲特甚的屈肢葬應是死後立即捆扎所致(參看金學山《西安半坡的戰國墓葬》,第 71 頁)。

③ 姜守誠《北大秦牘〈泰原有死者〉考釋》,《中華文史論叢》2014 年第 3 期,第 171 頁。

④ 〔漢〕班固撰,〔唐〕顔師古注《漢書》卷六七〈楊胡朱梅云傳〉,第 2908 頁。

⑤ 高崇文《試論先秦兩漢喪葬禮俗的演變》,《考古學報》2006 年第 4 期,第 450 頁。

⑥ 參滕銘予《論秦墓中的直肢葬及相關問題》,《文物季刊》1997 年第 1 期,第 72—79 頁。王鋭剛《關隴地區早期秦墓屈肢葬研究》,雲南民族大學碩士學位論文,2014 年,第 33—38、45—46 頁。陳洪《秦人葬式與社會等級的關係及其演變》,《考古與文物》2016 年第 2 期,第 68—71 頁。

⑦ 葉小燕《秦墓初探》,《考古》1982 年第 1 期,第 71 頁。

⑧ 參陳洪《秦人葬式與社會等級的關係及其演變》,第 70—71 頁表格。

⑨ 分别參湖北省文物考古研究所編著《江陵九店東周墓》,科學出版社,1995 年,第 132、421 頁。湖北省荆州地區博物館《江陵揚家山 135 號秦墓發掘簡報》,劉德銀執筆,《文物》1993 年第 8 期,第 10 頁。湖北省江陵縣文物局、荆州地區博物館《江陵岳山秦漢墓》,王崇禮執筆,《考古學報》2000 年第 4 期,第 538—540、551 頁。

綁①。同是出自湖北中部江漢平原地區的《泰》篇，抄寫時代是秦始皇統一全國後②。其中提到屈肢葬的可能性要比直肢葬小，因爲此地區已經很少能見到屈肢葬了，尤其蜷曲特甚的屈肢葬。

　　"令如其產之臥毆"與"令其魄不得茖思"文義上相關聯，"不得"文獻中即"不能"義，如"令其不得西"③。上文引劉信芳對譯成"不致"，似不可信。如果按照李零將"茖"讀爲"落"，意思就變成了令其魄不能落，意思完全反了，所以李零將"不得落"譯成"没有着落"也是出於無奈。陳侃理讀"茖"爲咎(字也作"絡")，纏繞義④。很正確。《楚辭·招魂》："秦篝齊縷，鄭綿絡些。"王逸注："絡，縛也。"⑤姜守誠將"茖思"看成一個詞，讀爲"絡束"，束縛義⑥。這種讀法并不正確，其一，"思"跟"束"古音相去較遠(思，心母之部；束，書母屋部)，不通；且牘文前面有"束"字，這裏再借"思"表示，可能性很小。其二，"令如其產之臥毆"中的"毆"與"令其魄不得茖思"中的"思"均爲句末語氣詞，語法位置正好相當。

　　"毋決其履，毋毀其器"顯然可以認爲秦人在喪葬習俗中存在"決其履""毀其器"現象，但可惜目前考古中似未具體發現這類現象。"決其履""毀其器"的原因可能是，在秦人看來將履、器等毀壞即表明其已"死了"，就可以供死者在陰間繼續使用⑦；或者將隨葬品毀壞顯示人器與鬼器的區別，即將實用器物明器化⑧。

　　3. 夫妻合葬

　　《泰》篇"女子死，三歲而復嫁，後有死者，勿并其冢"，對這句話的斷讀和是否涉及冥婚争議很大，可以看作兩篇簡牘中最難理解的。目前有三種斷讀法。

　　第一，在"嫁"字後斷。李零認爲"女子死三歲而復嫁"指"女子死後三年，改嫁給另一男性死者"，即冥婚。"後有死者，勿并其冢"説的是"如果此女子生前已字而尚未過門，死後又改嫁另一男子，則先所字而後死者不得與之合葬於一墓"。黄杰從李零的斷句，認爲牘文符合冥婚的意涵，意思是"女子在丈夫先死，滿三年後，在冥間改嫁他人，與其原夫不再是夫妻關係，所以其原夫死後，

　　①　M7、M9 爲直肢葬，M11 爲屈肢葬，參《雲夢睡虎地秦墓》編寫組《雲夢睡虎地秦墓》，文物出版社，1981 年，第 8 頁。M35 爲直肢葬，參雲夢縣文物工作組《湖北雲夢睡虎地秦漢墓發掘簡報》，蔡先啓、張澤棟、劉玉堂執筆，《考古》1981 年第 1 期，第 31 頁。M43、M44、M47 爲直肢葬，M23、M45 爲屈肢葬，參湖北省博物館《1978 年雲夢秦漢墓發掘報告》，陳振裕執筆，《考古學報》1986 年第 4 期，第 485 頁。

　　②　參田煒《論秦始皇"書同文字"政策的内涵及影響——兼論判斷出土秦文獻文本年代的重要標尺》，《"中央研究院"歷史語言研究所集刊》第 89 本第 3 分，2018 年，第 426 頁。

　　③　〔漢〕司馬遷撰，〔南朝宋〕裴駰集解，〔唐〕司馬貞索隱，〔唐〕張守節正義《史記(點校本二十四史修訂本)》卷七《項羽本紀》，第 415 頁。

　　④　陳侃理《秦簡牘復生故事與移風易俗》，《簡帛》第 8 輯，第 76 頁。

　　⑤　〔宋〕洪興祖撰，白化文、許德楠、李如鸞、方進點校《楚辭補注》，中華書局，1983 年，第 202 頁。

　　⑥　姜守誠《北大秦牘〈泰原有死者〉考釋》，《中華文史論叢》2014 年第 3 期，第 159 頁。

　　⑦　張碧波《關於毀屍葬、毀器葬、焚物葬的文化思考》，《中原文物》2005 年第 2 期，第 39 頁。

　　⑧　郜向平《商墓中的毀器習俗與明器化現象》，《考古與文物》2010 年第 1 期，第 47 頁。黄鳳春《毀器與折兵——楚國喪葬禮俗的考古學觀察與釋疑》，《湖南省博物館館刊》2011 年第 8 輯，第 342 頁。

不得與之合葬”①。陳侃理亦從李零的斷句,認爲這句話只是講了夫婦合葬需要注意的事項,隱含的意思是“生者世界的婚姻關係在死後世界僅有三年有效期,過期作廢”,所以牘文意思是“已婚女子死亡三年後會在地下世界改嫁他人。丈夫若在此後死去,便不宜再與亡妻同壙合葬”②。可以看出,陳侃理對文義的理解與黃杰相同。

　　第二,在“復”字後斷,認爲女子三年後復活再嫁。如陳偉讀爲“女子死三歲而復,嫁後有(又)死者,勿并其冢”,認爲“復”是“復產”之省,牘文意思是“死而復活的女子,如果出嫁後死亡,不與其夫合葬”,他認爲這樣斷讀的好處是能保持前後復活話題的一致性③。雍淑鳳贊同陳偉的斷句,翻譯成“女子死了三年(或多年)後復活,(如果)出嫁後又死亡的,不得與任何人同墓合葬”。④ 蔣文也認同陳偉的斷句,認爲“嫁後有(又)死者”的“者”是提示假定事實的虚詞,此句可譯作“(女子)嫁后又死的话”;“勿并其冢”可能是説不要將女子兩次死亡所建之冢合并⑤。郭玨斷爲“女子死,三歲而復,嫁,後有(又)死者”⑥,無説。推測也應與陳偉的理解相近。

　　第三,也在“嫁”後斷,但與第一説頗不同。姜守誠認爲李零的冥婚説臆測成分很大,陳偉的斷句導致文義不連貫,黃杰所説的女子死後三年在冥界改嫁他人的説法毫不足信。他從李零的斷句,認爲“女子死三歲而復嫁”的“復”兼有“復產”和“復嫁”雙重含義,疑“復”下漏寫了重文符號,牘文的意思是:“女子死後三年而復生,可以另行改嫁他人,再嫁以後丈夫去世,不得與她同墓合葬。”爲什麼復生後的女子不能與再嫁以後的丈夫合葬呢? 姜守誠的解釋是,因爲這樣的女子在世俗眼中絕非常人,非鬼即巫⑦。

　　我們經過反復研讀,認爲第二種在“復”字後斷,需要考慮以下幾點。第一,牘文“言曰”後面都應是“死者”復活後所言,且内容都應是極其常見的日常禁忌。將牘文理解成女子死而復活,且出嫁後又死亡,這樣的例子在當時應該并非普遍現象。且“死者”之“言曰”中似不會再出現另一個復活者。若真是兩個復活者,“泰原”復活者“言曰”的權威性可能會受到挑戰:即若女子真的死而復活,那麼她應該知道地下世界的宜忌,復活後或出嫁後再次死亡之前,可能會告訴家人“勿并其冢”。第二,從整個簡牘用詞來看,表示復活所用詞語爲“復生”“復產”,“復”後并未省略;且兩篇簡牘中的“者”除了“丹所以得复生者”

　　① 黃杰《放馬灘秦簡〈丹〉篇與北大秦牘〈泰原有死者〉研究》,《人文論叢》2013年卷,第449頁。
　　② 陳侃理《秦簡牘復生故事與移風易俗》,《簡帛》第8輯,第77—78頁。
　　③ 陳偉《北大藏秦簡〈泰原有死者〉識小》,簡帛網,http://www.bsm.org.cn/? qinjian/5904.html,2012年7月14日。其中“有”讀爲“又”是陳偉采用何有祖意見。
　　④ 雍淑鳳《北大藏秦牘〈泰原有死者〉斷句、語譯、闡釋商榷》,《古籍研究》第65卷,第198頁。
　　⑤ 蔣文《據胡家草場漢簡〈詰咎〉“鬼取人爲妻”條首句談睡虎地秦簡〈詰〉對應簡文》,《文物》2021年第3期,第93—94頁。
　　⑥ 郭玨《秦漢出土文獻中的“知死”與“事死”》,《簡帛》第8輯,第61頁。
　　⑦ 姜守誠《北大秦牘〈泰原有死者〉考釋》,《中華文史論叢》2014年第3期,第156—157、165—166頁。

的“者”表示停頓之外，其餘均表示“……的人”①。第三，從“勿并其冢”看，顯係世間存在“并其冢”現象，也就是只有兩個死者纔能符合“并其冢”的表述。在“復”字後斷，無論如何解讀，只能有女子一方死亡。蔣文理解成合并女子兩次死亡之冢的看法，於情理不可靠。

綜上，我們認爲牘文在“嫁”字後斷比較合適。但按照李零的理解，既然是死人再嫁，那必然涉及冥婚。基於此，後文“後有死者，勿并其冢”亦應是講冥婚合葬的，就不得不增添“生前已字而尚未過門”（即已字未婚）進行理解。其實李零的這種解釋也有前後矛盾之處。第一，既然女子已經與另一男子冥婚，當然按“禮”也應合葬了，就再不能與已字而後死者（原來女子生時準丈夫）合葬，這應該是時人都知道的事實，死者復活後沒必要再述。第二，如果牘文講的是冥婚，似沒必要説“三歲”。之所以强調“三歲”，可能如本文第二部分開篇所説的“三”具有極强的神秘性。若此三年内前夫并未死亡，女子在冥間會很孤單，那麽她“三年”後可能有權利成爲“自由人”，另行改嫁。這種改嫁發生在冥間，女子父母甚至世間所有人應該并不知曉這一習俗，所以牘文借復活者之口進行强調。基於此，前引陳侃理的説法有一定道理。

“女子”在秦簡中多見，指女性，可以是未成年，也可以是成年②。“三歲而復嫁”與“三歲而復産”的“而”，具體用法可能有些許差异，後者可與《志》篇“三年，丹而復生”對比。“丹而復生”的“而”李學勤訓爲“得”，宋華强認爲與“乃”相當③。孫占宇認爲“而”爲連詞，含有“竟然”的意思④。其實不管怎麽理解，意思上都通。但若對比“死經七日而蘇”（《太平廣記·卷三八六·再生十二》“梁氏”條）、“三宿乃蘇”（《太平廣記·卷三八三·再生九》“胡勒”條），那麽“而”可訓爲“乃”，“乃”有“竟”“又”義⑤，文義上都是已然的事實。“三歲而復嫁”的“而”可具體訓爲“則”“就”⑥。“復嫁”即“再嫁”，説明此“女子”是成年女性，生前已經嫁人（她死之後，根據牘文她的丈夫還活在世上）。“後有死者”指的是女子生前的丈夫⑦，陳偉將“有”理解爲“又”，認爲“死者”指女子。若果如此，牘文似應作“嫁後有（又）死”。牘文的意思是：“（生前已經嫁人的）女子死

<hr/>

①　理論上説，牘文“復”確有可能是“復産”簡省（如本文“復活‘故事’”部分所引“越姬死，七日而復”的“復”），且“後有死者”的“者”的含義也可能如蔣文所説。但這種可能性都相對較小。

②　以睡虎地秦簡爲例，《日書》甲種 148 正貳：“壬寅生子，不女爲醫，女子爲也。”此指剛出生女子。《法律答問》166：“女子甲爲人妻，去亡，得及自出，小未盈六尺，當論不當？”《法律答問》167：“女子甲去夫亡，男子乙亦闌亡，相夫妻，甲弗告情，居二歲，生子，乃告情。”《秦律十八種》110：“隸妾及女子用針爲緜綉它物，女子一人當男子一人。”整理者云：“女子，指一般身份爲自由人的婦女。”（參睡虎地秦墓竹簡整理小組編《睡虎地秦墓竹簡》，第 46 頁）

③　宋華强《放馬灘秦簡〈邸丞謁御史書〉釋讀札記》，《出土文獻研究》第 10 輯，第 139 頁。

④　孫占宇《天水放馬灘秦簡集釋》，第 271 頁。查宗福邦、陳世鐃、蕭海波主編的《故訓匯纂》，商務印書館，2003 年，第 1827—1829 頁，“而”條本身没有“竟然”的意思。

⑤　裴學海《古書虛字集釋》，中華書局，2004 年，第 492、488 頁。

⑥　如《孟子·萬章下》：“可以速而速，可以久而久。”參〔漢〕趙岐注，〔宋〕孫奭疏；廖名春、劉佑平整理，錢遜審定《孟章章句下》卷一〇上《萬章章句下》，第 316 頁。

⑦　句子可對比《秦律十八種》101“其假公，假而有死亡者，亦令其徒、舍人任其假”中的“有死亡者”。

了,三年之後就再嫁了,後來她的在世丈夫死了,不要合并它們的冢。"更進一步說,牘文講的是女子死後三年之内如果在世丈夫死了,似可以合葬;如果女子死了滿三年,在世丈夫死了,就不應該再合葬了。而生者世界的做法恰恰是不管女子死了幾年,只要在世丈夫也死了,按照夫妻關係都會將他們合葬。牘文提出了一個時間點"三年",冥間前後做法很不一樣,而生人世界則完全一樣。牘文正是通過復活者在冥間所見强調女子死滿三年在冥間就嫁人這一事實,進而不能與在世丈夫合葬。姜守誠曾極力反駁這種說法,認爲"這種風俗并未見載於任何傳世文獻,不僅與傳統世俗觀念相牴牾,而且嚴重悖離了古人對於血親、姻親及親屬關係的定位和認知。這番解讀太過離奇,且毫無文獻依據,不足信"。[①] 這種說法看似有道理,但并不一定符合牘文原意。比如死者所言的其他事項大都與傳統世俗牴牾,且女子死後進入另一個世界,此世界與生人世界毫無二致(詳後),女子在這裏可能享有改嫁等生人應有的權利,而行使這些權利的主導者可能是其本人。《太平廣記・卷三八六・再生十二》"賈偶"[②]條記載賈偶在從陰間回到陽間的路上,遇見一位亦是回陽間的女子,賈偶"悦子之心,願交歡於今夕",但因女子"終無動志"而没成行。《太平廣記・卷三一六・鬼一》"韓重"條記載,韓重與死者小玉在小玉墓中"三日三夜,盡夫婦之禮"。《太平廣記・卷三二六・鬼十一》"崔羅什"條載,崔羅什路過劉瑶亡妻墓,亡妻主動結識崔羅什,并告知丈夫劉瑶因"有罪被攝,乃去不返",亡妻曰:"從此十年,當更奉面。"并相互交换信物。十年後,崔羅什卒(表明與劉瑶妻在陰間結婚)。前兩條雖然不是確切的兩位冥間死者結婚的成功案例,但也可以説女子在冥間有權利結婚,其主導者是本人,非父母之命。後一條劉瑶亡妻主動結識崔羅什,無非想與之在地下結婚,其記載與牘文有相似之處,即同是已婚女子與其他男性死者,最後在地下結婚。

　　夫妻合葬自古就有,"古"到什麼時候,以考古發掘墓葬爲例,新石器時代晚期的齊家文化曾發現一例[③]。商周春秋時代,出現了少數夫妻合葬墓;至戰國時,數量逐漸增加,除以并穴合葬爲主外,同墳异穴合葬也已出現;西漢中期以後,夫妻合葬普遍流行[④]。後代比較常見的同穴合葬,則開始流行於西漢晚期至東漢以後。文字材料中也有很多關於夫妻合葬的記載,如《詩・王風・大車》"穀則异室,死則同穴"[⑤]。另外,在甘肅敦煌佛爺廟灣 M3 出土的朱書陶罐(陶鉢)鎮墓文當中,記載西棺丈夫"姬令熊",死於東晉"咸安五年"(375),東棺妻子"女訓",死於後涼麟嘉八年(396)[⑥],夫妻 21 年後實行合葬。牘文説明

---

① 姜守誠《北大秦牘〈泰原有死者〉考釋》,《中華文史論叢》2014 年第 3 期,第 156 頁。
② 《搜神記》作"賈偶",參〔晉〕干寶撰,汪少楹校注《搜神記》卷一五"賈文合"條,第 180 頁。
③ 李昌貴、李守慶《先秦合葬墓芻議》,《華夏考古》1997 年第 2 期,第 94 頁。
④ 參〔日〕太田友子著,楊凌譯《中國古代的夫妻合葬墓》,《華夏考古》1989 年第 4 期,第 103—110 頁。
⑤ 〔漢〕毛亨傳,〔漢〕鄭玄箋,〔唐〕陸德明音義,孔祥軍點校《毛詩傳箋》,第 104 頁。
⑥ 甘肅省敦煌縣博物館《敦煌佛爺廟灣五涼時期墓葬發掘簡報》,韓躍成、張仲執筆,《文物》1983 年第 10 期,第 57—60 頁。發掘簡報指出,"咸安"是晉簡文帝司馬昱年號,但咸安只有二年(接下頁)

夫妻合葬的習俗在秦代已經很普遍，但對於具體的合葬形式則并未述及。另外，牘文的落脚點在"勿并其冢"上，猜測也許具有減輕生人經濟負擔的意味，這種思想在後代也有所表現。如《三國志·常林傳》裴松之注引《魏略》云，沐并臨死時告誡家人"絶哭泣之聲，止婦女之送，禁吊祭之賓，無設搏治粟米之奠。又戒後亡者不得入藏，不得封樹"①。《晋書·宣帝紀》記載司馬懿"預作終制，於首陽山爲土藏，不墳不樹；作《顧命》三篇，斂以時服，不設明器，後終者不得合葬"②。

（四）死後世界

古人對死後世界的認識有一個漸進的過程，早在公元五千年前的河南裴李崗文化遺址中就出土了很多實用生産工具和陶器③，這些物品可能就是供死者在另一個世界使用的。後代隨葬器物的内容和形式有所不同，商周以隨葬青銅禮器爲主，但到了戰國末年，隨着墓葬結構比較具體地模仿生人住宅和隨葬明器如各類生活用品、偶人、車馬等的進入④，説明人們更加關心死後世界中的財富與舒適度，顯示了人們對死後世界的認識更加明確。尤其到了漢代，告地書、鎮墓文、買地券等的大量出現及墓葬壁畫所描繪的各類日常生活景象，讓我們更加確信漢人眼裹死後世界的形態與生人世界幾無差別，乃生人世界的翻版⑤。人死只是"移葬易居"（東漢壽州劉君石羊鎮墓文）⑥而已，在世的時候需要吃穿用度，死後亦然。秦人尤其是下層人民對死後世界的認識想必也如其前後時代人那樣，這也得到了兩篇簡牘的部分印證。

首先，死者需要衣食。簡牘都提到了死者不喜歡太多的隨葬衣服，説明死人（鬼）也是需要穿衣的，與生人無差別。已出土的楚遣策簡（如長沙仰天湖、江陵望山、江陵包山、隨縣曾侯乙等）及上文"隨葬衣物"部分提到的衣物疏均羅列了爲死者準備的各種衣服，甚至薄葬之風盛行的時代，即便什麼都不隨葬，放點衣物還是必要的。如《晋書·禮志中》："（魏武帝）豫自制送終衣服四篋，題識其上，春秋冬夏，日有不諱，隨時以斂，金珥珠玉銅鐵之物，一不得送。"⑦簡牘也提到死人需要飲食，其來自生人的祭祀。這種觀念由來已久，論

（接上頁）（371—372年），"當時中原地區戰亂頻繁，關隴一帶均被前秦占領，消息受阻，晋雖已改年號，而河西尚不知道，故仍延用'咸安五年'年號"。

① 〔晋〕陳壽撰，〔宋〕裴松之注《三國志》卷二三《魏書·常林傳》，中華書局香港分局，1971年，第662頁。
② 〔唐〕房玄齡等《晋書》卷一《宣帝紀》，中華書局，1974年，第20頁。
③ 參中國社會科學院考古研究所河南一隊《河南郟縣水泉裴李崗文化遺址》，鄭乃武執筆，《考古學報》1995年第1期，第39—77頁。
④ 參蒲慕州《追求一己之福——中國古代的信仰世界》，上海古籍出版社，2007年，第176—177頁。蒲慕州《墓葬與生死：中國古代宗教之省思》，中華書局，2008年，第193—196頁。
⑤ 參蒲慕州《追求一己之福——中國古代的信仰世界》，第176—196頁。蒲慕州《墓葬與生死：中國古代宗教之省思》，第201—207頁。余英時著，侯旭東等譯《東漢生死觀》，上海古籍出版社，2005年，第92—93頁。
⑥ 黃景春《早期買地券、鎮墓文整理與研究》，第135頁。
⑦ 〔唐〕房玄齡等撰《晋書》卷二○《禮志中》，第632頁。

者常引"鬼猶求食,若敖氏之鬼不其餒而"①來説明春秋時人們已將鬼需要飲食視爲當然②。衣食是人類最基本的必需品,從兩篇簡牘内容來看,它們對死人也極其重要,所以纔借復活者之口嚴正告誡生人這方面的宜忌。

其次,地下政府機構與世無别。《志》提到"鬼輒奪而入之少内""鬼輒奪而入之厨","少内"李零認爲指"府藏之官",姜守誠認爲指"冥界地府中負責收藏服御之物的機構(或官衙)"③。按,睡虎地秦簡、里耶秦簡多次提到"少内",是朝廷管理錢財的機構④。牘文地府中的"少内"還管理衣服,説明"少内"管理不止錢財;也有可能衣服象徵財富,所以"少内"在地府也管理衣服。總之,將"少内"看成兼管錢與衣服的機構,應該問題不大。《太平廣記·卷三八一·再生七》"裴齡"條記載,唐玄宗開元年間,長安縣尉裴齡被閻王抓去,因爲不應死,又被地府小吏送了回來,"吏復求金銀錢各三千貫。齡云:'京官貧窮,實不能辦。'吏云:'金錢者,是世間黄紙錢。銀錢者,白紙錢耳。'齡曰:'若求紙錢,當亦可辦,不知何所送之。'吏云:'世作錢於都市,其錢多爲地府所收。君可呼鑿錢人,於家中密室作之。畢,可以袋盛。當於水際焚之,我必得也。受錢之時,若横風動灰,即是我得。若有風颺灰,即爲地府及地鬼神所受。'"冥間小吏所言生人焚燒紙錢時可能會被"地府"所收,所以給死人的衣服也可能會被鬼奪走,上交"少内"。死後世界的政府機構均模仿世間,與世間無異,如《太平廣記·卷三七八·再生四》"楊大夫"條載,楊大夫"爲冥官所攝,無疾而死。經日而蘇,云:既到陰冥間,有廨署官屬,與世無異"。除了政府機構,政府官職也與生人世界相同,這在漢代鎮墓文、買地券中體現得尤爲明顯。如東漢靈帝熹平二年(173)張叔敬朱書陶缶鎮墓文:"天帝使者告張氏之家,三丘五墓、墓左墓右、中央墓主、塚丞塚令、主塚司令、魂門亭長、塚中游撃等,敢告移丘丞墌佰、地下二千石、東塚疾、西塚伯、地下撃犆卿、耗里伍長等。"⑤其中主、令、長、伯等均是模仿生人世界想像出來的地下官職。牘文下文的"厨",李零認爲《漢書·郊祭志》有"長安厨官",牘文指地下"厨官"。從"少内"看,李説可從。鬼將祭品奪走後,交給負責管理地下食物的"厨"機構。同時也説明秦已經設有"厨官"。

---

① 〔周〕左丘明撰,〔晋〕杜預注,〔唐〕孔穎達正義,浦衛忠等整理,楊向奎審定《春秋左傳正義》卷二一《宣公四年》傳,北京大學出版社,2000年,第700頁。

② 早在商代人們已經認爲祭祀是對死者的供養,就連極力宣導節儉的墨子也敦促人們去爲祖先的鬼神提供祭品。參余英時著,侯旭東等譯《東漢生死觀》,第88頁。

③ 姜守誠《北大秦牘〈泰原有死者〉考釋》,《中華文史論叢》2014年第3期,第150頁。

④ 睡虎地《法律答問》32:"'府中公金錢私貸用之,與盜同法。'何謂'府中'? 唯縣少内爲'府中',其他不爲。"《秦律十八種》80—81:"縣、都官坐效、計以負賞償者,已論,嗇夫即以其值錢分負其官長及冗吏,而人與參辨券,以效少内$_{80}$,少内以收責之。"整理者指出,"少内"是"朝廷管理錢財的機構"(參睡虎地秦墓竹簡整理小組編《睡虎地秦墓竹簡》,第39頁)。陳偉等指出"里耶秦簡多見少内出入錢的記録"(陳偉主編:《秦簡牘合集(壹)》,武漢大學出版社,2014年,第98頁)。

⑤ 參黄景春《早期買地券、鎮墓文整理與研究》,第125頁。其他涉及官職的還如東漢熹平四年(175)胥氏墨書陶瓶鎮墓文、東漢程氏朱書鉛券鎮墓文、東漢初平四年(193)黄母朱書陶瓶鎮墓文等,分别參黄景春《早期買地券、鎮墓文整理與研究》,第127、137—138、148頁。

再次,地下世界也流通金錢。"黄圈以當金,黍粟以當錢",説的是地下世界中可以用黄圈(大豆)替代黄金流通使用,用黍粟替代緡錢使用。至於黄圈爲何可以當金,牘文最後有説明,即色彩形狀相似;而黍粟當緡錢是因爲緡錢形如黍粟之穗。牘文也向我們傳遞了秦時葬俗中有埋藏錢幣(應爲專供隨葬的冥幣)的習俗。這種習俗源於古時祭祀鬼神、祖先用玉器、布帛,"古者享祀鬼神有圭璧幣帛,事畢則埋之"①。但對於平民來説,玉器等取材不易、製作工藝高,不可能普遍使用②。至漢代,便流行以實錢作爲陪葬品,稱之爲"瘞錢"。隋唐五代民間流行的焚燒紙錢之俗即起源於此。

還有一個問題,《志》篇"之趙氏之北地柏丘之上"中的"柏丘",陳侃理懷疑是死後世界之稱③。最早李學勤將這句話譯爲:"經過趙國,到了北地郡的柏丘上面",似是將"柏丘"看作山丘。後來,方勇、侯娜理解成"北地"下屬一個地名④,姜守誠則認爲是虛指某個長滿柏樹的山丘,并非特指某個行政地名⑤。關於死後世界的名稱,春秋時有"黄泉",戰國有"幽都",漢以後有"大(泰)山""蒿里""梁父""地下"等之稱⑥。此"柏丘"似不應指死後世界,似應實指,不但可與簡文其他地名用法相應,還增加了丹復生的可信度。根據文獻的慣例用法,"柏丘"與"公會衛侯于桃丘""鄭人將奔桐丘"⑦中的"桃丘""桐丘"最初的命名方式可能相似,本可能是長滿柏樹的山丘。至於爲什麽帶丹到柏丘,可能是柏木具有驅鬼之功效⑧,丹到這裏能將身上的鬼氣祛除,而慢慢恢復人氣。

(五) 鬼神觀念

以上所論復活、祠墓、喪葬以及對死亡世界的認識其實都是秦人鬼神觀念的反映。這種觀念由來已久,早在商代及西周時期人們已經相信鬼神的存在,但對於鬼神何種性質、何種形象并不瞭解。春秋時代的鬼神觀從前引"鬼猶求食,若敖氏之鬼不其餒而"可見一斑,説明鬼神有具體的存在與需求已普遍深

---

① 〔唐〕封演撰,趙貞信校注《封氏聞見記校注》卷六《紙錢》,中華書局,2005年,第60頁。
② 夏金華《紙錢源流考》,《史林》2013年第1期,第69頁。
③ 陳侃理《放馬灘秦簡〈丹〉篇札記》,簡帛網,http://www.bsm.org.cn/? qinjian/5925. html,2012年9月25日。
④ 方勇、侯娜《讀天水放馬灘秦簡〈志怪故事〉札記》,《考古與文物》2014年第3期,第73頁。
⑤ 姜守誠《放馬灘秦簡〈志怪故事〉中的宗教信仰》,《世界宗教研究》2013年第5期,第166頁。在另文中,姜守誠則贊同陳侃理的説法,參姜守誠《放馬灘秦簡〈志怪故事〉考釋》,《簡帛研究2014》,第149頁。
⑥ 參蒲慕州《追求一己之福——中國古代的信仰世界》,第73—75頁。蒲慕州《墓葬與生死:中國古代宗教之省思》,第202—207頁。余英時著,侯旭東等譯《東漢生死觀》,第143—153頁。余英時《中國古代死後世界觀的演變》,沈志佳編《余英時文集(第二卷):中國思想傳統及其現代變遷》,廣西師範大學出版社,2004年,第13—21頁。需要説明的是,"黄泉"在春秋時是否具有死後世界的意味,蒲慕州和余英時觀點不同,但這不影響本文的論述。
⑦ 〔周〕左丘明撰,〔晋〕杜預注,〔唐〕孔穎達正義,浦衛忠等整理,楊向奎審定《春秋左傳正義》卷七《桓公十年》經,第219頁;卷一〇《莊公二十八年》傳,第332頁。
⑧ 這一點姜守誠已經指出,參姜守誠《放馬灘秦簡〈志怪故事〉中的宗教信仰》,《世界宗教研究》2013年第5期,第166—167頁。

入人心①。其具體的形象,《墨子·明鬼下》有一段論述:"古之今之爲鬼,非他也,有天鬼,亦有山水鬼神者,亦有人死而爲鬼者。"②秦人的鬼神觀念,《日書》中體現得尤爲明顯,一是"鬼""神"并無多大差別,僅是能力有大小而已③。如《詰咎》40 背叁:"鬼恒謂人:'予我而女。'不可辭。是上神下取妻,擊以葦,則死矣。"這裏的"鬼"其實就是"上神"④。二是鬼有具體形象,人的性格特點十分明顯,有所惡,好進人室,需衣食,甚至戲女子。如《詰咎》篇云:"鬼之所惡,彼屈卧箕25背壹坐,連行踦立26背壹。""鬼入人宮室,忽見而亡,無已,以潲糠,待其來也,沃之,則止矣。59背貳""鬼嬰兒恒爲人號曰:'予我食。'29背叁""犬恒夜入人室,執丈夫,戲女子,不可47背壹得也,是神狗僞爲鬼。48背壹"從中可以看出,秦人的鬼神觀念非常世俗化,具有"直觀、質樸的特色"⑤。

《志》《泰》内容涉及鬼和死人,也可以説是秦人鬼神觀念的具體反映。一方面,兩篇簡牘均提到了"鬼"(并未涉及"神"),但"鬼"的含義似乎還不一樣。《志》中"死人以白茅爲富,其鬼賤,於它而富","鬼"隸屬於"其"(死人),指的是脱離肉體的鬼魂⑥;而《泰》中的"鬼"會奪"死人"衣食,并送入"少内""厨",與《志》中的"鬼"不同。黄杰認爲《泰》中的"鬼"指冥間官府機構的差使⑦,姜守誠認爲泛指冥界鬼吏或其他鬼魂⑧。在先秦文獻中,"鬼"并未見指鬼吏,這裏似應理解爲與"死人"搶奪衣食的其他鬼魂。從《志》看,秦人對"鬼"和"死人"并無多大區分。《説文解字·鬼部》"鬼"字下云"人所歸爲鬼"⑨,《論衡·論死》也提到"世謂人死爲鬼"⑩。《志》云:"祠墓者毋敢哭,哭,鬼去驚走;已,收餟而罄之,如此鬼終身不食殹。"《泰》云:"祭死人之冢,勿哭。須其(指死人)已食乃哭之。"懸泉置漢簡云:"上冢,不欲哭,哭者,死人不敢食。"三者比較,《志》中的"鬼"就是《泰》和懸泉置中的"死人"。另一方面,《志》和《泰》中的"死人"有自己的喜好("不欲多衣"),感情色彩十分濃厚(有"所惡""所貴")。

《志》還提到了"魄"的觀念,但并未提及"魂"⑪。"魄,體也"⑫,"令其魄不

①③　蒲慕州《追求一己之福——中國古代的信仰世界》,第82—83頁。

②　〔清〕孫詒讓撰,孫啓治點校《墨子閑詁》卷八《明鬼下》,第249頁。

④　蒲慕州《追求一己之福——中國古代的信仰世界》,第82頁。

⑤　李曉東、黄曉芬《從〈日書〉看秦人鬼神觀及秦文化特徵》,《歷史研究》1987年第4期,第62頁。

⑥　森和認爲《志》《泰》的"鬼"是作祟於人的鬼神,并不是"人死曰鬼"的死人鬼魂。參〔日〕森和《秦代簡牘"死者復生"故事的幾個問題》,"出土文獻的語境"國際學術研討會暨第三屆出土文獻青年學者論壇論文,臺灣大學中國文學系、臺灣"清華大學"中國文學系主辦,2014年8月27—29日。

⑦　黄杰《放馬灘秦簡〈丹〉篇與北大秦牘〈泰原有死者〉研究》,《人文論叢》2013年卷,第448頁。

⑧　姜守誠《北大牘〈泰原有死者〉考釋》,《中華文史論叢》2014年第3期,第150頁。

⑨　〔漢〕許慎撰《説文解字(附檢字)》,第188頁。

⑩　黄暉撰《論衡校釋》,第871頁。

⑪　關於先秦魂魄觀念及其演變可參余英時著,侯旭東等譯《東漢生死觀》,第134—140頁。蒲慕州《墓葬與生死:中國古代宗教之省思》,第208—212頁。

⑫　見《禮記·祭義》"宰我曰:'吾聞鬼神之名,不知其所謂。'子曰:'氣也者,神之盛也。魄也者,鬼之盛也。合鬼與神,教之至也'"下孔穎達正義,參〔漢〕鄭玄注,〔唐〕孔穎達疏,龔抗雲整理,王文錦審定《禮記正義》卷四七《祭義》,第1545—1546頁。

得絡”，即是不能束縛形體而導致束縛魄。秦人相信死後“魄”會歸到地下，與《禮記·郊特牲》“魂氣歸于天，形魄歸于地”①相合。

三

在總結本文的結論之前，需要考慮另外一個問題，即簡牘將這些看似前後聯繫不是很緊密的“條目”組合在一起，甚至借用復活者之口進行强調，其僅僅是爲了强調鬼神世界的宜忌？陳侃理認爲兩篇簡牘“所涉及的喪葬習俗包括提倡隨葬象徵物代替金帛，反對屈肢葬和毁器葬，限制夫婦合葬，倡導較爲節制和潔净的墓前祭祀等。這些内容包含有移風易俗意圖，意在使秦人舊俗嚮東方六國的共同習俗靠攏”②。本文第二部分“喪葬習俗”之“隨葬衣物”部分列舉姜守誠的觀點，認爲簡牘含有節葬的思想。這些説法中的個别也許是有道理的（關於節葬的説法我們在“隨葬衣物”部分已經作了説明），但創作者的直接目的絶不僅此，更不一定全是爲了“移風易俗”。從簡牘可以看出，秦人趨利避害的功利性很强。秦人一方面用衣服、器物等隨葬死者，表達了對死者的思念；另一方面，他們很可能也相信在喪葬祭祀等方面處理不當，有可能會招致禍端。《日書》中遍及各種鬼神，無處不在。雖然這些鬼神與簡牘的死者之鬼還不一樣，但秦人應該相信鬼神具有作祟的功能，“鬼害民妄行，爲民不祥，告如詰之24背壹，導令民毋罹凶殃25背壹”（《日書·詰咎》）。鬼神可以隨時來到人間活動，而人不能進入鬼神的世界③，不懂鬼的喜好，可能會用錯誤的程式或方法祭祀。如果墓祭時哭泣的話，鬼會受驚逃走。那麼祭祀讓鬼饗食的目的就没達到，鬼可能會煩擾生人。這是生人最不喜歡見到的。本文第二部分“復活‘故事’”所舉志怪故事崔涵提出柏棺如以“桑木爲欀”，則“不免兵”，想必自己的親人在地下受苦，也是生人不願看到的。

簡牘將祠墓、喪葬等結合在一起，反映了秦人對地下世界及鬼神信仰的看法，而這些均通過復活者之口講述，增加了可信度。鬼神信仰不但孕於復活、祠墓、喪葬之中，也是復活等觀念得以産生的基礎。簡牘中的復活者雖不像魏晋志怪小説中的某些主人公那樣多爲愛情而復活，但所有的復活都説明在古人觀念中存在與生人世界相當的另一個世界，那個世界的生活與生人世界的生活并無二致，死者的吃穿用等皆來自生人的祭祀。從另一個角度看，生者爲死者所做的祠墓、喪葬操作得當不但對死者有利，真正的受益者應該是生者。因爲他們相信如果操作不當可能會遭到鬼（死者之鬼及其他鬼魂）的侵擾，讓他們不得安寧；而世間的人并不瞭解死亡世界的那套規矩，所以也只能通過復活者之口進行轉述。這些復活者經歷了生死兩個世界，他們完全知曉死人的喜好，所以簡牘將復活、祠墓、喪葬等交織在一起，亦有它的合理性一面。後代的志怪文言小説

---

①　〔漢〕鄭玄注，〔唐〕孔穎達疏，龔抗雲整理，王文錦審定《禮記正義》卷二六《郊特牲》，第 953 頁。

②　陳侃理《秦簡牘復生故事與移風易俗》，《簡帛》第 8 輯，第 82 頁。

③　蒲慕州《追求一己之福——中國古代的信仰世界》，第 83—84 頁。

中,常見復活、鬼魂或喪葬等的描寫,其可以追溯到《志》《泰》這類特殊的文獻上。而從發展的眼光看,簡牘所傳遞的復活、祠墓、喪葬、鬼神等觀念僅是歷史長河鏈條中的一環。

　　總之,《志》《泰》兩篇簡牘内容和叙述模式相似,本文從比較的角度,對它們進行了解讀,認爲兩篇簡牘都是借死而復活者之口講述鬼神世界的宜忌,重點是簡牘的後半部分。《志》《泰》是有目的創作出來的,供生者使用的實用性文書。雖然目前只出土兩篇,但相信未來還會被發現。因文字不清及缺少相同材料的佐證,本文對有些文字的考釋及句子的解讀不免有推測的成分,但兩篇簡牘傳達了復活、祠墓、喪葬等鬼神觀念,應是確定的,而且《泰》比《志》傳遞的信息更豐實。簡牘在復活"故事"基礎上集祠墓、喪葬等觀念於一體,從中可窺秦人的信仰觀念①,瞭解秦人的社會風俗;同時也影響了後代的文化觀念,其重要性不言而喻,未來有必要繼續討論。

　　後記:小文 2014 年年中寫畢,2015 年 4—6 月進行大範圍修改。在小文修改的過程中,得到了李守奎教授、李國英教授、孟蓬生研究員、貫雯鶴教授等的一定指導,特此感謝。2021 年 12 月又進行了簡單修訂,并將這期間學者發表的觀點補入。審稿專家對小文提出了非常中肯的修改意見,謹此致謝。

　　　　　　　　　(作者單位:重慶大學新聞學院;重慶大學人文社會科學高等研究院)

---

　　①　當然,簡牘中的白狐、白茅、司命等也都具有特定的含義,反映了秦人的某些宗教信仰(參姜守誠《放馬灘秦簡〈志怪故事〉中的宗教信仰》,《世界宗教研究》2013 年第 5 期,第 162—169 頁)。限於篇幅,本文不再詳論。

古典文獻研究（第二十七輯上）
Journal of the Institute for Chinese Classics Studies
Nanjing University
Volume 27, No.1 2024

毛晋致金俊明信札二通考釋*

王騰騰　　丁延峰

　　毛晋(1599—1659)是明末清初著名藏書家、刻書家，生性醇厚，正直慷慨，待人真誠，“海内士大夫以得交子晋(毛晋字)爲幸，争造其廬而請謁焉”①，金俊明即爲其一。金俊明(1602—1675)原冒姓朱，名袞，字九章，明亡前後改本姓，字孝章，號耿庵，又號不寐道人，私謚貞孝先生，吴縣人，著有《春草閑房詩集》《退量稿》等。金俊明長於畫梅，工詩善書，入清後隱居市井，潜心創作，融“詩書畫”爲一體，時人謂“鄭虔三絶，耿庵兼之”②。毛晋與金俊明過從甚密，曾延其爲《野外詩》撰序，序云：“吾友子晋，天膽才章，兼敏研誦，奇聞秘志，靡弗該攬……吾故於《野外詩》卷，既服子晋之才，尤嘆子晋之幸。其才可及，其幸不可及也，非子晋不能有此樂矣。”③序末署“社弟”。又，金俊明爲楊補《懷古堂詩選》撰序：“楊子竟卒……方炤(楊補子)之謀刻也，過隱湖謁子晋，子晋擬獨任。炤辭曰：‘勿重煩先生。吾鄉數君子已刻其半。’子晋遂任首卷，刻日而竣。”④毛晋生前最後幾年，金俊明爲汲古閣座上常客，故而對毛晋爲楊氏刻書之事知之甚詳。毛晋《隱湖倡和詩》録金詩三首，是書刊畢，毛褒(毛晋子)贈金氏一本。金氏得書後，鈐“俊明”“孝章”“不寐”“耿庵”四印以示珍愛。此書後爲傅增湘所藏，今不知所終⑤。毛晋與金俊明交情深厚，但二人之間往來信札僅有兩通存世，分别存於《昭代名人尺牘》與《明清藏書家尺牘》。

---

　　* 本文係國家社會科學基金項目“汲古閣藏書、刻書、抄書研究”(14BTQ023)的階段性成果。

　　① 〔清〕陳瑚《隱湖倡和詩序》，〔清〕毛晋等《隱湖倡和詩》卷首，清康熙二年(1662)汲古閣刊本，第9A頁。

　　② 〔清〕秦祖永撰，黄亞卓校點《桐陰論畫》上卷，上海古籍出版社，2015年，第27頁。

　　③ 〔清〕毛晋《野外詩卷》卷首，丁祖蔭編《虞山叢刻》乙集第1册，廣陵書社，2018年，第523頁。

　　④ 〔清〕金俊明《懷古堂詩選序》，蘇州大學明清詩文研究室編《明清詩文研究資料集》第1輯，上海古籍出版社，1986年，第116頁。

　　⑤ 傅增湘《藏園群書經眼録》卷一八，中華書局，2019年，第1303頁。

致金俊明信札第一通

《昭代名人尺牘》二十四卷由清代吳修編刻,收録清初至道光間名人信札738通,其中卷一存録毛晉信札一通,原文如下:

> 昨見重其,即詳詢起居。《社刻》附正,將來爲《紀事後集》,欲得主持。即日面叩以悉。

> 　　　　教盟弟鳳苞叩首　　耿老社盟翁道長①

按:"耿老社盟翁道長"即金俊明。金俊明,號耿庵,本札以"耿老"相稱,另札則以"孝老"相稱。文中"重其"即袁駿,《(乾隆)長洲縣志》載:"袁駿,字重其,早喪父,傭書養母。以貧甚,母節不能旌,乃徵海内詩文曰'霜哺篇',多至數百軸。凡士大夫過吳門者,無不知有袁孝子也。弟孤貧,置産以贍之。母老不能行,庭前花開,駿每負母以賞之,作《負母看花圖》。"②本札正文僅三十字,披露信息有三:

其一,毛晉與袁駿、金俊明三人關係密切,交往頻繁。金俊明與袁駿同居吳門(今蘇州吳中)。袁駿自幼失怙,家境貧寒,爲旌表母親節烈而乞文於四海,得篇甚夥,皆賴金俊明爲之編選。薛寀《霜哺篇總目序》云:"重其袁子乞得《霜哺篇》纍纍,輒有社友金孝章先爲裝成一卷,餘以次裒輯,每卷前各有孝章小引。"③據此可窺金、袁之交厚。毛晉"昨見重其(袁駿)",又"即日面叩"金氏,足見三人過從甚密。

其二,"詳詢起居"似毛晉寒暄之語,次句"《社刻》附正,將來爲《紀事後集》,欲得主持"則爲毛晉本次致信主要目的。"《社刻》附正",即將《社刻》附後請求勘正之意。"社刻"爲何?頗令人疑惑。檢鄭德懋《汲古閣所刻書目》《汲古閣所刻書目補遺》,顧湘《汲古閣校刻書目》《汲古閣校刻書目補遺》以及陶湘《明毛氏汲古閣刻書目録》,皆未見著録。"社刻",是否即散見其他别集中"隱湖社刻"之省稱?陳瑚《從游集》卷一毛褒傳載:"其爲詩多入'隱湖社刻'中,予選而梓之。"④又,《支溪小志·文苑傳》顧德基條末尾所注資料來源,其一即"隱湖社草"⑤,今人據此揣度"隱湖社刻"即"隱湖社草",爲毛晉"隱湖社"社詩總集,如朱則杰、封樹芬等均持此説⑥。然檢毛晉刻書目,亦未見"隱湖社刻"

① 〔清〕吳修輯《昭代名人尺牘》卷三,影印清嘉慶十九年至道光六年(1814—1826)吳氏刻本,中華工商聯合出版社,2014年,第4A頁。
② 〔清〕顧詒禄等纂、〔清〕李光祚修《長洲縣志》卷二六,《中國地方志集成》江蘇府縣志輯(13),江蘇古籍出版社,1991年,第330頁。
③ 〔清〕陸心源纂輯,陳小林點校《穰梨館過眼録》卷三三,上海書畫出版社,2018年,第675頁。
④ 〔清〕陳瑚《從游集》,《中國文獻珍本叢書·汲古閣叢書(4)》,全國圖書館文獻縮微複製中心,2008年,第101頁。
⑤ 〔清〕顧鎮編輯,〔清〕周昂增訂《支溪小志》卷三,《中國地方志集成》鄉鎮志專輯(10),江蘇古籍出版社,1992年,第52頁。
⑥ 朱則杰《清初江南地區詩社考——以陳瑚〈確庵文稿〉爲基本綫索》:"《隱湖社草》應該(接下頁)

著録,倘其果爲毛晋所刻社詩總集,豈有書目不載之理? 因此,筆者認爲"隱湖社刻"并非僅指"隱湖社"詩集,而是泛稱毛晋刊梓的數十年間與諸社友會集唱酬的詩稿,毛褒等據此而編選《隱湖倡和詩》。理由如下:

首先,毛晋與友人社集唱和之詩大多立時刊梓。顧夢麟《和友人詩序》云:"子晋生平,佳日有社,尚齒有社,隱湖有社,此三十餘年中者,星橋烟水,無日不來泛雪之船,無夜不連聽雨之榻。朝拈一題,夕而累幅;夕脱一稿,朝而授梓。"①陳瑚《隱湖倡和詩序》:"子晋性好客……仿古人月泉吟社、玉山草堂之遺風。酒酣耳熱,分韵賦詩,家有剞劂良匠,朝落紙而夕上版矣,如是者數十年所。"②據"夕脱一稿,朝而授梓""朝落紙而夕上版"諸語可知,毛晋與社友唱酬詩稿往往旋即授梓。歷數十年積累,授梓刊刻已"不下萬首"③。

其次,"隱湖社刻"存録毛晋德香社、尚齒社諸社唱和,并非僅隱湖社詩作。順治十八年(1661),陸貽典編刊釋道源《寄巢詩》,從"隱湖社刻"中輯得道源詩一百餘首。陸貽典《〈寄巢詩〉小引》云:"客歲有事於斯集,從文石法嗣法具搜訪遺集,得詩幾四千首,子晋毛子'隱湖社刻'又百餘首。"④細審《寄巢詩》詩目,同毛晋唱酬詩 109 首,其中 105 首緊密排布於下卷,與陸氏輯得"'隱湖社刻'又百餘首"之説契合。内《德香社詩之九首(有序)》《和德香社二集詩之四首》兩組,係道源參與德香社⑤唱酬詩作。毛晋生前未將"隱湖社刻"系統整理,概因如此,"隱湖社刻"亦被稱爲"隱湖社草"。《支溪小志·文苑傳》顧德基傳云:"晚年與毛子晋等爲尚齒會,一時勝流如龔比部淵孟、陸道判孟鳧、顧文學麟士、戈山人莊樂、何山人白石及僧石林、夢無,每一宴集,分題擘素,對酒揮毫,累幅連章。"⑥傳末注有資料來源:"《隱湖社草》及《海雲樓詩集》。"也就是説,顧氏本傳援引"隱湖社草"内容,實際爲顧氏參與毛晋尚齒社交游情況之記載。《支溪小志·藝文志》收録顧詩兩首:一爲《丙戌除夕續舉尚齒會於海雲樓和陶擬古前二首韵》⑦,係尚齒社集唱和之作;另一爲《皇祐緑端歌》⑧,與隱湖社亦無關聯。此外,尚齒社成員何適(字白石)本傳末尾云:"(何適詩)今所存

(接上頁)就是《隱湖社刻》……顧名思義,都應該是隱湖社的社詩總集。"載《蘇州大學學報》2012 第 1 期,第 131 頁。黄佳雯、封樹芬《毛晋詩社活動與創作研究》:"《隱湖社刻》與《隱湖社草》應該是同一本作品集,可能是隱湖社的詩歌總集。"載《今古文創》2021 第 47 期,第 28 頁。

① 〔清〕毛晋《和友人詩》卷首,丁祖蔭《虞山叢刻》乙集第 1 册,廣陵書社,2018 年,第 439 頁。

② 〔清〕陳瑚《隱湖倡和詩序》,〔清〕毛晋等《隱湖倡和詩》卷首,第 9A 頁。

③ 〔清〕毛褒跋:"始乙丑,盡乙亥,計年已及四旬;登名山,濟勝水,爲詩不下萬首。"(見《隱湖倡和詩》書尾)

④ 〔清〕陸貽典《〈寄巢詩〉小引》,〔清〕釋道源《寄巢詩》卷首,清順治十八年(1661)陸貽典、毛表等合刊本,第 2A 頁。

⑤ 德香社,亦稱德香會,順治二年乙酉五月由毛晋與釋道源發起於常熟智林寺,參見《隱湖倡和詩》卷中《和德香會詩酬石林上人(附啓)》。

⑥ 〔清〕顧鎮編輯,〔清〕周昂增訂《支溪小志》卷三,第 52 頁。

⑦ 〔清〕顧鎮編輯,〔清〕周昂增訂《支溪小志》卷六,第 98 頁。

⑧ 〔清〕顧鎮編輯,〔清〕周昂增訂《支溪小志》卷六,第 97 頁。

見於《隱湖社草》及《海虞詩苑》。"①其後《藝文志》存何詩一首,題作《毛子晋結尚齒社於隱湖和陶始春》②,亦爲尚齒社會集唱酬詩。倘"隱湖社草"爲"隱湖社"社詩總集,收録如此多的尚齒社、德香社唱和詩似有不妥。

最后,"隱湖社刻"即陳瑚、毛褒等編選《隱湖倡和詩》的詩稿來源。陳瑚《隱湖倡和詩序》云:"仿古人月泉吟社、玉山草堂之遺風。酒酣耳熱,分韵賦詩。家有剞劂良匠,朝落紙而夕上版矣,如是者數十年所。子晋没,其子褒、表、宬度置詩卷不忍讀,曰:'吾父手澤在是也。'明年春,褒入都門游,上舍將挈之以行,而袞重難舉,請于余,删而另梓之。"③據此可見,毛晋數十年積累的"社刻"詩卷以至"袞重難舉",毛褒進京,爲挈行方便,而延陳瑚"删而另梓",此即《隱湖倡和詩》編刊之緣起。"另梓"二字,亦説明詩稿早已刊刻。此外,陳瑚《從游集》卷一毛褒傳云:"其爲詩多入'隱湖社刻'中,予選而梓之,近有'西爽齋倡和集',人酬一首,尤多警句,予特録於篇。"④陳瑚編刊《從游集》,從"隱湖社刻"中輯選毛褒詩六首。此六首均見於《隱湖倡和詩》,而《隱湖倡和詩》總計毛褒詩僅七首。可見,《隱湖倡和詩》就是建築在"隱湖社刻"基礎之上的。《隱湖倡和詩》正文詩題下,時有記録唱和詩總數與入選詩數的小注。這些小注或作"是集詩凡幾首,録幾首",或作"是集凡幾人,計詩幾首,録幾首",或作"是集一韵往復,計詩幾首,録幾首",或作"是集計詩幾首,録幾首",知《隱湖倡和詩》所載詩多從毛晋與友朋唱和底稿中輯來。陳瑚所謂毛褒詩"多入'隱湖社刻'中……近有'西爽齋倡和集',人酬一首",説明"西爽齋倡和集"亦屬"隱湖社刻"一組,與《隱湖倡和詩》小注"某集幾首"之體式契合。

由上可知,札中"社刻"應爲毛晋某次社集刊梓的唱和詩稿,毛晋不言社名,而延金氏勘正,足見二人同爲該社成員。毛晋詢問金氏近況於袁氏,以三人之熟稔,袁氏很可能亦爲社員。歸莊《吳門倡和詩序》云:"吳中近多風雅之士,所在結社。今春,四方名彦偶集吳門,吾友毛君子晋、顧君茂倫、袁君重其迭邀詩侶,旬月中再會,人拈一韵,得近體若干首。重其出以相示,且索序。余讀竟,所謂豪氣狂才、高懷深致皆有之,洵一時樂事,恨余未得執鞭也……兹者養病僧寮,去重其居一二百武,日夕談話。度鵲橋之夕,猶未他適。重其可語四方名彦,其時倘能過而問騒壇,續勝事,吾將屬橐鞬以從。"⑤據歸序知,毛晋(子晋)、袁駿(重其)、顧有孝(茂倫)等人曾於吳門興舉詩社,會集唱和之作,由袁駿編纂成集,名曰《吳門倡和詩》。歸莊因故未參加,甚覺遺憾,建議"鵲橋之夕"(此指七月下旬)復舉社集,并托袁駿告之四方。是年秋,果又社集於吳門袁駿卧雪齋,歸莊入社。毛晋《隱湖倡和詩》存録《秋日集重其卧雪齋》唱和組詩,係秋日社集之作。本組詩七律十首,作者十人。原唱宋廷璋,和者毛晋、顧

① 〔清〕顧鎮編輯,〔清〕周昂增訂《支溪小志》卷三,第53頁。
② 〔清〕顧鎮編輯,〔清〕周昂增訂《支溪小志》卷六,第98頁。
③ 〔清〕陳瑚《隱湖倡和詩序》,〔清〕毛晋等《隱湖倡和詩》卷首,第9A頁。
④ 〔清〕陳瑚《從游集》卷下,第101頁。
⑤ 〔清〕歸莊《歸莊集》卷三,中華書局,1962年,第191頁。

有孝、歸莊、錢愷、陸世鎏、金是瀛、陳島、程柄、施誓，用韵不一，與歸序“人拈一韵”契合。詩題“卧雪齋”即袁駿書齋。清徐崧《百城烟水》：“卧雪齋，一額‘霜哺’，在葑門上塘新造橋西，袁重其養母處。”①《隱湖倡和詩》爲按年編纂的毛晋與友朋唱和詩集，知本詩組繫於順治六年（1649），進而推知“吳門詩社”創於是年。另據《歸玄恭先生年譜》載：“順治六年冬，（歸莊）在虞山主陳氏館；十一月，袁重其來訪。”②知是年袁駿曾過訪歸氏於虞山（指常熟），揆度毛晋亦前往會見，此或許即爲“昨見重其”之緣起。循此理路，札中“社刻”應即吳門詩社的《吳門倡和詩》，是集由袁駿編選，歸莊撰序，毛晋刊梓，今據札知金俊明訂正。“吳門詩社”係由毛晋參與發起，故《吳門倡和詩》很可能會被毛晋收入“隱湖社刻”。

　　綜上，本札繫於順治六年。札中叙及袁駿過訪常熟時，毛晋與之晤面，并詳細詢問金俊明近況；《吳門倡和詩》刊畢，毛晋延金氏復予校讎，并告知其擬將“社刻”刊入《明詩紀事》作爲“後集”之計劃，希望得到金氏支持。

致金俊明信札第二通

　　《明清藏書家尺牘》存録毛晋致金俊明信札，其文如下：

　　去塵葬事，盟兄與弟夙心將謂今臘庚申必完吾兩人願矣。祗因是日，雖遇寒宗與母黨，俱有必不可舍弟者。弟不能到郡，故先以一金俾吳使催船裝柩。在郡則求盟兄，在鄉則弟料理。故前於十六日斬草，一切壙磚、沙灰、土工、匠作件件俱備。廿一日，又延關王廟僧禮懺，候至廿二更餘，望眼欲穿，竟爾杳然，惟有泪灑西風已耳。不解何故，又太急足候教。今庚申已過，乘此歲餘百無禁忌之候，或裝柩來權厝於旁，明春擇吉告窆何如？因盟兄道義，骨肉與弟同心，故細細相商，統候裁示。

　　承諭，《國朝詩集》雖將竣工，尚無紙印，今先以甲集兹編呈兄賞選，若云印資，豈吾道契兄弟所應語及耶！又附素牋拾幅，以供揮毫。

　　新春孟鳧諸老社長，欲再理尚齒社，托石公爲遠公主事，一月一禮佛，必欲求盟兄首座，但必欲禁酒，恐靖節攢眉耳。欲言萬千，統俟新春面布。

　　　　臘月廿三日小弟鳳苞頓首　孝老仁盟兄社長千古

　　去塵避亂隱湖，遂於子晋有死生之托，未幾旋歿，子晋殯之。不意吳氏族人遽遷其櫬入郡，暴露久之。予乃謀於子晋，子晋曰“固吾責也”，於是復載至隱湖而葬焉。其況甚長，不能觓縷。（明 朱文方印）③

　　按：關於本札的寫作時間，毛晋自署“臘月廿三日”，未確何年。札云：“去塵（吳拭字）葬事，盟兄與弟夙心將謂今臘庚申必完……廿二更餘，望眼欲穿，竟爾杳然。”據此知毛晋與金俊明原擬臘月二十二下葬吳拭，經检曆书，是日干

①　〔清〕徐崧、張大純輯《百城烟水》卷三，江蘇古籍出版社，1986 年，第 191 頁。

②　〔明〕歸莊《歸莊集》附録一，第 543 頁。

③　潘承厚輯《明清藏書家尺牘》第三册，民國三十年（1941）珂羅版影印本，第 9—10 頁。

支庚申者恰爲順治九年(1652)。另據錢謙益《列朝詩集》(亦名《國朝詩集》)序云"集之告成"於順治九年,此與毛晉札謂"《國朝詩集》雖將竣工"相吻合。因此,本札寫於順治九年臘月二十三日無疑。本札凡312字,披露事件有三。

(一) 收葬吳拭,頗有曲折

毛晉博學多聞,爲人醇厚,待人真誠,天下士子慕名而來,爭與相交。陳瑚《隱湖倡和詩序》云:"子晋家隱湖之上,績學多聞,名滿海内,海内士大夫以得交子晋爲幸,爭造其廬而請謁焉。子晋性好客,客至則剪韭烹葵,欣然命酌,出其藏書數萬與客,賞奇文、析疑義。仿古人月泉吟社、玉山草堂之遺風。"①陳瑚爲毛晉至交,見證了毛氏交游之盛況。難能可貴的是,毛晉不因貧賤而厚此薄彼,待人接物一視同仁,交者無不贊佩。或因如此,諸多流落吳中者窘無所得,皆以隱湖爲歸,吳拭即是其一。

吳拭(? —1646)字去塵,號迪道人,休寧(今屬安徽)人,性豪縱,有潔癖,工書善畫,爲新安派畫家。吳拭作詩清古雋淡,又精於琴理,并善制墨及漆器,著有《武夷游記》《百粤紀游》等。《列朝詩集小傳》云:"去塵居新安之上山,宗族多富人。去塵獨好讀書鼓琴,布衣芒鞋,廖然自異。輕財結客,好游名山水,從曹能始自楚之黔,覽勝搜奇,歸攜一編,以誇示里人,里人爭目笑之。仿易水法製墨,遇通人文士,倒囊相贈,富家翁厚價購之,輒大笑曰:'勿以孔方兄辱吾客卿也。'坐此益大困。耳聾頭眩,爲悍婦所逐,落魄游吳門。遇亂死虞山舟中,毛子晋爲收葬之。"②據此可知,吳拭晚年流寓蘇州,實乃因悍婦所逐。吳拭曾爲范愷《楚游草》撰跋云:"余慕范忠候(愷)越十載矣,丙子秋始來虞山。"③顯然,吳拭至吳時間當不晚於崇禎九年(1636),自此與吳中名士多有交往。如崇禎十四(1641)年二月,吳拭偕錢謙益同游黃山,并代邵幼青延錢氏撰序,事見《邵幼青詩草序》④。

實際上,吳拭被"悍婦所逐"流寓吳中或另有立室,後遭兵亂窮困潦倒,遂携家眷八口投靠毛晉。毛褎等《先府君行實》:"吳去塵,名拭,好游,旅食吳市。兵後被劫,八口裸身歸府君。府君掃室容之,給其廩食。"⑤順治二年(1645)六月,毛晉將吳拭安置於戈莊⑥。《隱湖倡和詩》存録吳拭《乙酉夏六月避地戈莊奉和〈夏日田園雜興〉》《乙酉夏日携家避兵戈莊子九載酒相喣感賦二章》二首,

①　〔清〕陳瑚《隱湖倡和詩序》,〔清〕毛晉等《隱湖倡和詩》卷首,第9A頁。

②　〔清〕錢謙益《列朝詩集小傳》丁集,上海古籍出版社,1983年,第636頁。

③　〔明〕吳拭《楚游小草跋》,〔明〕范愷《楚游小草》卷末,《常熟文庫》第67册,國家圖書館出版社,2021年,第382—383頁。

④　〔清〕錢謙益撰,〔清〕錢曾箋注,錢仲聯標校《牧齋初學集》卷三二,《錢牧齋全集》第2册,上海古籍出版社,2003年,第934—935頁。

⑤　〔清〕毛褎等《先府君行實》,附録於錢大成《毛子晋年譜稿》,《國立中央圖書館館刊》第一卷第四號,1947年,第21頁。

⑥　戈莊,古村名,現屬常熟琴川街道。戈莊原名過莊,後因毛晉舅太祖戈子新遷入而改名。順治五年戊子(1648),毛晉曾於戈莊先墓水東結矮屋數椽,曰"小西林",延釋道源休老(參見《隱湖倡和詩·喜石林源公住錫子晋小西林次韵奉贈兼柬莊樂》)。

詩題可證。九月，吳拭過訪毛晉，題《小重陽日偕蘭如、孟芳過訪毛子晋》（《隱湖倡和詩》卷上）。未久，吳拭染疾，臨終將家眷托付毛晉，二人定生死之交。毛褒等《先府君行實》：“無何，舉家病瘥。去塵且死，贈府君詩曰：‘顧我願將妻子托，知君已定生死交。’比卒，府君爲經理其後事，如所言。”①

　　關於吳拭準確離世時間，有一條重要材料。明許楚《青岩集・〈舟夢吳去塵〉序》云：“友人吳拭，死國六年矣。辛卯二月廿日，余雨宿蘭陵舟中，夢拭雙眸炯炯，面如澱芝，赤臂索書，語余曰：‘古人能用淡墨，蓋欲書神奔軼，氣不留筆，止此丸硯漬汁，可縱橫數萬字，今人罕識也。’旋寤而追紀其事。”②據許楚所言，時至辛卯，吳拭已“死國六年”。此處辛卯爲順治八年（1651），可推吳拭當卒於順治二年。考慮到順治二年小重陽吳氏尚且過訪毛晉，則其病逝當在是年冬。

　　吳拭卒後，毛晉殯之。後因吳氏族人作梗，遲遲不得下葬。金俊明於札末附語披露：“不意吳氏族人遽遷其櫬入郡，暴露久之。予乃謀於子晋，子晋曰‘固吾責也’，於是復載至隱湖而葬焉。”據金氏言，吳拭卒後即由毛晉殯之，未及下葬，其族人忽至常熟，將棺櫬遷往吳縣（蘇州府治）。此後數年間，吳拭棺柩暴露於外，竟無人經理。毛晉得知此況，遂與金氏商定復載吳柩至常熟葬之。葬期初擬於“今臘庚申”，即順治九年臘月二十二。又因是日臨近年關，毛晉不得不料理諸多家族事務，以至不能親往吳縣迎柩。毛晉札云：“祇因是日，雖遇寒宗與母黨，俱有必不可舍弟者。弟不能到郡，故先以一金俾吳使雇船裝柩。在郡則求盟兄，在鄉則弟料理。”可見，毛晉雖不能親往，然出資雇船裝柩，并請金氏予以襄助。在常熟，毛晉精心籌備葬禮：“故前於十六日斬草，一切壙磚、沙灰、土工、匠作件件俱備。廿一日，又延闔王廟僧禮懺。”喪葬事宜皆已就緒，然不知何故，二十二日吳拭棺柩并未載至。札云：“廿二更餘，望眼欲穿，竟爾杳然，惟有泪灑西風已耳。”毛晉對此頗感疑惑，故致信金氏以詢其況。同時，考慮到既定葬期已過，且年關將近，毛晉主張推遲葬禮，年後另擇吉日：“乘此歲餘百無禁忌之候，或裝柩來權厝於旁，明春擇吉告窆何如？”至於金氏是否接受毛晉建議，我們無法得知，然就札末説明看，吳拭靈柩“復載至隱湖而葬焉”，此事最終得以解決。對於原定葬期吳柩未到，金氏表示“其況甚長，不能覙縷”，概當日裝柩并不順利，其中原委恐金氏復函毛晉時會一一道明。

（二）《列朝詩集》刊改完畢於順治十年（1653）

　　《列朝詩集》係由錢謙益編輯的明詩人詩集。全書分乾、甲、乙、丙、丁、閏六集，共八十一卷，計三千零八十七頁，收録一千六百四十四位詩人詩作，并附見一百八十八人詩，可謂明詩之集大成者。錢氏曾告知友人周安期：“易代之後，惟恐有明一代之詩湮没無聞，欲仿照元遺山《中州集》體例，編選明詩，使一代詩人流傳於世，亦爲晚年一大樂事矣！”③順治六年，《列朝詩集》殺青，即交

　　①　〔清〕毛褒等《先府君行實》，附録於錢大成《毛子晋年譜稿》，第 21 頁。
　　②　〔清〕許楚《青岩集》卷二，《清代詩文集彙編》第 22 册，上海古籍出版社，第 165 頁。
　　③　〔清〕錢謙益《錢牧齋先生尺牘》卷一《與周安期》，《錢牧齋全集》第 7 册，第 236 頁。

由毛晋刊印。

　　錢謙益《歷(列)朝詩集序》云：“毛子子晋刻‘歷朝詩集’成，余撫之愀然而嘆……集之告成在玄黓執徐之歲，而序作於元月十有三日。”①此序直言《列朝詩集》告成於“玄黓執徐之歲”即順治九年壬辰，後人多據此認定該集刊畢於是年，如《中國古籍善本書目》著録“清順治九年毛氏汲古閣刻本”②。然毛晋本札繫於同年臘月二十三日，言是集“雖將竣工”，説明此時尚未完全刊竣。而錢序謂是集“告成”於九年，則只能成於臘月二十三至除夕間，序末“元月十有三日”顯然指次年(即順治十年)正月十三。需要注意的是，錢謙益序中稱是集爲“歷朝詩集”，而先於此序二十日的毛晋信札則稱其“國朝詩集”，皆未稱“列朝詩集”。實際上，《列朝詩集》原名《國朝詩集》，錢謙益爲避懷念舊朝之嫌，曾專門致信毛晋以求易名：“此間望此集真如渴饑，躓求者苦無以應。惟集名‘國朝’二字，殊有推敲，一二當事有識者，議易以‘列朝’字，以爲千妥萬妥，更無破綻，此亦篤論也。版心各欲改一字，雖似瑣屑，亦不容以憚煩而不爲改定也。幸圖早之。”③據“千妥萬妥”“不容……不爲改定”諸語，知錢氏對於修改集名態度明確。進而推之，毛晋札中仍稱是集爲《國朝詩集》，未予修正，説明此時尚未收到錢氏易名請托，否則將集名、版心皆作修改的“甲集”呈贈金氏，焉有不附解釋之理？而錢序不稱“國朝詩集”，而稱“歷朝詩集”，則説明是時錢氏雖未決定以“列朝詩集”爲名，但已覺察鼎革後再以“國朝”冠名委實不妥。循此理路，錢氏致信毛晋以求易名應在其撰序之後。綜上，《列朝詩集》雖然大抵刊竣於順治九年末，然以毛晋此札知，是集完成易名刊改時間應在順治十年。另據錢謙益《耦耕堂詩序》云：“歲在甲午，余所輯《列朝詩集》始出。”④“甲午”即順治十一年(1654)，是集方印布行世，亦可爲參。

　　毛晋此札還提到一條重要信息，即《列朝詩集》刊竣之時汲古閣用紙不足。面對摯友金俊明索書之求，毛晋直言是書“尚無紙印”，惟“先以甲集”相呈，足見是時汲古閣印紙已頗爲緊張。實際上，印紙不足一直是困擾毛晋的難題。早在崇禎間，毛晋的好友徐𤊹便有披露：“去歲客吳門，交毛子晋。此君家梓古書甚多，苦於買紙之難。一遇紙商到價貴，又不够用。”⑤徐𤊹目驗了毛晋汲古閣用紙之鉅，并交待其時常缺紙原因，即“遇紙商到價貴”。每當紙價上漲，毛晋基於成本考量自然減少紙張購進，從而常因缺紙而印書不成。毛晋本札自謂“尚無紙印”，揆度是時紙價應貴；加之《列朝詩集》體量較大，毛晋不得已只能暫印“甲集”。值得説明的是，毛晋還附贈金氏“素牋拾幅”，亦可見二人之

　　① 〔清〕錢謙益《歷朝詩集序》，《列朝詩集》卷首，上海三聯書店，1988年，第1頁。
　　② 中國古籍善本書目編輯委員會《中國古籍善本書目·集部·總集類》，上海古籍出版社，1998年，第1718頁。
　　③ 〔清〕錢謙益《錢牧齋先生尺牘》卷一《與毛子晋》，《錢牧齋全集》第7册，第313頁。
　　④ 〔清〕錢謙益《有學集》卷十八《耦耕堂詩序》，《錢牧齋全集》第5册，第781頁。
　　⑤ 〔清〕徐𤊹《紅雨樓文集·鼇峰文集》，《上海圖書館未刊古籍稿本》第43册，復旦大學出版社，2008年，第175頁。

交厚。

（三）毛晉"尚齒社"復舉於順治十年

尚齒社係毛晉發起的文人詩社。順治三年丙戌（1646）正月十五，毛晉集緇素十三人於寶晉齋初舉是社。陳瑚《頑潭詩話》卷下存錄顧夢麟《元夕寶晉齋初舉尚齒社，和陶始春懷古田舍韵》①詩，可爲參證。毛晉《丙戌元宵集緇素一十有三人禮三教師像序》中詳列首批入社成員：顧慈明、施於民、陸銑、戈汕、楊彝、顧夢麟、釋道源、顧德基、何適、釋大惺、馬弘道、毛晉和嚴陵秋。所有成員均加郡望或寺宇，姓名或法名與表字并出，以齒爲序。毛晉序云："偶讀五柳先生《懷古田舍》詩悵然有感，遂書素幅傳示同人，或疊韵，或用韵，或一章，或二章，各率其真云爾。"②知尚齒社首次社集以陶淵明《懷古田舍》爲韵唱和。此外，該社約定每年以社員生日爲期，按月輪流主持。陸瑞徵《頤志園小集序》云："尚齒會之約，本以誕期輪次，按月主賓。"③即可爲證。

自此以後，尚齒社會集頻繁：順治三年三、四月間，尚齒社集於陸銑宅園，以"和左太冲《招隱詩》"與"賦得魚戲新荷動"爲題唱和，陸銑主持，孫永祚入社④；五月，尚齒社集於常熟吾谷舟中，楊彝主持，孫朝讓入社⑤；十月廿五日，尚齒社集於陸瑞徵頤志堂，爲彌補夏秋間因兵燹而輟舉之憾，本次唱和"漫拈四題，分次兩月"（《頤志堂小集序》），即九月總題"仙人好樓居""空齋聞雁"，十月總題"賦得老鶴萬里心""賦得亭皋木葉下"，陸瑞徵主持⑥；臘月十八日至除夕，尚齒社集於顧德基海雲樓，追和陶淵明《蠟日》《擬古》，顧德基主持⑦。順治四年丁亥（1647）五月，尚齒社集於小西山，互有唱酬，楊彝主持⑧；順治五年戊子（1648）上巳，尚齒社集於問漁莊，以"賦得風俗猶傳晉永和"爲題唱和，毛晉主持⑨；順治六年己丑（1649）上巳，尚齒社集於陸瑞徵頤志堂，以"蘭皋曲""詩瓢""酒帘"爲題唱和，陸瑞徵主持⑩。順治六年後，尚齒社似乎突然輟舉，諸集未復見唱和存錄。

今據此札可知，尚齒社復舉於順治十年新春。毛晉云："新春孟鳧諸老社

①　〔清〕陳瑚《頑潭詩話》卷下，《續修四庫全書》第 1697 册，上海古籍出版社，2002 年，第 553 頁。

②　〔清〕毛晉《丙戌元宵集緇素一十有三人禮三教師像序》，《隱湖倡和詩》卷上，第 13B 頁。

③　〔清〕陸瑞徵《頤志堂小集序》，《隱湖倡和詩》卷中，第 22B 頁。

④　〔清〕毛晉等《隱湖倡和詩》卷中，第 18B—21B 頁。按：本組屬和者有顧夢麟、孫永祚、顧慈明、毛晉、何適、陸銑和嚴陵秋。其中顧夢麟詩亦見於《織簾居詩》，題下注"孟鳧社約"，"孟鳧"即陸銑字，知本次社集由陸銑主持。

⑤　〔清〕顧夢麟《織簾居詩》卷一《五月社集吾谷舟中二首》，《中國文獻珍本叢書·汲古閣叢書（4）》，全國圖書館文獻縮微複製中心，2008 年，第 259 頁。按：顧詩題下注"子常主，本芝初入社"。"子常"即楊彝，"本芝"即孫朝讓。

⑥　〔清〕毛晉等《頤志堂小集》，《隱湖倡和詩》卷中，第 22B—28B 頁。

⑦　〔清〕毛晉等《臘月十八日集海雲樓》，《隱湖倡和詩》卷中，第 28B—29B 頁。又，〔清〕顧德基《丙戌除夕續舉尚齒會於海雲樓和陶擬古前二首韵》，《支溪小志》卷六《藝文志·詩》，第 98 頁。

⑧　〔清〕毛晉等《仲夏子常招集西山綠樹下流連永日分賦》，《隱湖倡和詩》卷中，第 36B—37B 頁。

⑨　〔清〕毛晉等《上巳集問漁莊賦得風俗猶傳晉永和》，《隱湖倡和詩》卷中，第 44B—46A 頁。

⑩　〔清〕毛晉等《上巳雅集》，《隱湖倡和詩》卷中，第 51B—54B 頁。

長,欲再埋尚齒社。""孟鳧"即常熟陸銑,早年曾任無錫教諭、潯州(今廣西桂平)府推官、養利(今廣西大新)知州等職,明亡歸里,爲"尚齒社"首批成員。雖陸銑等人主張復舉社集,然"托石公爲遠公主事",知本次社集實際主事者爲"石公"。"石公"即高僧釋道源,曾先後住錫智林寺、北禪寺、高林寺,爲毛晉方外至交,亦屬首批入社成員。《(光緒)常昭合志稿》卷四十一:"道源字石林,婁江許氏子。居郡之北禪,晚歸虞山……著有《寄巢詩集》,嘗注李義山詩,吳江朱長孺作箋,多取其説。"①釋道源對毛晉校刊書籍多有襄助。道源晚年,毛晉在戈莊建小西林延其休老。

　　毛晉札中"一月一禮佛,必欲求盟兄首座"一句頗爲重要,披露信息有二:其一,"禮佛"成爲尚齒社會集活動之一。所謂"一月一禮佛",即每月一禮佛,體現了此時尚齒社成員對佛教信仰的統一。實際上,順治三年尚齒社初舉時社員共同"禮三教師像"(參見《隱湖倡和詩·丙戌元宵集緇素一十有三人禮三教師像》),而"三教師"分別指儒、道、釋創始人孔子、老子和釋迦牟尼。至順治五年(1648)上巳社集,是日堂中依然"高懸三教聖人像"②,足見"禮三教師像"應是尚齒社會集常設活動。今據此札知,時至順治十年春,"禮佛"似乎取代"禮三教師像"成爲尚齒社集會活動儀式。需要説明的是,隨着南明王朝的敗亡,越來越多遺民選擇遁迹空門,而尚齒社成員皆爲遺民,這種"一月一禮佛"活動便有了守節明志的內涵。其二,毛晉邀請金俊明加入尚齒社。毛晉札云"必欲求盟兄首座",言外之意即延請金氏參與社集禮佛。以二人之交情,金氏自然不會拒絕。就此可見,金氏亦入尚齒社無疑。至此,尚齒社成員有明確記載者計 17 人:顧慈明、施於民、陸銑、戈汕、楊彝、顧夢麟、釋道源、顧德基、何適、釋大悁、馬弘道、毛晉、嚴陵秋、陸貽典、孫永祚、孫朝讓和金俊明。另外,毛晉婉言提及本次社集之戒約:"但必欲禁酒,恐靖節攢眉耳。""靖節"即陶淵明。《蓮社高賢傳》載:"遠法師與諸賢結蓮社,以書招淵明,淵明曰:'若許飲則往。'許之,遂造焉,忽攢眉而去。"③顯然,毛晉希望金氏不要介意禁酒。

　　綜上,本札繫於順治九年臘月二十三。毛晉在信中與金俊明商議收葬吳拭之事,并附贈《國朝詩集》甲集及"素牋十幅",同時延金氏參加次年新春尚齒社會集。札末附有金俊明補釋一條,并鈐"明"字朱印,彌足珍貴。

　　以上兩通信札涉及毛晉交游結社、刻書事迹,未見其他文獻有載,填補了毛晉研究的空白,具有重要的文獻價值:
　　首先,推動毛晉與袁駿、金俊明、吳拭等人的交游研究。毛晉因爲抄書、刻書之故,遍交文壇與書界,札中提及的袁駿、金俊明、吳拭以及陸銑、釋道源皆

----

① 〔清〕龐鴻文等纂,〔清〕鄭鐘祥、張瀛修《常昭合志稿》卷四一,《中國地方志集成》江蘇府縣志集(22),江蘇古籍出版社,1991 年,第 707 頁。

② 〔清〕殷時衡《上巳集問漁莊賦得風俗猶傳晉永和·和》,《隱湖倡和詩》卷中,第 45A 頁。

③ 撰人不詳,《蓮社高賢傳》卷一《不入社諸賢傳》,《叢書集成新編》第 100 册,新文豐出版公司,2008 年,第 355 頁。

爲其摯友，此二札補充了毛晉與諸人的交游史料，頗爲重要。如毛晉與袁駿交游，日本學者三浦理一郎在《毛晉交游研究》①中竟未有涉及，概因《隱湖倡和詩》《汲古閣集》皆未存録二人唱和。雖然袁駿“霜哺篇”亦見毛晉題詩，但以此札可見，二人交往并不局限於詩文往來，而是包括日常生活的全面交游。再如毛晉與金俊明交游，三浦理一郎研究雖有涉及，然參閲資料也僅限金氏《野外詩序》及《隱湖倡和詩》存録的二人唱酬之作。今以二札所示，毛晉與金俊明同屬吳門社、尚齒社成員，二人過從甚密，情深義厚，“詳詢起居”“即日面叩以悉”諸語皆可參證。再加上“臘月廿三日”“統俟新春面布”等時間信息，更有助於兩人交游具體日期的考證。至於次札披露的毛晉收葬吳拭事，則補充了毛氏交游的重要細節。吳拭作爲名士，毛晉爲其收葬影響頗大，錢謙益兩次撰文提及此事。錢謙益《隱湖毛公（君）墓志銘》：“撫王德操之孤，恤吳去塵、沈璧甫之亡，皆有終始。”②《列朝詩集小傳》：“去塵……遇亂死虞山舟中，毛子晉爲收葬之。”③今以次札知，毛晉收葬吳拭并不順利，且得到金俊明大力襄助。另外，作爲尚齒社首批成員，陸銧、釋道源亦與毛晉過從甚密，唱和頻繁。毛晉稱陸氏爲尚齒社“社長”，積極回應其復舉社集之號召，并托釋道源爲本次社集“主事”，足見陸銧、釋道源頗受毛晉敬重。

其次，推動毛晉結社研究。作爲藏書家、刻書家兼遺民詩人的毛晉，其所結詩社在江南地區影響較大。毛晉花甲，陳金如贈詩云：“書藏乙帳盈千軸，社集香山步九人。”④白居易曾結“香山九老會”，陳氏認爲毛晉結社可與之相媲。前揭顧夢麟爲毛晉《和友人詩》撰序云：“子晉生平，佳日有社，尚齒有社，隱湖有社。”⑤此爲毛晉“三社説”之濫觴，今人陶桂生、朱則杰等學者均據此認爲毛晉結社有三。陶桂生《毛晉晚年時的結社》云：“毛晉在他晚年時曾親自結過三個社。”⑥朱則杰、李楊云：“毛晉入清以後至少創立過三個社。”⑦實際上，毛晉結社遠不止此⑧。今據毛晉信札并參歸莊《吳門倡和詩序》知，順治六年毛晉還曾倡舉“吳門詩社”，并將社友唱酬付之剞劂，是謂“社刻”。另外，毛晉信札披露，順治十年尚齒社依然復舉，并延金俊明參與。這些事迹在其他毛晉相關文獻中未見，是研究毛晉結社的珍貴史料。

最後，推動毛晉刻書研究。毛晉曾編纂《明詩紀事》，是書湮没無傳，今人

①　〔日〕三浦理一郎《毛晉交游研究》，華東師範大學出版社，2012 年。

②　〔清〕錢謙益《隱湖毛君墓志銘》，《汲古閣書跋》卷首，古典文學出版社，1958 年，第 1 頁。

③　〔清〕錢謙益《列朝詩集小傳》丁集，第 636 頁。

④　〔清〕張宗芝、顧湄編《以介編》卷二，丁祖蔭《虞山叢刻》乙集第 2 册，第 209 頁。

⑤　〔清〕顧夢麟《和友人詩序》，〔清〕毛晉《和友人詩》卷首，丁祖蔭《虞山叢刻》甲集第 1 册，第 439 頁。

⑥　陶桂生、徐耀良《毛晉——書文化的傳播者》，廣陵書社，2018 年，第 170 頁。

⑦　朱則杰、李揚《清初江南地區詩社考——以陳瑚〈確庵文稿〉爲基本綫索》，《蘇州大學學報》2012 年第 1 期，第 131 頁。

⑧　順治二年，毛晉與釋道源興舉德香社，參見《隱湖倡和詩》卷中《和德香會詩酬石林上人（附啓）》。順治十年，毛晉召集常熟、太倉名流爲文會。〔清〕黄侃《吳頊傳墓志銘》：“順治十年春，隱湖毛子晉招虞、婁諸名士爲文會。”載清王寶仁《婁水文徵》卷六〇，清道光十二年閑有餘齋刻本，第 14 頁。

知之甚少。鄭德懋《汲古閣所刻書目補遺》將其列入“汲古閣主人自著未刻”①條目,認爲是書并未刊梓流傳。今據前札知,毛晉《明詩紀詩》之“後集”應對“社刻”(即“隱湖社刻”)多有收録。此外,毛晉次札寫於順治九年臘月二十三,仍稱《列朝詩集》爲《國朝詩集》而未及改名,結合錢謙益《列朝詩集序》可推,是集真正刊竣的時間應爲順治十年。

　　毛晉作爲著名的藏書家、刻書家,其藏書、刻書、抄書、題跋、詩文歷來是學者關注焦點,研究成果甚夥。相比之下,毛晉信札則如吉光片羽,目前唯見此二通。毛晉信札言簡意賅而風味雋永,披露諸多涉及刻書、交游等方面事迹,具有重要的文獻價值與史料價值,應是“毛晉文集”編纂中不可或缺的重要部分。信札是古人信息溝通的主要方式,其以筆爲面、以筆爲口、創作靈活等特點,具有其他文體不可替代之優勢,其内容也往往更加貼近作者真實内心世界。因此,此二札的發現爲深入研究毛晉生平事迹、刻書活動等方面提供了翔實的一手資料,可有力促進毛晉研究。

　　　　　　　　　　　　　　　　　　(作者單位:曲阜師範大學文學院)

---

① 〔清〕鄭德懋輯,顧湘校《汲古閣書目補遺》一卷,《叢書集成新編》第5册,第444頁。

古典文獻研究（第二十七輯上）
Journal of the Institute for Chinese Classics Studies
Nanjing University
Volume 27, No.1 2024

讖緯字形釋義論

徐志林

  自清代俞正燮《緯字論》討論讖緯訓詁以來，讖緯字訓研究在近幾十年逐漸成爲熱門，代表性論文主要有王顯《談談許慎及其〈説文〉跟讖緯的問題》①，錢劍夫《試論〈説文〉和〈緯書〉的關係》②，舒懷《〈説文解字〉取資緯書説》③，劉青松《略論漢代的"別字"之學》④《漢代緯書中的聲訓與形訓——前〈説文〉時代的"説文解字"》⑤等，這些文章大多以許慎《説文解字》爲本位，批判讖緯宣傳宗教迷信、宣揚天人感應，破壞文字結構，釋字隨意不科學，等等。如劉青松認爲讖緯別字"第一，將筆勢等同筆意"，"第二，無視文字的系統性"，"第三，破壞文字結構"⑥。也有學者如日人阿辻哲次《緯書字説考》⑦，客觀分析了讖緯字説的利弊，肯定緯書字説是爲數不多的珍貴的文字學資料。蔣復寧《緯書文獻語言研究述評》⑧一文對此前緯書文獻語言研究成果分爲緯書的輯佚與校勘、緯書與詞彙訓詁學研究、緯書與音韵學研究三方面評述，可參看。

  讖緯字形釋義形成了諸多方法，并對"蒼雅之學"的集大成者《説文解字》形訓有較大影響，《説文解字》有未通處可從讖緯求索，本文試作觸解。

---

  ① 王顯《談談許慎及其〈説文〉跟讖緯的問題》，見《古漢語論集》，湖南教育出版社，1985 年，第 16—56 頁。

  ② 錢劍夫《試論〈説文〉和〈緯書〉的關係》，見《古漢語研究》1980 年第 2 期，第 7—10 頁。

  ③ 舒懷《〈説文解字〉取資緯書説》，見《湖北大學學報》2005 年第 6 期，第 697—700 頁。

  ④ 劉青松《略論漢代的"別字"之學》，見《中國文字研究》第十七輯，上海人民出版社，2013 年，第 191—195 頁。

  ⑤ 劉青松《漢代緯書中的聲訓與形訓——前〈説文〉時代的"説文解字"》，見《中國經學》第十七輯，廣西師範大學出版社，2015 年，第 193—199 頁。

  ⑥ 劉青松《略論漢代的"別字"之學》，見《中國文字研究》第十七輯，第 192—194 頁。

  ⑦ 阿辻哲次《緯書字説考》，見《文教資料》2003 年第 4 期，第 18—25 頁。

  ⑧ 蔣復寧《緯書文獻語言研究述評》，見《中國文字研究》第三十三輯，華東師範大學出版社，2021 年，第 170—180 頁。

一　讖緯字形釋義方法蠡測

關於讖緯及其相關術語的討論甚多,南朝宋范曄所著《後漢書》已有不確之處,此後爭論更是歧見紛繁。如果橫斷其爲幾個關鍵時間段細繹,則其義稍安。

最值得辨析的時間段當屬讖緯形成初期。從大部分學者所接受的"圖讖成於哀平之際也"①,到東漢光武帝中元元年(56)"宣布圖讖於天下"②,歷時約六十年。此六十年間讖緯主要名稱爲《河圖》《洛書》、圖録、讖記、圖讖等。在光武帝頒布圖讖於天下之前,光武帝曾多次令人校圖讖,薛漢"建武初,爲博士,受詔校定圖讖"③,"帝以敏博通經記,令校圖讖,使蠲去崔發所爲王莽著録次比"④,可見官方所定圖讖有增删,摒除了王莽時期不利於光武政權的圖讖。光武帝定圖讖之後,存世的讖主要包括古《河洛》,官方所定《河洛》讖、七經讖,官方圖讖外的方士造作讖,後起經讖⑤。

古《河洛》是指西漢成帝之前形成的《河洛》文本,可以説是最早期的讖緯文本。如《墨子·非攻下》:"赤鳥銜珪,降周之岐社,曰:'天命周文王伐殷有國。'泰顛來賓,河出緑圖,地出乘黄。"⑥"赤鳥""赤文""緑字"等也在今存《尚書中候》經常出現,是古《河洛》的常見意象。

官方所定《河洛》讖、七經讖這八十一篇圖讖中,《河圖》《洛書》先於七經讖,七經讖則牽合《河洛讖》與經義,多有引用《河圖》《洛書》之處。東漢多用讖記正經義,明帝永平元年(58)樊儵"以讖記正五經異説"⑦,光武帝子沛獻王劉"輔矜嚴有法度,好經書,善説京氏易、孝經、論語傳及圖讖,作五經論,時號之曰沛王通論"⑧,劉輔在章帝元和元年(84)去世,其以讖作論應當也是光武帝所定圖讖。

官方圖讖外的方士造作讖是指在光武帝頒布八十一篇圖讖於天下前方士

---

① 范曄《後漢書》卷五九,中華書局,1965 年,第 1912 頁。

② 范曄《後漢書》卷一下,第 84 頁。

③ 范曄《後漢書》卷七九下,第 2573 頁。

④ 范曄《後漢書》第六九上,第 2558 頁。

⑤ 此分類主要參考張衡《請禁絶圖讖疏》,見《後漢書》卷五九,第 1911—1912 頁(此標題爲嚴可均所擬,見嚴可均《全上古三代秦漢三國六朝文·全後漢文》卷五四,中華書局,1958 年,第 722 頁);《讖緯叙》(自擬題目),見魏徵等《隋書》卷三二,中華書局,1973 年,第 940—941 頁;陳槃《讖緯命名及其相關之諸問題(增訂本)》,見氏著《古讖緯研討及其書録解題》,上海古籍出版社,2010 年,第 141—178 頁;徐興無師《讖緯文獻與兩漢文化構建》,中華書局,2003 年,第 15—21 頁;徐興無師《孔丘秘經,爲漢赤制——再論讖緯思潮和文獻的興起》,見氏著《早期經典的形成與文化自覺》,南京大學出版社,2023 年,第 208—258 頁;黃復山《東漢〈河圖〉〈洛書〉與"經讖"關係之探討》,見氏著《東漢讖緯學新探》,臺灣學生書局,2000 年,第 69—160 頁;張學謙《東漢圖讖的成立及其觀念史變遷》,《文史》2019 年第四輯,第 50—80 頁;等等。

⑥ 孫詒讓《墨子間詁》卷五,中華書局,2001 年,第 150—151 頁。

⑦ 范曄《後漢書》卷三二,第 1122 頁。

⑧ 范曄《後漢書》卷四二,第 1427 頁。

所作的圖讖,這些圖讖與光武帝的政策相抵牾,使得這些圖讖并沒有被編入八十一篇中。

後起經讖是指光武帝官方欽定圖讖之後創作的經讖。光武帝頒布圖讖於天下之後,明帝時依然有楚王劉英與漁陽王平、顔忠造作圖書,濟南王劉康與漁陽顔忠、劉子産等案圖書的事例,説明圖讖的創作在光武帝定八十一篇圖讖後并沒有停止。

本文所討論的讖緯字形釋義是指以漢代通行的隸書字形來分析字義的讖緯文獻。從現存讖緯文獻來看,讖緯中的字形釋義出現在《易緯乾鑿度》《易緯乾坤鑿度》《春秋演孔圖》《春秋元命苞》《春秋考異郵》《春秋漢含孳》《春秋潜潭巴》《春秋説題辭》《詩含神霧》《詩推度灾》《詩泛歷樞》《禮含文嘉》《孝經援神契》《孝經緯》《論語讖》這十五篇,大部分字形釋義集中在《春秋元命苞》《春秋説題辭》這兩部《春秋》讖中。按照上述讖緯分類,《易緯乾鑿度》《春秋演孔圖》《春秋元命苞》《春秋考異郵》《春秋漢含孳》《春秋潜潭巴》《春秋説題辭》《詩含神霧》《詩推度灾》《詩泛歷樞》《禮含文嘉》《孝經援神契》這十二篇都在光武帝所定官方三十六篇七經讖中,只有《易緯乾坤鑿度》《孝經緯》《論語讖》屬於非官方讖。

细繹這十五篇讖緯文獻,依照字形釋義方法有如下幾種,現臚列如下。

第一種,别字法。"别字"一語在兩漢文獻中一共出現四次。别字最早記錄是班固《漢書·藝文志·小學類》:"《别字》十三篇。"①後世學者對"别字"的看法大體有奇字(沈欽韓),與揚雄《方言》同一書(錢大昕、顧實、陳國慶、張舜徽),猶今俗用之字(顧炎武、姚振宗)幾種看法②。後世對别字的主流觀點是俗字、錯字,《漢語大詞典》《辭源》即采用此説法。而根據《漢書·藝文志》的體例,小學家所録爲字形之書,訓詁之書入《孝經》類,故《别字》十三篇也當爲字形之書,所以此《别字》并非揚雄《方言》。

最能體現别字特點的當是東漢末年對"董卓"二字的字形釋義:

> 獻帝踐祚之初,京都童謡曰:"千里草,何青青。十日卜,不得生。"案千里草爲董,十日卜爲卓。凡别字之體,皆從上起,左右離合,無有從下發端者也。今二字如此者,天意若曰:卓自下摩上,以臣陵君也。青青者,暴盛之貌也。不得生者,亦旋破亡。③

"從上起,左右離合",這是别字字形釋義的特點。

别字另外一個特點是類似讖謡、歌謡。如光武帝時,古文經學學者尹敏認爲:"讖書非聖人所作,其中多近鄙别字,頗類世俗之辭,恐疑誤後生。"④并且根據自己姓氏自創類似歌謡的讖文"君無口,爲漢輔",君無口即是尹字,説明

① 班固《漢書》卷三〇,中華書局,1962年,第1720頁。
② 詳見尹海江《〈漢書·藝文志〉輯論》,西南交通大學出版社,2013年,第367—368頁。
③ 司馬彪《續漢書·五行一》,見范曄《後漢書》志第一三,第3285頁。
④ 范曄《後漢書》卷七九上,第2558頁。

尹敏對讖書這種拆字做法非常熟悉。光武帝子東平王劉蒼“自建武以來章奏及所作書、記、賦、頌、七言、別字、歌詩”①，此處的“別字”排在七言、歌詩之間，根據《後漢書》著録文體的凡例，此處別字應當是劉蒼所作有利於劉漢統治，類似歌謡、諺語的讖謡。

　　根據上述四則別字文獻，別字应指某字離析爲幾個部分，這幾個被拆分的部分自身没有特殊意義，用來湊成兩句及以上的諺語、歌謡之類的句子。按功用區分，別字一般分爲兩種，一種來進行政治附會，是史事讖的一種，另外一種只是方便記誦字形。現存讖緯中別字法較少，西漢末最常見的是把劉拆解成“卯金刀”，在《春秋演孔圖》有三條，“有人卯金，興于豐，擊玉鼓，駕六龍”“其人日角龍顔，姓卯金，含仁義”“有人卯金刀、握天鏡”②。

　　縱覽漢代字書，《蒼頡》《史篇》均爲四言③，《急就篇》以七言爲主，雜有三言、四言，而別字則以三言、五言爲主。前所舉幾例均爲三言，而許慎在批評諸生以時俗解字提到“‘馬頭人爲長’，‘人持十爲斗’，‘虫者，屈中也’”④，此處別字爲五言，《説文解字》引讖緯時三言、五言均有，三言如“黍可爲酒，禾入水也”⑤，五言如“一貫三爲王”⑥。可見三言、五言是別字的主流。

　　第二種，會意法。關於漢字的發展演變，五代十國時期郭忠恕打破劉歆、許慎等經學學者的“六書説”，第一次提出“三書説”，認爲“其一曰造字之旨，始於象形，中則止戈、反正，而省聲生焉”⑦，止戈、反正爲會意，郭忠恕認爲造字有時間順序，首先是象形，其次會意，最後形聲。會意形成時間較早，先秦時期典型的會意有“止戈爲武”（《左傳》宣公十二年），“反正爲乏”（《左傳》宣公十五年），“皿蟲爲蠱”（《左傳》昭公元年），“背厶爲公”（《韓非子·五蠹》）四則，竹添光鴻《左傳會箋》認爲這是“假文字以見義”⑧，王力也有類似的看法：“不一定就是正確地説明了古人造字的原意，很可能還是牽强附會。這就説明了作者在講字形的時候，也并不是爲了語文學的目的，而是爲了政治的目的。”⑨讖緯繼承了這種釋字的方法，現存讖緯文獻有“仁”“罰”“喜”“熹”等諸字采用會意法形訓。《説文解字》則把這類字歸結爲會意字：“會意者，比類合誼，以見指撝，武信是也。”⑩但讖緯會意法與《説文》六書中的“會意”有所區別，阿辻哲次《緯書字説考》認爲“被分解開來的文字的構成要素全部充當該字的‘意符’，

　　①　范曄《後漢書》卷四二，第 1441 頁。
　　②　安居香山、中村璋八輯《緯書集成》，河北人民出版社，1994 年，第 580 頁。
　　③　甘肅水泉子漢簡《蒼頡篇》爲七言，其所依據底本是漢初書師所定五十五章《蒼頡篇》，在此基礎上數衍增飾而成，詳見張存良《水泉子漢簡〈蒼頡篇〉整理與研究》，蘭州大學博士學位論文，2015 年。
　　④　王平、李建廷《〈説文解字〉標點整理本 附分類檢索》，上海書店出版社，2016 年，第 396 頁。
　　⑤　王平、李建廷《〈説文解字〉標點整理本 附分類檢索》，第 179 頁。
　　⑥　王平、李建廷《〈説文解字〉標點整理本 附分類檢索》，第 4 頁。
　　⑦　郭忠恕撰，張學城釋證《佩觿釋證》，中華書局，2023 年，第 24 頁。
　　⑧　竹添光鴻《左傳會箋》，巴蜀書社，2008 年，第 925 頁。
　　⑨　王力《中國語言學史》，中華書局，2013 年，第 3 頁。
　　⑩　王平、李建廷《〈説文解字〉標點整理本 附分類檢索》，第 395 頁。

也就是光采用類似於‘六書’的會意的方法闡明字義；揭示文字中存在表音成分的形聲法尚未發現"①，此説前半部分認爲讖緯把文字分解出來的部件充當"意符"來進行字形釋義，本文題之；但後半部分會意字與形聲字混淆，當誤，讖緯會意法是把兩個部分都作爲意符，并没有形聲的概念。讖緯"會意法"與《説文解字》六藝之一"會意"區别是讖緯把這兩個部分都作爲意符，《説文解字》則把其中一個意符作爲偏旁部首。比較二者對"仁"的釋義：

　　　　仁者情志，好生爱人，故其爲仁以人。其立字，二人爲仁。（《春秋元命苞》）②

　　　　仁，親也。从人从二。（《説文解字·人部》）③

"其立字"是讖緯典型的字形釋義用語，"二人爲仁"與先秦會意一脉相承，《説文解字》則把"仁"列入人部，"从人从二"。當然《説文解字》也有并未完全脱離先秦這種會意法的影響，前舉先秦四則會意，"武""乏"二字，《説文解字》采用"止戈爲武""反正爲乏"的舊説，并未言从某从某；"蠱""公"則既有舊説，又有"从蟲从皿"④"从八从厶"⑤，可謂是讖緯會意法與《説文解字》六書之一會意并存。按照許慎對會意的定義，"會意者，比類合誼，以見指撝，武信是也"⑥，"武"字字形采用先秦舊説，"信"字"誠也。从人从言。會意"⑦，檢《説文解字》全文，標明會意的字都是从某从某，或者从某、某，由此得出許慎有可能傾向於从某从某的會意，但尚未擺脱先秦以來把漢字兩個部件都作爲意符這種會意法的影響。

　　會意法与别字區别爲會意法四言，别字則三五言爲主，有的别字形成兩句及以上的韻語、歌謡。會意法一般由兩個意符組成一個字，别字則有可能超過兩個部件組成一個字。

　　第三种，形似釋義法。讖緯形訓中又有字形相似的兩個字，一字取另外一形似字的字義，如：

　　　　壬者，任也。陰任事於上，陽任事於下，陰爲政，民不與，陽持爲政，王天下，故其立字，任似王也。（《詩泛歷樞》）⑧

"壬""王"兩字形似，所以壬有王義。

　　第四種，象徵釋義法。讖緯中又有取象徵義，如：

　　　　君德應陽，君臣得叶度，則日含王字。

---

①　阿辻哲次《緯書字説考》，《文教資料》2003 年第 4 期，第 22 頁。
②　安居香山、中村璋八輯《緯書集成》，第 619 頁。
③　王平、李建廷《〈説文解字〉標點整理本 附分類檢索》，第 200 頁。
④　王平、李建廷《〈説文解字〉標點整理本 附分類檢索》，第 354 頁。
⑤　王平、李建廷《〈説文解字〉標點整理本 附分類檢索》，第 26 頁。
⑥　王平、李建廷《〈説文解字〉標點整理本 附分類檢索》，第 395 頁。
⑦　王平、李建廷《〈説文解字〉標點整理本 附分類檢索》，第 57 頁。
⑧　安居香山、中村璋八輯《緯書集成》，第 484 頁。

注曰：含王字者，日中有王字也。王者德象日，光所照無不及也。（《春秋潛潭巴》）①

"日含王字"，王者之德象日，所以日也有王義。

第五種，卦象法。關於漢字起源，主流觀點是蒼頡造字説，也有源於《河圖》《洛書》説、源於圖畫説、源於伏羲八卦説等。源於伏羲八卦説即把卦象作爲文字。認爲源於伏羲八卦説的學者有徐鉉、鄭樵、高亨等，如徐鉉認爲："昔伏羲畫八卦，而文字之端見矣；倉頡摸鳥迹，而文字之形立矣。"②雖然許慎《説文解字》没有把八卦看成文字，但在漢碑中"乾坤"多作"乾𝍊"，如《史晨碑》："臣伏念孔子，乾𝍊所挺，西狩獲麟，爲漢制作。"③"𝍊"形似"川"，即坤卦"☷"的變形，可見東漢時依舊把八卦符號當成文字。

此外，讖緯中還有一種特殊的字形釋義，即所謂陰陽五行釋義法，也可以概括爲推十法，把某字拆分爲若干部分，推演爲陰陽，或者一到十這其中的某個數字，再綜合陰陽、數字來釋義。如解釋"木"字："木者陽精，生于陰，故水者木之母也。木之爲言觸也，氣動曜也。其字八推十爲木，八者陰合，十者陽數。"④木含八、十兩個部件，八陰、十陽，接下來就用陰陽來解釋"木"字，"木者陽精，生于陰，故水者木之母也"。又如"羊"字："羊者詳也，詳以改也。合三爲生，以養士也。故羊高三尺。"⑤可以用"三"來解釋"羊"字。這就如同把字形拆分編碼，再對編碼進行分析，這與常見的據字形釋義有很大不同，是一種比較特殊的字形釋義，故另撰文討論⑥。

二　從讖緯字形釋義到《説文解字》形訓

前文已論述光武帝所定所圖讖中已有大量以字形來分析釋義的字説，《説文解字》約成書於和帝永和十二年(100)，七經讖比《説文解字》成書的時間早了大概半個世紀，但許慎的文字理論融彙蒼雅之學，比單純依靠字形釋義的讖緯有了十足的進步。

六書理論是從劉歆到許慎幾代學者根據所見字書、訓詁書所總結的文字構形理論。如果按照字數和"六書"名稱細繹，劉歆的六書與許慎六書當有所區別。劉歆與揚雄同時，其所能看到的字體種類大概和揚雄所續《訓纂》《蒼頡訓纂》兩書相當，劉歆又注過《爾雅》，《隋書·經籍志》載"《爾雅》三卷。漢中散大夫樊光注。梁有漢劉歆，犍爲文學、中黄門李巡《爾雅》各三卷，亡"⑦，可見劉歆也深於蒼雅之學，劉歆根據所見字形之書與《爾雅》等訓詁之書，推斷出象

---

① 安居香山、中村璋八輯《緯書集成》，第 829 頁。
② 徐鉉著，李振中校注《徐鉉集校注》，中華書局，2016 年，第 690 頁。
③ 高文《漢碑集釋》，河南大學出版社，1997 年，第 325 頁。
④ 安居香山、中村璋八輯《緯書集成》，第 484 頁。
⑤ 安居香山、中村璋八輯《緯書集成》，第 864 頁。
⑥ 詳見未刊拙文《讖緯陰陽五行字説論》。
⑦ 魏徵等撰《隋書》卷三二，第 937 頁。

形、象事、象意、象聲、轉注、假借這六種造字方法。象形、象事、象意、象聲這四種名稱統一,可能從蒼學而來,轉注、假借可能從雅學而來。許慎時代學術環境則與劉歆時代相比有很大變化,許慎所能認識的字數遠多於劉歆,情況要更爲複雜,許慎的象形、指事、會意、形聲與劉歆的象形、象事、象意、象聲應當有所區別,而非如後世大部分文字學著作所言僅是名稱的不同。也有學者如廖平《六書舊義》、張政烺《六書古義》對劉歆六書和許慎六書做出了不同的見解,如張政烺認爲:"劉歆六書本於分析文字之術,而其學則源於《易》。"①西漢末年經學的核心爲《易》與《春秋》,這和讖緯字形釋義大量集中在《春秋元命苞》《春秋説題辭》正好冥合。

讖緯的字形釋義與《説文解字》形訓在解釋字形對象和解釋方法上有較大區別,所以導致二者釋義的分道揚鑣。

解釋字形對象上,讖緯對當時通行的隸書字形釋義,《説文解字》則本小篆而亦有變例,王國維《〈説文解字〉今叙篆文合以古籀説》認爲:"凡正字中,其引《詩》《書》《禮》《春秋》以説解者,可知其爲古文。其引《史篇》者,可知其爲籀文。引杜林、司馬相如、揚雄説者,當出《蒼頡》《凡將》《訓纂》諸篇,可知其爲篆文。雖《説文》諸字中有此標識者十不逮一,然可得其大略。"②可見《説文解字》字形來源則繁雜得多。從文字學的角度而言,王寧認爲"隸書與小篆的主要差別在於,在隸書構形系統中,原來小篆的單形素構件字大量變形,多形素構件字大量黏合,構意的形成本來是由單形位的末級部件作基礎的,隸書却轉移到由字元一級拆分得出的直接構件上"③,隸書的義音化程度比之小篆大幅度增强,形體與物象的聯繫大幅度減弱,構件的表形功能逐漸被表義、表音功能所替代。所以讖緯對隸書的字形釋義與《説文解字》對古文、奇字、篆書的解釋,難免有很多差別。

除了字形方面的差异外,解釋方法方面二者也有較大區別。段玉裁認爲"《爾雅》《方言》所以發明轉注、假借;《倉頡》《訓纂》《滂熹》及《凡將》《急就》《元尚》《飛龍》《聖皇》諸篇,僅以四言七言成文,皆不言字形原委。以字形爲書,俾學者因形以考音與義,實始於許,功莫大焉"④,《説文解字》綜合蒼雅之學,而讖緯這種蒼學之書僅據字形釋義,這也是兩者最大的區別。

解釋字形對象已經有了較大的差別,加之解釋方法的區別,所以讖緯字形釋義與《説文解字》形訓雖然相距只有五十年左右,但區別已經較大。關於讖緯字形釋義與《説文解字》形訓對比,孟琢在《〈説文解字〉經學淵源考論》有比較好的總結:

和緯書相比,《説文》釋字具有以下特點:首先,《説文》根據古文字(小

① 張政烺《文史叢考》,中華書局,2012年,第170頁。
② 王國維《王國維全集》第八卷,浙江教育出版社、廣東教育出版社,2009年,第206頁。
③ 王寧《漢字構形史叢書》總序,見陳淑梅《東漢碑隸構形系統研究》,上海教育出版社,2005年,第9頁。
④ 段玉裁《説文解字注》,鳳凰出版社,2015年,第1頁。

篆、古文)説解字意,今文經學家根據今文字(隸書)説解字意;和今文字相比,古文字保存了更多的原始筆意,《説文》的説解更符合漢字發展的事實。其次,《説文》釋字儘管受到了兩漢陰陽五行觀念的影響,但始終立足於漢字形體的事實。以"水"爲例,許慎用陰陽觀念説字,但率先明確了"水"的象形屬性。最後,《説文》釋字具有嚴密的體系性,"從某"之字可以和它的構件所參構的其他字形進行互證,"同意"之字可以和構意模式相同的字形進行互證。正因爲這三方面的原因,《説文》釋字的準確性和客觀性優於緯書中所保留的今文字説,有力地駁斥了今文經學。①

這段文字在批評讖緯陰陽五行釋義時有失公允外,其他大體符合實際。總體而言,讖緯字形釋義相對《説文解字》而言,問題的確嚴重得多。讖緯偏于用陰陽五行的理論來解釋字形,這在解釋一般事物時容易陷入神秘主義。

讖緯、《説文解字》字説也有互相滲透的現象。《説文解字》雖然融合蒼雅之學,但仍未逃脱當時通行字形釋義的影響。許慎認爲當時俗儒"不見通學,未嘗睹字例之条",所舉反對的例子如"人持十爲斗",但《説文》也有手持的釋義:如"祭"字解釋爲"從示,以手持肉"②,"支"字解釋爲"從手持半竹"③,"巨"字解釋爲"從工,象手持之"④,可見許慎也會取當時通行的字形釋義。

讖緯亦有采用《説文解字》形訓術語但釋義仍是讖緯風格,如刑字"從刀、從井。井以飲人,人入井爭水陷于泉,以刀守之,割其情欲,人畏慎以全命也,故字從刀從井也"⑤,從某、從某是《説文解字》常見術語,但後面釋義風格與《説文解字》大相徑庭,采用的仍是讖緯會意法釋義。《説文解字》"刑"字"剄也。從刀开聲"⑥,爲形聲字。值得注意的是二者字形的不同,讖緯作"井",而《説文解字》則寫作"开",這是二者的篆隸字體字形不同。又如《説文解字》"瞋"引秘書"瞋從戌"⑦,從某是典型的《説文解字》形訓,秘書此處是提供了"瞋"另外一種寫法。

《説文解字》形訓也是在讖緯字形釋義的實踐中取長補短,對比二者文本即可發現《説文解字》對讖緯的接受。

首先,《春秋説題辭》可以説是《説文解字》的前身。

東漢有"題辭"一體,趙岐著有《孟子題辭》,趙岐認爲題辭的作用是"所以題號《孟子》之書本,末指義文辭之表也"⑧,這與序體的功用差不多。詹瑛解釋《文心雕龍·宗經》"故論説辭序,則《易》統其首"時引李曰剛《文心雕龍斠

① 孟琢《〈説文解字〉經學淵源考論》,北京師範大學博士學位論文,2011年,第48頁。
② 王平、李建廷《〈説文解字〉標點整理本 附分類檢索》,第2頁。
③ 王平、李建廷《〈説文解字〉標點整理本 附分類檢索》,第73頁。
④ 王平、李建廷《〈説文解字〉標點整理本 附分類檢索》,第118頁。
⑤ 安居香山、中村璋八輯《緯書集成》,第623頁。
⑥ 王平、李建廷《〈説文解字〉標點整理本 附分類檢索》,第109頁。
⑦ 王平、李建廷《〈説文解字〉標點整理本 附分類檢索》,第83頁。
⑧ 阮元《十三經注疏·孟子注疏》,中華書局,2009年,第5790頁。

詮》的觀點：“‘辭序’之辭乃指孔子繫辭及後世題辭若趙岐《孟子題辭》之類而言，與‘序述’亦相同。”①光武帝所定的《春秋説題辭》當也是類似序體作用，對比《春秋説題辭》與《説文解字》，會發現二者有相似的篇章結構。

《春秋説題辭》在解字之前有一段序文，先叙孔子作《春秋》，“昔孔子受端門之命，制春秋之義，使子夏等十四人求周史記，得百二十寶書，九月經立”②，再總論六經“所以明君父之尊，天地之開闢，皆有教也”③，接着分論《易》《書》《詩》《禮》《孝經》，最後從“天”字開始釋訓。這與《説文》認爲“蓋文字者，經藝之本，王政之始，前人所以垂後，後人所以識古”④，再提及《易》《書》《詩》《禮》《周官》、《春秋》左氏、《論語》和《孝經》。《説文》從“一”“元”“天”開始訓釋，与《春秋説題辭》比較類似。

其次，《説文》結構始一終亥，“亥，荄也。十月微陽起，接盛陰”⑤，也可以説是始一終十。陰陽五行釋義是讖緯重要的釋字方法，其核心也是推十法。

最後，《説文》形訓有時比較簡略，如果在讖緯中找到相關訓詁，其義可稍明。徐鍇經常用讖緯字形釋義來補充《説文解字》形訓，或并立兩説。

徐鍇以讖緯補充《説文》形訓。如讖緯和《説文》對“午”的釋義：

> 午，仵也。陽氣極于上，陰氣起于下，陰爲政，時有武，故其立字，十在人下爲午。（《詩泛歷樞》)⑥

> 午：牾也。五月，陰气午逆陽。冒地而出。此與矢同意。凡午之屬皆从午。（《説文解字·午部》)⑦

此處讖緯和《説文》除了聲訓、字形解釋不同外，意義區別不大。徐鍇補充《説文解字》：“人爲陽，一爲地，丨爲陰气貫地，午逆陽也，五月陽極而陰生。仵者，正衝之也，矢亦象衝逆也。《律歷志》曰：‘咢布於午。’”⑧，此處徐鍇采取讖緯的聲訓“仵”，并采用讖緯會意法“人爲陽，一爲地，丨爲陰气貫地”，并結合陰陽釋字“午逆陽也，五月陽極而陰生”，把對“午”字的解釋轉碼爲陰陽釋義。

徐鍇并立讖緯、《説文解字》兩説。讖緯有時取象更早，如“奎”字，《孝經援神契》解釋爲：“奎，主文章。倉頡仿像是也。宋均注曰：奎星屈曲相钩，似文字之畫。”⑨《説文解字》解釋爲：“奎：兩髀之閑。从大圭聲。”⑩《孝經援神契》在光

---

①　詹瑛《文心雕龍義證》，上海古籍出版社，1989 年，第 79 頁。

②　安居香山、中村璋八輯《緯書集成》，第 854 頁。

③　安居香山、中村璋八輯《緯書集成》，第 856 頁。

④　王平、李建廷《〈説文解字〉標點整理本 附分類檢索》，第 396 頁。

⑤　王平、李建廷《〈説文解字〉標點整理本 附分類檢索》，第 394 頁。

⑥　安居香山、中村璋八輯《緯書集成》，第 483 頁。

⑦　王平、李建廷《〈説文解字〉標點整理本 附分類檢索》，第 390 頁。

⑧　徐鍇《説文解字繫傳》，中華書局，1987 年，第 282 頁。

⑨　安居香山、中村璋八輯《緯書集成》，第 958—959 頁。同篇第 987 頁有類似《説文》論述文與字關係的內容，實則出自唐代張懷瓘《書斷》，《七緯》與《緯書集成》的整理者誤以爲是緯書，鍾肇鵬已指出，見趙在翰輯《七緯》，中華書局，2012 年，第 714 頁。

⑩　王平、李建廷《〈説文解字〉標點整理本 附分類檢索》，第 267 頁。

武帝時已有徵引,早於《説文解字》,此處讖緯"奎"取天文象,《説文解字》"奎"取人象。張懷瓘《書斷》云:"案古文者,黃帝史蒼頡所造也。頡首四目,通於神明。仰觀奎星圓曲之勢,俯察龜文鳥迹之象,博采衆美,合而爲字,是曰古文,孝經援神契云'奎主文章,蒼頡仿象'是也。"①徐鍇補充"天文奎亦取象也"②,可見"奎"字取天文象比取人象更古老。

三　《説文解字》"孔子曰"所見讖緯字形釋義

勾連讖緯字形釋義、《説文解字》形訓兩者最爲密切的例子當是《説文解字》所載十二則"孔子曰"。

許慎《説文解字》徵引繁雜,後世學者對《説文解字》徵引分類也是解説多歧。馬宗霍在考證《説文解字》引書方面著作最夥,也相較最令人信服。標人名者,馬宗霍統計爲"漢世經生文士"③,計有司馬相如、揚雄、劉向、劉歆、杜林等二十七人,其中司馬相如、揚雄、杜林均有著作被録入《漢書·藝文志·小學類》。標書名者,多集中在六藝,今古文經説兼采,偶爾旁及諸子、詩賦、兵書、數術、方技等群書,馬宗霍《〈説文解字〉引經考》《〈説文解字〉引群書考》二書即以六藝、群書之別區分。

關於《説文解字》所引"孔子曰"的歸屬問題,桂馥、段玉裁、陸宗達等大部分學者歸爲"通人説",如段玉裁認爲"凡云'孔子曰'者,通人所傳"④。王應麟《漢藝文志考證》在列出《説文解字》數則"孔子曰"後,認爲"未詳所出。然似非孔子之言,或緯書所載也"⑤,馬宗霍則把《説文解字》所引孔子、秘書歸爲群書,認爲孔子説雜出緯書,但没有把孔子、秘書這兩種讖緯類的徵引附着於經學而是列入群書。細繹這十二則"孔子曰"即可發現部分爲讖緯字説,也有部分可能如段玉裁所言屬於當時通人所傳而歸附於孔子,所以應當綜合王應麟、段玉裁、馬宗霍三人的觀點則較爲圓通:《説文解字》部分"孔子曰"爲讖緯字説,并且當附於"六藝",部分"孔子曰"入通人説。

《説文解字》引用"孔子曰"計有"王、璠、士、羊、羌、烏、棗、黍、儿、貉、犬、狗"十二字。目前對"孔子曰"研究最深的當屬馬宗霍《〈説文解字〉引群書考》,"孔子"條對此十二字做了集釋,此後姜永超《〈説文解字〉引"通人説"考》⑥、李祖文《〈説文解字〉引群書研究》⑦和申紅義《〈説文解字〉所引"通人"説新證》⑧等對"孔子曰"均有所涉及,林賢、劉娜《〈説文解字〉"孔子曰"研究》研究較爲深

①　見張彦遠纂輯,劉石校理《法書要録校理》卷七,中華書局,2021 年,第 358—359 頁。
②　徐鍇《説文解字繫傳》,第 204 頁。
③　馬宗霍《〈説文解字〉引通人説考》,中華書局,2014 年,第 533 頁。
④　段玉裁《説文解字注》,第 575 頁。
⑤　王應麟《漢藝文志考證》,見王承略、劉心明《二十五史藝文經籍志考補萃編》第一卷,清華大學出版社,2014 年,第 112—113 頁。
⑥　姜永超《〈説文解字〉引"通人説"考》,華中科技大學碩士學位論文,2006 年。
⑦　李祖文《〈説文解字〉引群書研究》,華中科技大學碩士學位論文,2006 年。
⑧　申紅義《〈説文解字〉所引"通人"説新證》,《重慶三峽學院學報》2012 年第 6 期,第 91—96 頁。

入，把這十二字分爲以形索義、因聲求義、因文求義三種①，結合出土文獻、《説文》段注等進行分析，但未能結合許慎所處時代字書的實際情況，仍不能貫綜其理。

按照本文所列讖緯字形釋義方法，《説文解字》引"孔子曰"的十二個字中，"王""儿""黍"三字爲三言或五言，即采用别字釋義；"士""桼"二字采用陰陽五行釋義。

"孔子曰"這三則别字釋義，"王"字"三貫一爲王"②，"儿"字"在人下，故詰屈"③，"黍"字"黍可爲酒，禾入水也"④，此三字均爲隸書寫法，與三字在《説文解字》的小篆寫法區别甚大，所以導致釋義也相距較遠。比較讖緯、《説文解字》"黍"字：

　　精移火轉生黍，夏出秋改。黍者，緒也，故其立字，禾入米爲黍，爲酒以扶老。

　　杜預注曰：去春之夏，故移也。農書曰：黍之言暑也，必須暑改，得陰乃成也。爲酒以序尊卑，且禾爲柔物，亦宜養老也。（《春秋説題辭》）⑤

　　黍，禾屬而黏者也。以大暑而種，故謂之黍。从禾，雨省聲。孔子曰："黍可爲酒，禾入水也。"凡黍之屬皆从黍。（《説文解字·黍部》）⑥

從字形而言，讖緯"禾入米爲黍"，根據《洛陽西郊漢墓發掘報告》，七里河墓葬時代爲東漢中期之前，隨葬器物中有陶器上"黍"寫作"黍"⑦，與《春秋説題辭》"禾入米爲黍"相符。而《説文解字》孔子曰"禾入水"，小篆雨省聲，隸書則變异爲"入水"，東漢靈帝時期《白石神君碑》將"水"隸定爲"小"⑧，可見"黍"字形體的演變。從字義而言，比較《春秋説題辭》《説文解字》對"黍"的解釋都與夏、酒相關，孔子曰"黍可爲酒"當引用讖緯。

《説文解字》"士""桼"二字所引"孔子曰"采用陰陽五行釋義。"士"字"孔子曰：'推十合一爲士'"，⑨推十法甚明。又如"桼"字，《説文》解釋爲"嘉穀實也。从卤从米。孔子曰：'粟之爲言續也。'𥼚，籀文桼⑩，粟、續同爲屋部。徐鍇認爲："續者，謂相續不已，取嘉名也"⑪，只是循環論證。段玉裁認爲"孔子以叠韵爲訓也。嘉種不絶，蒸民乃粒，禹稷之功也"⑫，粟、續叠韵爲訓，把功勞

①　林賢、劉娜《〈説文解字〉"孔子曰"研究》，《漢字文化》2020 年第 13 期，第 68—70 頁。
②　王平、李建廷《〈説文解字〉標點整理本 附分類檢索》，第 4 頁。
③　王平、李建廷《〈説文解字〉標點整理本 附分類檢索》，第 219 頁。
④⑥　王平、李建廷《〈説文解字〉標點整理本 附分類檢索》，第 179 頁。
⑤　安居香山、中村璋八輯《緯書集成》，第 869 頁。
⑦　陳久恒、葉小燕《洛陽西郊漢墓發掘報告》，《考古學報》1963 年第 2 期，第 16 頁。
⑧　見徐玉立《漢碑全集》第五册，河南美術出版社，2006 年，第 172 頁。
⑨　王平、李建廷《〈説文解字〉標點整理本 附分類檢索》，第 10 頁。
⑩　王平、李建廷《〈説文解字〉標點整理本 附分類檢索》，第 174 頁。
⑪　徐鍇《説文解字繫傳》，第 139 頁。
⑫　段玉裁《説文解字注》，第 556 頁。

歸功禹稷，義尚未通。而觀讖緯對"粟"的解釋.

　　　　陽以一立，十爲法，故粟積大一分，穗長尺。文以七列，精以五立，故
　　其字西米者爲粟。西者金所立，米者陽精祭，言陰成陽以收德，故西合米
　　爲粟。(《春秋説題辭》)①

　　　　粟五變而以陽化：生爲苗，秀爲禾，三變而祭，謂之粟，四變入白，米出
　　甲，五變而蒸，飯可食。

　　　　宋均注曰：粟變五行氣，而五變乃可食。(《春秋運斗樞》)②

　　　　粟助陽扶性。粟之爲言續也。粟五變：一變而以陽生，爲苗；二變而
　　秀，爲禾；三變而粲然，謂之粟；四變入白，米出甲；五變而蒸飯可食。

　　　　宋均注：續謂續陽生長也，粟受五行氣而五變，故乃成可食。(《春秋
　　説題辭》)③

"文以七列，精以五立"當爲"天文以七，列精以五"，"故嘉禾之滋，莖長五
尺。五七三十五，神盛，故連莖三十五穗，以成盛德"④。西米爲粟，爲讖緯
會意法；"西者金所立，米者陽精祭，言陰成陽以收德"爲陰陽五行釋義。這
段把讖緯這兩種字形釋義方法相結合。"粟助陽扶性。粟之爲言續也。粟
五變：一變而以陽生，爲苗；二變而秀，爲禾；三變而粲然，謂之粟；四變入曰，
米出甲；五變而蒸飯可食"，這段文字對"粟"的五次變化的釋義可謂是相當
詳盡，《説文解字》很可能只取"粟之爲言續也"，而捨棄其他，造成後世對這
則"孔子曰"曲解頗多。

　　上述所列"王""士""羊""桌""黍""儿"五字的"孔子曰"均可從讖緯字形釋
義中尋求補釋、改正誤釋。

四　結語

　　摘發其要，讖緯字形釋義比《説文解字》早了半個世紀，讖緯對隸書字形釋
義，《説文解字》則對小篆等進行形訓。讖緯字形釋義形成了別字釋義法、會意
法、形似釋義法、象徵釋義法、卦象釋義法、陰陽五行釋義法等諸多方法，但沒
有形成《説文解字》的偏旁部首、形聲等概念。讖緯的字形釋義與《説文解字》
形訓在解釋字形對象和解釋方法這兩方面有較大區別，所以導致二者釋義的
分道揚鑣。

　　相比讖緯僅分文析字的方法，《説文解字》雖然融合蒼雅之學，避免了讖緯
字形釋義的一些弊端，但仍然深受當時字形釋義的影響。光武帝所定《春秋説
題辭》與《説文解字》結構有一定相似之處，可以説是《説文解字》的前身。陰陽
五行釋義是讖緯釋字方法之一，可稱爲推十法；《説文解字》結構始一終亥，也

　　①　安居香山、中村璋八輯《緯書集成》，第868—869頁。
　　②　安居香山、中村璋八輯《緯書集成》，第723頁。
　　③　趙在翰輯《七緯》卷三五，第637頁。
　　④　趙在翰輯《七緯》卷三五，第636頁。

可以説是始一終十。《説文解字》所引數則"孔子曰"可見《説文解字》形訓對讖緯字形釋義的繼承。讖緯字形釋義與《説文解字》形訓不同，可作爲當時字説的寶貴資料。《説文》的形訓有簡略處，可以在讖緯文獻中尋得補充；《説文》的形訓有難解處，可以在讖緯文獻中尋得解釋。所以讖緯字形釋義可以作爲《説文解字》的重要補充。

（作者單位：南京大學文學院）

古典文獻研究（第二十七輯上）
Journal of the Institute for Chinese Classics Studies
Nanjing University
Volume 27, No.1 2024

《空海漢文學著作注本叢刊》序

張伯偉

　　距今一千二百二十年的唐德宗貞元二十年，也就是日本桓武帝延曆二十三年(公元 804)的七月六日，四艘遣唐使船從日本肥前國(今長崎)啓航，向大唐國進發。這是日本歷史上第十六次遣唐使，他們在途中遇到了暴風雨，第三船不得不返回，第四船則不知所向，只有第二船到達目的地明州(今寧波)，而第一船則漂流到了福州。不管怎樣，他們都抵達了大陸。後人也許會感到神奇，爲什麽是這兩艘船到了中國，而如果知道有兩位僧人——日本佛教史上高懸的兩顆耀眼的“雙子星”——就在這兩艘船上，那也許就不止是神奇，更會感到震驚了。他們就是第二船的最澄和第一船的空海，後來分別成爲日本天台宗和真言宗的開山之祖。他們最終能够戰勝海上風暴，是不是依賴了佛教不可思議的護持之力呢？尤其是空海，他不僅到達中國，更在同年十二月下旬進入長安，次年二月，“准敕配住西明寺”，并“周游諸寺，訪擇師依”。在青龍寺“偶然奉遇”其付法之師惠果，惠果一見即曰：“我先知汝來，相待久矣。今日相見，大好大好！報命欲竭，無人付法，必須速辦香花入灌頂。”(《御請來目録》)歡喜贊嘆，溢於言表，遂將一身所承胎藏界、金剛界兩部大法盡傳空海，惠果也在當年十二月十五日示寂，真可謂宿命使然。空海若到不了中國，一切固然無從説起；他若晚一年到長安，便得不到惠果傳法。果真如此，日本的佛教史也就要改寫了。冥冥之中，怎麽可以没有一種護持之力送他一路向西直到長安呢？

　　在日本佛教史上，空海是一位不世出的天才人物，不僅在佛教方面，而且在文學、書法上的造詣極高，是平安時代文化史上的頂尖之才。以《全唐詩逸》而聞名中國的河世寧(市河寬齋)，曾在其《半江暇筆》中指出：“唐人詩論，久無專書，其散見於載籍者，亦僅僅如晨星。獨我大同中，釋空海游學於唐，獲崔融《新唐詩格》、昌齡《詩格》、元兢《髓腦》、皎然《詩議》等書而歸，後著作《文鏡秘府論》六卷，唐人厄言，盡在其中。”其中包含了大量在中國已經亡佚的從六朝到唐代的詩論著作,而《文鏡秘府論》正可以在某種程度上彌補這一文獻上的空白。此書也通過楊守敬《日本訪書志》中的介紹,終於在空海之後一千多年,爲中國學人樂聞知見。其價值之高,已經無需贅言了,研究六朝到唐代文學的學人,幾乎無有不知者。二十多年前,有一位前輩學者聽聞我在從事域外漢籍的搜集研究,曾經有此一問:"還能再找到一部《文鏡秘府論》嗎?"潛台詞是,如果找不到,那麼域外漢籍的研究價值就很有限了。反過來説,這一問不也突顯了此書在中國學人心目中的地位嗎?

　　中國現代學術從上世紀初發軔,至今已有百餘年歷史,但學者間學術趣味的最大公約數還是"材料"。所以,對域外漢籍的認識,多數人也還是停留在"新材料"的層面,并且每每引用或片面理解陳寅恪"一時代之學術,必有其新材料與新問題,取用此材料,以研求問題,則爲此時代學術之新潮流"(《陳垣敦煌劫餘録序》)諸語以自飾,只注重"新材料",忽略或遺忘了"新問題"。所以我在十多年前曾針對該現象指出:"如果没有新問題,那麼即便有無窮的新材料也形成不了'時代學術之新潮流'。"并且不無沉痛地感嘆:"假如我們有幸遭遇新材料,却不幸建構成舊房子,其令人悲哀的程度甚至遠過於無緣新材料。"但面對學術界年復一年、日復一日瞪大眼孔、目不轉睛地凝視於、鍾情於"材料",而且往往是已知的、固化的知識范圍内的零碎材料,我也只能仿效魯迅,自我解嘲一聲"其如'道不同不相爲謀'何"(《兩地書·六六》)。

　　上述這番表述,應該不至於被誤解爲輕視材料吧? 事實上,"新問題"的來源之一,就是放開視野,擴大材料的範圍。還是以《文鏡秘府論》爲例,我們固然可以僅僅將它作爲六朝到唐代詩論佚書的淵藪,讓此書僅僅充當輯佚的功能,但我們也完全可以并且也應該在更寬廣的範圍内認識此書、理解此書、研究此書。比如説,此書材料之獲得,與空海在長安居住的西明寺有何關係? 日本僧人與西明寺、唐代詩學與西明寺又有何機緣? 作爲日本詩史上第一部批評著作,《文鏡秘府論》對後世有何影響? 此書與空海的佛學主張及其它漢文著述又有何聯繫? 爲什麼在日本文學批評史上也形成了緇流著述系列? 前面兩個問題大多涉及中國材料,後面三個問題則多涉日本文獻。這些問題的提出,是立足於材料本身所蘊含者,并非强加的、人爲構造的虛假命題。空海在《文鏡秘府論序》中説自己"幼就表舅,頗學藻麗,長入西秦,粗聽餘論",詩文興趣的養成,有賴於早年從學於其舅阿刀大足,而關於詩學理論的見聞,則是後來在長安"粗聽餘論"所致,其地點主要就在西明寺。至於後者,過去主要由日本《文鏡秘府論》專家小西甚一的觀點主宰,即"對於《文鏡秘府論》的利用,僅限於悉曇學者及《韻鏡》學者,對詩人或歌人的影響是少量的"(《日本古典文學大辭典》第五卷,岩波書店1984年版),但這個結論是有待商榷的。簡單地説,日本詩學著作有兩大特色:詩格化與小學化,兩者又緊密結合。僅僅從書名上來看,以"法""範""訣""則""轍""規""律"命名者尤多,有些還直接標上了"初學",如《詩律初學鈔》《初學詩法》等,這都是由《文鏡秘府論》奠定下的寫作基調。至於在書中引用、闡發

《文鏡秘府論》的觀點,就更是其影響的直接呈現了,這些材料可見於《詩律初學鈔》《詩轍》《全唐詩逸》《淇園詩話》《霞亭隨筆》《詩律》《詩格集成》等書。而日本詩學著作中由空海開其端的僧人系列,也早就被川口久雄注意到(《平安朝日本漢文學史の研究》,明治書院 1964 年版),如果把平安朝以後也囊括進去,就能舉出如《作文大體》《筆海要津》《花鳥集》《王澤不竭集》《濟北詩話》《四六法》《文筆問答抄》《四六圖》《詩語解》《詩家推敲》《葛原詩話》《下谷小詩話》等許多著作。以上意見,我曾在空海入唐一千二百年的 2004 年寫的《〈文鏡秘府論〉與中日漢詩學》一文中有所表述。但在上面提到的問題中,有關《文鏡秘府論》與空海的佛教主張以及其它漢文著述之間的聯繫則未能着筆,放眼中日學術界,這類研究也仍然是相當寂寥的。

　　這就還是要説材料與問題的關係。沒有材料,固然提不出新問題。止步於材料,也同樣提不出新問題。統觀空海的漢文著作,用現代學術分類的方式,至少屬於三個不同的學科領域,即佛學、日本漢文學、中國文學,三者集中於空海一身,研究者却只能從一隅觀之,這必然會限制研究的深化。而想擺脱這一困境,首要的前提就是對空海的著作有一綜合閲讀和理解。以筑摩書房版的《弘法大師空海全集》爲例,全書八卷,第一卷到第四卷屬佛學,第五卷屬中國文學,第六、七卷屬日本漢文學,第八卷屬傳記資料和研究文獻。中國文學研究者往往只關注《文鏡秘府論》,猶如佛學研究者只關注其《秘密曼荼羅十住心論》等,漢文學研究者只關注《三教指歸》《性靈集》等。上述文獻對中國學者來説,有的可能不太爲人所知,但對於日本學術界來説,却只能算是“常見書”。較爲稀見的屬於“新材料”範圍的,就是對空海漢文學著作的注本。而這些注本,不僅在中國罕見,在日本也并非常見。

　　我過去稍有接觸的注本只有維寶編著的《文鏡秘府論箋》,王利器《文鏡秘府論校注》中曾有所引用。至於其他注本,大多只是聞其名而未見其面目。比如關於《性靈集》(全稱《遍照發揮性靈集》)的注本,最早有鐮倉時期署爲“沙門榮淳房”的古鈔本《性靈集略注》十卷二帖,其中包含最古老的注釋,是貞應二年(1223)“野山八杰”之一的真弁法師根據聖範口授而撰著者,藏在慶應義塾圖書館。又比如《三教指歸》,現存最早的注本有藤原敦光撰《注三教指歸》和佚名撰《三教勘注抄》,皆爲鐮倉初期寫本。這些書,我都未能寓目。《三教指歸》三卷的前身是《聾瞽指歸》一卷,撰作於延曆十六年(797),當時的空海只有二十四歲。《三教指歸》則是在他即將出家時撰作,是其三十歲之前的作品。其結構仿照《文選》中司馬相如的賦體爲之,設賓主四人,兔角公爲主人,龜毛先生代表儒家,虚亡士代表道家,假名乞兒代表佛教,也就是空海自己。很顯然,這個時期的空海已經對《文選》爛熟於心,《聾瞽指歸序》中所謂“臨江泛海,慨無木、郭之才”,就是自謙缺乏如木玄虚《海賦》或郭璞《江賦》的寫作之才。《三教指歸》中使用典故甚多,即便在今天的中國學者讀來,也會有一定的困難。而運敞所撰《三教指歸注删補》中,對此就有詳贍的注釋,我曾經在小島憲之的書中稍稍領略(《上代日本文學と中國文學》下,塙書房 1965 年版)。心中的一個念頭是,何時纔有機緣一睹"廬山真面目"呢?

空海是當時的佛教宗師,也是漢文學翹楚。而這兩者,無論在他自己,還是在當時人的一般認識中,是統一的而非對立的。在他入唐求法之前,日本佛教以三論宗和法相宗爲重,但這兩宗之間却有"空"和"有"的論爭,其基礎就是以語言與真諦無關。空海得法歸國之後,在解釋其請歸的密教經論之際,强調的是能够表達真諦的語言爲"真言",所以揚棄了三論宗和法相宗。《文鏡秘府論》的卷首有"金剛峰寺禪念沙門遍照金剛撰"之語,所以一般認爲,此書是空海在高野山籌建伽藍後撰寫,據該書簡本《文筆眼心抄序》,乃抄成於弘仁十一年(820)五月,則《文鏡秘府論》當完成於稍早。無論如何,其身份已是僧人。《文鏡秘府論序》中,開篇即將佛教與文章相提并論,又云"故經説阿毗跋致菩薩,必須先解文章",篇末亦期待"緇素好事之人,山野文會之士,不尋千里,蛇珠自得;不煩旁搜,雕龍可期"。所以,他不同於禪宗之士,而是將文章看成求道和傳道的必經之途,後者則每每將語言文字視同"夢幻空花,何勞把捉"(僧璨《信心銘》、慧照《臨濟録》)。空海活躍的嵯峨、淳和朝(809—833)有三種詩文總集,即《凌雲集》(814)、《文華秀麗集》(818)和《經國集》(827)。《凌雲集》中有嵯峨帝《贈綿寄空法師》(空海答詩《奉謝恩賜百屯綿兼七言詩》見《性靈集》卷三),又仲雄王《謁海上人》有"字母弘三乘,真言演四句……瀏覽竺乾經,觀釋子流賦"之句。而《經國集》所收皆帝王大臣之作,唯獨還收了空海的八篇作品,數量位居全書第四,足見其爲文壇推重。空海就是以這樣的身份撰著了《文鏡秘府論》,該書所列創作規范,也是可以與其作品相互印證和比較的。

以上所述,只是就自己狹隘淺薄的觀察,提出可以進一步研討的若干課題,而由金程宇教授和劉慧婷博士師徒合編之《空海漢文學著作注本叢刊》,就爲在更廣泛范圍内的綜合研究提供了材料基礎。《叢刊》集中呈現了《性靈集》《三教指歸》《發揮拾遺編》《文鏡秘府論》《付法傳》等五種典籍的注釋,多爲稀見之本,其中蘊含了很多可以挖掘、提煉的新問題。尤其值得表彰者,很多材料是編者程宇教授"傳習堂"私藏本,他以學術公心爲重,讓這些書化身千百,造福學林,其義舉可圈可點。他又將辛勤搜討而來的材料提供慧婷,指導她以《空海漢文學著作研究》爲題撰作博士論文,我曾忝居答辯委員之席,其論文對《付法傳》的探討,對空海漢文學創作知識來源的梳理,對維寶《文鏡秘府論箋》的研究,都給我留下深刻印象,故予以好評。師徒進而合編此書,不僅惠及中日學界,其本身也是學術薪火相傳的體現。今年是空海誕辰一千二百五十年,此時出版該書,正是中日文化交流在動蕩不安的世界中的一個頑强表現。我衷心期待學界能够善用此書,有新材料而不以此自限,進而研討新問題。不久前,我曾接受《中華讀書報》記者的采訪,在最後説了這樣一段話,就引用在此以結束本序:

　　我很希望以東亞漢文化圈爲範圍的文學研究,能够基於東亞的史料和經驗,逐步建立起一套概念和途徑,用來理解和剖析"文化圈文學"——

一個具體而微的"世界文學"的歷史和發展,進而向西方學界提供別種新的理論和分析方法。儘管要達到這一目標還堪稱"道路阻且長",但重要的是,我們已經走上了這條道路,并且將繼續堅定地走下去。

二○二四年二月十二日於百一硯齋

（作者單位：南京大學域外漢籍研究所）